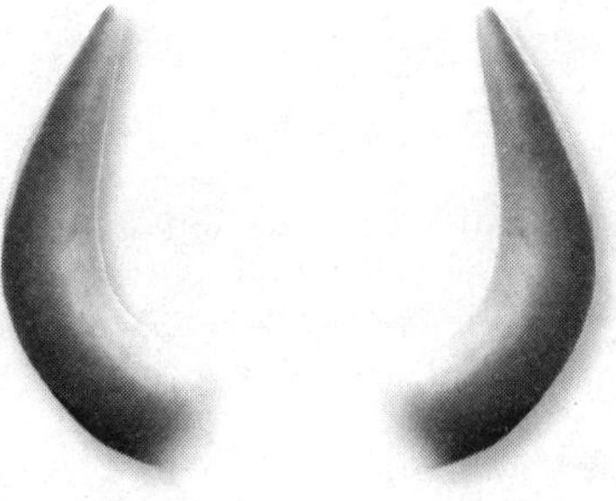

看盘，就是看清分时走势图；看盘，就是看懂K线语言；
看盘，就是看清价量关系；看盘，就是看懂技术指标。

从零开始学看盘大全集

永良　刘挥◎编著

新世界出版社
NEW WORLD PRESS

图书在版编目(CIP)数据

从零开始学看盘大全集/永良,刘挥编著. —北京：新世界出版社，2011.5
ISBN 978-7-5104-1742-9

Ⅰ.①从… Ⅱ.①永… ②刘… Ⅲ.①股票投资—基本知识 Ⅳ.①F830.91

中国版本图书馆 CIP 数据核字(2011)第 048993号

从零开始学看盘大全集

作　　者：永 良 刘 挥
责任编辑：任延军 刘继贤
排版设计：张巧利
责任印制：李一鸣 黄厚清
出版发行：新世界出版社
社　　址：北京市西城区百万庄大街 24 号(100037)
发 行 部：(010)6899 5968　(010)6899 8733(传真)
总 编 室：(010)6899 5424　(010)6832 6679(传真)
http://www.nwp.cn
http://www.newworld-press.com
版 权 部：+8610 6899 6306
版权部电子信箱：frank@nwp.com.cn
印　　刷：河北固安保利达印务有限公司
经　　销：新华书店
开　　本：787×1092　1/16
字　　数：550千字
印　　张：27.5
版　　次：2011年5月第1版　2012年11月第3次印刷
书　　号：ISBN 978-7-5104-1742-9
定　　价：29.00元

前　言

股市是一个充满机会与风险的场所，对于进入股市的投资者来说，拥有高超的技能是在这个市场中生存下去并不断获利的基础。那么，怎样才能提高自己的看盘能力，而成为一位稳操胜券的盘中高手呢？

目前股市中胜负率往往是“一赢二平七亏损”，也就是说赚钱的只是极少数，大多数都是赔钱的或者平本的。其实，多数股民炒股亏损的原因很简单，是对股市的复杂性和不可预测性认识不足，缺少股票操作知识，看盘技能不纯熟。只有掌握了与看盘相关的方方面面的知识技能，才能措置裕如地操作股票，在股市中笑傲风云。

看盘不能无视炒股理论。理论是从实际中总结出来的，可以从宏观上指导我们的实践。如果仅仅看到某些漩涡和逆流，而看不到历史长河的奔腾，只能说明观察者的短视。那些每天目光短浅的锱铢必较，只盯着今天涨几分、明天跌几角，患得患失，总想精确地预测股市的人，其结果只能像海森堡所说的那样：越想测准就越测不准。相反，如果你能了解并通过炒股理论对股票市场建立起一个完整的概念，那么你就有了更开阔的看盘视野和驾驭全局的战略眼光。在操作股票时，你就能更好地把握并预测股市在大的方向上的走势。

看盘要善用技术指标。技术指标在帮助投资者发现金融市场的运动规律方面，发挥着非常重要的作用，极大地降低了投资者研究市场规律时所花费的成本，是非常有用的工具和帮手。技术指标几乎人人都在使用，但每个人的用法并不相同，因此，对于炒股者来说，最重要的是在实际中不断摸索和总结，找到最能发挥指标作用的最佳方法。当技术指标帮助我们发现了市场运动的部分规律，并提示出了具体的买卖时机和价格，技术指标也就完成了帮助投资者赚钱的使命。

看盘要精通 K 线技术。K 线技术几乎是所有股票投资者的必修课程。K 线图反映的是一段时间以来买卖双方实际战斗的结果，投资者从中可以看到买卖双方较量中力量的增减、风向的转变等。K 线图简洁而直观，虽不具备严格的逻辑推理性，但是却有相当可信的统计意义，真实、完整地记录了市场价格的变化，反映了盘中价格的变化轨迹。因此，熟悉并灵活运用 K 线技术对渴望从股市中获利的投资者具有至关重要的意义。

看盘要把握口诀技巧。股市中有五花八门的炒股技巧、千变万化的技术方法，对于股民尤其是新股民来说，要掌握这些方法技巧难度非常大，即使认真去钻研了，实战中也不一定能灵活运用。本书以口诀为索引，带出一个个由前人经验总结出的实用操作技巧。这些押韵且容易记忆理解的词句是综合知识的集成和简化，相信它们可以帮助投资者轻松迅速地掌握复杂的炒股技法，并在实战中灵活运用。

《从零开始学看盘大全集》脉络清晰，从基础知识到宏观走势，从炒股理论到技术分析，囊括了看盘的各个知识点，内容全面丰富，实用性极强，讲解深刻透彻，精细具体。

一位股票投资大师曾经说过：我们进股市为了什么？如果是为了钱而进股市，结局就是赔钱，最终退出股市；如果是为了改变人生品质，不但自身素质发生了很大的变化，人生充实了，知识丰富了，而且还赚到钱了。

希望我们每一位在股市中搏杀的股民朋友都能不断锤炼自己的看盘技能，做股市的弄潮儿，以此丰富自己的人生！

目　录

基础看盘篇

走势看盘篇

理论看盘篇

指标看盘篇

K 线看盘篇

口诀看盘篇

基础看盘篇

一些新股民之所以开立证券账户进入市场,往往是因为股市走好后形成的强势以及人们普遍的赚钱心理的趋使而导致的吸引。但需要注意的是,证券市场首先是一个有风险的市场,新股民进入股市的第一件事情不是开户后立即买进卖出,而是要熟悉证券市场中的基本游戏规则,以免遭受一些不必要的损失。本篇由浅入深地介绍了股民入市后应该掌握的各种基本功,包括看盘术语、板块结构、跟庄技巧、资金管理等。刚刚开户的投资者在熟读这部分内容后,不妨参与一些模拟操作,或者多向老股民学习,等具备了一定的投资水平之后再进入实际操作。

第1章

股票的基础知识

股票的基础概念

什么是股票？股票是一种由股份有限公司签发的用以证明股东所持股份的凭证，它表明股票的持有者对股份公司的部分资本拥有所有权。由于股票包含有经济利益，且可以上市流通转让，因此股票也是一种有价证券。

1. 股票的用途

①作为一种出资证明。当一个自然人或法人向股份有限公司参股投资时，便可获得股票作为出资的凭据；

②股票的持有者可凭借股票来证明自己的股东身份，参加股份公司的股东大会，对股份公司的经营发表意见；

③股票持有人凭借股票可获得一定的经济利益，参加股份公司的利润分配，也就是通常所说的分红。

在我国，现在所有股票的发行都必须征得中国证券监督管理委员会的审核批准。另外，股票在制作程序、记载内容和记载方式上都必须规范化并符合有关的法律规定和公司章程的规定。

2. 股票应具备的内容

①发行该股票的股份有限公司的全称，该公司依何法律在何处注册登记及其注册日期、注册地址。

②发行的股票总额、股数和每股金额。

③股票的类别。根据股票持有人权利及义务的不同，股票可分为多种类型。目前在我国上海证券交易所及深圳证券交易所流通和转让的股票都是普通股票，一般都不注明类型。但如果是特别股票，在票面上就应当标明其股票种类。

④股票的票面金额及其所代表的股份数。

⑤股票的发行日期及股票编号。如果是记名股票,则要写明股票持有者(股东)的姓名。

⑥股票发行公司的董事长或董事签章,主管机关或核定发行登记机构的签章。

⑦印有供转让股票时所用的表格。

⑧股票的发行公司认为应当载明的注意事项。

由于现代科学技术的发展,我国沪深股市股票的发行和交易都借助电子计算机及高科技通讯系统进行,上市的股票已实现了无纸化,所以现在的股票仅仅只是计算机系统内的一串符号而已。但在法律上,上市挂牌的股票都必须具备上述这些内容。

股票的详细分类

提起股票分类,很多人张口就来:A 股、B 股、H 股、N 股和 S 股……这些只是按股票的上市地点不同进行的分类。若想成为一名合格的股民,就应该对股票的分类有个综合性的整体了解。

1. 按上市地点分类

我国上市公司的股票有 A 股、B 股、H 股、N 股、S 股等的区分。这一区分主要是依据股票的上市地点和所面对的投资者而进行的。

A 股的正式名称是人民币普通股票。它是由中国境内的公司发行,供境内机构、组织或个人(不含中国台、港、澳地区的投资者)以人民币认购和交易的普通股股票。

B 股的正式名称是人民币特种股票。它是以人民币标明面值,以外币认购和买卖,在中国境内(上海、深圳)证券交易所上市交易的。

B 股的投资人限于:外国的自然人、法人和其他组织,中国香港、澳门及台湾地区的自然人、法人和其他组织,定居在国外的中国公民,中国证监会规定的其他投资人。现阶段 B 股的投资人,主要是上述几类中的机构投资者。

B 股公司的注册地和上市地都在中国境内,只不过投资者在境外或在中国香港、澳门及台湾。

H 股,即注册地在内地、上市地在香港的外资股。香港的英文是 Hong Kong,取其字首,在香港上市的外资股就叫做 H 股。依此类推,纽约的第一个英文字母是 N,新加坡的第一个英文字母是 S,那么,在纽约和新加坡上市的外资股票就分别叫做 N 股和 S 股。

2. 按票面形态分类

(1)记名股。这种股票在发行时,票面上记载有股东的姓名,并记载于公司的股东名册上。

记名股票的特点就是除持有者和其正式的委托代理人或合法继承人、受赠人外,任何人都不能行使其股权。另外,记名股票不能任意转让,转让时,既要将受让人的姓名、住址分别记载于股票票面，还要在公司的股东名册上办理过户手续，否则转让不能生效。

(2)无记名股。此种股票在发行时，在股票上不记载股东的姓名，其持有者可自行转让股票。任何人一旦持有无记名股票便享有股东的权利，无须再通过其他方式、途径证明自己的股东资格。这种股票转让手续简便，但也应该通过证券市场的合法交易实现转让。

(3)面值股。有票面金额的股票，简称金额股票或面额股票，是指在股票票面上记载一定的金额，如每股人民币100元、200元等。金额股票给股票定了一个票面价值，这样就可以很容易地确定每一股份在该股份公司中所占的比例。

(4)无面值股。也称比例股票或无面额股票。股票发行时无票面价值记载，仅表明每股占资本总额的比例。其价值随公司财产的增减而增减。因此，这种股票的内在价值总是处于变动状态。这种股票的最大优点就是避免了公司实际资产与票面资产的背离，因为股票的面值往往是徒有虚名，人们关心的不是股票面值，而是股票价格。

3. 按股东权利分类

(1)普通股股票。持有这种股票的股东都享有同等的权利，他们都能参加公司的经营决策，其所分取的股息红利随着股份公司经营利润的多寡而变化。

普通股股票的主要特点如下：

①普通股股票是股份有限公司发行的标准股票，其有效期限是与股份有限公司共始终的，此类股票的持有者是股份有限公司的基本股东。

②普通股股票是风险最大的股票。持有此类股票的股东获取的经济利益不稳定，它不但要随公司的经营水平而波动，且其收益顺序比较靠后，即股份公司必须在偿付完公司的债务和所发行的债券利息，以及优先股股东的股息以后才能给普通股股东分红。

对股份公司而言，持普通股股票的股东所处的地位是绝对平等的，在股份有限公司存续期间，他们都毫无例外地享有下述权利，法律和公司章程对此没有任何特别的限制：

①通过参加股东大会来参与股份公司的重大经营决策。在股东大会上，股东除了听取公司董事会的业务和财务报告外，还可对公司的经营管理发表意见，参加公司董事会和监事会的选举。如果认为公司的账目不清时，股东还有权查阅公司的有关账册。如果发现董事违法失职或违反公司章程而损害公司利益时，普通股股东有权将其诉诸法庭。

②具有分配公司盈余和剩余资产的权利。在经董事会决定之后，普通股股东有权按顺序从公司经营的净利润中分取股息和红利。在股份有限公司解散清算时，普通股股东有权按顺序和比例分配公司的剩余资产。

③优先认股权。当股份公司为增加公司资本而决定增资扩股时，普通股股东都有权按持股比例优先认购新股，以保证普通股股东在股份有限公司中的控股比例不变。

(2)优先股股票。持有该种股票股东的权益要受一定的限制。优先股股票的发行一般是股份公司出于某种特定的目的和需要，且在票面上要注明“优先股”字样。

优先股股东的特别权利就是可优先于普通股股东以固定的股息分取公司收益，并在公司破产清算时优先分取剩余资产，但一般不能参与公司的经营活动，其具体的优先条件必须由公司章程加以明确。

一般来说，优先股的优先权有以下四点：

①在分配公司利润时，可先于普通股且以约定的比率进行分配。

②当股份有限公司因解散、破产等原因进行清算时，优先股股东可先于普通股股东分取公司的剩余资产。

③优先股股东一般不享有公司经营参与权，即优先股股票不包含表决权，优先股股东无权过问公司的经营管理，但在涉及优先股股票所保障的股东权益时，优先股股东可发表意见并享有相应的表决权。

④优先股股票可由公司赎回。优先股股票不同于公司债券和银行贷款，这是因为优先股股东分取收益和公司资产的权利，只能在公司满足了债权人的要求之后才能行使。优先股股东不能要求退股，却可以依照优先股股票上所附的赎回条款，由股份有限公司予以赎回。

大多数优先股股票都附有赎回条款。如果将优先股股票细分，它还有：

①累积优先股股票和非累积优先股股票。

累积优先股股票是指在上一营业年度内未支付的股息可以累积起来，由以后财会年度的盈利一起付清。

非累积优先股股票是指只能按当年盈利分取股息的优先股股票，如果当年公司经营不善而不能分取股息，未分的股息不能予以累积，以后也不能补付。

②参加分配优先股股票和不参加分配优先股股票。

参加分配优先股股票是指其股票持有人不仅可按规定分取当年的定额股息，还有权与普通股股东一同参加利润分配的优先股股票。

不参加分配优先股股票，就是只能按规定分取定额股息而不再参加其他形式分红的优先股股票。

③可转换优先股股票和不可转换优先股股票。

可转换优先股股票是指股票持有人可以在特定条件下，按公司条款把优先股股票转换成普通股股票或公司债券的股票。

不可转换优先股股票是指不具有转换为其他金融工具功能的优先股股票。

④可赎回优先股股票和不可赎回优先股股票。

可赎回优先股股票是指股份有限公司可以一定价格收回的优先股股票，又称可收回优先股股票。

不附加有赎回条件的优先股股票就是不可赎回优先股股票。

股息与红利的发放

股息是股东定期按一定的比率从上市公司分取的盈利，红利则是在上市公司分派股息之后，按持股比例向股东分配的剩余利润。

一般来讲，上市公司在财会年度结算以后，会根据股东的持股数将一部分利润作为股息分配给股东。

上市公司的分红派息工作一般都集中在次年的第二和第三季度进行。

在分配股息红利时，首先是优先股股东按规定的股息率行使收益分配，然后普通股股东根据余下的利润分取股息，其股息率则不一定是固定的。在分取了股息以后，如果上市公司还有利润可供分配，就可根据情况给普通股股东发放红利。

在上市公司分红派息时，其总额一般都不会高于每股税后利润，除非有前一年度转下来的利润。如我国就规定，上市公司必须按规定的比例，从税后利润中提取资本公积金来弥补公司亏损或转化为公司资本，所以上市公司分配股息和红利的总额总是要少于公司的税后利润。

由于上市公司的税后利润既是股息和红利的来源，又是它的最高限额，上市公司的经营状况直接关系这股息和红利的发放。当上市公司有所盈利时，才能进行分红与派息。且盈利愈多，用于分配股息和红利的税后利润就愈多，股息和红利的数额也就愈大。

除了经营业绩以外，上市公司的股息政策也影响股息与红利的派法。在上市公司盈利以后，其税后利润有两大用途，除了派息与分红以外，还要补充资本金以扩大再生产。如果公司的股息政策倾向于公司的长远发展，则有可能少分红派息或不分红而将利润转为资本公积金。反之，派息分红的量就会大一些。

股息和红利的分配受国家税收政策的影响。上市公司的股东不论是自然人还是法人，都要依法承担纳税义务。如我国就有明确规定，持股人必须交纳股票收益(股息红利)所得税，其比例是根据股票的面额，超过一年期定期储蓄存款利率的部分，要交纳20%的所得税。

那么具体来说，股息与红利是以怎样的方式发放的呢?

股息红利作为股东的投资收益，是以股份为单位计算的货币金额，如每股多少元。但在上市公司实施具体分派时，其形式可以有四种：现金股利、财产股利、负债股利和股票股利。

①现金股利。是上市公司以货币形式支付给股东的股息红利，也是最普通最常见的股利形式，如每股派息多少元，就是现金股利。

②财产股利。是上市公司用现金以外的其他资产向股东分派的股息和红利。它可以是上市公司持有的其他公司的有价证券，也可以是实物。

③负债股利。是上市公司通过建立一种负债，用债券或应付票据作为股利分派给股东。这些债券或应付票据既是公司支付的股利，又确定了股东对上市公司享有的独立债权。

④股票股利。是上市公司用股票的形式向股东分派的股利，也就是通常所说的送红股。股票红利使股东手中的股票在名义上增加了，但与此同时公司的注册资本增大了，股票的净资产含量减少了。所以，实际上股东手中股票的总资产含量没什么变化。

在实际中，有的上市公司在一年内进行两次决算，一次是在营业年度中期，另一次是营业年度终结。相应地上市公司向股东分派两次股利，以便及时回报股东、吸引投资者。

但年度中期分派股利不同于年终分派股利，它只能在中期以前的利润余额范围内分派，且必须是在预期本年度终结时不可能亏损的前提下才能进行。

在沪深股市，股票的分红派息都由证券交易所及登记公司协助进行。在分红时，深市的登记公司将会把分派的红股直接登录到股民的股票账户中，将现金红利通过股民开户的券商划拨到股民的资金账户。

沪市上市公司对红股的处理方式与深市一致，但现金红利需要股民到券商处履行相关的手续，即股民在规定的期限内到柜台中，将红利以现金红利权卖出，其红利款项由券商划入资金账户中。如逾期未办理手续，则需委托券商到证券交易所办理相关手续。

股票的除权与除息

上市公司发放股息红利的形式虽然有四种，但沪深股市的上市公司进行利润分配一般只采用股票红利和现金红利两种，即统称所说的送红股和派现金。当上市公司向股东分派股息时，就要对股票进行除息；当上市公司向股东送红股时，就要对股票进行除权。

当一家上市公司宣布上年度有利润可供分配并准备予以实施时，则该只股票就称为含权股，因为持有该只股票就享有分红派息的权利。在这一阶段，上市公司一般要宣布一个时间为“股权登记日”，即在该日收市时持有该股票的股东就享有分红的权利。

在以前股票的有纸化交易中，为了证明对上市公司享有分红权，股东们要在公司宣布的股权登记日予以登记，且只有在此日被记录在公司股东名册上的股票持有者，才有资格领取上市公司分派的股息红利。实行股票的无纸化交易后，股权登记都通过计算机交易系统自动进行，股民不必到上市公司或登记公司进行专门的登记，只要在登记的收市时还拥有股票，股东就自动享有分红的权利。

进行股权登记后，股票将要除权除息，也就是将股票中含有的分红权利予以解除。除权除息都在股权登记日的收盘后进行。除权之后再购买股票的股东将不再享有分红派息的权利。

在股票的除权除息日，证券交易所都要计算出股票的除权除息价，以作为股民在除权除息日开盘的参考。

因为在开盘前拥有的股票是含权的，而收盘后的次日，其交易的股票将不再参加利润分配，所以除权除息价实际上是将股权登记日的收盘价予以变换。这样，除息价就是登记日的收盘价减去每股股票应分得的现金红利，其公式为：

除息价=登记日的收盘价−每股股票应分得红利

对于除权，股权登记日的收盘价格除去所含有的股权，就是除权报价。其计算公式为：

股权价=股权登记日的收盘价÷(1+每股送股率)

若股票在分红时既有现金红利又有红股,则除权价为:

除权价=(股权登记日的收盘价-每股应分的现金红利+配股率×配股价)÷(1+每股送股率+每股配股率)

配股与市盈率

股民之所以热衷配股,除了配股能增加手中的数量外,通过追加投资,配股还能降低市盈率。

市盈率=每股股价/每股税后利润

在上市公司配股时,只有当配股价低于配股时的股票市价,配股才能进行。当配股价大于或等于配股时的股票市价,股民可直接在股市上购买同类股票来增加持有的股票数量。

相对配股时的股票市价来说,配股价都是很低的。配股后上市公司的经营业绩若能保持在原有的水平,由于配股后股民手中的股票成本有所下降,平均股价有所下降,股票的市盈率将会随之下降。

如股民小 A 以每股 20 元的价格购得 G 股票 1000 股, 该股票的每股税后利润为 0.2 元,其市盈率为 100 倍。在 G 股票市场价格为每股 15 元时,上市公司宣布配股,配股价每股 5 元,配股比例每股 0.5 股。

根据配股的除权方式,配股后的除权价为:

Y=(市价+配股率×配股价)÷(1+配股率)

=(15+0.5×5)÷(1+0.5)

=11.66 元

也就是说股民小 A 以每股 5 元的价格配 500 股后,共持有 G 股票 1500 股,持股成本从每股 20 元降为每股 15 元,其市盈率从 100 倍降到 75 倍。

其实,降低股票的市盈率或股票的平均持有成本,并不一定非要通过配股来实现,如果股民小 A 能在市场上买到市盈率较低的股票,则其效果与配股是相同的,只不过是持有股票的种类增加了,因为股票只不过是上市公司为股民提供了一个购买低市盈率股票的机会而已。在上例中,如果股民小 A 能买到市盈率只有 25 倍的股票,再投资 2500 元,降低持股市盈率或股票成本的效果将是一样的,只不过所持股票的品种增加了。

在追加投资时,只要股民把握住这么一个原则,即后买股票的市盈率比先买的低,就能降低股票的平均市盈率。如果股民仅仅是想降低股票的持有成本或降低持股的市盈率,就不一定非要将自己限制在配股上。如在上例中,股民追加 2500 元投资就不一定非要投资到原有股票的配股上,如果市场上有市盈率更低的股票,如每股价格 2.5 元,市盈率只有 10 倍的股票,此时股民小 A 就可购股票 1000 股,其持股的平均市盈率就从 100 倍降到了 56.25 倍,其效果比参加配股更好。

什么是股票指数

股票指数即股票价格指数。是由证券交易所或金融服务机构编制的表明股票行市变动的一种供参考的指示数字。

由于股票价格起伏无常,投资者必然面临市场价格风险。对于具体某一种股票的价格变化,投资者容易了解,而对于多种股票的价格变化,要逐一了解,既不容易,也不胜其烦。为了适应这种情况和需要,一些金融服务机构就利用自己的业务知识和熟悉市场的优势,编制出股票价格指数,公开发布,作为市场价格变动的指标。投资者据此就可以检验自己投资的效果,并用以预测股票市场的动向。

这种股票指数,也就是表明股票行市变动情况的价格平均数。编制股票指数,通常以某年某月为基础,以这个基期的股票价格作为100,用以后各时期的股票价格和基期价格相比,计算出的百分比,就是该时期的股票指数。投资者根据指数的升降,可以判断出股票价格的变动趋势。并且为了能实时地向投资者反映股市的动向,所有的股市几乎都是在股价变化的同时即时公布股票价格指数。

计算股票指数要考虑三个因素:一是抽样,即在众多股票中抽取少数具有代表性的成分股;二是加权,按单价或总值加权平均,或不加权平均;三是计算程序,计算算术平均数、几何平均数,或兼顾价格与总值。

我国的两种股票指数

1. 上海证券综合指数

上海证券综合指数,系由上海证券交易所编制的综合指数,1990年12月19日正式开始发布。该股票指数的样本为所有在上海证券交易所挂牌上市的股票,其中新上市的股票在挂牌的第二天纳入指数的计算范围。

该综合指数的权数为上市公司的总股本。由于我国上市公司的股票有流通股和非流通股之分,其流通量与总股本并不一致,所以总股本较大的股票对综合指数的影响就较大,上证指数常常就成为机构大户造市的工具,使综合指数的走势与大部分股票的涨跌相背离。

上海证券交易所综合指数的发布几乎是和股票行情的变化同步的,它是我国股民和证券从业人员研判股票价格变化趋势必不可少的参考依据。

2. 深圳综合股票指数

深圳综合股票指数,系由深圳证券交易所编制的综合指数,1991年4月3日为基期。

该综合指数的计算方法基本与上证指数相同,其样本为所有在深圳证券交易所挂牌上市的股票,权数为股票的总股本。由于以所有挂牌的上市公司为样本,其代表性非常广泛,且它与深圳股市的行情同步发布,它是股民和证券从业人员研判深圳股市股票价格变化趋势必不可少的参考依据。在前些年,由于深圳证券所的股票交投不如上海证交所那么活跃,深圳证券交易所现已改变了综合指数的编制方法,采用成分股指数,其中只有 40 只股票入选并于 1995 年 5 月开始发布。

现在深圳证券交易所并存着两个综合指数,一个是老指数深圳综合指数,一个是现在的成分股指数,但从最近三年来的运行势态看,两个指数间的区别并不是特别明显。

第2章

看盘术语详解

交易制度术语

一级市场 指股票的初级市场也即发行市场，在这个市场上投资者可以认购公司发行的股票。通过一级市场，发行人筹措到了公司所需资金，而投资人则购买了公司的股票成为公司的股东，实现了储蓄转化为资本的过程。一级市场有以下几个主要特点：

①发行市场是一个抽象市场，其买卖活动并非局限在一个固定的场所；

②发行是一次性的行为，其价格由发行公司决定，并经过有关部门核准。投资人以同一价格购买股票。

二级市场 指流通市场，是已发行股票进行买卖交易的场所。二级市场的主要功能在于有效地集中和分配资金：

①促进短期闲散资金转化为长期建设资金；

②调节资金供求，引导资金流向，沟通储蓄与投资的融通渠道；

③二级市场的股价变动能反映出整个社会的经济情况，有助于抽调劳动生产率和新兴产业的兴起；

④维持股票的合理价格，交易自由、信息灵通、管理缜密，保证买卖双方的利益都受到严密的保护。已发行的股票一经上市，就进入二级市场。投资人根据自己的判断和需要买进和卖出股票，其交易价格由买卖双方来决定，投资人在同一天中买入股票的价格是不同的。

无形市场 无形市场是相对于有形市场而言的，无形市场不设交易大厅作为交易运行的组织中心，投资者利用证券商与交易所的电脑联网系统，可直接将买卖指令输入交易所的撮合系统进行交易。投资者委托买卖、成交回报和股份资金的交割，均通过证券商与交易所的电脑联网系统实现。

柜台委托 柜台委托指投资者到证券部营业柜台填写书面买卖委托单,委托证券商代理买卖股票的方式。

电话委托 电话委托指投资者通过电话向证券商计算机系统输入委托指令,以完成证券买卖委托和有关信息查询的委托方式。

电脑委托 电脑委托是指投资者通过与证券商自动委托交易系统联结的电脑终端,按照系统发出的指示输入买卖委托指令,以完成证券买卖委托和有关信息查询的一种先进的委托方式。

托管 托管是在托管券商制度下,投资者在一个或几个券商处以认购、买入、转换等方式委托这些券商管理自己的股份,并且只可以在这些券商处卖出自己的证券;券商为投资者提供证券买卖、分红派息自动到账、证券与资金的查询、转托管等各项业务服务。

转托管 转托管是在托管券商制度下,投资者要将其托管股份从一个券商处转移到另一个券商处托管,就必须办理一定的手续,实现股份委托管理的转移,即所谓的转托管。

指定交易 指定交易指投资者可以指定某一证券营业部为自己买卖证券的唯一的交易营业部。

停牌 股票由于某种消息或进行某种活动引起股价的连续上涨或下跌,由证券交易所暂停其在股票市场上进行交易。待情况澄清或企业恢复正常后,再复牌在交易所挂牌交易。

涨(跌)停板 交易所规定的股价一天中涨(跌)最大幅度为前一日收盘价的百分数,不能超过此限,否则自动停止交易。

涨跌幅限制 涨跌幅限制是指在一个交易日内,除上市首日证券外,证券的交易价格相对上一交易日收市价格的涨跌幅度不得超过10%;超过涨跌限价的委托为无效委托。

大户 就是大额投资人,例如财团、信托公司以及其他拥有庞大资金的集团或个人。

中户 指的是投资额较大的投资人。

散户 就是买卖股票数量很少的小额投资者。

经纪人 执行客户命令,买卖证券、商品或其他财产,并为此收取佣金者。

非上市股票 不在证券交易所注册挂牌的股票。

委托书 股东委托他人(其他股东)代表自己在股东大会上行使投票权的书面证明。

T1交收 是指交易双方在交易次日完成与交易有关的证券、款项收付,即买方收到证券、卖方收到款项。

特别处理:ST 沪深证券交易所在1998年4月22日宣布,根据1998年实施的股票上市规则,将对财务状况或其他状况出现异常的上市公司的股票交易进行特别处理,由于“特别处理”的英文是Special treatment(缩写是“ST”),因此这些股票就简称为ST股。上述财务状况或其他状况出现异常主要是指两种情况:一是上市公司经审计连续两个会计年度的净利润均为负值,二是上市公司最近一个会计年度经审计的每股净资产低于股票面值。

在上市公司的股票交易被实行特别处理其间，其股票交易应遵循下列规则：

①股票报价日涨跌幅限制为5%；

②股票名称改为原股票名前加“ST”，例如“ST辽物资”；

③上市公司的中期报告必须审计。

特别转让服务：PT “PT”是英语Particular Transfer（意为特别转让）的缩写。这是旨在为暂停上市股票提供流通渠道的“特别转让服务”。对于进行这种“特别转让”的股票，沪深交易所在其简称前冠以“PT”，称之为“PT股”。特别转让与正常股票交易主要有四点区别：

①交易时间不同。特别转让仅限于每周五的开市时间内进行，而非逐日持续交易。

②涨跌幅限制不同。特别转让股票申报价不得超过上一次转让价格的上下5%，与ST股票的日涨跌幅相同。

③撮合方式不同。特别转让是交易所于收市后一次性对该股票当天所有有效申报按集合竞价方式进行撮合，产生唯一的成交价格，所有符合成交条件的委托盘均按此价格成交。

④交易性质不同。特别转让股票不是上市交易，因此，这类股票不计入指数计算，成交数不计入市场统计，其转让信息也不在交易所行情中显示，只由指定报刊专栏在次日公告。

交易研判术语

绩优股 是指那些业绩优良，但增长速度较慢的公司的股票。这类公司有实力抵抗经济衰退，但这类公司并不能给你带来振奋人心的利润。因为这类公司业务较为成熟，不需要花很多钱来扩展业务，所以投资这类公司的目的主要在于拿股息。另外，投资这类股票时，市盈率不要太高，同时要注意股价在历史上经济不景气时波动的记录。

热门股 是指交易量大、流通性强、股价变动幅度较大的股票。

成长股 是指这样一些公司所发行的股票，它们的销售额和利润额持续增长，而且其速度快于整个国家和本行业的增长。这些公司通常有宏图伟略，注重科研，留有大量利润作为再投资以促进其扩张。

龙头股 龙头股指的是某一时期在股票市场的炒作中对同行业板块的其他股票具有影响和号召力的股票，它的涨跌往往对其他同行业板块股票的涨跌起引导和示范作用。龙头股并不是一成不变的，它的地位往往只能维持一段时间。

黑马股 是指股价在一定时间内，上涨一倍或数倍的股票。

白马股 是指股价已形成慢慢涨的长升通道，还有一定的上涨空间。

技术分析 以供求关系为基础对市场和股票进行的分析研究。技术分析研究价格动向、交易量、交易趋势和形式，并制图表示上述因素，用图预测当前市场行为对未来证券的供求关系和个人持有的证券可能发生的影响。

基本分析 根据销售额、资产、收益、产品或服务、市场和管理等因素对企业进行分析。亦指对宏观政治、经济、军事动态的分析，以预测它们对股市的影响。

基本面 基本面包括宏观经济运行态势和上市公司基本情况。宏观经济运行态势反映出上市公司整体经营业绩，也为上市公司进一步的发展确定了背景，因此宏观经济与上市公司及相应的股票价格有密切的关系。上市公司的基本面包括财务状况、盈利状况、市场占有率、经营管理体制、人才构成等各个方面。

政策面 政策面指国家针对证券市场的具体政策，例如股市扩容政策、交易规则、交易成本规定等。

市场面 市场面指市场供求状况、市场品种结构以及投资者结构等因素。市场面的情况也与上市公司的经营业绩好坏有关。

技术面 技术面指反映变化的技术指标、走势形态以及K线组合等。技术分析有三个前提假设，即市场行为包容一切信息；价格变化有一定的趋势或规律；历史会重演。由于认为市场行为包括了所有信息，那么对于宏观面、政策面等因素都可以忽略；而认为价格变化具有规律和历史会重演，就使得以历史交易数据判断未来趋势变得简单了。

每股税后利润 每股税后利润又称每股盈利，可用公司税后利润除以公司总股数来计算。

股东权益 公司净资产代表公司本身拥有的财产，也是股东们在公司中的权益，因此，又叫作股东权益。

净资产收益率 净资产收益率是公司税后利润除以净资产得到的百分比率，用以衡量公司运用自有资本的效率。

市盈率 市盈率又称股份收益比率或本益比，是股票市价与其每股收益的比值，计算公式是：市盈率=当前每股市场价格/每股税后利润。

换手率 换手率也称周转率，指在一定时间内市场中股票转手买卖的频率，也是反映股票流通性强弱的指标之一，其计算公式为：周转率(换手率)=某一段时期内的成交量/发行总股数×100%。

成交量 反映成交的数量多少。一般可用成交股数和成交金额两项指标来衡量。目前深沪股市两项指标均能显示出来。

分红 是指上市公司对股东的投资回报。

送红股 是指上市公司将本年的利润留在公司里，发放股票作为红利，从而将利润转化为股本。

转增股本 转增股本是指公司将资本公积转化为股本，转增股本并没有改变股东的权股益，却增加了股本规模，因而客观结果与送红股相似。

题材板块 市场要炒作就必须以各种题材做支撑，这已成了市场的规律。常被利用的炒作题材大致有以下几类：①经营业绩好转、改善；②国家产业政策扶持，政府实行政策倾斜;③将要或正在合资合作、股权转让;④出现控股或收购等重大资产重组;⑤增资配股或高送股分红;等等。

周转率 股票交易的股数占交易所上市流通的股票股数的百分比。

认股权证 股票发行公司增发新股票时,发给公司原股东的以优惠价格购买一定数量股票的证书。认股权证通常都有时间限制,过时无效。在有效期内持有人可以将其卖出或转让。

含权 凡是有股票有权未送配的均称含权。

除权 除权是由于公司股本增加,每股股票所代表的企业实际价值(每股净资产)有所减少,需要在发生该事实之后从股票市场价格中剔除这部分因素,而形成的剔除行为。除权价等于前一日收盘价减去所含权的差价。

除息 除息由于公司股东分配红利,每股股票所代表的企业实际价值(每股净资产)有所减少,需要在发生该事实之后从股票市场价格中剔除这部分因素,而形成的剔除行为。除息价等于股票前一日收盘价减去上市公司发放的股息。除息也称为派息。

填权 填权是指在除权除息后的一段时间里,如果多数人对该股看好,该只股票交易市价高于除权(除息)基准价,即股价比除权除息前有所上涨,这种行情称为填权。

贴权 贴权是指在除权除息后的一段时间里,如果多数人不看好该股,交易市价低于除权(除息)基准价,即股价比除权除息前有所下降,则为贴权。

增资 上市公司为业务需求经常会办理增资(有偿配股)或资本公积新增资(无偿配股)。

配股 公司增发新股时,按股东所有人份数,以特价(低于市价)分配给股东认购。

阻力线 股价上涨到达某一价位附近,如有大量的卖出情形,使股价停止上扬,甚至回跌的价。

支撑线 股价下跌到某一价位附近,如有大量买进情形,使股价停止下跌甚至回升的价位。

跳空 股市受到强烈利多或利空消息的刺激,股价开始大幅跳动,在上涨时,当天的开盘或最低价高于前一天的收盘价两个申报单位以上,称“跳空而上”;下跌时,当天的开盘或最高价低于前一天的收盘价两个申报单位,而于一天的交易中,上涨或下跌超过一个申报单位,称“跳空而下”。

填空 指将跳空出现时将没有交易的空价位补回来,也就是股价跳空后,过一段时间将回到跳空前价位,以填补跳空价位。

回档 上升趋势中,因股价上涨过速而回跌,以调整价位的现象。

天价 个别股票由多头市场转为空头市场时的最高价。

突破 指股价经过一段盘档时间后,产生的一种价格波动。

探底 股价持续跌挫至某价位时便止跌回升,如此一次或数次。

头部 股价上涨至某价位时便遇阻力而下滑。

近期趋势 20~30 天为近期趋势。

洗盘 做手为达到炒作目的,必须于途中让低价买进且意志不坚的轿客下轿,以减轻上档压力，同时让持股者的平均价位升高，以利于施行养、套、杀的手段。

对敲转账 转账交易的一种方式。这是证券经纪商赚取投资利润的一种手段。经纪商们经低价买进股票，并收取客户的佣金，再以高价卖给另一客户，这样就赚取了大量利润。

实盘交易术语

手 它是国际上通用的计算成交股数的单位。必须是手的整数倍才能办理交易。目前一般以100股为一手进行交易。即购买股票至少必须购买100股。

挂进 买进股票的意思。

挂出 卖出股票的意思。

开市价 开市价又称开盘价，是指某种证券在证券交易所每个交易日开市后的第一笔买卖成交价格。

收市价 收市价又称收盘价，是指某种证券在证券交易所每个交易日里的最后一笔买卖成交价格。

最高价 最高价指某种证券在每个交易日从开市到收市的交易过程中所产生的最高价格。

最低价 最低价指某种证券在每个交易日从开市到收市的交易过程中所产生的最低价格。

涨跌 以每天的收盘价与前一天的收盘价相比较，来决定股票价格是涨还是跌。一般在交易台上方的公告牌上用“+”“-”号表示。

开高盘 是指开盘价比前一天收盘价高出许多。

开低盘 是指开盘价比前一天收盘价低出许多。

开平盘 指今日的开盘价与前一营业日的收盘价相同。

盘档 是指投资者不积极买卖，多采取观望态度，使当天股价的变动幅度很小，这种情况称为盘档。

整理 是指股价经过一段急剧上涨或下跌后，开始小幅度波动，进入稳定变动阶段，这种现象称为整理，整理是下一次大变动的准备阶段。

盘整 股价经过一段快捷上升或下降后，遭遇阻力或支撑而呈小幅涨跌变动，做换手整理。

回档 是指股价上升过程中，因上涨过速而暂时回跌的现象。

反弹 是指在下跌的行情中，股价有时由于下跌速度太快，受到买方支撑暂时回升的现象。反弹幅度较下跌幅度小，反弹后恢复下跌趋势。

多头 对股票后市看好，先行买进股票，等股价涨至某个价位，卖出股票赚取差价的人。

空头 是指认为股价已上涨到了最高点，很快便会下跌；或当股票已开始下跌时，认为还会继续下跌,趁高价时卖出的投资者。

多头市场 也称牛市。就是股票价格普遍上涨的市场。

空头市场 亦称熊市。是指股价呈长期下降趋势的市场,空头市场中,股价的变动情况是大跌小涨。

多头陷阱 即为多头设置的陷阱,通常发生在指数或股价屡创新高,并迅速突破原来的指数区且达到新高点,随后迅速滑跌破以前的支撑位,结果使在高位买进的投资者严重被套。

空头陷阱 通常出现在指数或股价从高位区以高成交量跌至一个新的低点区,并造成向下突破的假象,使恐慌性抛盘涌出后迅速回升至原先的密集成交区,并向上突破原压力线,使在低点卖出者踏空。

多翻空 原本看好行情的多头看法改变,卖出手中的股票,有时还借股票卖出,这种行为称为翻空或多翻空。

空翻多 原本作空头者改变看法,把卖出的股票买回,有时还买进更多的股票,这种行为称为空翻多。

买空 预计股价将上涨,因而买入股票,在实际交割前,再将买入的股票卖掉,实际交割时收取差价或补足差价的一种投机行为。我国股市目前没有买空机制,欧美发达国家股市有这种机制。

卖空 预计股价将下跌,因而卖出股票,在发生实际交割前,将卖出股票如数补进,交割时,只结清差价的投机行为。我国股市目前没有卖空机制,欧美发达国家股市有这种机制。

利空 促使股价下跌,对空头有利的因素和消息。

利多 是刺激股价上涨,对多头有利的因素和消息。

套牢 是指预期股价上涨,不料买进后,股价路下跌;或是预期股价下跌,卖出股票后,股价却一路上涨,前者称多头套牢,后者是空头套牢。

抢短线 预期股价上涨,先低价买进后再在短期内以高价卖出。预期股价下跌,先高价卖出再伺机在短期内以低价再回购。

抬拉 用非常方法将股价大幅度抬起。通常大户在抬拉之后便大抛出以牟取暴利。

打压 是用非常方法将股价大幅度压低。通常大户在打压之后便大量买进以牟取暴利。

护盘 股市低落、人气不足时,机构投资大户大量购进股票,防止股市继续下滑的行为。

洗盘 是主力操纵股市,故意压低股价的一种手段,具体做法是,为了拉高股价获利出货,先有意制造卖压,迫使低价买进者卖股票,以减轻拉长压力,通过这种方法可以使股价容易拉高。

骗线 大户利用股民们迷信技术分析数据、图表的心理,故意抬拉、打压股指,致使技术图表形成一定线型,引诱股民大量买进或卖出,从而达到他们大发其财的目的。这种期骗性造成的技术图表线型称为骗线。

坐轿子 预测股价将涨,抢在众人前以低价先行买进,待众多散户跟进、股价节节升高后,卖出获利。

抬轿子 在别人早已买进后才醒悟,也跟着买进,结果是把股价抬高让他人获利,而自己买进的股价已非低价,无利可图。

下轿子 坐轿客逢高获利结算为下轿子。

反弹 股票价格在下跌趋势中因下跌过快而回升的价格调整现象,回升幅度一般小于下跌幅度。

斩仓(割肉) 在买入股票后,股价下跌,投资者为避免损失扩大而低价(赔本)卖出股票的行为。

平仓 投资者在股票市场上卖股票的行为。

建仓 投资者开始买入看涨的股票。

筹码 投资人手中持有一定数量的股票。

踏空 投资者因看淡后市,卖股票后,该股价却一路上扬,或未能及时买入,因而未能赚得利润。

跳水 指股价迅速下滑,幅度很大,超过前一交易日的最低价很多。

阴跌 指股价进一步退两步,缓慢下滑的情况,如阴雨连绵,长期不止。

跳空与回补 股市受强烈的利多或消息影响,开盘价高于或低于前一交易日的收盘价,股价走势出现缺口,称之为跳空;在股价之后的走势中,将跳空的缺口补回,称之为补空。

大盘上的红色、绿色、白字、黄线各代表的意义 证券行情实时显示系统上所显示的红色、绿色、白色和黄色是软件设计者为了便于分辨和识别而设定的,在不同情况下有不同的含义。

N、XD、XR、DR 分别表示什么 当投资者观看股票行情时, 往往会看到有些股票的名称前面突然冒出了英文字母,这些字母分别表示什么呢?让我们分别作出解释:

①当股票名称前出现了 N 字,表示这只股是当日新上市的股票,字母 N 是英语 New(新)的缩写。看到带有 N 字头的股票时,投资者除了知道它是新股,还应认识到这只股票的股价当日在市场上是不受涨跌幅限制的,涨幅可以高于 10%,跌幅也可深于 10%。这样就较容易控制风险和把握投资机会。

②当股票名称前出现 XD 字样时,表示当日是这只股票的除息日,XD 是英语 Exclud(除去)Dividend(利息)的简写。在除息日的当天,股价的基准价比前一个交易日的收盘价要低,因为从中扣除了利息这一部分的差价。

③当股票名称前出现 XR 的字样时,表明当日是这只股票的除权日。XR 是英语 Exclud(除去)Right(权利)的简写。在除权日当天,股价也比前一交易日的收盘价要低,原因在于股数的扩大,股价被摊低了。

④当股票名称前出现 DR 字样时,表示当天是这只股票的除息、除权日。D 是 Dividend(利息)的缩写,R 是 Right(权利)的缩写。有些上市公司分配时不仅派息而且送转红股或配股,所以出现同时除息又除权的现象。

第3章

题材板块解构

追踪热点板块

一个主题股或一个两个热点板块形成过程中，盘面上会形成下列特征：

①个股或整个板块成交量明显连续增加。

②股价波动连续增大，收盘时经常拉尾市或打尾市；开盘、中盘时也有此现象出现。

③某一板块的股价走势配合换手率的增加开始由弱转强。大盘下跌时，个股和板块不跌，大盘涨，板块涨势超大盘，该板块可能成为市场热点。

在判断是否为热点板块时，还要注意几点：

①热点形成的过程就是主力资金介入的过程，热点形成时间越长，持续时间也较长，或持续时间不长但板块股价上升幅度较大。

②股市不可能同时出现热点过多板块，如果出现市场同时疯狂炒作的情况，注意大盘是否出现一浪见顶信号。当新热点板块形成时，旧板块热点将进行调整。

③热点板块转移过程中，盘往往有一次较大调整，主力资金机构调整持仓结构，换股和板块操作。

股票行业板块

股票行业板块就是以行业作为标准进行归类的板块，例如钢铁板块、通讯板块、生物医药板块、高科技板块等。不同时期行业发展的状况会有所不同，国家的产业政策也会有所调整，二级市场在不同阶段也相应形成不同的行业板块热点。

行业板块往往随着行业状况变化而经常性地转化，投资者要把握行业板块转变的

规律及节奏，就必须时常关注国家产业政策的变化及各行业发展的动态，对一个经济发展时期的行业发展重点与发展规律具有相当的敏感，长期对行业发展的热点保持跟踪。

为了方便投资者把握行业板块，现将行业板块龙头股票整理如下：

1. 指标股

中国石油、工商银行、建设银行、农业银行、中国石化、中国银行、中国神华、招商银行、中国人寿、中国铝业、中国远洋、宝钢股份、中国国航、大秦铁路、中国联通、长江电力、海通证券、中国中冶

2. 金融、证券、保险

招商银行、浦发银行、民生银行、农业银行、深发展 A、工商银行、中国银行、中信证券、光大证券、宏源证券、陕国投 A、建设银行、华夏银行、中国平安、中国人寿

3. 地产

万科 A、金地集团、招商地产、保利地产、界龙实业、华侨城 A、金融街、中华企业、浦东金桥

4. 航空

中国国航、南方航空、上海航空、东方航空

5. 钢铁

三钢闽光、宝钢股份、武钢股份、鞍钢股份、华菱钢铁、方大特钢、广钢股份

6. 煤炭

中国神华、兰花科创、国投新集、开滦股份、兖州煤业、潞安环能、恒源煤电、国阳新能、西山煤电、大同煤业、山煤国际、平庄能源

7. 重工机械

中船股份、中国船舶、三一重工、安徽合力、中联重科、沪东重机、晋西车轴、柳工、振华港机、广船国际、山推股份、太原重工

8. 电力能源

长江电力、华能国际、国电电力、漳泽电力、大唐发电、国投电力

9. 汽车

长安汽车、中国重汽、一汽夏利、一汽轿车、安凯客车、上海汽车、江铃汽车、亚星客车

10. 有色金属

包钢稀土、中国铝业、山东黄金、中金黄金、驰宏锌锗、宝钛股份、宏达股份、厦门钨业、吉恩镍业、包头铝业、中金岭南、云南铜业、江西铜业、株冶火炬、中色股份

11. 石油化工

中国石油、中国石化、中海油服、海油工程、金发科技、上海石化

12. 农林牧渔

星河生物、北大荒、通威股份、顺鑫农业、隆平高科、中牧股份、新希望、中粮屯河、丰乐种业、金健米业、新赛股份、敦煌种业、新农开发、冠农股份、登海种业、科冕木业

13. 环保

龙净环保、菲达环保、三安光电、格林美

14. 航天军工

中国卫星、轴研科技、火箭股份、西飞国际、航天信息、航天通信、哈飞股份、八一钢铁、航天电子、成发科技、洪都航空

15. 港口运输

天津港、深赤湾、中国远洋、中海海盛、中远航运、上港集团、中集集团、宁波港

16. 新能源

天威保变、航天机电、银星能源、文山电力、丰原生化、北海国发、中信国安、金风科技、孚日股份、中核科技

17. 中小板

宁波海运、苏宁电器、东晶电子、思源电器、丽江旅游、华星化工、科华生物、大族激光、中捷股份、华帝股份、苏泊尔、七匹狼、航天电器、华邦制药

18. 电力设备

东方电机、岁宝热电、长源电力、京能热电、特变电工、平高电气、国电南自、华光股份、湘电股份

19. 科技类

新大陆、歌华有线、东方明珠、综艺股份、中信国安、方正科技、清华同方、金智科技

20. 高速类

赣粤高速、山东高速、福建高速、中原高速、粤高速、宁沪高速、皖通高速

21. 高铁类

中国北车、北方国际、粤水电、隧道股份、太钢不锈

22. 机场类

深圳机场、上海机场、白云机场

23. 建筑用品

南玻A、中国玻纤、长江精工、海螺型材

24. 水务

首创股份、南海发展、原水股份

25. 仓储物流运输

中化国际、铁龙物流、外运发展、中储股份、渤海物流

26. 水泥

巢东股份、海螺水泥、华新水泥、冀东水泥、同力水泥

27. 电子类

晶源电子、兴森科技、生益科技、法拉电子、新潮实业、华微电子、彩虹股份、广电电子、深天马A、东信和平

28. 软件

浪潮软件、用友软件、东软股份、科大讯飞、恒生电子、中国软件、金证股份、宝信软件

29. 超市

大商股份、华联综超、友谊股份、上海家化、武汉中百、北京城乡、大连友谊、新华传媒

30. 零售

新世界、豫园商城、王府井、广州友谊、新华百货、津劝业、重庆百货、银座股份、益民百货、中兴商业、东百集团、百联股份、武汉中商、西单商场、上海九百

31. 材料

北矿磁材、中科三环、星新材料、中材国际

32. 酒店旅游

华天酒店、黄山旅游、峨眉山、丽江旅游、锦江股份、桂林旅游、北京旅游、西安旅游、中青旅游、首旅股份、世纪游轮

33. 酒类

沱牌曲酒、山西汾酒、金种子酒、古井贡酒、洋河股份、贵州茅台、五粮液、张裕A、古越龙山、水井坊、泸州老窖

34. 造纸

ST石岘、岳阳纸业、华泰股份、晨鸣纸业

35. 啤酒

青岛啤酒、燕京啤酒、重庆啤酒、啤酒花、珠江啤酒

36. 家电

佛山照明、青岛海尔、四川长虹、海信电器、格力电器、美的电器、苏泊尔、华帝股份

37. 特种化工

新安股份、星新材料、华星化工、烟台万华、金发科技、三爱富、华鲁恒升

38. 化肥

盐湖钾肥、华鲁恒升、沙隆达A、柳化股份、湖北宜化、昌九生化、沧州大化、鲁西化工、沈阳化工

39. 3G

长电科技、中兴通讯、大唐电信、中国联通、亿阳信通、高鸿股份

40. 食品加工

双汇发展、华冠科技、伊利、第一食品、承德露露、安琪酵母、恒顺醋业、上海梅林、维维股份

41. 生物医药

华兰生物、上海莱士、华神集团、同仁堂、天士力、云南白药、东阿阿胶、九芝堂、吉林敖东、中汇药业、迪康药业、海南海药、信邦药业、江中药业、马应龙

42. 服装

探路者、雅戈尔、伟星股份、七匹狼、豫园商城、宜科科技、江苏三友

43. 通信光缆类

闽福发A、长江通信、浙大网新、特发信息、中创信测、东方通信、夏新电子、波导股份、新海宜、中电广通

44. 建筑与工程

宝新能源、中材国际、上海建工、中工国际、浦东建设、中色股份、空港股份、安徽水利、隧道股份、腾达建设、新疆城建、路桥建设、中铁二局

45. 股指期货

厦门国贸、弘业股份、美尔雅、万向钱潮

股票区域板块

区域板块以上市公司所处的不同区域进行区分，并将处于同一区域的上市公司进行归总。例如深圳本地股板块。

区域板块的形成，是由于各地区经济发展状况不一样，政府部门对上市公司的态度及具体政策有差别，以及有时市场主力刻意营造等原因导致的。因此，在一定时期某一地区上市公司的走势会显示出很强的联动性。最明显的例子莫过于在西部开发的国家战略决策下出现的“西部概念”板块。此外，少数民族地区板块，福建板块等区域板块也时常受到投资者关注。因此，投资者应适当关注区域经济发展的差别，特别是区域经济政策明显的新变化，从中把握市场热点。

海南板块　罗顿发展、罗牛山、海南高速、海德股份、正和股份、海南椰岛、海南航空、海峡股份、华闻传媒、海马股份、新大洲、中海海盛、海虹控股、海南海药等。海南的地价暴升，是海南板块走势最强劲的主要原因。

西藏板块　西藏发展、西藏旅游、西藏天路、西藏药业、奇正藏药、西藏矿业、西藏雅砻、五洲明珠等。

新疆板块　新疆城建、伊力特、中粮屯河、新农开发、美克股份、北新路桥、新疆天业、新疆众和、天富热电、啤酒花、天山股份、国统股份、新中基、新赛股份、友好集团、国际实业等。龙头是新疆城建。新疆板块个股太多，炒作资金分散，游资不够齐心，因此没有海南板块、西藏板块走势强劲，这或是其中一个原因。

安徽板块　皖通高速、方兴科技、海螺型材、丰乐种业、合肥城建、合肥百货、芜湖港、山鹰纸业、金马股份、安徽水利、铜峰电子等。

福建板块　新华都、厦门港务、漳洲发展、青山纸业、福建水泥、厦门信达、旭飞投资等。

成渝特区　重庆港九、四川路桥、渝开发、高新发展、国兴地产、成商集团、鹏博士、广宇发展、岷江水电等。

股票题材板块

在研究题材板块的划分标准时，通常特指由于某一些突发事件或特有现象而使部分

个股具有一些共同特征，例如，资产重组板块、灾后重建板块、反倾销板块、WTO板块等。市场要炒作就必须以各种题材做支撑，这已成了市场的规律。

根据有关市场人士的分析，常被利用的炒作题材大致有以下几类：

①经营业绩好转、改善；

②国家产业政策扶持，政府实行政策倾斜；

③将要或正在合资合作、股权转让；

④出现控股或收购等重大资产重组；

⑤增资配股或送股分红方案诱人；

⑥公司庞大的土地资产增值；

⑦其他。

对待题材板块应认真分析，有些具有实际意义，有些则是一时炒作，有些甚至是庄家刻意营造气氛掩护出货。对于大多数投资者而言，要想迅速鉴别题材的市场意义很困难，在难以把握其实质之前，还是观望为好。

股票业绩板块

区分业绩板块的标准是业绩的高低，例如绩优股板块、垃圾股板块、ST板块等。以业绩划分板块是非常重要的划分方法。无论怎样的市场热点，最终总要体现在上市公司的经营业绩上。推崇业绩是市场理性投资的出发点。业绩不断增长的个股理应受到追捧，这是选股的基本思路。因此，投资者应尽量购买绩优板块的股票，以确保投资风险小，收益大。

在实际操作中，请投资者注意两点：

①对绩优股的看法应有一个动态的观念。在1998年的操作中，很多中小投资者秉承了前两年追捧长虹、海尔之类老牌绩优股的习惯，大多还是在此类股票上进行长线投资，可一年下来，竟被深度套牢。究其原因，主要是没有动态看待老牌绩优股情况的变化：经过一轮大行情的炒作，像长虹、海尔之类的个股市盈率大多已经偏高，投资价值已大打折扣；由于家电等成熟行业竞争的加剧，这些行业上市公司已很难保持快速的增长，业绩能维持现状或跟上股本扩张的速度已属不易，无法通过业绩的提升来降低市盈率。在这种背景下，再以静态的绩优观念追捧此类股票，套牢其中，在所难免。

②应辩证地看待绩差股，尤其是ST板块的股票。相当一部分投资者对绩差股谈虎色变，唯恐避之不及。这大可不必。1998年盈利丰厚的个股很多来自绩差股，“绩差股+资产重组=绩优股”这一炒作理念已得到市场的认可。因此投资者对待绩差股的观念不能太绝对化，应尽可能地选择一些自己比较熟悉的绩差股，认真鉴别是否进行实质性的资产重组，在避免碰上像琼民源之类“停牌概念股”的同时，也努力挖掘一些有潜力的重组股。

第4章

看庄跟庄技巧

看懂庄家操作手法

在股市大盘向上的过程中,个股轮炒是一种常见的现象,如果把握得当,投资者可以把一个牛市当成两个牛市来做,获利会非常丰厚。发现庄家大牛股其实并不难。一般来讲,被庄家看中的股票通常是投资者不太注意的股票,在低位横盘已久,每日成交量呈现为豆粒状,如同进入冬眠一样。但恰恰是这类股票,一旦醒来,就会有如火山爆发一样,爆发出大幅飚升行情。任何一个庄家的操作思路不外乎经历以下几个阶段:

1. 目标价位以下低吸筹码阶段

只要投资者掌握有关庄股的活动规律,获大利并不难。在这一阶段,庄家往往极耐心地、静悄悄地、不动声色地收集低价位筹码,这部分筹码是庄家的仓底货,是庄家未来产生利润的源泉,一般情况下庄家不会轻易抛出。这一阶段的每日成交量极少,且变化不大,均匀分布。在吸筹阶段末期,成交量有所放大,但并不是很大,股价呈现为不跌或即使下跌,也会很快被拉回,但上涨行情并不立刻到来。因此,此阶段散户投资者应保持观望为好,不要轻易杀入以免资金呆滞。

2. 试盘吸货与震仓打压并举阶段

庄家在低位吸足了筹码之后,在大幅拉升之前,不会轻举妄动,庄家一般先要派出小股侦察部队试盘一番,将股价小幅拉升数日,看看市场跟风盘多不多,持股者心态如何。随后,便是持续数日的打压,震出意志不稳的浮码,为即将开始的大幅拉升扫清障碍。否则,一旦这些浮码在庄家大幅拉升时中途抛货砸盘,庄家就要付出更多的拉升成本,这是庄家绝对不能容忍的。因此,打压震仓不可避免。

在庄家打压震仓末期,投资者的黄金建仓机会到来了。此时,成交量呈递减状况且比前几日急剧萎缩,表明持股者心态稳定,看好后市,普遍有惜售心理。因此,在打压震仓末期,趁K线为阴线时,在跌势最凶猛时进货,通常可买在下影线部分,从而抄得牛股大底。

3. 大幅拉升阶段

这一阶段初期的典型特征是成交量稳步放大，股价稳步攀升,K线平均线系统处于完全多头排列状态,或即将处于完全多头排列状态,阳线出现次数多于阴线出现次数。如果是大牛股则股价的收盘价一般在5日K线平均线之上,K线的平均线托着股价以流线型向上延伸。这一阶段中后期的典型特征是,伴随着一系列的洗盘之后,股价上涨幅度越来越大,上升角度越来越陡,成交量越放越大。若有量呈递减状态,那么,这类股票要么在高位横盘一个月左右慢慢出货,要么利用除权使股价绝对值下降,再拉高或横盘出货。当个股的交易温度炽热,成交量大得惊人之时,大幅拉升阶段也就快结束了,因为买盘的后续资金一旦用完,卖压就会倾泄而下。因此,此阶段后期的交易策略是坚决不进货,如果持筹在手,则应时刻伺机出货。

4. 洗盘阶段

洗盘阶段伴随着大幅拉升阶段同步进行,每当股价上一个台阶之后,庄家一般都洗一洗盘,一则可以使前期持筹者下车,将筹码换手,提高平均持仓成本,防止前期持筹者获利太多,中途抛货砸盘,从而使庄家付出太多的拉升成本。二则提高平均持仓成本对庄家在高位抛货离场也相当有利,不至于庄家刚一出现抛货迹象,就把散户投资者吓跑。此阶段的交易策略应灵活掌握,如是短暂洗盘,投资者可持股不动,如发现庄家进行高位旗形整理洗盘,则洗盘过程一般要持续11~14个交易日左右,则最好先逢高出货,洗盘快结束时,再逢低进场不迟。

5. 抛货离场阶段

此阶段K线图上阴线出现次数增多,股价正在构筑头部,买盘虽仍旺盛,但已露疲弱之态,成交量连日放大,显示庄家已在派发离场。因此,此时果断出仓就成为投资者离场的最佳时机。此阶段跟进者则冒了九死一生的风险,实为不智之举。

教你估算庄家仓位

一只股票的升幅,在一定程度上是由介入的资金量的大小来决定的。庄家动用的资金量越大，持有的筹码越多，日后的升幅越可观。而一些庄家持有流通筹码往往不足20%,操作上往往浅尝辄止,投资者见涨追进时股价已经见顶,参与价值不大。那么,如何估算庄家仓位轻重呢?市场分析人士经常称某股“庄家已经控盘”,其依据何在?既然我们无法打开庄家的账户看,不妨通过其他方法来帮助判断。

1. 根据吸货期的长短来判断

对吸货期很明显的个股，简单算法是将吸货期内每天的平均成交量乘以吸货期,即可大致估算出庄家的持仓量,庄家持仓量=吸货期×吸货期每天平均成交量(忽略散户的买入量)。从等式看,吸货期越长,庄家持仓量越大;每天成交量越大,庄家吸货越多。因此,若投资者看到上市后长期横盘整理的个股,通常为黑马在默默吃草。有些新股不经过充分的吸货期,其行情往往难以持续。近期出现大批新股短期走势极强、市场呼声极高,但很快即走软的现象,例如西泵股份上市日最高价曾达到43元,但之后很快回落。与之类似的还有中国西电、海普瑞、新亚制程。可以说,没有经过主力充分吸筹期,行情必然难以长久,投资者对多数新股不妨等其整理数个月之后再考虑介入。

2. 根据换手率来判断

在低位成交活跃、换手率高、而股价涨幅不大的个股,通常为庄家吸货。期间换手率越大,主力吸筹越充分。此外,“量”与“价”似乎为一对互不相让的小兄弟,只要“量”先走一步,“价”必会紧紧跟上“量”的步伐,投资者可重点关注“价”暂时落后于“量”的个股。对刚上市的新股是否值得参与,可重点关注其上市后的换手率,凯迪电力上市当日换手率高达80%,大量的短线资金介入使该股在弱市中表现突出。

3. 根据大盘整理期该股的表现来分析

有些个股吸货期不明显,或是老庄卷土重来,或是庄家边拉边吸,或是在下跌过程中不断吸,难以明确划分吸货期。这些个股庄家持仓量可通过其在整理期的表现来判断。

4. 根据上升过程中的放量情况来判断

一般来说,随着股价上涨,成交量会同步放大,某些庄家控盘的个股随着股价上涨,成交反而缩小,如2010年8月末太原刚玉、2009年11月下旬中钢天源等上涨过程中成交反而萎缩,这些个股后市表现有目共睹。对这些个股可重势不重价:庄家持有大量筹码,在未放大量之前即可一路持有。

主力试盘也会露“马脚”

主力吸货完毕之后,并不是马上进入拉升状态。虽然此时提升的心情十分急切,但还要最后一次对盘口进行全面的试验,称作“试盘”。

一般主力持有的基本筹码占流通盘的45%~50%,剩余的55%~50%在市场中。在较长的吸货阶段,主力并不能肯定在此期间没有其他的主力介入,通常集中的“非盘”如果在10%~15%以上,就会给主力造成不小的麻烦。在操作过程中这种情况十分常见。经常两个主力几乎在同时介入,持仓比例都差不多,吸货阶段都十分吃力。常常到最后这只股不错,但就是不涨,上下震荡,成交量时大时小。这类股多半是几个主力碰了头,彼此相互制约。如1998年2月,两个主力同时看好南京某股票,当时该股只有3000万股的流通盘,双方在吸货之后,都已持仓近千万股,这可进退两难了。由于大主力之间进行“合作”几乎不可能,所以该股上下震荡至今,不能顺利上攻,成了一块“鸡肋”,食之无味,弃之可惜。所以必须“试盘”。

试盘的方法一般是主力用几笔大买单，把股价推高，看看市场的反应。主力将大买单放在买二或买三上，推动股价上扬，此时看看有没有人在买一上抢货，如果无人理，就说明盘面较轻，但股性较差；如果有人抢盘，而且盘子较轻，就成功了一半。紧接着主力在拉升到一定的价位时，忽然撤掉下面托盘的买单，股价突然地回落。而后，主力再在卖一上压下一个大卖单，这时股价轻易下挫，这说明无其他主力吃货。在推升过程中，盘中有较大的抛压，这时主力大多先将买盘托至阻力价位之前，然后忽然撤掉托盘买单，使股价下挫。如此往复，高点不断降低，该股的持有者会以为反弹即将结束。突然主力打出一个新高之后，又急转直下，此时比前期高点高，眼看很快要跌回原地，非盘再不敢不减仓了，于是集中的抛单被拆散了。

比如：某大户的持股成本在10元左右（与主力的成本相近），共15万股。主力在11元左右开始试盘，连续几日从11元多下触10元，有一天突然破位下行到9.8元，此时大户减磅3万。紧接着又猛地拉起到10.80元，大户认为应该拿回筹码，于是买回1万股。而后股价又拉至11.80元，大户还未来得及高兴，就又跌到10元。大户感到抛压太大，又减磅4万，至此，大户持仓是15-3+1-4=9万的筹码，而且平均成本比过去高多了。这样在11元的抛盘由15万变成了零。

试盘的种种情况探明了市场中的持仓情况。股性死板没有关系，在大盘弱势中逞强，强势中压盘就能很快地活跃起来。

不要忽略主力护盘的小动作

在大盘下跌时最能体现出个股的强弱，投资者从盘面中观察有无主力护盘动作，从而可判断出主力有无弃庄企图。有些个股在大盘下跌时犹如被人遗弃的孤儿，一泄千里，在重要的支撑位、重要的均线位毫无抵抗动作，说明主力已无驻守的信心，后市自然难以乐观，有些个股走势则明显有别于大盘，主力成为“护盘功臣”，此类个股值得重点关注。一般来说，有主力护盘动作的个股有以下特征：

1. 以横盘代替下跌

主力护盘积极的个股，在大盘回调、大多数个股拉出长阴时，不愿随波逐流，而是保持缩量整理态势，等待最佳的拉抬时机。

2. 拉尾市

拉尾市情况较复杂，应区别来分析，一般来说，若股价涨幅已大，当天股价逐波走低，在尾市却被大笔买单拉起的个股宜警惕。此类个股通常是主力在派发之后为保持良好的技术形态而刻意而为。有些个股涨幅不大，盘中出现较大的跌幅，尾市却被买单收复失地，则应为主力护盘的一种形式。

但是股市是一个复杂的博弈场所，人人皆知的结论就会被人加以利用。前几年出现的所谓“涨停板敢死队”，其获利的秘诀就是利用了这一个规律。几个大户联合起来在尾市共同拉升一支股票直至涨停，引起广大股民的关注，第二天当追涨的资金进入时，“敢死队员们”趁势获利了结，短期获利。因此，再次提醒本书的读者，在股市中赚钱，绝不能教条地使用任何结论和方法，而是要用心体会，灵活运用。

3. 顺势回落，卷土重来

有些主力错误地估计了大盘走势，在大盘回调之际逆市拉抬，受拖累后回落，若线图上收带长上影的K线，但整体升势未被破坏，此类“拉升未遂”的个股短期有望卷土重来。

抓住主力介入的“大黑马”

对于散户投资者来说，要想在股市中获利，就要能及时准确地捕捉黑马股，而黑马股都是庄家在暗箱中培养的，那么如何发觉大主力庄家介入“黑马”呢？技术上有几种明显信号。

①一只股票股价长期下跌，股价止跌回升，上升时成交量放大，回档时成交萎缩，日K线图上呈阳线多于阴线。阳线对应的成交量呈明显放大特征，用一条斜线把成交量峰值相连，明显呈上升状。这些特征表明主力庄家处于收集阶段，每日成交明细表中可以见抛单数额少，买单大手笔数额多。这表明散户在抛售，而有只“无形的手”即主力庄家在入市吸纳，收集筹码。

②观察一下K线图，此时股价形成圆弧底，成交量越来越小。这时眼见下跌缺乏动力，主力悄悄入市收集，成交量开始逐步放大，股价因主力介入而底部抬高。成交量仍呈斜线放大特征，每日成交明细表留下主力痕迹。

③当股价在低迷中徘徊时，上市公布利空。股价大幅低开，引发广大中小散户抛售，大主力介入股价反而上扬，成交量放大，股价该跌时反而大幅上扬，唯有主力庄家才敢逆市而为，可确认主力介入。

④股价呈长方形上下震荡，上扬时成交量放大，下跌时成交量萎缩，经过数日洗筹后，主力庄家耐心洗筹吓退跟风者，后再进一步放量上攻。

细致观察买卖盘

市场中，投资者经常谈论的热门话题之一便是主力的动向，把好“主力脉”，便有了收益的保障。探寻主力动向的方法很多，但许多投资者都忽视了就在我们身边可以准确观察主力动向的窗口，那就是个股交易的买卖盘，具体操作中就是一只股票委托买入的价格、数量及委托卖出的价格、数量的反映。目前我们使用的钱龙交易系统可以为投资者提供三档的买卖盘情况，即个股当时走势中买一、买二、买三对卖一、卖二、卖三。这种买卖盘是个股庄家的"发言"场所，其动向在这里经常暴露。

1. 巨大抛单被吃掉的情形，很可能是庄家在建仓

当某只股票长期在低迷状况中运行，某日股价有所启动，而在卖盘上挂出巨大抛单(每笔经常上百、上千手)，买单则比较少，此时如果有资金进场将挂在卖一、卖二、卖三档的压单吃掉，可视为是主力建仓动作。

注意，此时的压单并不一定是有人在抛空，有可能是庄家自己的筹码，庄家在造量，在吸引投资者注意。此时，如果持续出现卖单挂出便被吃掉的情况，那便可反映出主力的实力。投资者要注意，如果想介入，千万不要跟风追买卖盘，待到大抛单不见了，股价在盘中回调时再介入，避免当日追高被套。主力有时卖单挂出大单，也旨在吓走持股者。无论如何，在低位出现上述情况，介入一般风险不大，主力向上拉升意图明显，短线有被浅套可能，但终能有所收益。与上述情况相反，如果在个股被炒高之后，盘中常见巨大抛单，卖盘一、二、三档总有成百、上千手压单，而买盘不济，此时便要注意风险了，一般此时退出，可有效地避险。

2. 大抛单下压股价后又被迅速拉起，很可能是庄家在试盘

当某只股票在某日正常平稳的运行之中，股价突然被盘中出现的上千手的大抛单砸至跌停板或停板附近，随后又被快速拉起。或者股价被盘中突然出现的上千手的大买单拉升然后又快速归位，出现这些情况则表明有主力在其中试盘，主力向下砸盘是在试探基础的牢固程度，然后决定是否拉升。

试盘前面已经说到过，但是这里不妨再解释一下。庄家在拉升股价之前，为了避免给散户抬轿子，就要尽可能把不坚定的浮筹吸纳到自己的手中，以便自己的利益最大化。怎样才能知道浮筹已被吸纳殆尽了呢？试盘的目的就是为了解答这个问题。如果打压股价后，卖盘踊跃而买盘稀少，说明股价的底部还不牢固，还有下跌的空间，庄家会趁势进一步打压，以便在更低的价位获取筹码；反之，如果打压股价后，买盘踊跃而卖盘稀少，说明股价的底部基础很牢固，再无下跌的空间，庄家为避免散户得到便宜的筹码，会大幅拉升股价。这就是庄家试盘的基本思路。

该股如果在一段时期内总收下影线，则主力向上拉升的可能性大，反之主力出逃的可能性大。我们知道下影线代表了多方的力量，如果庄家试盘时先打压后拉升，在K线上的体现就会留下一根较长的下影线。

3. 连续下跌后出现的大买单，是典型的庄家护盘

某只个股经过连续下跌，出现了经常性的护盘动作，在其买一、买二、买三档常见大手笔买单挂出，这是绝对的护盘动作，但这不意味着该股后市止跌了。因为在市场中，股价护是护不住的，"最好的防守是进攻"，主力护盘，证明其实力欠缺，否则可以推升股价。此时，该股股价往往还有下降空间。但投资者可留意该股，因为该股"套住了庄"，一旦市场转强，这种股票往往一鸣惊人。

第 5 章

资金管理诀窍

运用长期无压力资金炒股

投资的第一要点，是要运用无压力资金炒股，这个道理很简单，投资的缺省前提至少是生活无虞。投资者任何时候都不能把自己放置在一个危险的境地，所谓背水一战、置之死地而后生，都不是资本市场应该采取的态度。这样的态度，可能一时成功，但最终必然失败。

投资者应该明白，一个仓位的建立乃至持有，一切的努力最终都是为资金管理服务的，投资最终的目的不是股票本身，而是资金。没收回资金，一切都没意义。股票都是废纸。对资金的任何疏忽都会造成不可挽回的损失。任何人必须明确的是，多大的资金在市场中都不算什么，而且，资金是按比例损失的，一万亿元和一万元按比例损失，变成 0 的速度是一样的。无论多大的资金，要被消灭，可以在举手之间，因此，永远保持最大的警觉，这是资金管理最大的、最重要的一点。没有这一点，一切管理都是无用的。

那么，什么是压力资金？

①在某个特定日期必须如数收回的钱。

②用来保障生活的钱，例如仅存的一两万家底。

从操作上讲，借来的钱往往使投资者不敢止损，当股价下跌时，反而加码补仓以求摊平成本，结果越套越深造成恶性循环。

为什么不敢止损？因为这些钱是有压力的，是只能赚不能赔的钱，所以操作者会不知不觉与正常的投资程序背道而驰。

加了安全绳的保本投资

对于散户投资者来说，保本投资法是一种必知的避免血本耗尽的操作方法。需要注

意的是,保本投资的“本”和一般生意场上“本”的概念不一样,并不代表投资人用于购买股票的总金额,而是指不容许亏蚀净尽的数额。在实际操作中,用于购买股票的总金额,人人各不相同,即使购买同等数量的同一种股票,不同的投资者所用的资金也大不一样。通过银行融资买进的投资者所使用的金额,只有一般投资者所用金额的一半;以垫款买进(当然是非法的)的投资者所用的金额,更是远低于一般投资者所用的金额。所以“本”并不是指买进股票的总金额。“不容许亏蚀净尽的数额”则是指投资者心中主观认为在最坏的情况下不愿被损失的那一部分,即所谓损失点的基本金额。

这项保本投资法的一个基本假设是,任何人的现金都是有限度的。因为它的关键不在于买进而在于卖出的决策。为了作出明智的卖出决策,保本投资者必须首先定出自己心目中的“本”,即不容许亏损净尽的那一部分。其次,投资者必须确定获利卖出点,最后必须确定停止损失点。比如,若某股票投资者心目中的“本”定为投资总额的1/2。那么他的获利点即为所持股票市价总值达到最初投资额的150%时,此时该股票投资者可以卖出持股的1/3,先保其本。然后,再定所剩下的“本”,比如改订为20%,它表示剩下的持股再涨20%时,再予卖掉1/6,即将这一部分的“本”也保下来了。以此类推,再订出还剩的持有股票的本。上述获利卖出点的确定是针对行情上涨时所采用的保本投资法策略。至于行情下跌时,则要确定停止损失点。

停止损失点其实也就是我们常说的止损点,它是指当行情下跌到达股票投资者的心目中的“本”时,即予卖出,以保住其最起码的“本”的那一点,如假定某股票投资者确定的“本”是其购买股票金额的80%,那么行情下跌20%时,就是股票投资者采取“停止损失”措施的时候了,即全身而退以免蒙受过多亏损。这就是保本投资法的关键在于卖出决策的道理所在。

这种方法比较适用于经济景气明朗时,股价走势与实质因素显著脱节时,以及行情变化怪异难以估量时,操此法进行投资的人,切忌贪得无厌。

西方流行的资金三分法

关于投资资金的管理,大家都是在不断地摸索中。现在在西方各国,如美国最流行的三分法是:三分之一的现金存入银行以备急需,三分之一的现金购买债券、股票等有价证券作长期投资,剩下的三分之一投资于房地产等不动产,因为一般情况下房地产只会增值而不会贬值,这部分投资可以作为准备金和后备基金,以备其他投资蚀本时用以保本或翻本。

在有价证券的投资上,投资者也往往将三分之一用来购买安全性高的债券或优先股,三分之一购买有发展前途的成长型股票,三分之一购买普通股票,以分散风险并取得差价收益。

目前我国的房地产市场尚未发育成熟,投资者可以把三分之一资金用于银行存款或持有现金,三分之一购买安全性高的债券,三分之一购买股票,只要投资者能按一定的比例适当分配手中的资金,就能以钱养钱,并能最大限度地抓住获利机会。

“拨档子”投资法

所谓“拨档子”是指投资者先卖出自己所持有的股票，待其价位下降之后，再买入补回的一种以多头降低成本保存实力的方法。投资者“拨档子”并不是对后市看坏，也不是真正有意获利了结，只是希望趁价位高时先行卖出，以便自己赚自己一段差价。通常“拨档子”卖出与买回之间相隔不会太久，短则相隔一天即予回补，长则可能达一两个月之久。

“拨档子”的动机有两种。其一为行情上涨一段后卖出，回降后补进的“挺升行进间拨档”；其二为行情挫落时，趁价位仍高时卖出，等价位跌低时再予回补的“滑降间拨档”。前者系多头推动行情上升之际，见价位已上升不少，或者遇到沉重的压力区，干脆自行卖出，希望股价回落，以化解涨升阻力，待方便行情时再度冲刺；后者则为套牢多头，或多头自知实力弱于卖方，于是在股价尚未跌低之前，先行卖出，等价位跌落后，再买回。

“拨档子”做对了，可降低成本，增加利润，万一做错了则吃力不讨好。通常的做法应是见好就收，以免成为压低行情，白白让别人捡便宜货。

轻易不要进行满仓操作

满仓，就是把账户中所有用来炒股的钱都买成了股票。一般认为，这是炒股的大忌，不仅会带来较大投资风险，而且日后有了更好的投资机会也容易因资金不足而错过。

在中国股市中，满仓买入是中小散户较为偏爱的操作方式，实际上，这种投资方式存在很大弊端：第一，难以保持心态稳定；第二，被套后难以补仓自救；第三，一旦新的热点产生无法及时跟进。最重要的是当阶段性热点生成时，往往是以新的热点来带动市场人气的，而这时你手中套牢的股票一般来讲都是过时了的。

股市最吸引人的魅力是不断地向人们提供巨大的获利机会，尤其在某一区域震荡期间。满仓操作最大的缺陷是自己常常处于被动挨打的地步。一个百点的大阴棒杀将下来，单日狂震上百点，没有现金就只有观望的份儿了，而半仓操作则显得游刃有余。所以，在方向仍未明朗时，应以半仓操作为佳。

我们强调，凡事要留有回旋余地，方能进退自如。对于散户而言，投入股市的钱如果都是积存数年甚至十数年所得，一旦满仓被套，巨大的心理压力下造成的忧虑情绪必将影响对后市行情的分析判断，最后结果不言而喻。其实，满仓做多就是贪心的一种具体表现。不放过任何机会和利润的操作意图，结果往往是被迫放弃更加多的机会。

因此，满仓时投资者的精神压力会陡然加大，心态容易变坏。天有不测风云，股市瞬息万变，只有根据行情的变化合理控制仓位，才能控制风险。

让我们来看一下满仓操作与轻仓操作的风险对比：

①假设获胜率为55%。那么满仓操作亏损的可能性为81.82%，当资金分成10份时亏损的可能性为13.44%。

②假设获胜率为60%。那么满仓操作亏损的可能性为66.67%，当资金分成10份时亏损的可能性为1.73%，当资金分成7份后风险下降明显减缓，继续将资金细分的意义就不大了。

是否满仓操作，不能一概而论，应该取决于市场环境。如果身处牛市，就应该满仓操作，以充分分享牛市成果，实现投资收益最大化。反之，如果身处熊市，最好控制在25%以内的仓位，进行反弹浪的操作，以有效回避市场系统性风险。

第6章

盘口异动解读

量价不规则异动

选择目标股票的方法就是捕捉盘中量价大幅度异常波动的股票。看盘,看盘看什么?就是看量价异动。大盘与个股量能的大小往往代表大盘机会度与个股活跃度的大小,追踪成交量是投资者掌握盘面信息的直接资料与管理资金投入度的关键。

①在个股短线技术形态或者题材时间配合良好的个股,一旦出现量比突增的情况,应该保持适量的套利性质注意。

②在大盘处于强势背景情况(波段均线向上,市场放量大涨)下,两市成交量最靠前的个股值得高度的短线注意。

③大量大K线代表K线的有效性,大量小K线代表K线的反向性,无量的走势基本属于走势随意性。

④在个股的技术指标不好的情况下,无量匀幅上涨的个股值得中线关注。

此外投资者还应注意的实战盘口中常见的量价异动有:

①红包:这是转仓、降温、操作暗号。盘中某股票在较低的位置突然莫名其妙地巨量成交,而且成交后股价被迅速拉起恢复原状。这种现象在股市中实在太多。该种异动现象隐含着以下几方面的可能,对投资者来说是一种获利的大好机会:坐庄机构不同分仓席位间进行转仓布局;制造最低价做价格类指标之技术骗线;庄家向关系户发放红包、变相送礼;坐庄主席位向各分仓席位发出攻击或撤退的做盘信号。

②低盘、巨量、长阳:这是洗盘、震仓、收集信号。某股票当日突然大幅低开,市场中该股的投资者莫名其妙。首先想到的就是可能有利空。但是该股盘中却不断巨量成交,股价不断上行,让不明真相产生了恐慌的投资者有出局的机会。最终该股以长阳报收。如此,庄家既达到快速收集筹码的目的,同时又很好地震了仓。

上压板和下托板

大量的委卖盘挂单被称为上压板；大量的委买盘挂单被称为下托板，这是一种口语化的叫法。无论上压下托，其目的都是为了操纵股价，诱人跟风，且股票处于不同价区时，其作用是不同的。

当股价处于刚启动不久的中低价区时，主动性买盘较多，盘中出现了下托板，往往预示着主力做多意图，可考虑介入跟庄追势；若出现了下压板而股价却不跌反涨，则主力压盘吸货的可能性偏大，往往是大幅涨升的先兆。

当股价升幅已大且处于高价区时，盘中出现了下托板，但走势却是价滞量增，此时要留神主力诱多出货；若此时上压板较多，且上涨无量时，则往往预示顶部即将出现股价将要下跌。

连续出现的单向大买卖单

出现连续的单向大买单时投资者就要注意了，这显然非中小投资者所为，而大户也大多不会如此轻易买卖股票而滥用自己的钱。

大买单数量以整数居多，但也可能是零数。但不管怎样都说明有大资金在活动。比如用大的买单或卖单告知对方自己的意图，像666手、555手，或者用特殊数字含义的挂单比如1818手(要发要发)等，而一般投资者是绝不会这样挂单的。

大买单相对卖单较小且并不因此成交量有大幅改变，一般多为主力对敲所致。成交稀少的较为明显，此时应是处于吸货末期，进行最后打压吸货之时。大买单相对卖单较大且成交量有大幅改变，是主力积极活动的征兆。如果涨跌相对温和，一般多为主力逐步增减仓所致。

涨停板出货

涨停板真是让人又爱又恨。涨停板出货的盘口特征是，涨停价以下买档，有连续较大买盘或者单独非常大买盘，但是这些买盘不主动封住涨停板，任凭股价在涨停价位反复打开，并且涨停价上卖单不断。

这种异动的原理是，股价在上涨到相对高位后，某日冲击涨停板。主力用大买单在涨停价以下顶住，而在涨停价位由散户接盘，自己出货。这种挂单手法的破绽是主力有能力封停却不封停。涨停板出货和涨停板吸筹盘口特征差不多，二者的区别在于股价所处的不同位置。

大买单独顶

这种异动的盘口特征是，卖盘有连续较大卖单，但前三档买单处却只有一个较大买单单独顶住。

这种挂单说明主力希望横盘不下跌。上档有数个较大卖单，主力故意做出抛压沉重的样子，但是上方的大卖单却不主动打压下方的大买单，说明买卖大单均为主力自己故意挂的。上方挂数个大卖单，下方又有一个大买单，散户一般会犹豫，因此可能会采取观望态度。而即使卖出，主力下方的大买单也愿意接下，说明股价目前还处于上涨阶段，主力希望维护股价稳定，哪怕再吃点儿筹码也无所谓。

大单顶出货

这种异动的盘口特征是，买盘买一以下全是大买单，但卖盘却只有卖一有较大卖单，其余卖档挂单较正常，并且卖一大卖单吃掉后又反复出现。

大单顶出货是主力的一种很典型的出货方式，一般出现在主力高度控盘的股票上。买盘买一以下全部挂大买单，普通投资者要想买股票，必须向上主动买挂在卖一处的主力大卖单，并且大卖单被吃完后又有新卖单出现，表示主力在源源不断地出货。当然股价分时上也有可能在散户推动下上涨，但主力出货意图却是非常明确的。如果股价已经处于高位，则这种挂单危险性更大。

特殊数字挂单

这是大资金活动的明显特征：股价在盘口买卖单上挂出比较特殊的买卖手数，比如888、555、666、999、111、444、333等特殊数字。

为什么会出现这样的特殊数字挂单呢？这有可能是操盘手给分仓机构发出的约定信号，也有可能是主力骗筹和出货的信号，也有可能是护盘信号，也有可能是散户自娱自乐信号。需根据股价所处不同阶段、当时大盘走势、特殊挂单数量大小等，加以综合判断。

对倒限价出货

实际操作中会遇到一种情况是,当日股价大幅上涨后,突然被一大卖单打压到某一价位,然后在该价位下方买一以下有连续的相对大买单顶住,而卖一该价位处大卖单被吃掉后又连续不断出现。股价不动,而成交量持续放大。

这是主力对倒出货手法,一般出现在短线热门股中。由于该股票属于当时热门股,而股价当日涨幅较大时散户后悔没有跟风,而当主力突然将股价直线打压到某一较低价位,市场跟风资金贪便宜大量买入。主力便在该价位源源不断出货。为了制造买盘踊跃假象,主力也会少量对倒买进。分时图表现为股价不动,成交量持续不断。直到该价位买盘枯竭时,主力才会进一步采取诱多或者打压操作。

买二、买三、卖二、卖三解读

盘面中不断有大挂单在卖三、卖二处挂出,并且价位不断上移,最后突然一笔大买单(至少200手以上)一口吃掉所有挂单,出现短线大幅拉升,此时主力用意有二:一方面显示自己的资金实力;另一方面引诱跟风者持续跟入,减少资金过多介入,利用合力形成技术共振,减少拉升压力。

走势看盘篇

当股民投资一只股票时，不但要关心股票的股价，更要关心这只股票的基本面。所谓基本面是指对宏观经济、行业和公司基本情况的分析。宏观经济运行态势反映出上市公司整体经营业绩，也为上市公司进一步的发展确定了背景，因此宏观经济与上市公司及相应的股票价格有密切的关系。上市公司的基本面包括财务状况、盈利状况、市场占有率等各个方面。这些都可能会引起股价变动，因此也是股民必须考虑的问题。本篇详述了可能影响股价涨跌的各种因素，如经济周期、经济指标、经济走势等，希望投资者能够逐渐培养驾驭全局的战略眼光，迅速成为看盘高手！

第7章

财务报表分析

炒股之前先作财务分析

进行股票投资的投资者在研究如何衡量股价以前，应先了解股票发行公司的财务报表。不论买卖股票的动机是从事投资或进行投机；不论从事交易的方式为长线或短线交易，你至少应晓得资产负债表及损益表上面各项数字所代表的含义，如果能进一步进行简单的财务比率分析，那就更能了解发行公司的运营情况、财务情况及盈利情况了。

从传统股票投资学的定义看，股价即为发行公司"实质"的反映，而发行公司的实质，就是它的运营情况、财务情况及盈利情况。了解这些情况的最直接最方便的办法，便是从发行公司的财务分析着手。

了解发行公司的财务状况和经营成效及其股票价格涨落的影响，是投资者进行决策的重要依据。

所谓股票投资的财务分析，就是投资者通过对股份公司的财务报表进行分析和解释，以了解该公司的财务情况、经营效果，进而了解财务报告中各项的变动对股票价格的有利和不利影响，最终作出投资某一股票是否有利和安全的准确判断。因此，一般认为，财务分析是基本分析的一项重要组成部分。

财务分析的对象是财务报表，财务报表主要包括资产负债表和损益表。从这两种表中着重分析以下四项主要内容：

1. 公司的获利能力

公司利润的高低、利润额的大小，是其有无活力、管理效能优劣的标志。作为投资者，购买股票时，当然首先是考虑选择利润丰厚的公司进行投资。所以，分析财务报表先要着重分析公司当期投入资本的收益性。

2. 公司的偿还能力

目的在于确保投资的安全。具体从两个方面进行分析：一是分析其短期偿债能力，看其有无能力偿还到期债务，这一点须从分析、检查公司资金流动状况来下判断；二是分析其长期偿债能力的强弱，这方面是通过分析财务报表中不同权益项目之间的关系权益与收益之间的关系、以及权益与资产之间的关系来进行检测的。

3. 公司扩展经营的能力

即进行成长性分析，这是投资者选购股票进行长期投资最为关注的重要问题。

4. 公司的经营效率

主要是分析财务报表中各项资金周转速度的快慢，以检测股票发行公司各项资金的利用效果和经营效率。

资产负债表是重中之重

首先，我们要知道资产负债表各项目是怎样填列的。报表中的"年初数"栏内各项数字，根据上年末资产负债表"期末数"栏内所列数字填列。若本年度资产负债表各个项目的名称和内容同上年度不相一致，则应对上年末资产负债表各项目的名称和数字按照本年度的口径进行调整，填入报表中的"年初数"栏内。资产负债表各项目的内容有：

"货币资金"项目　反映企业库存现金、银行结算户存款、外埠存款、银行汇票存款、银行本票存款和在途资金等货币资金的合计数。

"短期投资"项目　反映企业购入的各种能随时变现，持有时间不超过 1 年的有价证券以及不超过 1 年的其他投资。

"应收票据"项目　反映企业收到的未到期收款也未向银行贴现的应收票据，包括商业承兑汇票和银行承兑汇票。

"应收账款" 项目　反映企业因销售产品和提供劳务等而应向购买单位收取的各种款项。

"坏账准备"项目　反映企业提取尚未转销的坏账准备。

"预付账款"项目　反映企业预付给供应单位的款项。

"应收补贴款"项目　反映企业应收的各种补贴款。

"其他应收款"项目　反映企业对其他单位和个人的应收和暂付的款项。

"存货"项目　反映企业期末在库、在途和在加工中的各项存货的实际成本，包括原材料、包装物、低值易耗品、自制半成品、产成品、分期收款发出商品等。

"待摊费用"项目　反映企业已经支付但应由以后各期分期摊销的费用。企业的开办费、租入固定资产改良及大修理支出以及摊销期限在 1 年以上的其他待摊费用，应在本表"递延资产"项目反映，不包括在该项目数字之内。

“待处理流动资产净损失”项目 反映企业在清查财产中发现的尚待转销或作其他处理的流动资产盘亏、毁损扣除盘盈后的净损失。

“其他流动资产”项目 反映企业除以上流动资产项目外的其他流动资产的实际成本。

“长期投资”项目 反映企业不准备在1年内变现的投资。长期投资中将于1年内到期的债券,应在流动资产类下“一年内到期的长期债券投资”项目单独反映。

“固定资产原价”项目和“累计折旧”项目 反映企业的各种固定资产原价及累计折旧。融资租入的固定资产在产权尚未确定之前,其原价及已提折旧也包括在内。融资租入固定资产原价并应在本表下端补充资料内另行反映。

“固定资产清理”项目 反映企业因出售、毁损、报废等原因转入清理但尚未清理完毕的固定资产的净值,以及固定资产清理过程中所发生的清理费用和变价收入等各项金额的差额。

“在建工程”项目 反映企业期末各项未完工程的实际支出和尚未使用的工程物资的实际成本,包括交付安装的设备价值,未完建筑安装工程已经耗用的材料、工资和费用支出、预付出包工程的价款、已经建筑安装完毕但尚未交付使用的建筑安装工程成本、尚未使用的工程物资的实际成本等。

“待处理固定资产净损失”项目 反映企业在清查财产中发现的尚待批准转销或作其他处理的固定资产盘亏扣除盘盈后的净损失。

“无形资产”项目 反映企业各项无形资产的原价扣除摊销后的净额。

“递延资产”项目 反映企业尚未摊销的开办费、租入固定资产改良及大修理支出以及摊销期限在一年以上的其他待摊费用。

“其他长期资产”项目 反映除以上资产以外的其他长期资产。

“递延税款借项”项目 反映采用纳税影响会计法进行所得税会计核算的企业,尚未转销的递延税款金额。

“短期借款”项目 反映企业借入尚未归还的一年期以下的借款。

“应付票据”项目 反映企业为了抵付货款等而开出、承兑的尚未到期付款的应付票据,包括银行承兑汇票和商业承兑汇票,

“应付账款”项目 反映企业购买原材料或接受劳务等供应而应付给供应单位的款项。

“预收收款”项目 反映企业预收购买单位的货款。

“其他应付款”项目 反映企业所有应付和暂收其他单位和个人的款项,如应付保险费、存入保证金等。

“应付工资”项目 反映企业应付未付的职工工资。

“应付福利费”项目 反映企业提取的福利费的期末余额。

“未交税金”项目 反映企业应交未交的各种税金(多交或尚未抵扣的税金以“-”号填列)。

“未付利润”项目 反映企业应付未付给投资者及其他单位和个人的利润(多付数以“-”号填列)。

“其他未交款”项目　反映企业应交未交的除税金、应付利润以外的各种款项(多交数以“-”号填列)。

“预提费用”项目　反映企业所有已经预提计入成本费用而尚未交付的各项费用。

“其他流动负债”项目　反映除上述流动负债以外的其他流动负债。

“长期借款”项目　反映企业借入尚未归还的一年期以上的借款本息。

“应付债券”项目　反映企业发行的尚未偿还的各种长期债券的本息。

“长期应付款”项目　反映企业期末除长期借款和应付债券以外的其他各种长期应付款。如在采用补偿贸易方式下引进国外设备,尚未归还外商的设备价款;在融资租赁方式下,企业应付未付的融资租入固定资产的租赁费以及住房周转金等。

“其他长期负债”项目　反映除上述长期负债项目以外的其他长期负债。上述长期负债各项目中将于一年内到期的长期负债,应在本表“一年内到期的长期负债”项目内另行反映。

“实收资本”项目　反映企业实际收到的资本总额。

“资本公积”项目和“盈余公积”项目　分别反映企业资本公积和盈余公积的期末余额。

“未分配利润”项目　反映企业尚未分配的利润。

阅读资产负债表,最重要的是分析企业的大额红字项目。对资产负债表的一些重要项目,尤其是期初与期末数据变化很大,或出现大额红字的项目进行进一步分析。

如流动资产、流动负债、固定资产、有代价或有息的负债(如短期银行借款、长期银行借款、应付票据等)、应收账款、货币资金以及股东权益中的具体项目等。

此外,还应对报表附注说明中的应收账款账龄进行分析,应收账款的账龄越长,其收回的可能性就越小。

如,企业年初及年末的负债较多,说明企业每股的利息负担较重,但如果企业在这种情况下仍然有较好的盈利水平,说明企业产品的获利能力较佳、经营能力较强,管理者经营的风险意识较强,魄力较大。

又如,在企业股东权益中,如法定的资本公积金大大超过企业的股本总额,这预示着企业将有良好的股利分配政策。但与此同时,如果企业没有充足的货币资金作保证,预计该企业将会选择送配股增资的分配方案而非采用发放现金股利的分配方案。

现金流量表解读

现金流量表中的现金是指库存现金、可以随时用于支付的存款和现金等价物。库存现金是可以随时用于支付的存款,一般就是资产负债表上“货币资金”项目的内容。准确地说,则还应剔除那些不能随时动用的存款,如保证金专项存款等。现金等价物是指在资产负债表上“短期投资”项目中符合以下条件的投资:

①持有的期限短；

②流动性强；

③易于转换为已知金额的现金；

④价值变动风险很小。

在我国，现金等价物通常是指从购入日至到期日在3个月或3个月以内能转换为已知现金金额的债券投资。例如，公司在编制2009年中期现金流量表时，对于2009年6月1日购入2006年8月1日发行的期限为3年的国债，因购买时还有两个月到期，故该项短期投资可视为现金等价物。

现金流量表主要由三部分组成，分别反映企业在经营活动、投资活动和筹资活动中产生的现金流量。每一种活动产生的现金流量又分别揭示流入、流出总额，使会计信息更具明晰性和有用性。经营活动产生的现金流量，包括购销商品、提供和接受劳务、经营性租赁、交纳税款、支付劳动报酬、支付经营费用等活动形成的现金流入和流出。

下面我们要谈到的也是很多投资者都感到疑惑的——现金流量表中经营活动现金流量净额与利润表的净利润相差的原因：

第一个原因是影响利润的事项不一定同时发生现金流入、流出。

有些收入增加利润但未发生现金流入。

例如，一家公司本期的营业收入有8亿多元，而本期新增应收账款却有7亿多元，这种增加收入及利润但未发生现金流入的事项，是造成两者产生差异的原因之一。

有的上市公司对应收账款管理存在薄弱环节，未及时做好应收货款及劳务款项的催收与结算工作，也有的上市公司依靠关联方交易支撑其经营业绩，而关联方资金又迟迟不到位。这些情况造成的后果，都会在现金流量表中有所体现，甚至使公司经营活动几乎没有多少现金流入。但经营总要支付费用、购买物资、交纳税金，发生大量现金流出，从而使经营活动现金流量净额出现负数，使公司的资金周转发生困难。应收账款迟迟不能收回，在一定程度上也暴露了所确认收入的风险问题。

有些成本费用，减少利润但并未伴随现金流出。例如，固定资产折旧、无形资产摊销，只是按权责发生制、配比原则要求将这些资产的取得成本在使用它们的受益期间合理分摊，并不需要付出现金。

第二个原因是对现金流量分类的需要。

净利润总体反映公司经营、投资及筹资三大活动的财务成果，而现金流量表上则需要分别反映经营、投资及筹资各项活动的现金流量。

例如，支付经营活动借款利息，既减少利润又发生现金流出，但在现金流量表中将其作为筹资活动中现金流出列示，不作为经营活动现金流出反映。又如，转让短期债券投资取得净收益，既增加利润又发生现金流入，但在现金流量表中将其作为投资活动中现金流入列示，不作为经营活动现金流入反映。

分析财务状况变动表

财务状况变动表反映企业在年度内流动资产的来源和运用情况及各项流动资金的增加或减少情况。本表的特点是:表左方反映流动资金的来源和运用情况;右方反映各项流动资产和流动负债的增减情况。

“本年利润”项目 反映企业年度内实现的利润(如为亏损用“-”号表示)。

“固定资产折旧”项目 反映企业年度内累计提取的折旧。

“无形资产、递延资产摊销”项目 反映企业年度内累计摊入成本、费用的无形资产以及开办费、其他长期待摊费用等递延资产价值。

“固定资产盘亏” 项目 反映企业经批准在营业外支出列支的固定资产盘亏减去盘盈的净损失。

“清理固定资产损失”项目 反映企业年度内由于出售固定资产和固定资产报废、毁损发生的净损失。

“小计”项目 是以上五项的相加合计数。上述为“流动资金”来源中属不减少企业流动资金的费用和损失的“本年利润”中的流动资金。

“其他来源” 指利润以外的其他可增加流动资金的来源。它包括固定资产清理收入、增加长期负债等。

“固定资产清理收入” 指企业年度内清理固定资产发生的变价收入、出售固定资产的价款收入以及因固定资产损失而向过失人或保险公司收回的赔偿款扣除清理费用后的净额。

“增加长期负债”项目 反映企业年度内长期负债累计增加数。

“收回长期投资”项目 反映企业年度内收回的长期投资累计数。

“对外投资转出固定资产”项目和“对外投资转出无形资产”项目 分别反映年度内用固定资产、无形资产对外投资累计数。

“资本净增加额”项目 反映企业年度内追加的资本累计数。包括追加的股本、超面额发行股票溢价以及提取的公积金和公益金。企业按照规定程序经批准减少注册资本而发还股款收购股票应自本项目内扣除。

流动资金来源合计数 是由 “小计项+其他来源项”的合计数。

“应交所得税”项目 反映企业年度内应交纳的所得税。

“提取盈余公积金” 指企业按规定比例从税后利润提取的公积金。企业提取的公益金也在此科目下核算。

“已分配股利”项目 反映企业年度内已分配的股利累计数。

“利润分配小计” 是“应交所得税项+提取盈余公积金项+已分配利润项”之和。

“购建固定资产和在建工程净增加额”项目 反映企业年度内增加固定资产净值和建造固定资产而支出的资金累计数。

“增加无形资产、递延资产及其他资产”项目 反映企业年度的无形资产、递延资产及其他资产增加累计数。

“偿还长期负债” 指企业已偿还的长期负债额。

“增加长期投资” 指企业本年度长期投资的增加额。

“其他运用小计” 指“购建固定资产和在建工程净增加额项+增加无形资产和递延资产及其他资产项+偿还长期负债项+增加长期投资项”的合计数。

“流动资金运用合计” 指“利润分配小计项+其他运用小计项”的合计数。

“流动资金增加净额” 是指“流动资金来源合计”减去“流动资金运用合计”的净值。

此外,对那些不涉及营运资金的变化但属于企业重大理财活动的业务,也应当在财务状况变动表中予以列示。

一般情况下,对财务状况变动表的分析,可以从下列几个方面进行:

从财务状况变动表的右半部分,可以了解企业经过一个会计期间的经营活动后营运资金的变动结果及其分布,从而确定该企业的营运资金状况是“恶化”了还是“好转”了。

一般而言,企业保持适应规模的货币资金有利于保持其营运资金状况处于较好的状态。但如果货币资金过多,则应进行具体分析:如果是因为季节性、临时性的原因导致的货币资金余额较多,则属正常;但如果是由于企业对货币资金运用不当所致则企业应从加强财务管理方面多下工夫。

从财务状况变动表的左方,可以分析企业当期营运资金的增加(来源)因素及其使用方向。

其中,营运资金来源中,经营活动提供的营运资金(以“本年净利润”为基础进行的调整)反映了企业经营活动对营运资金的“贡献”。在企业处于正常的经营状态下,这部分营运资金来源应占总营运资金来源的相当大的比例。企业的理财活动对营运资金的“贡献”则体现在“其他来源”中。在企业的初建和经营活动开始初期,这部分来源应构成营运资金来源的较大比例。

第 8 章

经济指标研判

GNP——巴菲特的分析指标

巴菲特从不预测股市的短期波动，但是巴菲特认为股市长期波动是可以预测的："如果预期股市长期走势的话，我就觉得非常容易。"格雷厄姆曾经告诉我们为什么会如此："尽管短期来说股市是一台投票机，但长期来说股市却是台称重机。"

巴菲特发现，股市的极端非理性行为是周期性爆发的。短期内，贪婪和恐惧在投票时扮演了重要的角色，会让价格过于偏离价值。但长期内股价格总是会回归于价值。

想要在股票市场上取得更好的回报，就应该学会如何应对下一次股市非理性行为的爆发。巴菲特建议投资者进行定量分析，定量分析如同一针清醒剂，可以让你避免陷入大众的疯狂，而理性地把握过于高估时卖出和过于低估时买入的机会。

巴菲特认为，对于股市总体而言定量分析并不十分复杂。2001 年他在美国《财富》杂志发表了一篇文章，提出一个非常简单的股市定量分析指标。

巴菲特的定量分析指标就是上市公司股票总市值占国民生产总值(GNP)的比率。

巴菲特认为，上市公司股票总市值占 GNP 的比率，这个指标尽管非常简单，对于需要了解众多信息的投资人来说，这项指标提供的信息相对有限，但它仍然可能是任何时点上评估公司价值时的最佳单一指标。

巴菲特认为：如果投资人财富增加的速度比美国经济增长的速度更快，那么所有上市公司总市值占 GNP 的比率形成的曲线必须不断上升、上升、再上升。如果 GNP 年增长 5%，而希望市值增长 10%，那么这条曲线必须迅速上升到图表的顶端。而事实上这是根本不可能的。

其实巴菲特对这个指标的涵义的理解可以概括为一句话：长期而言，上市公司股票总市值的增长速度与国民经济增长速度基本一致。换句话说，股市从长期来看是一台称重机,称出的是国民经济增长。

巴菲特分析了过去80年来美国所有上市公司总市值占GNP的比率，他发现的规律是:“如果所有上市公司总市值占GNP的比率在70%~80%之间，则买入股票长期而言可能会让投资者有相当不错的报酬。”

这项指标在1999年达到前所未有的高峰。1999年全年以及2000年中的一段时间,这个比率接近200%。这是一个很强烈的警告信号。巴菲特说,在这个时候购买股票简直就是在玩火自焚。

2000年,美国股市开始持续下跌。2001年网络股泡沫破灭,道·琼斯指数从高点大幅回挫2000点时,很多人都在讨论重返股市的时机。但当时股市总市值仍相当于美国GNP的133%,所以巴菲特并未轻举妄动。

从2000年3月24日最高的1552.87点,到2002年10月10日最低的768.63点,32个月下跌超过50%。巴菲特成功地避开了股市大跌。

有学者计算了1992年到2008年中国所有上市公司总市值占国内生产总值(GDP)的比率,结果发现,这个指标与上证指数几乎完全同步。

2000年底股票总市值与GDP的比率创9年新高,达到48.47%,上证指数年底收盘于2073点,也创9年新高。

2005年股票总市值与GDP的比率创9年新低，仅有17.7%，上证指数年底收盘于1161点,也创7年新低。

2007年底股票总市值与GDP的比率创16年最高,达到127%,上证指数年底收盘于5262点,也创16年以来最高。

如果你看了巴菲特2001年的文章,知道股票总市值与GNP的比率在70%~80%之间是合理的,那么即便研究者采用的数据是GDP,2007年高达127%肯定是过于高估了。

如果你看到了,也做到了,在2007年底退出股市,那么你就能避免2008年一年下跌66%的悲剧。

巴菲特在金融海啸之后入市了吗?

2008年10月17日,巴菲特在《纽约时报》公开发表文章宣布,如果美国股市继续下跌,将用私人账户买入美国公司股票。美国股票总市值占GNP比率在1999年最高峰时达到190%,经过2008年大跌之后,目前下降到75%左右,这给了巴菲特一个充分的入市理由:“如果总市值与GNP的比率落在70%到80%之间,进场购买股票可能会很有利。”

巴菲特对于总市值占GNP比率重返正常一点儿也不感到讶异,他告诉《财富》杂志说,这种变化让他想起他的导师对股市波动规律的描述,他说:“股市短期像是一台投票机,但长期像是一台称重机。”

那么,巴菲特赚钱了吗?

2008年10月17日,巴菲特在《纽约时报》发表文章时标准普尔500指数收于940点,到2009年2月23日却跌到743点。过了4个月,股市又下跌了21%。

很多美国人不解:为什么巴菲特开始买入美股,美国股市还继续下跌呢?巴菲特的指标预测的是长期股市走势,短期未必准确。他做的也是长期投资,并不追求短期业绩。

请注意巴菲特在文章中说,如果美国股市继续下跌,他将会大量买入股票。巴菲特说他喜欢股市大跌,这让他能以更加便宜的价格买入更多他看中的好公司股票。

2008 年底上证指数收盘于 1820 点, 股票总市值为 121366 亿元,GDP 按照大部分经济学家增长 9%的共识为 280464 亿元, 那么中国股市股票总市值占 GDP 的比率下降到 43%,即便考虑到 GDP 与 GNP 之间的差额,也应该大大低于巴菲特认为 70%至 80%的合理区间。

中国股市却从 2008 年 10 月 28 日最低的 1664 点开始反弹,2009 年 2 月 16 日最高冲到 2389 点,最大涨幅超过 43%。如果你根据巴菲特的这个指标,短短 3 个来月就会赚上一大笔。可能股神也没想到,他的文章没有唤来美国股市的春天,却唤来中国股市的一波小阳春。

如果你对中国经济有信心,那么意味着你认为 GDP 还会继续增长,那么股市越跌,股票总市值占 GDP 的比率越下降,根据过去 17 年的历史经验,你长期投资赚钱的概率越大。

这里要说明的是,运用巴菲特的股市指标,长期投资成功的概率更大,但短期未必。短期内股市波动无法预测,没有人也没有什么指标可以预测得准。

CPI 与股市涨跌

股市是一个让人幻想无限的舞台,它的波动既造就了一批又一批的暴富者,同时也湮没了一个又一个投资的神话。正因为投资股市的风险大,其收益的可能性也会相应加大,长期投资和价值投资其实是股市的真谛所在,为投资者提供财富机会,创造财产性收入,是股市永恒的魅力之一。

关注股市,以往更多想到的可能是 MACD、KDJ、布林线这些技术指标,但是现在每到一个月的下旬和次月的上旬,股民们越来越显得惴惴不安,大家都在焦急地等待着一个重要的信息,即经济运行数据的公布。人们越来越关心 CPI 数据将对股票市场未来的走势产生何种影响?

从表面上看来,股票价格似乎与 CPI 毫无关系,因为一个是资产价格,是人们投资的对象,而另一个是总体意义上的商品价格,反映的是人们消费对象的价格。然而,不要忘了,CPI 是反映经济状况的一个重要指标,它在正常水平基础上的上涨或者下落,能够直接反映出经济是过热还是过冷。它上涨和下落的快慢,也能够在短期内反映出经济中所酝酿的风险。同样的,股票价格在一定程度上也能够反映出经济的状况。上市公司的经营状况好还是不好,也决定了经济的走向。

一般而言,在经济增长平稳期,商品价格出现缓慢上涨,且幅度不是很大,但物价上涨率大于借贷利率的上涨率时,公司库存商品的价值上升,由于产品价格上涨的幅度高于借贷成本的上涨幅度。于是公司利润上升,股票价格也会因此而上升。

而当商品价格上涨幅度过大,股价没有相应上升,反而会下降。这是因为,物价上涨引起公司生产成本上升,而上升的成本又无法通过商品销售完全转嫁出去,从而使公司的利润降低,股价也随之降低。

物价上涨,商品市场的交易呈现繁荣兴旺时,有时是股票正陷于低沉的时候,人们热衷于及时消费,使股价下跌;当商品市场上涨回跌时,反而成了投资股票的最好时机,从而引起股价上涨。

物价持续上涨,引起股票投资者的保障意识的作用增加,因此使投资者从股市中抽出来,转投向动产或不动产,如房地产、贵重金属等保值性强的物品上,带来股票需求量降低,因而使股价下跌。

投资者要注意的一点是,严重的通胀一定会使物价上涨飞快,企业人员工资上涨,生产基础原料价格上涨,银行利率也会上涨,这样政府就会以更大的力度进行调控,迫使通胀降下来。

但是接踵出台的调控政策会对股市造成相当程度的影响, 股市系统性风险来临股市调整在所难免。而且政府调控的力度越大给企业带来的影响越大,因为出厂产品提价受限,而企业从银行贷款利率的提高造成利润空间越来越小或根本不赚钱,导致企业的效益就会下降,盈利能力下降,最后反应到每股收益上,就会最终影响到股票估值。

还有一个股民非常关心的问题:CPI 与股票价格是否一定会表现出同步性呢?答案是未必。因为引起股票价格上涨的因素通常是预期因素。这种预期因素可能是企业的资产重组、重大政策的发布、外部资金的注入、被其他企业并购,等等,甚至有时是一些不切实际、却能使人相信的谣言。这些因素虽然可导致个别股票价格的上涨,但与当前的物价水平并不相干。

例如,有利于股票市场投资环境改善的政策出台会提振投资者的信心,引起股价整体上涨,但这些因素并不能影响当前老百姓消费商品的价格水平;再比如,政府出台利好股市的降低税率的政策可能是出于挽救经济、拉动经济的目的,如果人们预期这些政策会产生显著效果,那么股票价格会发生上涨,但当前的商品价格却未必会上涨,甚至还会继续下降。一言以蔽之,引起股价上涨的主要原因是预期因素,而这些因素未必会对当前的商品价格有什么影响。

综上所述,我们可以总结 CPI 与股市的一个重要关系:当 CPI 通胀预期出现后,CPI 开始见底转向上时的前后几个月都有利于大盘大涨; 而 CPI 通缩预期出现后,CPI 开始见顶回落转向下时,将不利于大盘并导致其继续下跌而且是急跌。这一观点并非每一个 CPI 的触底或触顶都适用,主要适用于 CPI 出现通胀预期明显或通缩预期明显时的触顶或触底。

平均利润率与股票价格

平均利润率是关于资金流动的一条客观定律,其大意为:当两个部门间投资利润率存在差别时,资金就会从利润率低的部门向利润率高的部门流动,直到两部门的投资利润率基本相等。用一句通俗的话来表述平均利润率规律就是:水往低处流,资金向利润率高的地方走。

股票的价格是直接受资金的供给情况影响的,当进入股市的资金增加时,股票的价格就会上涨,如利多消息出台时,外围资金就纷纷进入股市,从而引起股票价格的上涨。

当某个领域的投资利润率发生变化时,股市和该领域间的投资利润率就会产生一个位差。根据平均利润率规律,股市和该投资领域之间就会出现资金的流动,而资金流动的结果就会引起股票的价格发生变化。

股民投资于股市,其期望就是获得超额利润,即获得超过社会平均投资利润率水平的收益。而股民在股市中的一切操作(买进和卖出)都是平均利润率规律的集中表现。综合起来,平均利润率规律对股票价格的影响有以下四个方面。

1. 给股价定位

绝大部分股民购买股票的动机就是认为股价会上涨,且一年之内的涨幅肯定要高于自己能涉足的投资领域,要不然,股民会将资金投入到其他利润率高的领域。而股民将资金源源不断地投入股市的结果,就会驱使股价逐步攀升,从而导致股价收益率的下降。当资金运动的结果使股价收益率接近于其他领域的平均水平时,股民购买股票与进行其他投资的收益就基本相等,此时资金的流动就会趋向于平缓,股价就会维持在一个相当的水平,既不上涨,也不下跌。所以,平均利润率规律有给股价定位的作用。

对于普通市民来说,其资金实力较小,又要兼顾工作,其在现阶段的主要投资渠道也就是银行储蓄、购买债券和股票投资。由于银行储蓄几乎无风险可言,又不耗费多少时间和精力,所以银行储蓄是一般市民的首选投资工具。若要进行股票投资,一般都会将银行利率作为股票投资的预期收益。当投资于股票的收益大于银行存款利率时,人们将选择股票;反之,当银行存款利率高于股票的投资收益率时,人们将会选择储蓄。所以,当一个股市的股民较为理性和成熟时,股市的投资收益基本上就会与所在地一年期的储蓄利率相等,因而其股价也就稳定在与此相适应的水平。

衡量一个股市的投资利润率通常是用股价收益率的倒数-股市的平均市盈率,由于股市的投资利润率与平均市盈率之间是倒数关系,当股价收益率与银行一年期的储蓄利率相等时,也就有:

股市的平均市盈率×一年期银行存款利率=1

当银行的存款利率确定以后，股市的市盈率也就稳定在一个相对应的水平，股票价格也随之确定。

股市的平均市盈率=1/一年期银行存款利率

2. 引起股价涨跌

根据平均利润率规律，当股市周边领域的投资利润率发生变化时，资金总是要从利润率低的部门向利润率高的部门流动，从而导致资金的转移。在现阶段，影响股市资金的主要领域是银行储蓄、债券市场、期货市场、房地产等，另外，商贸、实业投资及收藏业对股市也有一定的影响。

①银行储蓄和债市：当储蓄和债券的利率调整时，股市与储蓄或债券市场上的收益平衡就会打破，资金就会转移以追逐较高的利润。具体就是当储蓄或债券发行利率上调时，股市的投资价值会相应降低，股民就会抛售股票而将资金投向储蓄或债券，从而引起股票价格的下跌；反之，当储蓄或债券的发行利率下调时，人们就会从储蓄或债券市场抽出资金而投入股市，最终导致股票价格的上升。

②期货：由于期货具有高风险和高收益的特点，所以我国的期货市场也吸收了大量的游资，且我国的证券营业部门中许多都代理期货业务，资金在股市与期货之间的转移极其方便。

当期货市场行情火爆的时候，它往往将股市的资金吸引过去，从而导致股市的低迷和股价的下行；而当期货市场行情清淡的时候，股市的资金就比较充盈，股价就比较坚挺。

③另外，当股市周边的房地产业、收藏业、商贸及实业投资等领域比较兴旺时，由于高利润率的诱惑，这些领域也会从股市吸引一些资金。如我国的温州地区，由于当地居民擅长于商贸及实业投资，且在这些行业能取得较高的利润率，即使在行情火爆时，相对于其他城市，其证券买卖业务也较为冷清。然而这种情况在2006年之后发生了改变，一方面是实业投资竞争日益激烈，利润率下降；另一方面股市、楼市持续升温，因此，温州炒房团、“涨停”敢死队等现象在全国声名鹊起。

④相应地，股市内部资金的转移也可导致股价的涨跌。当股民认为某只股票具有投资价值时，相当的资金便会涌入该股票，从而促使其价格的上扬；而当一只股票的前景不佳时，股民便会抛售该股票而从中抽出资金，从而导致该股票价格的下跌。如2008年的中期年报公布时，某只股票的业绩每股还亏损0.70元以上。在信息披露的当天，其价格便直接打到了跌停板。

3. 导致股价的回归

当一个股市的股价上涨过快时，股票的价差收益就会明显超过其地领域。在高额利润的诱惑下，外围的资金就会纷纷涌入，从而进一步抬高股价，推动股指的上涨。而由于涌入资金的惯性，股指往往会涨到一个相对高点。此时，进入股市的资金已相对过剩，市盈率偏高，过高的股价对资金已不再具有吸引力。相对于周边投资市场，股市的投资收益率已明显偏低。这时，平均利润率规律又将作用于股市，它将引导资金从股市向其他投资市场流动，一些较为理智的投资者就会率先撤出资金，股价开始下跌，从而引起连锁反应,最终导致股市的暴跌,使股指又回到一个与周边领域投资利润率相适应的水平,这也就是股票市场暴涨之后必有暴跌的原因所在。反之,当股市暴跌而出现股价过低时,股价收益率提高,市盈率降低,股票的投资价值就会明显高于其他投资市场。此时,在平均利润率的作用下,资金又会从周边市场向股市转移,导致股价的回升。

4. 限制公司业绩增长

研究表明,股价的上涨是与上市公司的净资产收益率同步的。而平均利润率规律却像一只无形的手,它最终要导致上市公司的收益率向社会平均水平回归,将上市公司的净资产收益率及业绩限定在一个相当的水平。而由于利润的增长受到限制,股价的急剧上扬就失去了内在动力和业绩基础。我国上市公司虽然大部分都是各行各业的排头兵,其管理、经营机制比非上市公司要灵活一些,但其收益水平同样会受平均利润率规律的制约。

虽然上市公司的经营机制比非上市公司要灵活,它们是股份制企业,管理者的责任心较强,素质相对较高,其产品的竞争能力也非常出众,但由于平均利润率规律的作用,上市公司的净资产收益率将难以持久地维持在一个较高水平。

汇率与股票市场

汇率亦称“外汇行市或汇价”。它是一国货币兑换另一国货币的比率,是以一种货币表示另一种货币的价格。

由于世界各国货币的名称不同、币值不一,所以一国货币对其他国家的货币要规定一个兑换率,即汇率。

一般来说,本币汇率下降,即本币对外的币值贬低,能起到促进出口、抑制进口的作用;若本币汇率上升,即本币对外的比值上升,则有利于进口,不利于出口。

2007 年金融海啸以来, 以日本和美国为代表的国际社会要求人民币升值的呼声很大,其中一个重要考虑就是人民币升值可令中国出口商品在国际市场上的成本有较大幅度的增加,打击中国商品的竞争力,并反过来刺激中国大量进口他们的商品。

从进口消费品和原材料来看,汇率的下降要引起进口商品在国内的价格上涨。至于它对物价总指数影响的程度则取决于进口商品和原材料在国民生产总值中所占的比重。反之,本币升值,其他条件不变,进口品的价格有可能降低,从而可以起抑制物价总水平的作用。

短期资本流动常常受到汇率的较大影响。当存在本币对外贬值的趋势下,本国投资者和外国投资者就不愿意持有以本币计值的各种金融资产,并会将其转兑成外汇,发生资本外流现象。同时,由于纷纷转兑外汇,加剧外汇供求紧张,会促使本币汇率进一步下跌。反之,当存在本币对外升值的趋势下,本国投资者和外国投资者就力求持有以本币计值的各种金融资产，并引发资本内流。同时，由于外汇纷纷转兑本币，外汇供过于求，会促使本币汇率进一步上升。

综上所述，汇率会通过影响进出口、物价和资本流动，对股市产生影响力。

当本国货币贬值时，国内出口企业提供的商品和服务在国际市场上以外币表示的价格就会降低，国际竞争力增强，促进本国商品的出口，增强国内经济的发展，这样，公司(尤其是出口公司)的盈利前景就比较好，使股票的价格有上涨的空间。如果本国货币升值，出口商品的外币价格上升，降低了国际竞争力，阻碍商品的出口，影响国内经济的发展，这样公司(尤其是出口公司)的盈利就会下降，使得股票价格下跌。

从国际资本流动的角度来讲，当本国货币贬值时，本国资本会选择流出，在股市抛售股票，导致股市下跌；当本国货币升值时，外国资本会流入，形成所谓的国际热钱，这部分热钱会选择买入本国的股票，导致股市上升。

而人民币汇率升值，虽然利好A股市场，但也潜藏了一定风险。汇率升值会带来资本市场效应，使大量外来资金投到股票市场上去，有利于市场资金的扩容，活跃A股市场，增强市场信心，从中长期看，无疑是一个极大的实质性利好。同时，通过带动直接投资直接进入各行业，形成资本投入、购并和重组的热潮，成为刺激A股上涨的另一条途径。人民币升值也有可能成为影响股票市场的不稳定因素，因为外来资本的投机属性，使其一旦感受到风险，就会快速地大量撤出，造成股市的暴跌。

第9章

经济周期评测

经济周期的含义与特征

经济周期，也称商业周期、商业循环、景气循环，它是指经济运行中周期性出现的经济扩张与经济紧缩交替更迭、循环往复的一种现象。是国民总产出、总收入和总就业的波动。

在市场经济条件下，企业家们越来越多地关心经济形势，也就是“经济大气候”的变化。一个企业生产经营状况的好坏，既受其内部条件的影响，又受其外部宏观经济环境和市场环境的影响。一个企业无力决定它的外部环境，但可以通过内部条件的改善来积极适应外部环境的变化，充分利用外部环境，并在一定范围内改变自己的小环境，以增强自身活力，扩大市场占有率。因此，作为企业家对经济周期波动必须了解、把握，并能制订相应的对策来适应周期的波动，否则将在波动中丧失生机。

经济周期有以下四个特征：

①经济周期不可避免；

②经济周期是经济活动总体性、全局性的波动；

③一个周期由繁荣、衰退、萧条、复苏四个阶段组成；

④周期的长短由周期的具体性质所决定。

经济周期四阶段分析

经济学家将经济周期分为四个阶段：衰退、复苏、过热和滞胀。每一个阶段都可以由经济增长和通胀的变动方向来唯一确定。我们相信，每一个阶段都对应着表现超过大市的某一特定资产类别：债券、股票、大宗商品或现金。

在衰退阶段，经济增长停滞。超额的生产能力和下跌的大宗商品价格驱使通胀率更低。企业盈利微弱并且实际收益率下降。中央银行削减短期利率以刺激经济回复到可持续增长的路径，进而导致收益率曲线急剧下行。此时债券是最佳选择。

在复苏阶段，舒缓的政策起了作用，GDP 增长率加速，并处于潜能之上。然而，通胀率继续下降，因为空置的生产能力还未耗尽，周期性的生产能力扩充也变得强劲。企业盈利大幅上升、债券的收益率仍处于低位，但中央银行仍保持宽松政策。这个阶段是股权投资者的“黄金时期”，股票是最佳选择。

在过热阶段，企业生产能力增长减慢，开始面临产能约束，通胀抬头。中央银行加息以求将经济拉回到可持续增长的路径上来，此时的 GDP 增长率仍坚定地处于潜能之上。收益率曲线上行并变得平缓，债券的表现非常糟糕。股票的投资回报率取决于强劲的利润增长与估值评级不断下降的权衡比较，大宗商品是最佳选择。

在滞胀阶段，GDP 的增长率降到潜能之下，但通胀却继续上升，通常这种情况部分原因归于石油危机。产量下滑，企业为了保持盈利而提高产品价格，导致工资-价格螺旋上涨。只有失业率的大幅上升才能打破僵局。只有等通胀过了顶峰，中央银行才能有所作为，这就限制了债券市场的回暖步伐。企业的盈利恶化，股票表现非常糟糕。现金是最佳选择。

美林证券的投资时钟

美国美林证券在 2008 年金融海啸全面爆发之前，是世界上赫赫有名的投资银行，虽然今天已经成为次贷危机中倒下的失败典型，但是该公司提出的投资时钟理论依然是投资界奉为经典的经济周期分析工具。

“投资时钟”是一种将经济周期与资产和行业轮动联系起来的方法。

投资时钟的分析框架有助于投资者识别经济中的重要拐点，从周期的变换中获利。

美林在超过 30 年的数据统计分析中，发现了投资时钟，根据经济增长和通胀状况，美林的投资时钟将经济周期划分为四个不同的阶段。在每个阶段，图中标识的资产类和行业的表现倾向于超过大市，而处于对立位置的资产类及行业的收益会低过大市。

经典的繁荣-萧条周期从左下角开始，沿顺时针方向循环；债券、股票、大宗商品和现金组合的表现依次超过大市。但往往并没有这么简单。有时候，时钟会逆时针移动或跳过一个阶段。

从投资时钟上看，一个经典的繁荣-萧条周期始于左下方，沿顺时针方向循环。我们把投资钟画为圆圈的优点是：可以分别考虑增长率和通胀率变动的影响。经济增长率指向南北方向，通胀率指向东西方向。当经济受到海外因素(如“9·11”)影响或受到冲击时，投资钟不再简单地按顺时针方向变换阶段。投资钟的这种画法可以帮助我们预测市场的变动。

投资时钟可以帮助我们制定行业投资战略：

①周期性：当经济增长加快(北)，股票和大宗商品表现好。周期性行业，如：高科技股或钢铁股表现超过大市。当经济增长放缓(南)，债券、现金及防守性投资组合表现超过大市。

②持续期：当通胀率下降(西)，折现率下降，金融资产表现好。投资者购买成长型股票。当通胀率上升(东)，实体资产，如大宗商品和现金表现好。估值波动小的价值型股票表现超出大市。

③与标的资产相关：一些行业的表现与标的资产的价格走势相关联。保险类股票和投资银行类股票往往对债券或股权价格敏感，在衰退或复苏阶段中表现得好。矿业股对金属价格敏感，在过热阶段中表现得好。石油与天然气股对石油价格敏感，在滞胀阶段中表现超过大市。

投资时钟对资产类和行业板块的投资也是有意义的，可以用来做配对交易。例如，如果在过热阶段，我们应该做多大宗商品和工业股，位于对立面的是衰退阶段，所以我们应该同时做空债券和金融股。

第10章

经济政策跟踪

货币政策影响市场

货币政策是中央银行为实现特定的经济目标运行各种货币政策工具调节货币供给和利率水平，进而影响宏观经济的方针和措施的总称。货币政策主要通过影响市场利率水平来实现。

中央银行实施货币政策时，有三个政策工具可供采用：公开市场业务、再贴现政策和法定存款准备金政策。

1. 公开市场业务

公开市场业务，即中央银行在金融市场上公开买卖政府债券以控制货币供给和影响利率水平的行为。

当经济过热时，中央银行就出售债券，一方面可以回收货币，减少货币供应量，导致市场利率水平上升；另一方面，又会促使金融市场上的债券价格下跌，市场利率上升。这两方面都会使股市资金收紧，股市下跌。

如果经济不景气，中央银行则进行相反操作，购进债券，促使利率下降，刺激社会的有效需求，促进经济发展。这对股市是个利好。

2. 再贴现政策

再贴现政策，即中央银行通过直接调整或制定对合格票据的贴现利率，以干预和影响市场利率水平，从而调节货币供应量。再贴现政策包括再贴现率的调整和向中央银行申请再贴现资格的限定。

当经济过热时，中央银行会提高再贴现率，一方面可以向市场起到“告示”作用，说明国家判断经济过热，又紧缩的意向；另一方面，又增加商业银行获得资金的成本，间接提高客户的贷款利率，使得银行信用量收缩，减少货币供应量。

这两方面都会使得市场利率上升,从而给过热的经济降温。这对股市是个利空。

当认为经济处于衰退状态或即将衰退时,中央银行将下调再贴现率,以促进经济发展。一般来讲也会带动股市止跌回升。

3. 法定存款准备金政策

法定存款准备金政策,即中央银行在法律所赋予的权利范围内,通过调整商业银行上缴中央银行的存款准备金率,以改变货币乘数,控制商业银行的信用创造能力,最终影响市场的货币供应量。

当经济过热时,中央银行就可以调高法定存款准备金率,使市场货币供应量较大幅度的减少,从而促进市场利率上升,投资和消费需求减少,股市也会因资金面收缩而止涨下跌。

相反,当经济陷入严重衰退时,中央银行可以调低法定存款准备金率,使市场货币供应量有较大幅度的增长,促使利率下降,刺激投资和消费需求,促进经济发展。股市会止跌回升。

财政政策影响市场

财政政策是一国政府为实现一定的宏观经济目标而采取的调整财政收入规模和收支平衡的一系列指导原则及其相应的措施的总称。

当经济增长缓慢或处于衰退时,政府通常会采用积极的财政政策。如果是采用扩大财政支出的方式,就会直接扩大对商品和劳务的总需求,刺激企业的投资,改善企业的经营业绩,促进国内经济的发展;同时还可以增加居民的收入,使其投资和消费能力增强,进一步促进国内经济的发展。在这种情况下,股票价格自然趋于上涨。

2008 年下半年以来, 我国政府推出四万亿的政府投资计划, 就属于积极财政政策,股市应声而涨;其他各国也推出相应的“救市”计划,全球股市都走出了探底回升的走势。

如果政府是采用降低税率的方式来实施积极的财政政策,最终效果也一样。因为税率的降低会直接增加微观经济主体的收入,促进他们的消费和投资需求,从而促进国内经济的发展,改善企业的经营业绩。

相反地,如果政府缩减财政支出或提高税率,将促使股票价格下降。

供给政策与股票市场

供给政策着眼于提高经济的生产能力,其目标是创造一个良好的环境,使工人和资

本所有者有最大的动力和能力来从事生产活动。供给政策包括税收政策、教育政策、研究开发政策等。

例如，国家提出节能减排目标后，加大对新能源、环保、节能等技术的科研扶持和税收减免政策，相关的行业板块从中受益良多，对股市是个利好。

理论看盘篇

200 多年来，随着股市的发展，已经逐步形成了林林总总的股市理论，这些理论都试图从不同的角度解剖股市，找到股价每天涨涨跌跌的原因。例如道·琼斯的“道氏趋势理论”、江恩的“时间周期理论”和艾略特的“波浪理论”等。这些理论对投资者的投资行为起到了先导作用，也都曾在股市中屡建奇功。本篇特别精选了道氏理论、波浪理论、亚当理论、江恩理论、市场轮廓理论等经典理论来讲解，希望这些经受住了市场检验的经典理论能为读者的股票投资带来帮助。

第 11 章

道氏趋势理论

道氏理论的由来

道氏理论是技术分析的理论基础，事实上，许多现代技术分析方法的基本思想都来自于道氏理论，因此股民朋友在学习操盘理论时一定不能忽略了道氏理论。

道氏理论是由查尔斯·道(1851—1902)创造的。道氏理论最早被用于股票市场，以此判断股市的涨跌和经济的兴衰。其后他的继承人威廉姆·P. 汉密尔顿 (William Peter Hamilton)与罗伯特·雷亚(Robert Rhea)再将道氏理论发扬光大，让道氏理论成为了推测投资市场走势的一种工具。

查尔斯·道曾经在股票交易所大厅里工作过一段时间。后来，他创立了道·琼斯公司，出版《华尔街日报》，报道有关金融的消息。1900 年到 1902 年，查尔斯·道充任编辑，写了许多社论讨论股票投机的方法。事实上，他并没有对他的理论作系统的说明，仅在讨论中作片段报道。查尔斯·道在 1894 年创立了股票市场平均指数，他的全部作品都发表在《华尔街日报》上。1902 年 12 月查尔斯·道逝世，《华尔街日报》记者将其见解编成《股市投机常识》一书，从而使道氏理论正式定名。随后，威廉·P.汉密尔顿和罗伯特·雷亚继承了道氏的理论，并在其后有关股市的评论写作过程中，加以组织与归纳而成为今天我们所见到的理论，而他们所著的《股市晴雨表》和《道氏理论》也成为后人研究道氏理论的经典著作。道氏理论在 19 世纪 30 年代达到了辉煌的巅峰。

那时，《华尔街日报》以道氏理论为依据每日撰写股市评论。1929 年 10 月 23 日《华尔街日报》刊登《浪潮转向》一文，正确地指出“多头市场”已经结束，“空头市场”的时代来临，而这篇文章是以道氏理论为基础提出的预测。紧接这一预测之后，果然发生了可怕的股市崩盘，于是道氏理论名噪一时。

为了褒奖道氏对投资市场研究的贡献，美国市场技术家联会颁给道·琼斯公司一个哥翰银碗，以表扬查尔斯·道对投资分析界的贡献。道氏理论至今仍被权威人士视为反映股票市场活动的晴雨表以及市场技术分析的一个有力工具。

道氏理论的三个假设

那么，道氏理论的精髓在哪里呢？道氏理论的设计原理是什么呢？

关于这一点，罗伯特·雷亚在所有相关著述中都曾强调，“道氏理论”在设计上是一种提升投机者或投资者知识的配备或工具，并不是可以脱离经济基本条件与市场现状的一种全方位的严格技术理论。由此可见，“道氏理论”是一种技术理论。换言之，它是根据价格模式的研究推测未来价格行为的一种方法。

道氏理论提出一个目前成为现代金融理论之公理的命题，即：任一个股票所伴随的总风险包括系统性与非系统性风险。其中，系统性风险是指那些会影响全部股票的一般性经济因素，而非系统性风险是指可能只会影响某一公司而对于其他公司毫无影响或几乎没有影响的因素。

而这一套理论在很大程度上是基于以下三个假设：

假设 1：人为操作——指数或证券每天、每星期的波动可能受到人为操作，次级折返走势也可能受到这方面有限的影响，比如常见的调整走势，但主要趋势不会受到人为的操作。

关于这个假设，一些股民朋友可能会觉得庄家能够操作证券的主要趋势。事实上，就短期而言，庄家如果不操作，这种适合操作的证券的内质也会受到他人的操作；而就长期而言，公司基本面的变化不断创造出适合操作证券的条件。总的来说，公司的主要趋势仍是无法人为操作，只是证券换了不同的机构投资者和不同的操作条件而已。

假设 2：市场指数会反映每一条信息——每一位对于金融事务有所了解的市场人士，他所有的希望、失望与知识，都会反映在“上证指数”与“深证指数”或其他的什么指数每天的收盘价波动中；因此，市场指数永远会适当地预期未来事件的影响。如果发生火灾、地震、战争等灾难，市场指数也会迅速地加以评估。

在中国的股市中我们也可以看到，市场受消息面影响非常大，人们每天对于诸如财经政策、扩容、领导人讲话、机构违规、创业板等层出不穷的题材不断加以评估和判断，并不断将自己的心理因素反映到市场的决策中。不断变化的基本面使得股市的走势变得愈加复杂，因此，对大多数股民来说市场总是看起来难以把握和理解。

假设 3：道氏理论是客观化的分析理论——成功利用它协助投机或投资行为，需要深入研究，并客观判断。当主观使用它时，就会不断犯错，不断亏损。

一个不容忽略的事实是，市场中 95%的投资者运用的是主观化操作，这 95%的投资者绝大多数属于“七赔二平一赚”中的那“七赔”人士。

道氏理论的五个定理

定理 1:股票指数与任何市场都有三种趋势:短期趋势,持续数天至数个星期;中期趋势,持续数个星期至数个月;长期趋势,持续数个月至数年。任何市场中,这三种趋势必然同时存在,彼此的方向可能相反。

三个趋势中,长期趋势最为重要,也最容易被辨认。它是投资者主要的考量,对于投机者较为次要。

中期趋势虽然对于投资者仍是较为次要,但却是投机者的主要考虑因素。它与长期趋势的方向可能相同,也可能相反。如果中期趋势严重背离长期趋势,则被视为是次级的折返走势或修正。在这里要提醒股民朋友注意,次级折返走势必须谨慎评估,不可将其误认为是长期趋势的改变。

短期趋势最难预测,唯有交易者才会随时考虑它。投机者与投资者仅在少数情况下才会关心短期趋势:在短期趋势中寻找适当的买进或卖出时机,以追求最大的获利,或尽可能减少损失。

对于股票投资者来说,只有准确把握这三种趋势才能从股市中获利:第一,如果长期趋势是向上,投资者可在次级的折返走势中卖空股票,并在修正走势的转折点附近以空头头寸的获利追加多头头寸的规模。第二,上述操作中,投资者也可以购买卖权选择权或销售买权选择权。第三,由于投资者知道这只是次级的折返走势,而不是长期趋势的改变,所以投资者可以在有信心的情况下,度过这段修正走势。最后,投资者也可以利用短期趋势决定买、卖的价位,提高投资的获利能力。因此,不要仅仅把这三种趋势的研判仅当成是学术研究,它同样是一种很好的股票实战投资策略。

定理 2:主要走势:主要走势代表整体的基本趋势,通常称为多头或空头市场,持续时间可能在一年以内,乃至于数年之久。正确判断主要走势的方向,是投机行为成功与否的最重要因素。到目前为止,没有任何已知的方法可以预测主要走势的持续期限。

一般来说,一位投机者如果对长期趋势有信心,只要在进场时机上有适当的判断,便可以赚取相当不错的获利。有关主要趋势的幅度大小与期限长度,虽然没有明确的预测方法,但可以利用历史上的价格走势资料,以统计方法归纳主要趋势与次级的折返走势。

说得再清楚一点,目前面临的价格走势,幅度与期间都非常可能落在历史对应资料平均数的有限范围内。比如,如某个价格走势超出对应的平均数水准,介入该走势的统计风险便与日俱增。

定理 3:主要的空头市场:主要的空头市场是长期向下的走势,其间夹杂着重要的反弹。它来自于各种不利的经济因素,唯有股票价格充分反映可能出现的最糟情况后,这种走势才会结束。

空头市场会历经三个主要的阶段,这一点很多老股民也深有体会:

第一阶段,市场参与者不再期待股票可以维持过度膨胀的价格。一般来说,空头市场要持续 1.1 年~2.8 年之久,空头市场开始时,随后通常会以偏低的成交量“试探”前一个多头市场的高点,接着出现大量急跌的走势。

第二阶段,较高的卖压反映经济状况与企业盈余的衰退。据统计,空头市场的平均跌幅是 29.4%,经过一段相当程度的下跌之后,突然会出现急速上涨的次级折返走势,接着便形成小幅盘整而成交量缩小的走势,但最后仍将下滑至新的低点。

第三阶段是来自于健全股票的失望性卖压,不论价值如何,许多人急于求现都会卖出一部分的股票。空头行情末期,市场对于进一步的利空消息与悲观论调已经产生了免疫力。然而,在严重挫折之后,股价也似乎丧失了反弹的能力,种种征兆都显示,市场已经达到均衡的状态,市场笼罩在悲观的气氛中,股息被取消,某些大型企业通常会出现财务困难,于是一些投资者纷纷抛出股票。

定理 4:主要的多头市场:主要的多头市场是一种整体性的上涨走势,其中夹杂次级的折返走势,平均的持续时间长于两年。在此期间,由于经济情况好转与投机活动转盛,所以投资性与投机性的需求增加,并因此推高股票价格。

多头市场也有三个阶段:

第一阶段,人们对于未来的景气恢复信心。多头市场的确认日,是两种指数都向上突破空头市场前一个修正走势的高点,并持续向上挺升的日子。统计数据表明,主要多头市场的期间长度平均数为两年又四个月(2.33 年)。

第二阶段,股票对于已知的公司盈余改善产生反应。

第三阶段,投机热潮转炽而股价明显膨胀。这阶段的股价上涨是基于期待与希望,由前一个空头市场的低点起算,主要多头市场的价格涨幅平均为 77.5%。

定理 5:次级折返走势:次级折返走势是多头市场中重要的下跌走势,或空头市场中重要的上涨走势,持续的时间通常在三个星期至数个月;此期间内折返的幅度为前一次级折返走势结束之后主要走势幅度的 33%至 66%。次级折返走势经常被误以为是主要走势的改变,因为多头市场的初期走势,显然可能仅是空头市场的次级折返走势,相反的情况则会发生在多头市场出现顶部后。

次级折返走势是一种重要的中期走势,它是逆于主要趋势的重大折返走势。在雷亚对于次级折返走势的定义中,有一个关键的形容词“重要”。一般来说,如果任何价格走势起因于经济基本面的变化,而不是技术面的调整,而且其价格变化幅度超过前一个主要走势波段的 1/3,那么,可以称得上是“重要”。

一般来说,大多数次级修正走势的折返幅度,约为前一个主要走势波段(介于两个次级折返走势之间的主要走势) 的 1/3 至 2/3 之间, 持续的时间则在三个星期至三个月之间。对于历史上所有的修正走势来说,其中 61%的折返幅度约为前一个主要走势波段的

30%至70%之间,其中65%的折返期间介于三个星期至三个月之间,而其中98%介于两个星期至八个月之间。价格的变动速度是另一项明显的特色,相对于主要趋势而言,次级折返走势有暴涨暴跌的倾向。

道氏理论的应用要点

1. 平均指数包容消化一切

它反映了无数投资者的综合市场行为,包括那些有远见的以及消息最灵通的人士的行为。平均指数在其每日的波动过程中包容消化了各种已知的可预见的事情,以及各种可能影响公司债券供给和需求关系的情况。甚至于那些天灾人祸,在其发生以后也被迅速消化,并包容其可能的后果。

2. 三种趋势

"市场"一词意味着股票价格在总体上以趋势演进,而其最重要的是主要趋势,即基本趋势。它们是大规模地上下运动,通常持续几年或更多的时间,并导致股价增值或贬值20%以上,基本趋势在其演进过程中穿插着与其方向相反的次等趋势——当基本趋势暂时推进过头时所发生的回撤或调整(次等趋势与被间断的基本趋势一同被划为中等趋势)。最后,次等趋势由小趋势或者每一次的波动组成,而这并不是十分重要的。

①基本趋势——基本趋势是大规模的、中级以上的上下运动,通常(但非必然)持续1年或有可能数年之久。只要每一个后续价位弹升比前一个弹升达到更高的水平,而每一个次等回撤的低点(即价格从上至下的趋势反转)均比上一个回撤高,这一基本趋势就是上升趋势,这就称为牛市。相反,每一中等下跌,都将价格压到逐渐低的水平,这一基本趋势则是下降趋势,并被称之为熊市。

一般来说基本趋势是三种趋势中长线投资者所关注的唯一趋势。中长线投资者的目标是尽可能在一个牛市中买入——只要一旦确定牛市已经启动——然后一直持有直到(且只有到)很明显它已经终止而一个熊市已经开始的时候。投资者可以很保险地忽视各种次等的回撤及小幅波动。

②次等趋势——它是与主要趋势运动方向相反的一种逆动行情,干扰了主要趋势。在多头市场里,它是中级的下跌或"调整"行情;在空头市场里,它是中级的上升或反弹行情。正常情况下,它们持续3周时间到数月不等,但很少再长。在一般情况下,价格回撤到沿基本趋势方面推进幅度的1/3到2/3。即是说,在一个牛市中,在次等回调到来之前,工业指数可能稳步上涨30点,其间伴随着一些短暂的或很小的停顿,这样在一轮新的中等规模上涨开始之前,这一次等回调可望出现一个10~20的下跌。然而,我们必须注意,这个1/3~2/3并不是牢不可破的,它仅仅是一种可能性,大多数次等趋势都在这个范围之

间，许多在靠近半途时就停止了，即回撤到前面基本趋势推进幅度的50%。很少有少于1/3的情况，但有些几乎完全看不出回调。

这样我们就有了两个标准用以识别次等趋势。任何与基本趋势方向相反、持续至少三个星期并且回撤上一个沿基本趋势方向上价格推进净距离(从上一个次等趋势的末端到本次开始，略去小幅波动部分)至少1/3幅度的价格运动，即可认为是中等规模的次等趋势。

③小趋势——它们是非常简短的(很少持续三周，一般小于6天)价格波动，从道氏理论的角度来看，其本身并无多大的意义，但它们合起来构成中等趋势。一般的但并非全是如此，一个中等规模的价格运动，无论是次等趋势还是一个次等趋势之间的基本趋势，都是由一连串的三个或更多的明显的小波浪组成。从这些每日的波动中作出的一些推论经常很容易引起误导。小趋势是上述第三种趋势中唯一可被人为操纵的趋势。

道氏理论基本趋势的阶段分析

1. 牛市

基本上升趋势，通常划分为三个阶段：

第一阶段是怀疑期，这是一个建仓(或积累)的阶段，有远见的投资者知道尽管现在市场萧条，但形势即将扭转，因而就在此时购入了那些勇气和运气都不够的卖方所抛出的股票，并逐渐抬高其出价以刺激抛售，财政报表情况仍然很糟——实际上在这一阶段总是处于最萧条的状态，公众为股市状况所迷惑而与之完全脱节，市场活动停滞，但也开始有少许回弹。

第二阶段是乐观期，股市出现一轮稳定的上涨，交易量随着公司业务的景气不断增加，同时公司的盈利开始受到关注。也正是在这一阶段，技巧娴熟的交易者往往会得到最大收益。

第三阶段是狂热期，市场上所有信息都令人乐观，价格以惊人的速度上扬，新股不断大量上市。此时，投资者们不应再盲目狂热而是应当警惕起来——涨势可能持续了两年，已经够长了，现在到了该问卖掉哪种股票的时候了。在这一阶段的最后一个时期，交易量惊人地增长，而“卖空”也频繁地出现；垃圾股也卷入交易(即低价格且不具投资价值的股票)，但越来越多的高质量股票此时拒绝跟从。

来看一下1999年5月19日到2001年6月14日的牛市情形(见图11-1)。

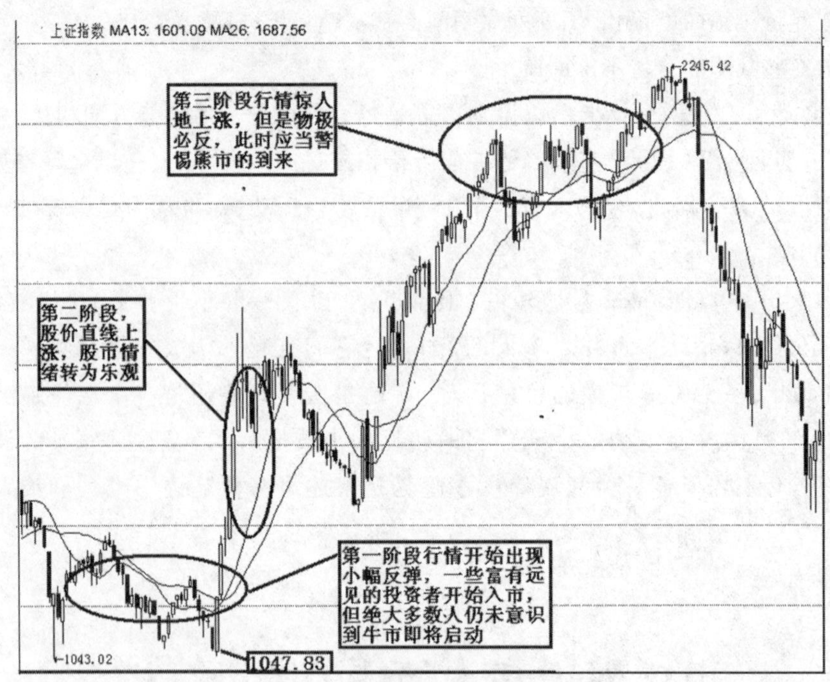

图 11-1　牛市三阶段图解

2. 熊市

基本下跌趋势，通常也以三个阶段为特点：

第一阶段是出仓或分散（实际开始于前一轮牛市后期），在这一阶段后期，有远见的投资者感到交易的利润已达至一个反常的高度，因而在涨势中抛出所持股票。尽管弹升逐渐减弱，交易量仍居高不下，公众仍很活跃。但由于预期利润的逐渐消失，行情开始显弱。

第二阶段我们称之为恐慌阶段。买方少起来而卖方就变得更为急躁，价格跌势徒然加速，当交易量达到最高值时，价格也几乎是直线落至最低点。恐慌阶段通常与当时的市场条件相差甚远。在这一阶段之后，可能存在一个相当长的次等回调或一个整理运动，然后开始第三阶段。

第三个阶段是跌势持续阶段。那些在大恐慌阶段坚持过来的投资者此时或因信心不足而抛出所持股票，或由于目前价位比前几个月低而买入。商业信息开始恶化，随着第三阶段推进，跌势还不是很快，但一直持续着，这是由于某些投资者因其他需要不得不筹集现金而越来越多地抛出其所持股票。垃圾股可能在前两个阶段就失去了其在前一轮牛市的上涨幅度，稍好些的股票跌得稍慢些，这是因为其持股者一直坚持到最后一刻，结果是在熊市最后的阶段，这样的股票又往往成为主角。当坏消息被证实，而且预计行情还会继续看跌，这一轮熊市就结束了，而且常常是在所有的坏消息“出来”之前就已经结束了。

下面我们以 2001 年到 2005 年 6 月的熊市来进行说明（见图 11-2）。

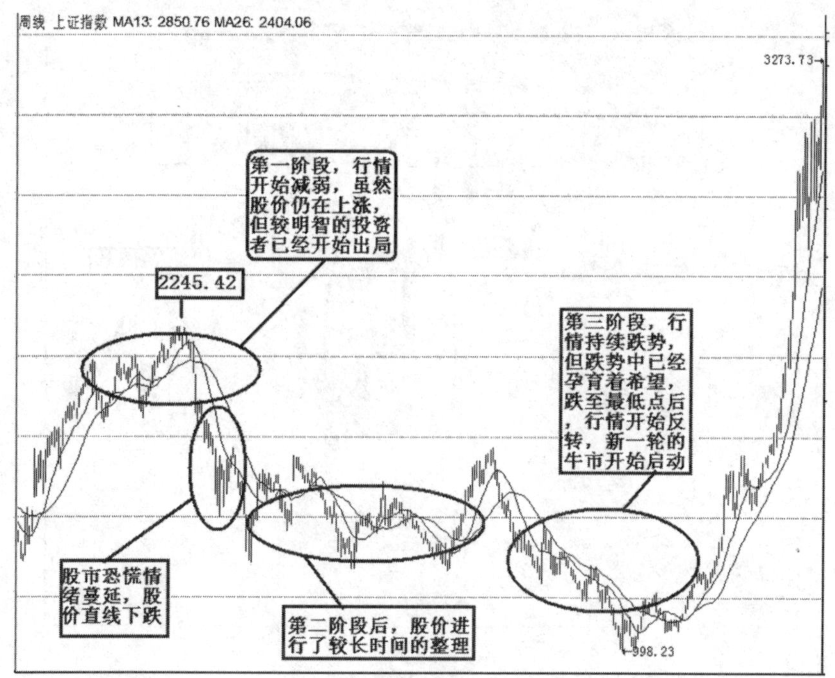

图 11-2 熊市三阶段解读图

需要提醒股民朋友的是，没有任何两个熊市和牛市是完全相同的。也有一些可能缺失三个典型阶段中的一个或另一个。一些主要的涨势由始至终只是极快的价格升值。一些短期熊市形成没有明显的恐慌阶段，而另一些则以恐慌阶段结束。任何一个阶段，都没有一定的时间限制。因此，我们应时刻牢记基本趋势的典型特征。假如你知道牛市的最后一个阶段一般会出现哪些征兆，就不会被市场出现看涨的假象所迷惑。

应用理论判断趋势买卖信号

道氏理论虽然无法帮助投资者选股，但它有一个很重要的作用就是从大趋势上判断买卖。按照道氏理论，只要价格没有回落到前期形成的成交密集区，趋势仍然保持完好；只要不断出现更低的头部和更低的底部，下降趋势将保持完好；只要不断出现更高的头和更高的底部（注意！是两个条件同时具备），上升趋势仍将保持完好。

来看一下上证指数月线图（见图 11-3）。从图上我们可以看到，至 2007 年 10 月见头部到到 2008 年的 10 月底，整整一年股指都不断地创出新低。而从 11 月开始，股指出现了 3 个月的停顿——连续 3 个月的最低点没有创出新低，这说明所有看空的人都已经义无反顾地卖出了，显示了卖力衰竭的一个特征。这时就要开始警惕下跌趋势是不是已经接近尾声或结束。

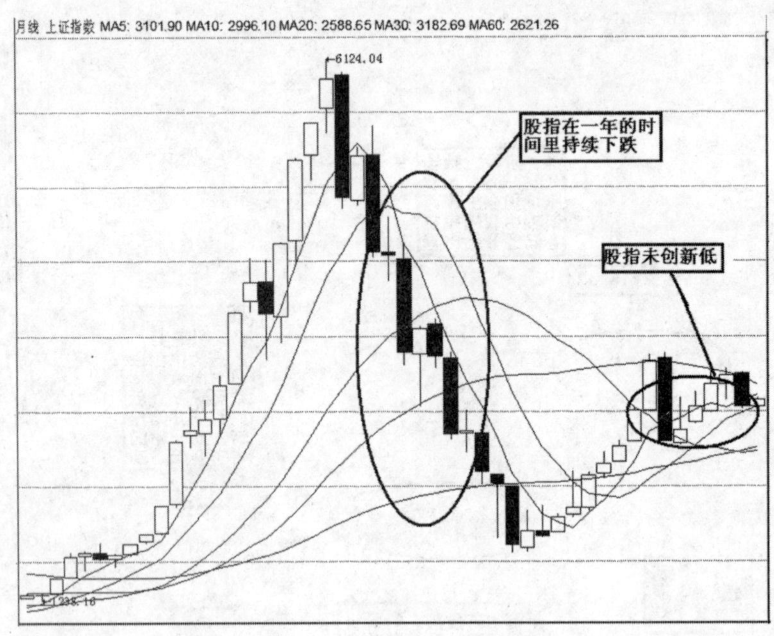

图 11-3　上证指数月线图解

对道氏理论的买卖信号我们可以总结如下：

经典的买入信号是这样形成的：熊市中主要下行趋势的低点形成之后，次级上行趋势的反弹将会发生。之后，一种指数的回调一定会超过 3%；理想情况下，也一定会在先前道·琼斯工业平均指数以及交通平均指数的低点之上。最后，突破先前形成的高点构成了牛市形成的买入信号。

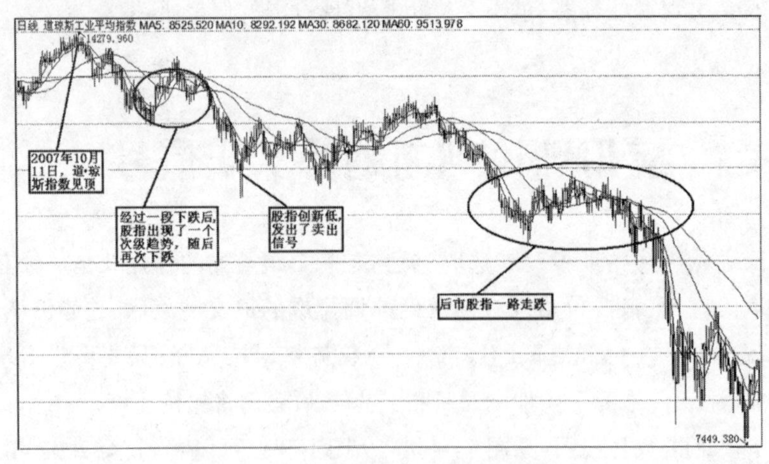

图 11-4　道琼斯指数卖出信号图解

熊市的卖出信号(见图 11-4)与买入信号的决定方法是一样的，但是卖出信号与买入信号是相反的。当牛市达到顶点，发生了倒退的次级折返走势，后续上涨回调(再次超过

3%)，但达不到先前的高度，然后在下一次下跌中工业指数和交通指数都穿过了最近的低点，那么，预示熊市的卖出信号产生了。

趋势的斜率和角度

一般来说，趋势线越陡峭，通道越陡越狭窄，趋势的基本持续性就越强；趋势线越陡，被破坏的危险信号就越弱。

还是以上证指数为例(见图 11-5)。从 K 线图上我们看到股指从 2007 年一泻千里地跌下来，基本上是以 75 度角的姿态下跌，而当前连续 3 个月的反弹，却是差不多处于水平位置，这说明总体反弹的格局是犹豫而脆弱的，而且很容易被破坏。投资者应预设一个支撑保护点位，一旦跌破会考虑卖出手中的股票，否则获利就会变成了套牢。

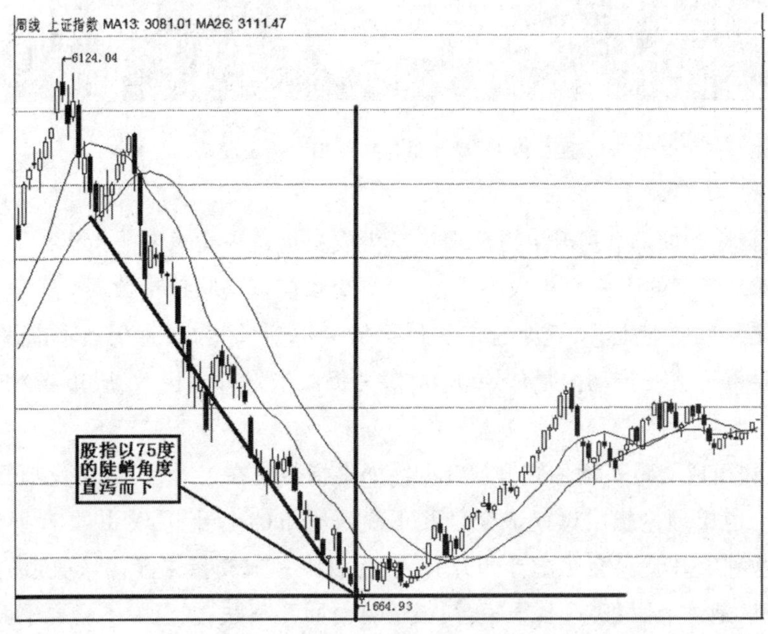

图 11-5　上证指数趋势线判断图解

指数与成交量相互确认

在道氏理论中，成交量是一个非常重要的指标。道氏理论认为，成交量确认趋势，成交量越大，支撑区和阻力区的效用就越强，而重要的上涨趋势往往伴随巨大的成交量配合；底部转折从下跌趋势到上涨趋势，一定需要量的累积；然而从顶部转折向下突破往往不需要量的支持(见图 11-6)。

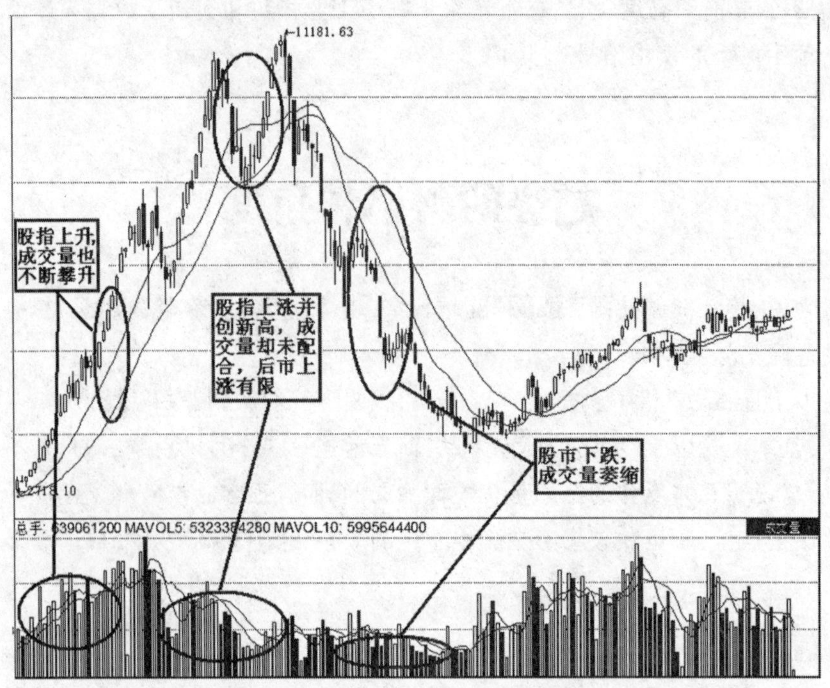

图 11-6 成交量与指数相互验证图解

升市成交量增加仍会再升。道氏理论认为成交量是买卖意欲的指标。如果是一个升市，应该是越来越多的人愿意买入股票，所以成交量应该是陪伴指数同时上升。只要指数上升，而成交量也同时上升，这个升市仍然会持续不断，因为买意仍然不断增添，在买意增添之下，股市仍然有推动向上的原动力，潜力仍然未发挥到极致，股市当然就应该继续向上。

股市上涨而成交量不增加则升势有限。如果指数正在上升，但成交量却并不配合，没有同时上升，道氏理论指出这是成交量并不确认股市的上升，因为并没有买意去配合指数的上升，这种上升就只会是虚浮的升势，极为有限。成交量未能确认股市的上升，这个升市通常就只是一个假象，只会很短暂，很快就会回复下跌，或至少不会再上升。

指数创新高，成交量也要创新高。成交量是应该确认指数升跌势的。如果指数升势凌厉，甚至创出历史以来的新高点，则代表了买入的意欲极大。不过，这样的买入意欲是否真实就要看成交量。只有成交量可以确认股市是否真正的上升，还是暂时的虚火，很快就会消失。指数创新高，而成交量也创新高的话，这个升势是确认的，因为成交量已经将升势确认。

跌势成交量增加仍会再跌。在指数下跌时，而成交量增加，代表了沽出股票的卖压强大。这时股市指数应该仍有下跌的余地，前面空间可能仍有很多。因为这时的成交量增加是沽货的人多，在供过于求的情况下，一定会再有股价下跌的情况出现。

跌市成交量减少，跌幅减慢。如果是一个跌势，而成交量却一路减少，这时跌幅也会开始减慢。成交量会将减慢的跌势确认,代表了沽出股票的意愿暂时已经减弱。在沽售压力减弱下,股市再度大跌的空间也会同时减小。如果大市已经跌了一段时间,而成交量却极低,这时股市可能已经跌到无法再跌的地步,可能已经见底,起码可能是暂时见底。

指数创新低,成交量也新低,股市见底。当股市创出新低,人心惶惶,好似愁云惨雾一样。不过,如果这时成交量也创出新低,股市见底可期。即使不是即日就一定见底,也是离见底不远了。

第 12 章

经典波浪理论

波浪理论的由来

说起技术分析,就不能不提到艾略特的波浪理论。波浪理论是由道氏理论发展来的,属于趋势分析的一种。由于其角度的特殊和完整独立的体系,已经和趋势分析并列为三大经典分析体系了。

艾略特(1871—1948)是波浪理论的创始者,他曾经是专业的会计师,专精于餐馆业与铁路业的经济分析。由于在中年染上重病,艾略特在 1927 年退休,长期住在加州休养。就在他休养的康复时期,他创立了自已的股价波浪理论。很显然,艾略特的波浪理论是受到道氏理论的影响,与之有许多的共同点。当然,道氏理论主要对股市的发展趋势给予了较完美的定性解释,而艾略特则在定量分析上提出了独到的见解。

1934 年,艾略特与正在投资顾问公司任股市通讯编辑的查尔斯·J.柯林斯(Charles J. Collins)建立了联系,告诉了他自己的发现。到了 1938 年,柯林斯终于被他深深地折服了,于是帮助他开始了他的华尔街生涯,并且同意为他出版《波浪理论》。

艾略特认为,不管是股票还是商品价格的波动,与大自然的潮汐一样,都具有相当程度的规律性。价格的波动,如同潮汐一样,一波跟着一波,并且周而复始,展现出周期循环的必然性。任何的波动,均是有迹可循的。因此,可以根据这些规律性的波动,来预测价格未来的走势。他提出了一系列权威性的演绎法则用来解释市场的行为,并特别强调波动原理的预测价值,这就是久负盛名的艾略特波浪理论。

波浪理论具有独特的价值,其主要特征是通用性及准确性:通用性表现在大部分时间里能对市场进行预测。许多人类的活动也都遵守波动原理,但是艾略特的研究是立足于股市,因而股市上最常应用这一原理。准确性表现在运用波动原理分析市场变化方向时常常显示出惊人的准确率。

波浪理论的基本概念

波浪理论的基本概念是：

①一个运动之后必有相反的运动发生。

②主趋势上的推进波与主趋势方向相同,通常可分为更低一级的五个波;调整波与主趋势方向相反,或上升或下降,通常可分为更低一级的三个波。

③八个波浪运动(五个上升,三个下降)构成一个循环,自然又形成上级波动的两个分支。

④市场形态并不随时间改变,波浪时而伸展时而压缩,但其基本形态不变。

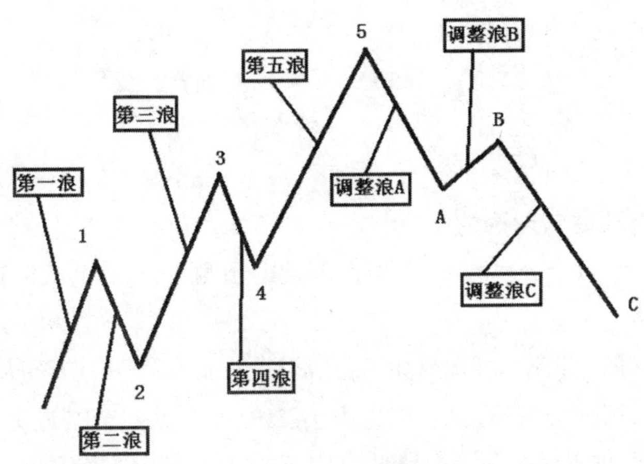

图 12-1 各等级波浪划分图解

如图 12-1 所示：任一级别的涨跌循环都由 8 个浪组成。构成主要运动趋势的浪称之为推动浪,它一般由 5 个子浪组成(通常用数字注明);与主要运动趋势方向相反的浪称之为调整浪,它一般由 3 个子浪组成(为与推动浪相区别,通常以英文字母注明)。

所有的波浪都可按相对规模或级数分类。波浪的级数取决于它相对的分量波浪、相邻波浪和环绕波浪的规模和位置。波浪理论中的波浪级数共九个级别,从最小的 60 分钟摆动到可以设定的最大级别的波浪。由大至小依次是：特大超级循环级、超级循环级、循环级、基本级、中型级、小型级、细级、微级、次微级。在走势图表示波浪时,已经有了一套含有数位和字母的标准化标记方法。驱动浪用三套罗马字元和随后的两套阿拉伯字元交替表示。调整浪的标记在三套大写字元和两套小写字元之间交替更换。罗马字元在小浪级以下是小写,在小浪级以上是大写(见下表)。

波浪等级	五个方向波	三个调整波
超级循环级	(I)(II)(III)(IV)(V)	(A)(B)(C)
循环级	I II III IV V	A B C
基本级	[1] [2] [3] [4] [5]	[A] [B] [C]
中型级	(1)(2)(3)(4)(5)	(a)(b)(c)
小型级	1 2 3 4 5	A B C
细级	I ii iii iv v	a b c
微级	1 2 3 4 5	a b c

上述表记方法非常接近艾略特使用的方法,但下述方法却更加序列化。

波浪等级	五个方向波	三个调整波
特大超级循环级	[I] [II] [III] [IV] [V]	[A] [B][C]
超级循环级	(I)(II)(III)(IV)(V)	(A)(B)(C)
循环级	I II III IV V	A B C
基本级	I II III IV V	A B C
中型级	[1] [2] [3] [4] [5]	[a] [b][c]
小型级	(1)(2)(3)(4)(5)	(a)(b)(c)
细级	1 2 3 4 5	a b c
微级	1 2 3 4 5	a b c

时间窗口是循环周期理论的精髓, 表示循环低点或高点最早或最迟出现的可能日期。斐波那契序列数(黄金分割率)——时间周期的预测:1,1,2,3,5,8,13,21,34,55,89,144,……

波浪理论按周期的长短,可排列如下:长周期、中周期、子周期、短周期、分周期、微周期。在每一个较长周期的波浪,可以细分为小波浪,小波浪再分割成更小的波浪,各种波浪的等级虽然不同,但是都显示有特殊的行为模式。这种变化的模式,如果并未以定期重复出现时,表示波浪的方向已经改变。

但不论周期的大小如何,一个完整的循环,应包括 8 个明显不同的走势。

波浪理论的数浪规则

波浪理论总体来说就是牛市上升五浪下降三浪,熊市下降五浪上升三浪,以下是一些数浪的方法供大家参考:

原则一,第 2 浪运动不能跌破浪一。

原则二,第 3 浪不能是推动浪中最短的一浪(记住不是最短的,可是不一定是最长的。一般来说最长的推动浪大多在第 3 浪,可是这不是一定的)。

原则三，第 4 浪不能和第 1 浪终点重叠。

这三个原则是死律，只要违反这三个原则的数浪方法都是错的。通常第 1 浪、第 3 浪和第 5 浪之间都存在着黄金比率。

为了防止因规则不清造成数浪结果不同，下面我们再细述一下数浪规则：

①第 1 浪必须自己作为一个驱动浪或者一个引导倾斜三角形的形态。

②第 2 浪可以是任何艾略特调整浪形态，除了三角形。但联合调整浪中的最后一浪可以是三角形。

③第 2 浪的任何部分不能回撤超过第一浪的 100%。

④第 3 浪必须是驱动浪。

⑤在价格上第 3 浪必须长于第 2 浪。

⑥第 4 浪可以是任何的艾略特调整浪形态。

⑦第 2 浪和第 4 浪不能重叠(分享相同的价格空间)。但在三角形浪中除外。另外，在杠杆市场中也有例外。

⑧第 5 浪必须是一个驱动浪或者是一个终结倾斜三角形的形态。

⑨第 5 浪在价格上必须至少是第 4 浪的 70%。即使失败也是如此。

⑩第 3 浪从来不是最短的(在用价格衡量第一浪到第五浪时)。

修正浪分为三浪。浪 A 分浪基本上为五浪和浪 C 分浪基本上为五浪存在着黄金比率；浪 C 通常比浪 A 幅度大，基本上为浪 A 的 1.618 倍；浪 B 分浪一定是三浪。

各级波浪的特性

波浪理论在具体运用中，常常会遇到较为难以分辨的市况，发现几个同时可以成立的数浪方式。所以投资者有必要了解各个波浪的特性。

第 1 浪　在整个波浪循环开始后，一般市场上大多数投资者并不会马上就意识到上升波段已经开始。所以，在实际走势中，大约半数以上的第 1 浪属于修筑底部形态的一部分。由于第 1 浪的走出一般产生于空头市场后的末期，所以市场上的空头气氛以及习惯于空头市场操作的手法未变。因此，跟随着属于筑底一类的第 1 浪而出现的第 2 浪的下调幅度，通常都较大。

第 2 浪　通常第 2 浪在实际走势中调整幅度较大，而且还具有较大的杀伤力，这主要是因为市场人士常常误以为熊市尚未结束。第 2 浪的特点是成交量逐渐萎缩，波动幅度渐渐变窄，反映出抛盘压力逐渐衰竭，出现传统图形中的转向形态，例如常见的头肩、双底等。

第 3 浪　第 3 浪在绝大多数走势中，属于主升段的一大浪，因此，通常第 3 浪属于最具有爆炸性的一浪。它的最主要的特点是：第 3 浪的运行时间通常会是整个循环浪中的最长的一浪,其上升的空间和幅度亦常常最大;第3浪的运行轨迹大多数都会发展成为一涨再涨的延升浪;在成交量方面,成交量急剧放大,体现出具有上升潜力的量能;在图形上,常常会以势不可当的跳空缺口向上突破,给人一种突破向上的强烈讯号。

第4浪 从形态的结构来看,第4浪经常是以三角形的调整形态运行的。第4浪的运行结束点,一般都较难预见。同时,投资者应记住,第4浪的浪底不允许低于第1浪的浪顶。

第5浪 在股票市场中,第5浪是三大推动浪之一,但其涨幅在大多数情况下比第三浪小。第5浪的特点是市场人气较为高涨,往往乐观情绪充斥整个市场。从其完成的形态和幅度来看,经常会以失败的形态而告终。在第5上升浪的运行中,二、三线股会突发奇招,普遍上升,而且常常会升幅极其可观。

A浪 在上升循环中,A浪的调整是紧随着第5浪而产生的,所以,市场上大多数人士会认为市势仍未逆转,毫无防备之心,只将其看作为一个短暂的调整。A浪的调整形态通常以两种形式出现:平坦型形态与三字形形态。它与B浪经常以交叉形式进行形态交换。

"5"浪终结前一般会有这样一些技术现象出现:"3、5"浪价量背离、"3、5"浪指标背离等。因此,当"5"浪一创新高就要开始严密注视其运行了:一旦有上述技术现象出现,就要看有没有拉升乏力、K线走坏(比如出现"长阴"、"穿头破脚"、"岛形反转"、"跳空反转"之类的图况)、均线交织等具体特征;如果有,则宁可利润缩水、也不可被套以后由于被套而人为地为市场找可能继续上升的依据——这样会被套得更深。

B浪 B浪的上升常常会作为多方的单相思,B浪也叫"多头陷阱",基本属于庄家自救式的行情,所以随时都有可能终结。其或表现得极其凶悍、或运行得相当复杂,因此会诱惑一些人误以为是新一轮上升推动浪展开了而跟风追买并对"暂时"的被套不以为意。在图表上常常出现牛市陷阱,从成交量上看,成交稀疏,出现明显的价量背离现象,上升量能已接济不上。

综上所述,在B浪展开时首要的问题是要清醒地认识到这并不是"做新单"的好机会,而仅仅是纠正此前既已犯下目前尚未解决的错误的补救机会。B浪是"逃命"机会,不宜过度介入。

第一、B浪的产生具有偶然性,在判断A浪已经形成以后即应清仓离场、而不要指望在B浪展开时去解套;

第二、B浪经常来势突然、走法诡异,在操作上比较难把握;

第三、B浪往往是主力为了自救而发动的行情,随时或在任意一个高点都有可能结束。

C浪 紧随着B浪而后的是C浪,由于B浪的完成顿使许多市场人士醒悟,一轮多头行情已经结束,期望继续上涨的希望彻底破灭,所以,大盘开始全面下跌,从性质上看,其破坏力较强。

C浪最难把握的是"究竟是不是C浪"。一般来讲,尤其是中国的股票投资没有做空机制,人们在感情上很难接受"从此很长时间将不再有行情"的残酷事实。于是经常会从一些"蛛丝马迹"中寻找"反转"的信号,比如"跌这么多了,该反弹了吧""指标都严重超卖了,应该会反弹了吧”“现在已经没有任何人赚钱了,哪来的沽售压力”,等等;这些在平时行情里都经常起着“转势”作用的信号在C浪中却都显得是那么的“失效”或微弱。

波浪的比率

在波浪理论的范畴内,多头市况(牛市)阶段可以由一个上升浪代表,亦可以划分为五个小浪,或者进一步划分为二十一个次级浪甚至还可以继续细分出长至八十九个细浪;对于空头市况(熊市)阶段,则可以由一个大的下跌浪代表,同样对一个大的下跌浪可以划分为三个次级波段。或者可以进一步地再划分出十三个低一级的波浪甚至最后可看到五十五个细浪。

综上所述,我们可以不难理解地得出这样的结论,一个完整的升跌循环,可以划分为二、八、三十四或一百四十四个波浪。在此不难发现,上面出现的数目字,包括1、2、3、5、8、13、21、34、55、89及144,全部都属于斐波那契序列神奇数字系列。

浪与浪之间的比率关系,亦经常受到斐波那契序列神奇数字组合比率的影响,下面我们介绍神奇比率与度量浪与浪之间的比例关系的具体运用:

①对于推动浪来说,如果推动浪中的一个子浪成为延伸浪的话,则其他两个推动浪不管其运行的幅度还是运行的时间,都将会趋向于一致。也就是说,当推动浪中的第3浪在走势中成为延伸浪时,则其他两个推动浪——第1浪与第5浪的升幅和运行时间将会大致趋于相同。假如并非完全相等,则极有可能以0.618的关系相互维系。

②第5浪最终目标,可以根据第1浪浪底至第2浪浪顶距离来进行预估,它们之间的关系,通常亦包含有神奇数字组合比率的关系。

③对于A~B~C三波段调整浪来说,C浪的最终目标值可能根据A浪的幅度来预估。C浪的长度在实际走势中经常是A浪的1.618倍。当然我们也可以用下列公式预测C浪的下跌目标:A浪浪底减A浪乘0.618;

④对于对称三角形的整理形态的波浪走势来看,在对称三角形内,每个浪的升跌幅度与其他浪的比率,通常以0.618的神奇比例互相维系。

所以,波浪理论与神奇数字关系亲密。为使读者能较好地运用神奇数字对波浪的定量分析,下面列出与神奇数字比率及其派生出来的数字比率的特性:

0.382:第4浪常见的回吐比率及部分第2浪的回吐百分比,B浪的回吐过程(ABC浪以之字形运行);

0.618:大部分第2浪的调整深度。对于ABC浪以之字形出现时,B浪的调整比率。第5浪的预期目标与0.618有关。三角形内的浪浪之音质比例由0.618来维系;

0.5:0.5是0.382与0.618之间的中间数,作为神奇数比率的补充。对于ABC之字型调整浪,B浪的调整幅度经常会由0.5所维系。

0.236：是由 0.382 与 0.618 两神奇数字比率相乘派生出来的比率值。有时会作为第 3 浪或第 4 浪的回吐比率，但一般较为少见，常常是在事后才如梦初醒，调整过程已经结束；

1.236 与 1.382：对于 ABC 不规则的调整形态，我们可以利用 B 浪与 A 浪的关系，借助 1.236 与 1.382 两神奇比例数字来预估 B 浪的可能目标值；

1.618：由于第 3 浪在三个推动浪中多数为最长一浪，以及大多数 C 浪极具破坏力，所以，我们可以利用 1.618 来维系第 1 浪与第 3 浪的比例关系和 C 浪与 A 浪的比例关系。

对于斐波那契神奇系列数字，读者已经了解到在波浪理论中，尤其在对波浪理论的定量分析中，起着极其重要的作用。其中 0.382 与 0.618 为常用的两个神奇数字比率。其使用频率较其他的比率要高得多。

在使用上述神奇数字比率时，投资者和分析者若与波浪形态配合，再加上动力系统指标的协助，就能较好地预估股价见顶见底的讯号。

另一方面，如果回吐幅度超过 45%，则可以断言 0.382 的支撑或阻力作用已失去。

同样，当调整幅度超过 70%时，亦表明 0.618 防线宣告失守。根据上述原则，投资者在具体操作时可以利用它来设置停损点。

波浪理论的缺陷

①波浪理论家对现象的看法并不统一。每一个波浪理论家，包括艾略特本人，很多时候都会受一个问题的困扰，就是一个浪是否已经完成而开始了另外一个浪呢？有时甲看是第 1 浪，乙看是第 2 浪。差之毫厘，谬以千里。看错的后果会十分严重的。一套不能确定的理论用在风险奇高的股票市场，运作错误足以使人损失惨重。

②甚至怎样才算是一个完整的浪，也无明确定义。在股票市场，升跌次数绝大多数不按五升三跌这个机械模式出现，但波浪理论家却曲解说有些升跌不应该计入浪里面。数浪(Wave Count)完全是随意主观的行为。

③波浪理论有所谓伸展浪(Extension Waves)，有时五个浪可以伸展成九个浪。但在什么时候或者在什么准则之下波浪可以伸展呢？艾略特没有明言，结果使数浪这回事变成各自发挥的事。

④波浪理论的浪中有浪，可以无限伸延。亦即在升市时可以无限上升，都是在上升浪之中。一个巨型浪，一百几十年都可以。下跌浪也可以跌到无影无踪都仍然是在下跌的浪。只要是升势未完就仍然是上升浪，跌势未完就仍然是下跌浪。这样的理论有什么作用？能否推测浪顶浪底的运行时间甚为可疑。

⑤艾略特的波浪理论是一套主观分析工具，毫无客观准则。市场运行却是受情绪影响而并非机械运行。波浪理论套用在变化万千的股市会十分危险，出错机会大为增加。

⑥波浪理论不能运用于个股的选择上。

推动浪形态判别

推动模式由五浪构成。五浪向上或向上方向均可。

第 1 浪通常只是由一小部分交易者参与的微弱的波动。一旦浪 1 结束，交易者们将在浪 2 卖出。浪 2 的卖出是十分凶恶的，最后浪 2 在不创新低的情况下，市场开始转向启动下一浪波动。

浪 3 波动的初始阶段是缓慢的，并且它将到达前一次波动的顶部(浪 1 的顶部)。这时，在浪 1 顶部的上方会有很多停损单(见图 12-2)。

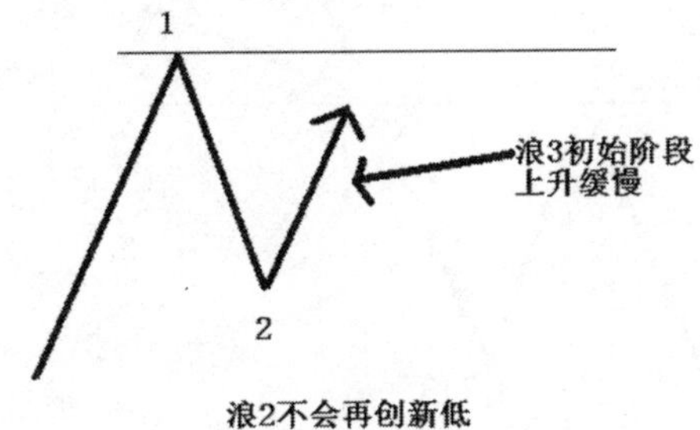

图 12-2　推动浪浪 3 图解

交易者并不确信这是一次向上的趋势，并且利用这次波动增加空头(shorts)。如果他们的分析是正确的话，那么市场不能到达前一浪波动的顶部。

但是浪 3 的波动获得了动力并且到达了浪 1 的顶部。在浪 1 顶部被突破的同时，那些停损单被触及了。根据停损量的大小，将在浪 3 上产生一个跳空缺口。在浪 3 上升的过程中，跳空缺口是一个好的现象，在停损单被触及之后，浪 3 的波动将引起交易者的注意。

以下的序列将是这样：初始时在底部做多头的交易者可以观望。他们甚至可能决定增加头寸。处于停损出局状态的交易者(经过一段徘徊不安之后)断定行情是向上的，并决定买进参与波动，这种突增的兴趣给浪 3 的波动提供了动力(见图 12-3)。

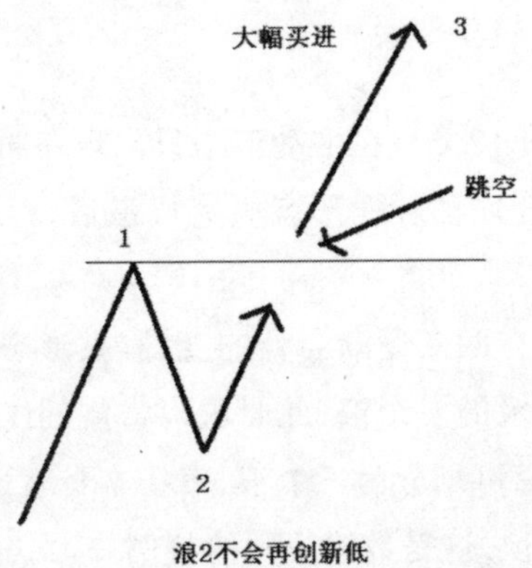

图 12-3　推动浪浪 3 带动买进图解

最后,这种买进的疯狂变弱了,浪 3 进入了停滞。获利回吐这时开始蔓延。在低点做多的交易者决定将利润兑现。他们获得了良好的交易并开始保护他们的利润。这就引发一次价格的回落,从而形成浪 4。

浪 2 是一次凶恶的卖出,浪 4 是一次有序的获利回吐。当获利回吐进行的过程中,大多数交易者仍然确信行情是向上的。他们或者是迟了一步进入这一次波动,或是正处于犹豫不决。他们认为这次获利回吐是一次买进的好机会和平仓的好机会。因此在浪 4 结束之时,更多的买单开始介入,价格开始再次波动上升(见图 12-4)。

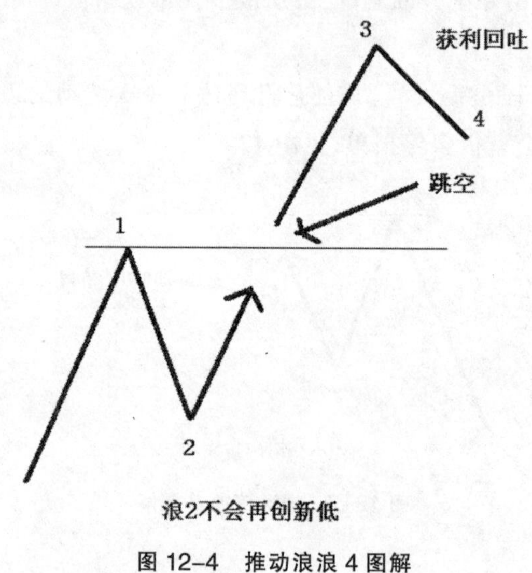

图 12-4　推动浪浪 4 图解

浪 5 的波动缺乏像浪 3 波动时拥有的巨大的热情和力量。当价格在浪 3 上方创出新高以后,浪 5 内部的动量相对于浪 3 运行过程是很小的。随后买进热情消失,股市进入下一个阶段。

推动浪的变换形态

1. 倾斜三角形

终结型倾斜三角形(见图 12-5):在推动浪中只出现在第 5 浪,通常在出现之前,市场变动幅度过速,形成第 5 浪会以消耗性形态去完成最后一段的走势,随后趋势将发生逆转。该形态的特点是:

第 1 至第 5 小浪都包含在两条逐渐会合的直线内,形态最终向汇合点发展。每个小浪全部只可以再划分为低一级的一个浪,此时脱离常规的 1、3、5 小浪可以划分为低一级的五个波浪。由于每个小浪只可划分为三个浪,市场本身就蕴涵弱市的特征。此时第 4 小浪的底可以低于第 1 小浪的顶,这是数浪规则的特例。

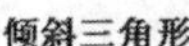

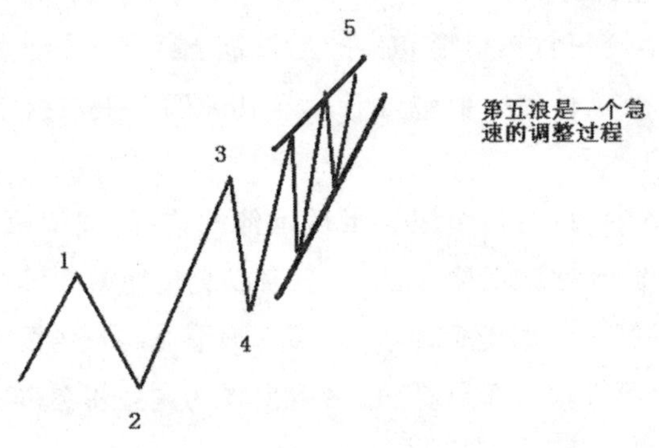

图 12-5　倾斜三角形形态示意图

终结型倾斜三角形出现后表明原先的趋势向弱，其形态一旦完成，将会出现一段急速的调整，回到倾斜三角形开始形成的地方。该形态也会出现在调整浪的浪中。

引导型的倾斜三角形：在推动浪中只出现在第 1 浪，与终结型的倾斜三角形不同，引导型的倾斜三角形出现后，市场未来发展趋势将与形态发展的趋势相同。关于倾斜三角形形态我们应该牢记艾略特波浪法则的原则：

①倾斜形态在两条确定性的通道线内运行。

②引导倾斜形态的第 1 浪是一个驱动浪或者是一个引导倾斜形态。

③一个终结倾斜形态的第 1、3、5 浪经常是一个锯齿家族的形态。

④波浪 2 可以是任何形式的调整形态(除了三角形)。

⑤波浪 2 在价格上永远不会长于波浪 1。

⑥一个引导倾斜形态的第 3 浪是一个驱动浪。

⑦波浪 3 在价格上经常大于波浪 2。

⑧波浪 4 可以是任何形式的调整浪。

⑨波浪 2 和波浪 4 必须分享一些价格空间(必须重叠)。

⑩引导倾斜形态的第 5 浪或者是一个驱动浪，或者是一个终结倾斜形态。

⑪波浪 5 在价格上是波浪 4 的 50%。

⑫在价格上，波浪 3 在第 1 到第 5 浪中一定不是最短的。

2. 失败形态

在上升趋势中失败形态是指第 5 小浪的顶点低于第 3 小浪顶点，形态上成为双顶，在下跌趋势中则相反，形成双底。

失败形态的特征：低一级的小浪可以明显地再划分为五个波浪。上升时出现的失败形态反映出市场潜在的弱市；与此相反，下跌时出现的失败形态则显示出潜在的强势。失败形态一旦出现对后市有重要的参考价值。

3. 延伸浪

所谓浪的延伸(见图 12-6)，是指浪的运动发生放大或拉长的现象。当波浪发生延伸

时，将会使得此一波浪序列形成大小相似的九浪，而如果延伸浪中再出现延伸，则我们会见到十三个大小相似的波浪。

延伸浪出现的频率较倾斜三角形和失败形态高，在三个推动浪中，有一个浪的走势显得较为夸张悠长，这个延伸浪一般包含五个与其他四个上浪差不多长度的小浪，形成九个波浪的走势，注意：

通常 1、3、5 三个浪中，只有一个浪会出现延伸的情况：假如第 1 浪与第 3 浪长度相若，则第 5 浪将会成为延伸浪。此时，如果第 5 浪成交量比第 3 浪多，则可以进一步验证第 5 浪出现延伸。如果第 3 浪属于延伸浪，则第 5 浪形态将较为简单，其长度和运行时间将与第 1 浪相似。如果第 5 浪属于延伸浪，接着出现的调整将会以双重回吐的形态展开。其中，可以再分为下列两种不同的情况：

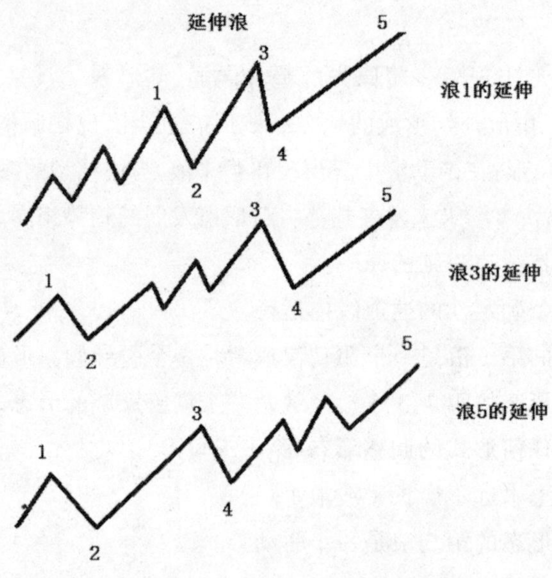

图 12-6　延伸浪示意图

如果第 5 浪的高一级波浪属于第(1)浪或第(3)浪，第一个回吐将属于第(2)浪或第(4)浪，将价位带回到延伸浪开始的地方，其后，第(3)浪或第(5)浪将会推动价位至新高峰。

如果第 5 浪属于第(5)浪中的一个小浪，双重回吐。首先浪将价位带回到延伸浪开始的地方，接着浪将会把价位推至新高价，成为第二个回吐；最后浪将会出现，令价位以五个波浪的形态下跌。

调整浪的形态

1. 之字形形态(包括双重之字形)

一个“之字型调整”是一个三浪模式(见图 12-7)，其中 B 浪不能回调到 A 浪的 75%

之上。C 浪将在 A 浪之下形成一个新低,之字型调整的 A 浪经常会有五浪。在另外两个调整(平坦型调整、不规则型调整)中,A 浪有三浪。这样,如果你能识别一个由五浪组成的 A 浪,你就能断定这个调整是“之字型调整”型。

之字形调整浪

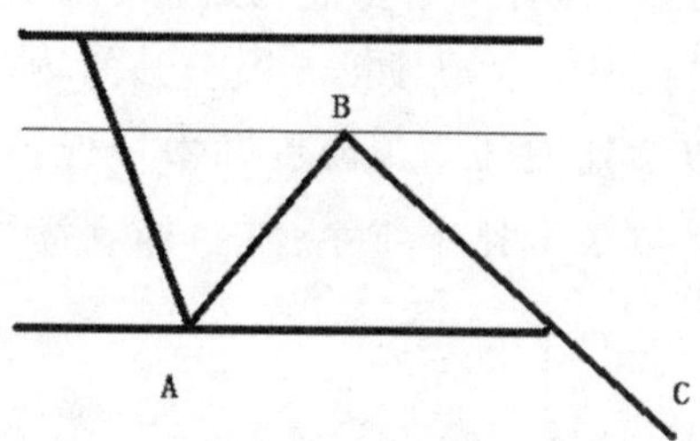

图 12-7 之字形调整浪示意图

之字形的主要特点:可以再分割为 5—3—5 的十三个小浪,浪的顶点明显低于浪开始的地方。在熊市中,基本形态不变,不过以相反的方向出现。双重之字形,属于较为罕见的形态,在两个之字形的调整浪中间夹着一个逆流反弹的三个小浪。

实战中,当浪以超越浪终点的方式运行,同时浪也可以清楚地划分为低一级的五个小浪,此时动力指标出现极度超卖的信号。浪通常与浪等长,或是浪的 1.618 倍左右。一组之字形的调整浪可能构成高一级的第 2 浪或第 4 浪,而利润目标至少应收回之字形的失地。

2. 平坦形(包括不规则调整和顺势调整)

在平坦型调整中(见图 12-8),每一浪的长度是相同的。经历过一次五浪的推动模式之后,市场进入浪 A。而后,市场波动向上形成浪 B,并到达前期高位。最后,市场下滑形成浪C,并到达前期浪 A 的低位。

平坦形的主要特点:平坦形调整的低一级浪可以再分割为 3—3—5 的上一个小浪,有别于 5—3—5 形态;浪由于欠缺足够的力量下行,只包含三个小浪;浪经常可以升到浪开始的地方,或出现超过浪起点的情况;在熊市中,以上情况会由相反方向出现。

平坦型调整浪形态

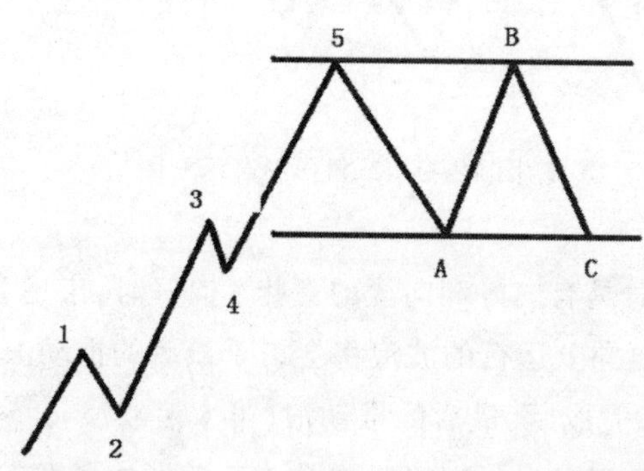

图 12-8 平坦型调整浪形态示意图

平坦形调整可分三种情况:普通平坦形,浪的顶点与浪开始的地方相近,而浪将在浪调整的终点附近结束;不规则调整,浪的顶点将高于浪开始的地方,而后期出现的浪将低于浪调整的终点;顺势调整,表明后市极为强劲,浪反弹的高点将远高于浪的起点,而浪调整的终点更高于上一个推动浪的顶点。

平坦形调整的买卖策略是:当浪最低限度低于浪,同时可以划分为低一级的五个小浪,就可认为是平坦形调整。这种调整多数构成第 2 浪或第 4 浪的调整,因此,在平坦形调整的底部买入,可以获得第 3 浪或第 5 浪上升的收益。如果平坦形的调整的浪与浪的起点相差不远,可以顶期浪会与浪幅度基本接近;当浪超过浪的起点,则会构成不规则的调整,浪与浪将以黄金比率维系;在目标利润方面,最低限度会收回平坦形调整的失地。

3. 三角形形态

三角形是五浪结构,被分别标记为 A、B、C、D、E。运行在由波浪 A 和波浪 C 的终点画出的线和波浪 B 和波浪 D 的终点画出的线构成的通道内。三角形一般是调整浪。三角形是一种比较特别的调整浪形态,大致上可以分为四大类:上升三角形,下降三角形,对称三角形以及扩张三角形。三角形只在第四浪、B 浪中出现,有别于推动浪中第五浪出现的倾斜三角形。

三角形形态(见图 12-9)的主要特点包括:三角形以 3—3—3—3—3 五浪的方式运行,总共十五个小浪;由于可以分割为低一级的五浪,有别于正常的三浪调整;三角形的走势基本上属于横行性质的巩固形态,等待市场形成突破;形态内的五个小浪通常会受到奇异数位组合的比率维系,如:同方向的波浪固然受到黄金比率的影响(如 0.618),而与浪之间也会出现类似的情况;第 5 浪通常会超越三角形的界限,形成假突破,然后恢复向原来的主流作最后的冲刺;这种情况在对称三角形和扩张三角形中较为常见。

三角形形态

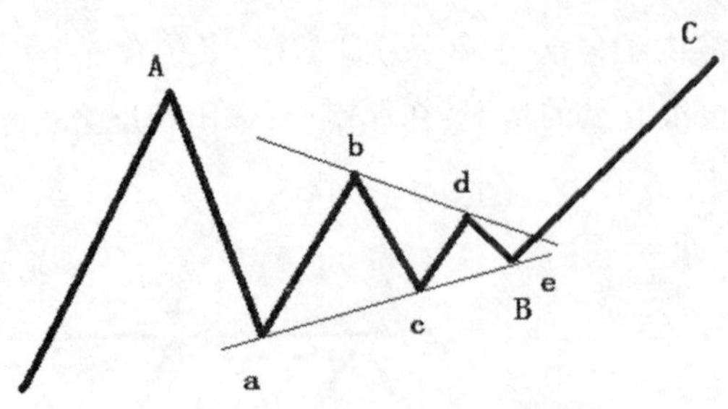

图 12-9 三角形形态示意图

三角形的调整浪同时具有向好和向淡的意味。向好时,市场会在三角形完成后,恢复向上的趋势。但由于恢复向上运行的波浪将会属于最后的推动浪,因此,上升趋势持续时间不会太长;三角形形态完成后,最后的推动浪(第 5 浪或浪),将会以快速冲刺的方式完成。随着三角形形态后市场的升、跌幅度,大致为三角形内最宽的距离。

三角形形态的买卖策略是:市场上下波动,五个浪的组合不知所终,而上下波动的幅度逐步减小，相隔的波浪以 0.618 的比例相互维系。当市场以三个浪又三个浪的方式运行,三角形形态将出现。至浪运行完毕后,可以在浪的底部买入,因为接下来的升势将较为凌厉,止损盘可以放在浪的下方。预期的目标将是突破后的快速上升,缺口是较为常见的现象,上升目标最少是三角形的最宽幅度。如果三角形为浪,则可根据浪的幅度预测浪;如果三角形为第 4 浪,第 5 浪的上升目标将可以用常见的比例计算。

推动浪的买卖策略

第 2 浪的买卖策略。当第 1 浪上升以后,市场出现三个浪的调整时走势出现五个小浪的上升，表明调整已经结束，随后可进行买入。一般第 2 浪调整的买入点可放在0.5~0.618 的范围内,如果第 2 浪的调整以之字形展开,则该范围比较可靠。买入后可将比损盘放在之字形调整的底部,而预期 3 浪的目标将至少与第 1 浪等长。

第 4 浪底的买入。当市场以推动浪的形式走完上升的三个浪时,就可以考虑在四浪底买入。上升的三个浪是否属于推动浪的判断:第 3 浪出现跳空缺口;第 3 浪比第 1 浪长。而第 4 浪的终点将有几种可能性:第 3 浪的 0.382~0.5 的范围;第 1 浪的浪顶上方;价格通道的下边线。假如几种可能性的目标价位相差不远,可靠性将比较高。止损盘可以放在第 3 浪的浪顶,第 5 浪的预期目标可以用价格通道和第 1 浪、第 3 浪的幅度来预测。

第 3 浪买卖策略。当第(1)浪以五个小浪形态上升,其后出现三个向下调整的(2)浪,且第(2)浪在预测处终结,接着第(3)浪的第 1 浪和第 2 浪先后运行完毕,并回升到第 1 浪的浪顶附近收盘。当第二日出现跳空上涨时,证明第(3)浪的第 3 浪应具有较强的爆发力,缺口和成交量越大,表明第 3 浪的上升力度越强。第 3 浪的买入时机相对比较好掌握,可以在跳空向上时积极参与。买入后将止损盘放在两个位置:第 1 浪的顶点,因为既然是第(3)浪的第 3 浪,市场就不会犹豫不决地下跌,与第 1 浪发生重叠。

第 5 浪顶的抛售。当第 1 至第 4 浪已经走完,而第 5 浪也开始运行,当第 5 浪高于第 3 浪时就可认为上升五浪是完整的,此时,最理想的抛售是第 5 浪以消耗性缺口的方式走完最后一段,而缺口一旦回补就可认为第 5 浪已经运行完毕,此时可配合动力指数的顶背离来确认。如果市场走势与预期不符,如第 5 浪出现延长,回补的买盘应放在第 5 浪的顶部,也就是说,市场还将再创新高。

波浪理论指数上的运用

上证指数波浪划分,从月线的角度对上证指数十年来的走势进行划分,可以清晰地发现指数的运行轨迹。第一轮牛市从 95.79 点起步，历经两年左右时间，于 1993 年 2 月到达 1558 点，期间包括标准的五浪上升，其中，第Ⅲ浪持续的时间最长，而第Ⅳ浪调整幅度也非常深，第Ⅴ浪创出历史新高后，市场进入大调整阶段，至 1994 年 8 月，一个完整的运行周期结束。

周线图分析（见图 12-10），大盘 1996 年 1 月展开第二轮牛市行情后，完成了第Ⅰ浪和第Ⅱ浪，紧接着进入第Ⅲ浪中运行，第Ⅰ浪为 512~1510 点，第Ⅱ浪为 1510~1047 点。第Ⅱ浪为联合形调整，第一组调整 1510~1025 点为之字形凋整，其后经过 1025~1422 点的浪过渡，1422~1047 点的调整为三角形整理。

感兴趣的读者可以跟我们一起运用波浪理论对大盘上证指数作整体性的分析。从 1994 年 8 月到 2005 年 6 月，中国股市再一次完成了波浪理论 8 个阶段的上升和下跌：1994 年 8 月股市开始了一轮长达 7 年的牛市行情，到 2001 年 6 月上涨阶段结束。之后的 4 年，大盘以三浪下跌的形态完成了对前期上涨的修正，到 2005 年 6 月上证指数已跌至 998 点。2005 年 6 月后，新一轮行情开始，上证指数的第 1 浪从 998 点开始，至 2006 年 6 月的 1695 点结束，第 2 浪到当年 8 月份结束。从 2006 年 9 月份开始，第 3 浪主升浪展开，一直运行到 2007 年“5·30”大跌前结束。之后进入第 4 浪调整，指数 1 个月内就下跌了 930 点，第 4 浪也迅速结束了。从 2007 年 6 月到同年 10 月，第 5 浪完成，其间指数上升非常快。2007 年 10 月，上证指数开始对过去两年的上涨进行修正。根据波浪理论分析，2007 年上证指数从 6124 点下跌至 1664 点为 A 浪，2008 年 10 月从 1664 点上涨到 2009 年 8 月初的 3478 点为反弹的 B 浪，最后的下跌 C 浪我们希望在 2010 年结束，但是到目前为止，大盘仍在震荡中运行，在 2011 年第一季度能否冲高尚不明朗。

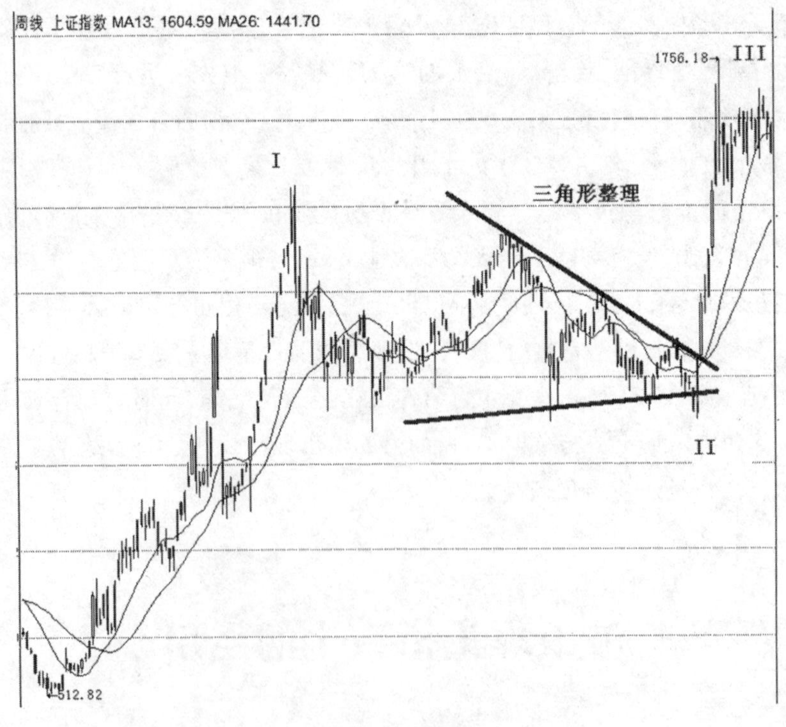

图 12-10 上证指数波浪分析图解

第 13 章

江恩周期理论

江恩理论的由来

江恩以其独树一帜的市场分析方法成为了 20 世纪最伟大的市场炒家，而对于爱好技术分析的投资者来说，江恩理论更是不可不精通的必修课程。

1878 年 6 月 6 日，威廉·江恩生于美国德州路芙根市，这里盛产棉花，对于江恩这位棉花大炒家来说，童年的影响不言而喻。他在 1902 年 24 岁第一次入市买卖期货，略尝甜头。自此之后的 53 年，他在市场共获取 5000 万美元，以当时币值，其金额之大，令人咋舌。

知识是市场取胜之道，江恩很早已经察觉自然定律是一切市场波动的基础，他共用去 10 年漫长时间，研究自然定律与投资市场之间的关系。他认为金融市场是根据波动法则运行的，这种法则一经掌握，分析者可以预测市场某特定时间的准确价位。此外，江恩亦认为，每种股票或期货都拥有一个独特的波动率主宰市场价位的起跌。

尽管江恩的分析方法秘而不宣，但大体上是根据以下几方面研究出来的：

①数学；

②几何学；

③数字学；

④星象学。

江恩理论的实质就是在看似无序的市场中建立了严格的交易秩序，他建立了江恩时间法则、江恩价格法则和江恩线等。它可以用来发现何时价格会发生回调和将回调到什么价位。

江恩线的数学表达有两个基本要素价格和时间。江恩通过江恩圆形、江恩螺旋正方形、江恩六边形和江恩“轮中轮”等图形将价格与时间完美地融合起来。在江恩的理论中，“七”是一个非常重要的数字。江恩在划分市场周期循环时经常使用“七”或“七”的倍数，江恩认为“七”融合了自然、天文与宗教的理念。

江恩线是江恩理论与投资方法的重要概念，江恩在X轴上建立时间，在Y轴上建立价格，江恩线符号由“TXP”表示。江恩线的基本比率为1:1，即一个单位时间对应一个价格单位，此时的江恩线为45度。通过对市场的分析，江恩还分别以3和8为单位进行划分，如1/3、1/8等，这些江恩线构成了市场回调或上升的支持位和阻力位。

江恩在1949年出版了他最后一本重要著作《在华尔街45年》，此时江恩已是72岁高龄，他坦诚地披露了纵横市场数十年的取胜之道。其中江恩十二条买卖规则是江恩操作系统的重要组成部分。江恩在操作中还制定了二十一条买卖守则，他严格地按照十二条买卖规则和二十一条买卖守则进行操作。

江恩认为，进行交易必须根据一套既定的交易规则去操作，而不能随意地买卖，盲目地猜测市场的发展情况。随着时间的转变，市场的条件也会跟随转变，投资者必须学会跟随市场的转变而转变，而不能认死理。

江恩告诫投资者：在你投资之前请先细心研究市场，因为你可能会作出与市场完全相反的错误的买卖决定，同时你必须学会如何去处理这些错误。一个成功的投资者并不是不犯错误，因为在证券市场中面对千变万化、捉摸不定的市场，任何一个人都可能犯错误，甚至是严重的错误。但成败的关键是成功者懂得如何去处理错误，不使其继续扩大；而失败者因犹豫不决、优柔寡断任错误发展，并造成更大的损失。

通过江恩理论，我们可以比较准确地预测市场价格的走势与波动，成为股市的赢家。当然，江恩理论也不是十全十美的，不能指望他使你一夜暴富，但是经过努力，在实践中体会江恩理论的真谛，他一定会使你受益。

江恩理论的时间法则

在江恩的理论中，时间是交易的最重要的因素。江恩的时间法则用于揭示价格发生回调的规律。

江恩认为：一定量的价格回调发生在特定的时间内，运用江恩时间法则，实际的价格回调是能够预测的。

江恩把时间定义为江恩交易年，它可以一分为二(即6个月或26周)、也可以一分为三、一分为四乃至更多，如将江恩交易年分为八分之一和十六分之一。

在江恩交易年中还有一些重要的时间间隔。例如，因为一周有7天，而7×7是49，因此他将49视为非常有意义的日子，一些重要的顶或底的间隔在49天至52天。中级趋势的转变时间间隔为42天至45天，而45天恰恰是一年的八分之一。

江恩还指出一些重要的时间间隔，可以预测价格反转的发生：

①一般市场回调发生在第10天至第14天，如果超过了这一时间间隔，随后的回调将出现在第28天至第30天；

②主要顶或底的 7 个月后会发生小型级回调；

③主要顶或底的周年日。

另外，江恩的时间法则还考虑了季节、宗教、天文学等多种因素。

江恩理论的波动法则

江恩理论认为市场的波动率或内在周期性因素，来自市场时间与价位的倍数关系。当市场的内在波动频率与外来市场推动力量的频率产生倍数关系时，市场便会出现共振关系，令市场产生向上或向下的巨大作用。

回顾历史走势，可以发现：股票走势经常大起大伏，一旦从低位启动，产生向上突破，股价如脱缰的野马奔腾向上；而一旦从高位产生向下突破，股价又如决堤的江水一泻千里。这就是共振作用在股市之中的反映。

共振可以产生势，而这种势一旦产生，向上向下的威力都极大。它能引发人们的情绪和操作行为，产生一边倒的情况。向上时人们情绪高昂，蜂拥入市；向下时，人人恐慌，股价狂泻，如同遇到世界末日，江恩称之为价格崩溃。

因此，一个股票投资者应对共振现象充分留意。如下情况将可能引发共振现象：

①当长期投资者、中期投资者、短期投资者在同一时间点进行方向相同的买入或卖出操作时，将产生向上或向下的共振；

②当时间周期中的长周期、中周期、短周期交汇到同一个时间点且方向相同时，将产生向上或向下共振的时间点；

③当长期移动平均线、中期移动平均线、短期移动平均线交汇到同一价位点且方向相同时，将产生向上或向下共振的价位点；

④当 K 线系统、均线系统、成交量 KDJ 指标、MACD 指标、布林线指标等多种技术指标均发出买入或卖出信号时，将产生技术分析指标的共振点；

⑤当金融政策、财政政策、经济政策等多种政策方向一致时，将产生政策面的共振点；

⑥当基本面和技术面方向一致时，将产生极大的共振点；

⑦当某一上市公司基本面情况、经营情况、管理情况、财务情况、周期情况方向一致时，将产生这一上市公司的共振点。

共振并不是随时都可以发生的，而是有条件的。当这些条件满足时，可以产生共振；当条件不满足时，共振就不会发生；当部分条件满足时，也会产生共振，但作用就小；当共振的条件满足得越多时，共振的威力就越大。在许多时候，已经具备了许多条件，但是共振并没有发生，这可以理解为“万事俱备，只欠东风”。东风不刮，火就烧不起来，而东风是关键条件。如果没有关键条件，共振将无法产生，在这一点上江恩特别强调自然的力量。

总之，共振是使股价产生大幅波动的重要因素，投资者可以从短期频率、中期频率和长期频率以及其倍数的关系去考虑。江恩还认为:市场的外来因素是从大自然循环及地球季节变化的时间循环而来。共震是一种合力,是发生在同一时间多种力量向同一方面推动的力量。投资者一旦找到这个点,将可获得巨大利润和回避巨大风险。

江恩循环理论

江恩的循环理论是对整个江恩思想及其多年投资经验的总结。

江恩把他的理论用按一定规律展开的圆形、正方形和六角形来进行推述。这些图形包括了江恩理论中的时间法则、价格法则、几何角、回调带等概念,图形化地揭示了市场价格的运行规律。

江恩认为较重要的循环周期有:

短期循环:1 小时、2 小时、4 小时、……18 小时、24 小时、3 周、7 周、13 周、15 周、3 个月、7 个月;

中期循环:1 年、2 年、3 年、5 年、7 年、10 年、13 年、15 年;

长期循环:20 年、30 年、45 年、49 年、60 年、82 年或 84 年、90 年、100 年。

30 年循环周期是江恩分析的重要基础,因为 30 年共有 360 个月,这恰好是 360 度圆周循环,按江恩的价格带理论对其进行 1/8、2/8、3/8......7/8 等分,正好可以得到江恩长期、中期和短期循环(见图 13-1)。

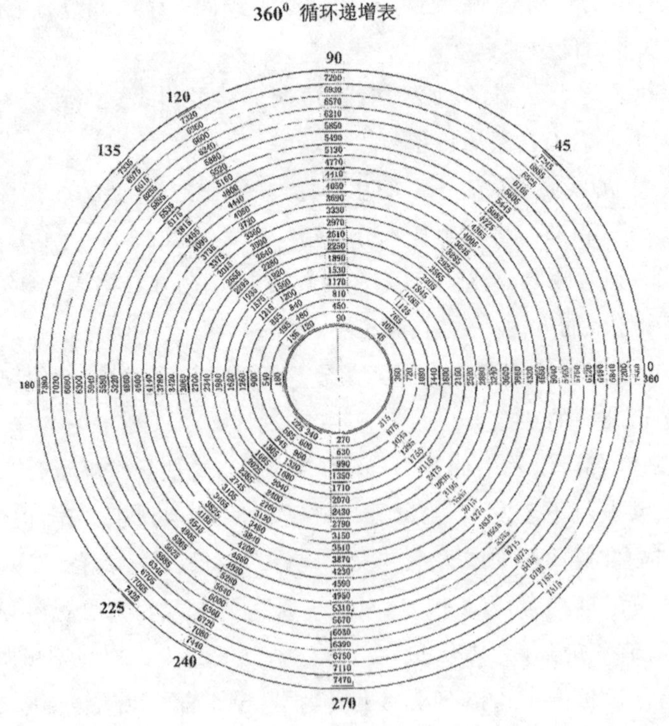

图 13-1 江恩 360 度循环递增表示意图

在上证指数月线图中,可以找到3次以18个月为循环周期的循环。1993年2月最高点1558点至1994年7月低点325点,是一个高点到低点的循环周期,运行18个月;从1994年7月低点325点至1996年1月低点512点,运行19个月,是一个低点到低点的循环周期;从1996年1月低点512点至1997年5月高点1510点,是一个低点到高点的循环周期,运行17个月。这三个循环周期均按照18个月(±1个月)的循环周期运行。所不同的是,运行方式不单纯是按照低点到低点或高点到高点的方式完成循环。将这三个循环的时间相加,等于52个月,也就是1993年2月高点1558点至1997年5月高点1510点,这很可能是一个大级别的高点到高点的完整循环。在这个循环中,包含着三个时间基本相等、运行方向不同的三个阶段,即下跌、盘底、上升的三阶段。以此推论,1997年5月份向后计算52个月,很可能是下一次行情的大顶部。18个月循环周期是江恩36个月循环周期(三年的循环)的二分之一,也是我国股市存在的非常重要的循环周期之一。

江恩对月循环还特别强调以下几点:

①在重要的市场底部开始计算,三个月后,可能是市场的另一个底部或顶部;再加四个月,可能是市场的另一个底部或顶部。如,上证指数1994年7月创出低点325点,是一个重要底部;7个月后至1995年2月,上证指数运行至524点的低点,是上证指数的另一个重要底部。

②在上升的趋势中,调整一般不会超过两个月,到第三个月,市场将见底回升。如,1996年1月上证指数从低点512点,展开了一轮大牛市行情;直至1997年5月1510点为止,中途进行了三次调整,每次调整均为两个月,第三个月开始恢复升势。它们分别是1996年4月开始调整,6月恢复升势;1996年7月开始调整,9月恢复升势;1996年12月开始调整,1997年2月恢复升势。

③在极端的情况下,市场可能只调整2~3周。在这种情况下,市场可能连续上升12个月,每个月的底部均比上个月的底部高。如,1996年11月,上证指数只调整了两周就恢复了升势;1996年上证指数从1月开始上涨,一直涨到12月。

④在大牛市中,如出现下跌趋势,可能只运行3~4个月,随后市场将重转升势。

⑤在大熊市中,一波反弹只能维持3~4个月,然后再调头继续下跌。

10年循环周期也是江恩分析的重要基础,江恩认为,十年周期可以再现市场的循环。例如,一个新的历史低点将出现在一个历史高点的十年之后;反之,一个新的历史高点将出现在一个历史低点之后。同时,江恩指出,任何一个长期的升势或跌势都不可能不做调整地持续三年以上,其间必然有三至六个月的调整。因此,十年循环的升势过程实际上是前六年中,每三年出现一个顶部,最后四年出现最后的顶部。

上述长短不同的循环周期之间存在着某种数量上的联系,如倍数关系或平方关系。江恩将这些关系用圆形、正方形、六角形等显示出来,为正确预测股市走势提供了有力的工具。

江恩回调法则

回调是指价格在主运动趋势中的暂时的反转运动。回调理论是江恩价格理论中重要的一部分。

根据价格水平线的概念,50%、75%、100%作为回调位置是对价格运动趋势的构成强大的支持或阻力。

举个例子说:

某只股票价格从40元最高点下降到20元最低点开始反转,价格带的空间是40元减去20元为20元。这一趋势的50%为10元,即上升到30元时将回调。而30元与20元的价格带的50%为5元,即回调到25元时再继续上升。升势一直到40元与20元的75%,即35元再进行50%的回调,最后上升到40元完成对前一个熊市的100%回调。

那么,如何判断峰顶与峰底呢?江恩认为一年中只做几次出色的交易就可以了,为此,需要观察以年为单位的价格图,来决定一年中的顶部与底部,然后才是月线图、周线图和日线图。

江恩50%回调法则是基于江恩的50%回调或63%回调概念之上。

江恩认为:不论价格上升或下降,最重要的价位是在50%的位置,在这个位置经常会发生价格的回调。如果在这个价位没有发生回调,那么,在63%的价位上就会出现回调。

在江恩价位中,50%、63%、100%最为重要,它们分别与几何角度45度、63度和90度相对应,这些价位通常用来决定建立50%回调带。

投资者计算50%回调位的方法是:将最高价和最低价之差除以2,再将所得结果加上最低价或从最高价减去。当然,价格的走势是难以预测的,我们在预测走势上应该留有余地,实际价格也许高于也许低于50%的预测。

江恩投资实战技法适用于各种时间尺度的图表,包括5分钟图、日线图、周线图、月线图和年线图。

经过观察大量的图表,可以看到以下江恩法则的存在:

①价格明显的在50%回调位反转;

②如果价格穿过50%回调价位,下一个回调将出现在63%价位;

③如果价格穿过63%回调价位,下一个回调将出现在75%价位;

④如果价格穿过75%回调价位,下一个回调将出现在100%价位;

⑤支持位和阻力位也可能出现在50%、63%、75%和100%回调重复出现的价位水准上。

⑥有时价格的上升或下降可能会突破100%回调价位。

江恩理论的股票操作铁律

1. 江恩的21条股票操作买卖守则

①每次入市买、卖,损失不应超过资金的十分之一。

②永远都设立止损位,减少买卖出错时可能造成的损失。

③永不过量买卖。

④永不让所持仓位转盈为亏。

⑤永不逆市而为。市场趋势不明显时,宁可在场外观望。

⑥有怀疑,即平仓离场。入市时要坚决,犹豫不决时不要入市。

⑦只在活跃的市场买卖。买卖清淡时不宜操作。

⑧永不设定目标价位出入市,避免限价出入市,而只服从市场走势。

⑨如无适当理由、不将所持仓平盘,可用止赚位保障所得利润。

⑩在市场连战皆捷后,可将部分利润提取,以备急时之需。

⑪买股票切忌只望分红收息(赚市场差价第一)。

⑫买卖遭损失时,切忌赌徒式加码,以谋求摊低成本。

⑬不要因为不耐烦而入市,也不要因为不耐烦而平仓。

⑭肯输不肯赢,切戒。赔多赚少的买卖不要做

⑮入市时落下的止损位,不宜胡乱取消。

⑯做多错多,入市要等候机会,不宜买卖太密。

⑰做多做空自如,不应只做单边。

⑱不要因为价位太低而吸纳,也不要因为价位太高而沽空。

⑲永不对冲。

⑳尽量避免在不适当时搞金字塔加码。

㉑如无适当理由,避免胡乱更改所持股票的买卖策略。

2. 江恩十二条买卖规则

①决定市场的走势;

②在单底、双底或三底水平入市买入;

③根据市场波动的百分比买卖;

④根据三星期上升或下跌买卖;

⑤市场分段波动;

⑥利用5或7点波动买卖;

⑦成交量;

⑧时间因素;

⑨当出现高低点或新高时买入；

⑩决定于大势趋势的转向；

⑪最安全的买卖点；

⑫快速市场的价位波动。

江恩理论股票买卖规则详解

“九点平均波动图”(见图 13-2)的规则是:若市场在下跌的市道中,市场反弹低于 9 点,表示反弹乏力;超过 9 点,则表示市场可能转势;在 10 点之上,则市场可能反弹至 20 点;超过 20 点的反弹出现,市场则可能进一步反弹至 30 至 31 点;市场很少反弹超过 30 点的。对于上升的市道中,规则亦一样。

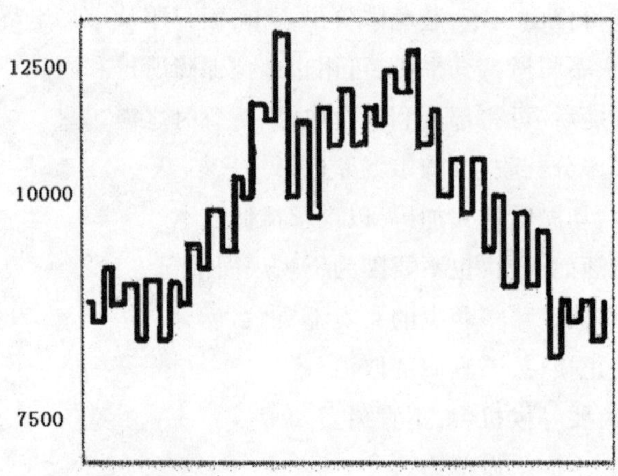

图 13-2　九点平均波动图图解

在制作图表时,若市况上升超过 9 点,图表线可作上升;图表线跟随每日高点上移,直至市场出现 9 点的下跌,图表线才跟随下移至当日低点。“三天图”及“九点图”与目前我们所使用的“点数图”十分类似,都是以跟随市势的方式绘制。不过,江恩上述图表有几个特点需要注意:

①江恩的“三天图”是以时间决定市势的趋向,“九点图”则以价位上落的幅度决定市势的走向,双剑合壁,分析者对市场趋势了如指掌。

②与点数相比,定义点数图的转向是由分析者自行决定的,成功与否在于分析者对市况的认识。

单底、双底、三底买入法。江恩买卖守则中有一条是:当市场接近从前的底部、顶部或重要阻力水平时,根据单底、双底或三底形式入市买卖。

这个规则的意思是，市场从前的底部是重要的支持位，可入市吸纳。此外，当从前的顶部上破时，则阻力成为支持；当市价回落至该顶部水平或稍低于该水平，都是重要的买入时机(见图 13-3)。

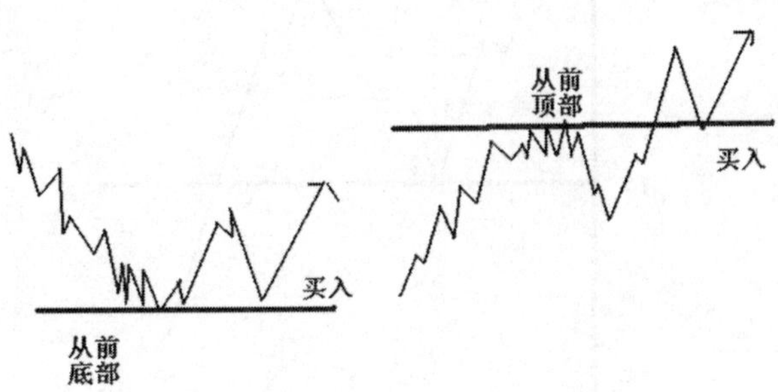

图 13-3 根据从前顶部(底部)买入法图解

相反而言，当市场到达从前顶部，并出现单顶、双顶以至三顶，都是沽空的时机。此外，当市价下破从前的顶部，之后市价反弹回至该从前顶部的水平，都是沽空的时机。不过投资者要特别留意，若市场出现第四个底或第四个顶时，便不是吸纳或沽空的时机。根据江恩的经验，市场四次到顶而上破，或四次到底而下破的机会会十分大。在入市买卖时，投资者要谨记设下止蚀盘，不知如何止蚀便不应入市。止蚀盘一般根据双顶或三顶幅度而设于这些顶部之上。

根据百分比买卖。江恩认为，只要顺应市势，有两种入市买卖的方法(见图 13-4)：

①若市况在高位回吐 50%，是一个买入点。

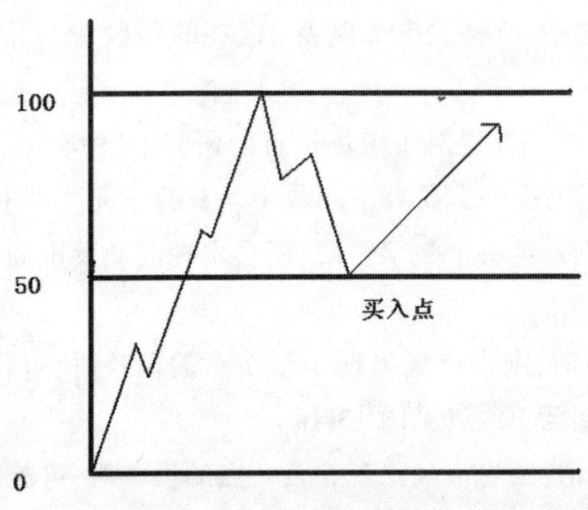

图 13-4 高点价位 50%买入法图解

②若市况在底位上升 50%，是一个沽出点(见图 13-5)。

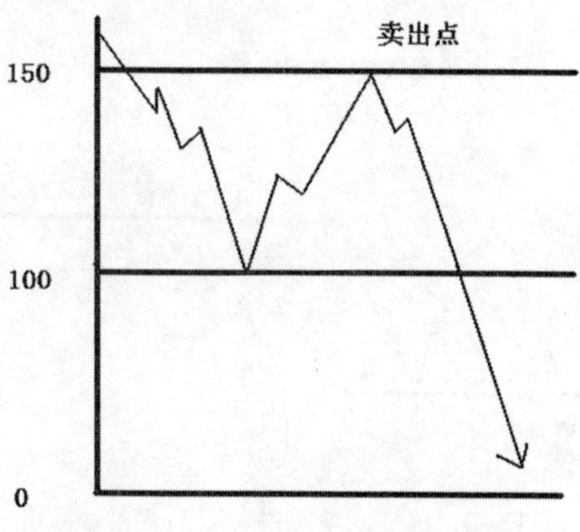

图 13-5 低点价位 50%卖出图解

此外,一个市场顶部或底部的百分比水平,往往成为市场的重要支持或阻力位,有以下几个百分比水平值得特别留意:

①3%~5%

②10%~12%

③20%~25%

④33%~37%

⑤45%~50%

⑥62%~67%

⑦72%~78%

⑧85%~87%

在众多个百分比之中,50%,100%以及 100%的倍数皆为市场重要的支持或阻力水平。

五至七点波动买卖法。江恩对于市场运行的研究,其中有一个重点是基于数字学之上的研究。所谓数字学,乃是一套研究不同数字含意的学问。对于江恩来说,市场运行至某一个阶段,亦即市场到达某一个数字阶段,便会出现波动及市场作用。

买卖规则是:

①若趋势是上升的话,则当市场出现 5 至 7 点的调整时,可作趁低吸纳。通常情况下,市场调整不会超过 9 至 10 点(见图 13-6)。

②若趋势是向下的话,则当市场出现 5 至 7 点的反弹时,可趁高沽空。

③在某些情况下,10 至 12 点的反弹或调整,亦是入市的机会。

④若市场由顶部或底部反弹或调整 18 至 21 点水平时,投资者要小心市场可能出现短期市势逆转。

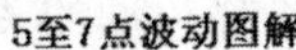

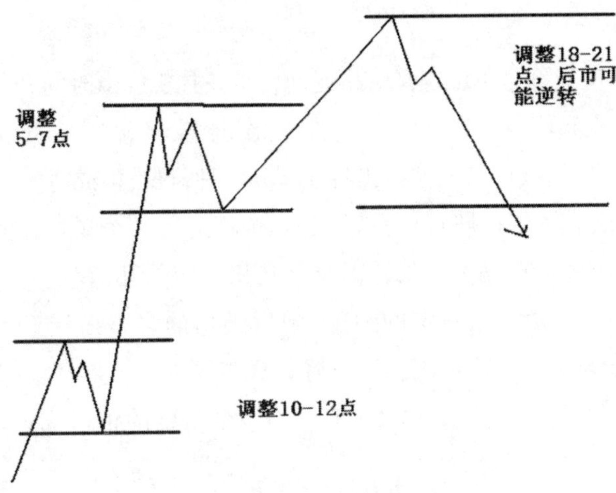

图 13-6　市场调整幅度与买卖图解

江恩的买卖规则有普遍的应用意义，他并没有特别指明是何种股票或哪一种金融工具，亦没有特别指出哪一种程度的波幅。因此，他的着眼点乃是市场运行的数字。这种分析金融市场的方法是十分特别的。

江恩线

江恩线又叫甘氏线（见图 13-7），体现的是江恩理论中价格与时间的关系。

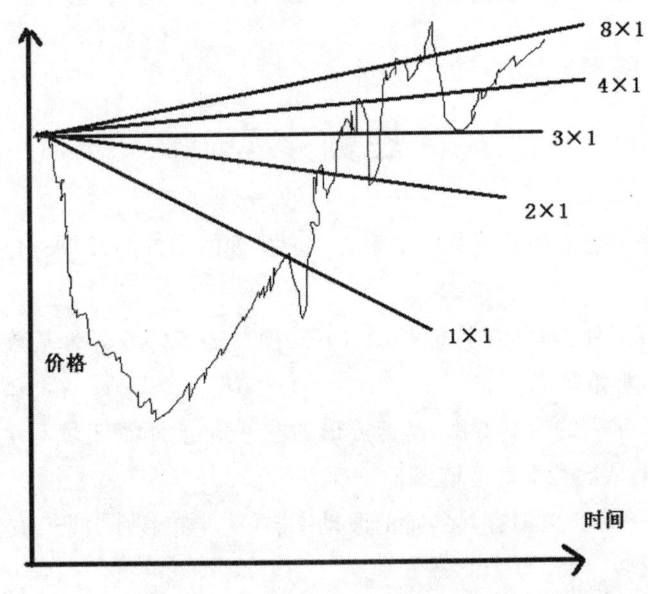

图 13-7　甘氏线示意图

江恩理论中最重要的概念就是甘氏线与价格运动的关系。

甘氏线在 X 轴上建立时间,在 Y 轴上建立价格,甘氏线的符号是“T×P”,T 为时间,P 为价格。

甘氏线由时间单位和价格单位定义价格运动,每条甘氏线由时间和价格的关系所决定。从图上各个明显的顶点和底点画出甘氏线,它们彼此互相交叉,构成甘氏线之间的关系。它们不仅能确定何时价格会反转,而且能够指出将反转到何种价位,构成时间与价格的美妙和谐。

甘氏线的基本比例为 1:1,即每单位时间内,价格运行一个单位。另外,还有 1/8、2/8、1/3、3/8、4/8、5/8、2/3、6/8、7/8 等。每条甘氏线有其相对应的几何角。

甘氏线是从一个点出发,依一定的角度,向后画出的多条射线,所以,甘氏线包含了角度线的内容。甘氏线分为上升甘氏线和下降甘氏线两类。每条直线都有一定的角度,这些角度的得到都与百分比线中的那些数字有关。每个角度的正切或余切分别等于百分比数中的某个分数(或者说是百分数)。

每条直线都有支撑和压力的功能,但这里面最重要的是 1×1、2×1 和 1×2。其余的角度虽然在价格的波动中也能起一些支撑和压力作用,但重要性都不大,都很容易被突破。

具体画甘氏线的方法是首先找到一个点,然后以此点为中心按照不同的角度向上或向下画。同大多数别的选点方法一样,被选择的点一定是显著的高点和低点。如果刚被选中的点马上被创新的高点和低点取代,则甘氏线的选择也随之变更。如果被选到的点是高点,则应画下降甘氏线。如果被选到的点是低点,则应画上升甘氏线。这些线将在未来起支撑和压力作用。

需要特别强调的是,甘氏线是比较早期的技术分析工具,在使用的时候会遇到 2 个问题:

第一,受到技术图表使用的刻度的影响,选择不同的刻度将影响甘氏线的作用。只要不断地调整刻度,永远可以使甘氏线达到“准确预报”的效果。

第二,甘氏线提供的不是一条或几条线,而是一个扇形区域,在实际应用中有相当的难度。那些不是专业研究江恩理论的投资者,最好不要使用甘氏线。

江恩数字表

江恩数字表是江恩发明的将数字沿垂直方向排列的四方形,用来预测价格的支持位和阻力位。

江恩数字表有多种,如以数字 6、9、12、19、20、27、36、52、90 等为基数的四方形,其中常用的是九九四方形数字表。

九九四方形数字表的绘制方法:从四方形的左下角,自下而上填写 1~9,从第二列下面继续填写 10~18,依次类推直至填到 81。

江恩认为,每一种股票都有其独特的波动率,在一定市场条件下,波动率会产生“共鸣”,引起趋势的反转。

因此,应该使用与该市场波动率相近的四方形才能有好的效果。

与江恩螺旋四方形类似，江恩数字表的重要支持位或阻力位极有可能发生在：

①四方形的中点；

②四方形的中心线；

③四方形的对角线。

江恩轮中轮

江恩认为，既然在自然定律中有四季交替、主次阴阳之分，那么在股票市场中必定也有短期、中期、长期循环以及循环中的循环，正如《圣经》中所述的“轮中之轮”（见图 13-8）。

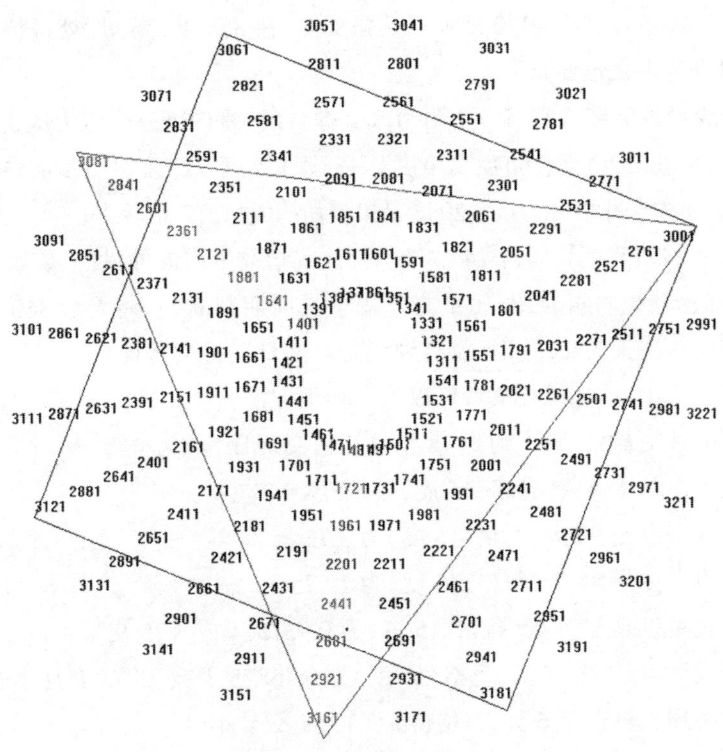

图 13-8　江恩轮中轮示意图

江恩根据这一理论，设计了市场循环中的轮中之轮，将市场上的短期、中期和长期循环加以统一的描述并将价位与江恩几何角也统一起来。因此“轮中轮”是对江恩全部理论的概括总结。

1. 轮中轮的制作

轮中轮将圆进行 24 等分，以 0 度为起点，逆时针旋转，每 15 度增加一个单位，经过 24 个单位完成第一个循环；依此类推，经过 48 个单位完成第二个循环……最后经过 360 个单位完成第十五个循环（即一个大循环），形成江恩“轮中轮”。

江恩轮中轮上的数字循环既是时间的循环也是价格的循环。

例如，对时间循环而言，循环一周的单位可以是小时、天、周、月等；对价格循环而言，循环单位可以是元或汇率等。

江恩“轮中轮”的关键是角度线。市场的顶部、底部或转折点经常会出现在一些重要的角度线上，如 0 度、90 度、180 度等。通过“轮中轮”，我们可以预知市场的价位，以便安全、有效地运用资金。

2. 轮中轮的使用方法

①对照轮中的数字，用游标一选定所要判断的目标股或指数的最低点或最高点。

A.上涨时游标二逆时针旋转，价位或点数将在 45 度、90 度、120 度处遇初级阻力，在 180 度处遇强阻力，在 225 度、270 度处遇超强阻力，在 315 度、360 度处遇特强阻力。

B.下跌时游标二顺时针旋转，价位或点数将在 45 度、90 度、120 度处遇初级支撑，在 180 度处遇强支撑，在 225 度、270 度处遇超强支撑，在 315 度、360 度处遇特强支撑。

②江恩理论轮中之轮要点：

A.当股价或指数突破或跌破一个阻力或支撑位时，将向下一个阻力或支撑位移动。

B.轮中之轮的 0 度、90 度、180 度、270 度及 45 度、135 度、225 度、315 度所构成的两个正四方形处为阻力或支撑。另外，由 0 度、120 度、240 度所构成的正三角形处也为阻力或支撑。

C.一周分为 24×15(度)，暗含 24 节气。价位或指数由内向外找，大数取内优先。

注释：原江恩理论书籍介绍，轮中之轮用于长周期判断，一周天为 360 天(自然日)；用于短周期判断一周天为 24 小时(没有说明是自然日还是交易日)。

而在中国股市中，中短线投资者可以参考如下方法：

①一周天如按交易日，则大约为 18 个月。每交易日为 4 小时。

②一周天可以是 180 天，每格(15 度)为 7.5 天。

③一周天也可以是 90 天，每格(15 度)为 3.75 天。

④一周天也可以是 45 天，每格(15 度)为 1.875 天。

⑤一周天也可以是 22.5 天，每格(15 度)为 0.9375 天或 3.75 交易小时。

⑥一周天也可以是 11.25 天，每格(15 度)为 0.46875 天或 1.875 交易小时。

⑦最短的一周天可以是 6 天，每格(15 度)为 1 交易小时。

说明：江恩理论的精髓——市场在重要的时间到达重要的位置(股价或股指)时，市场的趋势将发生逆转。

此外，还有几个关键点是投资者应特别注意的：

A.一周天的重要时间为，到达上面第一条中的所述的角度位置所需的时间。周期的长短按第二条的内容选择。

B.当选用的长周期和短周期所指向的位置为同一位置时，该点即为市场的最为重要的位置。时间大致为长、短周期重叠的时间位置。

C.如果股价或股指在重要的时间内超越了一个重要的位置。那么，它将向下一个重要的位置移动。

D.如果股价或股指在重要的时间内没有超越那个重要的位置。那么,它将回头寻找它前一个重要的位置。

以上证指数(见图 13-9)为例说明一下这个问题：

以 2000 年 3 月 16 日的上证指数的低点 1596.07 点为起点,取一周天为 11.25 天(短周期判断)。股指运行 9 天后到达 1811.06 点(3 月 30 日)。江恩轮中之轮逆时针转(上涨)315 度,需 0.46875×315/15=9.84375 天,阻力位为 1810 正负 5 点。时间和价位重叠,即江恩理论中的市场在重要的时间到达重要的位置(股价或股指)时,市场的趋势将发生逆转。随后的一天(3 月 31 日),股指在 4 小时的交易时间内,由 1810.90 点下跌到 1780.41点,收于 1800.22 点。此时取一周天为 6 天(更短的周期),用江恩轮中之轮顺时针转 45 度(3 小时)为 1780 正负 5 点(当天盘中大约下跌了三个小时),到达支撑位。由于收盘时股指已返回到 1800.22 点,可判断第二天股指不会再下跌。

4 月 3 日，股指最高为 1816.86 点，最低为 1798.25 点，收于 1801.00 点。再用 11.25 的周期分析,显然在特定的时间内股指没有顺利冲过 1810 正负 5 点的阻力位,因此向下调整是必然的。以后的 8 小时调整,由 1815 正负 5 点顺转 120 度(重要支撑位)达 1735 正负 5 点。最低点为 1746.30 点,收于 1771.20 点。股指重新步入升途。

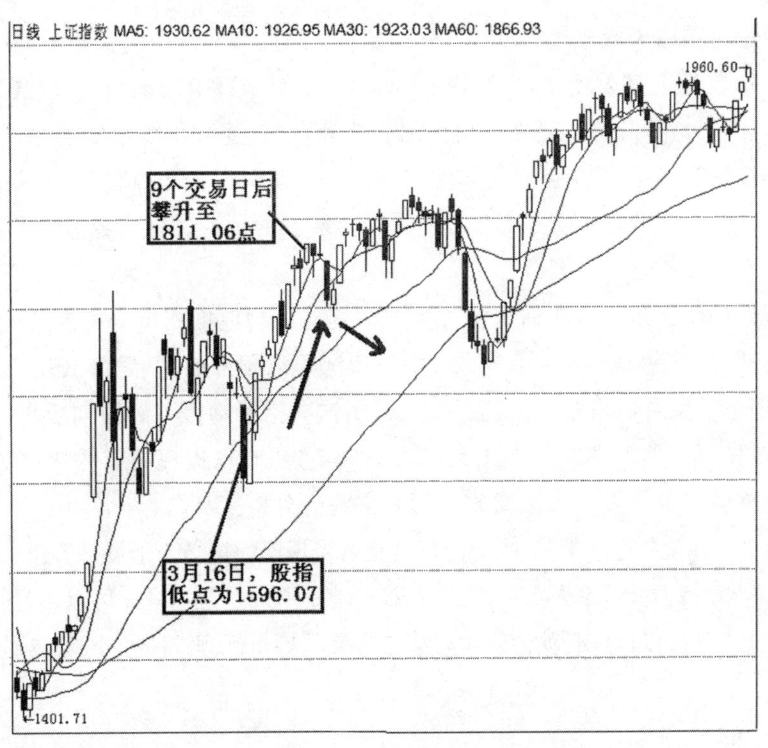

图 13-9 上证指数轮中轮实战图解

江恩理论的优点是阐述了时间与价位的关系。准确的时间和价位的预测,使其他任何理论难望项背。江恩理论的弱点是缺乏对另一市场的重要因素——成交量的描述。因此,江恩理论与道氏趋势理论、艾略特波浪理论,相互结合使用,可起到互为补充的作用。

第 14 章

亚当投资理论

亚当理论的基本概念

亚当理论是美国人威尔德(J.W.Wilder)所创立的投资理论。威尔德于 1978 年发明了著名的强弱指数 RSI,还发明了其他分析工具,如抛物线(PAR)、动力指标(MOM)、摇摆指数、市价波幅等。这些分析工具在当时的时代大行其道,受到不少投资者的欢迎。即使在今天的证券投资市场中,RSI 仍然是非常有名的分析工具。但很奇怪,威尔德后来发表文章推翻了这些分析工具的好处,而推出了另一套崭新的理论去取代这些分析工具,即“亚当理论”。

亚当理论的精义是没有任何分析工具可以绝对准确地推测市势的走向。每一套分析工具都有其缺陷。市势根本不可以推测。如果市势可以预测的话,凭借 RSI、PAR、MOM 等辅助指标,理论上就可以发达。但是不少人运用这些指标却得不到预期后果,仍然输得很惨,原因就是依赖一些并非完美的工具推测去向不定、难以捉摸的市势导致的。所以,亚当理论的精神就是教导投资人士要放弃所有主观的分析工具。

在市场中生存就要适应市势,顺势而行就是亚当理论的精义。市场是升市,逆市做沽空;或者市场是跌市,持相反理论去入市,将会一败涂地。原因是升市升完可以再升,跌市跌完可以再跌。事前无人可以预计升跌会何时完结。只要顺势而行,则将损失风险减到最低限度。

亚当理论的十大戒条

①一定要认识市场运作,认识市势,否则绝对不买卖。

②入市买卖时,应在落盘时立即订下止蚀价位。

③止蚀价位一到就要执行,不可以随便更改,调低止蚀位。

④入市看错,不宜一错再错,手风不顺者要离,再冷静分析检讨。

⑤入市看错,只可止蚀,不可一路加注平均价位,否则可能越蚀越多。

⑥切勿看错市而不肯认输,越错越深。

⑦每一种分析工具都并非完善,一样会有出错机会。

⑧市升买升,市跌买跌,顺势而行。

⑨切勿妄自推测升到哪个价位或跌到哪个价位才升到尽、跌到尽,浪顶浪底最难测,不如顺势而行。

⑩看错市,一旦蚀10%就一定要立刻止蚀,重新来过。不要蚀本超过10%,否则再追翻就很困难。

亚当理论的应用原则

①赔钱的部位绝不要加码,或“摊平”。如果你操作的是赚钱的部位,那么你在那个时点是对的。如果你操作的是赔钱的部位,那么你在那个时点是错的。如果你错的话那么唯一的问题是“你会错多久”?唯一的答案是:你会错到哪个部位才会转为赚钱,或直到停损触发为止。事情就是这么简单。如果你已经错了,有两种做法使你错得比目前更离谱。其一是增加错误的部位,其二将在守则3中说明。

②在开始操作或加码时,绝不能不同时设停损,以便在你万一出差错时,能出场。

在你开始操作之前,先决定你愿意错多久。这句话的另一种说法是“这笔操作我愿意赔多少钱”?在你进场之前,必须作这个决定。因为只有在进场之前,才能作出客观的决定。一旦你处在市场之中,你就不再能做到客观了。期望会跟你冷静而计算妥当的客观性相互缠斗。这世界上绝没有精神上的停损这回事。除非把停损放进市场中,否则停损就不算是停损。

③除非是朝操作所要的方向,否则绝不取消或移动停损。

你会想朝操作反方向移动停损的唯一时刻,是操作部位亏损,而且市场对你不利。但根据定义,这时你是错的。你会错得用更离谱的第二种方式,就是移动停损,导致你操作赔更多钱。请记住,你最后一次真正客观的时候是在进场之前,决定停损的时候。

如果你移动停损,那么期待之情便完全压制住你冷静且算计妥当的客观性结论,而且你不再是个理性的操作者。恐惧可以发挥很好的效用,贪婪可以构成障碍,但期待之情一旦占上风,却会使人万劫不复。

④绝不让合理的小损失演变成一发不可收拾的大损失。情况不对,立即退场,留得青山在,不怕没柴烧。

只要有一次不遵守这十大守则中的任何一条,万劫不复的亏损都可能发生!墨菲定律几乎可以保证，只要你有一次“犯规”，那么就是这一次，市场会严重烧伤你。但别因此而怪墨菲定律。真正的答案是：市场是个强敌，是在竞技场中与你搏斗的勇士。跟真正的斗士一样，你一犯错，它就会乘虚而入。只要你松懈一次，它就会攻击你脆弱的部位，让你血流如注。

许多优秀的操作者日进日出，严守纪律，时时保持警觉。然而突然有那么一次，他们肯定自己是对的时候，而违反其中一条守则，结果丢下警戒，开始期待，然后就是血流如注。短短几天内赔掉的，可能比一年赚的还多。

⑤一笔操作，或任何一天，不要让自己亏掉操作资金的10%以上。

恪守前四项守则，仍可能受到伤害。由于部位很多，即使停损点很接近，但许多或所有部位对你不利，一天之内，你仍可能赔掉操作资金的10%以上。由于部位太多，所以这种事情可能发生。有时候，你买的所有东西都齐步下跌，你卖的每样东西都并肩上扬。

请记住，操作应该是一件乐事。为了享受乐趣，任何时刻都不要冒亏大钱的险。

⑥别去抓头部和底部，让市场把它们抓出来。亚当理论永远抓不准头部和底部，想去抓的人也抓不准。但是头部和底部终于出现时，亚当理论只会错一次。

多数操作者都想抓头部和底部。多少操作者也都因此赔了钱！他们之所以想抓头部和底部，原因是自负和贪婪。抓住头部和底部，准确的概率比玩吃角子老虎机还差。

每个人都知道这种事。你的敌人也知道到这种事。他偶尔会让你抓准一两次头部和底部，好让你上瘾，继续做这种事。这是一趟自负的旅程，好让你能告诉朋友：由于你敏锐地研判市场，你在低档买进了。这全是自负心理在作祟。

你曾经有多少次买到最低点，而且真的抱着，直到最高点才脱手？为什么不坚持等反转确立呢？为什么要丢掉确立之前的所有利润呢？这全是贪婪在作祟。你有多少次因为不肯等候而赔了钱？

即使你恪守前面的所有守则，但不顾这条守则，你仍然会赔钱。

⑦别挡在列车前面。如果市场往某个方向爆炸性地发展，千万别逆市操作，除非有强烈的证据，显示反转也已发生(请注意，是已经发生，而不是将发生或应发生)。

买超的市场绝没有不能再涨的理由。卖超的市场绝没有不能再向下的理由。这是敌人喜欢布置的陷阱。

把一张非常具有方向性的市场图拿给五岁的小孩看，问他明天要站市场的哪一边。这位小孩根本不懂什么叫买超、卖超，什么叫支撑、阻力，更别提更高深的技术分析。他不知道曾经涨得多高跌得多低。他对什么叫基本面一无所知。他没有操作者的背景和经验。那么，他会怎么告诉你，说他要站在市场的哪一边？就是这么简单。别站在列车前面……要么就坐上去。

⑧保持弹性。记住你可能会错、亚当理论可能会错、世界上任何事情可能偶尔出差错。记住亚当理论所说的是概率很高的事，而不是绝对肯定的事。

做对的次数愈多就愈容易失去弹性。你连续赚六七笔操作之后，这时你难免洋洋自得，使做法失去弹性。这就是你的大敌(也就是市场)等候你这么做的时候。它会跟你要回以前所赚的钱,永远记住:你所处理的是或然率,而不是绝对值。

⑨操作不顺时,不妨缩手休息。如果你一再发生亏损,请退场到别的地方去度假,让你的情绪冷静下来,等头脑变得清醒再说。

多数操作者之所以会赔钱,其中一个理由是:不受约束的途径走起来最轻松。当你的财产值刚刚暴跌时,要放手一段时间是件相当难的事。这种时候来临时人们往往会坚守城池,奋战到底,直到反败为胜才休息。你不愿承认自己最近所做的每件事都错了。你会告诉你自己:战斗还没有结束,这只是一时的挫败而已。以前你也曾经迅速扭转乾坤,这次你可以再来一次。现在就放手不等于承认失败,而且从头再来时,本钱会少很多。

敌人喜欢跟有这种心态的操作者玩游戏。现在,操作者处于劣势。由于操作者受到很大的压力,必须迅速反败为胜,所以他比较难以保持客观的态度。他会冒平常自己不肯冒的险。现在他非常可能舍弃十大守则中的一些守则。

不管操作者自己有没有想到,他现在的心态不是真的相信自己会赢,而是希望自己能赢。在这种情况下,很难要他缩手、度假、承认失败。但这是极少数操作者能赢的理由之一。

⑩问问你自己,你全身从里到外是不是真的想从市场中赚一笔钱,并仔细听一听你自己的答案。有些人心里渴望着赔钱,也有些人只是想找件事做。“认清你自己。”

如果你在市场上操作的真正的理由是想赚钱,那么迟早你会知道,一个人能不能从市场上赚钱,取决于他有没有遵守这十大守则。至于他赚多少钱,则取决于他进场和退场的方法。

如果你从里到外问自己这个问题,并仔细倾听答案的话,你将了解这十大守则的价值。你将了解,你不会只因为使用亚当理论或其他任何方法,就可以成为赢家。亚当理论只是给你一个进场的理由。这个理由是:市场有很高的概率,往某个特定方向移动一段时间。

除非你所有的操作都依据这十大守则,否则亚当理论或其他任何方法,都不会准到让你不断赚钱。当你懂了这一点,你就会在市场上赚不少的钱。

亚当理论的实战策略

①在介入投机市场前,一定要认清该市场的趋势是上升还是下跌。在升市中主要以做多为主,在跌市中则以卖空为主。切记买卖方向不要做错,即在升市做空、跌市买涨是最愚蠢而且相当危险的。

②买入后遇跌,卖出后却升,就应该警惕是否看错大势。看错就要认错,及早投降,不要和大势为敌。不要固执己见,要承认自己看错方向,及早认识错误则可将损失减到较少的程度。

在未买卖之前一定要订立停损点,并且不随意更改既定的停损点。切忌寻找各种借口为自己的错误看法辩护,因为那样只会使自己深陷泥潭,损失更大。在投机市场中,不要把面子看得太重,看重脸面则损失票面也。

③抛弃迷信技术分析指标或工具的做法。各种技术分析、技术指标均有缺陷,过于依赖这些技术分析指针的所谓买卖信号,有可能使资金遭遇被套的危险。那些相反理论买入法或马丁基的加码法教人越跌越买并不是好的投资理论和方法,这些做法应坚决摈弃。

记住,我们所求的无非是每天赚钱。我们不希望运用亚当理论于任何市场,而是想运用它在发生某种情形的市场中操作。我们之所以知道市场正在做某些事,是因为它们已经在做某些事了。有时候,你会见到这些线索出现,然后无疾而终,让你赔了些小钱。我们早知道,这是必要的费用——相当于保险费。但你会发现,假使你有耐心,而且慎选进场时机,你会使每天赚的钱达到最高水准。

第 15 章

黄金分割理论

黄金分割率的由来

黄金分割率 0.618033988……，是一个充满无穷魔力的无理数，它影响着我们生活的方方面面。它不但在数学中扮演着神奇的角色，而且在建筑、美学、艺术、军事、音乐甚至投资领域都可以找到这个神奇数字的存在。

数学家法布兰斯在 13 世纪写了一本关于一些奇异数字组合的书。这些奇异数字的组合是 1、1、2、3、5、8、13、21、34、55、89、144、233……任何一个数字都是前面两个数字的总和。

有人说这些数字是布兰斯从对金字塔的研究得出的。金字塔和上列奇异数字息息相关。金字塔的几何形状有五个面、八个边，总数为十三个层面。由任何一边看过去，都可以看到三个层面。金字塔的长度为 5813 寸(5–8–13)，而高和底面的比率是 0.618——即上述神秘数字中任何两个连续的数字的比率，譬如 55/89=0.618，89/144=0.618，144/233=0.618。

另外，一个金字塔五角塔的任何一边长度都等于这个五角型对角线的0.618 倍。

这组数字十分有趣。0.618 的倒数是 1.618。譬如 14/89=1.168、233/144=1.168，而 0.618×1.168≈1。

另外有人研究过向日葵，发现向日葵花有 89 个花瓣，其中 55 个朝一方，34 个朝向另一方。

最终，将这组神秘数字的近似值 0.618 称为黄金分割率(Golden Section)。

黄金分割率的特点

黄金分割率的最基本公式是将 1 分割为 0.618 和 0.382,它们有如下一些特点:

①数列中任一数字都是由前两个数字之和构成。

②前一数字与后一数字之比例,趋近于一固定常数,即 0.618。

③后一数字与前一数字之比例,趋近于 1.618。

④1.618 与 0.618 互为倒数,其乘积约等于 1。

⑤任一数字如与后两数字相比,其值趋近于 2.618;如与前两数字相比,其值则趋近于 0.382。

理顺下来,上列奇异数字组合除能反映黄金分割的两个基本比值 0.618 和 0.382 以外,尚存在下列两组神秘比值。即:

①0.191、0.382、0.5、0.618、0.809

②1、1.382、1.5、1.618、2、2.382、2.618

黄金分割率的计算方法

1.618 减去基数 1,得 0.618;1 再减去 0.618,得 0.382,黄金分割在个股当中的应用方式有一派观点认为是:直接从波段的低点加上 0.382 倍、0.618 倍、1.382 倍、1.618 倍……作为其涨升压力。或者直接从波段的高点减去 0.382 倍及 0.618 倍,作为其下跌支撑。

另一派观点认为不应以波段的高低点作为其计算基期。而应该以前一波段的涨跌幅度作为计算基期,黄金分割的支撑点可分别用下述公式计算:

①某段行情回档高点支撑=某段行情终点-(某段行情终点-某段行情最低点)×0.382

②某段行情低点支撑=某段行情终点-(某段行情终点-某段行情最低点)×0.618

如果要计算目标位,则可用下列公式计算:

③前段行情最低点(或最高点)=(前段行情最高点-本段行情起涨点)

×1.382(或1.618)

下面我们就以上证指数为例(见图 15-1),详细分析一下:

上证指数 1999 年从 1047 点起步,它的第一目标位是 1047×(1+0.382)=1446.96 点。事实证明,1999 年 6 月 14 日,沪指 1999 年首次冲上 1400 点,以最高点报收在 1427 点,基本接近 1446.96 点(有一点儿误差是正常的)。当第一目标位实现后,股指有些不稳,6 月 15 日回调收盘价 1387 点。但很快股指又向第二目标位 0.618 发起冲击。

第二目标位是 1047×(1+0.618)=1694 点。6 月 25 日,上证指数最高达 1705 点,超过1694 一些,由于这一区位敏感,股指又发生震动,当日收盘为 1593 点。后 3 日,股指在此区域震荡加剧,无法实现第三目标,随即告落。

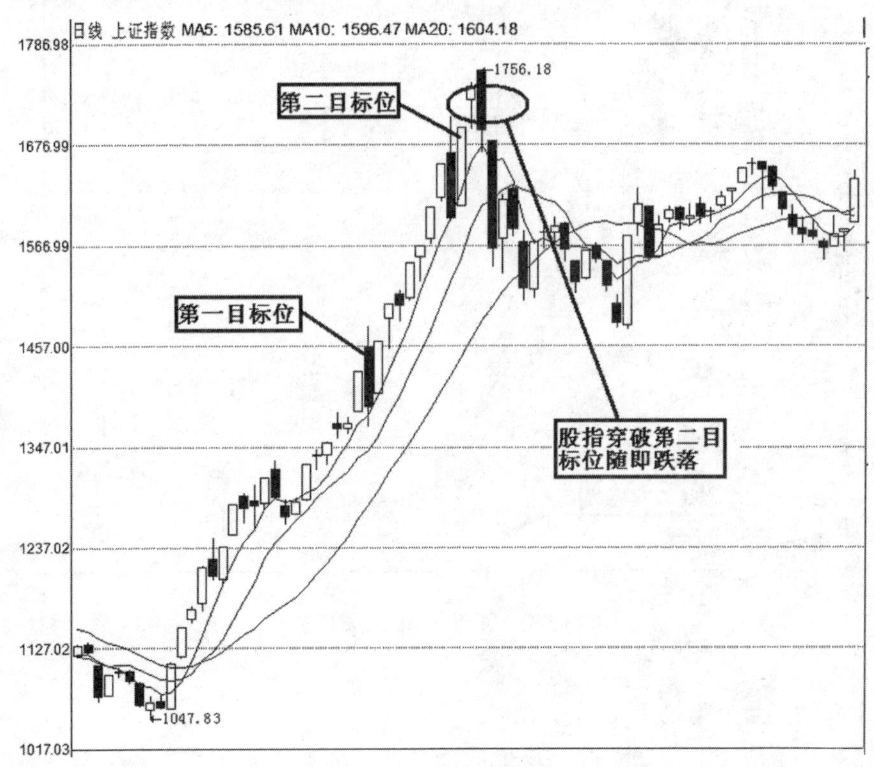

图 15-1 上证指数黄金分割图解

上述公式有四种计算方法,根据个股不同情况分别应用。

黄金分割线的画法

现在股票软件上基本上都有了黄金分割线(见图 15-2),不需要投资者自己去画,但是投资者还是应该掌握黄金分割基本的画法原理。

黄金分割的画法主要是找出两个点,即最高点和最低点,找出来后就可以开始画黄金分割线了。画黄金分割线作用是:主要是起到提前预测上涨和下跌价格的位置以及反弹的阻力位和下跌的支撑位的价格,准确地帮你找到更低的底部买进(做多)和更高的头部卖出(做空)。

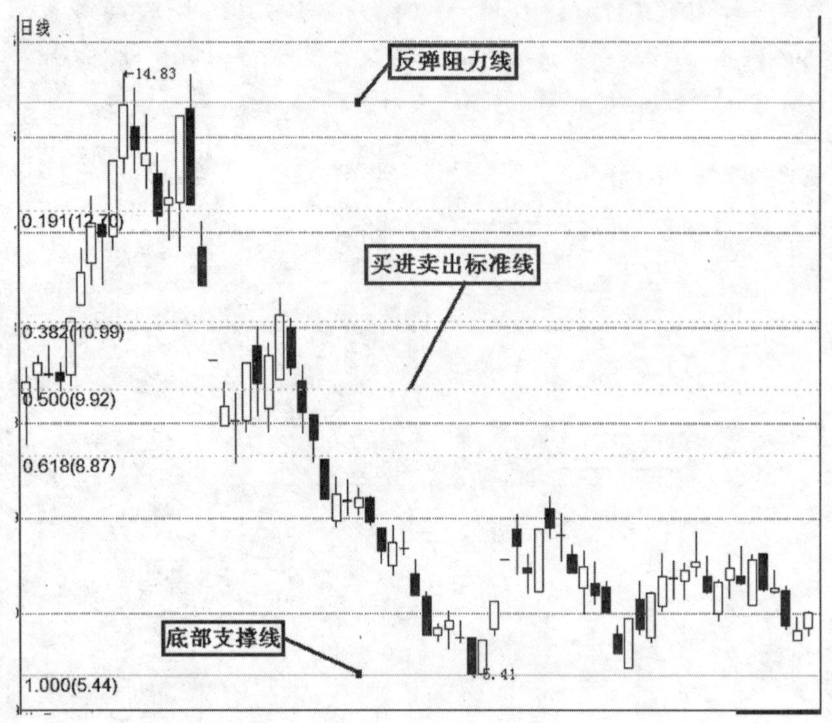

图 15-2 黄金分割线画法图解

1. 上涨的黄金分割线

现在就开始从底部最低点画到反弹的最高点，你就会看到有六条黄金分割线的出现：最低的实线表示下跌底部的支撑线，最高的实线表示头部反弹阻力线，在中间的三条虚线是表示回调的支撑线(分别为 61.8%、50.0%、38.2%)，我们就以中间第二条(50.0%)的黄金分割线为准买进。如果后市继续冲破前期反弹阻力线，你就会看到另外的三条反弹的阻力线(分别为 61.8%、50.0%、38.2%)，我们就以中间的第二条(50.0%)的黄金分割线为准卖出。画上涨的黄金分割线的作用是：可以找出在上涨通道反弹的阻力位和回调买进的支撑位。

2. 下跌的黄金分割线

画下跌的黄金分割线刚好和上涨的黄金分割线相反来画就可以了。为什么要这样画呢，因为下跌趋势还没改变的情况下，做(股票)时就必须要观望等待，因为(股票)不可以做空只能做多。所以做(股票)时就要等回调的位置站稳了才买进，就不是一下跌或者是一回调时就可以买进，就是利用黄金分割线来找回调的买入点。现在就开始从顶部最高点画到下跌的最低点，你就会看到有六条黄金分割线的出现：最高的实线表示头部的反弹阻力线，最低的实线表示下跌底部的支撑线，这样画下来就同时看到底部反弹的阻力线(分别为 38.2%、50.0%、61.8%)，反弹时我们就看中间的第二条(50.0%)的黄金分割线为准卖出。另外还看到破平台低点的一组下跌支撑的三条黄金分割线（分别为 138.2%、250.0%、361.8%)，我们就以中间第二条(50.0%)的黄金分割线为准买进。如果后市继续跌破前期下跌撑线就会看到另外的三条下跌的支撑线（分别为 261.8%、250.0%、238.2%），我们同样就以中间的第二条(50.0%)的黄金分割线为准买进。画下跌的黄金分割线的作用是：可以找出在下降通道反弹的阻力位和底部出现买进的支撑位。

黄金分割率判断顶底

“顶”的判断。当空头市场结束，多头市场展开时，投资人最关心的问题是“顶”在那里？事实上，影响股价变动的因素极多，要想准确地掌握上升行情的最高价是绝对不可能的，因此，投资人所能做的，就是依照黄金分割率计算可能出现的股价反转点，以供操作时参考(见图 15-3)。

图 15-3 黄金分割顶底应用图解

当股价上涨，脱离低档，从上升的速度与持久性，依照黄金分割率，它的涨势会在上涨幅度接近或达到 0.382 与 0.618 时发生变化。也就是说，当上升接近或超越 38.2%或 61.8%时，就会出现反压，有反转下跌而结束一段上升行情的可能。

黄金分割率除了固定的 0.382 与 0.618 是上涨幅度的反压点外，其间也有一半的反压点，即 0.382 的一半 0.191 也是重要的依据。因此，当上升行情展开时，要预测股价上升的能力与可能反转的价位时，可将前股价行情下跌的最低点乘以 0.191、0.382、0.809 与 1，作为可能上升的幅度的预测。当股价上涨幅度越过 1 倍时，其反压点则以 1.191、1.382、1.809 和 2 倍进行计算得出。依此类推。举例来说：

当下跌行情结束前，某股票的最低价为 10 元，那么，股价反转上升时，投资人可以预先计算出各种不同的反压价位，也就是：

10×(1+19.1%)=11.9 元；

10×(1+38.2%)=13.8 元；

10×(1+61.8%)=16.2 元；

10×(1+80.9%)=18.1 元；

10×(1+100%)=20 元；

10×(1+119.1%)=21.9 元。

然后，再依照实际股价变动情形作斟酌。

“底”的判断。当多头市场结束，空头市场展开时，投资人最关切的问题莫过于“底”在哪里？但影响因素极多，无法完全掌握。从黄金分割率中可计算跌势进行中的支撑价位，增加投资人逢低买进的信心。

当股价下跌，脱离高档，从下跌的速度和持久性，依照黄金分割率，它的跌势也会在下跌幅度接近或达到 0.382 与 0.618 时发生变化。也就是说，与上升行情相似，当下跌幅度接近或超越 38.2%或 61.8%时发生变化，就容易出现支撑，有反转上升而结束下跌行情的可能。与上升行情的黄金分割率公式相同，下跌行情展开时，除了 0.382 和 0.618 有支撑外，在 0.191、0.809 处均可能发挥支撑的效力。例如：

上升行情结束前，某股票最高价为 30 元，那么，股价反转下跌时，投资人也可以计算出各种不同的支撑价位，也就是：

30×(1−19.1%)=24.3 元；

30×(1−38.2%)=18.5 元；

30×(1−61.8%)=11.6 元；

30×(1−80.9%)=5.7 元。

然后，依照实际变动情形作斟酌。

在许多情况下，将黄金分割率运用于股票市场，投资人会发现，将其使用在大势研判上，有效性高于使用在个股上。这是因为个股的投机性较强，在部分做手介入下，某些股票极易出现暴涨暴跌的走势，这样，用刻板的计算公式寻找“顶”与“底”的准确性就会降低。而股指则相对好一些，人为因素虽然也存在，但较之个股来说要缓和得多，因此，掌握“顶”与“底”的机会也会大一些。

让我们来看个实际案例：

白云机场(600004)(见图 15-4)，该股的走势颇为符合黄金分割原则。2009 年 9 月份，该股从 8.54 元起步，至 12 月中旬，该股拉升到 10.24 元，完成这一波的涨升。随后我们来看该股的支撑价位：

根据公式，下跌低点支撑=10.24−(10.24−8.54)×0.618=9.19 元。事实上该股 1999 年 12 月 22 日回调最低点为 9.44 元，误差极小，投资者只要在 9.60 元一线附近吸纳，就可以找到获利机会。

上升行情上涨压力=8.54+(10.24−8.54)×1.618=11.29 元。

该股在 10 年 1 月份摸高至 11.08 元后回落，投资者在 11 元可以从容卖出获利。

图 15-4　白云机场黄金分割买卖法图解

该股走势说明了如果对黄金分割率掌握透彻，可以成功地利用它来捕捉黑马。使用时要注意：

①买点在回调到 0.618 处比较安全，回调到 0.382 处对于激进型投资者较适合，稳健型投资者还是选择回调到 0.618 处介入。

②卖点在涨升 1.382 处比较保守，只要趋势保持上升通道，可选择涨升 1.618 处卖出。

黄金分割理论的买卖法则

把握买卖点。一般来说在 1.191 线内购股最安全，为股票的盘整期，总有突破的那一天，在此价位内甚至也不必做差价，耐心持有为第一位！第一黄金线位是股票的盘整期，股价一旦突破 1.191 线，一定会上摸到 1.382 线，一定要抛！否则会回落，首次冲高抛掉！而回调也会到 1.191 线为止，一定要买回来！

高抛低吸法。在 1.191~1.382 之间可做差价,高抛低吸,不必害怕。此区域一般不会套牢,庄家获利不是很大,且在拉升途中,庄家自己也会高抛低吸来降低自己的持股成本,对自己熟悉的股票多做差价。1.382 线是强阻力位,强阻力位有很长时间的盘整,而一旦有效突破,股价就很难再跌破 1.382 线,最好在 1.191 价+(1.382 价-1.191 价)×0.618 位抛掉。

差价抢利法。在 1.382~1.618 之间也可做差价,不过高处不胜寒,应加倍小心,最好在 1.382 价+(1.618 价-1.382 价)×0.618 位抛掉。从高位下落的股票不要在 0.809 位抢反弹,而要在 0.618 位,但涨 10%必须抛掉,不要恋战。

不买高位。在 0.618 上的股票,意味着从低位已上涨 62%,无特别好消息,不要购在 0.618 线附近的股票。在该线附近盘整越久,庄家出货的概率越大。

倍率黄金线。在 1.809 上的股票,就可能是无限风光了,有倍率上涨的机会。如:0680 的 1.809 价为 7.98 元,突破后有机会到 16.00 元附近,一般不要理会倍率黄金线的使用,知道就可。

测算时间周期。举例来说,如果底部上升 10 天,就用 10 天×1.618,就基本属于下一个下跌趋势,但是不一定下跌,也可能顺着这个方向继续涨。你可以用 10×1.618=16.18,然后用 16.18×0.618=10 天,也就是说这 16 天当中的第 10 天会是一个很重要的转折,要格外关注,因为这一天趋势会改变也说不定。投资者应注意,这种方法在调整的时候不怎么好用,用它预测单边市,感觉很准确。

阻力价位计算法。利用黄金分割率有一种简单但非常有效的计算个股的阻力价位方法,即一的八分法,其实就是将数字 1 进行八等分,$X_1=0.125$,$X_2=0.25$,$X_3=0.375$,$X_4=0.5$,$X_5=0.625$,$X_6=0.75$,$X_7=0.875$,$X_8=1$。

首先确定某只股票的一个波段最低点(按最低价确认最低点),然后用最低点这一天的收盘价(S)乘以 1.125,得出的结果用 P_1 表示,即 $S\times1.125=P_1$。那么价格 P_1 就是该股从波段低点起开始上涨遇到的第一阻力位。那么,什么时候考虑卖出呢?从最低点那天开始往后一天接一天地观察,如果哪一天的收盘价大于 P_1,收盘价大于 P_1 的第二天就是最佳卖出时机。同理,P_2、P_3、P_4、P_5,可以计算出第二、第三、第四等一系列阻力位,用这种方法往往可以卖在波段最高点那一天。

第 16 章

市场轮廓理论

市场轮廓理论的形成

彼得·史泰米亚,总结了三十年的期货市场经验,在 1984 年提出了一套独特的观察、分析市场价格变化的新学说——市场轮廓理论(Market Profile)。这个投资理论在金融界引起了巨大的轰动,香港许沂光先生认为该理论涉及了市场中的何时、何价、何人、何事四个方面的因素,而将其称为四度空间。

市场轮廓理论以期货、股票等金融市场作为分析、研究和观察的对象,为交易者提供了新的思维方式和分析方法。该理论突破了传统图表分析和技术分析的框架,将市场价格与价值的背离状态以图象形式反映出来,从图象形态的变化中寻找逻辑关系,从而推测未来市场的发展方向。

该理论有别于其他技术分析系统的特征在于:其独特的市场追踪特性能为交易者提供全新的市场追踪手段。专家普遍认为,该理论极有可能成为技术分析的主流,对技术分析的发展产生难以估量的影响。

市场轮廓理论的框架包含有:市场轮廓图、交易时间和交易逻辑三大部分。该理论回答了以下两个基本问题:

①市场的价格运动方向如何?

②沿价格运动方向的市场交投是否活跃?

市场轮廓理论最终要解决的问题是:在市场价格的运动中,究竟是谁在控制市场?

市场轮廓图主要是反映市场价格运动的变化过程,由独特的钟型曲线表示:通过TPO(Time Price Opportunities)图将一段时间内的市场价格变化记录下来,当一个交易日结束时,便形成了当日的市场轮廓图,市场轮廓不仅表示盘中发生了什么,而且能准确的表明何时发生,及哪类交易者参与市场。通过市场轮廓图的分析可以发现当日市场的交易特性，如盘中的价格幅度扩展、长线尾部信号、买卖盘口的性质、开市型态等，从而推断究竟谁在控制市场。

交易时间，广义上讲是指一个交易日的时间范围，从开市到收市的持续时间，在市场轮廓理论中则有两方面的含义：一方面是市场在某一价位停留的时间越长，说明这一价位被市场所接受，同时也形成了当日的价值区间，即价格×时间=价值；另一方面，交易时间确定了盘中的交易机会，如：当冬季过后的“清仓拍卖”时，价格会立即降至价值之下，但这种清仓拍卖不会维持太长时间，因此，为了买个好价钱，交易者就应赶快行动，否则就会坐失良机。在市场中低于价值的买入和高于价值的卖出的机会都不会持续太长时间。由于不断增强的竞争，价格会迅速变化。

交易逻辑通过演绎的方法，可由市场结构及交易时间了解交易逻辑的某些方面。例如，出现尾部表明在极端价格有长线交易者的强力介入。如果尾部消失，那么就说明市场背后有变数，长线买方或卖方不再愿意介入或者不太情愿接受同样水准的价格。交易逻辑是经验的产物，往往具有交易者明显的个性特征，是交易者理解和解释市场运动原因的主要依据，唯一真正了解市场和市场逻辑的方法就是不断地观察、解释和交易。

市场轮廓理论公式

价格+时间=价值，这样一个简单的公式是可以经受长时间的考验，放诸四海而皆准的。

四度空间公式中的“时间”，有几种含义：

第一，“时间”是一个常数，说明其只有通过单位时间的交易才能维持市场的正常运转，此时的时间没有特别的意义；

第二，“时间”是买卖的重要方面，也就是说，处于低于价值的价格的时间，不会太久，因此把握买入的时间，是十分重要的。可以说真正在低位的时间，是先知先觉者大胆入市的良机。对于处于相对高位价格的时间，更是极短的时间，稍一疏忽，就过去了；

第三，“时间”是一种等待，即要等待价格低于价值时间的来临，方可买入；要等待价格高于价值的时刻而抛出。从某种意义上来说，在股市中心须学会等待，空仓中等待买入良机，满仓时等待抛出时刻。

四度空间公式中的“价格”是经常变化的，在单位时间内，价格是一变化区间，在更长的时间范围内，价格变化的区间也随之变宽，那么成交量较大的价格区间形成了价值中枢；所以四度空间的理论在找出价值的同时又找出了成交量较大的部分，换言之，时间+价格=成交量（价值），同时又等于价值。

四度空间公式中的“价值”，是四度空间理论的核心，是解决股市、期货市场中高抛低吸的标准。高抛低吸以价值为中心，是对期货市场、股市的传统分析方法的一次革命。四度空间公式中的价值，从实战的角度来分析，有两重含义：投资理念的“价值”和投机理念的“价值”。

投资理念的“价值”,是指数股票市场中具体某只股票的内在价值,这个内在价值从四度空间的图形上是看不到的,它是基本分析范围的价值。例如:某一只股票的每股收益很高,但它的价格较低。投资者认为它值 20 元,而此时的股价却只有 10 元左右。另一种情况是预期某一只股票发展前景广阔,潜力很大,而此时价格相对较低,科技含量高的股票常常是见高价又有高价,道理就在于内在价值被低估了。

具体某一只股票的四度空间图表,最宽的部分即是价值区域。每周的四度空间图表所显示出的价值区域的价值如果低于上面所讲的内在价值,那么,这个价值也是投资理念的价值。当股价上升,超过价值,这时在内在价值之上出现的四度空间图所显示的价值就具有投机的概念了。用投资理念的“价值”去选择股票,那么具体如何选择呢?从两个方面考虑:

第一是绩优股,如某股票年报每股收益为 0.50 元,按照当时市场认可的平均市盈率来计算,假设是 30 倍市盈率。那么,0.50 元×30=15 元。也就是说,此股的内在价值是 15 元。如果此时其价格在 15 元之下,就可以低位吸纳。当然,按此方法只是大概去估计。

第二是资产重组股票,或是其内在因素发生变化,这种股票,就不能简单地用市盈率去计算,而是要根据其内在因素去考虑,也就是有实质的内在因素去考虑。

投机理论的“价值”具体有两个意义:一个是在内在价值之下,四度空间图所表示出的价值,按照这个价值去高抛低吸;另一个是在内在价值之上,四度空间图所表示出的价值,由于已经超出了内在价值,所以是投机理念的价值了。所以,我们提倡用投资理念去选择股票,而在投机理念的价值出现时,抛掉股票,也就是用投机理念的价值去具体操作。

时间一个常数,而价位则是变数,度量变数的时间必须依据常数,即以时间作为工具。很简单,长时间内出现的价位,表示该价位交投活跃,被市场接受,可以视为价值。换言之,时间加价格等于成交量,同时亦等于价值。明白上面的公式之后,利用四度空间图自然可以找重叠价值所在。然后以价值为基础实行高抛低吸的策略从中取利。

价值是四度空间分析方法精髓所在,当你发现某个成交价格经常出现,表示该价格被人们接受,在该段时间之内,该价格上下(波动)形成一个价值区域,此价值区域在整个时间段举足轻重。当然,若市场基本处于平衡阶段,自然可以轻易找到价值区域,高抛低吸,但是价值不可能不变,因此当价值发生波动时,表明市场趋势在变。

市场轮廓理论的四度详解

四度空间的“何时”,是指时间。每一个单位时间以 30 分钟为一段,也以日为一段,并无硬性规定。

时间是一个常数,而价位则是变数,度量变数的时间必须依据常数,即以时间作为工具。很简单,长时间内出现的价位,表示该价位交投活跃,被市场接受,可以视为价值。换言之，时间加价格等于成交量，同时亦等于价值。

所以，寻找价格低于价值的时间，是十分重要的。因为，真正远远地低于价值的价格（即平常所说的最低价或低价圈），一般来说，其停留的时间是较短的，先知先觉的投资者一定会捷足先登。

四度空间的“何价”，是指单位时间内发生的价格，只考虑高低价格的区间，不考虑开盘价及收盘价。这个价格有两个含义：一是低于价值的价格，二是高于价值的价格。

四度空间的“何人”，是指长线买卖者只与短线买卖者成交，长线买家与长线卖家不会直接见面。在中国股市中，长线买卖者和机构投资者、庄家有千丝万缕的联系，甚至长线买卖者就是庄家。

长线买卖者一般不会在乎短线产品的涨跌，具体可分为以下两种情情况：

第一种，结合四度空间图（见图 16-1）选择价格低于价值的股票买入。这个价值是股票的内在价值，一旦买入，不到真正价值决不抛出。例如：1996 年初的深发展（000001）和四川长虹（600839），当时的内在价值被严重低估，价格和价值背离，从而使一些长线买家大量吸货，展开了长达一年多的向价值回归的上升行情。

第二种，纯粹根据四度空间图来选择股票。从四度空间图中可以看出，当一只股票出现价值中枢横移不再向下移动时，而后又出现价值中枢的时候，说明价值被低估，股价开始向上运动，向价值回归。

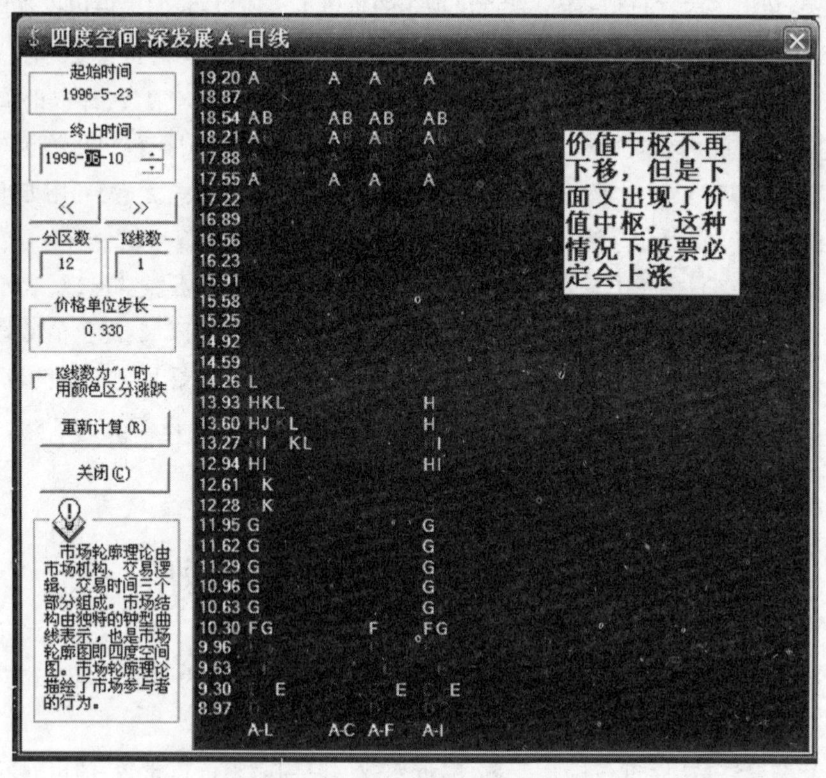

图 16-1 深发展四度空间图解

在平衡市中,获利机会不多时长线买卖者懒于出动,市场的成交额可能低于10%,但当市势出现变化时,长线买卖者自然转向积极,活跃程度大增,成交额可能上升至总额的60%,这也就是平常所说的有增量资金进场。

长线买卖者因为做的是长线,所以,他们可以从容地了解基本面的变化,有充分时间去分析股市。他们不在乎短的波动,只有在各方面都具备了条件,才在低于价值的价格上重拳出击。而一旦买入股票后,他们会耐心等待高点的到来,从容抛出。所以长线买卖者是股市的先知先觉者。如果中小散户掌握了长线买卖者的踪迹,可以弥补信息不足开拓研究的深度和广度,则无疑是占据了主动。长线买卖者,从时间上来看分为两个层次:一个层次是战略投资者,这一类投资者往往看重的是较长时间的投资,一年、两年或者更长时间,像美国的巴菲特,投资一个企业会很长时间;另一个层次是贴近市场的阶段投资者,他们往往在市场中有明显的吸筹、拉升、派发三个阶段的踪迹,在四度空间图中,此类的长线投资者的买卖行为会暴露无遗。

短线买卖者一般是经常进出者,他们不去深入研究股票价格的内涵,而只是顺着市场走,追涨杀跌。短线买卖者是稍有赚点就抛出,价格低了点儿就买进,整日里买进卖出。

短线买卖者只能使价值在较窄的幅度内波动,价值波动较大幅度的变化肯定是长线买卖家所为。因此,只要掌握长线买卖家的动向,则可顺风搭车,谋取较大的利润。

四度空间的"何事",是指主动性买卖盘和被动性买卖盘。被动性买卖盘只是认为股价偏高或偏低而作出的反映,只有主动性买卖盘才是使价值移动的根本动力。可以看出,主动性买卖盘是长线买卖者所为,而被动性买卖盘是短线买卖者的具体体现。

主动性买卖盘,是指买入或卖出都是有计划的,事先有进出的策略。只有价格低于价值时,主动性买盘才会露面,当价格高于价值时,主动性卖盘必然出场,因此,主动性买卖盘是价值变化的真正动力。当主动性买盘进场后,价值区域自然上移,而当主动性卖盘出现以后,价值区域必然下降。掌握主动性买卖盘,就等于掌握了长线买卖者的脉搏,自然搭顺风船赢利就会较大。

市场轮廓理论的实战综合

在实战中如何运用四度空间理论,首先明确一个理念,就是"看大盘做个股"。因为大盘是个股的综合。以目前中国股市来说,因为目前尚没有统一指数,只能以上海综合指数为大盘的依据,根据实践经验,上海综合指数目前仍能担当此任。首先,依据大盘的四度空间图就可以从大势上判断大盘是上升、横盘或者下跌。大盘和个股实际上呈现出9种关系。

大盘	个股
上升	上升 横盘 下跌
横盘	上升 横盘 下跌
下跌	上升 横盘 下跌

从表中可以看出,大盘有 3 种情况,而个股却有 9 种情况。也就是说,由于现在股票数量的增加已经没有了从前齐涨齐跌的现象(特殊情况例外),那么,从上表中可以清楚地看出,不管大盘处于什么情况,投资者只有做上升的股票才能赢利。这里说一下,当大盘上升时,70%~80%的股票大涨;当大盘横盘时,上涨的股票就只有 20%~40%了;而当大盘下跌时,也就有 5%~10%的股票不跌(当大盘大跌时,只能有少数庄股 2%~3%,保持上涨)。因此,投资者必须"看大盘做个股"。去年从 2245 点一路下跌,本应观望,而大量投资者之所以损失被套,其原因之一就是不知大盘方向如何,频繁在个股上操作或死捂,不知进退。四度空间理论给出的大盘图表,非常及时、准确,只要不主观,大盘上升、横盘时可以高抛低吸;当大盘下跌时,只能空仓观望。当大盘下跌时,尽管也有股票可做,但这是主力机构挣钱的道,不是中小投资者挣钱的道,因为此时风险大于收益。学会空仓,才能挣钱。

这里又引申出另一个理念"买、卖、歇",投资者易犯的一个错误就是永远买卖买卖,没有空仓的概念。实际上,由于目前国内股市没有做空机制,只有低买高卖才能获利,而当大盘下跌时,必须空仓观望(歇),才能在相对低位时(到时四度空间图给出信号)再次买入。可以这样说,不会空仓就不会赢利,而空仓对大多数人来说,是战胜自我的一个必须的过程,当大势下跌时,空仓观望,休息以利再战。

四度空间理论个股的图形也十分准确。当个股处于横盘、下跌时,应空仓观望,这是四度空间理论的先进之处。由于个股的四度空间图是所有参与此股的机构大户、散户在共同操作下完成的,因此,四度空间图给出的信号非常明晰。

综合上述分析,投资者可以看出,四度空间理论的操作策略非常简单。

价值区域上移时——(买入)持股

价值区域平衡时——高抛低吸

价值区域下跌时——(卖出)空仓观望

指标看盘篇

电脑普及后，股票专业软件不断创新，为投资者提供了大量的技术指标工具。这些技术指标可以帮助投资者发现金融市场运动的规律，极大地降低投资者研究市场规律时所花费的成本，是非常有用的工具和帮手。本篇过滤掉了那些华丽繁复的改编指标，只保留了“指数平滑异同移动平均线（MACD）”“随机指标（KDJ）”“相对强弱指标(RSI)”“布林线(BOLL)”等几种经典而又经受住了市场考验的技术指标，并对每一技术指标的应用法则进行了精细的分析与图解，并配以案例，让投资者在阅读后能有所得，在实际操作中能灵活运用。

第17章

平滑异同移动平均线指标——MACD

MACD指标的原理解析

平滑异同移动平均线(MACD),是投资者作技术分析时,最为简单同时又最为可靠的指标之一。MACD利用快慢二条移动平均线(快线:DIF,慢线:DEA)的变化作为盘势的分析指标,具有确认中长期波段走势并找寻短线买卖点的功能。MACD的原理在于以长天期(慢的)移动平均线来作为大趋势基准,而以短期(快的)移动平均线作为趋势变化的判定。所以当快的移动平均线与慢的移动平均线二者交会时,代表趋势已发生反转。当用长均线减去短均线后,这些滞后指标就成为了一个动力振荡指标。其结果是它构造了一根在零点线上下摆动的振荡线,并且没有上下幅度限制。根据移动平均线原理发展出来的MACD指标具有极大优点,一来克服了移动平均线假信号频繁的缺点,二来确保了移动平均线最大的战果。

在现有的软件中,MACD常用参数是:快速平滑移动平均线为12,慢速平滑移动平均线为26。此外,MACD还有一个辅助指标——柱状线(BAR)。

DIFF(白线):收盘价的短期和长期两条指数平滑移动平均线间的差值。

DEA(黄线):DIFF线的m日指数平滑移动平均线,m=天数。

MACD(彩色柱状线):MACD数值大小等于DIFF和DEA差的2倍。当正数时,出现红色柱状线,是比较明显的买入信号。当负数时,出现绿色柱状线,则是卖出信号。

参数:SHORT(短期)、LONG(长期)、M天数,一般为12、26、9。

MACD 指标的应用原则

MACD 是通过计算两条不同速度的平滑移动平均线(EMA)之间的差离值,来作为研研判股市行情的一种技术分析方法。它除了由 DIF 线(核心)、DEA(辅助)构成外,还包括围绕零轴波动的 MACD 柱状图。要想在实战中灵活运用 MACD 指标,就必须熟练掌握它的应用原则,在这里,我们将应用原则精解如下:

1. DIF 和 DEA 的值及线的位置

①当 DIF 和 DEA 均大于 0 (即在图形上表示为它们处于零轴以上)并向上移动时,一般表示为股市处于多头行情中,可以买入或持股;

②当 DIF 和 DEA 均小于 0 (即在图形上表示为它们处于零轴以下)并向下移动时,一般表示为股市处于空头行情中,可以卖出股票或观望;

③当 DIF 和 DEA 均大于 0 (即在图形上表示为它们处于零轴以上)但都向下移动时,一般表示为股票行情处于退潮阶段,股票将下跌,可以卖出股票和观望;

④当 DIF 和 DEA 均小于 0 时 (即在图形上表示为它们处于零轴以下) 但向上移动时,一般表示为行情即将启动,股票将上涨,可以买进股票或持股待涨。

2. DIF 和 DEA 的交叉情况

①当 DIF 与 DEA 都在零轴以上,而 DIF 向上突破 DEA 时,表明股市处于一种强势之中,股价将再次上涨,可以加码买进股票或持股待涨,这就是 DEA 指标“黄金交叉”的一种形式。

②当 DIF 和 DEA 都在零轴以下,而 DIF 向上突破 DEA 时,表明股市即将转强,股价跌势已尽,将止跌朝上,可以开始买进股票或持股,这是 DEA 指标“黄金交叉”的另一种形式。

③当 DIF 与 DEA 都在零轴以上,而 DIF 却向下突破 DEA 时,表明股市即将由强势转为弱势,股价将大跌,这时应卖出大部分股票而不能买股票,这就是 DEA 指标的“死亡交叉”的一种形式。

④当 DIF 和 DEA 都在零轴以上,而 DIF 向下突破 DEA 时,表明股市将再次进入极度弱市中,股价还将下跌,可以再卖出股票或观望,这是 DEA 指标“死亡交叉”的另一种形式。

3. DEA 指标中的柱状图分析

一般来说,股市电脑分析软件中通常采用 DIF 值减 DEA 值而绘制成柱状图,用红柱和绿柱表示,红柱表示正值,绿柱表示负值。用红绿柱状来分析行情,既直观明了又实用可靠。

①当红柱状持续放大时,表明股市处于牛市行情中,股价将继续上涨,这时应持股待涨或短线买入股票,直到红柱无法再放大时才考虑卖出。

②当绿柱状持续放大时,表明股市处于熊市行情之中,股价将继续下跌,这时应持币观望或卖出股票,直到绿柱开始缩小时才可以考虑少量买入股票。

③当红柱状开始缩小时,表明股市牛市即将结束(或要进入调整期),股价将大幅下

跌,这时应卖出大部分股票而不能买入股票。

④当绿柱状开始收缩时,表明股市的大跌行情即将结束,股价将止跌向上(或进入盘整),这时可以少量进行长期战略建仓而不要轻易卖出股票。

⑤当红柱开始消失、绿柱开始放出时,这是股市转市信号之一,表明股市的上涨行情(或高位盘整行情)即将结束,股价将开始加速下跌,这时应开始卖出大部分股票而不能买入股票。

⑥当绿柱开始消失、红柱开始放出时,这也是股市转市信号之一,表明股市的下跌行情(或低位盘整)已经结束,股价将开始加速上升,这时应开始加码买入股票或持股待涨。

对于技术指标不能孤立地去分析,如果仅根据以上原则来指导实际操作,准确性并不能令人满意。投资者应综合运用 5 日、10 日均量线。5 日、10 日均量线和 MACD 指标综合运用,准确性才能大为提高。

MACD 指标顶背离

当股价的高点比前一次的高点高,而 MACD 指标的高点比指标的前一次高点低,这就叫顶背离现象。

DIF 或 DEA 在高位或低位,往往出现与股价走势背离(图 17–1)。当股价的高点比前一次的高点要高,DIF 或 DEA 处在高位并开始向下走势,此时股价还在继续上涨,为顶背离。顶背离现象一般是股价在高位即将反转转势的信号,表明股价短期内即将下跌,是卖出股票的信号。

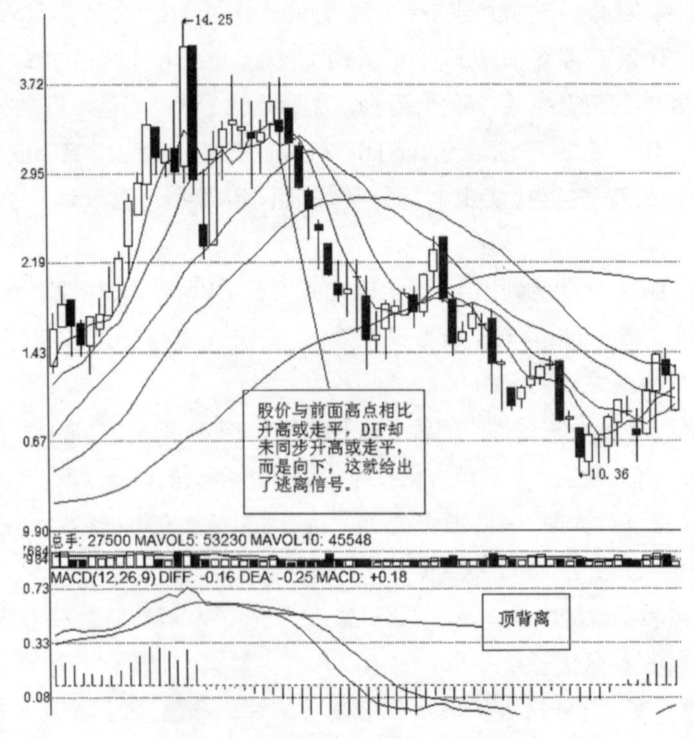

图 17–1 MACD 指标顶背离图解

不过凡事没有绝对，有时候某些强势股在出现 MACD 红柱背离之后，表现为先出现短时间的下跌，随后股价还会再度被拉起来。但这种情况出现通常要有几个必要条件：第一，有强庄介入；第二，股价前期的升幅不是很大；第三，大牛市情况下。如果上述三条均不具备，则股价极易出大顶，还是及早离场为宜。

MACD 指标底背离

当股价的低点比前一次低点底，而指标的低点却比前一次的低点高，这叫底背离现象(图 17-2)。底背离现象一般是预示股价在低位可能反转向上的信号，表明股价短期内可能反弹向上，是短期买入股票的信号。

在实战中，MACD 指标的背离一般出现在强势行情中比较可靠。股价在高价区时，通常只要出现一次顶背离的形态，即可确认为股价即将反转向下；而股价在低价区时，一般要反复出现几次底背离后才能确认底部形成，因此，MACD 指标研判顶背离的准确性要高于底背离，这点投资者要加以留意。

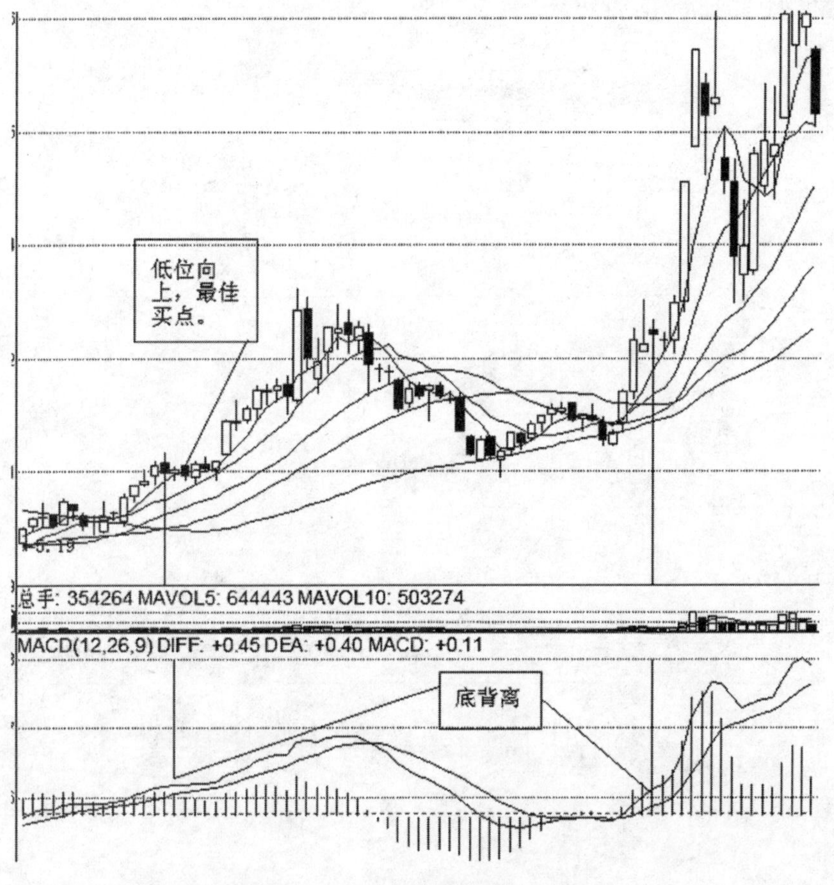

图 17-2 MACD 指标底背离图解

当股价创新低,DIF 不再创新低(前面应有一个最低点),这个次低点的后一天就是底背离点,投资者就要注意了:这个次低点是由后一天上涨而形成的,底背离点是一个进货参考点。

MACD 指标黄金交叉形态

"黄金交叉"是投资者预测趋势的方法之一。黄金交叉的出现,通常意味着将有一波涨升行情可期,对多头而言往往代表一个强烈的买进信号。一般来说,当短期移动平均线从下向上穿过长期移动平均线时,短期移动平均线与长期移动平均线的交叉点就是黄金交叉点。出现黄金交叉点表明后市多头力量较强,股票价格还有一段上涨空间,此时正是买入股票的好时机。

1. 零值线以下的弱势"黄金交叉"

当 DIF 线和 DEA 线处在远离 0 值线以下区域运行并且向下运行很长一段时间后,当 DIF 线开始横向运行或慢慢掉头向上靠近 DEA 线时，如果 DIF 线接着向上突破DEA 线,这是 MACD 指标的第一种"黄金交叉"(图 17–3)。

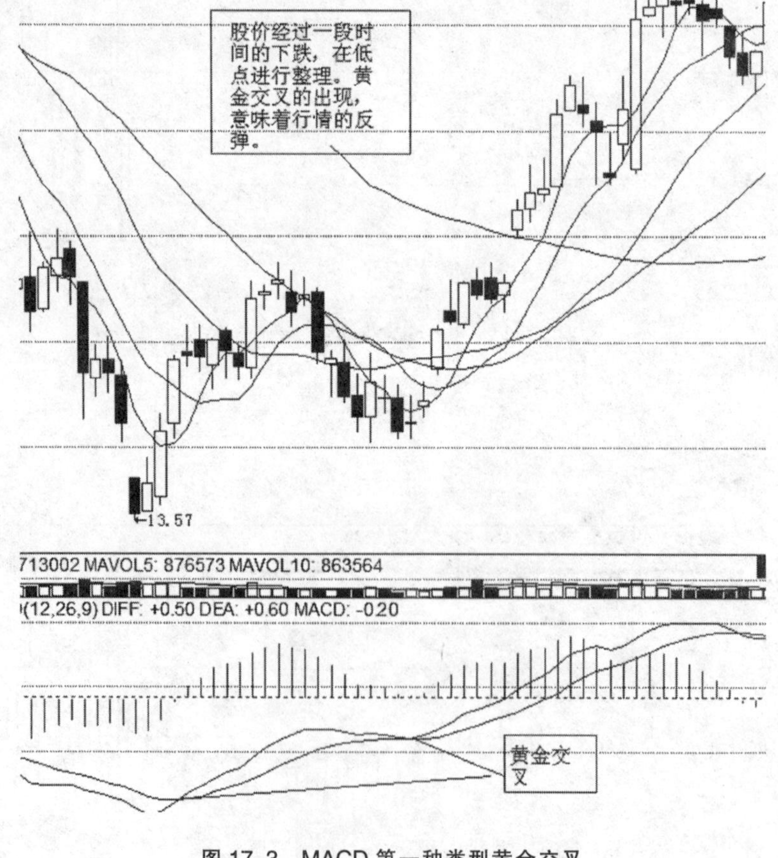

图 17–3　MACD 第一种类型黄金交叉

它表示股价经过很长一段时间的下跌,并在低位整理后,经过一轮比较大的跌势后,股价将开始反弹,是短线买入信号。对于这一种"黄金交叉",只是预示着反弹行情可能出现,并不表示该股的下跌趋势已经彻底结束,股价还有可能出现短暂的反弹行情之后重新下跌。因此,应谨慎对待,在设置好止损价位的前提下,少量买入做短线反弹行情。

2. 零值线附近的强势"黄金交叉"

当DIF线和DEA线都运行在0值线附近区域时,如果DIF线处在DEA线下方并开始由下向上突破DEA线,这是MACD指标的第二种"黄金交叉"(见图17-4)。它表示股价在经过一段时间的涨势、并在相对高位或低位整理后,将开始一轮比较大的上涨行情,是中长线买入信号。它可能预示着股价的一轮升幅可观的上涨行情即将很快展开,这是买入股票的较好时机。

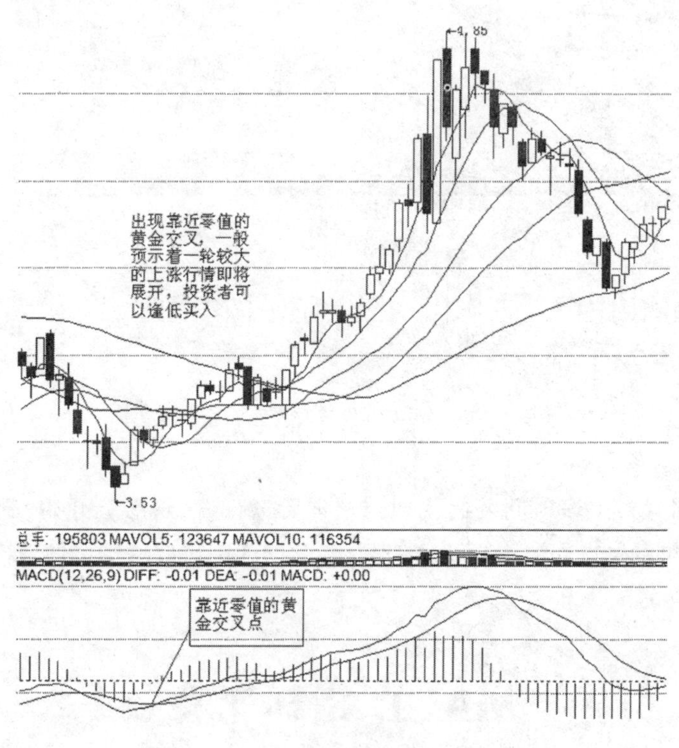

图17-4 MACD第二种类型黄金交叉

①当股价在底部小幅上升,并经过了一段短时间的横盘整理,然后放量向上突破;同时MACD指标出现这种金叉时,是长线买入信号。此时可以长线逢低建仓。

②当股价从底部启动并且已经出现一轮涨幅较大的上升行情,并经过上涨途中较长时间的中位缩量回档整理,然后再次放量调头向上扬升;同时MACD指标出现这种金叉时,是中线买入信号。

3. 零值线以上区域的一般"黄金交叉"

当DIF线和DEA线都运行在零值线以上区域时,如果DIF线在DEA线下方调头由下向上穿越DEA线,这是MACD指标的第三种"黄金交叉"(见图17-5)。

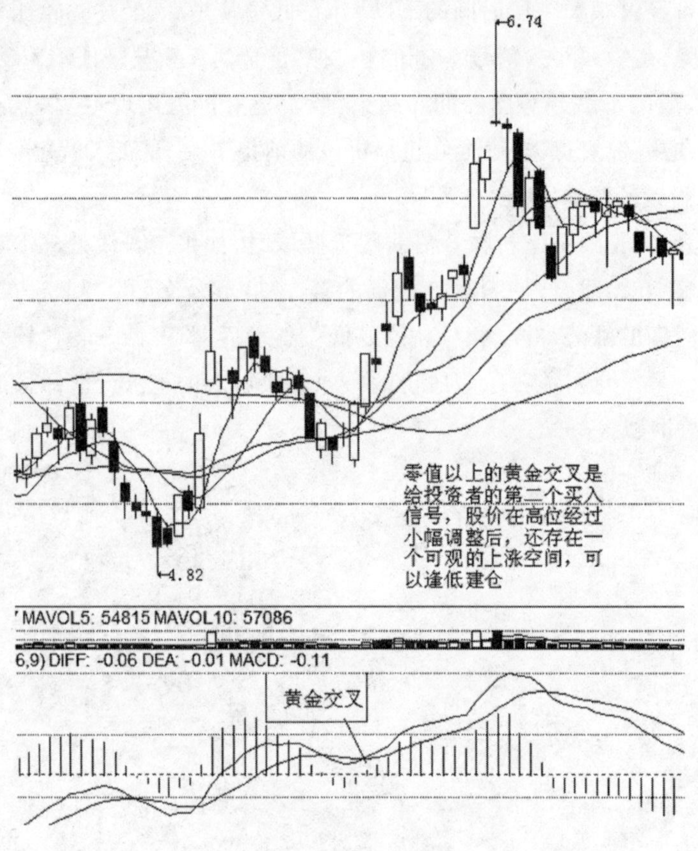

图 17-5 MACD 第三种类型黄金交叉

它表示股价经过一段时间的高位回档整理后,新的一轮涨势开始,是第二个买入信号。此时,激进型的可以短线加码买入股票,稳健型的则可以继续持股待涨。

MACD 指标死叉

股价在经过大幅拉升后出现横盘,形成一个相对高点,投资者尤其是资金量较大的投资者，必须在第一卖点出货或减仓。此时判断第一卖点成立的技巧是“股价横盘且MACD 死叉”,死叉之日便是第一卖点形成之时。

第一卖点形成之后,有些股票并没有出现大跌,这可能是多头主力在回调之后为掩护出货假装向上突破,做出货前的最后一次拉升。判断绝对顶成立的技巧是:当股价进行虚浪拉升创出新高时,MACD 却不能同步;第二红波的面积明显无前波大,说明量能在不断下降,二者的走势产生背离;这是股价见顶的明显信号。

此时形成的高点往往是成为一波牛市行情的最高点，如果此时不能顺利出逃的话,后果不堪设想。必须说明的是,在绝对顶卖股票时,决不能等 MACD 死叉后再卖,因为当

MACD 死叉时股价已经下跌了许多，在虚浪顶卖股票必须参考 K 线组合。这个也是 MACD 作为中线指标的缺陷之处。

一般来说,在虚浪急拉过程中如果出现“高开低走阴线”或“长下影线涨停阳线”时,是卖出的极佳时机。需要提醒的是,由于 MACD 指标具有滞后性,用 MACD 寻找最佳卖点逃顶特别适合那些大幅拉升后做平台头的股票,不适合那些急拉急跌的股票。另外,以上两点大都出现在股票大幅上涨之后,也就是说,它出现在股票主升浪之后,如果一只股票尚未大幅上涨,没有进行过主升浪,则不要用以上方法。

1. 0 值线以上区域的强势“死亡交叉”

当 MACD 指标中的 DIF 线和 MACD 线在远离 0 值线以区域同时向上运行很长一段时间并向上远离 0 值线后,当 DIF 线开始进行横向运行或慢慢勾头向下靠近 MACD 线时,如果 DIF 线接着向下突破 MACD 线,这是 MACD 指标的第一种“死亡交叉”(见图17–6)。

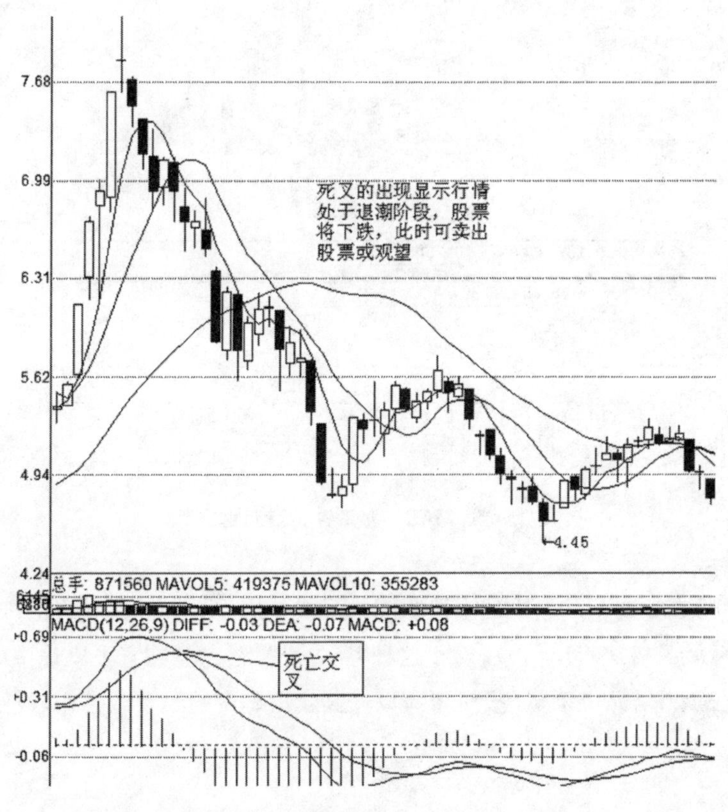

图 17–6　MACD 第一种类型“死亡交叉”

它表示股价经过很长一段时间的上涨行情,并在高位横盘整理后,一轮比较大的跌势将展开。对于这一种“死亡交叉”,预示着股价的中长期上升行情结束,该股的另一个下跌趋势已可能开始,股价将可能展开一段时间较长的跌势,因此,投资者对于 MACD 指标的这种“死亡交叉”应格外警惕,应及时逢高卖出全部或大部分股票,特别是对于那些前期涨幅过高的股票更要加倍小心。

2. 0值线以下区域的弱势“死亡交叉”

当MACD指标中的DIF线和MACD线在远离0值线以下区域运行很长一段时间后，由于DIF线的走势领先于MACD线，因此，当DIF线再次开始慢慢调头向下靠近MACD线时，如果DIF线接着向下突破MACD线，这是MACD指标的另一种“死亡交叉”(见图17-7)。

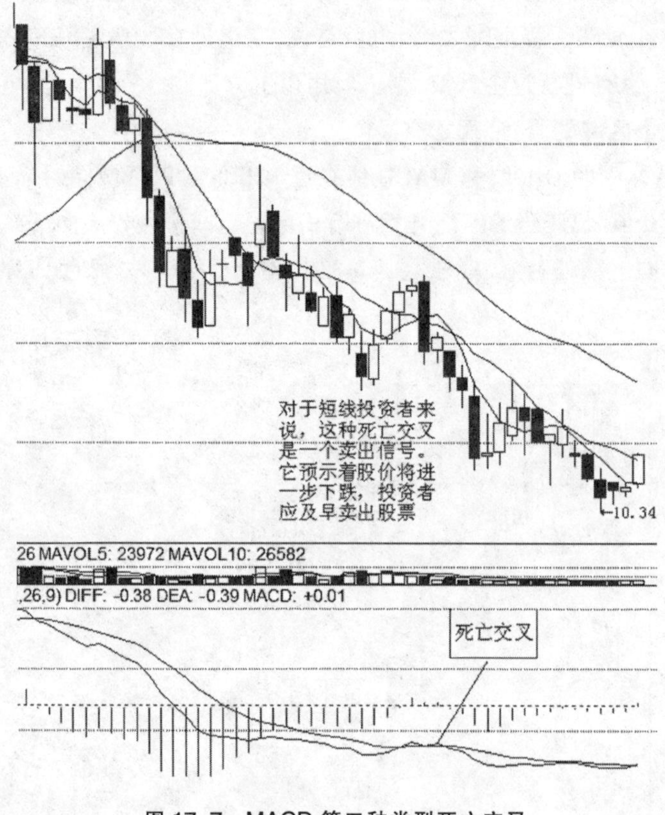

图17-7 MACD第二种类型死亡交叉

它表示股价在长期下跌途中的一段时间的反弹整理后，一轮比较大的跌势又要展开，股价将再次下跌，是短线卖出信号。对于这种“死亡交叉”，它意味着下跌途中的短线反弹结束，股价的中长期趋势依然看淡，投资者应以逢高卖出剩余的股票或持币观望为主。

MACD双底背离买入法

MACD在空头市场即负值区内，第一次做底向上交叉后回落，股价的低点比前一次的低点低，而MACD指标中的DIFF的低点却比前一次的低点显著高。重点要求就是MACD最好在第二底未交叉之前，形态上出现背离就能发出指示。

双底背离有以下特征：

①在跌势中出现，特别是跌势末期常常出现；

②有两个谷底,两个底部基本相同;

③第一个底部形成后,反弹幅度 10%左右;

④第二个谷底形成时,成交量极度萎缩很容易形成圆形形态。而上破颈线位时,成交量显著放大,并有中阳或大阳线出现;

⑤突破之后,常要回试颈线位,重拾升势确认突破有效;

⑥第一个低点与第二个低点的时间跨度应在 20 天以上,否则双底信号可靠性差。一般说来,双底形成时间越长,上升力度越大。

⑦双底形成过程中,MACD 等技术指标常发生底背离状况。

需要说明的是:双底的转势信号的可靠程度比头肩底差,其原因就在于双底只经历了两次探底,而头肩底经历三次探底,所以头肩底对盘面的清理比双底来得更彻底;根据双底呼应原理,建议投资者将第一个买入点放在第二底处,如果是向上假突破,到颈线位处也有 10%的赚头。如果真突破,获利至少 20%以上。而第二买入点,我们建议突破后的回抽,重拾升势并且成交量放大后再重仓买入。

为了更好地让读者理解这个问题,我们举个实例来看一下:

扬农化工(600486)的股价在经历了持续的下跌以后,于 2004 年 8 月份开始逐渐形成底部。有的时候股价形成底部的时候,庄家还会进行最后的人为打压,在这个时候,虽然股价已经出现了底部的迹象,但持续的下降趋势依然会让很多投资者看不清股价后期波动的方向。在这个时候,投资者就应当借助 MACD 指标来进行操作,指标在很多时候可以提前为投资者指明股价波动的方向,特别是股价下跌,指标却出现提前形成上升趋势的时候,这种底背离现象一旦出现,股价的底部往往也就出现了(见图 17–8)。

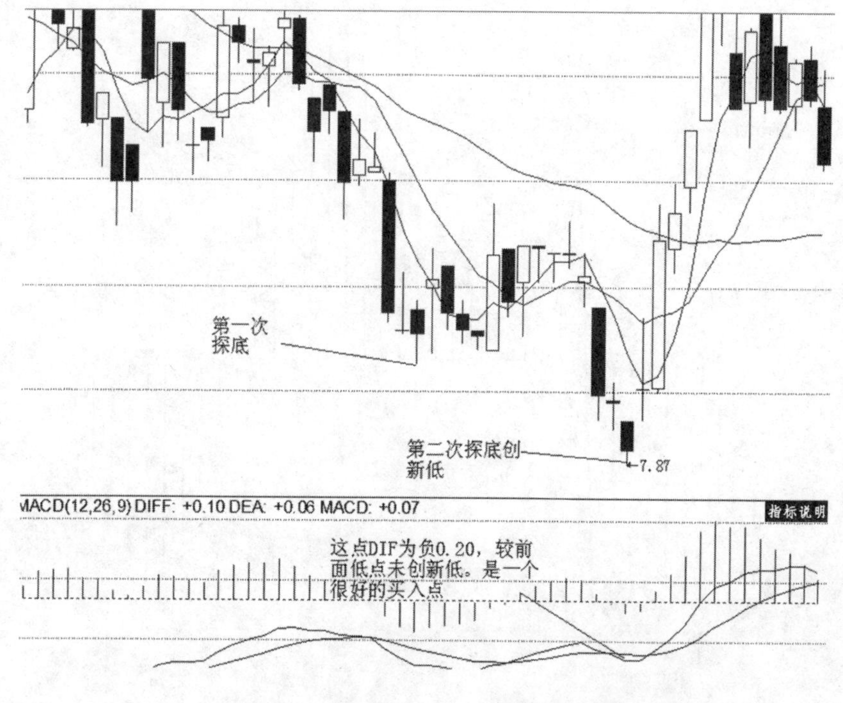

图 17–8 扬农化工双底背离买入示意图

在股价依然保持着下降趋势的时候,MACD 指标却在 2004 年 8 月份提前发出了一次底部金叉买入信号，这一次底部金叉信号出现以后没有几天,MACD 指标再一次发出了金叉买入信号!指标第二次的金叉位置比第一次的金叉位置要高,但在 K 线图上,指标第二个金叉处所对应的股价却是再一次创下了新低,这是怎么回事?这是指标的底背离指标,虽然股价依然在下跌,但 MACD 指标已经向投资者发出了买入的信号。当 MACD 指标形成底部双金叉以后,投资者就可以入场进行操作了!

MACD 两次金叉低位买入法

MACD 指标是利用长期(MACD)、短期(DIF)的两条平滑异同移动平均线,并计算两者之间的差离值(DIF-MACD)作为红绿柱长短的数据,使用中主要考虑长短期移动均线的交叉情况和红绿柱长短数值,以此作为判断行情买卖的依据。

在实际使用中,投资者可能感觉到,如果完全按照金叉买进、死叉卖出,获利较难或还有可能套牢亏损。因此,可以使用一种低位两次金叉买进的方法(见图 17-9)。

MACD 在低位发生第一次金叉时,股价在较多情况下涨幅有限,或小涨后出现较大的回调,造成买进的投资者出现套牢亏损情况。但是当 MACD 在低位第二次金叉出现后,股价上涨的概率和幅度会更大一些。因为在指标经过第一次金叉之后发生小幅回调,并形成一次死叉,此时空方好像又一次占据了主动,但其实已是强弩之末,这样在指标出现第二次金叉时,必然造成多方力量的发力上攻。

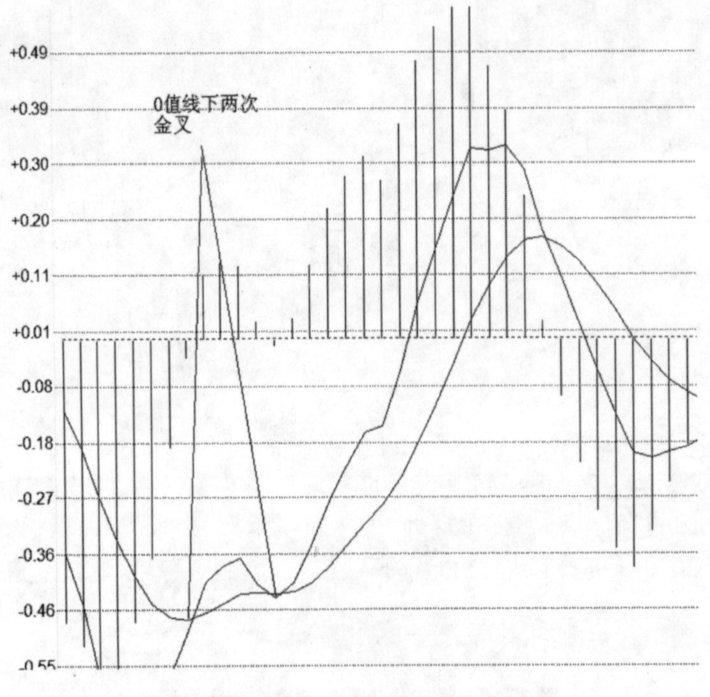

图 17-9 MACD 低位两次金叉示意图

使用方法：

随股价上升 MACD 翻红，即白线上穿黄线（先别买），其后随股价回落，DIF（白线）向 MACD（黄线）靠拢，当白线与黄线黏合时（要翻绿未翻绿），此时只需配合日 K 线即可。当 K 线有止跌信号，如收阳、十字星等时（注意，在即将白黄黏合时就要开始盯盘口，观察卖方力量），若能止跌称其为“底背驰”。底背驰是买入的最佳时机！

反之，当股价高位回落，MACD 翻绿，再度反弹，此时当 DIF（白线）与 MACD（黄线）黏合时（要变红未变红）若有受阻，如收阴、十字星等，就有可能“顶背驰”是最后的卖出良机！此时许多人以为重拾升势，在别人最佳卖点买入往往被套其中。

在操作时要注意：

A.背驰时不理是否击穿或突破前期高（低）位；

B.高位时只要有顶背驰可能一般都卖，不能重翻红，除非大阳或涨停；

C.它是寻找短期买卖点的奇佳手段，短期幅度 15%以上，但中线走势要结合长期形态及其他。

我们不妨选个例子来看一下：

深鸿基（000040）在 2008 年 7 月 2 日，DIF、DEA 第一次发生金叉，当日收盘，DIF、DEA 都处于负 0.42、负 0.43。之后股价回落，两指标再度在低位死叉。但是到了 8 月 22 日，DIF、DEA 再度分别达到负 0.23、负 0.24，也即再度发生金叉，股价随即拔地而起，达到了 4.32 元（见图 17-10）。

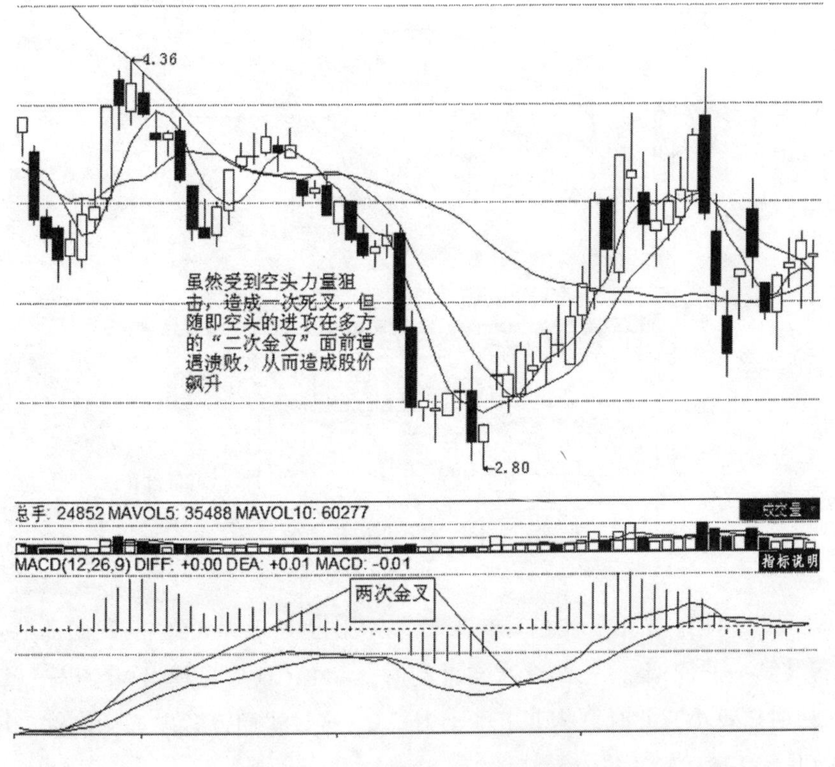

图 17-10　深鸿基两次金叉图解

“买小卖小”捕捉买卖点

所谓买小卖小就是指买在小绿柱，卖在小红柱。在实际操作中，投资者可以运用MACD“买小卖小”捕捉最佳买卖点。这里我们关注的是MACD中的大绿柱、小绿柱和大红柱、小红柱。而在操作时图中的DIF和MACD两条白色和黄色的曲线，并不是我们关注的重点。

当经历一波下跌后，当股票处于最低价时，此时MACD上显现的是一波“大绿柱”。我们首先不应考虑进场，而应等其第一波反弹过后（出现红柱），第二次再探底时，在MACD中出现了“小绿柱”（绿柱明显比前面的大绿柱要小），且当小绿柱走平或收缩时，这时就意味着下跌力度衰竭，此时为最佳买点，这就是所谓的买小（即买在小绿柱上）（见图17-11）。

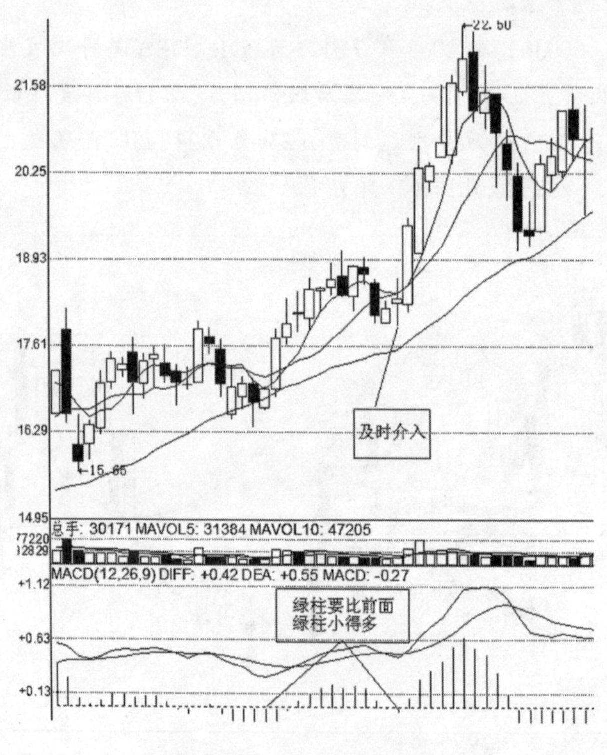

图17-11 买在小绿柱图解

显现上涨也同样。当第一波拉升起来时（MACD上显现为大红柱）我们都不应考虑出货，而应等其第一波回调过后，第二次再冲高时，当MACD上显现出“小红柱”（红柱比前面的大红柱明显要小），此时意味着上涨动力不足，这时我们方考虑离场出货。这就是所谓的卖小（见图17-12）。

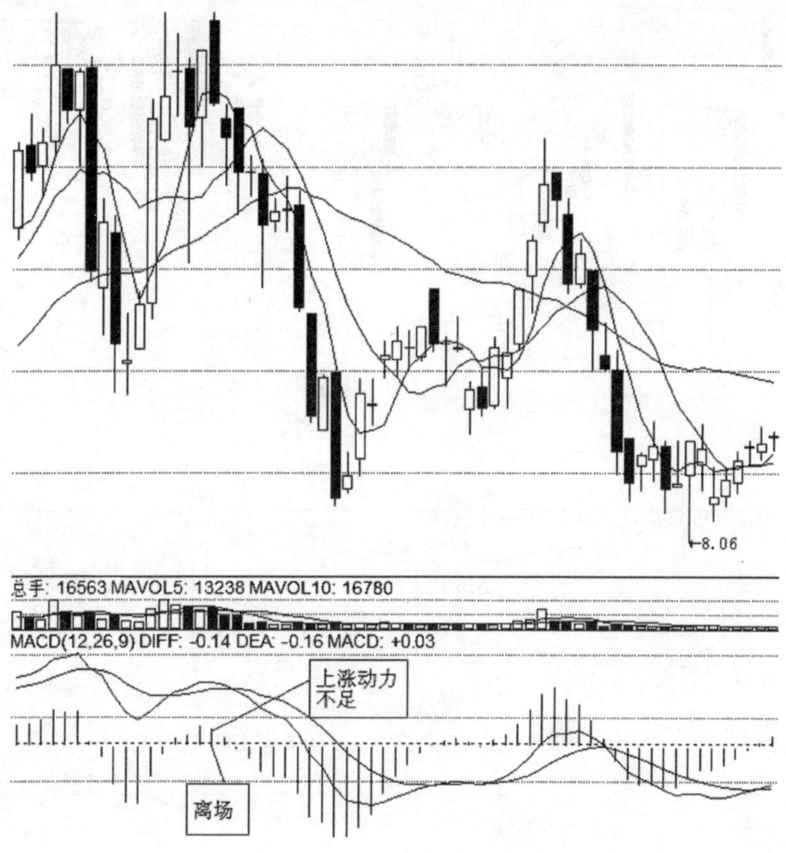

图 17-12 卖在小红柱图解

MACD 绿柱峰底背驰买入法

1. 负(绿)柱峰一次底背驰买入法

特征：只有两个负柱峰发生底背驰。这是较可信的短线买入信号。两个负柱峰发生底背驰时，买入时机可采用“双二”买入法，即：在第二个负柱峰出现第二根收缩绿柱线时买入，这样可买到较低的价位。举例来说：

山推股份(000680)，2003 年 1 月 22 日，负柱峰出现了底背驰(与 2002 年 11 月 22 日低点的负柱峰相比较)，2003 年 1 月 7 日在第二个负柱峰出现第二根收缩绿柱线，以当天均价 7.86 元买入，买在较低价位(见图 17-13)。

2. 负(绿)柱峰二次底背驰买入法

买入时机：第三个负柱峰出现第一根或第二根收缩绿柱线时。举来说例：

深深房(000029)，2002 年 6 月 5 日，负柱峰出现了两次底背驰，6 月 6 日第三个负柱峰出现第一根收缩绿柱线，以当天均价 7.60 元买入。6 月 25 日以均价 11.90 元卖出，每股赚 4.30 元。13 个交易日获利 56%(见图 17-14)。

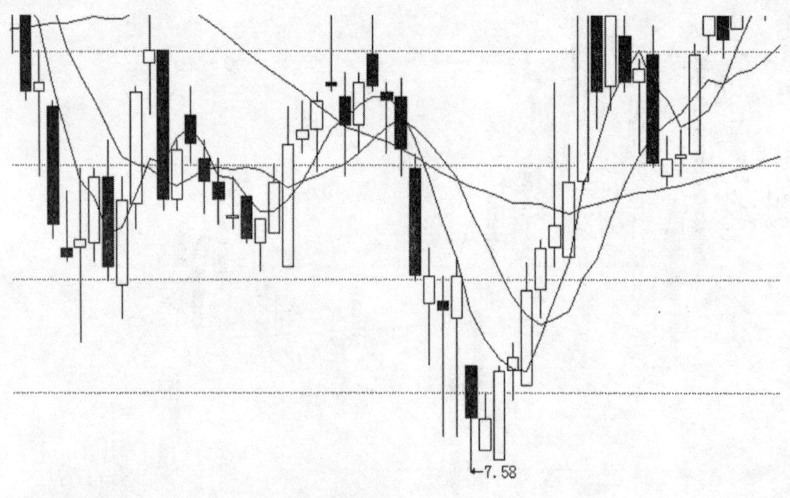

图 17-13　山推股份底背驰买点图解

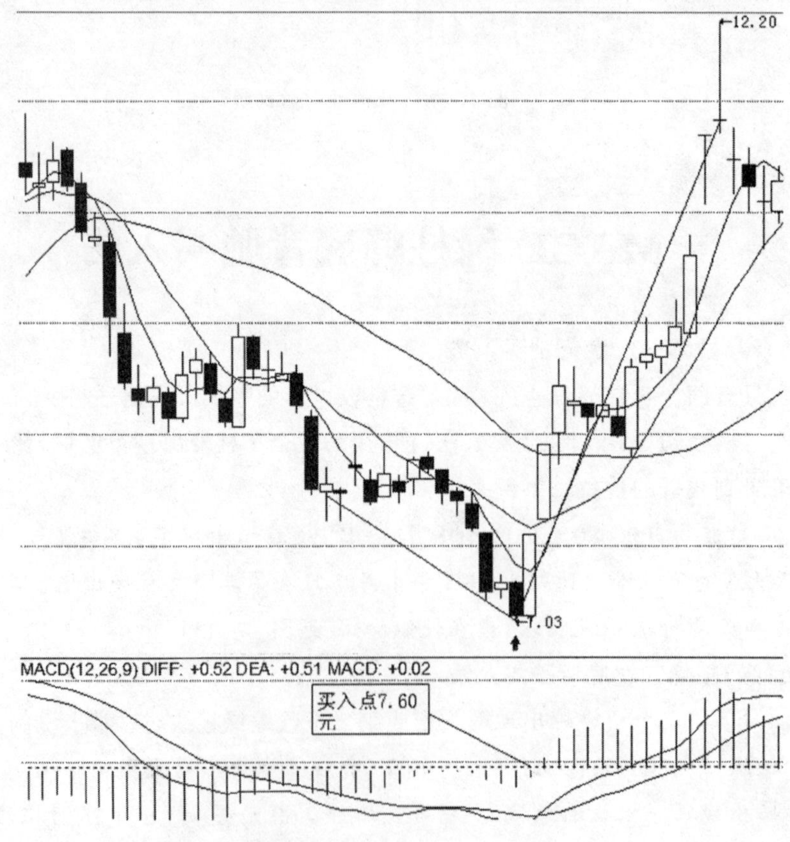

图 17-14　深深房底背驰图解

3. 负柱峰复合底背驰买入法

特征：负柱峰第一次底背驰后，第三个负柱峰与第二个负柱峰没有底背驰，却与第一个负柱峰发生了底背驰，称为"隔峰底背驰"。这是可信的买入信号。

买入时机：第三个负柱峰出现第一根或第二根收缩绿柱线时。

在运用负柱峰复合底背驰买入法时，投资者必须注意以下问题：

①负柱峰底背驰时，MACD两条曲线不一定会出现底背驰。此时，负柱峰底背驰发出的买入信号可先看作是反弹。例如：

京东方(000725)，2003年5月13日出现负柱峰复合底背驰(见图17-15)；5月16日第三个负柱峰出现第二根收缩绿柱线，以当天均价9.10元买入；6月13日以均价10.40元卖出，每股赚1.30元。19个交易日获利14.2%。

②负柱峰与MACD两曲线同时出现底背驰时，买入信号较可靠，可积极买入。

③MACD两条曲线两次底背驰或复合底背驰，有较大机会出现中长期底部。

④MACD负柱峰及两曲线底背驰大多数在股价处于60日均线下方运行之时出现。股价在60天均线上方运行的强势市场较少出现，一旦出现可积极买入。

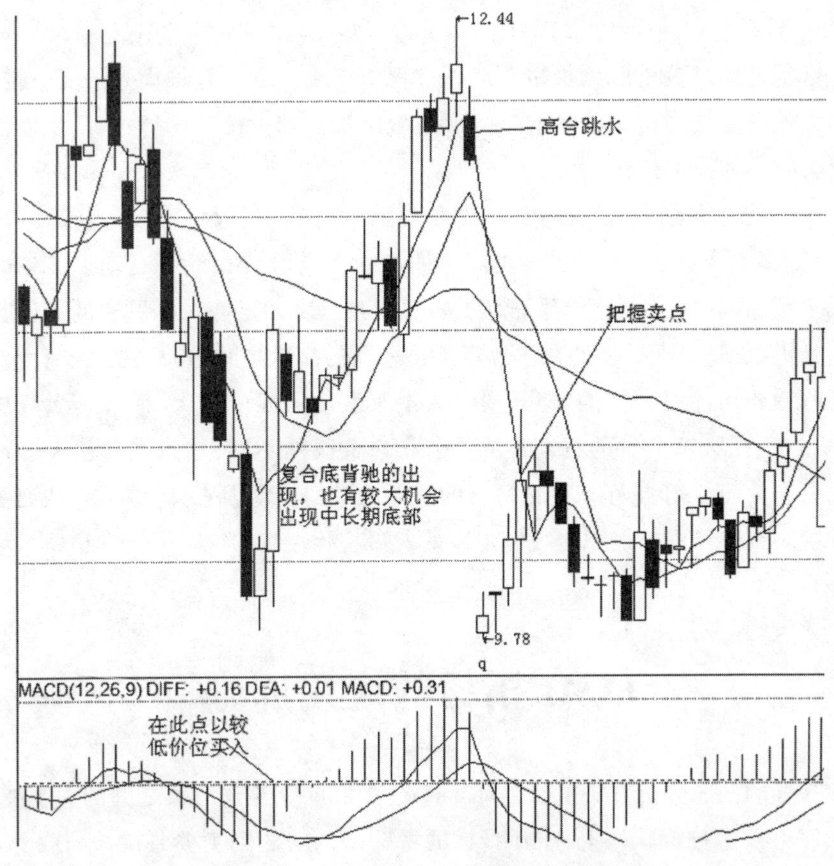

图17-15 京东方复合底背驰图解

第 18 章

动向指标——DMI

DMI 指标的原理解析

DMI 指标是通过分析股票价格在涨跌过程中买卖双方力量均衡点的变化情况，即多空双方的力量的变化受价格波动的影响而发生由均衡到失衡的循环过程，从而提供对趋势判断依据的一种技术指标。

DMI 指标的基本原理是：在寻找股票价格涨跌过程中，股价借以创新高价或新低价的功能，研判多空力量，进而寻求买卖双方的均衡点及股价在双方互动下波动的循环过程。在大多数指标中，绝大部分都是以每一日的收盘价的走势及涨跌幅的累计数来计算出不同的分析数据，其不足之处在于忽略了每一日的高低之间的波动幅度。比如：某个股票的两日收盘价可能是一样的，但其中一天上下波动的幅度不大，而另一天股价的震幅却在 10%以上，那么这两日的行情走势的分析意义决然不同，这点在其他大多数指标中很难表现出来。而 DMI 指标则是把每日的高低波动的幅度因素计算在内，从而更加准确地反应行情的走势及更好地预测行情未来的发展变化。

DMI 指标的应用原则

DMI 指标的一般分析方法主要是针对+DI、-DI 和 ADX 这三值之间的关系展开的，而在大多数股市技术分析软件上，DMI 指标的特殊研判功能则主要是围绕+DI 线、-DI 线、ADX 线和 ADXR 线这四线之间的关系及 DMI 指标分析参数的修改和均线先行原则这三方面的内容而进行的。其中，+DI 线在有的软件上是用 PDI 线表示，意为上升方向线；-DI 线是用 MDI 表示，意为下降方向线。

动向指标 DMI 由 4 条指标线组成(见图 18-1):

①上升方向线+DI(又称 PDI),+DI 为白色线;

②下降方向线-DI(又称 MDI),-DI 为黄色线;

③趋向平均值 ADX,主要用于对趋势的判断,ADX 为紫色线;

④ADXR,对 ADX 的评估数值,也是对市场的评估指标,ADXR 为绿色线。

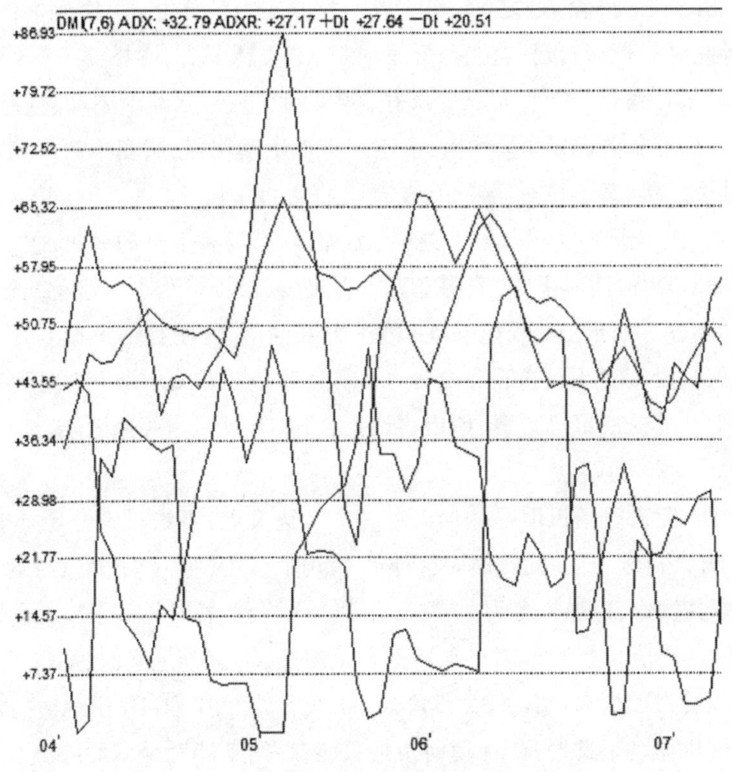

图 18-1 DMI 指标线组成示意图

在应用 DMI 指标时,有以下原则需要遵守:

①DMI 本身含有+DI、-DI、DX、ADX 指标,这几项指标要配合看。除外,配合其他外部指标共同研判。

②DI 上升、下降的幅度均在 0 至 100 之间。多方实力强,+DI 值放大并趋近 100,股指可能会继续提高。反之,若空方实力强,-DI 值放大并趋近-100,股指会继续下落。如果+DI 变小并趋近 0,反映了多方势头减弱。如果-DI 变小并趋于 0,反映空方势头减弱。股指分别会止升、止跌。投资者可根据+DI、-DI 的变化趋向,摸清多空的实力,择机而动。

③从相对强弱分析, 如果+DI 大于-DI, 在图形上则表现为+DI 线从下向上穿破-DI 线,这反映了股市中多方力量加强,股市有可能高走一段。因此,投资者速买再速卖,不可买进惜售,待股价冲顶回落后会造成损失。

如果-DI 大于+DI,在图形上则表现为-DI 线从下向上穿透+DI 线,反映股市中空头正在进场,股市有可能低走。因此,投资者应速卖股票,看准底部后再买进股票。

如果+DI和-DI线交叉且幅度不宽时，表明股市进入盘整行情。投资者要观察一段，待机行事。

④对DX，投资者应注意：DX活动区间在0~100内，如果DX趋向100，表明多空某一方的力量趋于零。如果DX值大，表明多空双方实力相差悬殊；如DX值小，表明多空双方实力接近；如果DX趋向零，表明多空双方的实力近似相等。

一般讲，DX值在20至60之间，表明多空双方实力大体相等，轮换主体位置的可能性大。投资者此时易把握自己的位置，看准时机，空头转多头，或相反。

DX值穿破60，表明多空双方力量拉开，多头或空头各方渐渐主动，或超卖，或超买。DX值穿破20，表明多空双方力量均衡，多空双方都主动回撤，买卖不活。此两种情况，投资者既不可过于急躁，又不可过于谨慎，要择机而动，大胆心细。

⑤如果DX、DI值同时上升，表明多头实力加强，市场有上升的劲头。投资者应速买而后速卖。如果DX、DI值同时下降，表明空方主力进场，市场下跌不可避免。投资者速卖后，待新底形成再买进。如果DX线位于+DI线上方并回落，表明行情虽在上升，但结束上升行情的时间已到，投资者不可再盲目追涨。如果DX线位于-DI线上方并回落，表明行情虽在下跌，但下跌的认底部已形成，熊市将结束，投资者可适当买进股票。

⑥对ADX，投资者应注意：

A.单一动向：股市行情以明显的动向单一向一边发展，不论是上升还是下降，ADX值此时会逐渐上升并持续一段时间。面对这种单一动向，或DI上升、下降值与ADX同向上升时，投资者可顺其操作，即加入多头，或加入空头。但注意，长时间的跟风也会造成损失。

B.牛皮动向：当股市指数新高点和新低点反复交叉，忽升忽降时，ADX会表现为递减态势，牛皮市胶着目前股市。当ADX逐降到20以下时，+DI和-DI呈现横向走势，投资者应暂停交易，伺机而动。此时，DMI动向指标只能参考，不能完全依此入市。

C.反转动向：当ADX由升转降时，高于50以上时说明行情反转来临，如果在涨势中，ADX在高点由升转降时，表明顶部到顶，涨势将收场。投资者应调整多头行动。反之，在跌势中，ADX也在高点由升转降时，表明底部到底，跌势将收场，投资者应调整空头。

DMI四线交叉原则

①当+DI线同时在ADX线和ADXR线及-DI线以下(特别是在50线以下的位置时)，说明市场处于弱市之中，股市向下运行的趋势还没有改变，股价可能还要下跌，投资者应以持币观望或逢高卖出股票为主，不可轻易买入股票。这点是DMI指标研判的重点。

②当+DI线和-DI线同处50以下时，如果+DI线快速向上突破-DI线，预示新的主力已进场，股价短期内将大涨。如果伴随大的成交量放出，更能确认行情将向上，投资者应迅速短线买入股票。

③当-DI 线从上向下突破+DI 线（即-DI 线从下向上突破+DI 线）时，此时不论+DI 和-DI 处在什么位置都预示新的空头进场，股价将下跌，投资者应以短线卖出股票或以持币观望为主。

④当+DI 线、-DI 线、ADX 线和 ADXR 线这四线同时在 50 线以下搅合在一起窄幅横向运动，说明市场处于波澜不兴，股价处于横向整理之中，此时投资者应以持币观望为主。

⑤当+DI 线、ADX 线和 ADXR 线同时在 50 线以下的位置，而此时三条线都快速向上发散，说明市场人气旺盛，股价处在上涨走势之中，投资者可逢低买入或持股待涨(因为-DI 线是下降方向线，其对上涨走势反应不灵，故不予以考虑)。

⑥对于牛股来说，ADX 在 50 以上向下转折，仅仅回落到 40~60 之间，随即再度掉头向上攀升，而且股价在此期间走出横盘整理的态势。随着 ADX 再度回升，股价向上再次大涨，这是股价拉升时的征兆。这种情况经常出现在一些大涨的牛股中，此时 DMI 指标只是提供一个向上大趋势即将来临的参考。在实际操作中，则必须结合均线系统和均量线及其他指标一起研判。

周线 DMI 指标实战选股法

1. 周线±DI 金叉买入法

周线±DI 金叉买入法要满足的条件是：

①周线±DI 金叉。

②当周成交量大于 5 周均量(大于 1.5 倍以上更好)。

③当周以放量周阳线向上突破 20 周均线，或股价已在 20 周均线上方运行时出现放量周阳线。

例 1：

东凯胶片(600135)，2003 年 5 月 26 日至 30 日这一周，周线±DI 金叉(见图 18-2)；当周成交量大于 5 周均量(大于 1.5 倍以上)；当周以放量周阳线向上突破 20 周均线；满足买入条件。以当周均价 10.50 元买入，6 月 16 日至 20 日这周以均价 13.40 元卖出，每股赚2.90 元，三个交易周获利 27.5%。

需要说明的是：有时，周线±DI 金叉时当周成交量没有大于 5 周均量，而下周出现补量周阳线。出现此种情况，周线±DI 金叉仍可视作有效，出现补量周阳线时可买入。

例 2：

宝钢股份(600019)，2003 年 10 月 8 日至 10 日这周，周线±DI 金叉，但当周成交量没有大于 5 周均量。10 月 13 日至 17 日这周却出现补量周阳线。以当周均价 5.50 元买入，11 月 10 日至 14 日这周以均价 6.50 元卖出，每股赚 1.00 元，4 个交易周获利 18%(见图 18-3)。

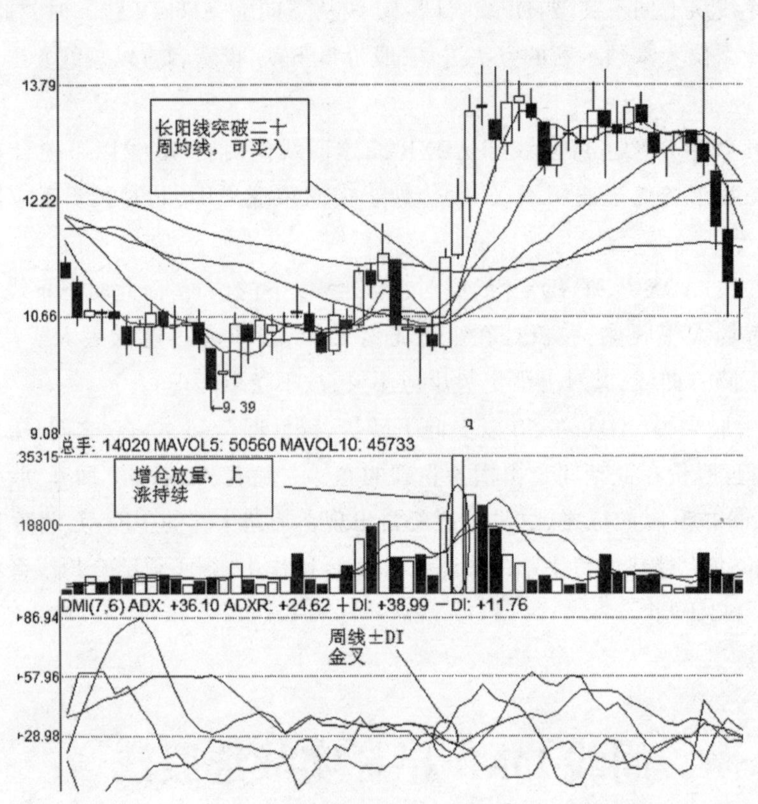

图 18-2　东凯胶片周线±DI 金叉

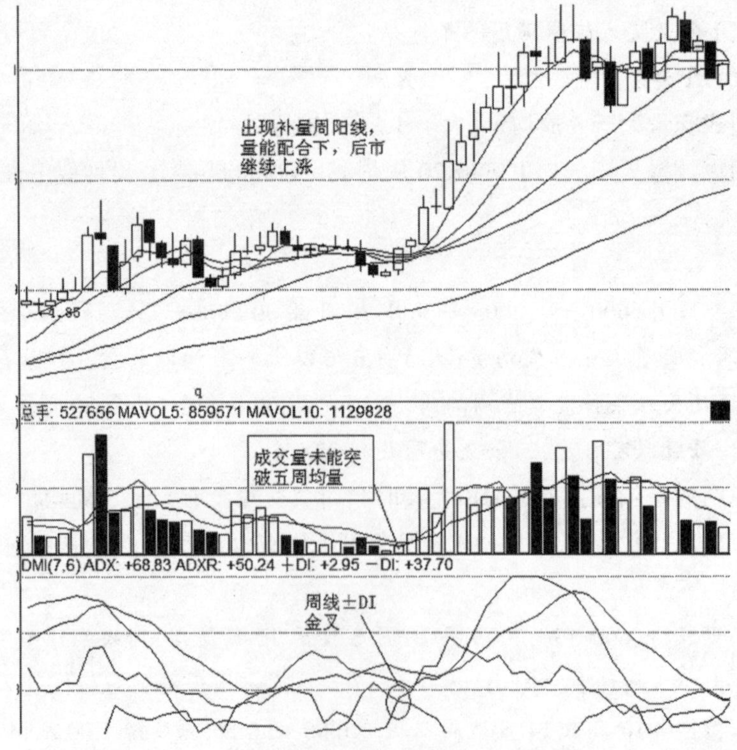

图 18-3　宝钢股份补量周阳线图解

2. 周线±DI 呈喇叭口买入法

此种买入法要满足的条件是：

①±DI 呈喇叭口状。

②当周成交量大于 5 周均量(大于 1.5 倍以上更好)。

③股价已在 30 周均线上方运行时出现放量周阳线。

举例来说：

桂林旅游(000978),2003 年 8 月 18 日至 22 日这周,周线±DI 呈喇叭口状(见图 18-4);当周成交量大于 5 周均量;股价已在 30 周均线上方运行时出现放量周阳线,满足买入条件。以当周均价 17 元买入,9 月 8 日至 12 日这周以均价 20 元卖出,每股赚 3 元,三个交易周获利 18.2%。

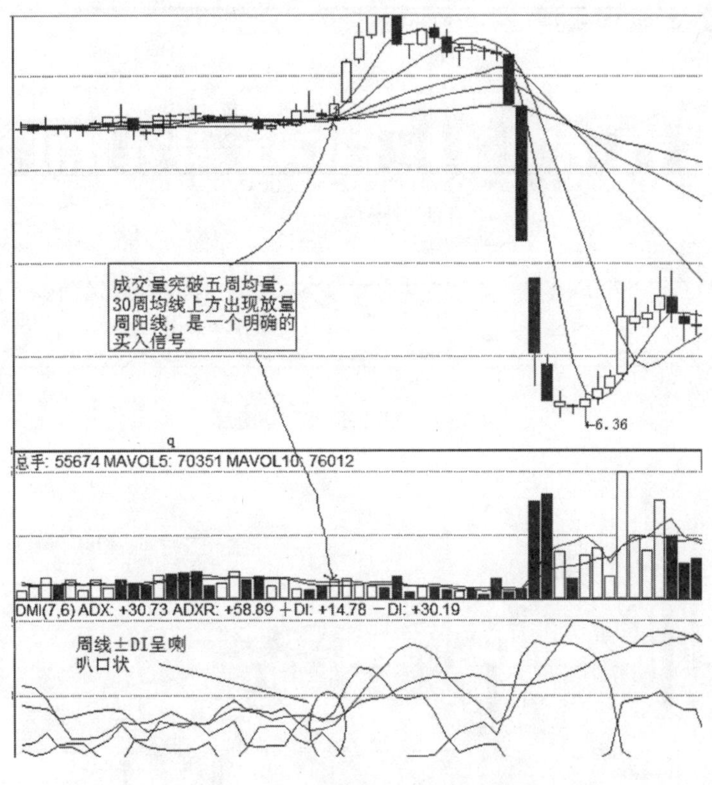

图 18-4 桂林旅游喇叭口买入图解

DMI 指标买卖功能

①当 DMI 指标中的+DI、-DI、ADX 和 ADXR 这四条曲线在 20 附近一段狭小的区域内作窄幅盘整,如果+DI 曲线先后向上突破-DI、ADX、ADXR 曲线,同时股价也带量向上突破中长期均线时,则意味着市场上多头主力比较强大,股价短期内将进入强势拉升阶段,这是 DMI 指标发出的买入信号。如图 18-5 所示。

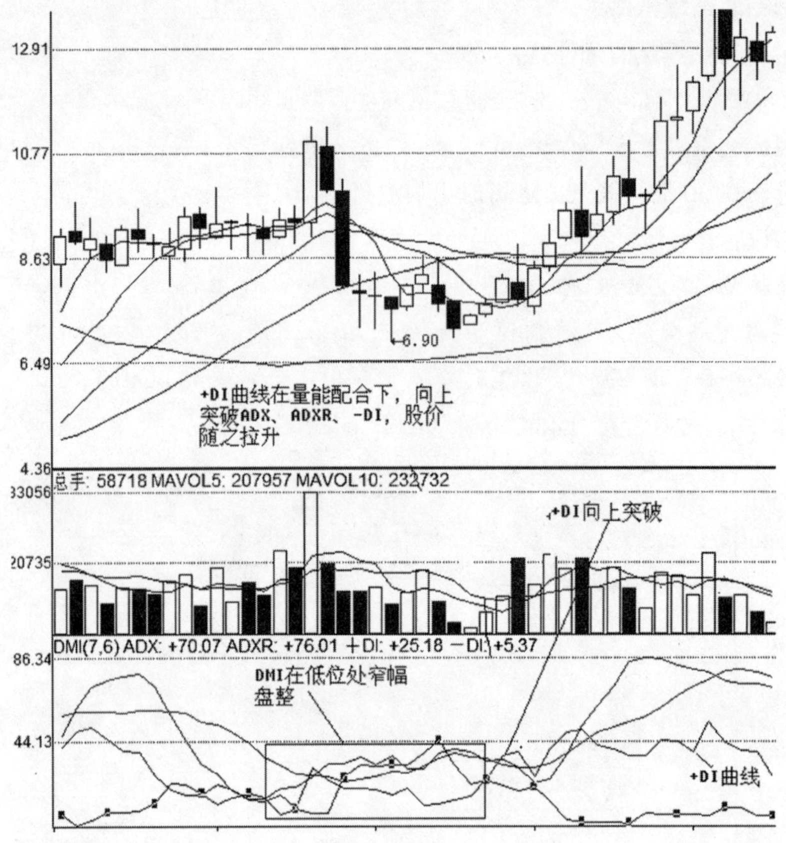

图 18-5　DMI 买入信号图解

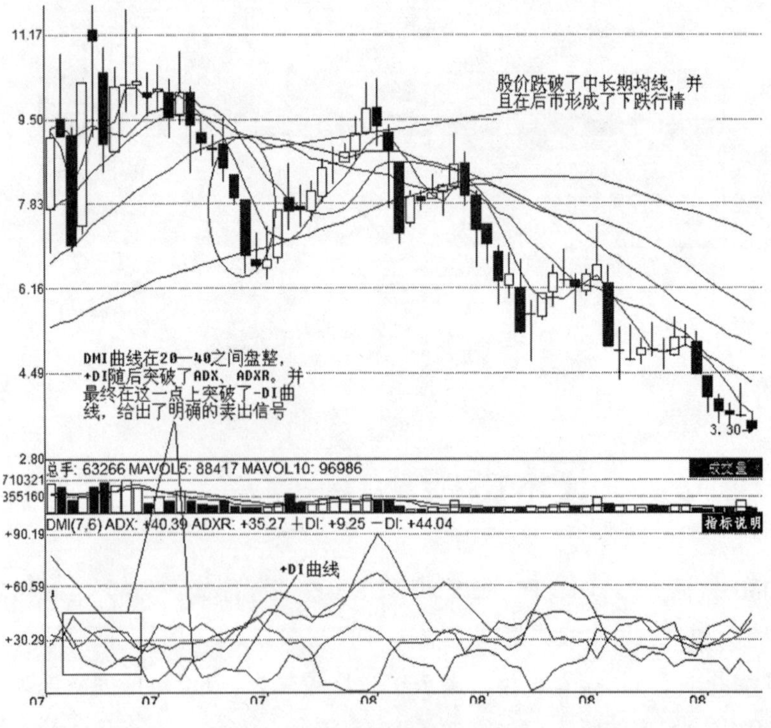

图 18-6　DMI 卖出信号图解

②当 DMI 指标中的+DI、-DI、ADX 和 ADXR 这四条曲线在 20~40 这段区域内作宽幅整理，如果+DI 曲线先后向下跌破 ADX 和 ADXR 曲线时，投资者应密切注意行情会不会反转向下。一旦+DI 曲线又向下跌破-DI 曲线，同时股价也向下突破中长期均线，则意味着市场上空头主力比较强大，股价短期内还将下跌，这是 DMI 指标发出的卖出信号。如图 18-6 所示。

DMI 指标持股持币功能

①当 DMI 指标中的+DI 曲线分别向上突破-DI、ADX、ADXR 后，一直在这三条曲线上运行，同时股价也依托中长期均线向上扬升，则意味着市场上多头力量依然占据优势，股价还将上涨。这是 DMI 指标比较明显的持股信号，只要+DI 曲线没有向下跌破这三条曲线中的任何一条，投资者就可以坚决持股待涨。如图 18-7 所示。

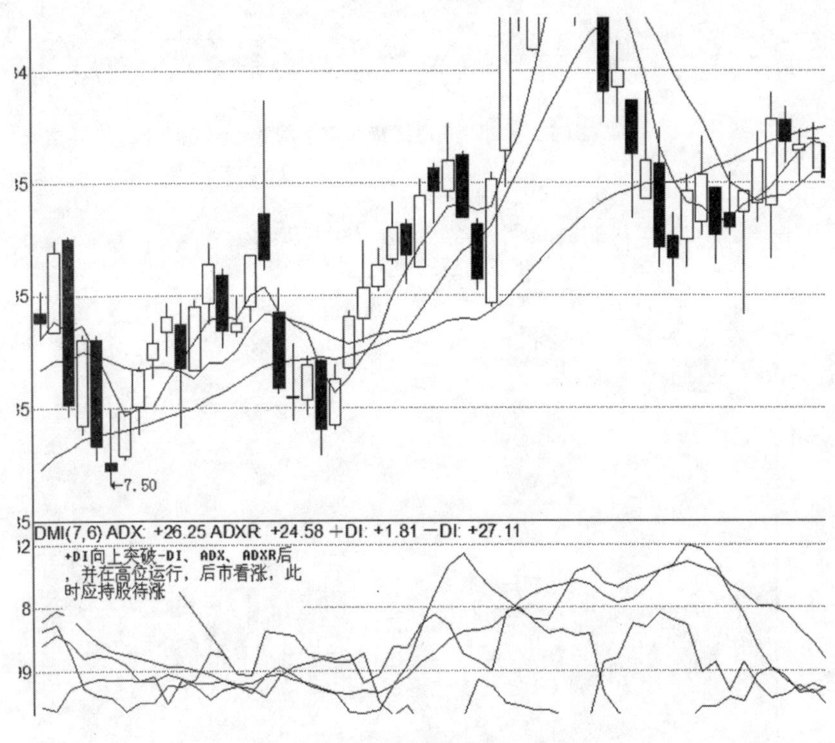

图 18-7 DMI 持股待涨信号图解

②当 DMI 指标中的+DI 曲线分别向上突破-DI、ADX、ADXR 后，如果经过一段时间的高位盘整，+DI 曲线向下跌破 ADX 曲线但在 ADXR 处获得支撑，并重新调头上行，同时也在中期均线附近获得支撑，则表明市场强势依旧，股价还将上扬。这也是 DMI 指标的持股信号，投资者还可短线持股待涨。如图 18-8 所示。

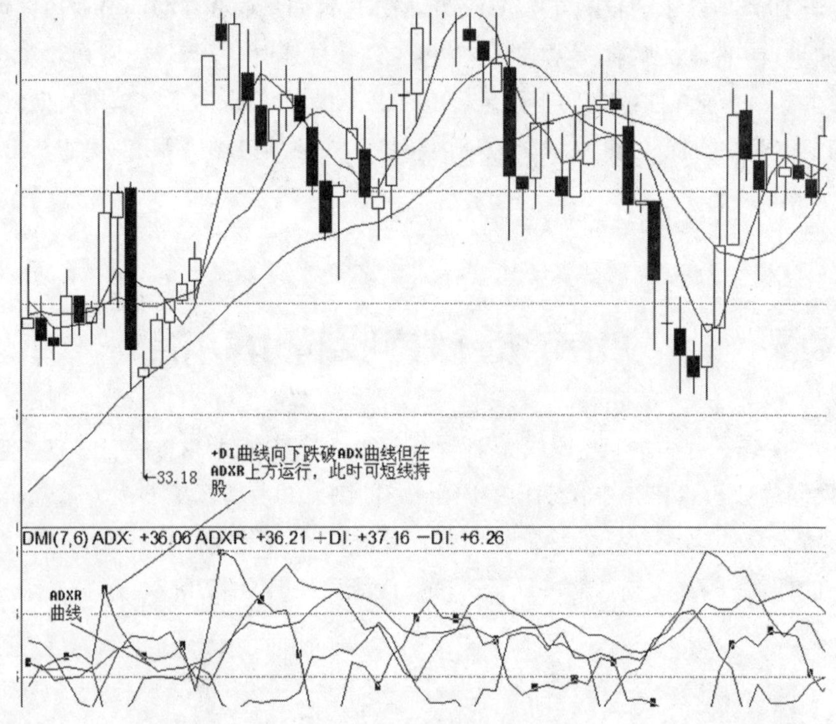

图 18-8　DMI 短线持股信号图解

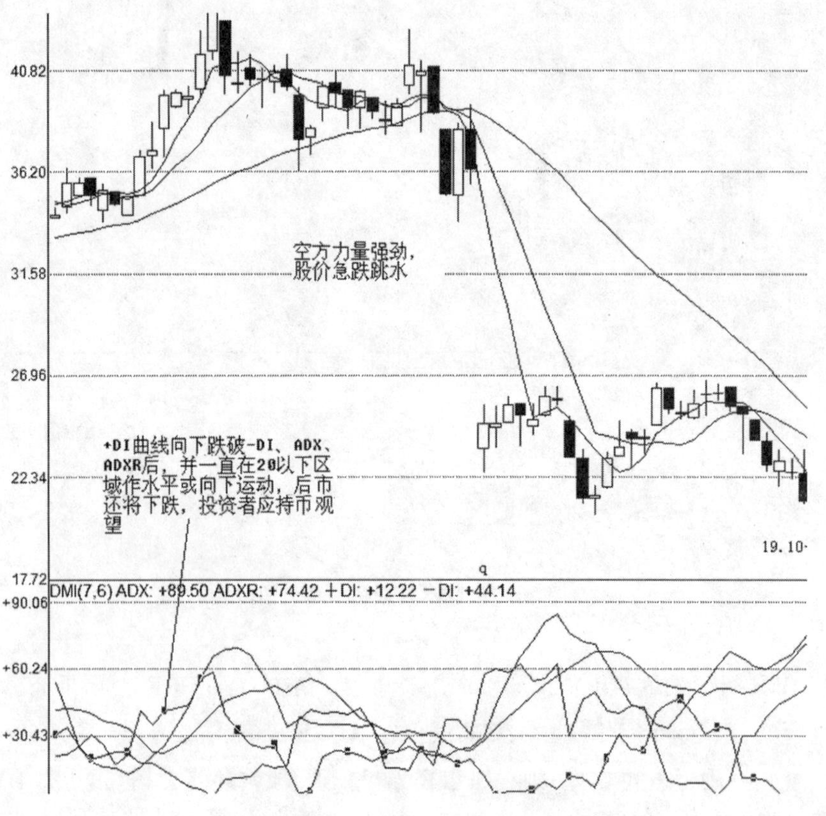

图 18-9　DMI 明确持币信号图解

③当 DMI 指标中的+DI 曲线向下跌破-DI、ADX、ADXR 后,如果+DI 曲线一直运行在这三条线下方,并且在 20 以下区域作水平或向下运动,同时股价也被中长期均线压制下行,则意味着市场上空头力量占绝对优势,股价将继续下跌。这是 DMI 指标比较明显的持币信号,只要+DI 曲线没有向上突破这三条曲线中的任何一条,投资者就应坚决持币观望。如图 18-9 所示。

④当 DMI 指标中的+DI 曲线向下跌破-DI、ADX、ADXR 后,如果+DI 曲线一直运行在这三条线下方,同时股价还是被中长期均线压制,则意味着市场上空头力量依然强大,股价还将下跌。这是 DMI 指标的持币信号,只要 DMI 曲线没有全部向上突破这三条曲线,投资者还应以持币观望为主。如图 18-10 所示。

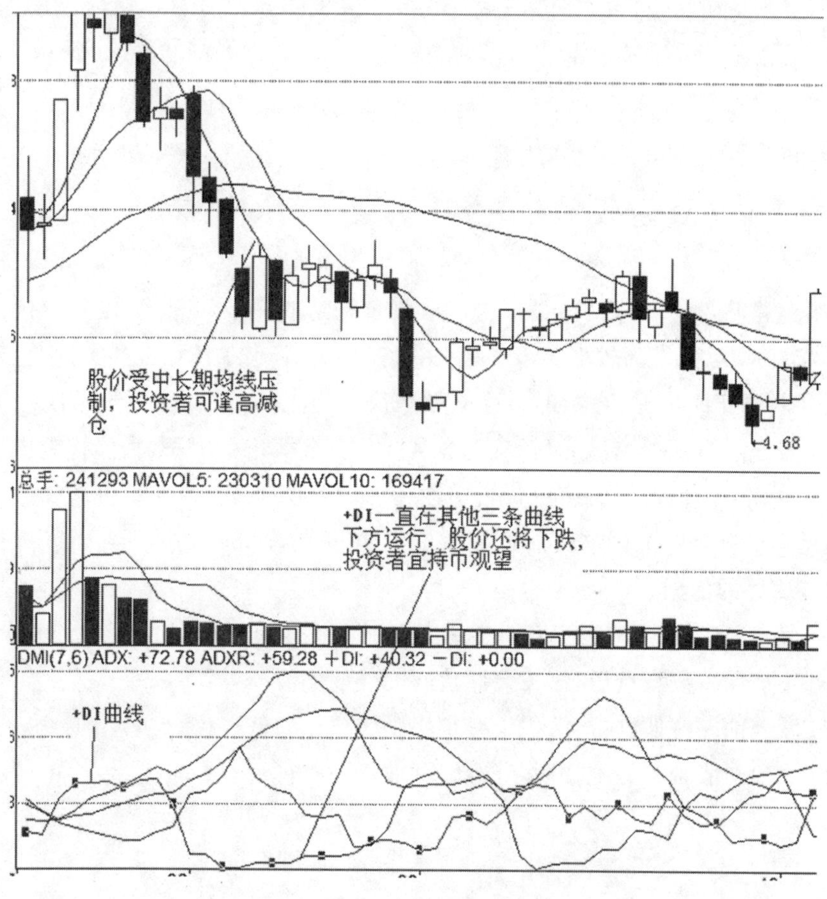

图 18-10 DMI 持币信号图解

第19章

振动升降指标——ASI

ASI指标的原理解析

ASI指标以开盘价、最高价、最低价和收盘价构筑成一条幻想线，以便取代目前的走势，形成最能表现当前市况的真实市场线(Real Market)。韦尔德认为当天的交易价格，并不能代表当时真实的市况，真实的市况必须取决于当天的价格、前一天及次一天价格间的关系。他经过无数次的测试之后，确定了ASI计算公式中的因子，最能代表市场的方向性。由于ASI比当时的市场价格更具真实性，因此，为股价是否真实地创新高或新低点提供了相当精确的验证。又因ASI的运算数值精密，更为投资者提供了判断股价是否真实突破压力或支撑的依据。

①ASI又名“实质线”，是一条比收盘价线更能代表真实行情的曲线；

②ASI突破前一波高点后，第二天股价必突破前一波高点；

③ASI跌破前一波低点后，第二天股价必跌破前一波低点；

④ASI一般与股价走势维持同步波动，并非每一次行情都有领先。

ASI指标使用原则

①ASI走势几乎和股价是同步发展的。当股价由下往上欲穿过前一波的高点套牢区时，于接近高点处尚未确定能否顺利穿越之际，如果ASI领先股价，提早一步，通过相对股价的前一波ASI高点(见图19-1)，则次一日之后，可以确定股价必然能顺利突破高点套牢区。股民可以把握ASI的领先作用，提前买入股票，轻松地坐上上涨的轿子。

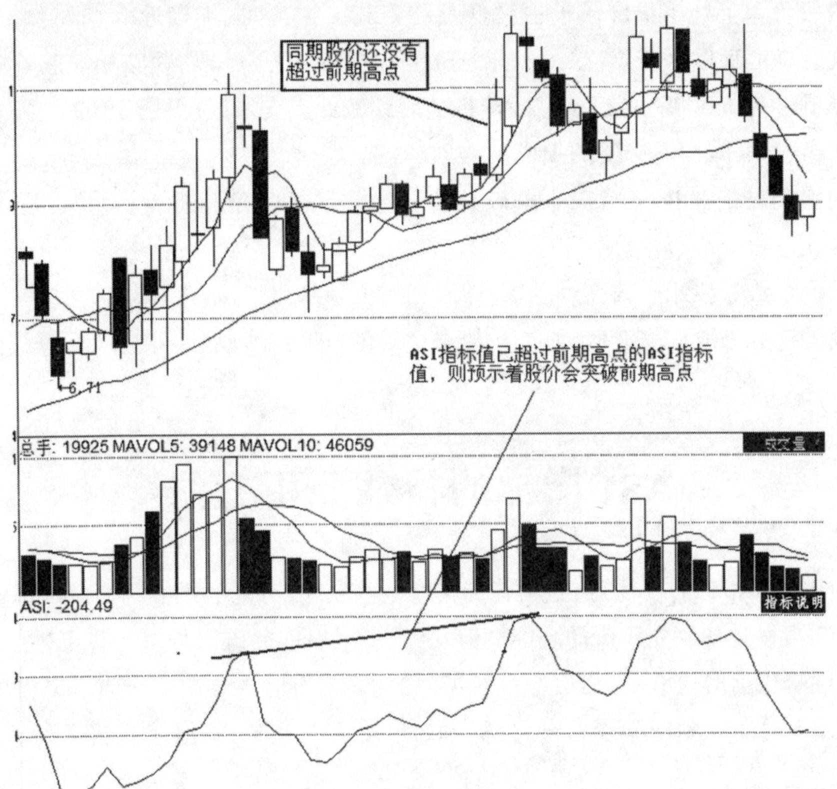

图 19–1 ASI 指标领先股价上涨图解

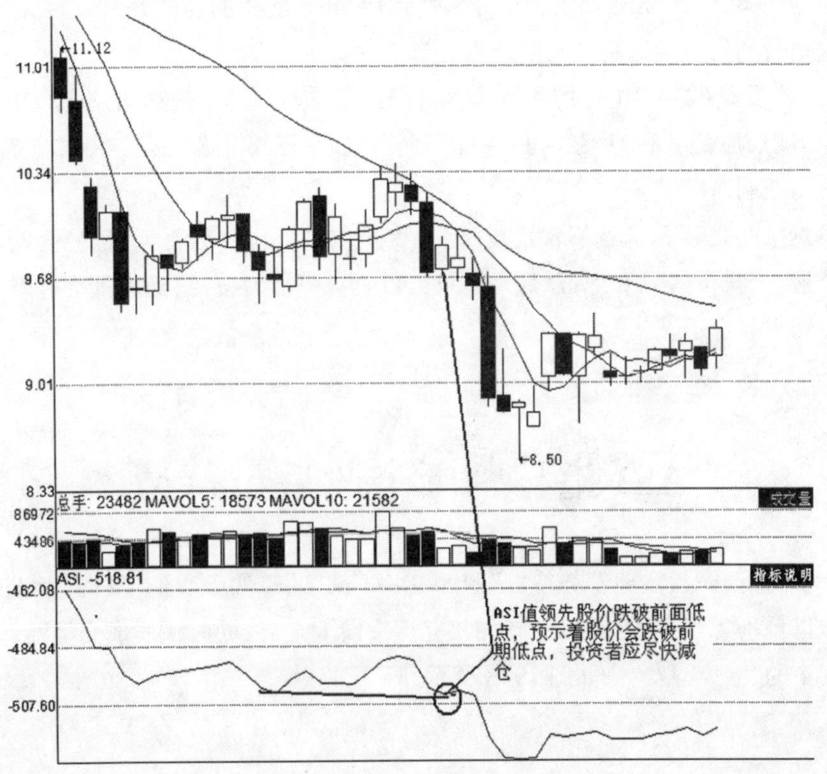

图 19–2 ASI 指标领先股价下跌图解

②当股价由上往下欲穿越前一波低点的密集支撑区时，于接近低点处，尚未确定是否将因失去信心而跌破支撑之际，如果 ASI 领先股价，提早一步，跌破相对股价的前一波 ASI 低点，则次一日之后，可以确定股价将随后跌破低点支撑区(见图 19-2)。投资人可以早一步卖出股票，减少不必要的损失。

③向上爬升的 ASI，一旦向下跌破其前一次显著的 N 型转折点，一律可视为停损卖出的讯号。

④股价走势一波比一波高，而 ASI 却未相对创新高点形成“牛背离”时，应卖出。

⑤股价走势一波比一波低，而 ASI 却未相对创新低点形成“熊背离”时，应买进。

ASI 指标的特殊分析方法

在使用 ASI 指标时要注意，这项指标具有一些缺陷，可能会影响判断的准确性：

①ASI 虽然具备领先股价的功能。但是，投资人根据突破讯号早一步买进或卖出后，ASI 却无法提供何时应获利、何时应重新买回的讯号。有时 ASI 向上或向下突破压力和支撑后，仅一天时间立刻回跌或回升，投资人如果反应不及时，不但无法获得利润，反而将遭受损失。

②ASI 大部分时机都是和股价走势同步的，投资人仅能从众多股票中，寻找少数产生领先突破的个案，因此，ASI 似乎无法经常性运用，缺乏实用的功能。

在这里我们将针对这两项缺陷给出破解之法：

①ASI 主要是做为狙击性的买入讯号，投资人应抱着"打了就跑"的心理。由于早一步买入股票，随后股价顺利突破压力，一旦产生利润时，不可想象往后还有多少涨幅，应立即脱手卖出获利。

②虽然 ASI 之领先讯号不常出现，但是由于上市公司有数百家，讯号会轮流发生在不同的个股上，投资者只要把握"打完一只，再换另一只"的技巧，随时都会有新产生讯号的个股让您大显身手。

ASI 指标判断个股后市行情

投资者对于“横盘整理蓄势待发”的评论并不陌生，事实上我们可以通过 ASI 这个技术指标加以鉴别。当 ASI 长期处于底部，有抬头向上走势，同时该股成交量温和放大时，这才是真正的“蓄势待发”！如图 19-3 所示。

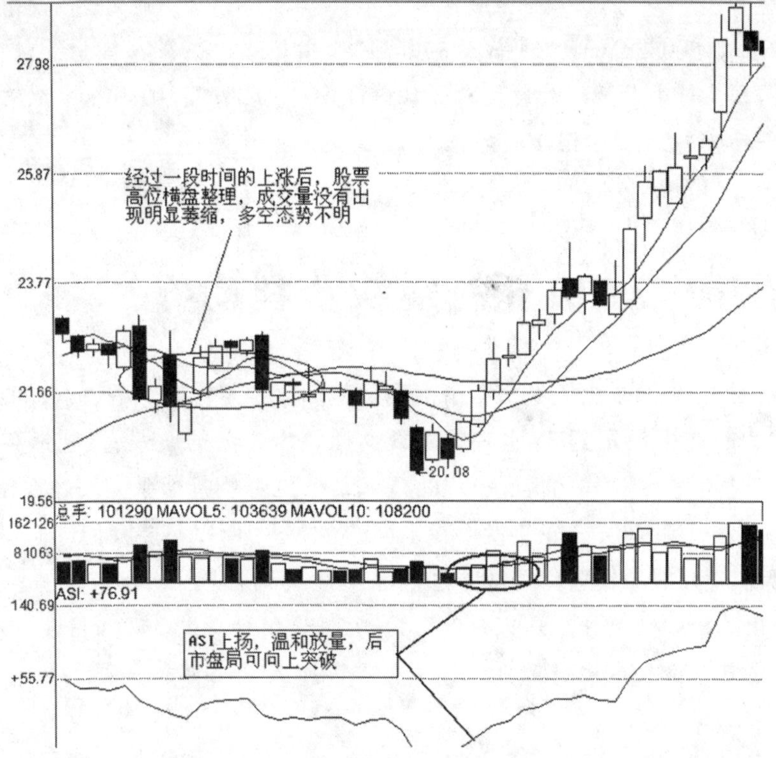

图 19-3　ASI 横盘整理判断后市行情图解

图 19-4　五粮液盘整后买入图解

例如：

五粮液(000858)，2007 年 8 月 17 日，ASI 指标发出了买入信号，ASI 平台开始曲线上扬，预示着主升浪的开始。以当日均价 31.58 元买入，10 月 9 日以均价 45.50 元卖出，每股赚 14 元。如图 19-4 所示。

ASI 指标短线获利技巧

ASI 具备领先股价的功能，它大部分时间都是和股价走势同步的，但我们也能在众多股票中寻找少数产生领先突破的，一旦发现这样技术走势的股票，大胆地买入，短线获利！在选股的时候，由于这样的情况出现的概率太小，ASI 指标似乎无法经常性运用，但是在上千家上市公司中，讯号会轮流发生在不同的个股上，所以只要我们肯下工夫，必然会有所发现，大胆地短线炒作吧！但要注意“短线为主，获利即走”。例如：

中国银行 (601988)，2007 年 9 月 14 日，ASI 指标发出了买入信号，等待主力拉升。以当日均价 5.88 元买入，10 月 11 日以均价 7.10 元卖出，每股赚 1.20 元。如图 19-5 所示。

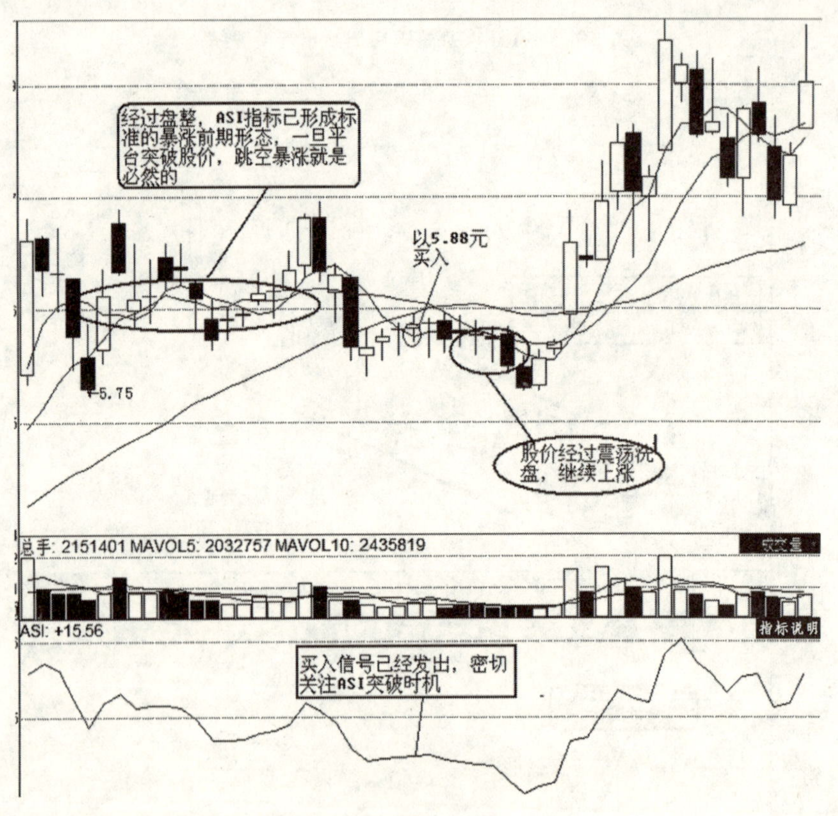

图 19-5 中国银行短线买入图解

ASI 指标配合 OBV 指标判断买卖信号

ASI 指标和 OBV 指标同样维持“N”字型的波动，并且也以突破或跌破“N”字型高低点为观察 ASI 指标的主要方法。向上爬升的 ASI 一旦向下跌破其前一次显著的 N 型转折点，一律可视为停损卖出的讯号；向下滑落的 ASI 一旦向上突破其前一次的 N 型转折点，一律可视为果断买进的讯号(见图 19-6)。

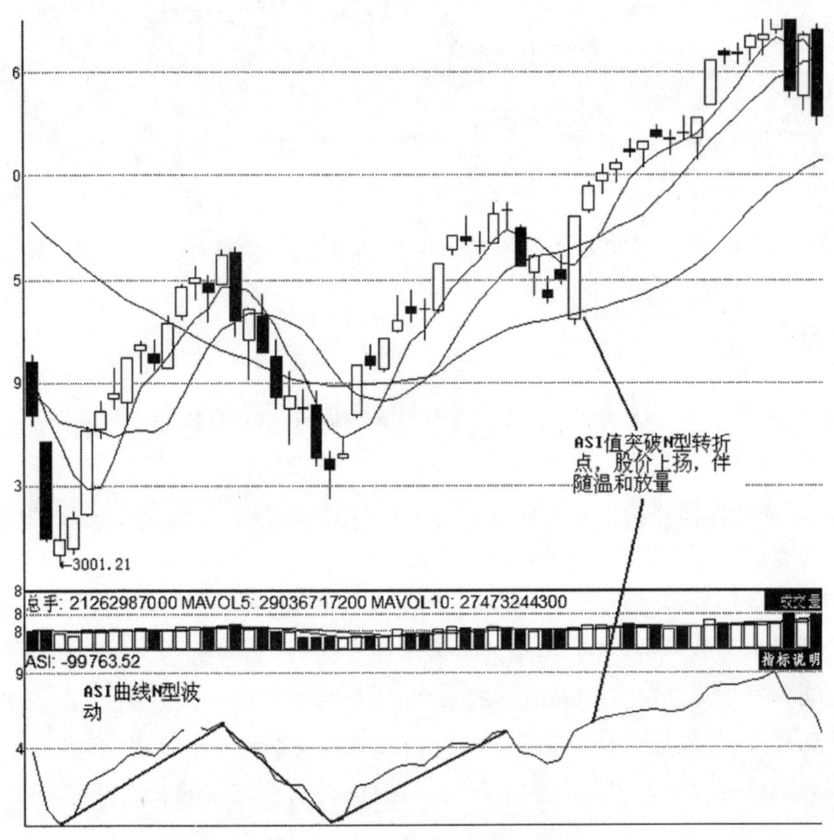

图 19-6 ASI 指标 N 型突破买入法图解

第 20 章

三重指数平滑移动平均指标——TRIX

TRIX 指标的原理解析

TRIX 指标是根据移动平均线理论，对一条平均线进行三次平滑处理，再根据这条移动平均线的变动情况来预测股价的长期走势。

与 TRMA 等趋向类指标一样，TRIX 指标一方面忽略价格短期波动的干扰，除去移动平均线频繁发出假信号的缺陷，以最大可能地减少主力“骗线行为”的干扰，避免由于交易行为过于频繁而造成较大交易成本的浪费；二则保留移动平均线的效果，凸现股价未来长期运动趋势，使投资者对未来较长时间内股价运动趋势有个直观、准确地了解，从而降低投资者深度套牢和跑丢“黑马”的风险。因此，对于稳健型的长期投资者来说，TRIX 指标对实战提供有益的参考。

TRIX 指标的使用原则

在股市软件上 TRIX 指标有两条线，一条线为 TRIX 线，另一条线为 TRMA 线。TRIX 指标的一般使用原则主要集中在 TRIX 线和 TRMA 线的交叉情况的考察上。其基本分析内容如下：

①当 TRIX 线一旦从下向上突破 TRMA 线，形成“金叉”时，预示着股价开始进入强势拉升阶段，投资者应及时买进股票。

②当 TRIX 线向上突破 TRMA 线后，TRIX 线和 TRMA 线同时向上运动时，预示着股价强势依旧，投资者应坚决持股待涨。

③当 TRIX 线在高位有走平或掉头向下时，可能预示着股价强势特征即将结束，投资者应密切注意股价的走势，一旦 K 线图上的股价出现大跌迹象，投资者应及时卖出股票。

④当 TRIX 线在高位向下突破 TRMA 线，形成"死叉"时，预示着股价强势上涨行情已经结束，投资者应坚决卖出余下股票，及时离场观望。

⑤当 TRIX 线向下突破 TRMA 线后，TRIX 线和 TRMA 线同时向下运动时，预示着股价弱势特征依旧，投资者应坚决持币观望。

⑥当 TRIX 线在 TRMA 下方向下运动很长一段时间后，并且股价已经有较大的跌幅时，如果 TRIX 线在底部有走平或向上勾头迹象时，一旦股价在大的成交量的推动下向上攀升时，投资者可以及时少量地中线建仓。

⑦当 TRIX 线再次向上突破 TRMA 线时，预示着股价将重拾升势，投资者可及时买入，持股待涨。

⑧TRIX 指标不适用于对股价的盘整行情的研判。

TRIX 指标曲线的形态图解

当 TRIX 指标在高位盘整或低位横盘时所出现的各种形态也是判断行情、决定买卖行动的一种分析方法。

1. M 头形态

当 TRIX 曲线在高位形成 M 头（见图 20-1）或三重顶等高位反转形态时，意味着股价的上升动能已经衰竭，股价有可能出现长期反转行情，投资者应及时地卖出股票。如果股价走势曲线也先后出现同样形态则更可确认股价下跌的幅度和过程可参照 M 头或三重顶等顶部反转形态的研判。

2. W 底形态

当 TRIX 曲线在低位形成 W 低（见图 20-2）或三重低等低位反转形态时，意味着股价的下跌动能已经减弱，股价有可能构筑中长期底部，投资者可逢低分批建仓。如果股价走势曲线也先后出现同样形态则更可确认，股价的上涨幅度及过程可参照 W 底或三重底等底部反转形态的研判。一般来说，TRIX 曲线顶部反转形态对行情判断的准确性要高于底部形态。

TRIX 指标顶背离

当股价 K 线图上的股票走势一峰比一峰高，股价在一直向上涨，而 TRIX 指标图上的 TRIX 曲线的走势在高位一峰比一峰低，这叫顶背离现象（见图 20-3）。顶背离现象一般是股价将高位反转的信号，表明股价短期内即将下跌，是比较强烈的卖出信号。

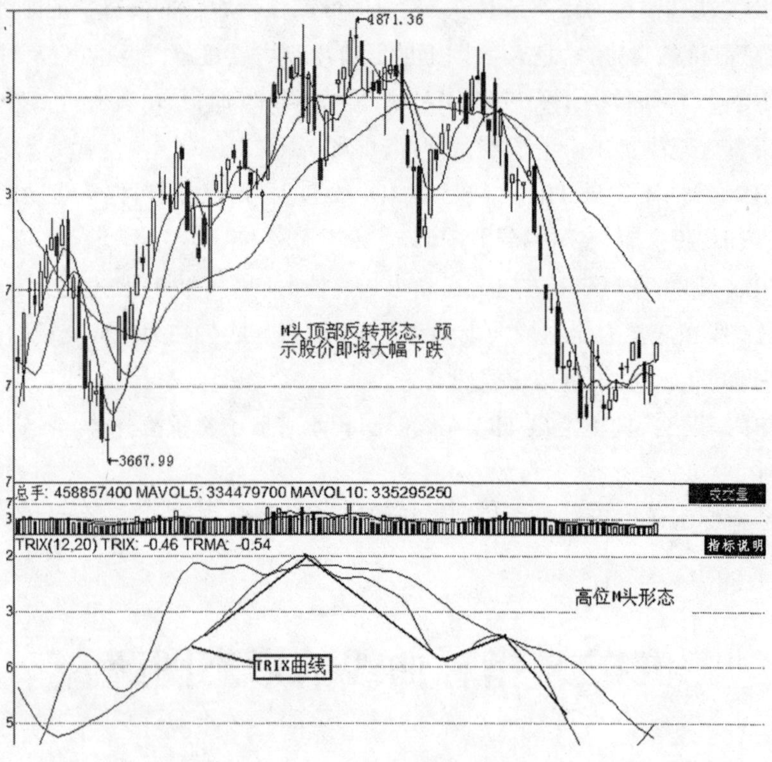

图 20-1 TRIX 指标 M 头形态

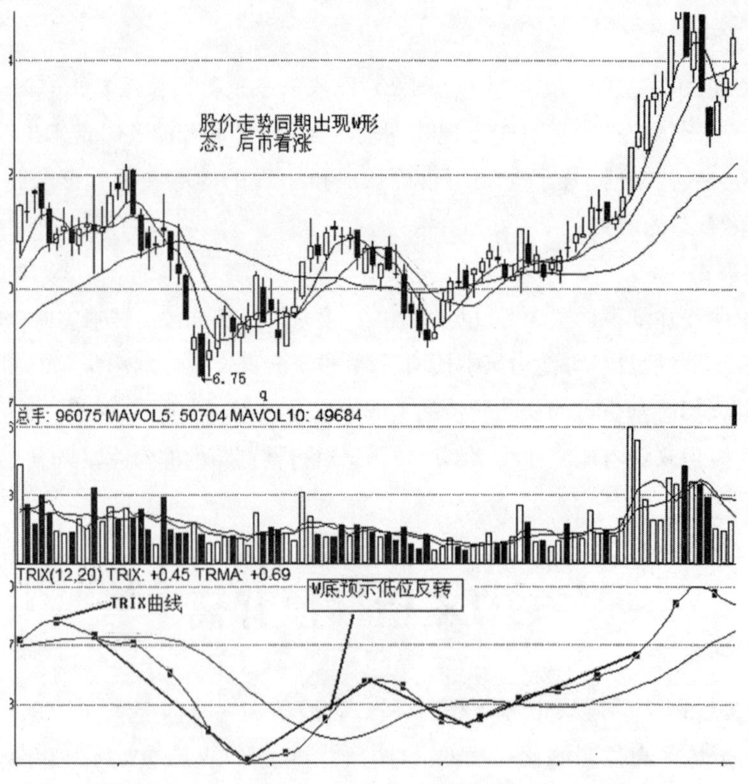

图 20-2 TRIX 指标 W 底形态图

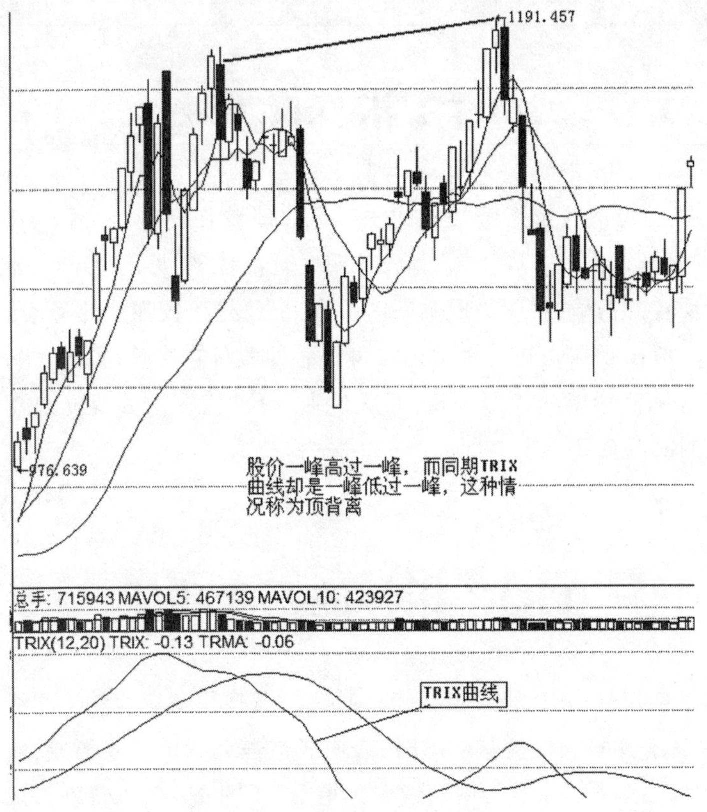

图 20–3　TRIX 指标顶背离形态

图 20–4　TRIX 指标底背离图解

TRIX 指标底背离

当股价 K 线图上的股票走势一峰比一峰低，股价在向下跌，而 TRIX 指标图上的 TRIX 曲线的走势是在低位一底比一底高，这叫底背离现象(见图 20-4)。底背离现象一般是股价将低位反转的信号，表明股价短期内即将上涨，是比较强烈的买入信号。

指标背离一般出现在强势行情中比较可靠。即股价在高位时，通常只需出现一次顶背离的形态即可确认行情的顶部反转，而股价在低位时，一般要反复出现多次底背离后才可确认行情的底部反转。

TRIX 指标的买卖功能

①当股价在上升过程中，经过一段较长时间的盘整行情后，TRIX 曲线开始向上突破 TRMA 曲线，并且有比较大成交量放出时，表明股市强势行情已经形成，股价将进入快速拉升阶段，这是 TRIX 指标发出的中长线买入信号(见图 20-5)。特别是那些股价也同时站在中长期均线上方的股票，这种买入信号更加明显。此时，投资者应及时买入。

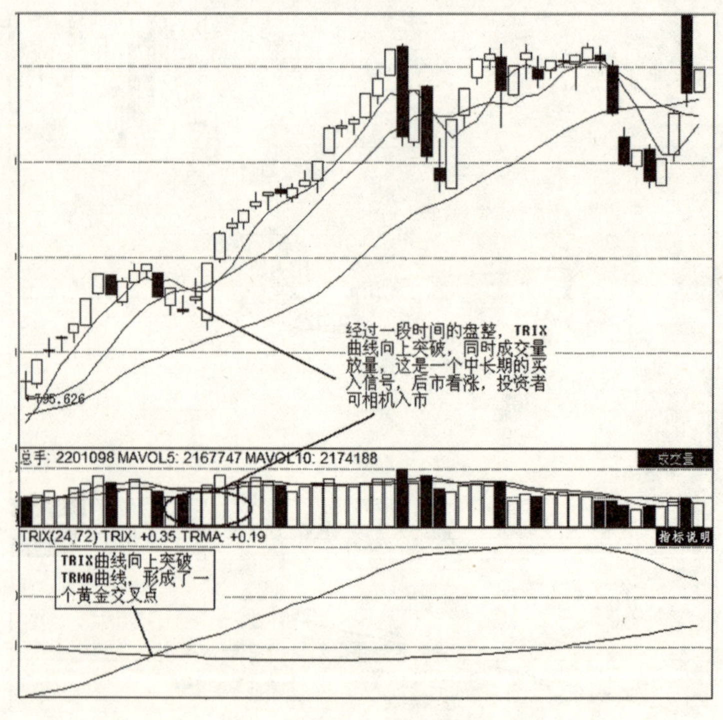

图 20-5　TRIX 指标买入信号图解

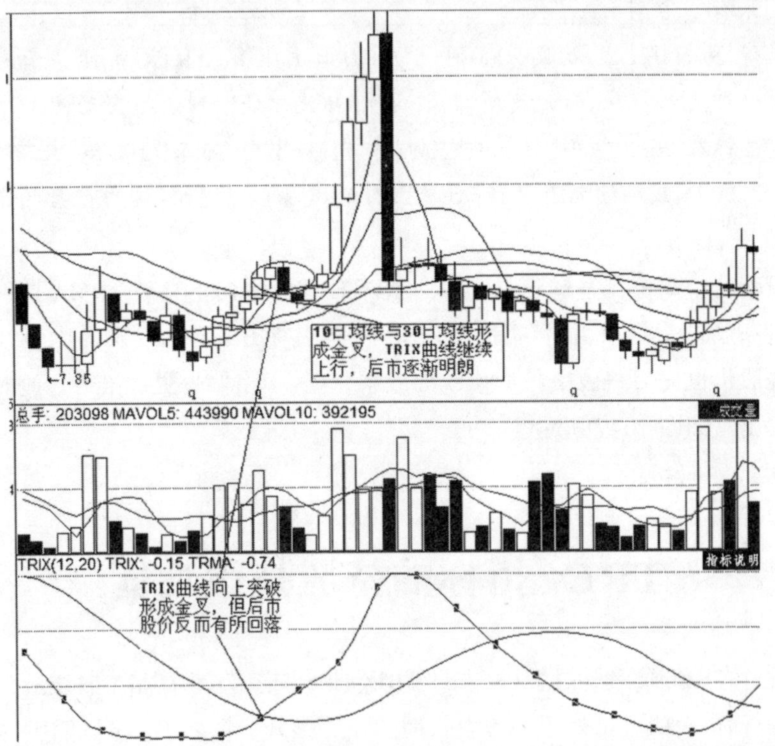

图 20-6 天津港 TRIX 指标买入图解

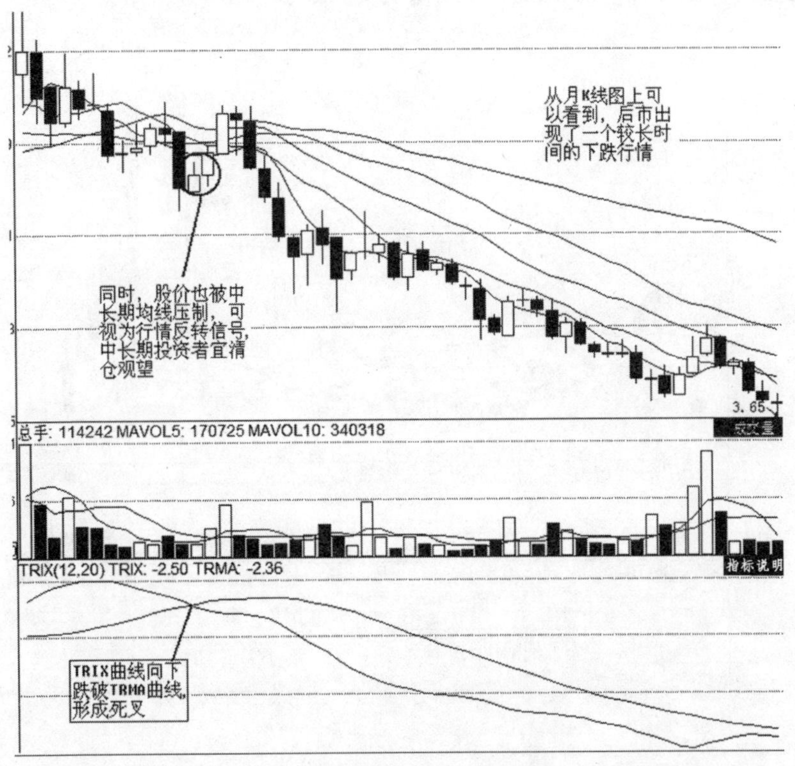

图 20-7 TRIX 指标卖出信号图解

让我们来看一个例子：

天津港(600717)，该股2000年6月30日月K线TRIX指标显示金叉后，股价并没有立即进入拉升，而是有所回落。指标却使你预测到价格变动的大方向，周K线TRIX指标在2000年10月底到2000年11月中旬10日均线与30日均线形成金叉，而后TRIX线继续向上运行(数值上行的速率)。股价经过四个月的上涨，涨幅近70%(见图20-6)。

②当股价在中高位盘整过程中，一旦TRIX曲线开始向下突破TRMA曲线，表明股市的高位整理行情即将结束，行情可能反转朝下，这是TRIX指标发出的中长线卖出信号。特别是那些股价也先后跌破中长期均线的股票，这种卖出信号更加准确。此时，投资者应及时逢高卖出。如图20-7所示。

TRIX指标的持股持币功能

①当股价在中低位盘整过程中，一旦TRIX曲线向上突破TRMA曲线后，这两条曲线同时向上运行时，表明股价处于一种中长期的强势推升行情之中。这是TRIX指标发出的中长线持股待涨信号。特别是那些股价运行在中长期均线上的股票，这种持股信号更加准确。此时，投资者应坚决持股待涨或逢低买入。如图20-8所示。

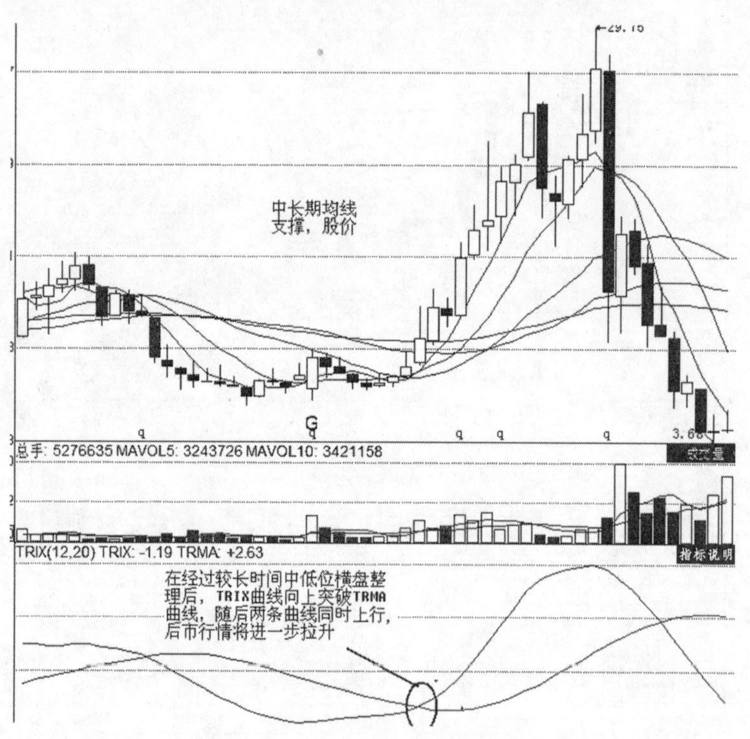

图20-8 TRIX指标持股信号图解

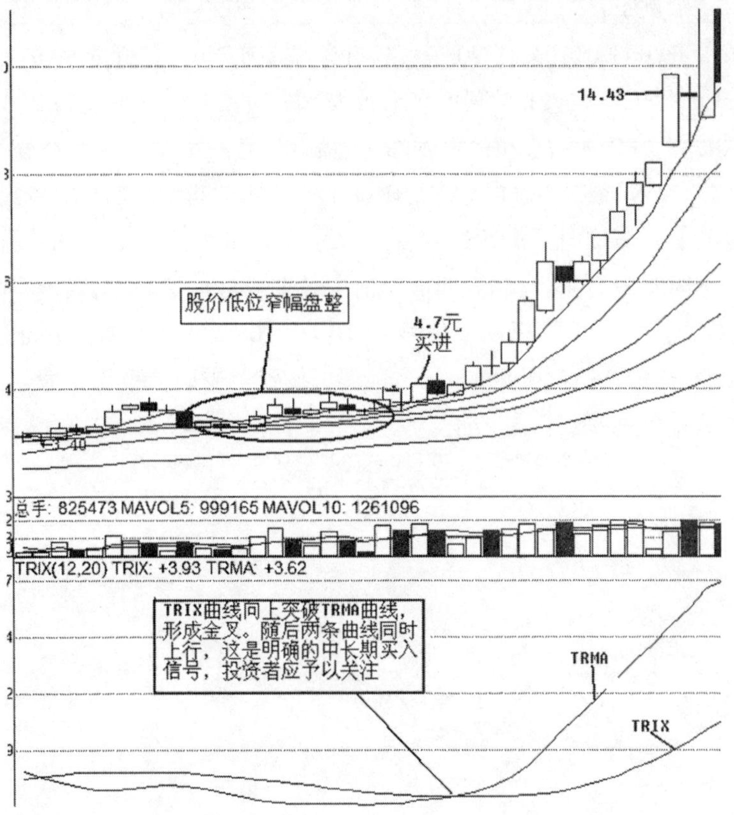

图 20-9　TRIX 指标中国宝安长线买入图解

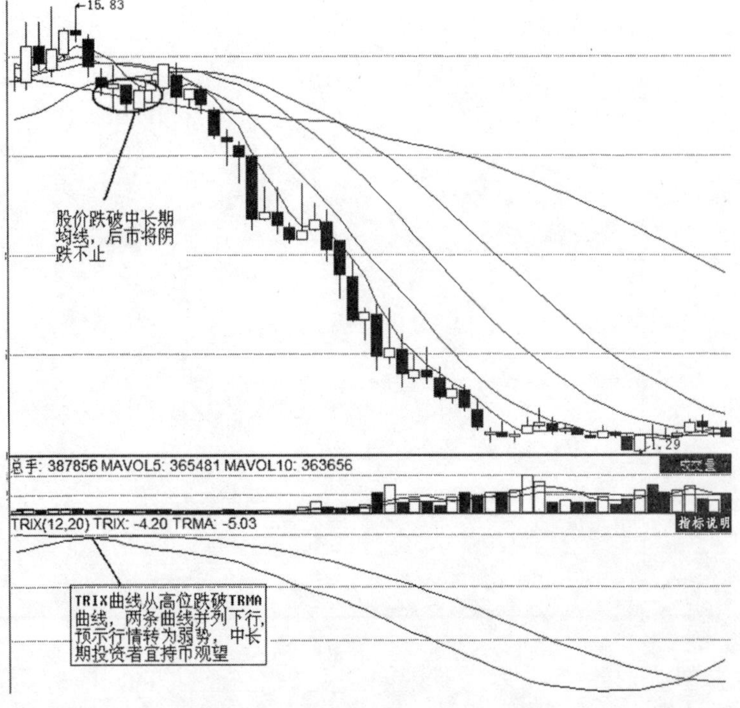

图 20-10　TRIX 指标持币信号图解

我们来看一个例子：

中国宝安(000009)(见图 20-9)，从周线图上可以看到 2006 年 10 月到 2007 年 2 月间，该股进行了一次较长时间的低位盘整。在 2007 年 2 月 5 日到 2 月 9 日这一周，TRIX再次上叉 TRMA，发出了买入信号，随后行情一直保持上升趋势。在 2 月 9 日，以均价 4.7元买入，到 5 月 11 日以当日均价 11.5 元卖出，每股赚 6.8 元。

②当股价处于中高位向下反转的时候，只要 TRIX 曲线运行在 TRMA 曲线之下、并且这两条曲线几乎同时向下运行，就表明股市的中长期弱势行情之中，股价将阴跌不止。这是 TRIX 指标发出的中长线持币观望信号(见图 20-10)。特别是那些股价运行在中短期均线之下的股票，这种持币信号更加明显。此时，投资者应以持币观望为主，谨慎入市。

第 21 章

平均线差指标——DMA

DMA 指标的原理解析

DMA 指标属于趋向类指标，也是一种趋势分析指标。DMA 是依据快慢两条移动平均线的差值情况来分析价格趋势的一种技术分析指标。它主要通过计算两条基准周期不同的移动平均线的差值，来判断当前买入卖出的能量的大小和未来价格的走势。

DMA 指标的应用原则

1. DMA 和 AMA 的值及线的运动方向

①当 DMA 和 AMA 均大于 0(即在图形上表示为它们处于零线以上)并向上移动时，一般表示为股市处于多头行情中，可以买入或持股；

②当 DMA 和 AMA 均小于 0(即在图形上表示为它们处于零线以下)并向下移动时，一般表示为股市处于空头行情中，可以卖出股票或观望；

③当 DMA 和 AMA 均大于 0(即在图形上表示为它们处于零线以上)，但在经过一段比较长时间的向上运动后，如果两者同时从高位向下移动时，一般表示为股票行情处于退潮阶段，股票将下跌，可以卖出股票和观望；

④当 DMA 和 AMA 均小于 0 时(即在图形上表示为它们处于零线以下)，但在经过一段比较长时间的向下运动后，如果两者同时从低位向上移动时，一般表示为短期行情即将启动，股票将上涨，可以短期买进股票或持股待涨。

2. DMA 曲线和股价曲线的配合使用

由于 DMA 指标有领先股价涨跌的功能，因此，投资者也可以将 DMA 曲线和股价曲线配合使用。

①当 DMA 曲线与股价曲线从低位（DMA 和 AMA 数值均在 0 以下）同步上升，表明空头力量已经衰弱、多头力量开始积聚，短期内股价有望止跌企稳，投资者应可以开始少量逢低买入。

②当 DMA 曲线与股价曲线从 0 值附近向上攀升时，表明多头力量开始大于空头力量，股价将在成交量的配合下，走出一波向上扬升的上涨行情。此时，投资者应逢低买入或坚决持股待涨。

③当 DMA 曲线从高位回落，经过一段时间强势盘整后再度向上并创出新高，而股价曲线也在高位强势盘整后再度上升创出新高，表明股价的上涨动力依然较强，投资者可继续持股待涨。

④当 DMA 曲线从高位（DMA 和 AMA 数值均在远离 0 值的上方）回落，经过一段时间盘整后再度向上，但到了前期高点附近时未能创出新高却调头向下时，而且，股价曲线也同时下跌时，这可能就意味着股价上涨的动力开始减弱，将开始一轮比较强劲的下跌行情。此时投资者应千万小心，一旦股价向下，应果断及时地离场。

⑤当 DMA 曲线与股价曲线从中位（DMA 和 AMA 数值均在 0 以上）继续同步下降，表明短期内股价将继续下跌趋势，投资者应继续持币观望或逢高卖出。

⑥当 DMA 曲线在长期弱势下跌过程中，经过一段时间弱势反弹后再度向下并创出新低，而股价曲线也在弱势盘整后再度向下创出新低，表明股价的下跌动能依然较强，投资者可继续持币观望。

DMA 线和 AMA 线的几次交叉形态

一般而言，在一个股票的完整的升势和跌势过程中，DMA 指标中的 DMA 线和 AMA 线会出现两次或以上的“黄金交叉”和“死亡交叉”情况（以同花顺软件为例，DMA 作 DDD）。

①当股价经过一段很长时间的下跌行情后，DDD 线开始向上突破 AMA 线时，表明股市即将转强，股价跌势已经结束，将止跌朝上，可以开始买进股票，进行中长线建仓。这是 DMA 指标“黄金交叉”的一种形式（见图 21-1）。

②当股价经过一段时间的上升过程中的盘整行情后，DMA 线开始再次向上突破 AMA 线，成交量再度放出时，表明股市处于一种强势之中，股价将再次上涨，可以加码买进股票或持股待涨。这就是 DMA 指标“黄金交叉”的一种形式（见图 21-2）。

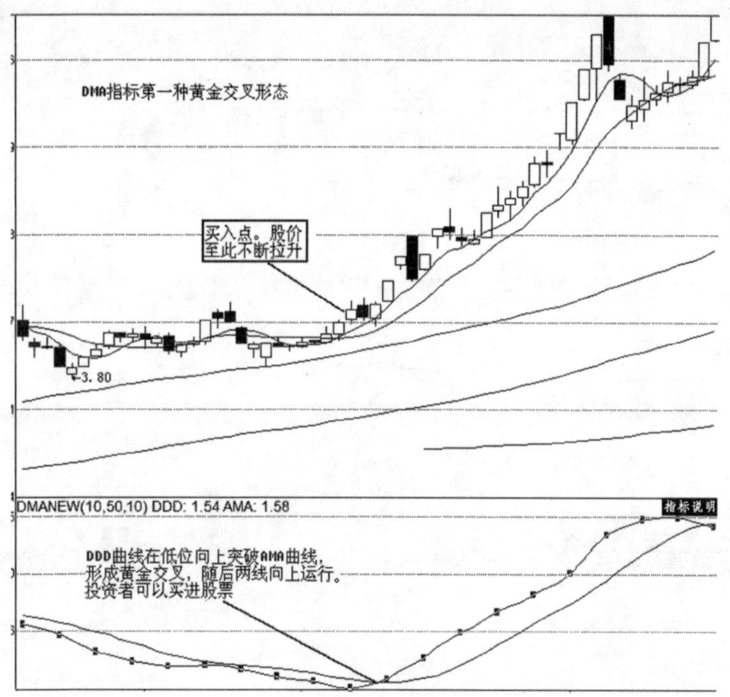

图 21-1 DMA 指标第一种黄金交叉形态图解

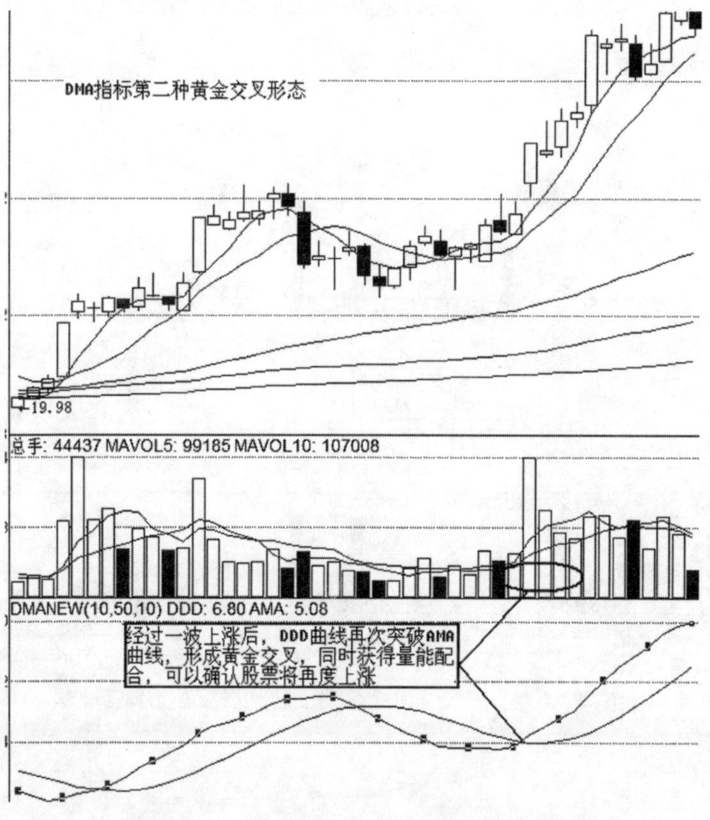

图 21-2 DMA 指标第二种黄金交叉形态图解

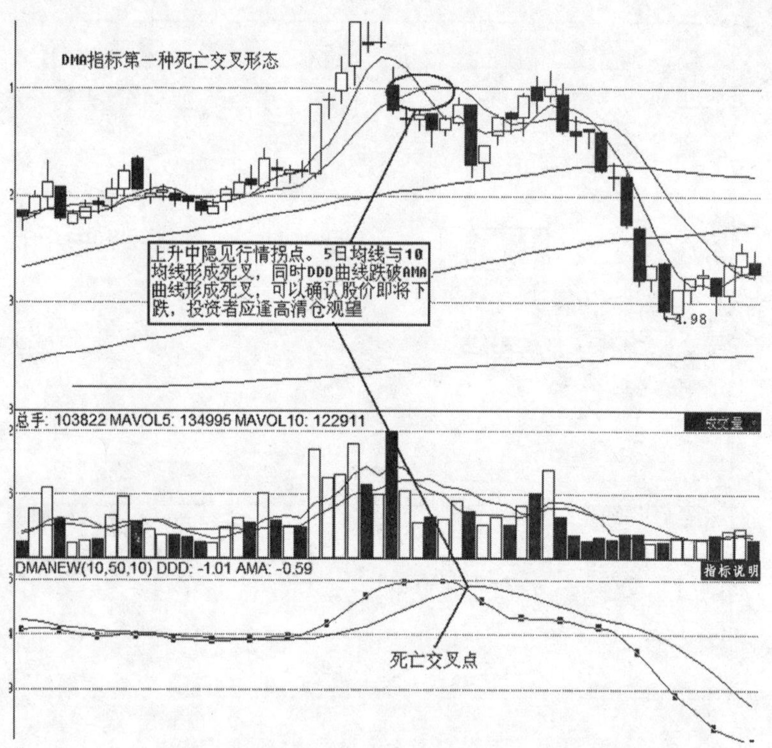

图 21-3　DMA 指标第一种死亡交叉形态图解

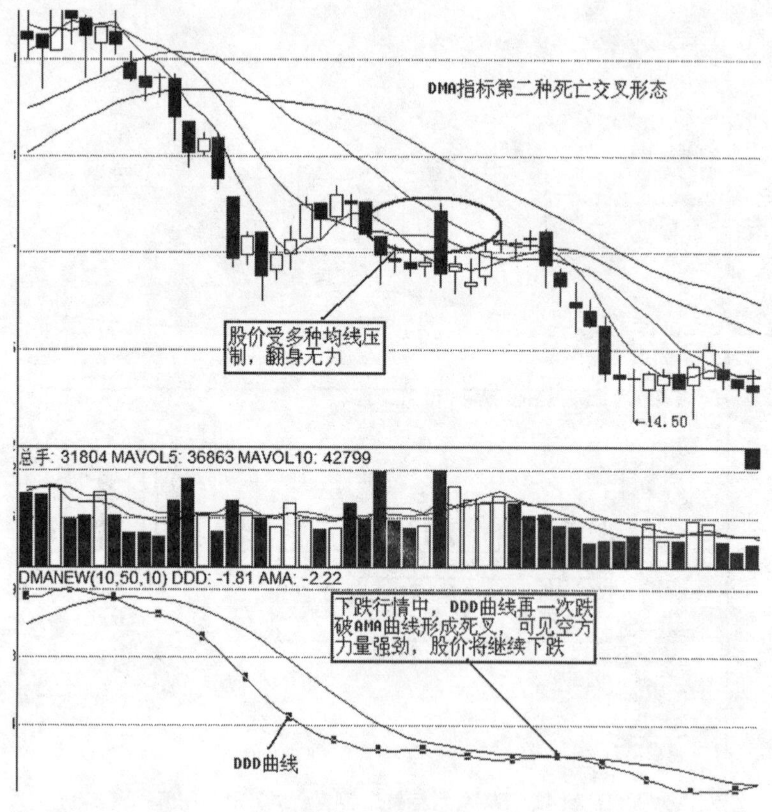

图 21-4　DMA 指标第二种死亡交叉形态图解

③当股价经过前期一段很长时间的上升行情后，股价涨幅已经很大的情况下，一旦DMA线向下突破AMA时，表明股市即将由强势转为弱势，股价将大跌，这时应卖出大部分股票而不能买股票。这就是DMA指标的“死亡交叉”的一种形式（见图21-3）。

④当股价经过一段时间的下跌后，而股价向上上涨的动力缺乏，各种均线对股价形成较强的压力时，一旦DMA线再次向下跌破AMA线时，表明股市将再次进入极度弱市中，股价还将下跌，可以再卖出股票或观望。这是DMA指标“死亡交叉”的另一种形式（见图21-4）。

DMA指标的背离形态

所谓DMA指标的背离就是指当DMA指标的曲线图的走势方向正好和K线图的走势方向相反。一般说来，DMA指标的背离有顶背离和底背离两种。

当股价K线图上的股票走势一峰比一峰高，股价在一直向上涨，而DMA指标图上的DMA曲线和AMA曲线的走势是在高位一峰比一峰低，这叫顶背离现象。顶背离现象一般是股价将高位反转的信号，表明股价中短期内即将下跌，是卖出的信号（见图21-5）。

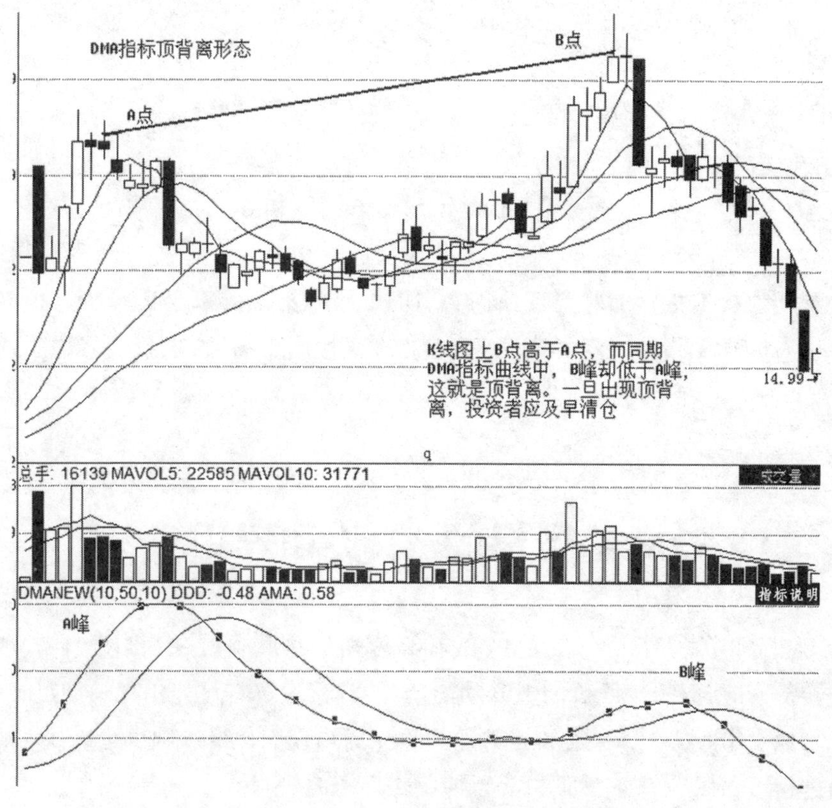

图21-5 DMA指标顶背离形态图解

当股价 K 线图上的股票走势一峰比一峰低，股价在向下跌，而 DMA 指标图上的DMA 曲线和 AMA 曲线的走势是在低位一底比一底高，这叫底背离现象。底背离现象一般是股价将低位反转的信号，表明股价中短期内即将上涨，是买入的信号(见图 21-6)。

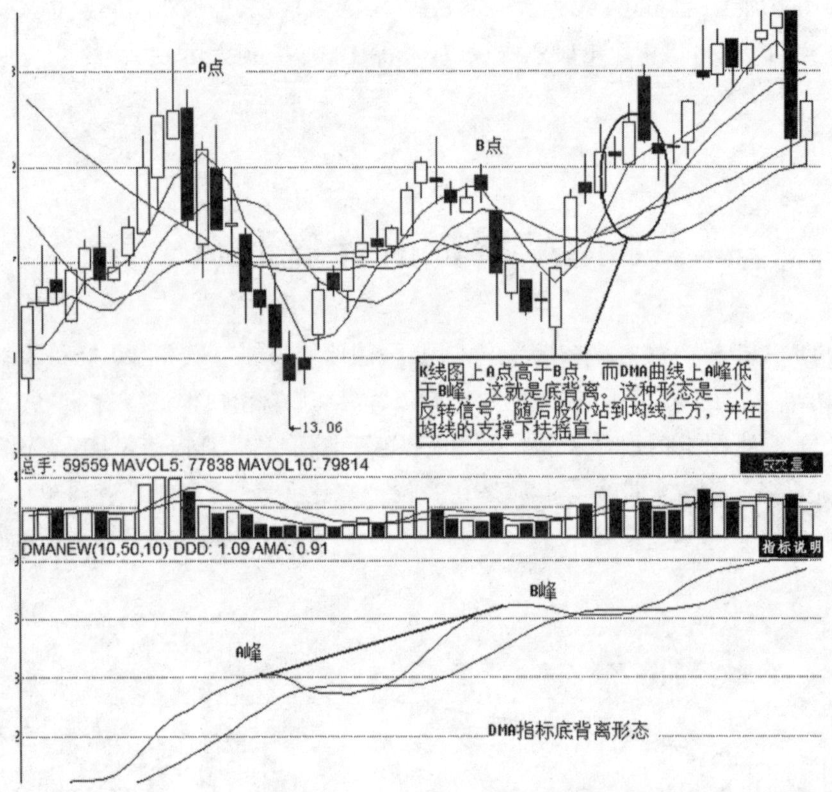

图 21-6 DMA 指标底背离形态图解

相对于其他技术指标的背离现象而言，DMA 指标出现的机会比较少，但如果在实际走势中，一旦 DMA 指标出现背离现象，它的准确性则更高，这点投资者应引起足够的重视。

DMA 指标的 M 头和三重顶

当 DMA 指标中的 DMA 线和 AMA 线在高位交叉并形成 M 头(见图 21-7)或三重顶等高位反转形态时，意味着股价的上升动能已经衰竭，股价有可能出现长期反转行情，投资者应及时地卖出股票。如果股价走势曲线也先后出现同样形态则更可确认。股价下跌的幅度和过程可参照 M 头或三重顶等顶部反转形态的研判。

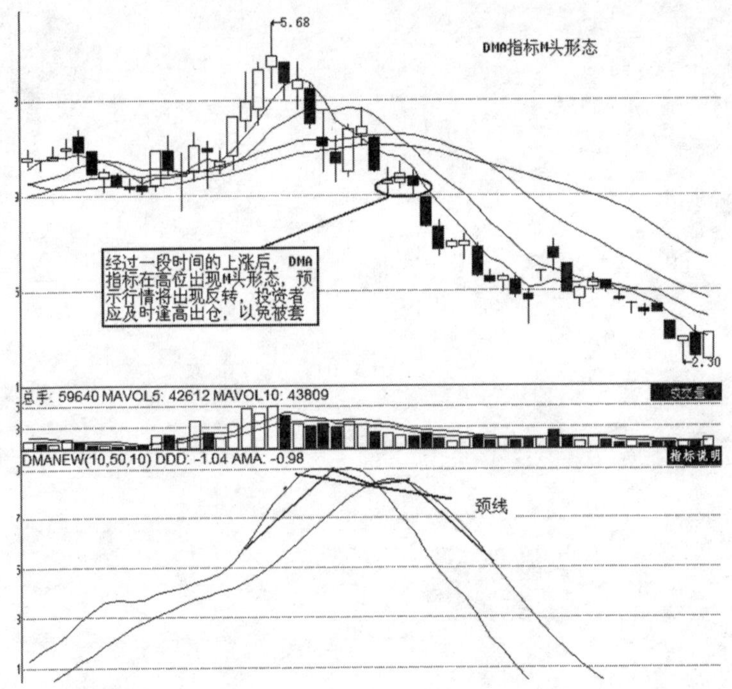

图 21-7 DMA 指标 M 头形态图解

DMA 指标的 W 底和三重底

当 DMA 指标中的 DMA 线和 AMA 线在低位交叉并形成 W 底(见图 21-8)或三重底等低位反转形态时,意味着股价的下跌动能已经减弱,股价有可能构筑中长期底部,投资者可逢低分批建仓。如果股价走势曲线也先后出现同样形态则更可确认。股价的上涨幅度及过程可参照 W 底或三重底等底部反转形态的研判。

DMA 指标的买卖信号

DMA 指标的实战技巧主要集中在 DMA 指标中的 DDD 曲线(即 DMA 曲线,下同)和 AMA 曲线的交叉情况以及 DDD、AMA 曲线所处的位置和它们的运行方向等三个方面。下面以同花顺软件上的日参数(10,50,10)为例来说明:

①当 10 日 DDD 曲线和 50 日 AMA 曲线在 0 值线附近盘整了较长一段时间以后,一旦 10 日 DDD 曲线向上突破 50 日 AMA 曲线,并且股价也带量突破中长期均线时,表明股价的上涨动能开始强大,股价将到快速拉升阶段。这是 DMA 指标发出的买入信号。此时,投资者应及时买入股票。如图 21-9 所示。

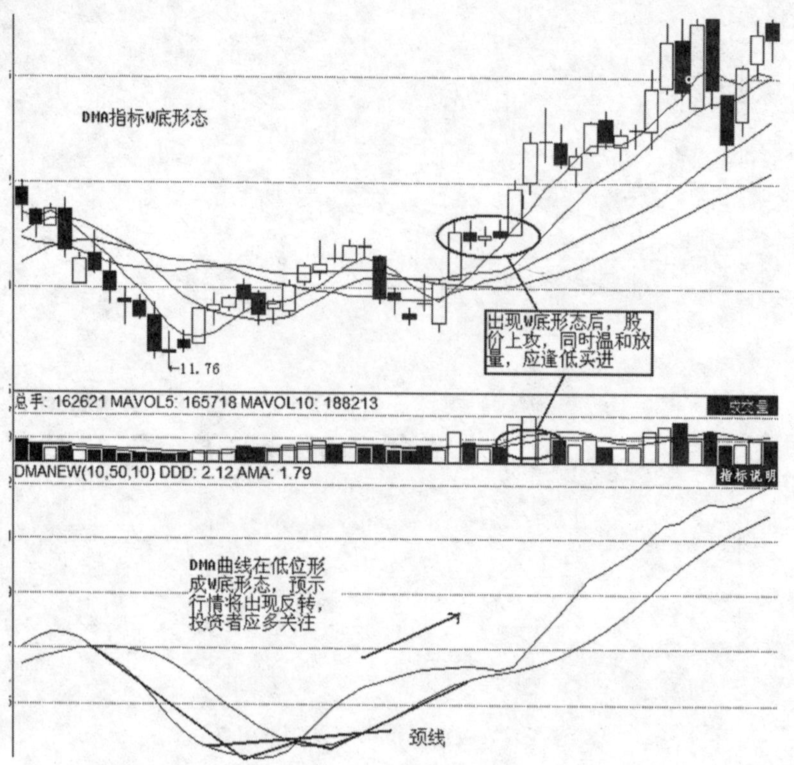

图 21-8 DMA 指标 W 底形态图解

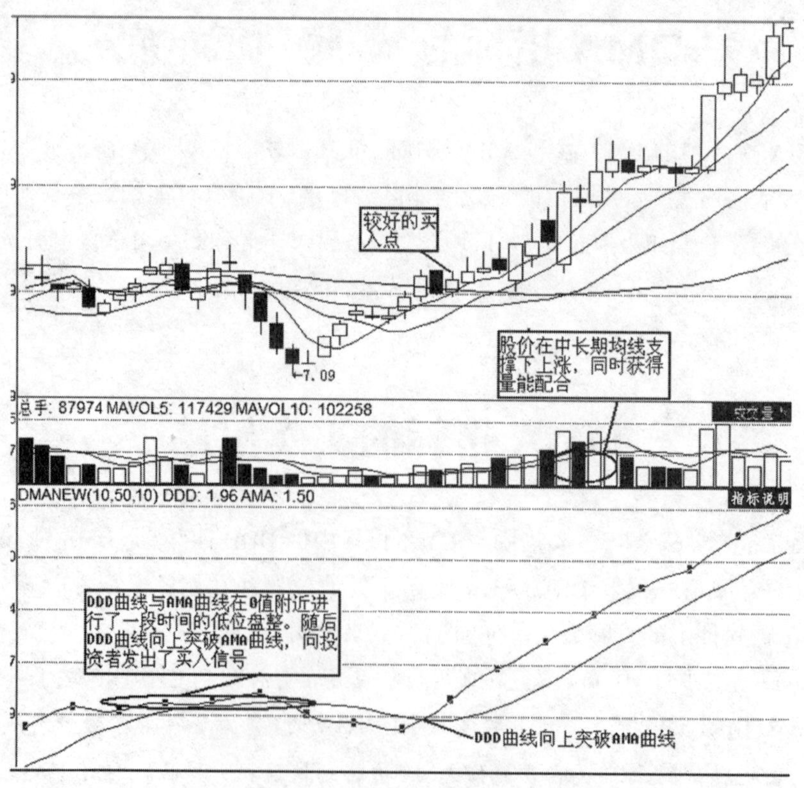

图 21-9 DMA 指标买入信号图解

②当 10 日 DDD 曲线和 50 日 AMA 曲线在 0 值线附近盘整了较长一段时间以后，一旦 10 日 DDD 曲线向下突破 50 日 AMA 曲线，并且股价也向下跌破中长期均线时，表明股价的下跌动能比较强大，股价将开始大跌。这是 DMA 指标发出的卖出信号。此时，投资者应及时卖出股票。如图 21-10 所示。

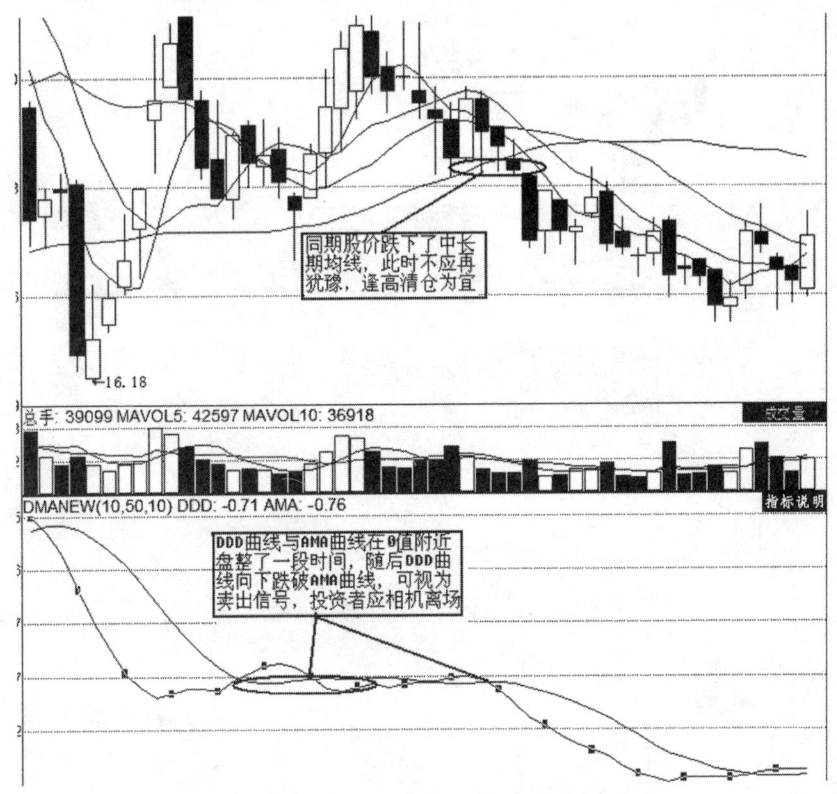

图 21-10　DMA 指标卖出信号图解

DMA 指标的持股持币信号

①当 10 日 DDD 曲线向上突破 50 日 AMA 曲线以后，股价也依托中短期均线向上运行时，表明股价的上涨动能依然强大，股价将继续上涨，这是 DMA 指标发出的持股待涨信号。此时，投资者应坚决持股待涨。如图 21-11 所示。

②当 10 日 DDD 曲线向下突破 50 日 AMA 曲线以后，股价也被中长期均线压制下行时，表明股价的下跌动能依然强大，股价将继续下跌，这是 DMA 指标发出的持币观望信号。此时，投资者应坚决持币观望。如图 21-12 所示。

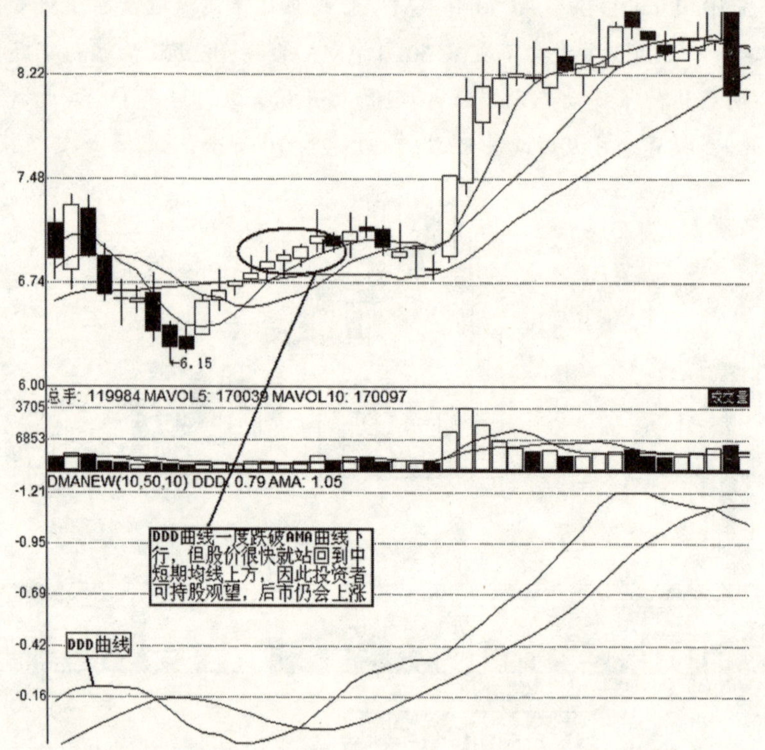

图 21-11　DMA 指标持股待涨图解

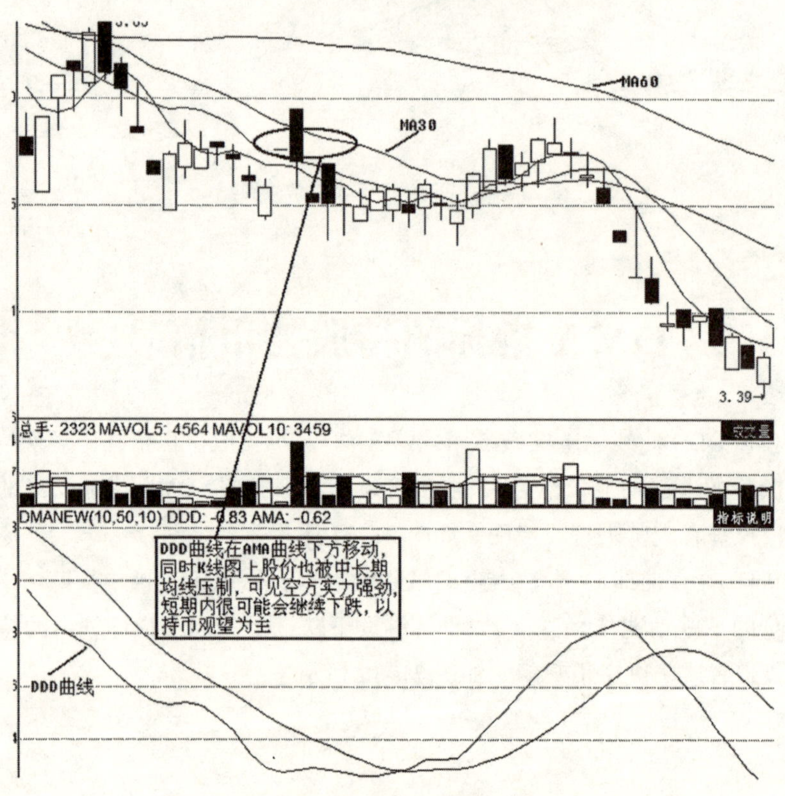

图 21-12　DMA 指标持币信号图解

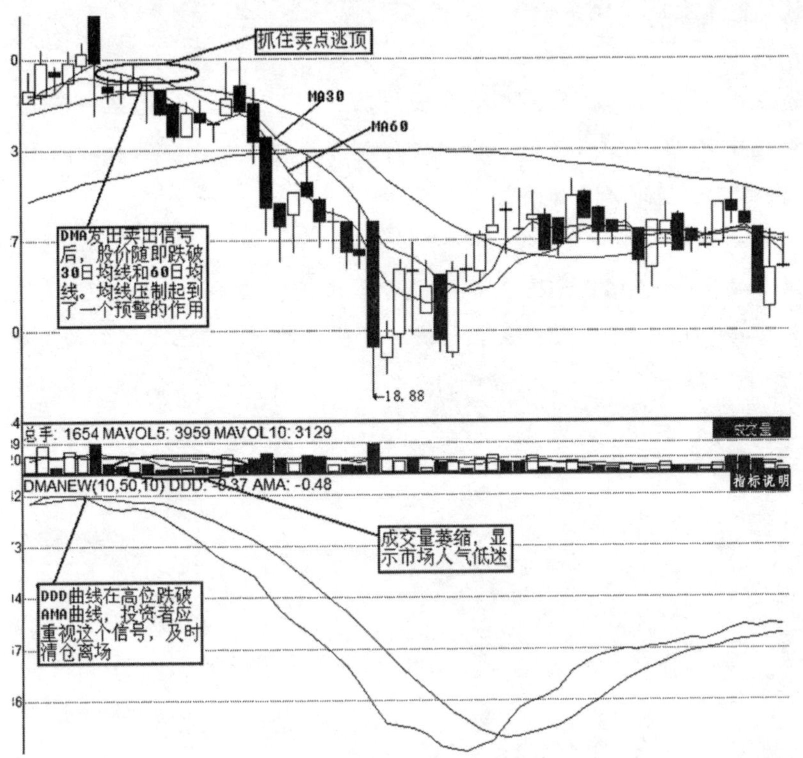

图 21-13　商业城捕捉卖点图解

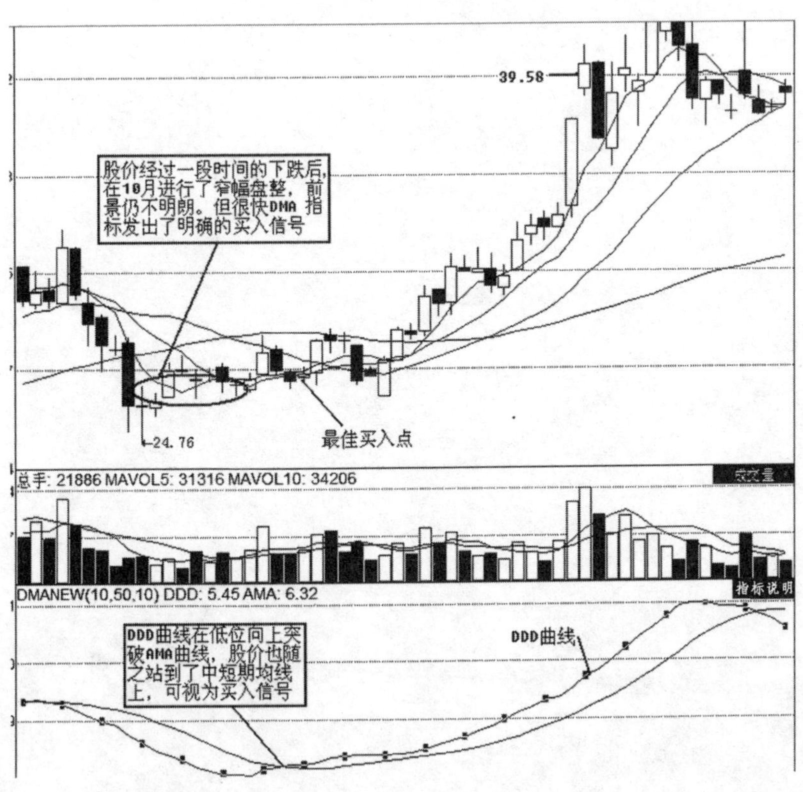

图 21-14　洪都航空买点图解

下面让我们来看两个例子。

例 1：

商业城(600306)：该股为小盘商业类次新股，上市以后走势一直比较坚挺。在2001年6月29日DDD下穿AMA曲线，发出卖出信号。在很长时间内股价持续下跌，行情迟迟未能回暖。如图21-13所示。

例 2：

洪都航空(600316)(见图21-14)属于军工板块，2009年9月股价下挫。10月行情开始反转。10月22日，DMA指标发出了明确的买入信号。随后的一个月里，股价由26.77元一路升到39.58元，获利颇丰。

第 22 章

随机指标——KDJ

KDJ 指标的原理解析

KDJ 指标又叫随机指标，是由乔治·蓝恩博士最早提出的，是一种相当新颖、实用的技术分析指标。它起先用于期货市场的分析，后被广泛用于股市的中短期趋势分析，是期货和股票市场上最常用的技术分析工具。它是投资者最常应用的一种指标。由于它反应灵敏，有非常明确的买卖信号，简单易学，因而深受大多数投资者的喜爱。

随机指标设计的思路与计算公式都起源于威廉(W%R)理论，但比 W%R 指标更具使用价值，由 K、D 和 J 三条曲线组成。KDJ 指标在设计中综合了动量指标、强弱指数和移动平均线的一些优点；在计算过程中主要研究高低价位与收盘价的关系，即通过计算当日或最近数日的最高价、最低价及收盘价等价格波动的真实波幅，充分考虑了价格波动的随机振幅和中短期波动的测算，使其短期测市功能比移动平均线更准确有效；在市场短期超买超卖方面，又比相对强弱指标 RSI 敏感；总之，KDJ 是一个随机波动的概念，反映了价格走势的强弱和波段的趋势，对于把握中短期的行情走势十分敏感。

随机指标 KDJ 一般是根据统计学的原理，通过一个特定的周期(常为 9 日、9 周等)内出现过的最高价、最低价及最后一个计算周期的收盘价和这三者之间的比例关系，来计算最后一个计算周期的未成熟随机值 RSV，然后利用平滑移动平均线的方法来计算 K 值、D 值与 J 值，并绘成曲线图来研判股票走势。

随机指标 KDJ 是以最高价、最低价及收盘价为基本数据进行计算，得出的 K 值、D 值和 J 值分别在指标的坐标上形成一个点；连接无数个这样的点位，就形成一个完整的、能反映价格波动趋势的 KDJ 指标。它主要是利用价格波动的真实波幅来反映价格走势的强弱和超买超卖现象，在价格尚未上升或下降之前发出买卖信号。它在设计过程中主要是研究最高价、最低价和收盘价之间的关系，同时也融合了动量观念、强弱指标和移动平均线的一些优点,因此,能够比较迅速、快捷、直观地研判行情。

随机指标KDJ最早是以KD指标的形式出现，而KD指标是在威廉指标的基础上发展起来的。不过威廉指标只判断股票的超买超卖现象。在KDJ指标中则融合了移动平均线速度上的观念，形成比较准确的买卖信号依据。在实践中,K线与D线配合J线组成KDJ指标来使用。由于KDJ线本质上是一个随机波动的观念,故其对于掌握中短期行情走势比较准确。

KDJ指标的应用原则

KDJ指标是三条曲线,其中K值和D值的取值范围都是0—100,而J值的取值范围可以超过100和低于0,但在分析软件上KDJ的研判范围都是0—100。通常就敏感性而言,J值最强,K值次之,D值最慢;而就安全性而言,J值最差,K值次之,D值最稳。

根据KDJ的取值,可将其划分为几个区域,即超买区、超卖区和徘徊区。按一般划分标准,K、D、J这三值在20以下为超卖区，是买入信号;K、D、J这三值在80以上为超买区,是卖出信号;K、D、J这三值在20—80之间为徘徊区,宜观望。

一般而言,当K、D、J三值在50附近时,表示多空双方力量均衡;当K、D、J三值都大于50时,表示多方力量占优势;当K、D、J三值都小于50时,表示空方力量占优势。

KDJ常用的默认参数是9,而一些投资者也认为将短线参数改为5,不但反应更加敏捷迅速准确,而且可以减少降低钝化现象。一般常用的KDJ参数有5、9、19、36、45、73等。实战中还应将不同的周期综合来分析,短中长趋势便会一目了然。如出现不同周期共振现象,说明趋势的可靠度加大。KDJ指标的应用原则主要有以下三点:

第一点,KDJ曲线值的判断原则

K线是快速确认线。数值在90以上为超买,数值在10以下为超卖;

D线是慢速主干线。数值在80以上为超买,数值在20以下为超卖;

J线为方向敏感线。当J值大于100,特别是连续5天以上,股价至少会形成短期头部;反之,当J值小于0时,特别是连续数天以上,股价至少会形成短期底部。

①当K值由较小逐渐大于D值,在图形上显示K线从下方上穿D线,显示目前趋势是向上的,所以在图形上K线向上突破D线时,即为买进的讯号。

实战时当K线和D线在20以下交叉向上,此时的短期买入的信号较为准确;如果K值在50以下,由下往上接连两次上穿D值,形成右底比左底高的"W底"形态时,后市股价可能会有相当的涨幅。

②当K值由较大逐渐小于D值,在图形上显示K线从上方下穿D线,显示目前趋势是向下的,所以在图形上K线向下突破D线时,即为卖出的讯号。

实战时当K线和D线在80以上交叉向下,此时的短期卖出的信号较为准确;如果K

值在 50 以上，由上往下接连两次下穿 D 值，形成右头比左头低的“M 头”形态时，后市股价可能会有相当的跌幅。

③通过 KDJ 与股价背离的走势，判断股价顶底也是颇为实用的方法：

股价创新高，而 KD 值没有创新高，为顶背离，应卖出；

股价创新低，而 KD 值没有创新低，为底背离，应买入；

股价没有创新高，而 KD 值创新高，为顶背离，应卖出；

股价没有创新低，而 KD 值创新低，为底背离，应买入。

需要注意的是 KDJ 顶底背离判定的方法，只能和前一波高低点时 KD 值相比，不能跳过去相比较。

第二点，KDJ 曲线运行的状态

①当 J 曲线开始在底部(50 以下)向上突破 K 曲线时，说明股价的弱势整理格局可能被打破，股价短期将向上运动，投资者可以考虑少量长线建仓。

②当 J 曲线向上突破 K 曲线并迅速向上运动，同时曲线也向上突破 D 曲线，说明股价的中长期上涨行情已经开始，投资者可以加大买入股票的力度。

③当 KDJ 曲线开始摆脱前期窄幅盘整的区间并同时向上快速运动时，说明股价已经进入短线强势拉升行情，投资者应坚决持股待涨。

④当 J 曲线经过一段快速向上运动的过程后开始在高位(80 以上)向下掉头时，说明股价短期上涨过快，将开始短线调整，投资者可以短线卖出股票。

⑤当 D 曲线也开始在高位向下掉头时，说明股价的短期上涨行情可能结束，投资者应中线卖出股票。

⑥当 K 曲线也开始在高位向下掉头时，说明股价的中短期上涨行情已经结束，投资者应全部清仓离场。

⑦当 KDJ 曲线从高位同时向下运动时，说明股价的下跌趋势已经形成，投资者应坚决持币观望。

第三点，KDJ 曲线与股价曲线的配合使用

①当 KDJ 曲线与股价曲线从低位(KDJ 值均在 50 以下)同步上升，表明股价中长期趋势向好，短期内股价有望继续上涨，投资者应继续持股或逢低买入。

②当 KDJ 曲线与股价曲线从高位(KDJ 值均在 50 以上)同步下降，表明短期内股价将继续下跌，投资者应继续持币观望或逢高卖出。

③当 KDJ 曲线从高位回落，经过一段时间强势盘整后再度向上并创出新高，而股价曲线也在高位强势盘整后再度上升创出新高，表明股价的上涨动力依然较强，投资者可继续持股待涨。

④当 KDJ 曲线从高位回落，经过一段时间盘整后再度向上，但到了前期高点附近时却掉头向下、未能创出新高时，而股价曲线还在缓慢上升并创出新高，KDJ 曲线和股价曲线在高位形成了相反的走势，这可能就意味着股价上涨的动力开始减弱，KDJ 指标出现了顶背离现象。此时投资者应千万小心，一旦股价向下，应果断及时地离场。

⑤当KDJ曲线在长期弱势下跌过程中，经过一段时间弱势反弹后再度向下并创出新低，而股价曲线也在弱势盘整后再度向下创出新低，表明股价的下跌动能依然较强，投资者可继续持币观望。

⑥当KDJ曲线从低位向上反弹到一定高位、再度向下回落，但回调到前期低点附近时止跌企稳、未能创出新低时，而股价曲线还在缓慢下降并创出新低，KDJ曲线和股价曲线在低位形成相反的走势，这可能就意味着股价下跌的动能开始衰弱，KDJ指标出现了底背离现象。此时投资者也应密切关注股价动向，一旦股价向上就可以短线买入，等待反弹的出现。

此外，在实际操作中，一些做短平快的短线客常用分钟指标，来判断后市决定买卖时机，在T+0时代常用15分钟和30分钟KDJ指标，在T+0时代多用30分钟和60分钟KDJ来指导进出，几条经验规律总结如下：

①如果30分钟KDJ在20以下盘整较长时间，60分钟KDJ也是如此，则一旦30分钟K值上穿D值并越过20，可能引发一轮持续在2天以上的反弹行情；若日线KDJ指标也在低位发生金叉，则可能是一轮中级行情。但需注意K值与D值金叉后只有K值大于D值20%以上，这种交叉才有效；

②如果30分钟KDJ在80以上向下掉头，K值下穿D值并跌破80，而60分钟KDJ才刚刚越过20不到50，则说明行情会出现回档，30分钟KDJ探底后，可能继续向上；

③如果30分钟和60分钟KDJ在80以上，盘整较长时间后K值同时向下死叉D值，则表明要开始至少2天的下跌调整行情；

④如果30分钟KDJ跌至20以下掉头向上，而60分钟KDJ还在50以上，则要观察60分钟K值是否会有效穿过D值(K值大于D值20%)。若有效则表明将开始一轮新的上攻；若无效则表明仅是下跌过程中的反弹，反弹过后仍要继续下跌；

⑤如果30分钟KDJ在50之前止跌，而60分钟KDJ才刚刚向上交叉，说明行情可能会再持续向上，目前仅属于回档；

⑥30分钟或60分钟KDJ出现背离现象，也可作为研判大市顶底的依据，详见前面日线背离的论述；

⑦在超强市场中，30分钟KDJ可以达到90以上，而且在高位屡次发生无效交叉。此时重点看60分钟KDJ。当60分钟KDJ出现向下交叉时，可能引发短线较深的回档；

⑧在暴跌过程中30分钟KDJ可以接近0值，而大势依然跌势不止，此时也应看60分钟KDJ。当60分钟KDJ向上发生有效交叉时，会引发极强的反弹。

下面还要补充说明一下KDJ的分析周期。软件分析周期为：日、周、月、分钟(主要是60分钟)。

①10日以下为分析参数的KDJ的研判适用周期为3天左右(从金叉到死叉为3天时间)；

②50日以下为分析参数的KDJ的研判使用周期为10天左右；

③50日以上为分析参数的KDJ的研判适用周期为20天左右。

此外，涨势的大体周期为：

①日KDJ是短中期，最多维持15天~1个月；

②周 KDJ 是中期,维持时间为 1 个月~3 个月(一旦金叉,一个月内基本会涨,但涨幅不能确定);

③月 KDJ 是长期,维持时间一般为 3 个月~5 个月。

需要注意的是,除权后,KDJ 指标没有研判意义,起码要三个月以后才能重新研判。

KDJ 指标的形态图解

KDJ 曲线出现的各种形态是判断行情走势、决定买卖时机的一种分析方法。另外,KDJ 指标曲线还可以画趋势线、压力线和支撑线等(我们仅以同花顺软件为例,参数9,3,3)。

①当 KDJ 曲线在 50 上方的高位时,如果 KDJ 曲线的走势形成 M 头(见图 22-1)或三重顶等顶部反转形态,可能预示着股价由强势转为弱势,股价即将大跌,应及时卖出股票。如果股价的曲线也出现同样形态则更可确认,其跌幅可以用 M 头或三重顶等形态理论来研判。

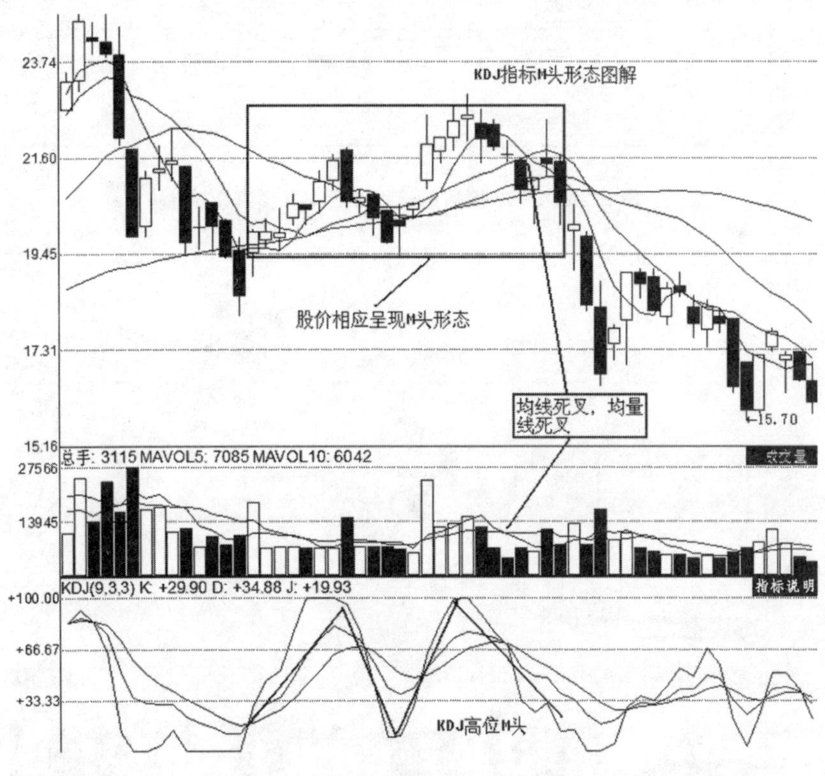

图 22-1 KDJ 指标 M 头形态图解

②当 KDJ 曲线在 50 下方的低位时,如果 KDJ 曲线的走势出现 W 底或三重底等底部反转形态,可能预示着股价由弱势转为强势,股价即将反弹向上,可以逢低少量吸纳股票。如果股价曲线也出现同样形态更可确认,其涨幅可以用 W 底或三重底形态理论来研判。

③KDJ 曲线的形态中 M 头和三重顶形态的准确性要大于 W 底和三重底。

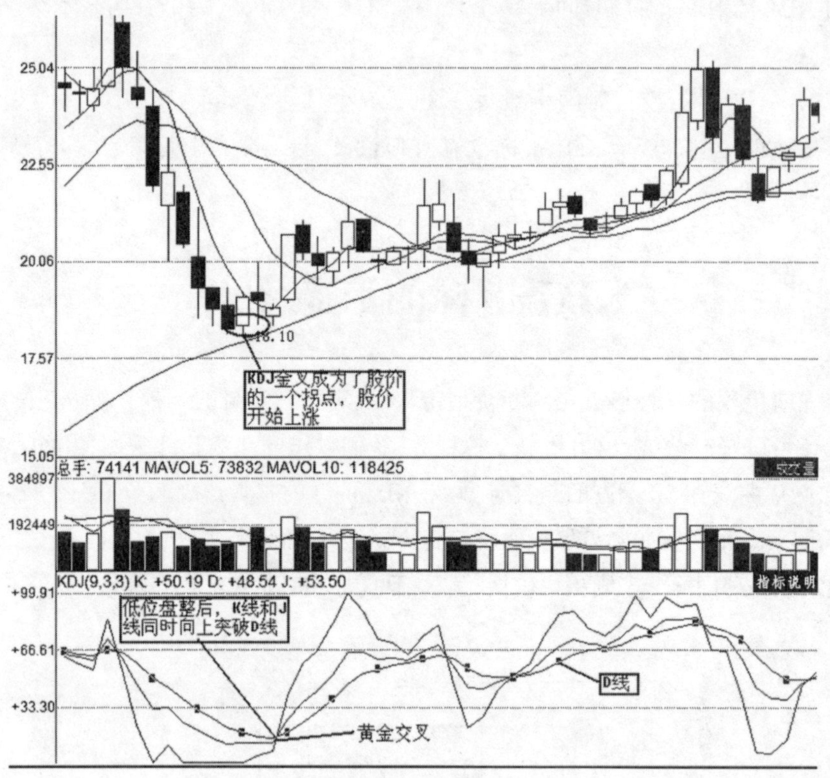

图 22-2 KDJ 指标第一种黄金交叉形态图解

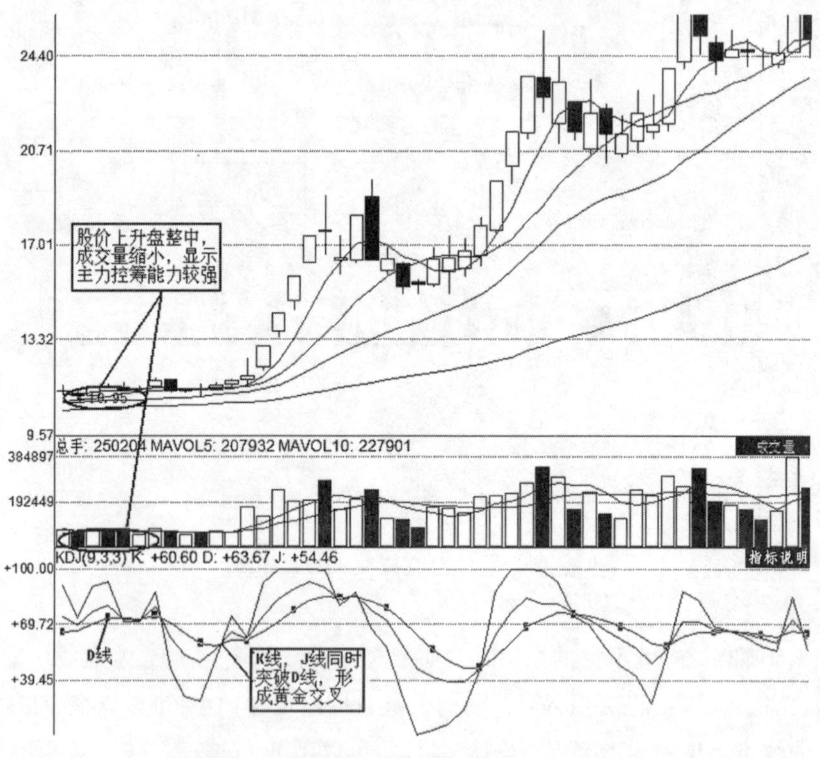

图 22-3 KDJ 指标第二种黄金交叉形态图解

KDJ 指标黄金交叉

①当股价经过一段很长时间的低位盘整行情,并且 K、D、J 三线都处于 50 线以下时,一旦 J 线和 K 线几乎同时向上突破 D 线时,表明股市即将转强,股价跌势已经结束,将止跌朝上,可以开始买进股票,进行中长线建仓。这是 KDJ 指标“黄金交叉”的一种形式(见图 22-2)。

②当股价经过一段时间的上升过程中的盘整行情,并且 K、D、J 线都处于 50 线附近徘徊时,一旦 J 线和 K 线几乎同时再次向上突破 D 线,成交量再度放出时,表明股市处于一种强势之中,股价将再次上涨,可以加码买进股票或持股待涨。这就是 KDJ 指标“黄金交叉”的一种形式(见图 22-3)。

KDJ 指标死亡交叉

①当股价经过前期一段很长时间的上升行情后,股价涨幅已经很大的情况下,一旦 J 线和 K 线在高位(80 以上)几乎同时向下突破 D 线时,表明股市即将由强势转为弱势,股价将大跌,这时应卖出大部分股票而不能买股票。这就是 KDJ 指标的“死亡交叉”的一种形式(见图 22-4)。

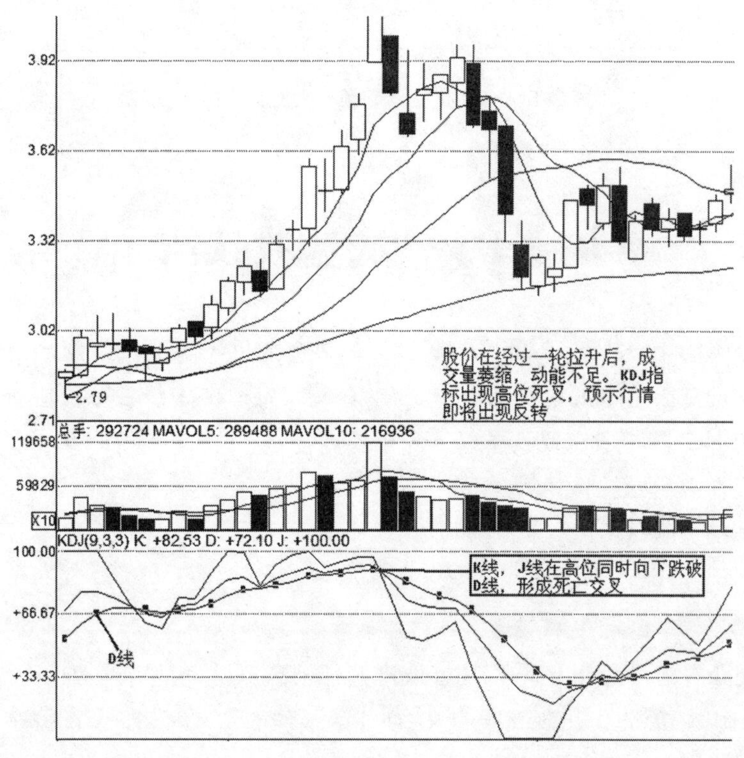

图 22-4 KDJ 指标第一种死亡交叉形态图解

②当股价经过一段时间的下跌后，而股价向上反弹的动力缺乏，各种均线对股价形成较强的压力时，KDJ 曲线在经过短暂的反弹到 80 线附近，但未能重返 80 线以上时，一旦 J 线和 K 线再次向下突破 D 线时，表明股市将再次进入极度弱市中，股价还将下跌，可以再卖出股票或观望。这是 KDJ 指标“死亡交叉”的另一种形式(见图 22–5)。

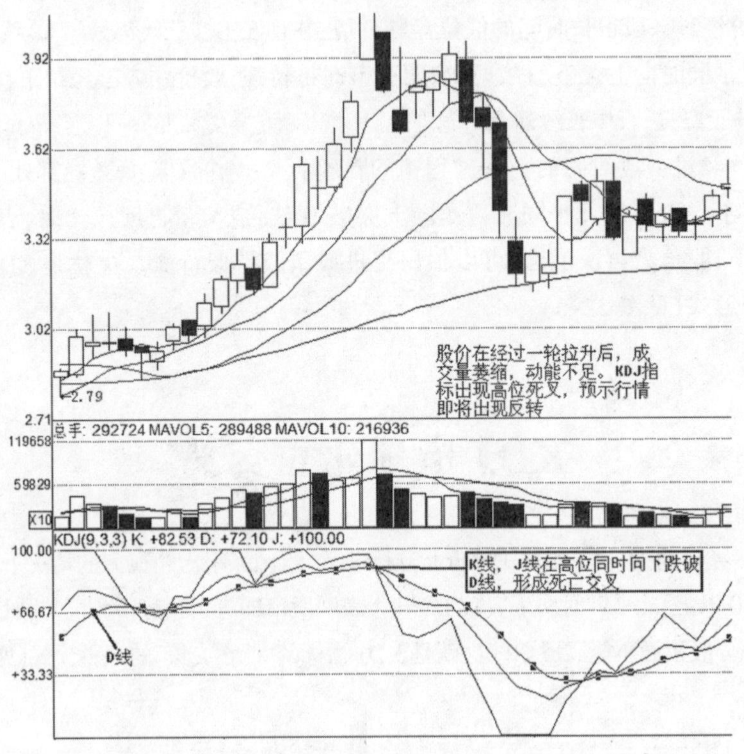

图 22–5 KDJ 指标第二种死亡交叉形态图解

周 KDJ 抄底选股技法

利用周线 KDJ 抄大底，在可比的底部区域做多是胜率极高的赢家之道。由于 9 周 KDJ 指标反映的是股价中期趋势的涨跌变化，其买卖信号的中线参考价值较高。但对于运用 9 周 KDJ 抄底的个股需要具备以下几个条件：

①个股股性活跃，震荡幅度大。

②近期顶部无明显逃庄行为。

③盘子适中，流通盘小于 9000 万股(最好小于 6500 万股)。

④自顶部累计下跌或中期单边急跌幅度较大。

符合上述条件的个股用 9 周 KDJ 抄底准确性极高，具体信号特征如下：

①9 周 KDJ 在 20 以下出现黄金交叉，往往是最佳的切入时间(见图 22–6)。一般中短线至少都有一定力度的反弹上扬行情。

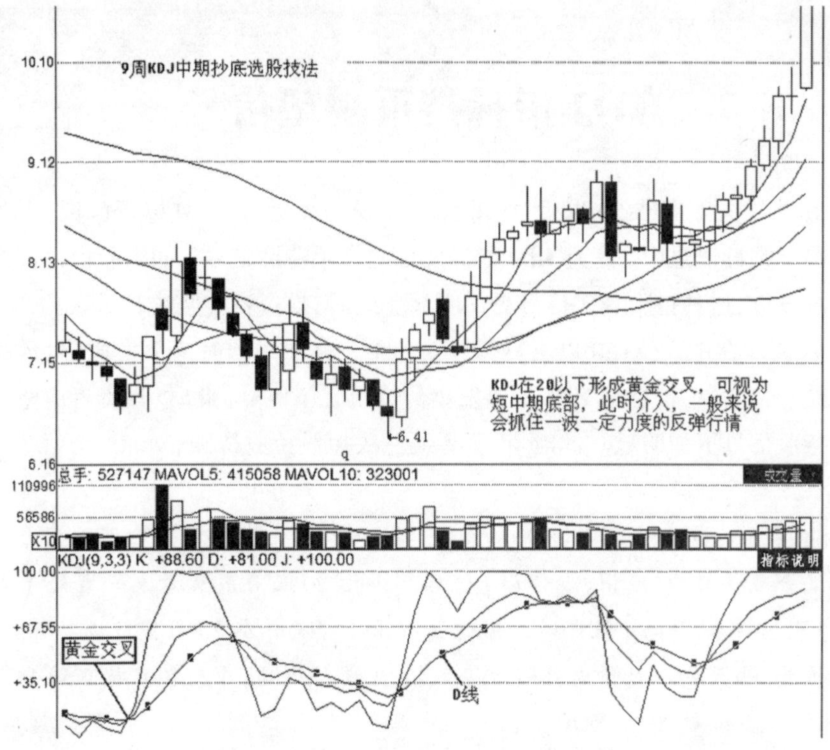

图 22-6 9 周 KDJ 抄底选股法图解

②KDJ 在 20 左右(可略高于 20)或在 50 左右发生金叉时,往往是中短期底部。只有当 KDJ 有较明显底背离(股价创新低,KD 指标拒绝创新低)信号时,以及低位双交叉或多次交叉时,才可认为是中期底部(或次中级底部)来临。

③J 线指标为负,出现 2 周以上(往往 3~5 周)。底部钝化,时常会引发低位反弹。投资者可以把此时看做中短期底部,但暂以快进快出、获利就跑的态度参与。除非出现 9 周 RSI,14 周 RSI 低于 20,或 KDJ 低位(20 左右)底背离及 KDJ 两次以上交叉等更为可比的中长线信号时,才能转为抄底后中线持有。

KDJ 指标持股待涨信号

当 KDJ 曲线向上突破 80 以后,如果 KDJ 曲线一直运行在 80 以上区域,则意味股价处于强势上涨行情之中。这是 KDJ 指标发出的持股待涨信号。如果股价也同时依托中短期均线上行,这种持股信号更加明显。此时,投资者应坚决短线持股待涨。

当 KDJ 曲线中的三条曲线同时向上运行,表明股价是处于强势上升行情之中,这也是 KDJ 发出的持股待涨信号。只要 KDJ 指标中的 K 线和 J 线不向下跌破 D 线,并且 D 线的运行方向始终朝上,投资者则可一路持股待涨。

KDJ 指标持币观望信号

当 KDJ 曲线向下突破 50 以后，如果 KDJ 曲线一直运行在 50 以下区域，则意味着股价处于弱势下跌行情之中。这是 KDJ 指标发出的持币待涨信号。如果股价也同时被中短期均线压制下行，这种持币观望信号更加明显。此时，投资者应坚决持币观望。

当 KDJ 曲线在中高位(50 以上)死叉后，如果三条曲线同时向下发散，表示股价是处于弱势下跌行情之中，这也是 KDJ 指标发出的持币观望信号。此时，投资者应坚决持股观望。这种持股信号更加明显。此时，投资者应坚决短线持股待涨。

例 1：

ST 香梨(600506)于 2008 年 4 月 23 日，J 值率先上穿 20，发出买入信号。在这之前的 7 个交易日中，K 值、D 值和 J 值始终小于 20 而且成交量也一直处于萎缩状态中。4 月22 日该股的 J 值同时上穿过 K 值和 D 值，并在 23 日突破成功 600506 发出买入信号。当天的收盘价是 6.57 元。此后，直线上升，13 个交易日就涨到 14.28 元，涨幅 140%多。如图 22-7 所示。

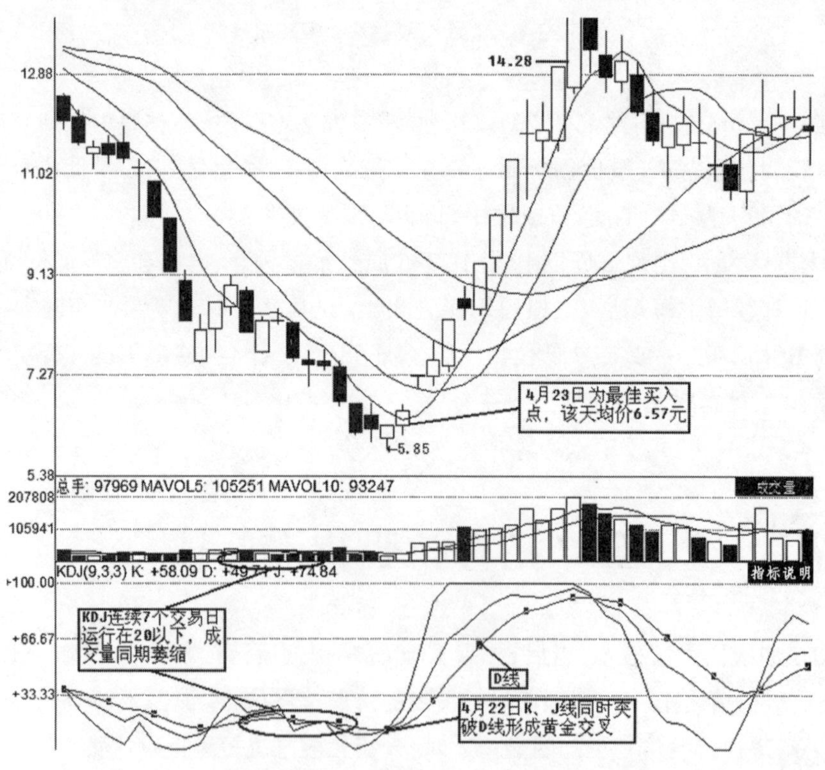

图 22-7　ST 香梨 KDJ 买点图解

例 2：

银鸽投资(600069)2006 年 4 月中报显示主营业务收入同比增长 44.63%，净利润同比增长 51.69%，发展前景看好。4 月 27 日 KDJ 指标以金叉发出买入信号（见图 22-8）。在 28 日以当天均价 3.19 元买入，短线持有。8 个交易日后以均价 4.16 元卖出，每股赚 1元。

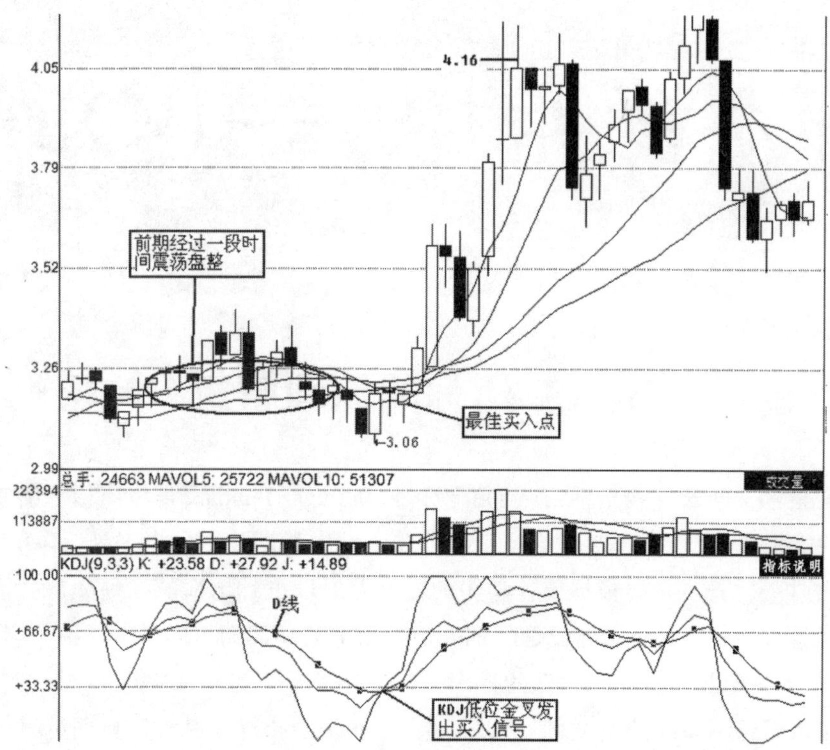

图 22-8　银鸽投资 KDJ 买入图解

第 23 章

布林线指标——BOLL

BOLL 指标的原理解析

BOLL 指标又叫布林线指标，其英文全称是“Bolinger Bands”，是用该指标的创立人约翰·布林的姓来命名的，是研判股价运动趋势的一种中长期技术分析工具。BOLL 指标是美国股市分析家约翰·布林根据统计学中的标准差原理设计出来的一种非常简单实用的技术分析指标。直观地讲，布林线是围绕股价的上下波动而划出的一个通道，其目的就是对股价设定的一个相对高和相对低的界定。当股价靠近上轨线的时候，就显示股价偏高。反之，当股价靠近下轨线的时候，股价就偏低了。BOLL 指标是一种简单而有效的实战指标，如果你能灵活地掌握它，那么就可以大大提升获利的能力。

一般而言，股价的运动总是围绕某一价值中枢(如均线、成本线等)，在一定的范围内变动，布林线指标正是在上述条件的基础上，引进了“股价通道”的概念，其认为股价通道的宽窄随着股价波动幅度的大小而变化，而且股价通道又具有变异性，它会随着股价的变化而自动调整。正是由于它具有灵活性、直观性和趋势性的特点，BOLL 指标渐渐成为投资者广为应用的热门指标。

在众多技术分析指标中，BOLL 指标属于比较特殊的一类指标。绝大多数技术分析指标都是通过数量的方法构造出来的，它们本身不依赖趋势分析和形态分析，而 BOLL 指标却与股价的形态和趋势有着密不可分的联系。BOLL 指标中的“股价通道”概念正是股价趋势理论的直观表现形式。BOLL 是利用“股价通道”来显示股价的各种价位，当股价波动很小、处于盘整时，股价通道就会变窄，这可能预示着股价的波动处于暂时的平静期；当股价波动超出狭窄的股价通道的上轨时，预示着股价的异常激烈的向上波动即将开始；当股价波动超出狭窄的股价通道的下轨时，同样也预示着股价的异常激烈的向下波动将开始。

投资者常常会遇到两种最常见的交易陷阱:一是买低陷阱,投资者在所谓的低位买进之后,股价不仅没有止跌反而不断下跌;二是卖高陷阱,股票在所谓的高点卖出后,股价却一路上涨。布林线特别运用了爱因斯坦的相对论,认为各类市场间都是互动的,市场内和市场间的各种变化都是相对性的,是不存在绝对性的;股价的高低是相对的,股价在上轨线以上或在下轨线以下只反映该股股价相对较高或较低。因此,投资者作出投资判断前还须综合参考其他技术指标,包括价量配合、心理类指标、类比类指标、市场间的关联数据等。

总之,BOLL 指标中的股价通道对预测未来行情的走势起着重要的参考作用,它也是布林线指标所特有的分析手段。

BOLL 指标的应用原则

1. BOLL 指标中的上、中、下轨线的意义

①BOLL 指标中的上、中、下轨线所形成的股价通道的移动范围是不确定的,通道的上下限随着股价的上下波动而变化。在正常情况下,股价应始终处于股价通道内运行。如果股价脱离股价通道运行,则意味着行情处于极端的状态下。

②在 BOLL 指标中,股价通道的上下轨是显示股价安全运行的最高价位和最低价位。上轨线、中轨线和下轨线都可以对股价的运行起到支撑作用,而上轨线和中轨线有时则会对股价的运行起到压力作用。

③一般而言,当股价在布林线的中轨线上方运行时,表明股价处于强势趋势;当股价在布林线的中轨线下方运行时,表明股价处于弱势趋势。

2. BOLL 指标中的上、中、下轨线之间的关系

当布林线的上、中、下轨线同时向上运行时,表明股价的强势特征非常明显,股价短期内将继续上涨,投资者应坚决持股待涨或逢低买入。

当布林线的上、中、下轨线同时向下运行时,表明股价的弱势特征非常明显,股价短期内将继续下跌,投资者应坚决持币观望或逢高卖出。

当布林线的上轨线向下运行,而中轨线和下轨线却还在向上运行时,表明股价处于整理态势之中。如果股价是处于长期上升趋势时,则表明股价是上涨途中的强势整理,投资者可以持股观望或逢低短线买入;如果股价是处于长期下跌趋势时,则表明股价是下跌途中的弱势整理,投资者应以持币观望或逢高减仓为主。

当布林线的上轨线向上运行, 而中轨线和下轨线同时向下运行的可能性非常大,这里就不作研判。

当布林线的上、中、下轨线几乎同时处于水平方向横向运行时,则要看股价目前的走势处于什么样的情况下来判断。

①当股价前期一直处于长时间的下跌行情后开始出现布林线的三条线横向移动时,

表明股价是处于构筑底部阶段,投资者可以开始分批少量建仓。一旦三条线向上发散则可加大买入力度。

②当股价前期是处于小幅的上涨行情后开始出现布林线的三条线横向移动,表明股价是处于上升阶段的整理行情,投资者可以持股待涨或逢低短线吸纳,一旦三条线向上发散则可短线加码买入。

③当股价刚刚经历一轮大跌行情时开始出现布林线的三条线横向移动,表明股价是处于下跌阶段的整理行情,投资者应以持币观望和逢高减磅为主,一旦三条线向下发散则坚决清仓离场。

④布林线三条线在顶部横向运动的可能性极小,这里也不作研判。

3. 美国线(或 K 线,下同)和布林线上、中、下轨之间的关系

①当美国线从布林线的中轨线以下、向上突破布林线中轨线时,预示着股价的强势特征开始出现,股价将上涨。投资者应以中长线买入股票为主。

②当美国线从布林线的中轨线以上、向上突破布林线上轨时,预示着股价的强势特征已经确立,股价将可能短线大涨。投资者应以持股待涨或短线买入为主。

③当美国线向上突破布林线上轨以后,其运动方向继续向上时,如果布林线的上、中、下轨线的运动方向也同时向上,则预示着股市的强势特征依旧,股价短期内还将上涨。投资者应坚决持股待涨,直到美国线的运动方向开始有掉头向下的迹象时才密切注意行情是否转势。

④当美国线在布林线上方向上运动了一段时间后,如果美国线的运动方向开始掉头向下,投资者应格外小心。一旦美国线掉头向下并突破布林线上轨时,预示着股价短期的强势行情可能结束,股价短期内将大跌。投资者应及时短线买出股票、离场观望。特别是对于那些短线涨幅很大的股票。

⑤当美国线从布林线的上方、向下突破布林线上轨后,如果布林线的上、中、下轨线的运动方向也开始同时向下,预示着股价的短期强势行情即将结束,股价的短期走势不容乐观。投资者应以逢高减磅为主。

⑥当美国线从布林线中轨上方、向下突破布林线的中轨时,预示着股价前期的强势行情已经结束,股价的中期下跌趋势已经形成。投资者应中线及时卖出股票。如果布林线的上、中、下线也同时向下则更能确认。

⑦当美国线向下跌破布林线的下轨并继续向下时,预示着股价处于极度弱势行情。投资者应坚决以持币观望为主,尽量不买入股票。

⑧当美国线在布林线下轨运行了一段时间后,如果美国线的运动方向有掉头向上的迹象时,表明股价短期内将止跌企稳。投资者可以少量逢低建仓。

⑨当美国线从布林线下轨下方、向上突破布林线下轨时,预示着股价的短期行情可能回暖。投资者可以及时适量买进股票,作短线反弹行情。

⑩当美国线一直处于中轨线上方,并和中轨线一起向上运动时,表明股价处于强势上涨过程中,只要美国线不跌破中轨线,投资者坚决一路持股。

当美国线一直处于中轨线下方，并和中轨线一起向下运动时，表明股价处于弱势下跌过程中。只要美国线不向上反转突破中轨线，稳健的投资者都可一路观望。

BOLL 指标喇叭口研判

布林线“喇叭口”的研判是 BOLL 指标所独有的研判手段。所谓布林线“喇叭口”是指在股价运行的过程中，布林线的上轨线和下轨线分别从两个相反的方向与中轨线大幅扩张或靠拢而形成的类似于喇叭口的特殊形状。

1. 开口型喇叭口

当股价经过长时间的底部整理后，布林线的上轨线和下轨线逐渐收缩，上下轨线之间的距离越来小，随着成交量的逐渐放大，股价突然出现向上急速飙升的行情，此时布林线上轨线也同时急速向上扬升，而下轨线却加速向下运动，这样布林线上下轨之间的形状就形成了一个类似于大喇叭的特殊形态。我们把布林线的这种喇叭口称为开口型喇叭口（见图 23-1）。

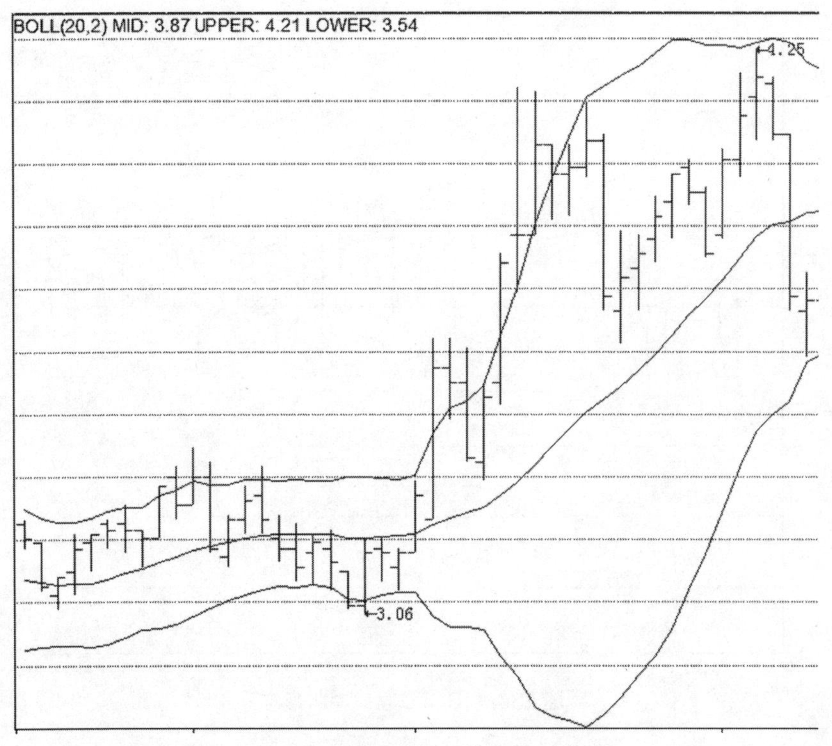

图 23-1 BOLL 开口喇叭形态

开口型喇叭口是一种显示股价短线大幅向上突破的形态。它是形成于股价经过长时间的低位横盘筑底后，面临着向上变盘时所出现的一种走势。布林线的上、下轨线出现方向截然相反而力度却很大的走势，预示着多头力量逐渐强大而空头力量逐步衰竭，股价将处于短期大幅拉升行情之中。

开口型喇叭口形态的形成必须具备两个条件。其一是股价要经过长时间的中低位横盘整理，整理时间越长、上下轨之间的距离越小则未来涨升的幅度越大；其二是布林线开始开口时要有明显的大的成交量出现。

开口喇叭口形态的确立是以美国线（或K线）向上突破上轨线、股价带量向上突破中长期均线为准。对于开口喇叭口形态的出现，投资者如能及时短线买进定会获利丰厚。

2. 收口型喇叭口

当股价经过短时间的大幅拉升后，布林线的上轨线和下轨线逐渐扩张，上下轨线之间的距离越来越大；随着成交量的逐步减少，股价在高位出现了急速下跌的行情，此时布林线的上轨线开始急速掉头向下，而下轨线还在加速上升。这样布林线上下轨之间的形状就变成一个类似于倒的大喇叭的特殊形态，我们把布林线的这种喇叭口称为收口型喇叭口（见图23-2）。

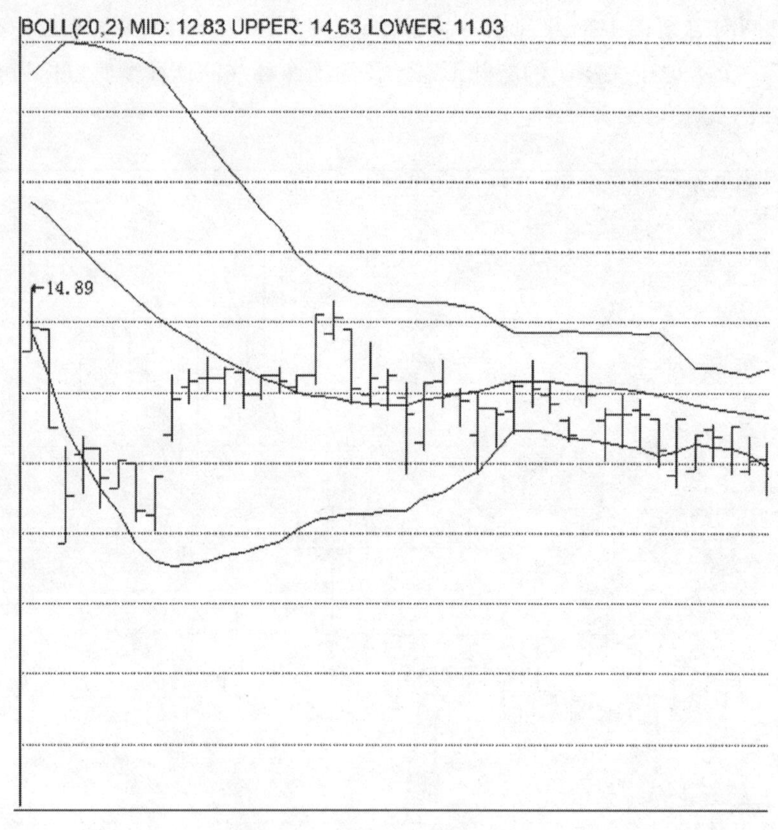

图23-2 BOLL收口喇叭形态

收口型喇叭口是一种显示股价短线大幅向下突破的形态。它是形成于股价经过短时期的大幅拉升后，面临着向下变盘时所出现的一种走势。布林线的上下轨线出现方向截然相反而力度很大的走势，预示着空头力量逐渐强大而多头力量开始衰竭，股价将处于短期大幅下跌的行情之中。

收口型喇叭口形态的形成虽然对成交量没有要求，但它也必须具备一个条件，即股价经过前期大幅的短线拉升。拉升的幅度越大、上下轨之间的距离越大则未来下跌幅度越大。

收口型喇叭口形态的确立是以股价的上轨线开始掉头向下、股价向下跌破短期均线为准。对于收口型喇叭口形态的出现，投资者如能及时卖出则能保住收益、减少较大的下跌损失。

3. 紧口型喇叭口

当股价经过长时间的下跌后，布林线的上下轨向中轨逐渐靠拢，上下轨之间的距离越来越小，随着成交量的越来越小，股价在低位的反复振荡，此时布林线的上轨还在向下运动，而下轨线却在缓慢上升。

这样布林线上下轨之间的形状就变成一个类似于倒的小喇叭的特殊形态，我们把布林线的这种喇叭口称为紧口型喇叭口（见图 23-3）。

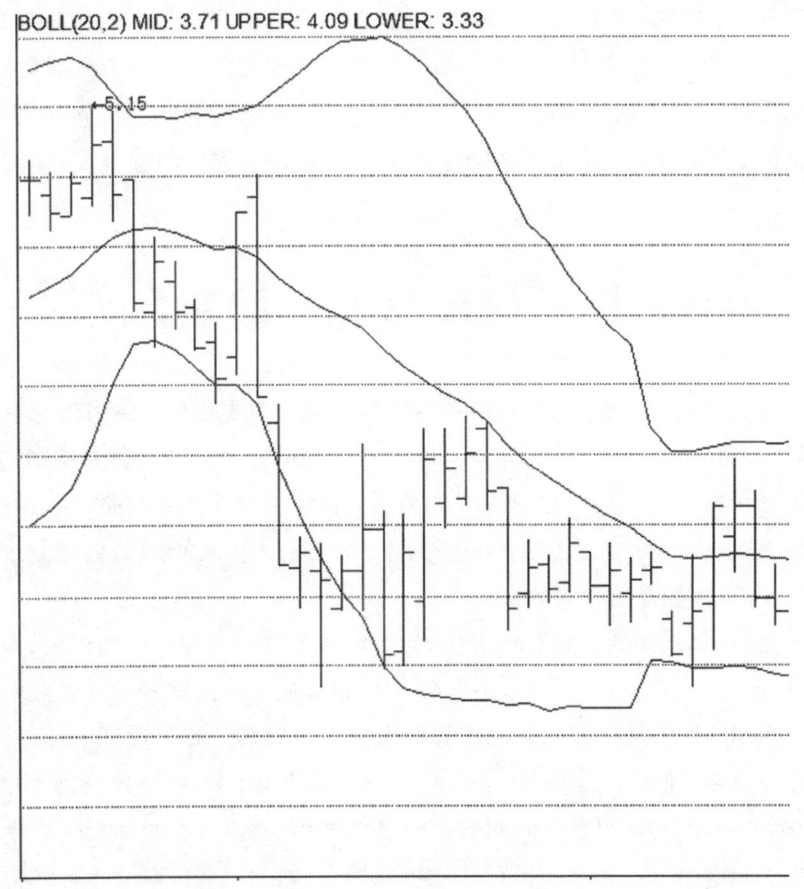

图 23-3　BOLL 紧口喇叭形态

紧口型喇叭口是一种显示股价将长期小幅盘整筑底的形态。它是形成于股价经过长期大幅下跌后，面临着长期调整的一种走势。布林线的上下轨线的逐步小幅靠拢，预示着多空双方的力量逐步处于平衡,股价将处于长期横盘整理的行情中。

紧口型喇叭口形态的形成条件和确认标准比较宽松,只要股价经过较长时间的大幅下跌后,成交极度萎缩,上下轨之间的距离越来越小的时候就可认定紧口型喇叭初步形成。当紧口型喇叭口出现后,投资者既可以观望等待,也可以少量建仓。

BOLL 指标中轨的买卖标志

当美国线(或 K 线)向上突破布林线中轨时,如果股价也放量突破股价中期均线,则意味着股价中短期向上扬升趋势开始形成。这是布林线指标揭示的中短期买入标志。

当美国线(或 K 线)向上突破布林线中轨后,如果股价依托布林线中轨向上攀升时,则意味着股价的中短期向上趋势已经相成。这是布林线指标揭示的逢低买入或持股的标志。

当美国线(或 K 线)向下跌破布林线中轨时,如果股价也先后跌破中短期均线,则意味着股价的中短期向下阴跌趋势开始形成。这是布林线指标揭示的中短期卖出标志。

当美国线(或 K 线)向上突破布林线中轨后,如果股价被布林线中轨压制下行时,则意味着股价的中短期下降趋势已经相成。这是布林线指标揭示的持币观望标志。

BOLL 指标与 KDJ 指标的配合使用

KDJ 指标是超买超卖类指标,而布林线则是支撑压力类指标。两者结合在一起的好处是:可以使 KDJ 指标的信号更为精准;同时,由于价格日 K 线指标体系中的布林线指标往往反映的是价格的中期运行趋势,因此利用这两个指标来判定价格到底是短期波动,还是中期波动具有一定作用。尤其对于判断价格到底是短期见顶(底),还是进入了中期上涨(下跌),具有比较好的研判效果。

我们知道,布林线中的上轨有压力作用,中轨和下轨有支撑(压力)作用,因此当价格下跌到布林线中轨或者下档时,可以不理会 KDJ 指标所发出的信号而采取操作。当然,如果 KDJ 指标也走到了低位,那么应视作短期趋势与中期趋势相互验证的结果,而采取更为积极的操作策略。但要注意的是,当价格下跌到布林线下轨时,即使受到支撑而出现回稳,KDJ 指标也同步上升,可趋势转向的信号已经发出,所以至多只能抢一次反弹。而当 KDJ 指标走上 80 高位时,采取卖出行动就较为稳妥,因为当股价跌破布林线中轨后将引发布林线开口变窄,此时要修复指标至少需要进行较长时间的盘整,所以说无论从防范下跌风险,还是从考虑持有的机会成本来看,都不宜继续持有。

BOLL 线寻找黑马股

BOLL 指标的实战技巧主要集中在股价 K 线(或美国线)与 BOLL 指标的上、中、下轨之间的关系及布林线的开口和收口的状况等方面。由于在部分软件上 BOLL 指标是在主图上，为了更准确地研判行情，我们可以采用 BOLL 指标和 TRIX 指标相结合来研判行情。下面以分析家上的 BOLL 指标为例来揭示其买卖和观望功能(在大部分软件上,BOLL 指标的参数一般不作修改)。

实际操作中,我们可以应用 BOLL 寻找黑马股。对于经过布林带宽持久收缩而刚刚张口的启动黑马,以及对于布林出轨后能够连续在布林上轨运行的非常黑马,投资者可依托中轨,及 3 天、7 天、21 天中短均线助涨,以及价量盘口力道买入并守仓。以 3 天、7 天、21 天线死叉,布林中轨失守作为黑马的第二止赢点和清仓点。

我们来看一个例子:

深深房(000029)(见图 23-4)2002 年 3 月发动了一波非常黑马行情,从布林张口发出买入讯号,一路冲出上轨连续单边走强。3 月 19 日冲上轨后,短线获利颇丰。

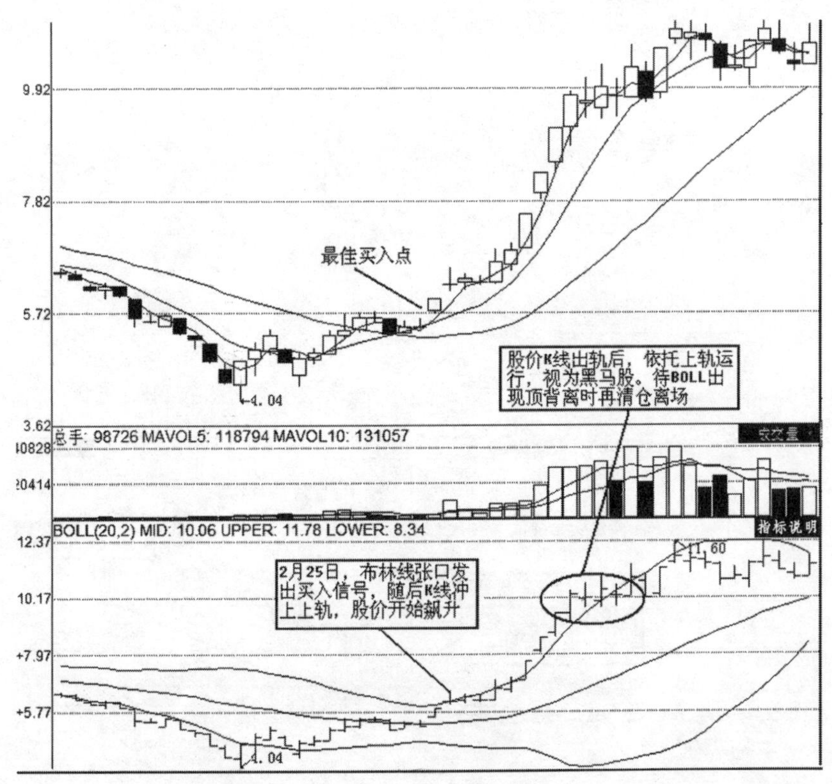

图 23-4 深深房 BOLL 捕捉黑马图解

BOLL 指标提供买卖信号

当股价 K 线带量向上突破布林线的上轨，并且 TRIX 指标也已经发出底位“金叉”时，说明股价即将进入一个中长期上升通道之中。这是 BOLL 指标发出的买入信号。此时，投资者应及时地买入股票。

当布林线轨道很长一段时间的底位窄幅水平运动后，一旦股价 K 线带量向上突破布林线的上轨，同时原本狭窄的布林线通道突然开口向上时，说明股价即将脱离原来的水平运行通道、进入新的上升通道之中。这也是 BOLL 指标发出的买入信号。

当股价 K 线向下突破布林线的中轨，并且 TRIX 指标也已经发出高位“死叉”时，说明股价即将进入一个中长期下降通道之中。这是 BOLL 指标发出的卖出信号。此时，投资者应尽早清仓离场。

当布林线轨道很长一段时间的高位窄幅水平运动后，一旦股价 K 线向下突破布林线的下轨，同时原本狭窄的布林线通道突然开口向下时，说明股价即将脱离原来的水平运行通道、进入新的下降通道之中。这也是 BOLL 指标发出的卖出信号。

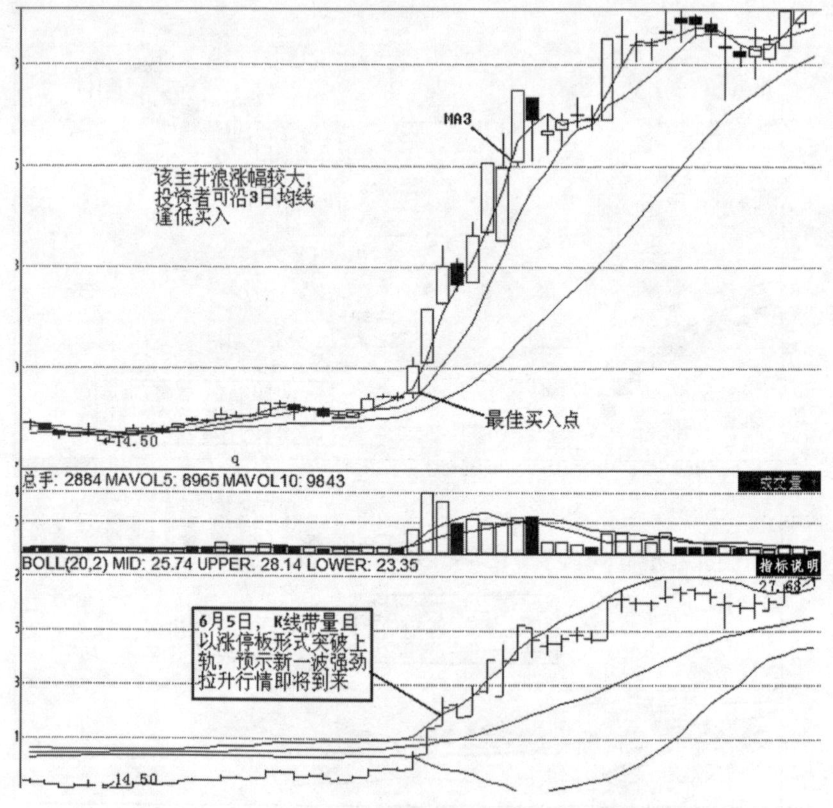

图 23-5 科学城 BOLL 买入点图解

例 1：

2001 年 6 月 5 日，000975 科学城(见图 23–5)的庄家破土而出，正式开口向市场要钱。该股以涨停板的方式一举击穿 BOLL 指标的上轨，从而导致了该指标快速张口。随着股价的进一步强劲上扬，BOLL 指标的口也越张越大，说明该股正处于主升浪之中。这时候，投资者可积极地逢低介入，第一个买入良机为 K 线击穿上轨之时，之后可以沿着 3 天均线分批介入。

例 2：

2000 年 10 月 20 日，600680 上海邮通(现名上海普天)的股价开始沿着通道上轨运行，一直持续到 11 月 9 日，股价每天均以小阳线的方式直达前期箱顶——18 元附近。然后便加速上扬，仅花了几个交易日时间，股价就大涨 30%左右(见图 23–6)。可见，BOLL 指标对于箱形调整的个股的买卖点提示和股价的突破有很强的预报作用，大家对此应该多加注意。

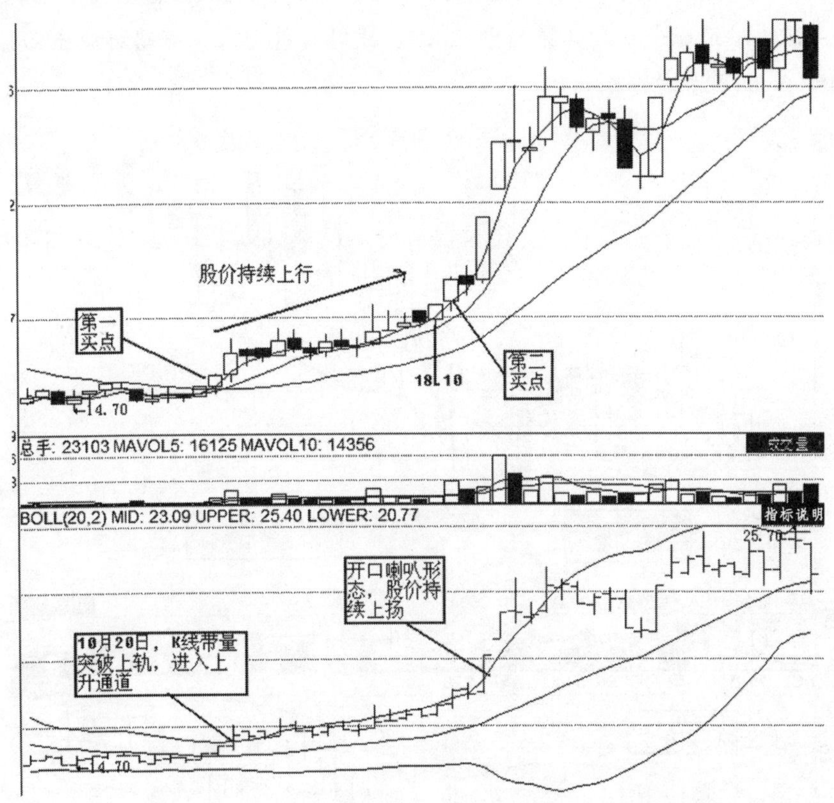

图 23–6 上海邮通 BOLL 买入点图解

BOLL 指标持股持币信号

当布林线开口向上后，只要股价 K 线始终运行在布林线的中轨上方的时候，说明股价一直处在一个中长期上升轨道之中。这是 BOLL 指标发出的持股待涨信号，如果 TRIX 指标也正发出持股信号时，这种信号更加准确。此时，投资者应坚决持股待涨。

当布林线开口向下后，只要股价 K 线始终运行在布林线的中轨下方的时候，说明股价一直处在一个中长期下降轨道之中。这是 BOLL 指标发出的持币观望信号。如果 TRIX 指标也是发出持币信号时，这种信号更加准确。此时，投资者应坚决持币观望。

举例说明：

深宝安(000009)(现名中国宝安)在 2008 年 11 月 7 日探底 3.41 元后返身向上，由下向上穿越下轨 DOWN 线，可以初步认定为反转成立。激进型投资者此时便可以介入，谨慎型投资者可待其穿越中轨 MID 线时再行介入。一路持股至滞涨，获利可达 40%以上(见图 23-7)。

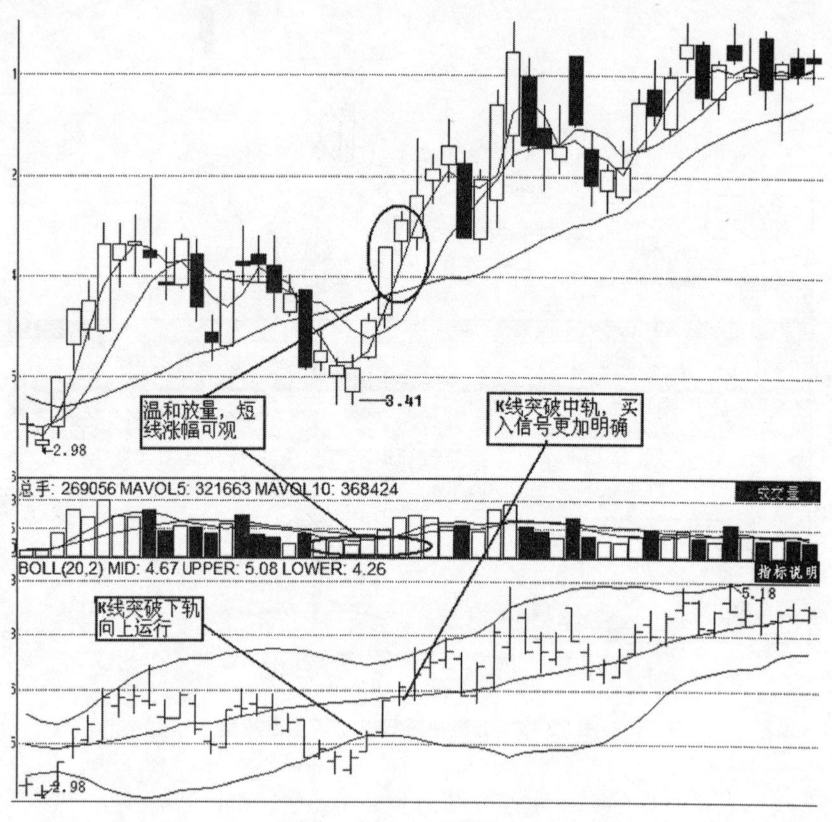

图 23-7 中国宝安 BOLL 买入图解

第 24 章

相对强弱指标——RSI

RSI 指标的原理解析

相对强弱指标 RSI 又叫力度指标,其英文全称为"Relative Strength Index",由威尔斯·魏尔德所创,是目前股市技术分析中比较常用的中短线指标。事实上,强弱指标最早被应用于期货买卖,后来人们发现在众多的图表技术分析中,强弱指标的理论和实践极其适合于股票市场的短线投资,于是它被用于股票升跌的测量和分析中。RSI 指标实用性很强,具有可以领先其他技术指标提前发出买入或卖出信号等诸多优势,是中国股市中最具实战性的指标之一。

相对强弱指标 RSI 是根据股票市场上供求关系平衡的原理,通过比较一段时期内单个股票价格的涨跌幅度或整个市场的指数的涨跌大小来分析判断市场上多空双方买卖力量的强弱程度,从而判断未来市场走势的一种技术指标。说得再简单一点,RSI 指标就是以数字计算的方法求出买卖双方的力量对比。譬如有 100 个人面对一件商品,如果 50 个人以上要买,竞相抬价,商品价格必涨。相反,如果 50 个人以上争着卖出,价格自然下跌。

从它构造的原理来看,与 MACD、TRIX 等趋向类指标相同的是,RSI 指标是对单个股票或整个市场指数的基本变化趋势作出分析。而与 MACD、TRIX 等不同的是,RSI 指标是先求出单个股票若干时刻的收盘价或整个指数若干时刻收盘指数的强弱,而不是直接对股票的收盘价或股票市场指数进行平滑处理。

相对强弱指标 RSI 是一定时期内市场的涨幅与涨幅加上跌幅的比值。它是买卖力量在数量上和图形上的体现。投资者可根据其所反映的行情变动情况及轨迹来预测未来股价走势。在实践中,人们通常将其与移动平均线相配合使用,借以提高行情预测的准确性。

RSI 指标的应用原则

1. RSI 取值的大小

RSI 的变动范围在 0~100 之间,强弱指标值一般分布在 20~80。如表所表示。

RSI 值	市场特征	投资操作
80~100	极强	卖出
50~80	强	买入
20~50	弱	观望
0~20	极弱	买入

这里的“极强”、“强”、“弱”、“极弱”只是一个相对的分析概念,是一个相对的区域。有的投资者也可把它们取值为 30、70 或 15、85。另外,对于所取的 RSI 的参数的不同以及不同的股票,RSI 的取值大小的研判也会不同。这些在下面部分再详加介绍。

2. RSI 数值的超买超卖

一般而言,RSI 的数值在 80 以上和 20 以下为超买超卖区的分界线。

当 RSI 值超过 80 时,则表示整个市场力度过强,多方力量远大于空方力量。双方力量对比悬殊,多方大胜,市场处于超买状态,后续行情有可能出现回调或转势。此时,投资者可卖出股票。

当 RSI 值低于 20 时,则表示市场上卖盘多于买盘,空方力量强于多方力量。空方大举进攻后,市场下跌的幅度过大,已处于超卖状态,股价可能出现反弹或转势。投资者可适量建仓、买入股票。

当 RSI 值处于 50 左右时,说明市场处于整理状态,投资者可观望。

对于超买超卖区的界定,投资者应根据市场的具体情况而定。一般市道中,RSI 数值在 80 以上就可以称为超买区,20 以下就可以称为超卖区。但有时在特殊的涨跌行情中,RSI 的超卖超买区的划分要视具体情况而定。

比如,在牛市中或对于牛股,超买区可定为90 以上。而在熊市中或对于熊股,超卖区可定为 10 以下(对于这点是相对于参数设置小的 RSI 而言的。如果参数设置大,则 RSI 很难到达 90 以上和 10 以下)。

3. 长短期 RSI 线的交叉情况

短期 RSI 是指参数相对小的 RSI,长期 RSI 是指参数相对较长的 RSI。比如,6 日 RSI 和 12 日 RSI 中,6 日 RSI 即为短期 RSI,12 日 RSI 即为长期 RSI。长短期 RSI 线的交叉情况可以作为我们研判行情的方法。

①当短期 RSI 大于长期 RSI 时,市场属于多头市场;

②当短期 RSI 小于长期 RSI 时,市场属于空头市场;

③当短期 RSI 线在低位向上突破长期 RSI 线时，一般为 RIS 指标的“黄金交叉”，为买入信号；

④当短期 RSI 线在高位向下突破长期 RSI 线时，一般为 RSI 指标的“死亡交叉”，为卖出信号。

RSI 曲线高位反转形态

当 RSI 曲线在高位（50 以上）形成 M 头或三重顶等高位反转形态时（见图 24-1），意味着股价的上升动能已经衰竭，股价有可能出现长期反转行情。投资者应及时地卖出股票。如果股价走势曲线也先后出现同样形态则更可确认，股价下跌的幅度和过程可参照 M 头或三重顶等顶部反转形态的研判。

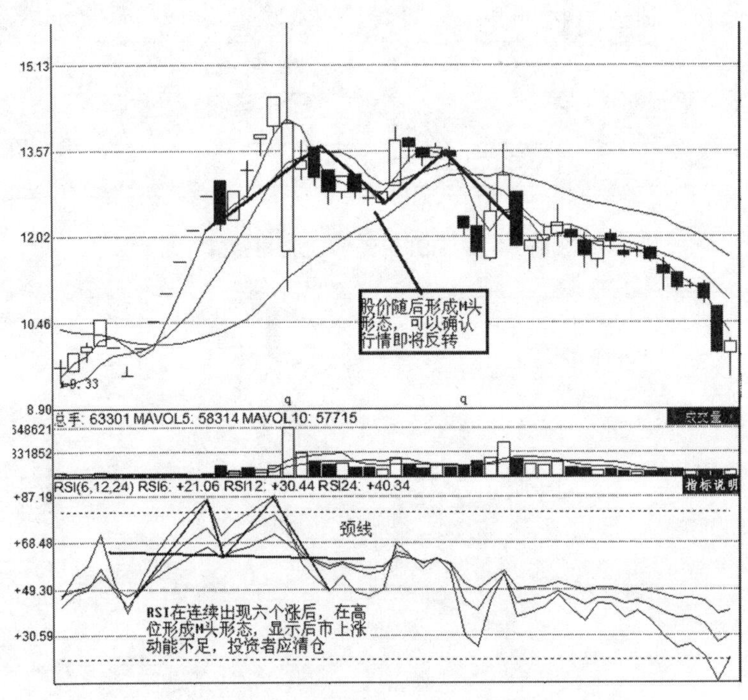

图 24-1 RSI 曲线 M 头形态图解

RSI 曲线低位反转形态

当 RSI 曲线在低位（50 以下）形成 W 底或三重底等低位反转形态时（见图 24-2），意味着股价的下跌动能已经减弱，股价有可能构筑中长期底部。投资者可逢低分批建仓。如果股价走势曲线也先后出现同样形态则更可确认。股价的上涨幅度及过程可参照 W 底或三重底等底部反转形态的研判。RSI 曲线顶部反转形态对行情判断的准确性要高于底部形态。

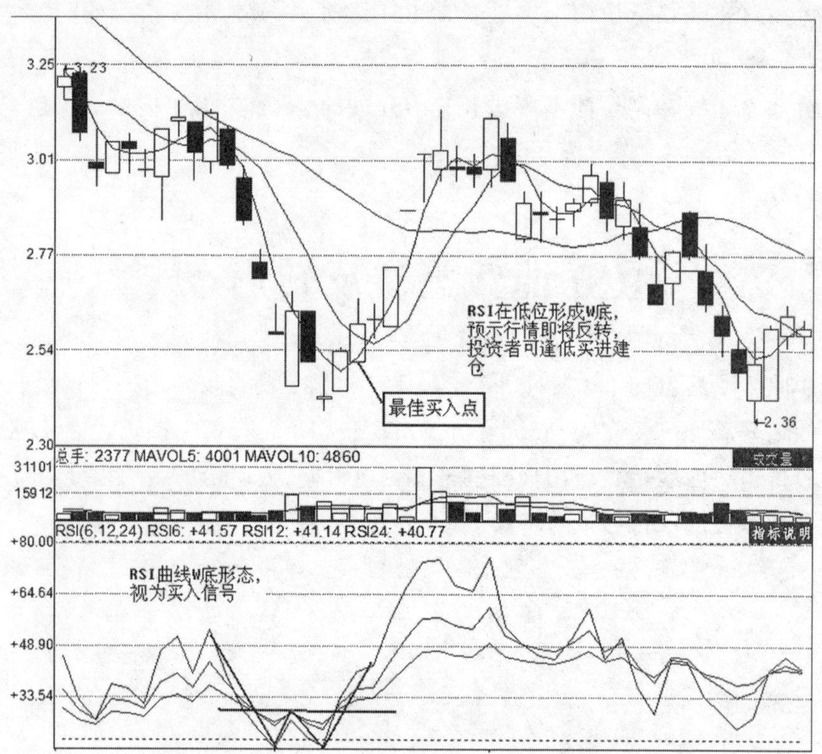

图 24-2　RSI 曲线 W 底形态图解

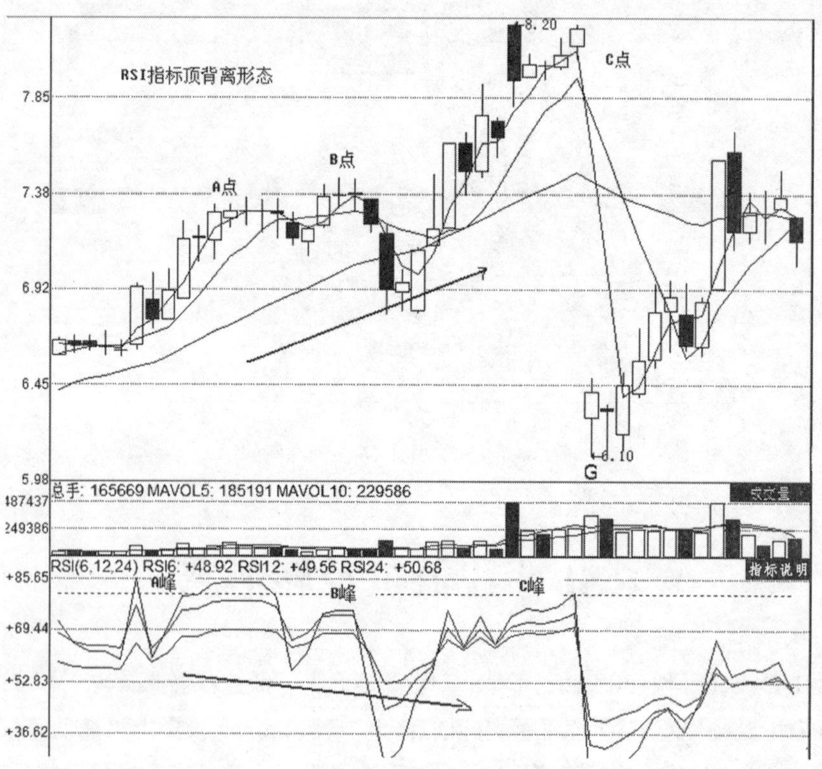

图 24-3　RSI 曲线顶背离形态图解

RSI 曲线顶背离

当 RSI 处于高位,但在创出 RSI 近期新高后,反而形成一峰比一峰低的走势;而此时 K 线图上的股价却再次创出新高,形成一峰比一峰高的走势,这就是顶背离。顶背离现象一般是股价在高位即将反转的信号,表明股价短期内即将下跌,是卖出信号(见图 24-3)。

在实际走势中,RSI 指标出现顶背离是指股价在进入拉升过程中,先创出一个高点,RSI 指标也相应在 80 以上创出新的高点。之后,股价出现一定幅度的回落调整,RSI 也随着股价回落走势出现调整。但是,如果股价再度向上并超越前期高点创出新的高点时,而 RSI 随着股价上扬也反身向上但没有冲过前期高点就开始回落,这就形成 RSI 指标的顶背离。RSI 出现顶背离后,股价见顶回落的可能性较大,是比较强烈的卖出信号。

RSI 曲线底背离

RSI 的底背离一般出现在 20 以下的低位区。当 K 线图上的股价一路下跌,形成一波比一波低的走势,而 RSI 线在低位却率先止跌企稳,并形成一底比一底高的走势。这就是底背离。底背离现象一般预示着股价短期内可能将反弹,是短期买入的信号(见图24-4)。

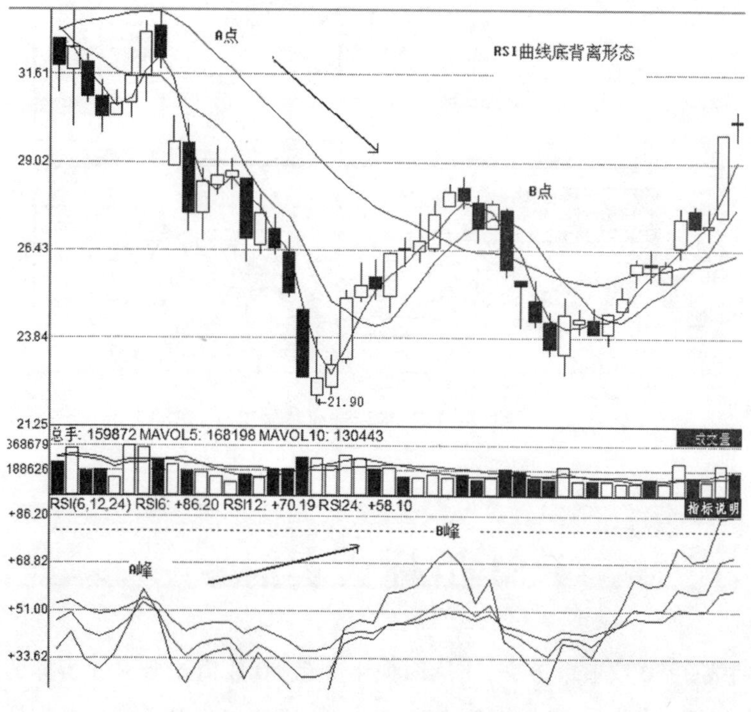

图 24-4 RSI 曲线底背离形态图解

与 MACD、RSI 等指标的背离现象研判一样，RSI 的背离中，顶背离的研判准确性要高于底背离。当股价在高位，RSI 在 80 以上出现顶背离时，可以认为股价即将反转向下，投资者可以及时卖出股票；而股价在低位，RSI 也在低位出现底背离时，一般要反复出现几次底背离才能确认，并且投资者只能进行战略建仓或进行短期投资。

RSI 指标选股技巧

首先将参数调整为 6 13 34(见图 24-5)。

①RSI34 为多空双方的分水岭；

②RSI6 和 RSI13 在 RSI34 上方运行表示强势；

③一旦 RSI6 和 RSI13 下穿 RSI34 说明涨势弱化，空方占据主动；

④股价连创新低，但 RSI 确不创新低(出现背离走势)，应择机买入。

图 24-5 RSI 指标选股技法图解

RSI 指标买卖信号

当 RSI 曲线在 50 数值下方，几乎同时向上突破 50 数值这条 RSI 指标的多空平衡线时，表明股票的多头力量开始增强，股价将向上攀升，这也是 RSI 指标所指示的中线买入信号。特别是当前期股价经过了在一段狭小的价位区间整理，然后带量突破时，这种买入信号比较准确。此时，投资者应及时买入股票。

当 RSI 曲线在 80 数值上方运行时，一旦 RSI 曲线几乎同时向下突破 80 这条线时，表明股票的多头力量开始衰弱，股价面临向下调整的压力。这是 RSI 指标所指示的短线卖出信号。特别是对于那些短期涨幅较大的股票，这种卖出信号更加强烈。此时，投资者应及时短线离场观望。

当 RSI 曲线从高位回落到 50 附近后，如果 RSI 短期内不能再度返身向上，一旦RSI 曲线向下突破 50，就意味空头力量开始强大，股价将面临大幅下跌的可能。这也是 RSI 指标所指示的中线卖出信号。特别是对于那些高位盘整的股票，这种卖出信号更加强烈。此时，投资者也应中线离场观望。

例 1：

广电电子(600602)(见图 24-6)RSI 曲线在低位运行了相当长的一段时间，股价持续下跌，成交量委靡。在 2008 年 11 月 7 日，RSI 形成金叉并开始向上突破 50 这条线，成交量亦温和放量。在 8 日这天以均量 1.86 元买入该股。8 个交易日后，以 2.77 元卖出，每股赚 0.9 元。

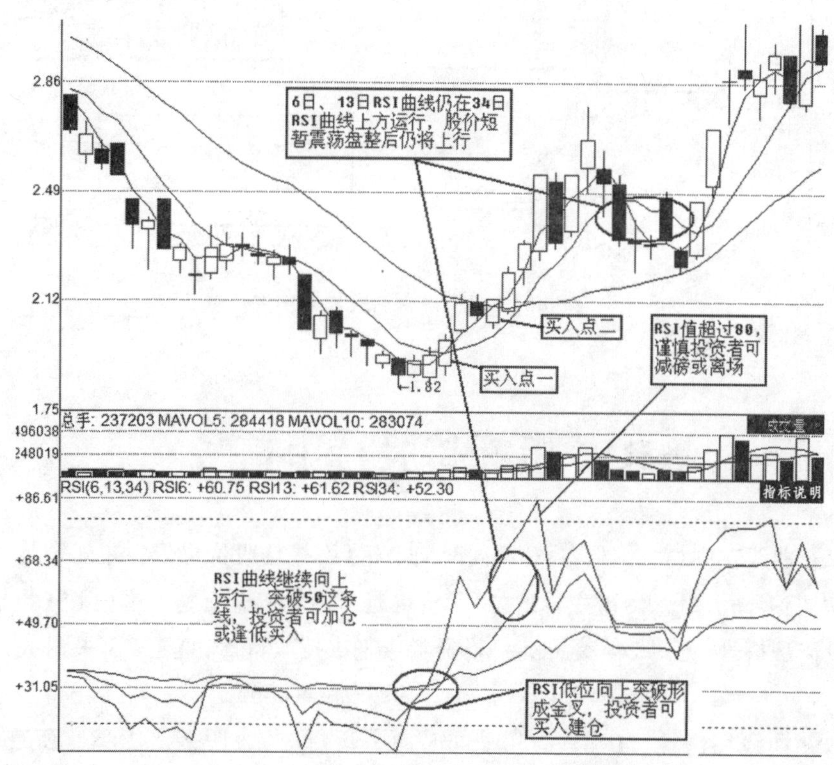

图 24-6　广电电子 RSI 指标买卖图解

例 2：

鼎立股份(600614)(见图 24-7)A 区域 RSI 指标出现超买，股价随之回调。B 区域BSI指标围绕50中轴上下震荡，股价也横盘整理。此时静待方向明确，不应轻易介入。C区域再次出现超买，股价迅速回落，并使RSI进入超卖区。可以看出主力不急于拉升，依然维持震荡洗盘格局。可待RSI曲线向上突破时买入，等待主力拉升。

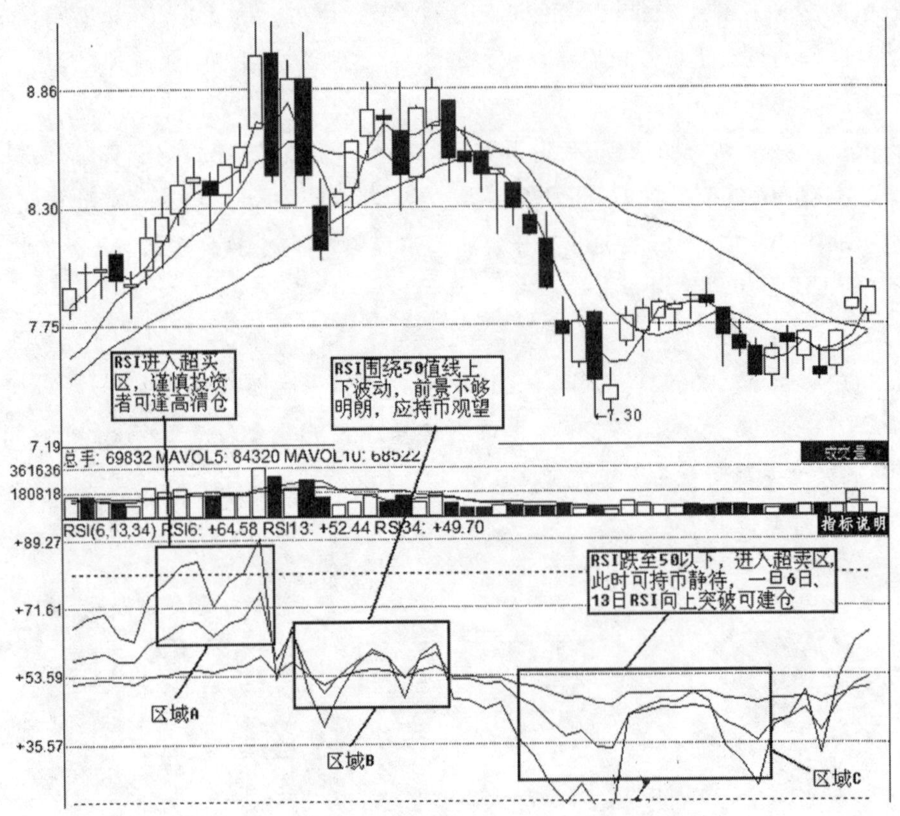

图 24-7　鼎立股份 RSI 买卖图解

RSI指标持股持币信号

当RSI曲线在中位(50左右)几乎同时向上运行，并且股价也依托中短期均线向上运行时，则表明多头力量开始占主导地位，股价将展开一轮上升行情。这是RSI指标比较明显的持股待涨信号(见图24-8)。此时，投资者应坚决持股待涨，直至RSI指标发出短线卖出信号。

当RSI曲线在高位(80左右)几乎同时向下运行时，表明多头力量有所衰弱、空头力量开始增强，股价将出现短线调整行情。这是RSI指标所指示的持币观望信号(见图24-9)。特别是对于那些近期短线涨幅过大的股票，这种短期内持币观望的信号更加明显。

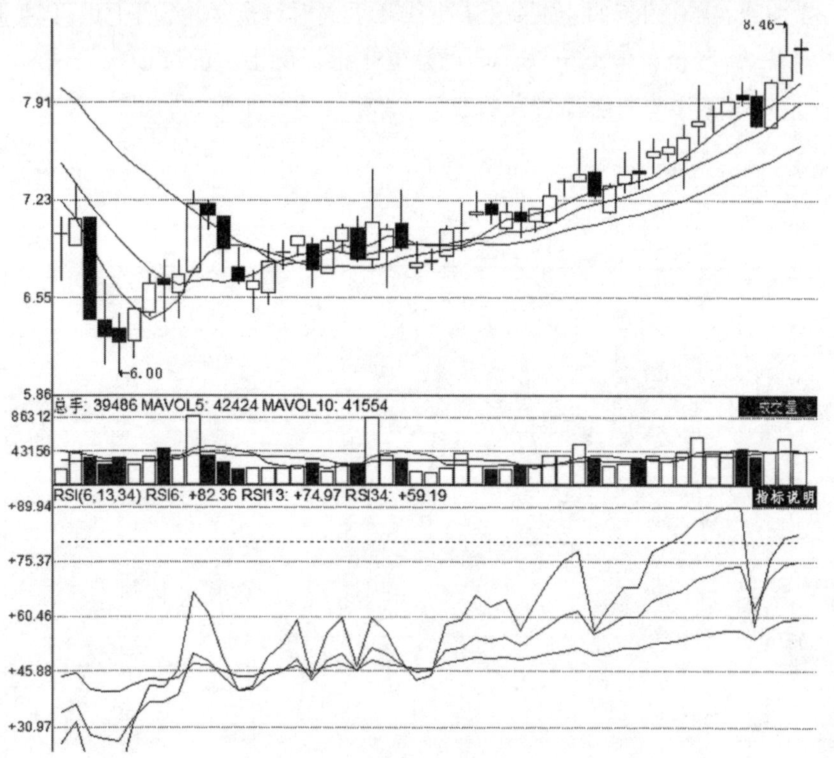

图 24-8　RSI 指标持股信号图

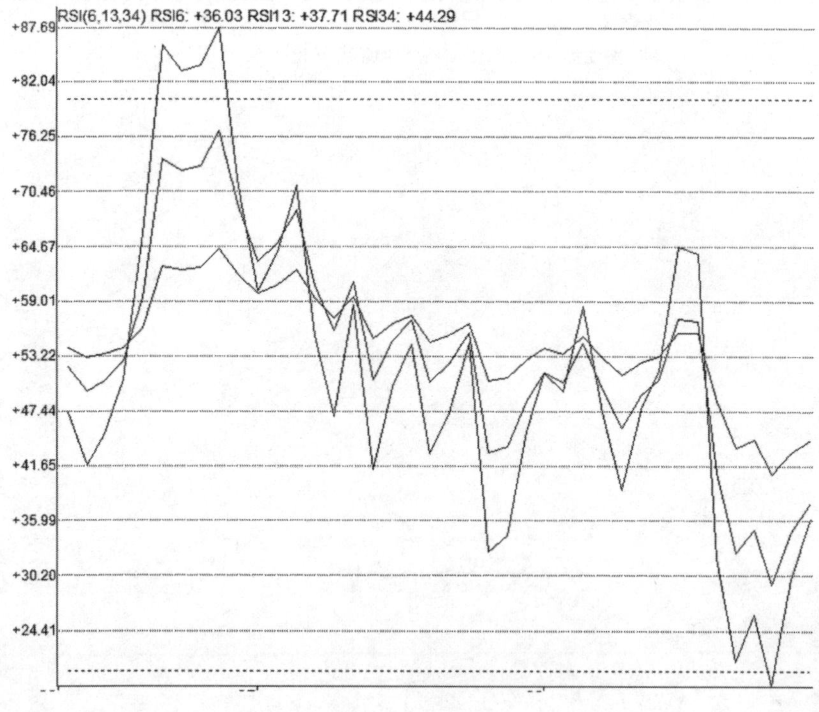

图 24-9　RSI 指标 80 值线下持币信号图

当 RSI 曲线在 50 附近时，如果 RSI 曲线几乎同时跌破 50 并向下运行时，表明空头力量占绝对优势，股价将继续下跌。这也是 RSI 指标所指示的持币观望信号（见图 24-10）。特别是对于那些前期涨幅过大的股票，这种信号更加明显。此时，投资者应坚决持币观望。

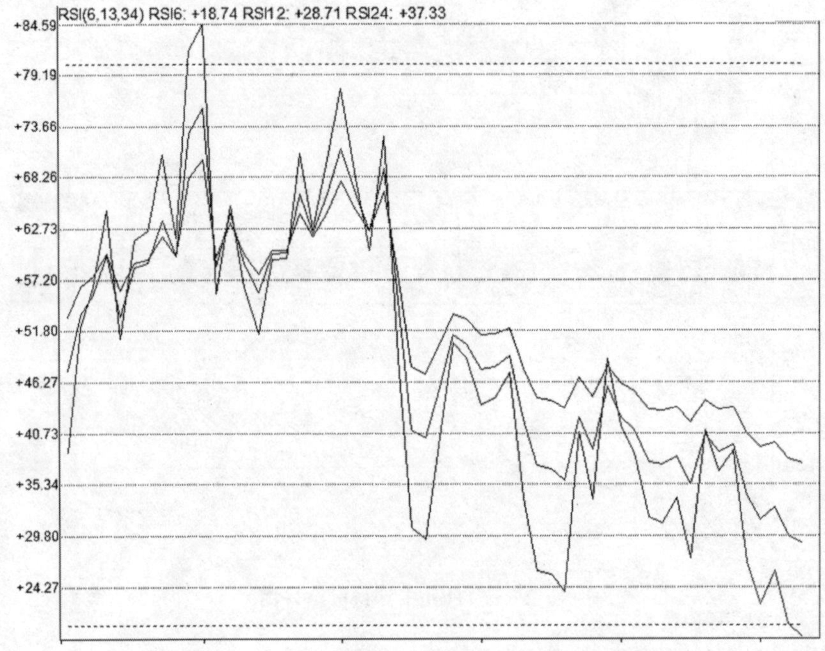

图 24-10 RSI 曲线 50 值线下持币信号图

第 25 章

威廉指标——W%R

W%R 指标的原理解析

威廉指标 W%R 又叫威廉超买超卖指标，简称威廉指标，是由拉瑞·威廉在 1973 年发明的，是目前股市技术分析中比较常用的短期研判指标。对于投资者而言，威廉指标是一个简单实用的技术指标：它及时准确地选择出市场中股价异动前的瞬间，既能选择出加速下跌的瞬间，也能选择出涨升启动前的最佳入市时机。

威廉指标主要是通过分析一段时间内股价最高价、最低价和收盘价之间的关系，来判断股市的超买超卖现象，预测股价中短期的走势。它主要是利用振荡点来反映市场的超买超卖行为，分析多空双方力量的对比，从而提出有效的信号来研判市场中短期行为的走势。

威廉指标是属于研究股价波幅的技术分析指标，在公式设计上和随机指标的原理比较相似，两者都是从研究股价波幅出发，通过分析一段时间的股票的最高价、最低价和收盘价这三者的关系，来反映市场的买卖气势的强弱，借以考察阶段性市场气氛、判断价格和理性投资价值标准相背离的程度。

和股市其他技术分析指标一样，威廉指标可以运用于行情的各个周期的研判。大体而言，威廉指标可分为 5 分钟、15 分钟、30 分钟、60 分钟、日、周、月、年等各种周期。虽然各周期的威廉指标的研判有所区别，但基本原理相差不多。如：日威廉指标是表示当天的收盘价在过去的一段日子里的全部价格范围内所处的相对位置，把这些日子里的最高价减去当日收市价，再将其差价除以这段日子的全部价格范围就得出当日的威廉指标。

威廉指标在计算时首先要决定计算参数，此数可以采用一个买卖循环周期的半数。以日为买卖的周期为例：通常所选用的买卖循环周期为 8 日、14 日、28 日或 56 日等，扣除周六和周日，实际交易日为 6 日、10 日、20 日或 40 日等，取其一半则为 3 日、5 日、10 日或 20 日等。

W%R 指标的应用原则

1. W%R 数值的大小

和 KDJ 指标一样，W%R 的数值范围为 0~100。不同的是 W%R 指标是以 0 为顶部，以 100 为底部。

①当 W%R 在 20~0 区间时，是 W%R 指标的超买区，表明市场处于超买状态，股票价格已进入顶部，可考虑卖出。W%R=20 这一横线，一般视为卖出线。

②当 W%R 进入 80~100 区间时，是 W%R 指标的超卖区，表明市场处于超卖状态，股票价格已近底部，可考虑买入。W%R=80 这一横线，一般视为买入线。

③当 W%R 在 20~80 区间时，表明市场上多空暂时取得平衡，股票价格处于横盘整理之中，可考虑持股或持币观望。

④在具体实战中，当威廉曲线向上突破 20 超买线而进入超买区运行时，表明股价进入强势拉升行情，这是提醒投资者要密切关注行情的未来走势。

只有当 W%R 曲线再次向下突破 20 线时，才为投资者提出预警，为投资者买卖决策提供参考。同样，当威廉曲线向下突破 80 超卖线而进入超卖区运行时，表明股价的强势下跌已经缓和，这也是提醒投资者可以为建仓作准备，而只有当 W%R 曲线再次向上突破 80 线时，投资者才真正短线买入。

2. W%R 曲线的形状

①当 W%R 曲线从超卖区开始向上爬升，超过 80 这条买入线时，说明行情可能向上突破，是开始买入的信号。

②当 W%R 曲线从超买区开始向下回落，跌破 20 这条卖出线时，说明行情可能向下反转，是开始卖出的信号。

③当 W%R 曲线由超卖区向上突破 50 这条多空平衡线时，说明股价涨势较强，可考虑短线加码买入。

④当 W%R 曲线由超买区向下突破 50 这条多空平衡线时，说明股价跌势较强，可考虑短线加码卖出。

3. W%R 指标最佳参数的探讨及买卖决策

①如果取 6 日为短期 W%R 指标的参数，则当 W%R 指标数值小于 15 时，就可归为 W%R 指标的短期超买，是短线卖出信号。

②如果取 6 日为短期 W%R 指标的参数，则当 W%R 指标数值大于 85 时，就可归为 W%R 指标的短期超卖，是短线买入信号。

③如果取 20 为中期 W%R 指标的参数，则当 W%R 指标数值小于 20 时，就可归为 W%R 指标的中期超买，是中线卖出信号。

④如果取 20 日为中期 W%R 指标的参数，则当 W%R 指标数值大于 80 时，就可归为 W%R 指标的中期超卖，是中线买入信号。

⑤如果取 70 日为长期 W%R 指标的参数，则当 W%R 指标数值小于 10 时，就可归为 W%R 指标的长期超买，是长线卖出信号。

⑥如果取 70 日为长期 W%R 指标的参数，则当 W%R 指标数值大于 90 时，就可归为 W%R 指标的长期超卖，是长线买入信号。

W%R 指标顶背离

当股价 K 线图上的股票走势一峰比一峰高，股价在一直向上涨，而 W%R 指标图上的 W%R 曲线的走势是在高位一峰比一峰低，这叫顶背离现象（见图 25-1）。顶背离现象一般是股价将高位反转的信号，表明股价短期内即将下跌，是比较强烈的卖出信号。

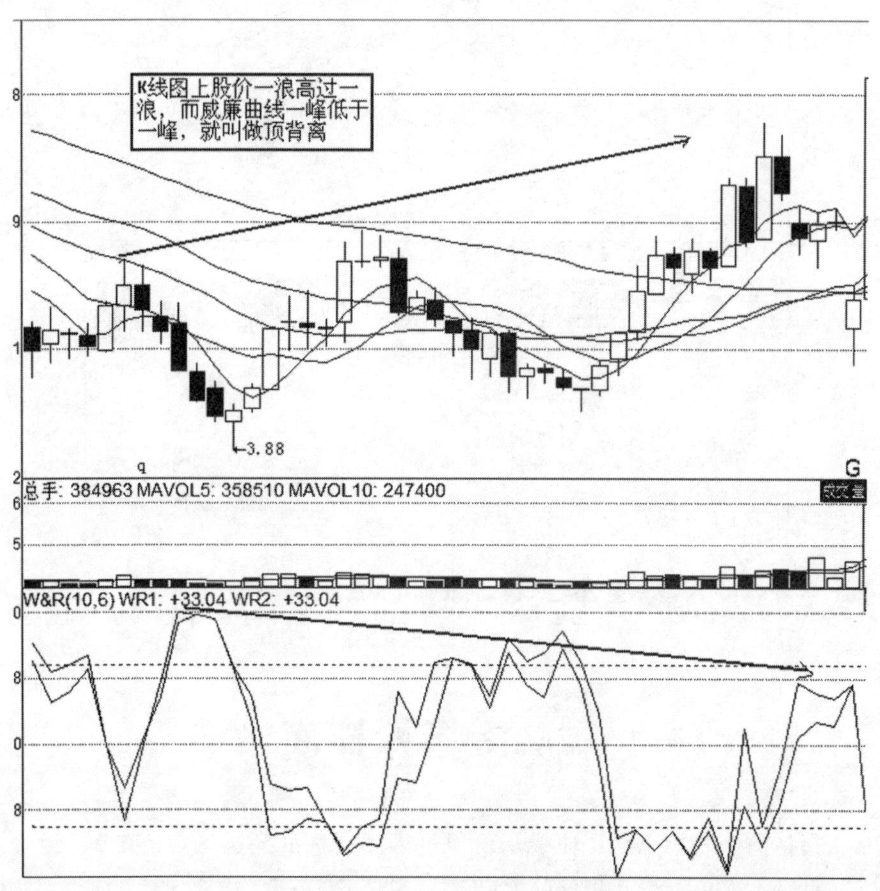

图 25-1 W%R 指标顶背离形态图解

W%R 指标底背离

当股价 K 线图上的股票走势一峰比一峰低，股价在向下跌，而 W%R 指标图上的 W%R 曲线的走势是在低位一底比一底高，这叫底背离现象(见图 25-2)。底背离现象一般是股价将低位反转的信号，表明股价短期内即将上涨，是比较强烈的买入信号。

指标背离一般出现在强势行情中比较可靠。即股价在高位时，通常只需出现一次顶背离的形态即可确认行情的顶部反转。而股价在低位时，一般要反复出现多次底背离后才可确认行情的底部反转。

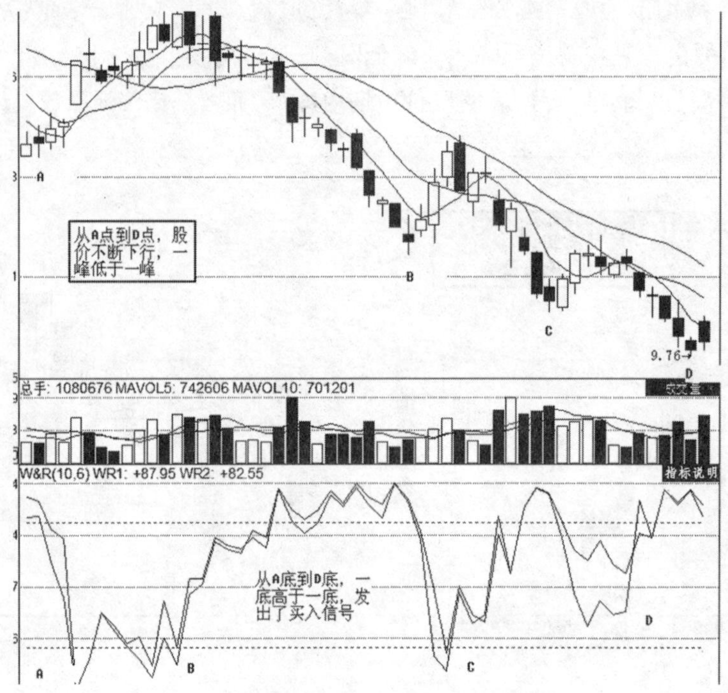

图 25-2 W%R 指标底背离形态图解

W%R 指标撞底

W%R 指标撞底是指 W%R 曲线从低位进入到指标的超买区(20~0)后，经过一段时间的运行，曲线连续几次撞及指标的底部(0 线)时，会局部形成多重底的形态，从而构成一个相当好的中短线买点(见图 25-3)。这时投资者应密切注意指标的走势，当曲线完成几次撞底后开始上升，并向上突破 W%R 指标的重要买卖线之一的超买线(20 线)时，预示着股价可能短线上升，投资者应短线及时买入股票。

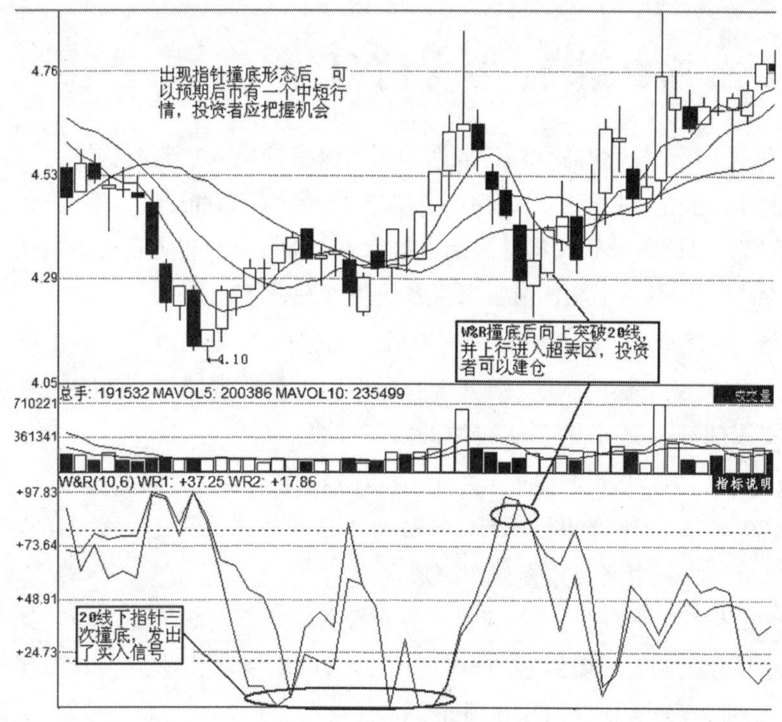

图 25-3 W%R 指标指针撞底形态图解

一般来说，运用分析的 W%R 指标的参数不同，应采取不同的分析方法。参数越大，撞底的可能性越小，次数也越少；参数越小，撞底的可能性越大，次数也越多。具体的选择参数应有不同的分析。一般而言，从实战中来看，W%R 指标研究参数可分为：短期日参数、中期日参数和周参数这三种有效研判参数。这三种参数的 W%R 指标又有不同的分析意义。

1. 短期日参数的分析

W%R 指标的短期日参数主要是指 10 日以下的分析参数，如 3 日、6 日、9 日等。短期日参数的 W%R 指标一般适用于“四次撞底”的研判。

以 6 日 W%R 参数为例。当 W%R 曲线在超买区内四次撞及 0 线，并局部形成四重底的形态以后，当 W%R 曲线向下突破超卖线时，投资者应及时关注。

2. 中期日参数的分析

W%R 指标的中期日参数主要是指 20 日以下的分析参数，如 12 日、14 日、20 日等。中期日参数的 W%R 指标一般适用于“两次撞底”(最多三次撞底)的研判。

3. 周参数的分析

W%R 指标的周参数主要是指 10 周以下的分析参数，如 3 周、6 周、9 周等。W%R 指标的周参数不能取得过大，因为一周交易一般包含 5 个交易日。因此，N 周参数就相当于 $5n$ 日参数，如 3 周就是 15 日。而 W%R 指标的选择参数过大，W%R 指标的信号就过于迟钝，就无法起到预示短期顶部的功能。而且，W%R 指标的选择参数过大，W%R 曲线就存在没撞底就回头向上的可能，从而，W%R 指标的撞底的研判就失去意义。

W%R 指标买卖信号

和其他指标相比,W%R 指标是比较适合用于股票中短线投资的研判。它的构造也比较简单。在股市分析软件上,有的是由短、长 2 条不同周期的曲线组成;有的是由 1 条 W%R 曲线组成。在这里,我们就以同花顺软件指标为例来揭示 W%R 指标的买卖和观望功能(W%R 指标在钱龙软件和分析家软件上指标参数选取及使用方法一样)。

①当 W%R 曲线在 50 附近盘整了较长一段时间以后,一旦 W%R 曲线由下向上突破 50 这条线,同时股价也放量突破中长期均线,则意味股票中期强势行情即将开始。这是 W%R 指标发出的中线买入信号。此时,投资者可以开始买进股票。

②当 W%R 曲线从 50(或 40)附近快速向上飙升、股价也依托短期均线向上扬升,一旦 W%R 曲线向上突破 80 这条线,则意味着股票短期强势行情即将开始。这是 W%R 指标发出的短线买入信号。此时,投资者可以短线买进股票。

③当 W%R 曲线从 20 上方向下滑落,一旦 W%R 曲线接着向下又突破了 40 以后,如果股价同时也跌破中长期均线,则意味着股票的短期强势行情可能结束。这是 W%R 曲线发出的短线卖出信号。此时,投资者应及时卖出股票。

④当 W%R 曲线从上向下缓慢跌破 50 这条线时,如果股价也同时跌破了中期均线,则意味股票的中期行情弱势行情已经开始。这是 W%R 指标发出的中线卖出信号。如果股价是前期大涨过的股票,这种卖出信号更加准确。

例 1:

上海机场(600009)(见图 25-4)2003 年 4 月 14 日威廉(W%R)指标俯冲至+0 位置,次日股价略上冲,成交量放大,而威廉(W%R)指标出现拐头向下。此时是最价卖出时机,之后股价出现连续下跌,最大跌幅达 16.97%,而且出现近 3 个月的调整。7 月 17 日该股又一次出现类似情况,在该日离场也会卖出在高点区域。

在 W%R 发出卖出信号时,为了提高信号的准确性,特别提请投资者要注意以下几个问题:

①个股必须是走在升通道中,越陡峭越好;

②个股必须是经过多次震荡向上的过程或较长时间横盘震荡整理;

③股价经过连续的大幅拉升之后,价位已脱离箱体上部较远区域;

④K 线图上拉出长阳,成交量同比放大;当日较高点收盘,次日开盘较短时间内冲高是卖出的最佳时机;

⑤次日股价冲高时往往是威廉(W%R)指标拐头向下运行;

⑥按上述条件使用威廉(W%R)指标成功概率较高,当然同时应参考其他指标。

例 2:

华鲁恒升(600426)(见图 25-5)在 2008 年 11 月经过两次指针探底后,翻身上冲,股价带量上涨,进入强势行情。在 11 月 20 日以 9.70 元买进。10 个交易日后以 11.73 元卖出,每股赚 2 元。

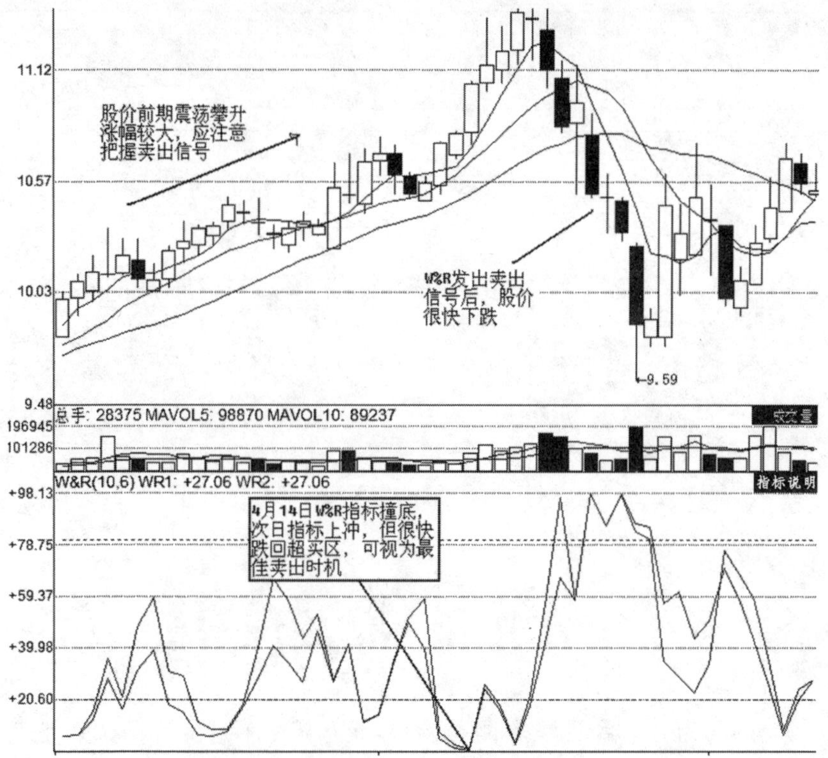

图 25-4 上海机场 W%R 指标卖出信号图解

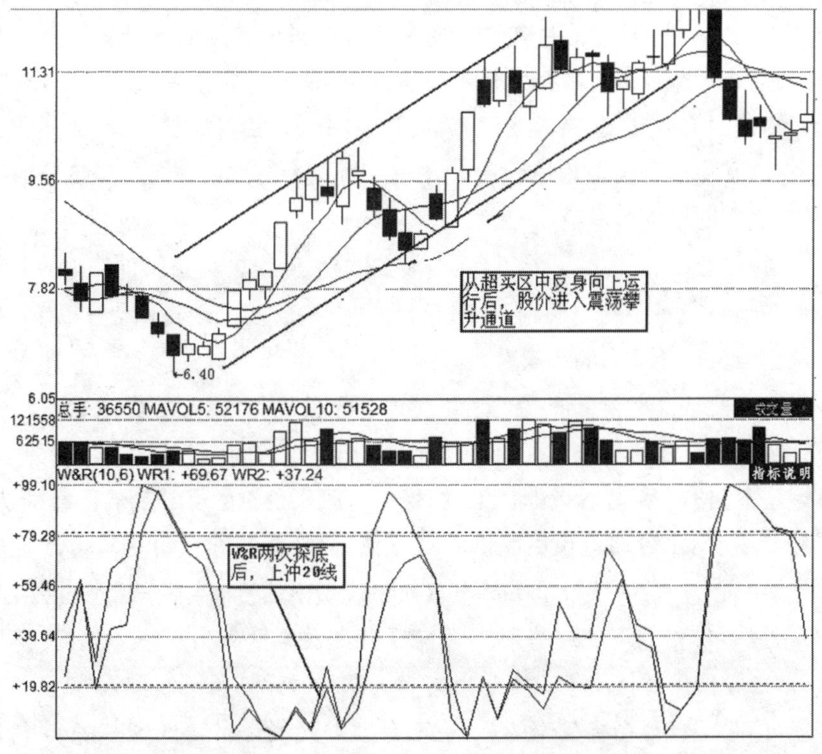

图 25-5 华鲁恒升 W%R 买入信号图解

第 26 章

宝塔线指标——TOWER

TOWER 指标的原理解析

股市之大，无奇不有。种类繁多的主力骗线手法层出不绝，让一些资深股民也头疼不已。有没有一种技术指标能够破解骗线伎俩呢？宝塔线就能够帮投资者过滤掉相当一部分的骗线。TOWER 指标，又称为宝塔线指标，是一种与 K 线及点状图相类似并注重股价分析的中长期技术分析工具。由于宝塔线的止损点和止赚点由宝塔线以非主观方式给出，所以止损或止赚幅度因各股的宝塔线结构而异，跟建仓价无关，跟最近 3 个交易日收盘价及 5 天均线的升降有关，有着很清晰的可操作性。可以说宝塔线是实战价值极高的技术指标，它以其极好的市场敏感性和客观实证性在大的波段顶和反弹见顶时发出卖出信号，可有效地辅助投资者避险。

宝塔线指标 TOWER 是以不同颜色(或虚实体)的棒线来区分股价涨跌的一种图表型指标。它主要是将股价多空之间的争斗过程和力量的转变表现在图表中，借以研判未来股价的涨跌趋势及选择适当的买卖时机。

宝塔线主要是应用趋势线的原理，引入支撑区和压力区的概念，来确认行情是否反转。对于行情的发展所可能产生的变化方向，不作主观的臆测，而是作客观的承认，这点与其他指标是不同的。宝塔线指标认为，如果一个股票价格的上升趋势已经确认，就应该买进股票并持股，不去主动地预测股价的高点在哪里，而是在股价从高位出现反转向下的征兆时开始小心，一旦确认股价头部出现而出现卖出信号时，才作相应的卖出动作。反之，如果一个股票价格的下跌趋势形成时，就应卖出股票、离场观望，不去轻易预测底部在哪里，只是在股价由低位向上反转并出现买入信号时才开始采取买入行动。

由上述可知，宝塔线指标信奉的是“涨不言顶”“跌不言底”的投资理念。它告诉投资者并不刻意去预测股价高点或低点的位置，而是等可能的高点或低点出现时才采取相对应的卖出或买入决策。一般而言,按照宝塔线指标所揭示的方法去买卖股票,虽然在高点卖出股票或在低点买入股票会造成部分获利的损失的可能,但这种方法比较不会错失涨升的出现或避免下跌行情的存在,也不会轻易在上升途中的盘整行情中被震仓出局。因此,宝塔线指标比较适合稳健操作的投资者。

TOWER 指标的应用原则

宝塔线 TOWER 指标的一般研判标准主要集中在宝塔线的黑白棒线的状态及相互之间转化的分析和宝塔线与股价 K 线的配合使用等方面(在股市分析软件上,黑棒多用绿颜色代替、白棒多用红颜色代替)。以日宝塔线为例,其主要分析过程如下:

1. 黑白棒线的状态及相互转化的分析

①当股价由底部向上反转,宝塔线的黑色棒线进入翻白的状态时,说明股价开始上涨。投资者可适量介入。

②当股价在上升途中,只要宝塔线的白色棒线一直持续出现,说明股价一直维持强势上涨的态势。投资应坚决持股或逢低短线买入。

③当宝塔线维持白色棒线状态的时间很长并且股价短期内涨幅已经很大的情况时,投资者应密切关注宝塔线的状态。一旦宝塔线的白色棒线开始进入翻黑的状态时,说明股价的短期涨势可能结束。投资者应全部卖出股票,离场观望。

④当股价在下跌途中,只要宝塔线的黑色棒线一直持续出现,说明股价一直维持弱势下跌的态势。投资者应坚决持币观望或逢高卖出。

⑤当股价在一段幅度的盘整区间中维持小翻白、小翻黑状态时,只要这个盘整区间没有被突破,说明股价的整理态势没有结束。投资者可以选择持股或持币观望。

⑥当股价维持高位盘整,一旦出现实体很长的黑色棒线向下突破盘整的区间时,说明股价高位盘整的态势已经结束,将进入一个比较长时间的下跌行情。投资者应及时卖出股票,离场观望。

⑦当股价在上升途中维持中低位整理,一旦出现实体很长的白色棒线向上突破整理区间时,说明股价中低位整理的态势已经结束,将进入一个快速的上涨行情。投资者应及时短线买入股票或持股待涨。

⑧当股价在下跌途中,宝塔线翻黑了一段时间后突然翻红,投资者应再观察几天,不可轻易买入,防止股价假突破。

2. 宝塔线与 K 线的配合使用

①当股价在底部横盘很久后,突然出现一根实体很长的向上突破大阳线,如果宝塔线也出现实体较长的向上白棒线时,说明股价的涨势开始确立。投资者可以及时买进股票。

②当股价在中长期上升途中，股价的 K 线出现小阴大阳相互交替的向上态势时，只要宝塔线一直维持白色棒线的状态，说明股价涨势强劲。投资者应坚持一路持股待涨。

③当股价在中长期下降途中，股价的 K 线出现大阴小阳相互交替的向下态势时，只要宝塔线一直维持黑色棒线的状态，说明股价跌势绵绵，投资者应坚决一路持币观望。这点和上面一点对于股价走势研判的准确率极高。

④当股价经过一段时间的幅度较大的上涨行情后，如果股价的 K 线在高位出现一根实体较长向下突破的阴线后，宝塔线也出现一根实体较长的向下黑棒线时，说明股价的跌势已经开始。投资者应及时卖出股票。

TOWER 指标三平顶形态

所谓三平顶形态是指股价经过一段比较短时间内的快速上升行情后，宝塔线图表中出现了连续三个（或以上）、几乎处于同一水平位置的实体很长的黑棒线或棒体下部为黑、上部为白的混合棒体线的形态(见图 26–1)。一般来说，股价短期涨幅已经相当大，近期波段涨幅要超过 30%以上，越大越有效。

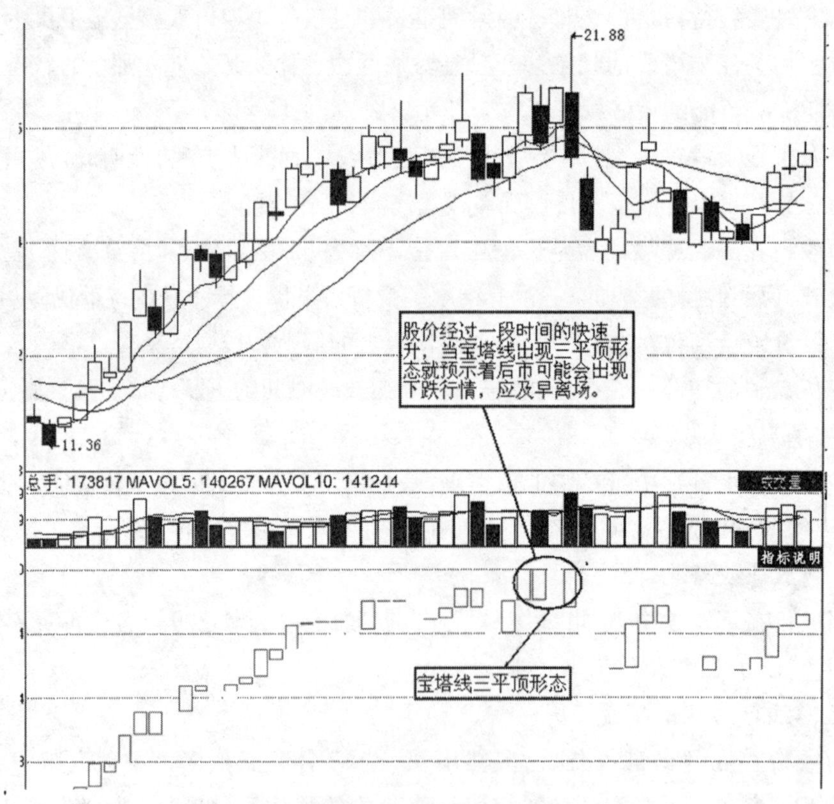

图 26–1　宝塔线三平顶形态图解

在研判三平顶形态时,投资者应注意以下问题:当股价经过在一段较短时间内的拉升行情后,在高位出现这种三平顶翻黑的形态时,预示着股价的强势行情已经见顶,将开始一段比较迅猛的跌势行情。因此,一旦宝塔线指标在高位出现三平顶翻黑形态时,应果断及时地短线卖出全部股票而离场观望。三平顶的另一种形态为,股价在中高位进行了一段时间的盘整后,一旦 TOWER 指标出现三平顶翻黑形态,并且股价也几乎同时向下跌破中长期均线,这种三平顶形态的出现意味着股价一轮新的跌势的开始,应及时清仓观望。

TOWER 指标三平底形态

所谓三平底形态是指股价经过一段比较长时间的快速下跌行情后,宝塔线图表中出现了连续三个或以上、位置依次向上的实体较长的白棒线或棒体下部为黑上部为白的混合体棒线的形态(见图 26-2)。

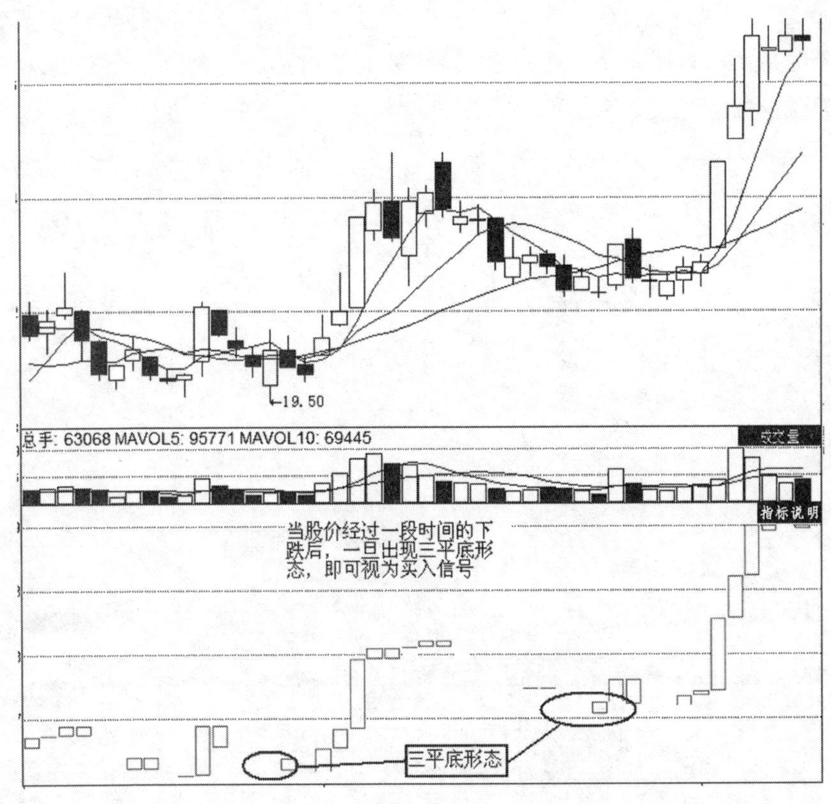

图 26-2 宝塔线三平底形态图解

三平底形态的前提条件是,股价中长期的跌幅已经很大而且近期的跌幅也累计超过 30%以上。其研判方法概括如下:当股价经过一段较短时间的暴跌行情后,股价在低位出现三平底翻白的形态时,预示着股价已经严重超跌,短期内可能产生一波短线的反弹行情。因此,当宝塔线指标在底部出现三平底翻白形态时,投资者可以适量地买入股票,作短线反弹行情。三平底的另一种形态为,股价在上涨中途进行了一段比较长时间的盘整后,一旦 TOWER 指标出现三平底翻红形态,并且股价也同时依托中长期均线向上扬升,这种三平底形态的出现意味着股价一轮新的涨势的开始,应短线及时逢低买入或持股观望。

TOWER 指标一般选股技巧

所谓宝塔线是以白(或红)黑(或绿)的实体棒线来划分股价的涨跌,及研判其涨跌趋势的一种线路,也是将多空之间拼杀的过程与力量的转变表现在图中,并且显示适当的买进与卖出时机。简单说来,就是翻红买入,翻绿卖出。

例 1:

河池化工(000953)(见图 26-3)上市以后,主力一直以打压吸货为主,并在平台调整达数周之久。至 2000 年 3 月 13 日,宝塔线翻红;3 月 14 日,开始第一个放量涨停,宝塔线显示其为有效突破。随后按宝塔线原理可以一直持股至 3 月 28 日宝塔线翻绿时顺利出货(上涨近 140%)。

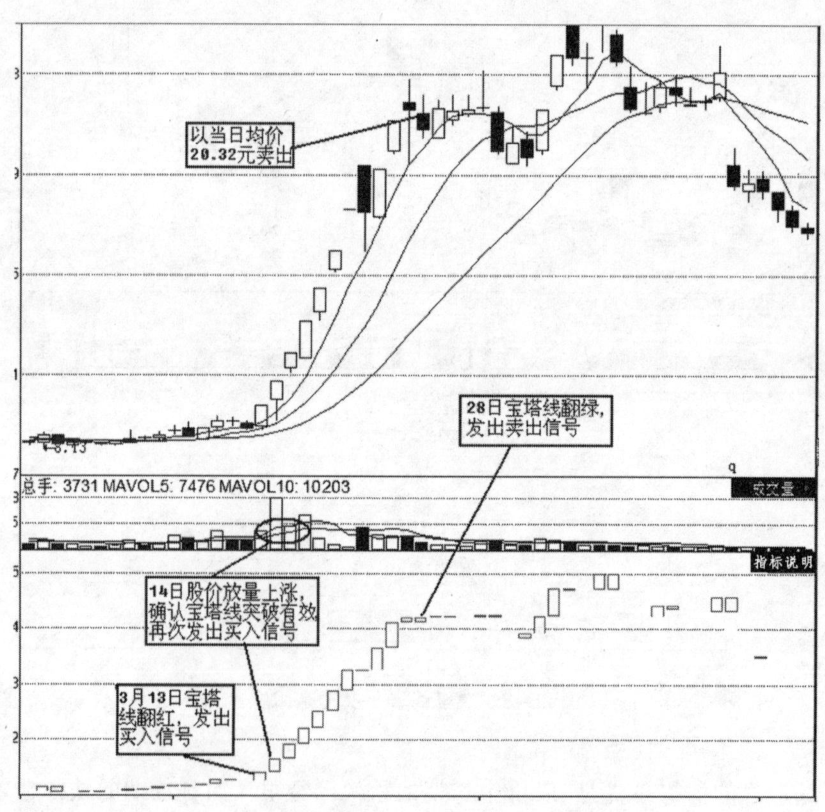

图 26-3　河池化工宝塔线买卖图解

例 2：

江南重工(600072)(现名中船股份)在年初时随大盘反弹,成交量并没有出现明显的放大,股价呈现出震荡上扬的走势。之后该股虽然随大盘出现小幅的回落走势,但是盘面主力打压吸货的迹象还是比较明显。4 月 3 日,宝塔线翻红,并且在之后的数个交易日中连续翻红,显示出其股价突破的有效性。随后按宝塔线原理投资者可以一直持股至 4 月 11 日,因为在 4 月 12 日的行情中,宝塔线呈现出小部分翻红而大部分翻绿的图形,空方力量已经表现出较大的优势。此时,投资者应该适量出局了结。而此后该股的震荡调整走势也证明了这一点。如图 26-4 所示。

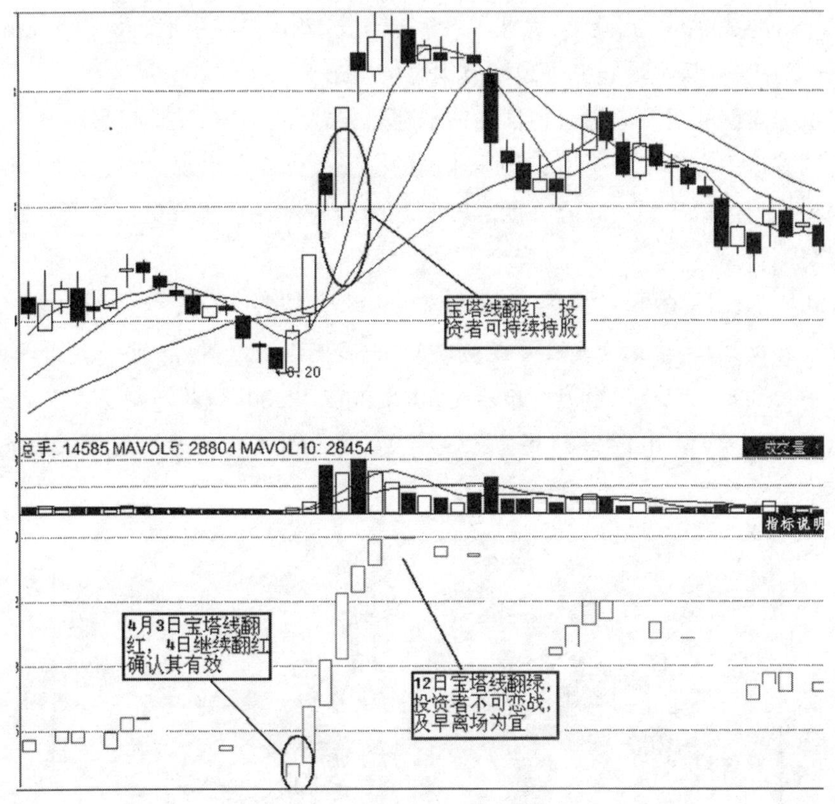

图 26-4　江南重工宝塔线买卖图解

投资者在运用宝塔线时,还应注意以下两点:

①当 TOWER 指标在中低位翻红(或白)后,只要 TOWER 线放出一连串的红(或白)色实体,并且股价依托中短期均线向上运行时,说明股价的强势依旧,股价还将继续上攻。这是 TOWER 指标发出的持股待涨信号。此时,投资者应坚决持股待涨。

②当 TOWER 指标在高位翻黑向下后,只要 TOWER 线放出一连串黑色实体而没有明显的翻白的现象,同时股价也被中短期均线压制下行时,说明股价的跌势依旧。这是 TOWER 指标发出持币观望信号。此时,投资者应以持币观望为主。

TOWER 线三平顶翻黑

发现一些强势股热门股短线参与之，对有一定市场经验的投资者而言并非难事,关键在于逢高及时出货。我们发现对于以下条件的个股可利用三平顶翻黑绿卖出：

①中短线波段累计涨幅大的个股利用三平顶高位翻黑杀跌，即可保证在高位出逃，又不致过早离场。

②对 180%~200%以上换手、大波段 35%以上趋势升幅的牛股,及 50%~80%以上换手率反弹热门股,一旦宝塔线三平顶翻黑则离场出逃。

③有主力对倒的诱多的盘口特征加三平翻黑,当坚决出场了结,归避风险。

④对调整市中有中期 20~40 天均线压制的个股反弹高点出现三平顶可减磅。中短均线系统空头排列可适当加大减仓力度。若 K 线组合显示见顶迹象更应果断减磅。

实战案例：

珠峰摩托(600338)经一轮升幅近 50%的爆炒。5 月 23 日~25 日出现三平顶翻黑且价量背离见顶,依讯号卖出可成功逃大顶。以后 7 月 7 日 6.5 元一线出现主力诱多的三平顶翻黑可视为逃命线。而后受 20 及 30 天中期均线的压制多次发出宝塔线翻黑的卖出讯号。9 月 13 日的放量反弹后宝塔线翻黑更可避开短期暴跌的市场风险。如图 26-5 所示。

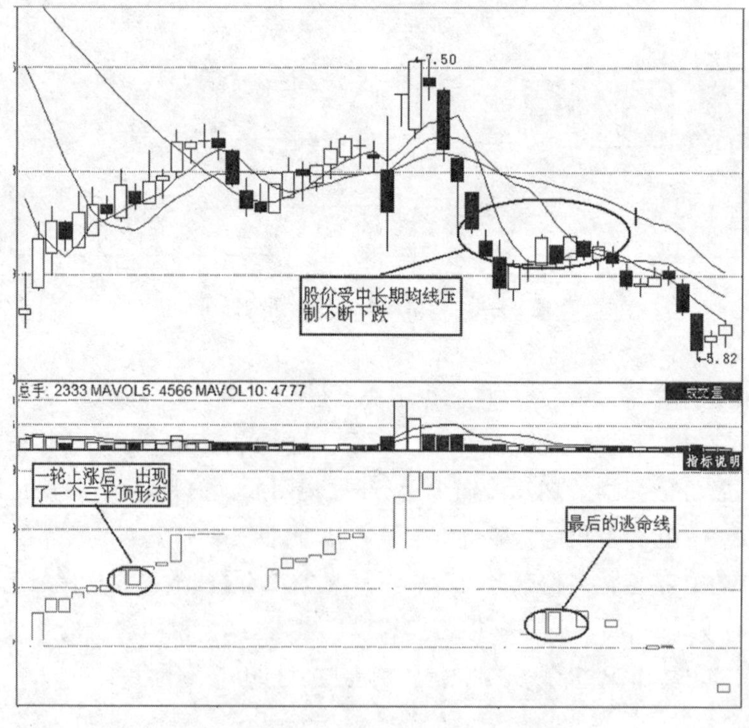

图 26-5 珠峰摩托宝塔线买卖图解

TOWER 线三平底翻红

当股价在上涨中途进行了一段比较长时间的盘整后，一旦 TOWER 指标出现三平底翻红(或白)形态,并且股价也同时依托中长期均线向上扬升(或带量向上突破中长期均线),这种三平底形态的出现意味着股价新一轮的涨势开始。这是 TOWER 指标发出的买入信号。此时,投资者应及时跟进买入。

实战案例：

振华科技(000733)(见图 26-6)在经过了一段较长时间的下跌行情后,1999 年 5 月 14 日到 19 日形成了三平底形态。19 日宝塔线翻红,股价带量向上突破中长期均线。在随后的几个交易日内股价由 8.20 元涨到了 10.28 元。

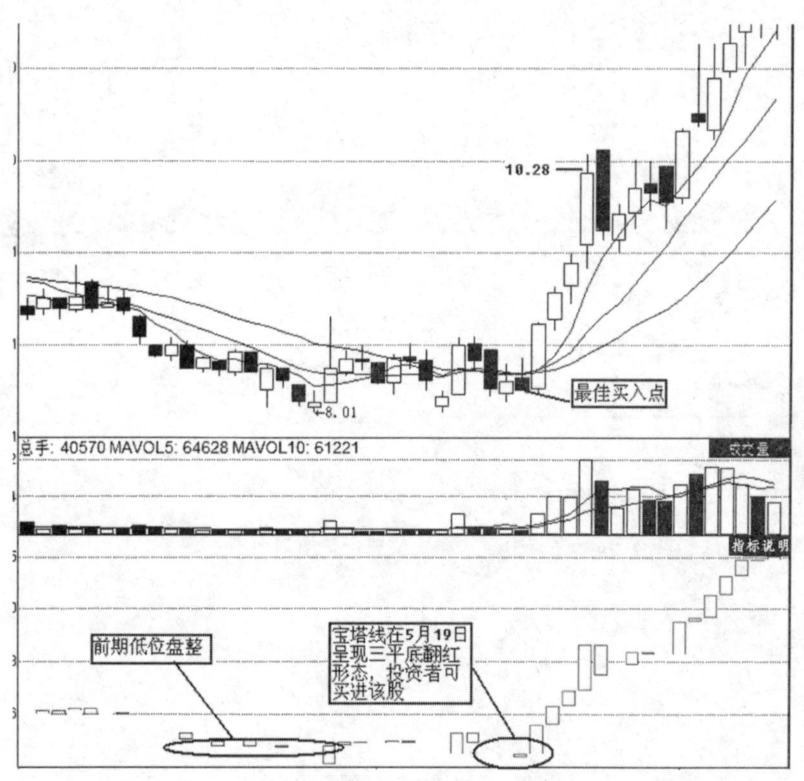

图 26-6 振华科技三平底翻红买入图解

TOWER 线捕捉短线个股

当股价在上升途中维持中低位整理,一旦出现实体很长的白色棒线向上突破整理区间时，说明股价中低位整理的态势已经结束，将进入一个快速的上涨行情，投资者应及时短线买入股票或持股待涨。

实战案例：

中国太保(601601)(见图 26-7)2008 年末到 2009 年初经过了一段较长时间的平台整理。2009 年 1 月 14 日当天宝塔出现较长实体的红棒，股价短期随即飙升至 13.80 元。

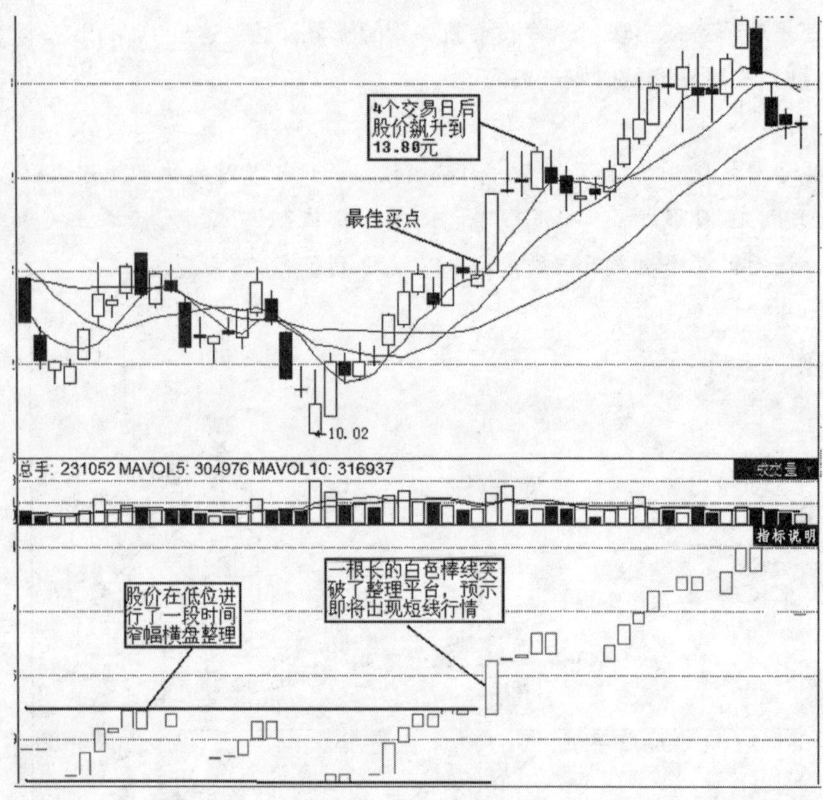

图 26-7 中国太保宝塔线捕捉短线个股图解

K线看盘篇

K 线技术是股票投资者的必修课程。K 线图反映的是一段时间以来买卖双方实际战斗的结果，投资者从中可以看到买卖双方争斗中力量的增减、风向的转变等。它简洁而直观，虽不具备严格的逻辑推理性，但是有相当可信的统计意义，真实、完整地记录了市场价格的变化，反映了价格的变化轨迹。本篇不仅全面地介绍了 K 线走势、各种 K 线形态的分析方法，还对趋势线、均线等对 K 线分析起辅助作用的技术面内容作了较为详尽的讲解，通过对每种形态图文对照的深入阐述及大量实例剖析，力图使读者在看懂 K 线走势的基础上，能做到灵活运用这些形态。我们既注重理论的深度、方法的讲解，也注重实例的解析，希望读者在读过本书后，可以真正掌握 K 线分析之道。

第 27 章

单日 K 线分析

没有上下影线的阳线

没有上下影线的阳线又叫做光头光脚阳线（见图 27–1），表明该日交易以最高价收盘，并且最低价就是当日的开盘价。这说明该股的涨势很强，一路上涨，阻力不大。阳线越长，则表明涨势越长，多方势力很强大。一般来说，光头光脚阳线分为光头光脚中大阳线和光头光脚的小阳线。

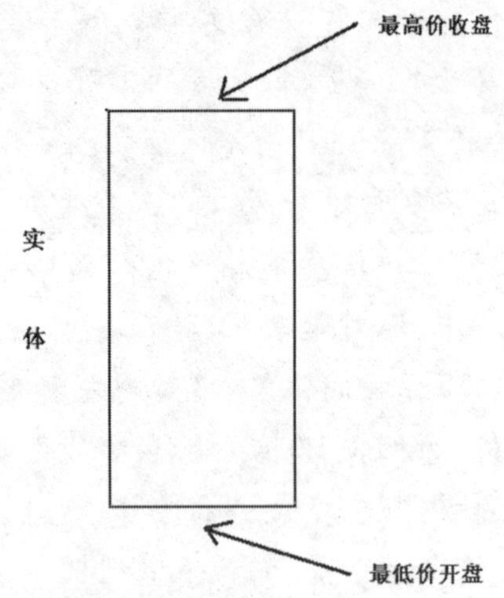

图 27–1　光头光脚阳线示意图

在现有停板交易制度下，我们可以将涨幅在 1.5%内定义为小阳线，涨幅在 1.5%~5%之间为中阳线，涨幅在 5%~10%定义为大阳线。

光头光脚(没有上下影线)的中大阳线,是多方发起强大攻势,取得了全胜的结果。根据其出现的位置,我们可以做一下细分:

中大的光头光脚阳线在低位区出现。这是股价在长期受挫后企稳回升的表现,如果有成交量的配合,可以起到夯实底部的作用,此时可以大胆跟进建仓。但要注意的是,如若缺少增量资金的配合,低位底部出现的中大阳线也没有太大的意义;

中大的光头光脚阳线在多空双方僵持的盘整期间出现。这意味着多方发起了主动进攻,利用中大阳线突破盘局,因此若在盘整末期或上升趋势的中途出现中大阳线,可短线果断跟进,次日收阳的概率极大。但需要注意的是,成交量也应同步的放大;

中大的光头光脚阳线在股价大幅扬升之后的高价区出现。这种情况应谨慎对待,即使是强弩之末不到巅峰也近在咫尺,无论有无突发性利好或巨量放出,都应持币观望为佳,警惕次日大阴的反转出现。

另外,通过次日开盘价和开盘后多空的交战区域(即对昨日 K 线的切入程度),我们还可对当天多空双方交战的结果,作个简明快速的预期判断,便于操作的决策。次日开盘后,由于多方买盘的强大,股价在阳线的上方屡创新高,说明多方力量依然强劲,继续高走收阳线的可能性较大;次日开盘,股价回跌倒中大阳线实体内,表明买卖双方短兵相接,多方面临卖压的考验,但这并不意味着空方占绝对的优势,此时需要通过观察“中心值”的方法来判别强弱;次日开盘双方即战斗在中大阳线下端,往往是空方利用利空快速压低股价,屡创新低说明空方已完全把握行情,即有可能收出一根大阴线。

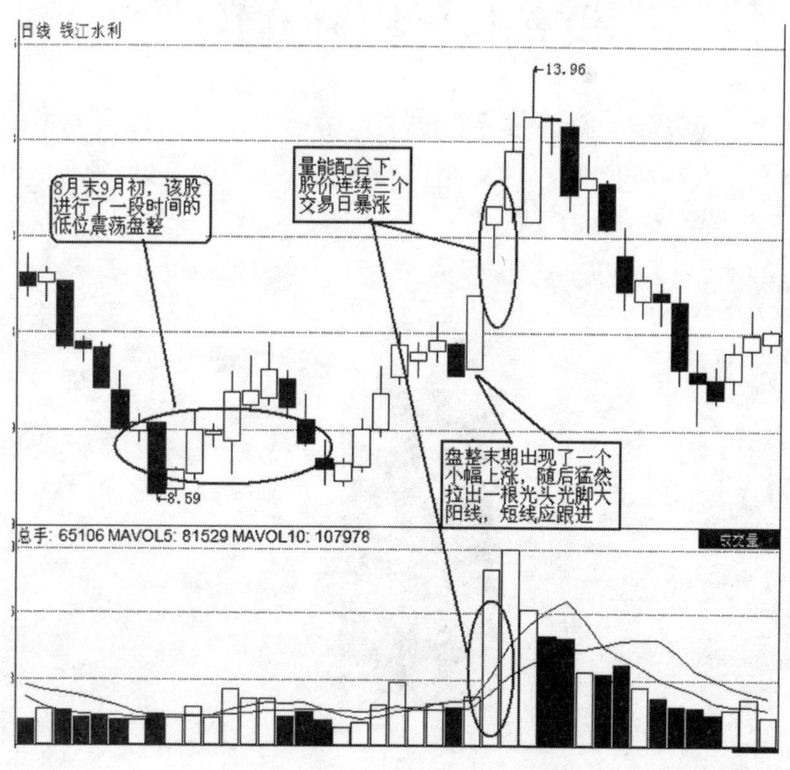

图 27-2 钱江水利长阳线短线买入图解

实战案例：

钱江水利(600283)(见图 27-2)在 2009 年 8 月末开始了一次低位盘整。9 月 11 日，该股拉出了一根漂亮的光头光脚长阳线，成交量温和放量。而当日涨幅高达 9.97％，可见多方实力强劲，后市应该有一波短线行情。果然，短短 3 个交易日，股价就由 11 日的 11.14 元暴涨到了 13.96 元，短线获利丰厚。

光头光脚的小阳线准确性不如大阳线。一般来说，若小阳线出现在股价大幅扬升以后，说明买方力量在减弱，上升动能日渐衰落，股价继而转向下跌的可能性较大；若在一定区域的盘整期间出现，此时的天天小阴小阳则说明盘局依旧；若是出现连续的数根小阳线，显示出多方的力量在增强，开始向上试探性的进攻，此时则需关注是否有带量突破盘局的行为；若出现在上涨或下跌趋势的中途，则仅仅表示小的休整，原有的趋势将依旧；若是出现在股价持续大跌之后，特别是向下跳空低开的话，往往说明主动性的卖盘几近枯竭，所以往往是将发生逆转的先兆。

在周 K 线分析中，光头光脚的中大阳线往往预示着下周会有下跌的出现。因此下周是高位卖出的时机，特别是在下周初高开或股价大幅快速上扬时，要注意把握住机会。如果是光头光脚的小周阳，则说明经过了换手整理，仍有上升的动力，后市继续保持升势的概率仍较大。

没有上下影线的阴线

没有上下影线的阴线又称光头光脚阴线(见图 27-3)，表明该日交易以最低价收盘，并且最高价就是当日的开盘价。这说明该股的跌势很强，一路下跌支撑力不大。阴线越长，则表明跌势很强，空方势力很强大。

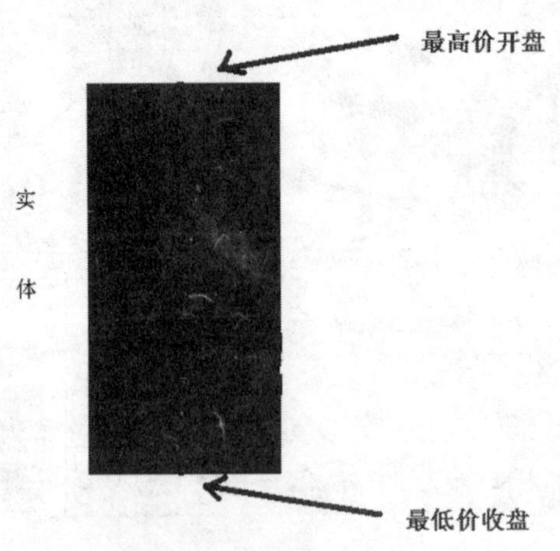

图 27-3　光头光脚阴线示意图

在现有涨跌停板交易制度下，我们可以将跌幅在 1.5%内定义为小阴线，跌幅在 1.5%~5%之间为中阴线，跌幅在 5%~10%定义为大阴线。

光头光脚的中大阴线，是空方发起强大攻势取得了全胜的结果。根据其出现的位置不同，同样可以分为三种情况：

在低位区出现中大光头光脚阴线(见图 27-4)，往往是衰竭恐慌性抛盘造成的。虽然短线可能再度下跌，但随后一般跌幅不会太大，此时应该等待并关注转机的出现，先不要抄底抢反弹。最佳稳健的介入时机是等到成交量萎缩到地量之后，成交量出现放大股价企稳时再果断介入。这时底部形成也会有组 K 线的明示，这是因为即使是低位的大阴线，若没有上升动量配合也不会有什么像样的行情产生；

如果在盘整末期或下跌趋势中途出现，说明股价向下突破再续跌势，此时应该顺势卖出；

若是在连续上涨之后的高价区出现光头光脚中大阴线，特别是有量的配合，这更是明显出货的行为，应该果断清仓。

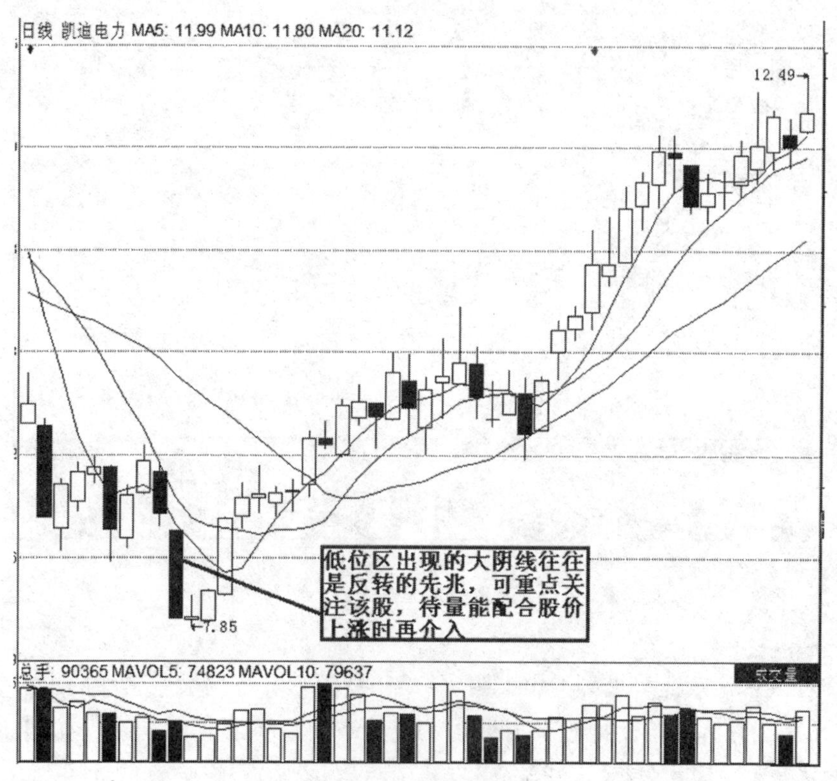

图 27-4 低位光头光脚大阴线图解

通过次日开盘价和开盘后多空的交战区域(即对昨日 K 线的切入程度)，我们可对当天多空双方交战的结果，作个简明快速的预期判断，便于次日当天的操作决策。如果次日开盘价和交战的区域在实体的上端，说明多方接着利多快速推高，次日可能收出一个中大阳线；如果次日开盘和交战区域在实体的部分，多方开始反攻，胜负取决于双方力量的增减，多方力量的强弱尚需观察“中心值”的得失；如果次日开盘价和交战的区域在实体的下端，说明空方借势乘胜追击，次日续跌的概率较大。

对于光头光脚的小阴线而言，如果出现在跌势末期的低价区，并且它的最低价高于昨日最低价即为孕线，表示卖盘接近枯竭，股价走势可能发生逆转；如果出现在上升趋势中途(见图 27-5)，特别是在一根大阳线之后，表示暂时性的休整，股价继续上升的可能性仍较大；如果出现在小升小跌不断的盘局中，说明盘整仍将继续；若出现在长期持续上涨之后的高价区，如阴跌不止，则需提防主力在慢慢地出货。一般常规洗盘不应跌破最高价的 10%，控盘庄股一般不跌破最高价的 5%。

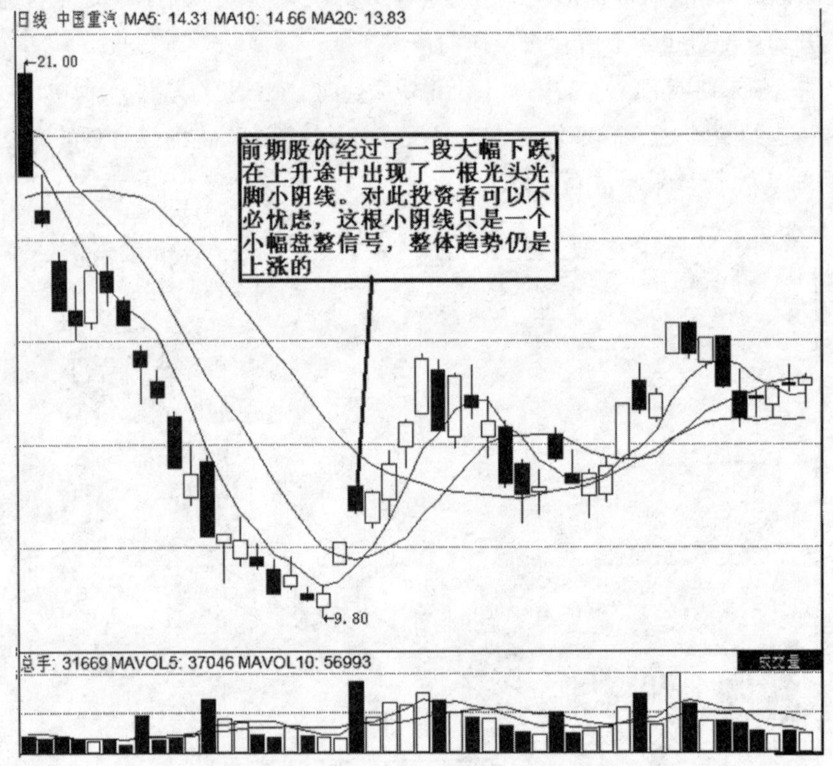

图 27-5 上升途中光头光脚小阴线图解

在周 K 线中出现光头光脚的中大阴线，则往往预示着下周会有反弹的出现。下周表现为先抑后扬的行情，因此持股者不必在下周初杀跌中匆忙卖出，可以在后半周反弹时抛出。但若是先于周初反弹，无法突破站稳“中心值”时则应顺势卖出。对于空仓者而言，可以在下周初的杀跌中低位适量吸纳，参与后半周的反弹短线操作。

带下影线的阳线

只带下影线而不带上影线的阳线又叫做光头阳线(见图 27-6)，该阳线表明该日开盘后交易价曾跌破开盘价，但随即上涨，并且以最高价收盘，这说明该股在上涨过程中曾遇抵抗，但有强有力的支撑，表明涨势很强，后市看涨。

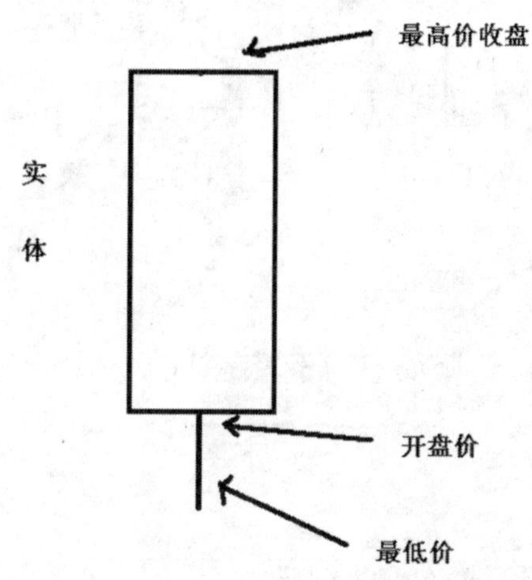

图 27-6　带下影线的阳线示意图

光头阳线若出现在低价位区域，在分时走势图上表现为股价探底后逐浪走高且成交量同时放大，预示为一轮上升行情的开始。如果出现在上升行情途中，表明后市继续看好。

光头阳线是一种带下影线的红实体，该线最高价与收盘价相同。开盘后空方卖气较足使价格下跌，但在低价位上得到买方的支撑。卖方在受挫的情况下价格向上推过开盘价，并一路震荡上扬直至收盘，收盘在全天最高价上。后市承接力强，暗示上升力强，可能是上涨的先兆。

光头大阳线（先跌后涨型）全日节节上升，有强烈的涨势。如果在跌市中出现，可能是跌市结束的信号。

开盘光头阳线（上升抵抗型）（见图 27-7）上升力强，但受阻挡，应谨慎。若是在持续上涨之后，可能是下跌的先兆；若是在下跌中的反弹行情，则多头实力不足，仍将下跌。

光头小阳线（欲涨乏力型）行情扑朔迷离，涨跌难有明确估计。如果出现在强烈持续上升之后，表示高位震荡，持续力不足，可能是下跌的征兆。如果在长期下跌之后出现，表示欲振乏力，可能继续下跌。

对光头阳线，还可以通过实体部分与下影线长短来进行分析。实体部分与下影线长短不同，则买方与卖方力量对比不同。

实体部分比下影线长，价位下跌不多即受到买方支撑，使价格上行在上破了开盘价之后，还大幅度推进，说明买方实力很大。

如果实体部分与下影线相等，表明买卖双方交战激烈，大体上买方占主导地位，对买方有利。

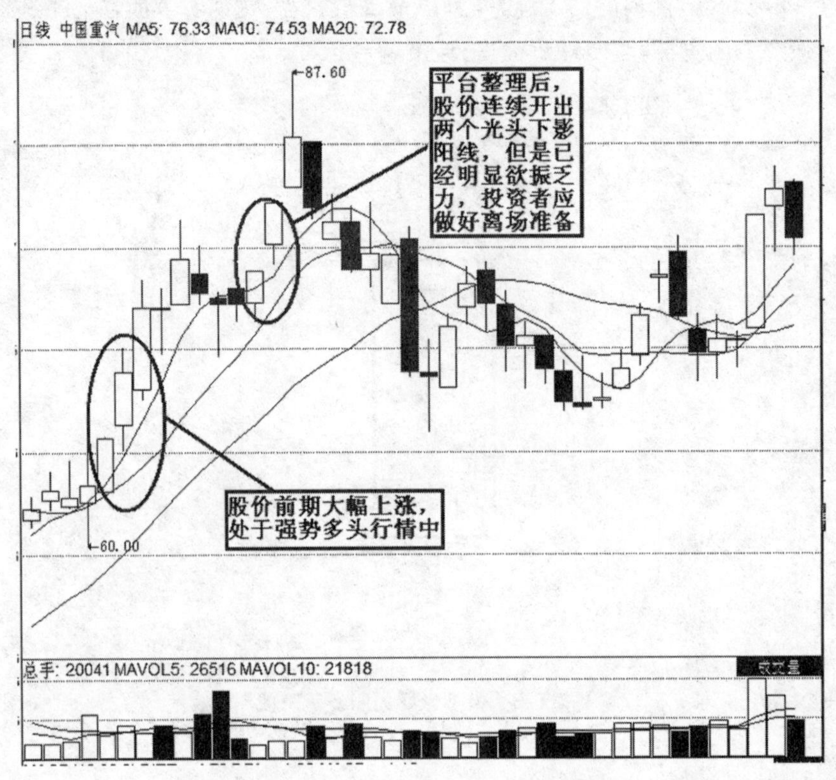

图 27-7 带下影的光头小阳线图解

实体部分比下影线短，买卖双方在低价位上发生激战，遇买方支撑逐步将价位上推，上面实体部分较小，说明买方所占据的优势不太大。如次日卖方全力反攻，则买方的实体很容易被攻占。

光头阳线若出现在低价位区域，在分时走势图上表现为股价探底后逐浪走高且成交量同时放大，预示为一轮上升行情的开始；如果出现在上升行情途中，表明后市继续看好；若出现在高位，则是多方的回光返照马上就将进入死亡。

带下影线的阴线

只带下影线不带上影线的阴线又叫光头阴线（见图 27-8）。光头阴线表明该日开盘后，交易价一路下跌，但是在买方势力的抵抗下，在价位跌到当天最低价时，买方迫使价位回升了一定的幅度，并以较高价收盘。这说明该股在下跌过程中，出现了支撑的力量，虽不足以立即止跌，但已不可轻视。

光头阴线是下跌抵抗型，表示空方力量强大，但在下跌途中一定程度上受到了买方的抵抗，常出现在下跌途中、市场顶部或振荡行情中。

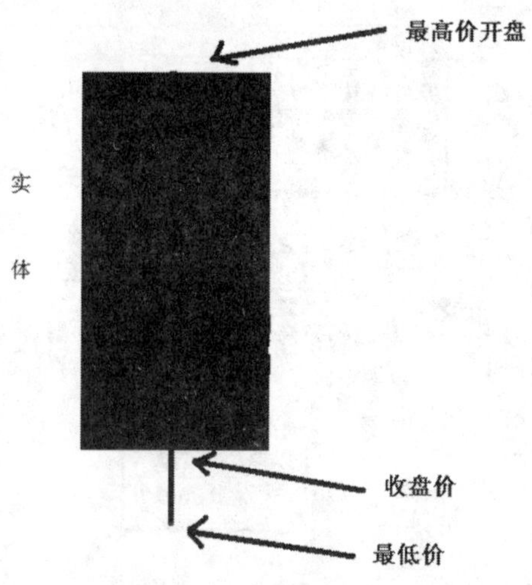

图 27-8　带下影线的阴线示意图

光头阴线是一种带下影线的阴实体，该线形开盘价即是全天最高价。开盘后卖方力量比较强大，价格一直下跌，但在低位遇到买方的支撑，后市可能会出现反弹。根据实体部分与下影线的长短不同可分为三种情况：

实体部分比影线长，表明卖压比较大。开盘后股价大幅度向下，在低位遇到买方抵抗，买方与卖方发生激战，影线部分较短，说明买方把价位上推不多。从总体上看，卖方占了比较大的优势。

实体部分与影线同长，表示卖方把价位下压后，买方的抵抗也在增加，但可以看出，卖方仍占有一定优势。

实体部分比影线短，表示卖方把价位一路压低，在低价位上遇到买方顽强抵抗并组织反击，逐渐把价位上推，最后虽以阴线收盘，但可以看出卖方只占极少的优势。后市很可能买方会全力反攻，把小阴实体全部吃掉。

光头大阴线整日下跌，后市疲弱，行情极坏，还要下跌，在空头市场经常出现。如连续出现数根大阴线，可能有反弹行情。

收盘光头阴线（先涨后跌型）行情先涨后跌，卖方势强，行情看跌。

小阴线（短下影）行情混乱，涨跌难以估计。如果出现在持续上升之后，表示高位震荡，可能是下跌的先兆。

开盘光头阴跌（下跌抵抗型）（见图 27-9）行情下跌后受到承接，显示有反弹迹象。

小阴线（长下影）加速下跌的征兆。

总之，一般光头阴线出现时市场疲弱，交易量小，投资者应持观望态度。

光头阴线线型如果出现于低价位区，说明抄底盘的介入使股价有反弹迹象，虽然短期内不会立即出现大幅上涨，但由于有买盘在低位区域介入，后市会有一定的上涨机会。

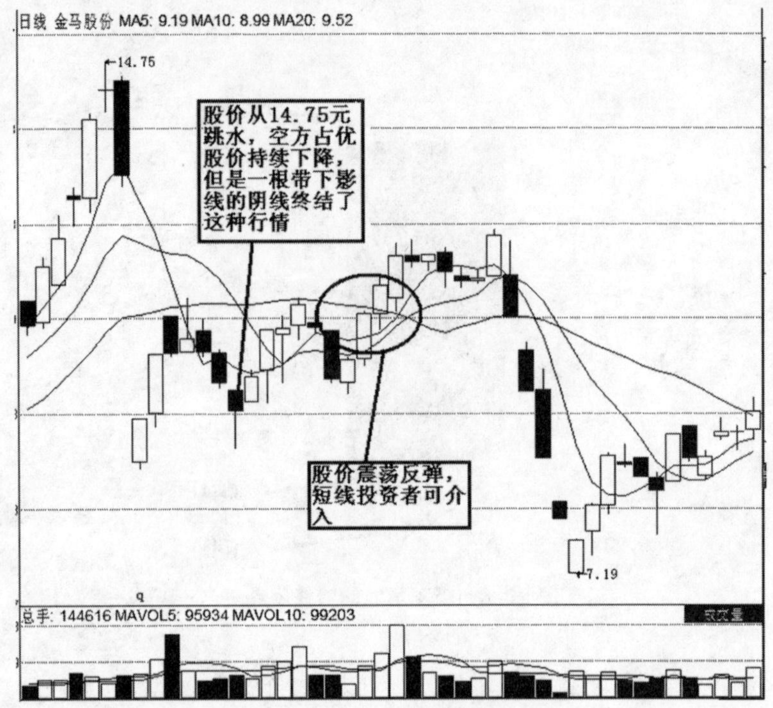

图 27–9 带下影线的阴线图解

带上影线的阳线

带上影线而不带下影线的阳线又叫光脚阳线(见图 27–10)。表明该日开盘后,交易价一路上涨,但是在最高价又跌了下来,没能以最高价收盘。这说明该种货币在上涨过程中曾遇较强阻力,被迫未能以最高价收盘,多方优势已受到有力的挑战。上影线越长,表明阻力越强。

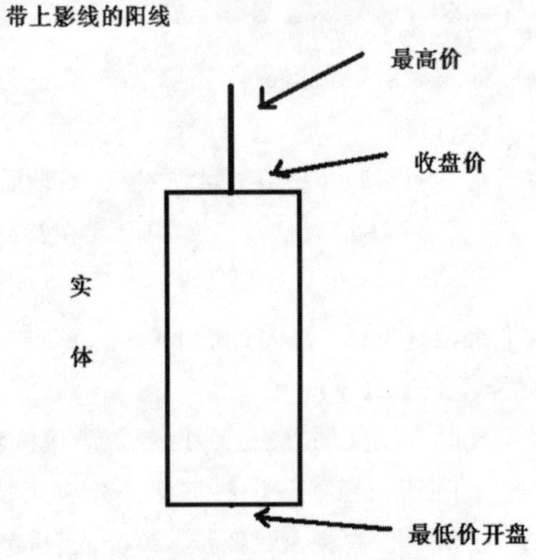

带上影线的阳线

最高价

收盘价

实体

最低价开盘

图 27–10 带上影线的阳线示意图

光脚阳线是一种带上影线的红实体 K 线。开盘价为全日最低价,开盘后买方占据明显优势,股价不断攀升,表示上升势头很强;但在有了一定涨幅后多空双方出现了分歧,致使股价下跌,但最终仍以阳线报收。

如果在低位出现光脚阳线(见图 27-11),且实体部分比上影线长,表明买方开始聚积上攻的能量,进行了第一次试盘。

如果在高位出现光脚阳线,且实体部分比上影线短,表明买方上攻的能量开始衰竭,卖方的能量不断增强,行情有可能在此发生逆转。

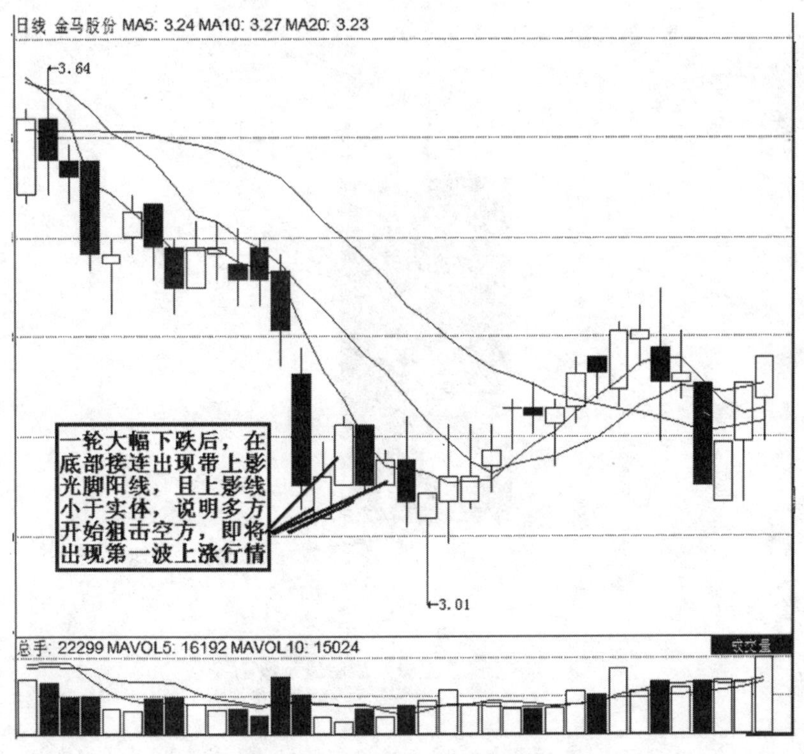

图 27-11 上影线小于实体的阳线图解

上影线代表冲刺到某点上方,开始有阻力卖盘,所以下落。而开盘光脚阳线,说明有资金在低位开盘就坚决托住,这有几个可能:一是发生在上升中,主力想看看前面有没有大的卖盘,如果卖盘并不大,后期回荡有限,会拉涨停冲破前期高点,后面升幅可观。这种图形被称为仙人指路。二是主力故意拉高出货,在前期涨幅过大的个股,主力要出货时,以一笔大单拉升,到某高点后不再拉升任由卖盘回落,实际是出货。主要看成交量是否放大,如果拉升时放量,回落时缩量则不是;反之则很有可能。

一般来说,如果在低价位区域出现光脚阳线,且实体部分比上影线长,表明买方开始聚积上攻的能量,进行第一次试盘。如果在高价位区域出现光脚阳线,且实体部分比上影线短,表明买方上攻的能量开始衰竭,卖方的能量不断增强,行情有可能在此发生逆转。

带上影线的阴线

带上影线而不带下影线的阴线又叫光脚阴线(见图 27-12)表明该日开盘后,交易价曾涨过开盘价,但是在卖方势力的打压下价位被压在开盘价以下,并以最低价收盘,这说明该种股票在下跌过程中多方虽作了拉动上涨的努力,但阻力较强,空方力量很强大,后市看跌。

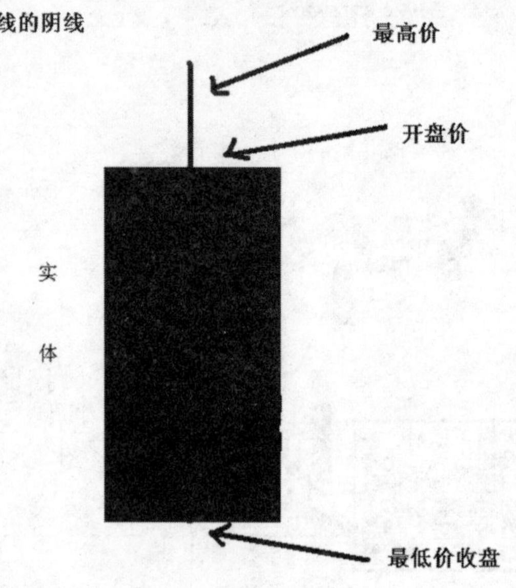

图 27-12 带上影线的阴线示意图

光脚阴线属于先涨后跌型 K 线,虽然在开盘后多方出现了上攻出现了上影,但上方抛压较重,空方的力量强大一直打压到最低价报收。

实战中一般可以将带上影的光脚阴线分为实体长于上影的光脚阴线、实体等长上影光脚阴线和实体短于长上影的光脚阴线三种(见图 27-13)。

①实体长于上影的光脚阴线,说明多方虽有推高意图,但空方的打压更坚决,力量更强大;

②实体等长上影光脚阴线,说明多空经过交战,空方占据着主动地位;

③实体短于长上影的光脚阴线,说明空方虽然略占优势,但多方也蕴藏着反扑的力量,当然这还要看 K 线所处的高低位置而定。

光脚阴线常常出现在下跌趋势的中途和盘整末期的破位,均表示后市继续下跌的可能性较大,因为空方占据着主动优势地位。但若是出现在持续大幅下跌之后的低价区,尤其是出现实体短于上影的光脚阴线,则不排除多方在试探空方的抛压实力,后市再次上攻若有量的配合,股价的走向趋势可能会出现转势。

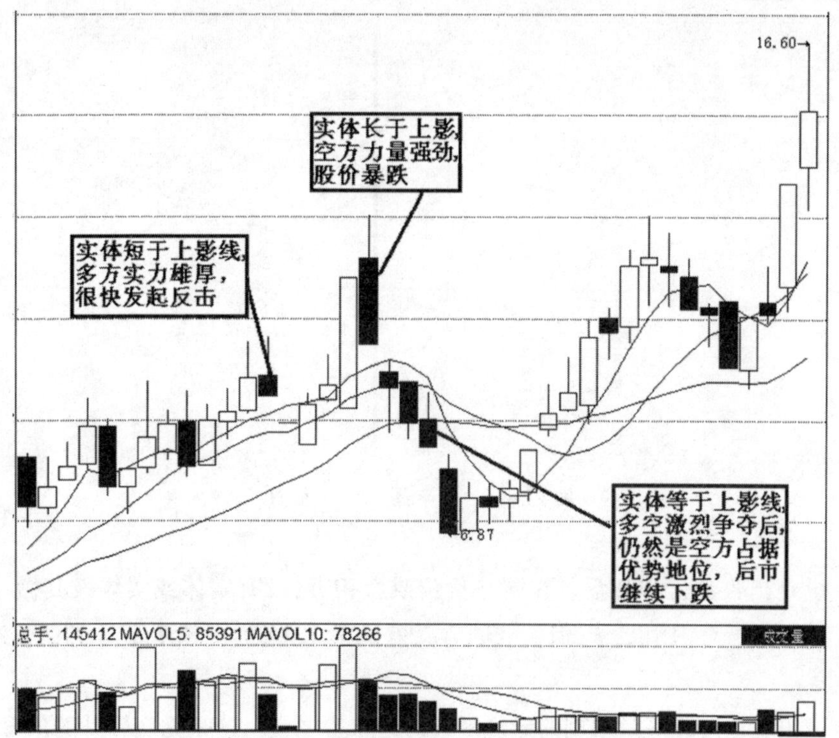

图 27-13 带上影线的阴线图解

通过次日开盘价和开盘后多空的交战区域(即对昨日 K 线的切入程度),我们可对当天多空双方交战的结果作个简明快速的预期判断,便于次日实时操盘决策。如果次日开盘价和交战的区域在影线的上端,多方一扫失地发动总攻占据绝对优势,次日报收中大阳线的概率较大;如果次日开盘和交战区域在影线的部分,多方卷土重来再次发动主动性攻击,报收阳线的概率仍然较大;如果次日开盘价和交战区域在实体的部分,多空双方短兵相接旗鼓相当,但这并不表示空方处于劣势,还需进一步观察"中心值"的得失;如果次日开盘和交战的区域在实体的下端,说明借势乘胜追击往往再度收阴。

空方优势的大小与上影线和实体的长度有关。上影线和实体的长度越长,越有利于空方,也就是空方优势越大;上影线和实体的长度越短,也就是空方优势越小,越不利于空方。

十字星 K 线

十字星 K 线(见图 27-14)表示开盘价与收盘价相同,而上下影线基本相同,这说明多方力量构成的支撑力与空方力量的压力差不多。这种形态可能出现在上涨或下跌过程中,可能说明趋势的延伸,也可能是反转的信号。

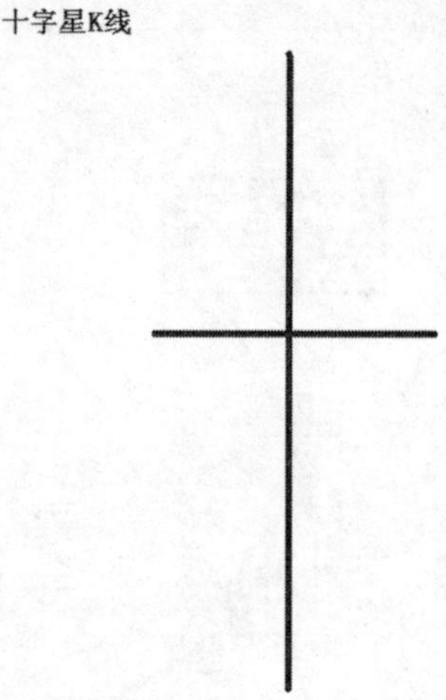

图 27-14 十字星 K 线示意图

十字星是指收盘价和开盘价在同一价位或者相近，没有实体或实体极其微小的特别的 K 线形式。其虽有阴阳之分，但实战的含义差别不太大，远不如十字星本身所处的位置更为重要。

十字星出现在持续下跌末期的低价区，称为“希望之星”，这是见底回升的信号；出现在持续上涨之后的高价区，称为“黄昏之星”，这是见顶转势的信号(见图 27-15)。十字星往往预示着市场到了一个转折点，投资者需密切关注，及时调整操盘的策略，做好应变的预备。

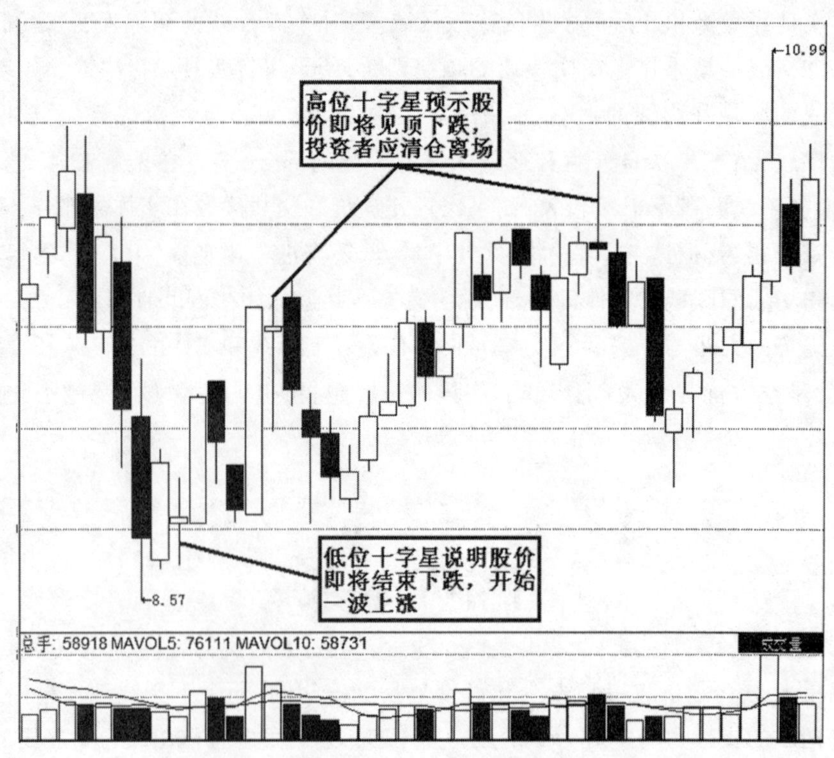

图 27-15 高位十字星与低位十字星 K 线示意图

如果出现十字星的第二天股价能够收阳,并且收盘价格高于收出十字星时的收盘价格,那么第二天收出的这根阳线就是一个验证信号,或者说是确认信号。也就是说,这跟阳线验证或者确认了前一天收出的十字星形态是有效的,说明这根十字星是代表市场跌势已经接近尾声的信号。这个时候投资者可以进场操作了。如果第二天没有出现这种确认信号,那么投资者就不要忙于进场操作,而是应该先观察股价接下来几天的走势。如果股价能企稳的话,方可进场操作,否则还是少动为好。

相反,如果这种十字星形态出现在市场走势的顶部时,操作策略上就应该谨慎了。在这个时候出现十字星形态,股价行情反转的可能性极大。同样,出现十字星形态的第二天,股价的走势也是相当重要的。如果第二天收出一根阴线的话,那么这根阴线就是前面这根十字星形态的确认信号,也就是市场走势要反转的确认信号。此时,投资者应该果断卖出手中的筹码,获利了结。如果出现十字星形态的第二天股价能收出阳线,那么接下来的走势中,股价可能还会有一个上冲的过程。但这时投资者也应该时刻谨慎,一旦股价出现上涨无力的情况,就应该果断地卖出。如果这种十字星形态出现在股价刚启动不久的中部时,那么此时所代表的市场含义是股价上涨会暂停,但不是反转的信号,还有一种市场含义是股价上涨开始加速。在操作上,投资者关键是要把握好节奏。如果出现十字星后的几天里股价小幅度震荡,那么一旦股价下探回拉时就可以进行操作。如果出现十字星形态的第二天股价开始加速上涨,那么应该立即买进。

在行情中一般我们会遇到:大十字星,小十字星,长下影十字星,长上影十字星,T 型光头十字星,倒 T 型光脚十字星和一字线,等等(见图 27-16)。

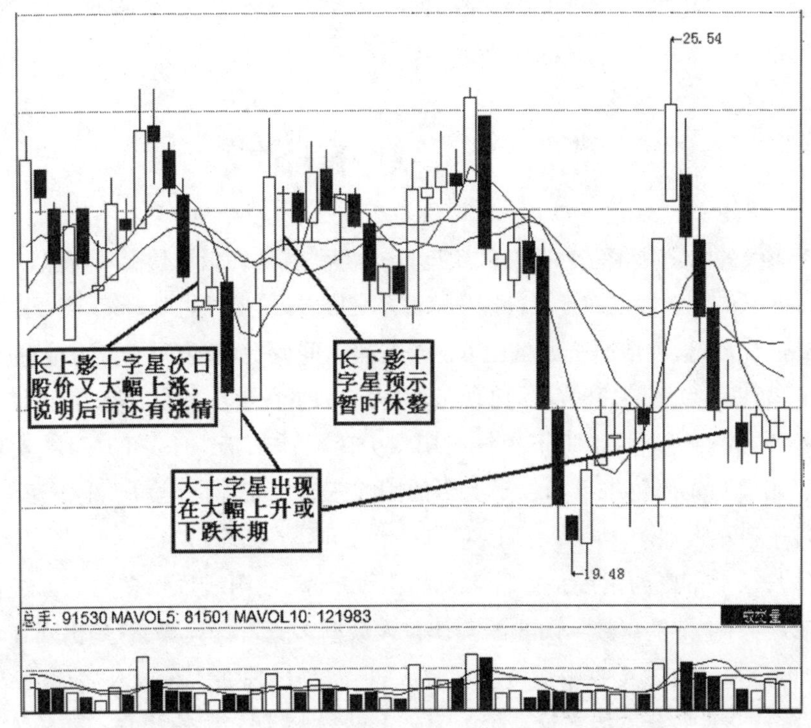

图 27-16 不同意义十字星图解

大十字星出现在大幅持续上升或下跌之末的概率较大，盘整区间出现的概率不多见，往往意味着行情的转势。

小十字星是指十字星的线体振幅极其短小的十字星。这种十字星常常出现在盘整行情中，表示盘整格局依旧；出现在上涨或下跌的初期中途，表示暂时的休整，原有的升跌趋势未改；出现在大幅持续上升或下跌之末，往往意味着趋势的逆转。

长下影十字星如果出现在上升趋势中途，一般均表示暂时休整上升趋势未改；如果是出现在持续下跌之后的低价区，则暗示卖盘减弱买盘增强，股价转向上升的可能性在增大，但次日再次下探不能创新低，否则后市将有较大的跌幅。

T 型光头十字星的市场意义与长下影十字星差不多，常常出现在高位盘整中，表示次日盘整依旧；若是出现在大幅持续上升或下跌之末，是升跌转换的信号。

长上影十字星如果出现在下降趋势中途，一般均表示暂时休整下降趋势未改；如果是出现在持续上涨之后的高价区，股价出现反转的可能性较大；但若出现在上涨趋势中途，次日股价又创新高的话，说明买盘依旧强劲股价将继续上升。倒 T 型光脚十字星的市场意义与长上影十字星差不多，若是出现在持续上涨之后的高价区，这是见顶回落的信号；若是出现在其他的位置，一般均表示暂时休整原有趋势未改。

一字线是指开盘价和收盘价相同，这中形态在 60 分钟的 K 线中出现的多一点，不代表什么意义；最多的就是出现在比较小的周期 K 线中，比如 1 分钟，就是行情在这一分钟内没有波动，其他也不代表什么意义！

十字星的K 线形态出现后，不管是在底部还是在顶部，或者是在股价上涨的途中，投资者都应该引起注意。若出现在股价下跌一波行情时，操作策略上应该注意股价第二天的走势。

带上下影线的阳线

带上下影线的阳线(见图 27–17)，表明该日开盘后，买方力量曾使交易价涨过开盘价，但是卖方势力也曾将价位打压到开盘价以下。双方交锋之后，多方略胜一筹，但受空方影响并没能以最高价收盘。这种情况下如果在上涨了一段时间后出现，表明空方力量有所增强，涨势快到头了；如果在跌了一段时间后出现，表明多方力量在逐步凝聚，跌势很可能被止住。

在实战中，我们可以将带上下影线的阳线分为实体长于上下影的阳线、实体短于上影长于下影阳线和实体短于下影长于上影的阳线三种。实体同时短于上下影线的阳线，由于实体过于短小近似于十字星，所以它归于十字星类(见图 27–18)。

①实体长于上下影的阳线是比较常见的阳线形态，此阳线说明多空双方进行了全面的接触，所以带有上下的影线。阳线的实体较大说明多方占据优势，若是出现在上升趋势中，次日后市稳步上攻继续收阳的可能性较大；但若是出现在大幅扬升之后的高价区，伴随着巨量，次日开盘后若不能在最高价上影之上站稳，说明走势有出现逆转的征兆。

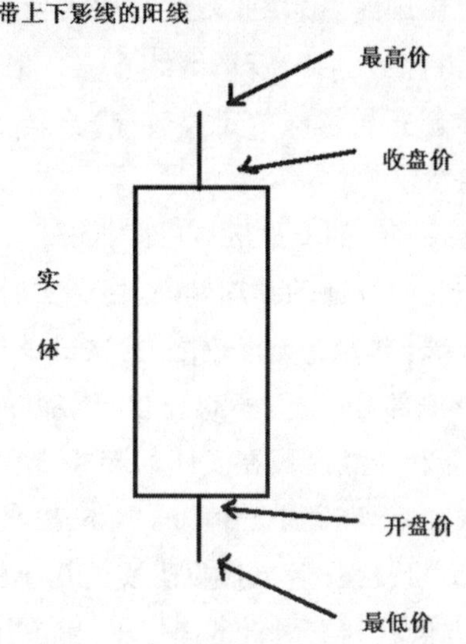

图 27-17　带上下影线的阳线示意图

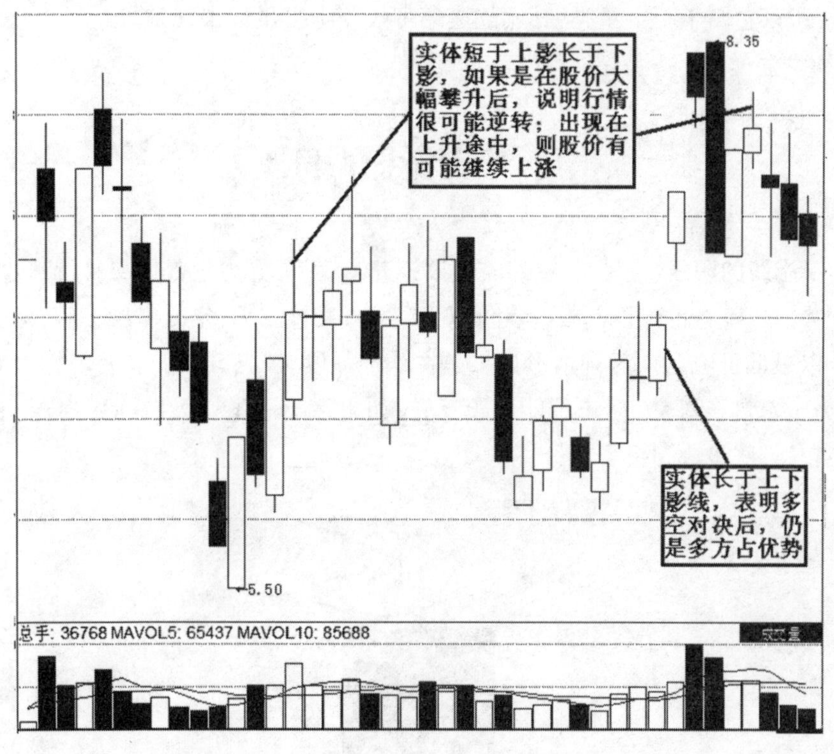

图 27-18　带上下影线的阳线图解

②实体短于上影长于下影阳线往往说明多方心有余而力不足，逢高的获利抛压盘较重，多方虽然略占上风，但卖方的力量正在增加，除非次日可以攻克上影的最高价，否则收阴线的概率较大；如果出现在大幅扬升之后的高价区，则往往意味着趋势逆转；若是出现在经过持续下跌之后的低价区，常常表示多方在试探空方的卖压，后市若能得到成交量的配合，股价将有逆转上升的可能。

③实体短于下影长于上影阳线：出现此阳线说明买卖双方交战激烈互不相让，股价探低之后稳步上涨，多方略占优势，后市行情继续看涨。但次日仍有接受卖方考验的可能，以不跌破“中心值”，即重新开始续涨的走势较佳；若是收盘在“中心值”附近偏下，说明短期进行小幅整理的可能性较大。

通过次日开盘价和开盘后多空的交战区域(即对昨日 K 线的切入程度)，我们可对当天多空双方交战的结果作个简明快速的预期判断，便于实时操盘决策。如果次日开盘价和交战的区域在上影线的上端，空方毫无反攻之力，次日续拉中大阳线的概率较大；次日开盘价和交战的区域在上影线部分，空方虽想反攻但多方解盘能力较强，后市收阳线的机会仍然较大；如果次日开盘和交战区域在实体的部分，说明多空双方进入胶着战，强弱胜负取决于双方力量的增减和收盘对“中心值”的争夺；次日开盘价和交战的区域在下影线部分，说明空方再度发力力量较强，后市报收阴线的几率较多；次日开盘价和交战的区域在下影线的下端，说明空方借着利空因素迅速打压，后市往往收出中大阴线。

实战中可能会遇到实体同时短于上下影线的阳线，这种 K 线由于实体过于短小近似于十字星，所以它归于十字星类，其实战应用可按照十字星线来判别。

带上下影线的阴线

带上下影线的阴线(见图 27-19)表明该日开盘后，买方力量曾使交易价涨过开盘价，但是卖方势力也曾将价位压制在开盘价以下。双方交锋之后，空方略胜一筹，但受多方影响并没能以最低价收盘。这种情形如果是在跌了一段时间后出现，表明多方力量在逐步凝聚，有力地牵制了跌势，后市可能出现反转；如果在上涨了一段时间后出现，表明空方力量已经较强，涨势快到头了。

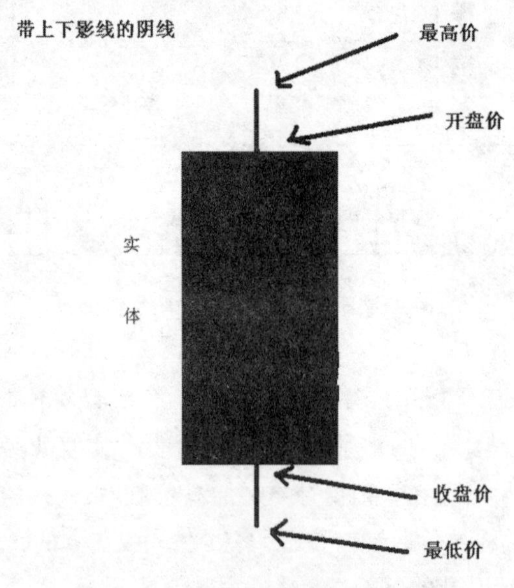

图 27-19　带上下影线的阴线示意图

根据实战经验可以将带上下影线的阴线分为实体长于上下影的阴线、实体短于上影长于下影阴线和实体短于下影长于上影的阴线三种。

①实体短于上影长于下影阴线。此阴线往往说明多方虽有心上攻,但遭到空方的强大抛压,多方下档的抵抗十分微弱,空方把握着全局。此阴线经常出现在持续上升的高价区转向下跌的转势位置上,标志着一波下跌趋势的开始;但若是出现在股价持续下跌之后的低价区,特别是这根阴线的线体较小,次日多方带量再次上攻的话,也要注意股价趋势的逆转可能。

②实体短于下影长于上影阴线。此阴线说明多空双方分歧较大交战激烈,空方的打压有所遇阻,只是略占优势,多方也有蓄势的可能。此阴线常常出现在下降趋势的中途,次日继续收阴的可能性较大。如果是出现在持续下跌的低价区或是上涨趋势的中途,次日下跌又未创出新低收孕线,那么后市上涨的概率较大。

③实体长于上下影的阴线。这是比较常见的阴线形式,常常出现在下跌的中途。此阴线说明多空双方进行了全面的接触,所以带有上下的影线。阴线的实体较大说明空方占据明显优势,股价次日继续下跌的可能性较大。但若是出现在股价持续下跌之后的低价区,次日没有创出新低,第三日又带量上攻的话,则要注意股价趋势的逆转。

例 1:

贵绳股份(600992)(见图 27-20):2005 年 1 月 4 日,股价在 6.56 元~4.49 元这波跌幅中出现了一根下影超长的上下影阴线,这根长下影阴线的下影线是实体长度的 4 倍,形态成立后股价继续下跌,最大跌幅达 13%。

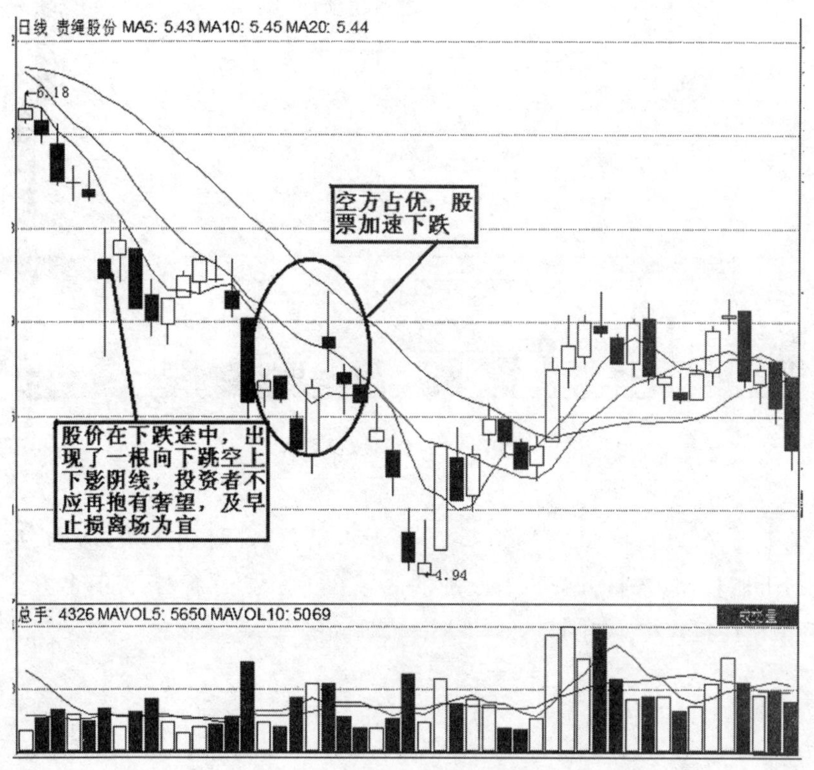

图 27-20 贵绳股份图解

通过次日开盘价和开盘后多空的交战区域(即对昨日K线的切入程度),我们可对当天多空双方交战的结果作个简明快速的预期判断,便于次日实时操盘决策。如果次日开盘价和交战的区域在上影线的上端,多方借助利多老虎发威,次日拉出中大阳线的概率较大;次日开盘价和交战的区域在上影线部分,空方失去主控制权,多方反攻有收阳的要求和能力;如果次日开盘和交战区域在实体的部分,则说明多空双方再次进入正面交锋,胜负强弱取决于双方后续力量的增减和收盘时对"中心值"的占领。

例2:

金马股份(000980)在2007年9月7日,经过50%以上拉升后的股价在高位收出跌幅为4.55%的带上下影的长阴线,阴线实体中心线对应的位置在10.305元。第二个交易日(09.10日),股价低开高走,形成小阳线,收在10.29元。由此便形成了高位"插入线"。此后股价最低探至7.31元,跌幅达30%。如图27-21所示。

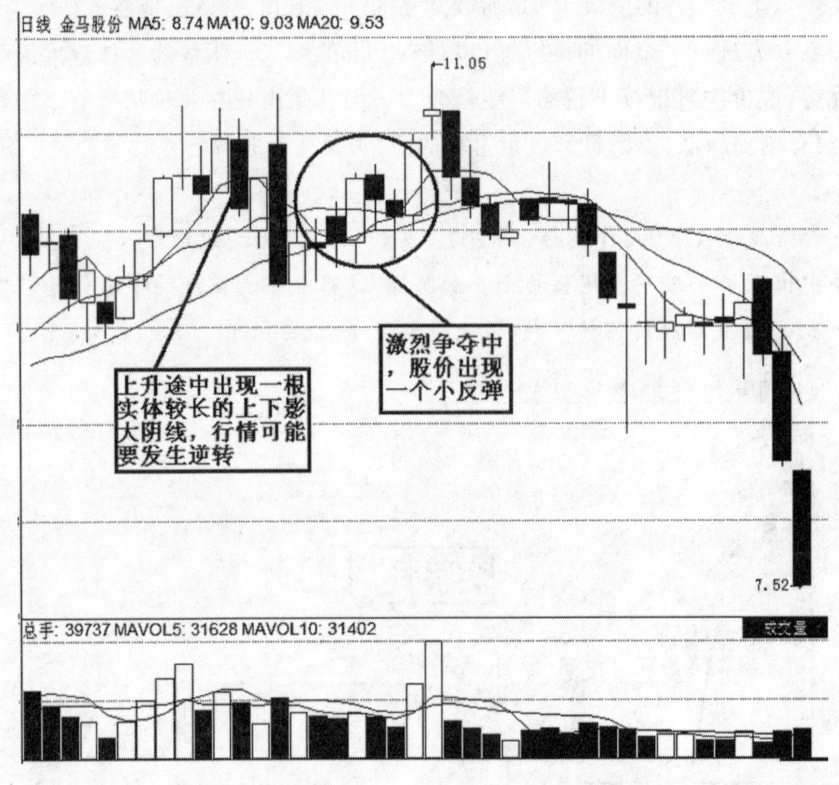

图27-21 金马股份图解

一般说来,次日开盘价和交战的区域在下影线部分,说明空方再度发力,后市创新低报收阴线的可能较大;次日开盘价和交战的区域在下影线的下端,说明多方无心恋战溃不成军,后市往往报收中大阴线。

第 28 章

K 线组合应用

十字星形态

十字星形态(见图 28-1)是由两根蜡烛线组成的,第一天是一根大阳线或大阴线,第二天是个十字星线,且为价格跳空。

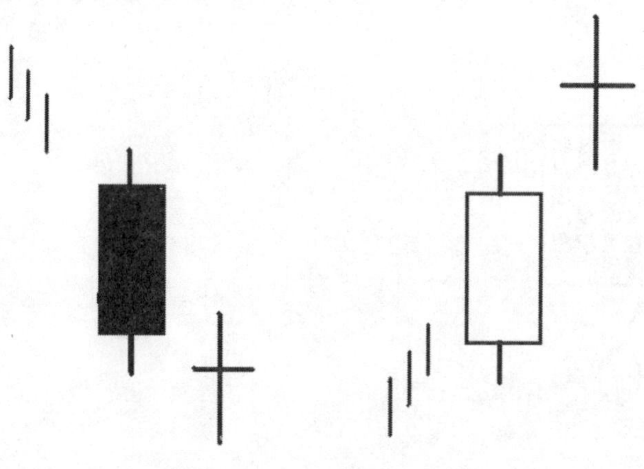

图 28-1　十字星形态示意图

十字星形态的识别方法如下:

①第一天是一根大阳线或大阴线。

②第二天的价格跳空是沿着以前的市场发展趋势。

③第二天是一根十字线。

④十字线的上下影线不能太长,特别是对牛市反转信号来说。

一般说来,十字星形态往往是反转形态的主要信号。我们可以从心理层面来分析其出现的原因：市场在已经确定的上升趋势中运行，一根大阳线的出现更坚定了这种市场发展趋势。第二天市场向上跳空开盘，但是全天价格波动不大，最后价格又回到开盘价。这种价格变动实际上消耗了市场做多方或空方的信心，投资者会重新考虑应该持有的头寸，这使得看跌十字星形态出现。第三天，如果市场以较低的价格开盘，说明市场趋势的反转过程已经开始了。

①十字星形态是市场趋势即将发生变化的预警信号，建议对该形态进行确认。

②如果第二天的跳空十字星带有一定的影线，说明趋势改变的可能性较大。第一天蜡烛线实体的颜色反映以前的市场发展趋势。

具体细分的话，十字星形态主要包括：上涨初期跳空十字星、上涨中期十字星、上涨末期十字星、盘中十字星等。

①上涨初期跳空十字星。一只长期在底部盘整的个股突然有一天跳空高开，小幅收高后，不巧遇到大盘大跌，但最后还是收了一个有跳空缺口的十字星(见图 28-2)。这是一个非常棒的买入信号。一只个股长期盘整证明庄家在洗盘吸筹阶段，跳空向上就证明有庄家向上拉升之势，不巧遇大盘大跌，只好收一根十字星。但跳空缺口并没有补上，代表庄家做多的决心。虽然后期可能要多盘整几日，但行情会一路看好！中小投资者可在后期逢低积极介入。

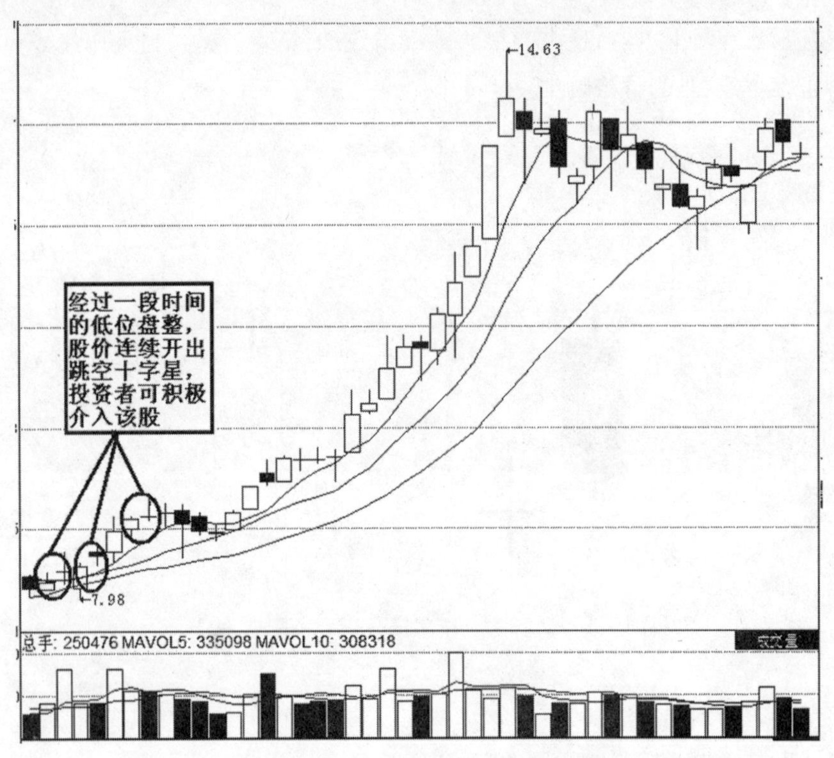

图 28-2　上涨初期跳空十字星图解

②上涨中期十字星。一只个股在正常上涨通道中，一日拉出一光头阳线，众中小投资者一致看好，谁知第二天平开，只是上下小幅振荡，并没有出现想象中的强势。而第一天追涨的人，

又担心有回调的可能,会有很多人逢短期高点卖出(见图 28-3)!结果第三日却又收一长阳,拉升就此展开,让第二日卖出的投资者痛心疾首。上涨中期的个股第一天阳线,第二天收十字星,这是庄家一种振荡洗盘的手法,故意做出上涨无力的样子,缩量收十字星是其要点。

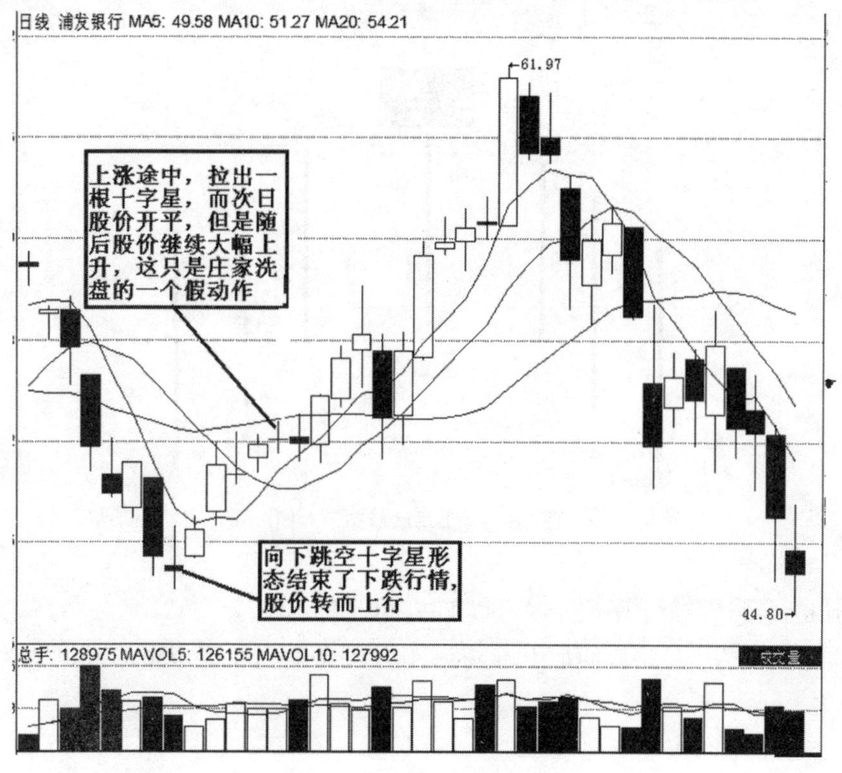

图 28-3 上涨中期十字星形态图解

③上涨末期十字星。一只个股在上涨末期收一根十字星,一般有见顶嫌疑!因为一只个股长期大幅上涨后,个人获利都较丰厚。收十字星就是代表涨不动;涨不动就意味着下跌的开始!所以不要小视十字星的风险!

④盘中十字星。一只个股在箱体振荡时,老出现十字星。此时的十字星意义不大,只是庄家在振荡洗盘。不过通过洗盘后,如能放量拉升,可以积极参与。

⑤在长期下跌走势中,大跌行情中,出现一颗向下跳空十字星,这暗示筑底已经完成,是一颗"牛星",是底部信号。一般应在当天出现十字星时开始买入。当然,谨慎投资者也可以在第二天开盘时出现放量上涨时买入。

上吊线形态

一个 K 线下影线较长而实体较小,并且在其全天价格区间里,实体处于接近顶端的位置上。如果出现在上冲行情之后，就表明之前的市场上行或许已结束，那么这种K线称为上吊线(见图28-4)。上吊线由于其形状与绞架颇为相似，故而因此得名。技术走势上一旦出现这种K线形态，股价便会如高山坠石滚滚而下。

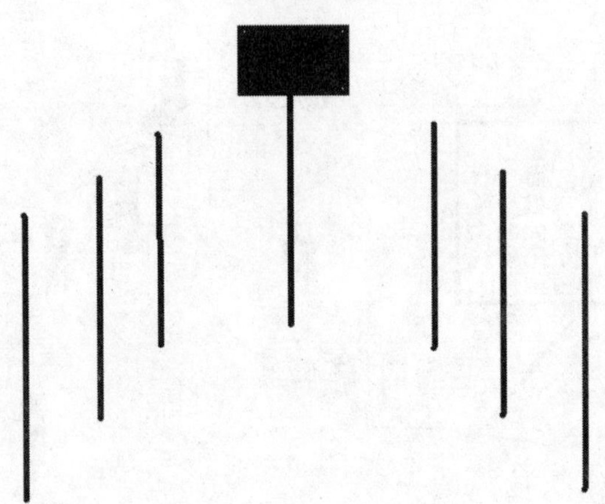

图28-4　上吊线形态示意图

判别K线图是否为上吊线主要有以下三个依据：

①实体处于整个价格区间的上端，而实体本身的颜色是无所谓的，但是阴线比阳线效果好。

②下影线的长度至少达到实体高度的2倍以上。

③在这类K线中，应当没有上影线；即使有上影线，其长度也是极短的。

应用上吊线形态测市时，投资者应注意三个问题：

①若上吊线实体部分与前一根K线形成跳空缺口，则说明追高一族的成本高于前一天，此时多为散户行为。

②上吊线出现后的第二根K线一般为阴线，阴线的长度越长，新一轮跌势开始的概率就越大。

③上吊线出现时，若当时成交量萎缩，则要等待出现下一个确认信号才能作出最后的判断。

还有一点要提醒投资者注意，上吊线也常常会出现在主力盘中震荡洗盘的时候，而判断顶部形态的上吊线和整理形态的上吊线通常可用以下两点进行区分：

①上吊线出现的位置。如果股价在高位出现上吊线形态，则形成顶部的可能性较大；相反，如果股价刚脱离底部，则其成为整理形态的可能性较大。

②上吊线形成时的成交量。如果上吊线伴有巨大的成交量，尤其是出现近期天量的时候，投资者要特别警惕股价可能会出现单日反转。

上吊线形成时的成交量。如果上吊线伴有巨大的成交量，尤其是出现近期天量的时候，投资者要特别警惕股价可能会出现单日反转。相反，如果上吊线形成时，成交量大幅萎缩，投资者应等待出现另一个确认信号，以免落入陷阱。

应用法则：

①如果上吊线出现在上升趋势之后，则构成一个看跌的 K 线图形态。

②在分析上吊线时，有一点非常重要：当上吊线出现后，必须等待下一个时间单位的看跌信号对它加以验证。上吊线的验证信号可能采取下面这样的形式：上吊线次日的开盘价向下跳空缺口越大，验证信号就越强烈。

③还可能采取另外一种形式：上吊线次日是一根黑色 K 线，并且它的收盘价格低于上吊线的实体，则完成了看跌的验证信号。

下面我们就以粤电力(000539)(见图 28-5)为例对其进行具体说明：

2008 年 11 月 7 日，该股跳空开盘，并以一根光头光脚长阳线报收，股价开始一路上涨。到了 12 月 11 日，股价以锤子线形式探顶 6.90 元。期间累积涨幅达到了 31%。

而接下来的这根 K 线请投资者务必要注意：因为它就是现在我们所讲的上吊线。我们可以看到，在 12 月 16 日这天，该股股价小幅回落，在成交量比前两日萎缩的同时，K线形态上还留下了长长的下影线。此时，投资者应该提高警惕，逢高出局。

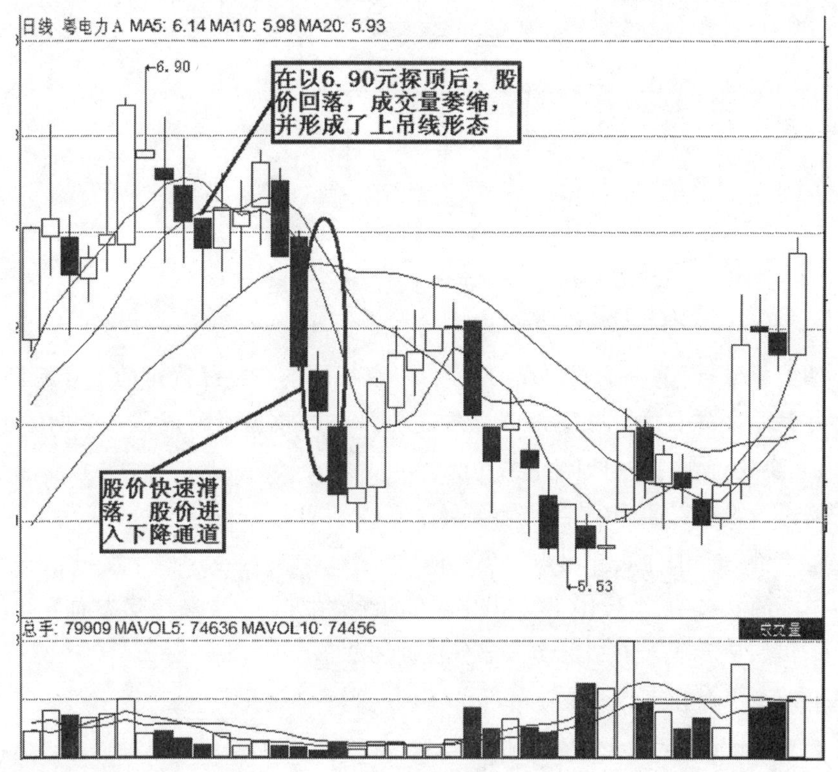

图 28-5 粤电力图解

在一个连续上涨的牛市中，忽然出现上吊线就要引起警惕，市场有见顶的可能。相对于锤子线，当上吊线出现时需要其他看跌信号的验证，这样投资者才可安全地入场做空。

倒锤子线

倒锤子线(见图 28-6)是由单一的蜡烛线组成,有较长的上影线,实体部分相对较小,并主要集中在当日交易价格区间的顶端。倒锤子线出现,意味着期价经过一段时间的下跌以后,动能慢慢耗尽。当天市场的开盘价接近当日最低位,后来市场上涨,但买方无力将上涨行情维持下去,最终以接近开盘价价位收盘。这意味着价格底部已开始引起买方兴趣,有一些投资者觉得该股股价过低,或看技术指标处于严重"超卖"状态,愿意吸纳;也预示着看多一方逐步介入的可能性较大。

倒锤子线

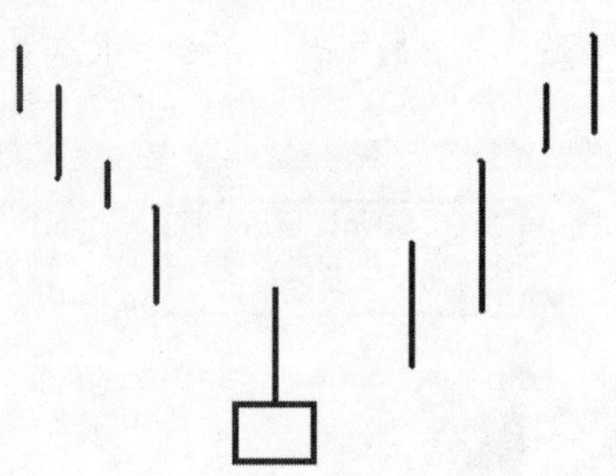

图 28-6 倒锤子线形态示意图

从心理层面分析,倒锤子线出现的原因是:市场原本在已经确定的下降趋势中运行,可是突然在某个交易日内,市场的开盘价同前一日的收盘价形成了一个向下的跳空缺口,市场人气涣散,报收于较低的价格。

对于倒锤子线形态的识别,我们主要要注意以下四点:

①在全天价格范围的底部出现了小实体。

②在向下的趋势中,图形中不必出现向下的跳空缺口,只要整个形态向下就可。

③上影线的长度通常不超过实体部分长度的 2 倍。

④蜡烛图上不存在下影线。

从形态上来讲,对倒锤子线的分析如下:

倒锤子线是一种判断市场是否处于底部的重要形态,通常出现在下降趋势中。它的出现意味着市场趋势可能会发生反转。

形态的强度由影线的长短确定,上影线的长度至少应该是实体长度的 2~3 倍,且不该有下影线。即使有下影线,其长度也不应该超过实体长度的 5%~10%。

倒锤子线和锤子线具有相反的形态特征,它的下影线很长,实体部分很短。当实体部分消失时，倒锤子线就变成了 T 字线。因此，T 字线在很大程度上和倒锤子线是相通的。但这种相通性与锤子线和倒 T 字线的相通性比要略逊。锤子线的要点在上影线，而倒锤子线不仅下影线重要，实体部分也具有意义。

倒锤子线出现的位置不同，其操作手法也有很大不同：

底部倒锤子线。低价区的倒锤子线往往被看成股价见底的较强烈信号。如果倒锤子线和下影线下穿原有的低位线，则这种信号更加可靠。底价区出现倒锤子线，表明空方的压力已式微。虽然空方一度仍占上风，但由于低位的多方承接盘有力，空方最终败下阵来。乐于抄底的投资者可以将倒锤子线视为试探性和建仓信号，但稳健的投资者还应观察，看看是否还有其他的买入信号出现。与其他 K 线形态一样，成交量对倒锤子线的预示作用也有参考价值，底部的放量也会强化倒锤子线见底意义。

一般来说，在中期或历史和股价天价区内出现倒锤子线的情形比较少。在天价区出现倒锤子线（见图 28-7）可能有如下几种情况：一种是利好消息刺激，股价跳空高开，但由于多方跟风盘不足，最终导致股价下沉，只是在收盘时，多方才重新取得优势，形成了一个小的阳线实体。还有一种情况是主力做最后的上拉，跳空高开后即开始派发。但这种派发并不是以跳水的形式完成，而是以振荡的形式来实现。盘中主力在尾市还主动上拉，形成小阳线实体，给人留下想象空间。天价区和倒锤子线并非都是见顶信号，是否形成顶部要看其后股价运行位置。如果股价运行在倒锤子线阳线实体部分以上，其后股价还有潜力。如果走平或运行于下通常就是顶。不过，不愿冒险的投资者可以将天价区倒锤子线视为一般卖出信号，见倒锤子线即派发。

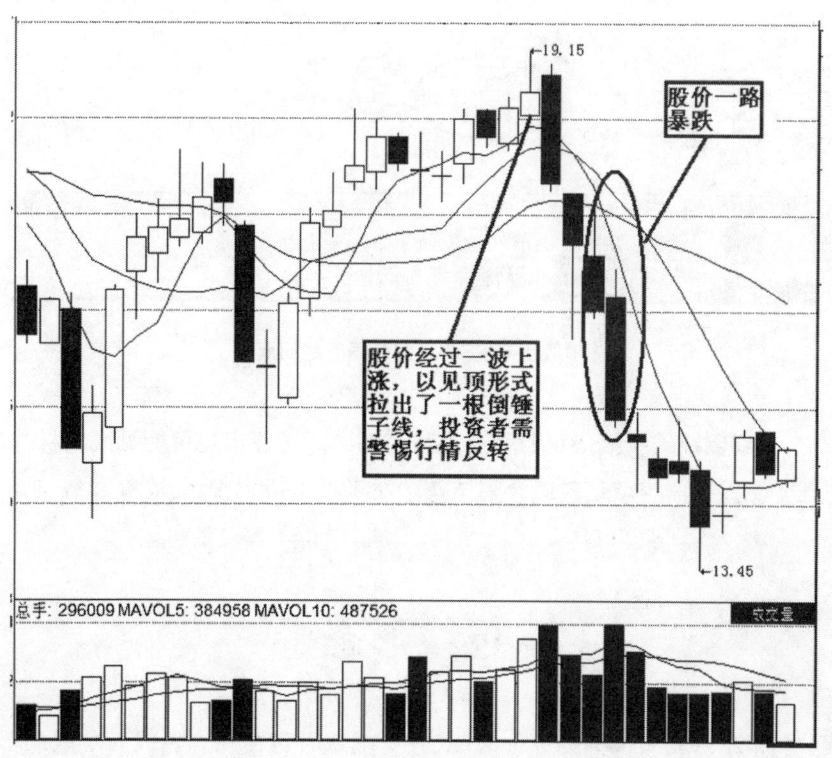

图 28-7 倒锤子形态图解

在分析倒锤子线时，有一点非常重要：当倒锤子线出现后，必须等待下一个交易日的看涨信号对它加以验证。倒锤子线的验证信号主要有两种形式：一是倒锤子线次日股票开盘价向上跳空，超过了倒锤子线的实体。向上跳空的距离越大，验证信号就越强烈；二是倒锤子线次日是一根阳线，并且它吞没了“倒锤子”，完成了看涨的验证信号。

ST 九发(600180)(见图 28-8)在 2008 年 10 月 29 日出现倒锤子线，此前 8 个交易日，该股出现 7 个跌停，可谓极其惨烈。单凭一个倒锤子线无以证明该股已调整到位，但第二天出现的缩量涨停，却让倒锤子线的反转信号变得真实。在对 7 个跌停板进行洗盘整理、吸纳筹码之后，该股出现 20 个涨停。按倒锤子线发现的反转股，介入的最佳时机应是出现倒锤子线次日临近收盘、涨势确立之时，或是第三个交易日。

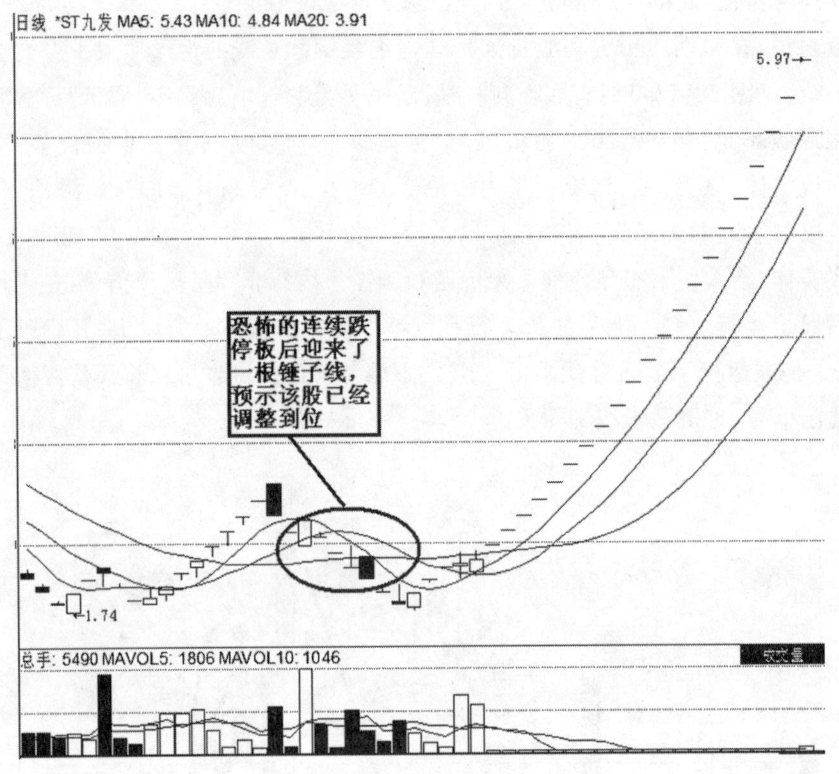

图 28-8 ST 九发倒锤子线图解

实战中，见到倒锤子线就一定要重点关注其动向。往往市场可能见底，要做好平空单、建多单的准备。重要的一点是要结合整体技术面来看。切记，孤立地看 K 线是错误的。

包线形态

包线(见图 28-9)，又被称为穿头破脚、吞并线或者包覆线。包线与孕线的形态相反，包线右方的K线包覆了左方的K线，不论右方K线是否只包覆左方一根K线或者包覆左方好几根K线,都一律视为包线。

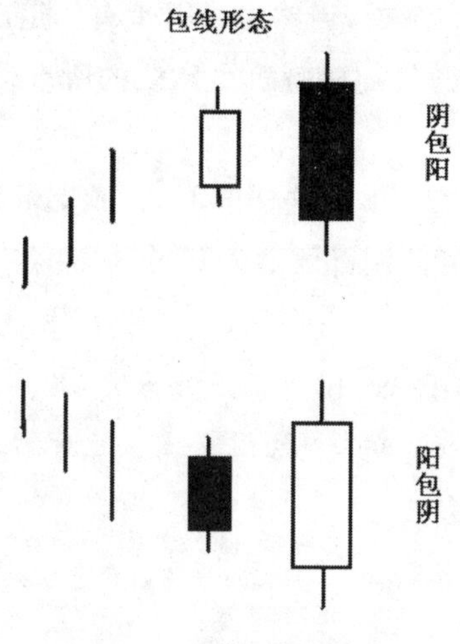

图 28-9　包线形态示意图

包线一般是这样形成的:大盘经过长时间的下跌之后,突然有一天,股价跳空低开,空方的力量非常凶猛,但是股价在低开后并没有继续下探而是出现了快速的上涨,并一举吞没了前面的K线,形态上好像这根阳线完全包住了前面的K线一样。形同一个人抱着一个孩子。这是一种典型的见底信号。它经常出现在下跌末端,但有时也出现在整理形态快结束的时候。出现在下跌末端往往预示着空方力量的衰竭,如果出现在整理形态的末端,往往意味着最后一次洗盘。

包线必须发生在波段循环的高点或低点才有意义,它是一个反转信号。股价经过一段时期的上涨,突然间成交量大增,并且以一根大阴线包覆了左方的K线,这种现象被视为上升波段结束的信号。相反地,股价经过一段时期的下跌,突然间以一根大阳线包覆了左方的K线,这种现象被视为下跌波段结束的信号,而此时的成交量不需要大幅增加。

包线是一种极为强烈的反转信号,不仅信号明显,而且暗示其力道非常强劲。如果在包线之后紧接着连连击出数根大阴线或大阳线,那么,这种情形都表示后市是一个大跌势或大涨势。当然,第一根大阴或大阳线是最重要的,其长度的大小及吃掉左方K线的多寡,都可以用来衡量其力度的大小。

下面我们以阳包阴形态为例,讲一下形态判别及后市操作:

第一,右边的阳线一定要放量。这个放量有两个概念:一个是绝对放量,另一个就是相对放量。绝对放量和相对放量两个条件都要满足。绝对放量是指换手率不能低于2%,低于这个换手率的即使形态上符合包线也要给予打折处理。相对放量是指这根阳线的成交量一定要大于最近5日平均成交量的2倍以上,一定是那种突然放量的感觉。

第二,右边的阳线必须是低开的,开盘价一定低于前一天的最低价,低开的幅度越大越好。

第三,右边放量阳线很有可能会包住左边的多根K线,这种情况也属于包线,包住的K线越多越可信。

第四,最好是光头光脚的大阳线,当然也可以带有一定的上下影线,但是K线的实体部分必须要包住前面K线。也就是说,前面的K线的所有价格区间都要在右边阳线的实体之内。

第五,如果周线上或者月线上出现这样的形态,成交量如果很配合,则可以确认底部真正到来,往后的任何振荡或者回调都要敢于买进。

实战案例:

煤气化(000968)(见图28-10):2006年8月18日至8月21日,股价在经过了29%的大跌后在底部形成标准的"阳包阴包线"。随后颓势被多方扭转,股价从4.11元一路单边拉升至15.33元。

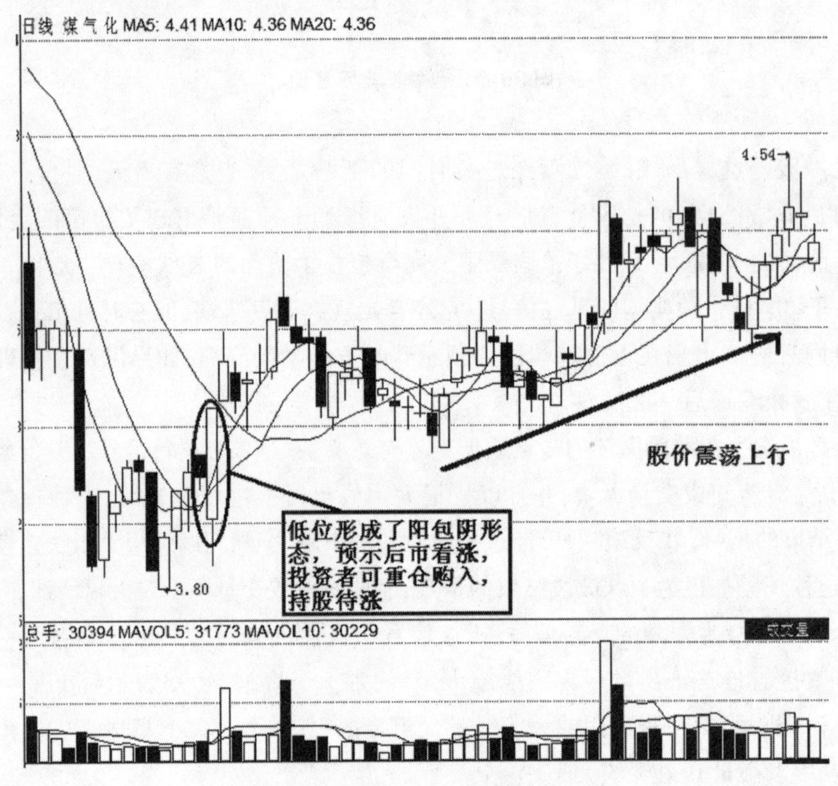

图28-10 煤气化包线形态图解

阴包阳形态与此类似,也可以进行相反的陈述。

值得警惕的是包线经常在股价趋势进行的中途出现"骗线",也就是俗称的"假阴线"或"假阳线"。出现"假包覆线"的原因,不外乎以下两种:

①庄家刻意做线,意在摆脱跟风的散户。

②纯属技术巧合。例如:股价在行进途中,恰巧遭遇平均线压力、大自然数字的压力区、前波密集套牢区等状况。

这些情况之所以出现,是因为股民对后市的看法仍有疑虑。因此,一有风吹草动,立刻引发庞大的卖压,形成一条超长的大阴线。注意!假阴线出现在多头趋势,而假阳线则出现在空头趋势。

假阴线及假阳线还有一个技术名词,叫"反打前三"。为什么叫做"反打前三"呢?它的意思是说,在多头趋势中,前面连涨了三根阳线,今天一根大黑棒就把前面三根红棒吃掉;在空头趋势中,前面连跌了三根阴线,今天一根大红棒就把前面三根黑棒吃掉。

虽然最标准的包线不经常出现,但是非标准包线出现的概率很大,有时往往会有骗线。为了提高准确率,包线的形态越标准越好。如果非标准包线出现后,次日股价继续上涨或者三天之内股价没有回到右边阳线实体的一半以下位置,基本就可以确认。

乌云盖顶形态

乌云盖顶(见图 28-11)是由两支不同颜色及处于图表顶部的阴阳线组成,属于一种见顶回落的转向形态,通常在一个上升趋势后出现。第一根为升势阳线,显示升势持续向上发展,短期向好。第二根则为大阴线,其开盘价须比上日阳线为高,而收盘价则必须低于第一根阳线线身的一半为标准。

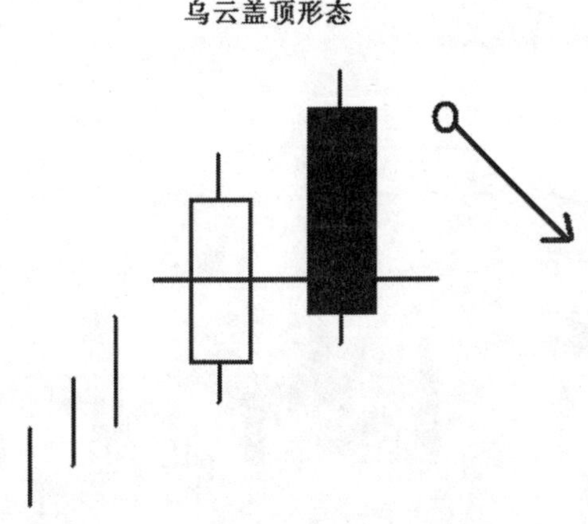

图 28-11 乌云盖顶形态示意图

市场原本在已经确定的上升趋势中运行,当日大阳线的出现使得市场处于强烈的买盘中,第二天市场向下跳空开盘更证明了买方的决心,但在整个交易日内,市场人气开始得到聚集,最后以阴线收盘,并且低于前一天阳线实体的中点。

乌云盖顶形态的一般识别法则为:

①市场处于上升趋势,第一天是一根大阳线。

②第二天是一根大阴线,它的开盘价高于第一天的最高价。

③第二天的收盘价应该低于第一天大阳线实体的中点。

这里还要再详细解释一下：

首先，第二根K线应高开于第一根K线的最高价之上，但收盘价大幅回落，深入到第一根K线实体部分一半以下，否则分析意义不大。第二根K线实体深入第一根K线实体中越多，说明市况见顶回落的可能性越大。

其次，第二根K线在开盘阶段曾经向上突破明显的阻力位然后掉头向下，说明多头上攻乏力，大势见顶的迹象已经显露。

再次，第二根K线开盘初段的成交量也是很重要的指标。成交量越大，表示其中潜伏的投资者越多，市势转向的可能性越大。

大连控股(600747)(见图28-12)于2010年5月20日实施了10送转5的分配方案，除权后其股价震荡走低，直至6月5日的6.53元方才止跌。此后，股价震荡走高，直至7月19日的8.84元，升幅达到35%。

接下来我们留意一下7月22日的这根K线。这是一根高开低走的阴线实体。我们注意到其开盘价8.90元已超过前一个交易日的最高价8.87元，而这根阴线也深深地插入了前一交易日的阳线实体之中，其相应的61233手的成交量，明显较前期有所放大。

我们说，7月19日与22日的这两根K线组合就是典型的"乌云盖顶"形态。我们清晰地看到：在出现这一形态后，该股便进入漫漫跌途：自7月22日的8.90元至本周收盘，跌幅已近20%，而且意犹未尽。由此可见，这一K线形态在揭示阶段性头部方面，还是有比较现实的意义。

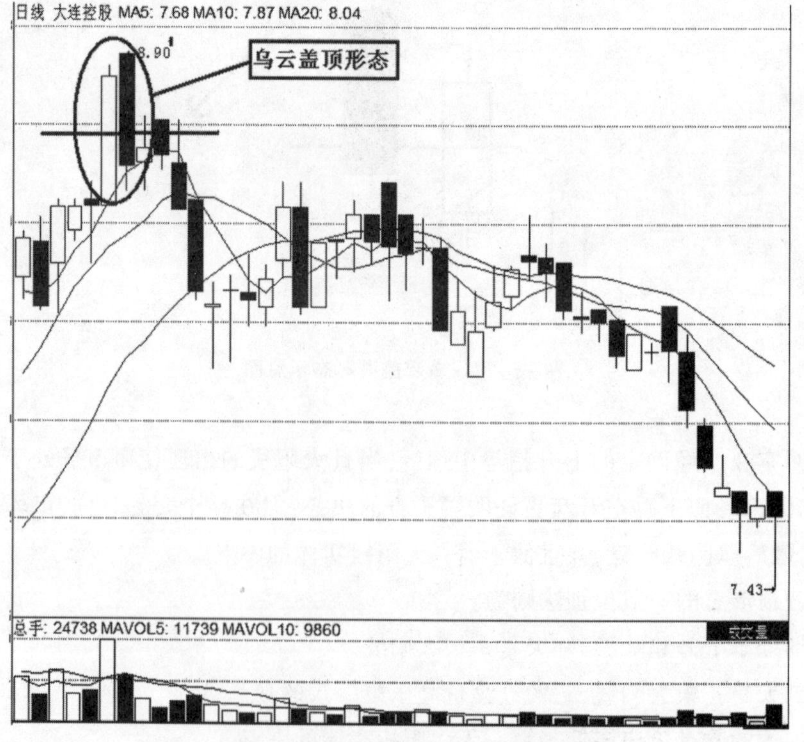

图28-12 大连控股乌云盖顶形态图解

值得投资者注意的是，乌云盖顶形态是较次要的见顶信号，因此其可靠性也因其出现的位置不同而大相径庭。一般来说，如果该形态出现在反弹行情顶部，股价快速拉升之后，那么其可靠性较高；反之，若该形态出现在股价突破颈线之后，涨幅也相对较小时，则庄家洗盘的可能性较大。

乌云盖顶是一个见顶标志，预示价格可能会见顶回落。我们可以制定初始的空单策略，轻仓建空。在一段上涨趋势中，不要被第一天的大阳线所迷惑，但也要观看第三天走势是否下跌，确定下跌形态。在乌云盖顶做空时候，一种设定止损的方法是在第二天形成的 K 线高点之上设立止损单。

高位切入线形态

高位切入线（见图 28-13）是由一根长阴线和一根小阳线组成，小阳线的收盘价渗入阴线实体 1/4 左右的位置，呈进入状态。该形态出现的位置是股价经过拉升的高位，是一种见顶的 K 线形态。

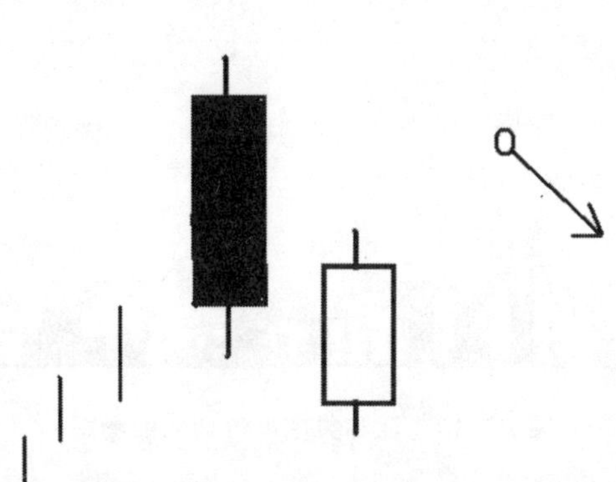

图 28-13 高位切入线形态示意图

股价经过拉升后已经进入顶部区域，此时或者股价还在继续上行，或者已出现了高点，有勾头向下的迹象了。某日股价大幅下挫，收出大阴线，说明上升趋势已经动摇或下跌的意愿开始浮现；次日收出一根小阳线，可看出多方在极力抗争，但力度已经大不如前，收出的小阳线已无法创出新高，有点儿“回光返照”的味道。此时嗅出风险的持仓者会开始减仓，使下跌力加剧，最终演变成一轮下跌行情。

一般情况下，看跌形态与看涨形态相比，前者的可靠性更强。因此，应用高位切入线形态卖出股票时，应该坚持宜速不宜缓的原则。切入的阳线成立当日，收盘前 20 分钟我们就应该判断这种形态并及时卖出。若此时错过了这次卖出时机，次日开盘便可抛售。这是高位切入线最佳的卖出机会。

实战案例：

江苏吴中(600200)(见图 28-14)：2007 年 9 月 4 至 9 月 5 日，股价在相对高位出现前阳后阴的挽袖线，后市下跌近 35%。同时，在 2007 年 9 月 11 日至 9 月 12 日，股价在相对高位收出了前大阴后小阳的高位切入线，阳线收盘价深入阴线实体小部分。多方在9 月 12 日极力反抗，收出小阳线，但力度大不如前，没有创出新高。所以是看跌的高位切入线。

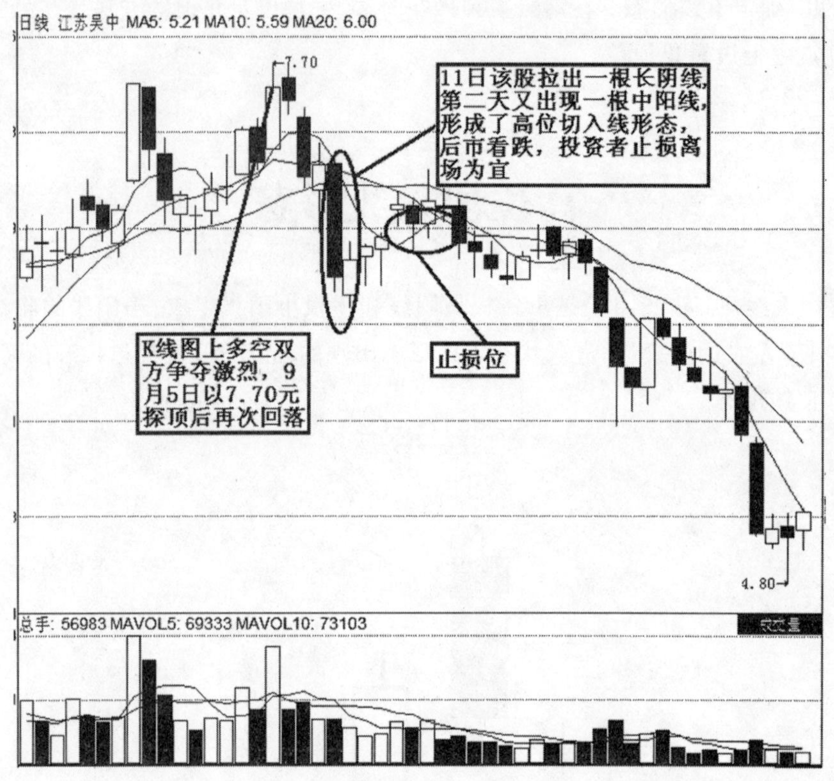

图 28-14 江苏吴中高位切入线图解

切入线可以出现在任何位置，所以较难辨别，只要出现前股价拉升的幅度超过 10%，均可视为高位切入线并卖出。高位切入线与“插入线”K 线组合相似，但后者的阳线要深入阴线实体内，收在长阴线实体的 1/2 附近。

低位切入线形态

该形态要求出现在经过回落后的相对低位，由一根大阴线和随后的一根小阳线组成。形成“切入线”的小阳线，其收盘价应高于前一根大阴线的收盘价，收在大阴线的实体内，靠近大阴线实体的下端(大约渗入阴线实体的 1/4)，显示“进入”状态(见图 28-15)。

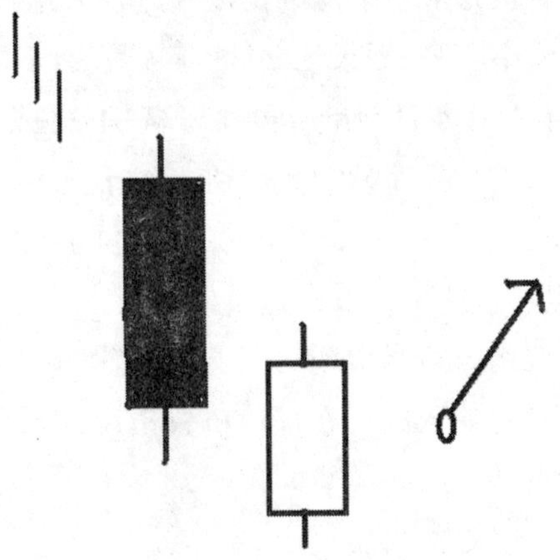

图 28-15　低位切入线示意图

股价经过回调后再次收出长阴线杀跌,显示空方掌握主动权,但随后股价低开高走,收出小阳线并重新站稳长阴线的收盘价,表明经过下跌后空方力量已经得到释放,在力竭之际遇到了多方的顽强抵抗，最终收出的小阳线表明在这场较量中多方已取得优势。在此情形下,本想杀跌的空头有可能"叛变",转为补仓。股价随后在各路资金的推动下一举走强,因此低位切入位是看涨信号。

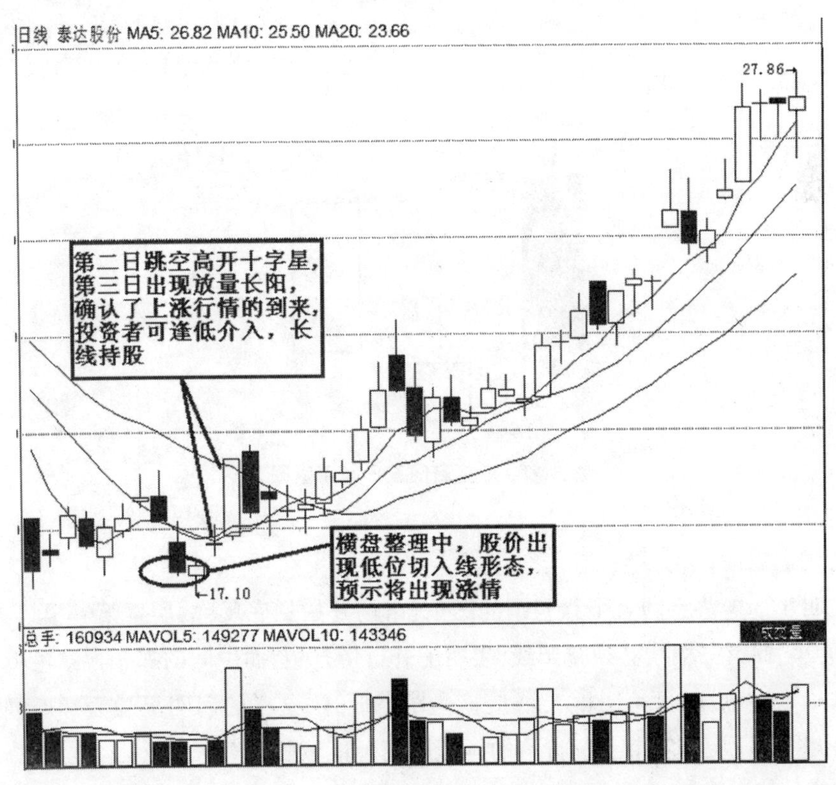

图 28-16　泰达股份低切入线图解

实战中,“切入线”在低位出现后,不必心急买入,可观望一两天,待确认行情真正转好时再买入。最佳的买入时机是股价上涨的高度超过切入阳线的最高点时跟进。

低位切入线形态出现频率较高,深天地 2006 年 4 月 24 日至 4 月 25 日出现过。再如招商地产(000024),2007 年 1 月 4 日创出阶段性新高 31.22 元后便开始下跌。2 月 27 日至 2 月 28 日,股价探至 20.77 元后形成低位切入线形态触底回升,随后一路拉升至 102.89 元。泰达股份(000652)(见图 28-16)在 2007 年 11 月 22 日至 11 月 23 日收出了低位切入线,随后股价一路飙升。这里仅以泰达股份为例。

切入线与刺透形态 K 线组合容易混淆,区别是后者的第二根阳线要深入阴线的实体内,几乎达到阴线实体的 1/2。切入线可在任何位置出现,但只有低位和高位出现才有预测意义。

启明星形态

启明星形态(见图 28-17),它属于底部反转形态。在此形态中,先是一根长长的黑色(绿色)实体,随后是一根小小的白色实体,并且在这两个实体之间形成了一个向下跌空,第三天是一根白色实体,它明显地向上推进到了第一天的黑色实体之内。

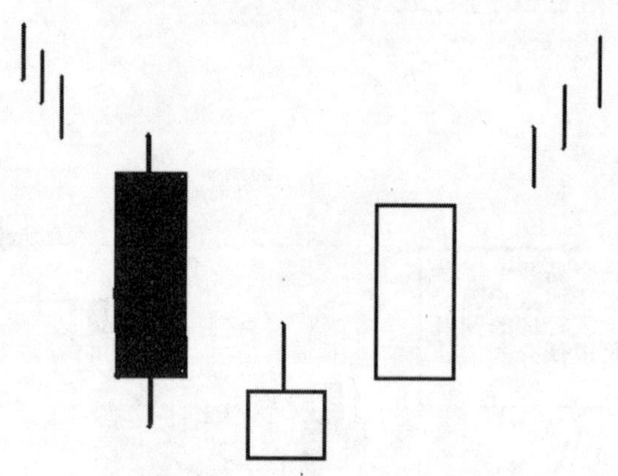

图 28-17 启明星形态示意图

启明星形态的识别方法如下:

①启明星的走势意味着下跌行情的结束,市场开始见底反弹,所以第一根线必须是阴线,承接前势,而第三根线必须是阳线,表明上升行情开始,而中间的那一根颜色不重要。

②理论上讲,启明星第二根 K 线应该是跳空低开,这样的启明星最为标准,所提供的见底信号最为强烈,而后市上扬行情的延续时间可能较长。

③如果中间那根 K 线为十字星,也就是当天开盘价与收盘价相等,见底信号十分明显。

当第一根K线出现时,市场处于下降趋势中,卖方占优。第二天,是一个较小的实体,意味着卖方失去了将市场进一步打压的能量。第三天,市场形成一根坚挺的阳线,证明买方已经夺取了统治权,价格转而上扬。

启明星是一个见底标志,预示价格下跌动能耗尽,后市可能转而上扬。我们可以适时适量地制定建多策略,最初形态未明朗时要注意轻仓。也不要被第二天的跳空低开所迷惑,关键还要观看第三天走势是否上涨收阳,确定反转势头。如果形态成立,后市在支撑位,止损位可以设在前期跳空位上,或是第二根实体上沿处。

实战案例:

神州泰岳(300002)(见图28-18),近期强势股,2010年1月22日、25日和26日3根K线出现了经典的启明星形态组合,随后第四天即2月1日股价出现了一个经典的底部天量天价大阳线。这样我们至少有80%的概率确认底部成立。此时作为短线激进投资者大可放手一搏;但作为稳健的趋势投资者却是在2月5日即图中越过下降压制线涨停板那天进场,这个涨停板可以追,而且必须追。

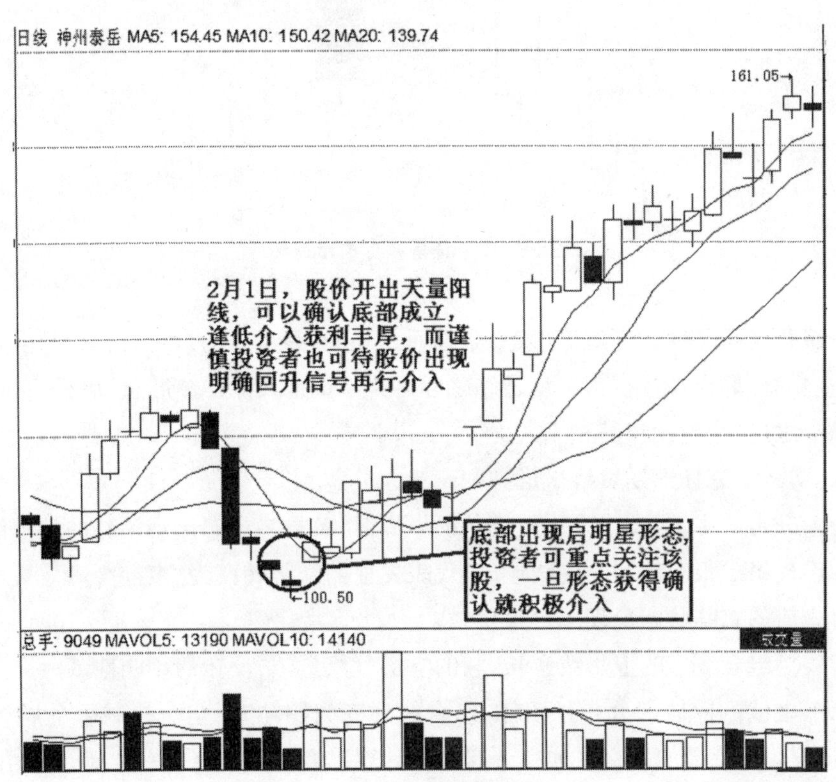

图28-18 神州泰岳启明星买入图解

在底部出现启明星形态时,KDJ、RSI、MACD等技术指标也往往都明显处于底部位置,这里虽然没有提出分析,但投资者在实战中也要注意这些技术指标,它们也是底部成立的参考要素。

在这里要特别提醒投资者的是,理想的启明星形态中,中间的K线实体与它前、后2

个实体之间均有跳空缺口。另外启明星有变体形态,中间包含了好几根小星线,依然可以看作是启明星形态。

黄昏星形态

黄昏之星(见图 28-19)属于顶部反转形态。在本形态中先是一根长长的白色实体,后是一根小小的黑色实体,并且在这两个实体之间形成了一个向上跳空,第三根是一长长的黑色实体,它剧烈地向下扎入第一天的白色实体之内。

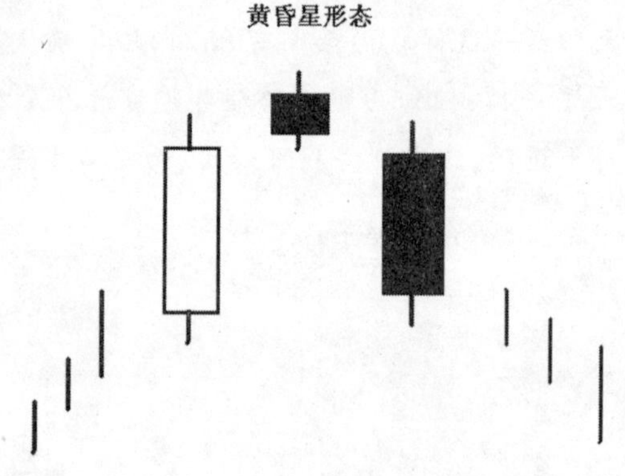

图 28-19　黄昏星形态示意图

黄昏星是启明星的顶部对等形态,是显而易见的,是看跌的。它的名称的由来是因为黄昏星(金星)恰好出现在夜幕即将降临之际。黄昏星是顶部反转形态,那么,它只有出现在上升趋势之后,才能发挥其技术效力。

那么,实战中怎样识别黄昏星形态呢?

①在上升走势中,当走势发展至极端的境界时,黄昏星形态出现顺势的长阳线。

②如出现第二根实体很小的线形,则代表先前的涨势转变为“寂静”。

③由先前的寂静状态出现一根长阴线。

④黄昏星组合线形的上影线愈长,它的空头气氛愈浓,反转的可能性就愈大。

当第三根线的阴体部分超过阳体,组合线形变为阴体时,空头控制了全局。实体愈大,空头愈强。把三天的成交量加在一起就可计算出换手率。换手率愈高,庄家出货的可能性就愈大。

在这个排列中,务必等待第三根长阴线的确认。因为在前两根线形完成时,我们只知道先前的涨势已经转变为多空僵持局面,唯有第三根长阴线出现,才能确认空头已经掌握大局。

我们来看一下浙江东日(600113)(见图 28-20)在 2000 年 4 月的日 K 线和成交量走势图,这是黄昏星典型的实战案例。

4月14日是一根放量长阳线，4月14日向上跳空高开，当日收出一颗带长上影线的纺锤线，成交量达到天量。第三个交易日4月17日向下跳空低开，收出一根放量长阴。这三天走出了一个标准的黄昏星的形态。放天量的纺锤线说明庄家在天价处采用攒压手段大量派货，股价即将反转，投资者应尽快离场。

4月13日、4月14日和4月17日3天黄昏星的成交量分别是391万股、764万股和327万股。三天的总成交量达到1482万股，换手率高达37%。这是庄家因派货需要所设置的多头陷阱。在这里接货的投资者均掉进了庄家的多头陷阱。

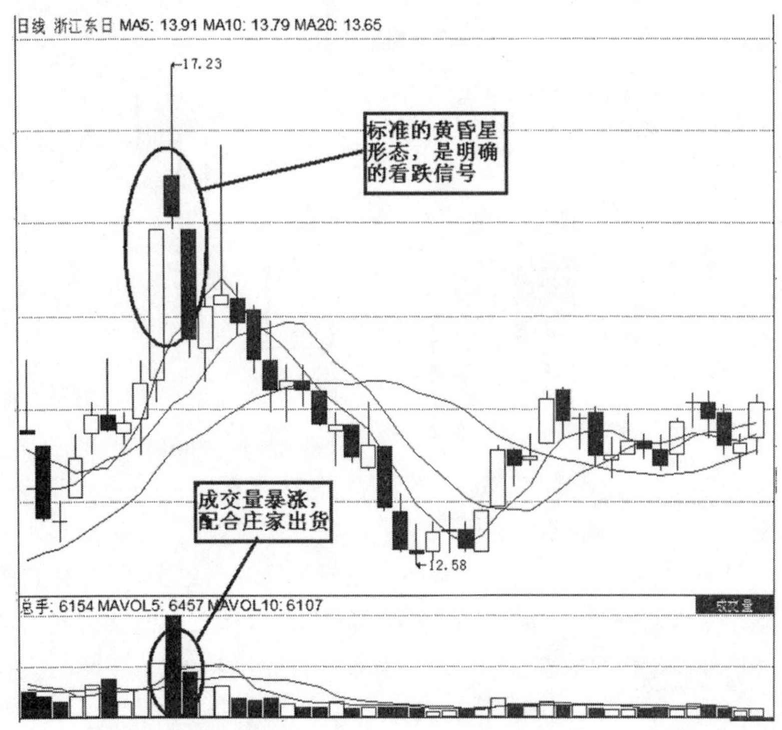

图 28-20 浙江东日黄昏星图解

为了帮助投资者更好地判断，下面开列了一些参考性因素。如果黄昏星形态兼具这样的特征，则有助于增加它们构成反转信号的机会。这些因素包括：

①如果在第一根蜡烛线的实体与星蜡烛线的实体之间存在价格跳空，并且在星线的实体与第三根蜡烛线的实体之间也存在价格跳空；

②如果第三根蜡烛线的收盘价深深地向下扎入第一根蜡烛线的实体之内；

③如果第一根蜡烛线的交易量较轻，而第三根蜡烛线的交易量较重。这一点表明了原先趋势力量的衰减，以及新趋势力量的增长。

从原则上说，在黄昏星形态中，首先在第一根实体与第二根实体之间，应当形成价格跳空；然后在第二根实体与第三根实体之间，再形成另一个价格跳空。但在实际操作中，第二个价格跳空并不常见，而且对于本形态的成功来说，可有可无，不是必要条件。本形态的关键之处在于第三天的黑色实体向下穿入第一天的白色实体的深浅程度。

十字黄昏星和十字启明星形态

在下降趋势中，如果在一根黑色实体之后跟随着一条十字星线，第三根K线是一根坚挺的白色K线，并且它的收盘价显著地向上穿入第一根黑色实体之内，那么，该底部反转信号就得到了第三根K线的验证。这形态称为十字启明星形态(见图28-21)。

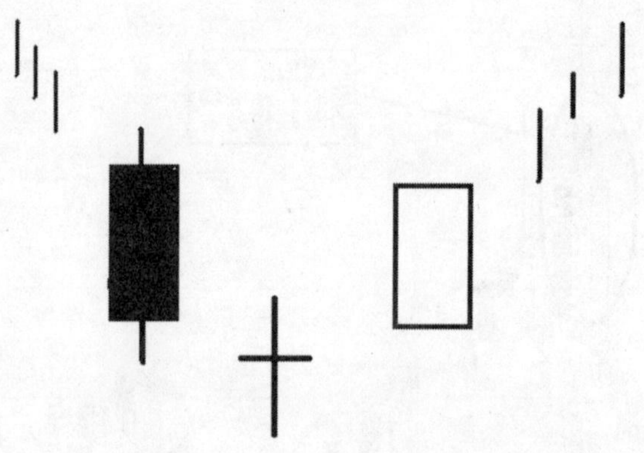

图28-21 十字启明星形态示意图

在上升趋势中，如果在十字星线后跟随着一根长长的黑色实体，并且它的收盘价深深地向下扎入十字星之前的白色实体的内部，那么，这根黑色实体就构成了市场顶部反转过程的验证信号。这样的形态就称为十字黄昏星(见图28-22)。

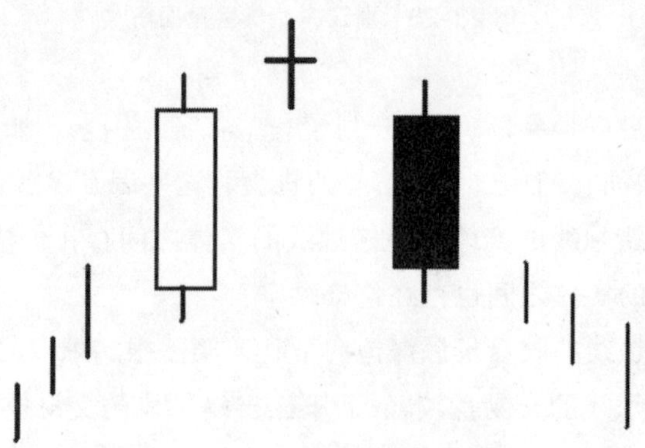

图28-22 十字黄昏星形态示意图

说到十字启明星与十字黄昏星形态，我们先在这里复习一下十字星线的知识。如果在上升趋势中出现了一根十字线，并且这根十字线与前一个实体之间形成了向上的价格跳空,或者在下降趋势中出现了一根十字线,并且这根十字线与前一个实体之间形成了向下的价格跳空,那么这根十字线就称为十字星线。

下面我们就将详细讲述一下十字启明星与十字黄昏星的判别方法与应用。先来看一下十字启明星:

十字启明星形态(见图 28-23)是市场可能出现反转的信号。它的出现意味着市场中多空双方正处于胶着状态,还没有真正确定下一步的走势。十字星的出现是一个信号:市场前一段的走势将要停止,或者说至少要发生些变化。市场在十字星蜡烛线出现次日的走势很可能即将发生反转趋势。十字启明星形态和十字黄昏星同启明星形态和黄昏星形态类似。但是要注意,十字星反映市场将在原有的趋势上发生重大的转变,因此它们的反转信号就更强烈。

市场开始处在下降趋势中,第一天是一根大阴线,第二天是一颗十字星。同启明星形态一样,第三天的走势将确认市场是否已经发生反转。启明星形态和十字启明星形态都是典型的市场反转信号,而且十字启明星形态的市场反转意义比启明星形态更强。

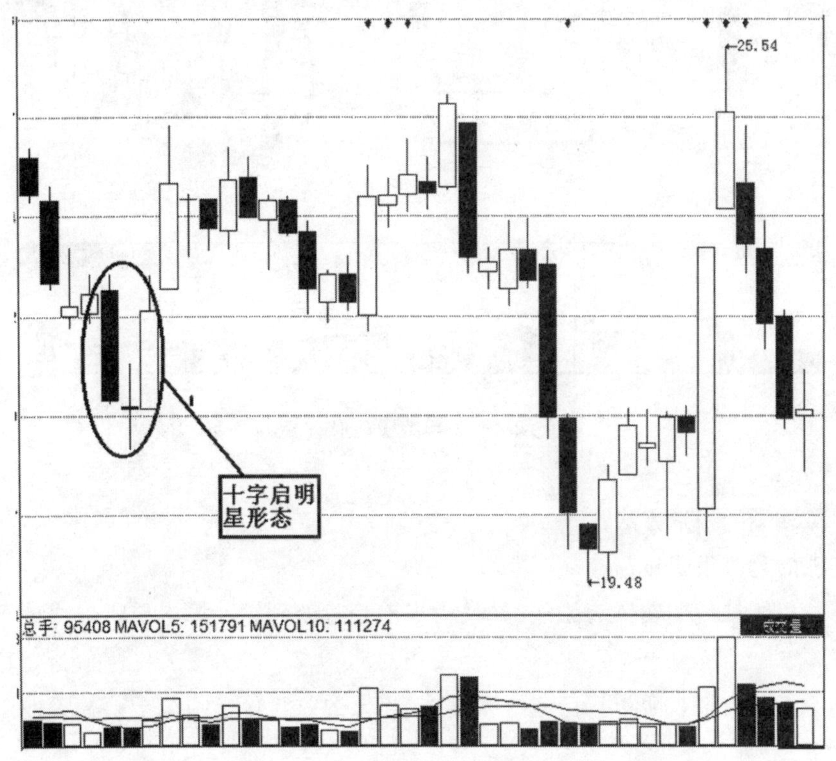

图 28-23　十字启明星形态图解

十字启明星的识别方法:

①同许多反转形态一样,第一天蜡烛线的颜色代表市场本来的发展趋势;

②第二天的图形必须是十字星(同时存在跳空缺口);

③第三天的蜡烛线同第一天蜡烛线的颜色相反。

而十字黄昏星(见图 28-24)出现于市场开始处于上升趋势中:第一天的大阳线表示出市场的这种走势;第二天出现一颗十字星;第三天突然出现一根大阴线,并且收盘价进入了第一天蜡烛线的实体范围内,这是一种明显的顶部反转信号。一般来说,黄昏星形态中的星线还有一小段实体,而在十字黄昏星形态中,星线演化成了十字星。黄昏十字星形态更重要,它具有更强的市场反转意义。十字黄昏星形态也被称为南方十字线形态。

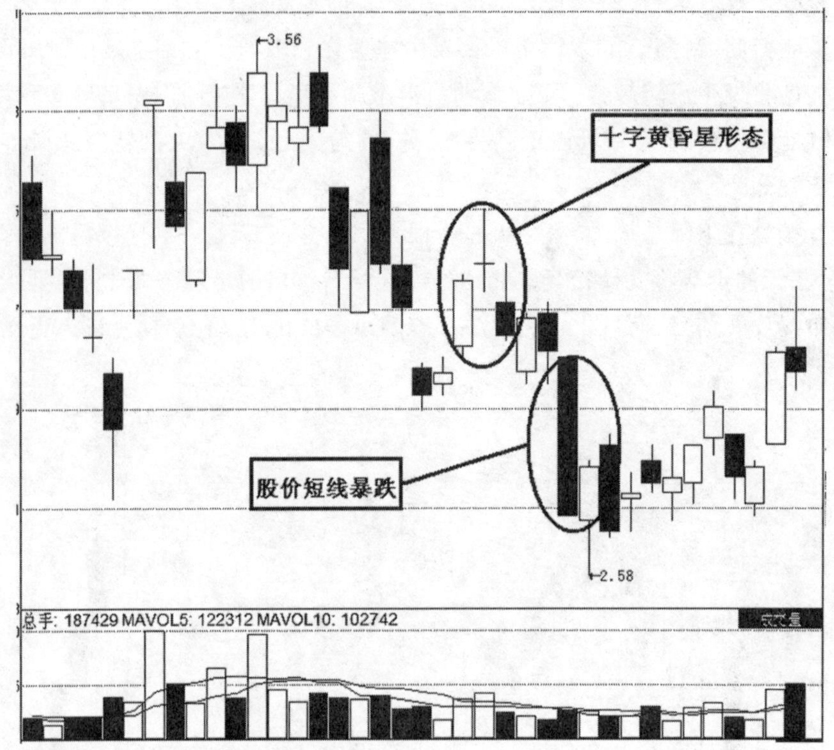

图 28-24 十字黄昏星形态图解

十字黄昏星的识别方法:

①上涨的趋势很明显。

②第一根蜡烛线的实体为阳线,并且为当前趋势的延续。第二根蜡烛线处于不确定的状态。

③第三天的市场表明市场已经进入空头,当天的收盘价必须位于第一天的阳线实体的中部之下。

如果在十字星线之后出现的是一根黑色的蜡烛线,并且这根黑色蜡烛线向下跳空到来十字星线之下,那么这根十字星线潜在的看涨意义就不复存在了。这一点就是为什么在十字星线出现之后,我们必须等待下面一二个时间单位的验证信号的原因。

向上跳空两只乌鸦

向上跳空两只乌鸦形态(见图 28-25)仅在市场处于上升趋势时出现。同大多数的熊市反转形态一样,在该形态中,第一根蜡烛线是白色的,它反映市场当时还是处在上升趋势中。但是随后的两根蜡烛线都同第一天的蜡烛线产生向上的跳空缺口,而且这两根蜡烛线都是黑色的,看上去就好像出现了两只黑色的乌鸦。第三天(第三根阴线)高开低走,最后在第二天的收盘价之下收盘。虽然第三根阴线收在第二根阴线之下,但是它依然与第一天的阳线之间有一个向上的跳空缺口,简单地说就是第二根阴线吞没了第一根阴线。

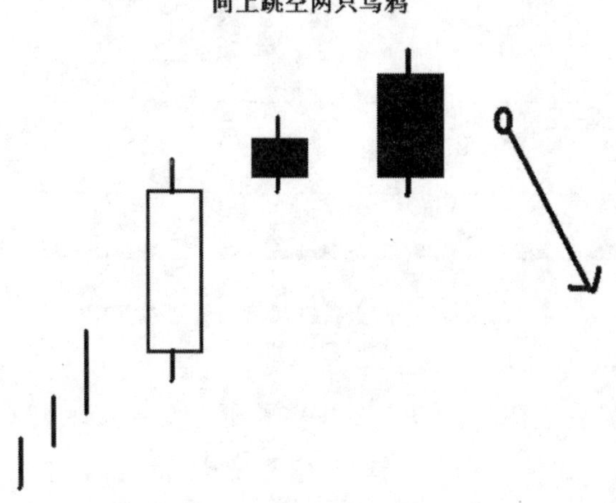

图 28-25 向上跳空两只乌鸦示意图

同大多数的熊市反转形态一样,第一天的阳线通常表示市场当时处于上升趋势中。第二天市场高开,但是多方的力量遭到打压,最后高开低走,形成阴线。市场内的并未因此而出现恐慌,因为市场依然是在第一天收盘价之上结束了当日的成交。第三天,市场仍然高开,可是盘中迅速回落,最后在第二天的收盘价之下报收,但是这时的成交价仍然高于第一天的收盘价。多方的力量得到了释放。在这种情况下,投资者的信心开始出现动摇,大家开始怀疑市场能否继续走高,还会不会出现新的下降。这一切预示着市场可能会出现反转(见图 28-26)。

向上跳空两只乌鸦形态的识别方法:

①第一天的大阳线反映市场处在上升趋势中;

②随后的两根阴线同第一天之间都要形成向上的跳空缺口;

③第二根阴线与第一根阴线之间存在一个向上的跳空缺口,并且最后收于第一根阴线的实体部分之下。它的实体部分完全吞没了第一根阴线;

④第二根阴线的收盘价仍然高于第一天收盘价。

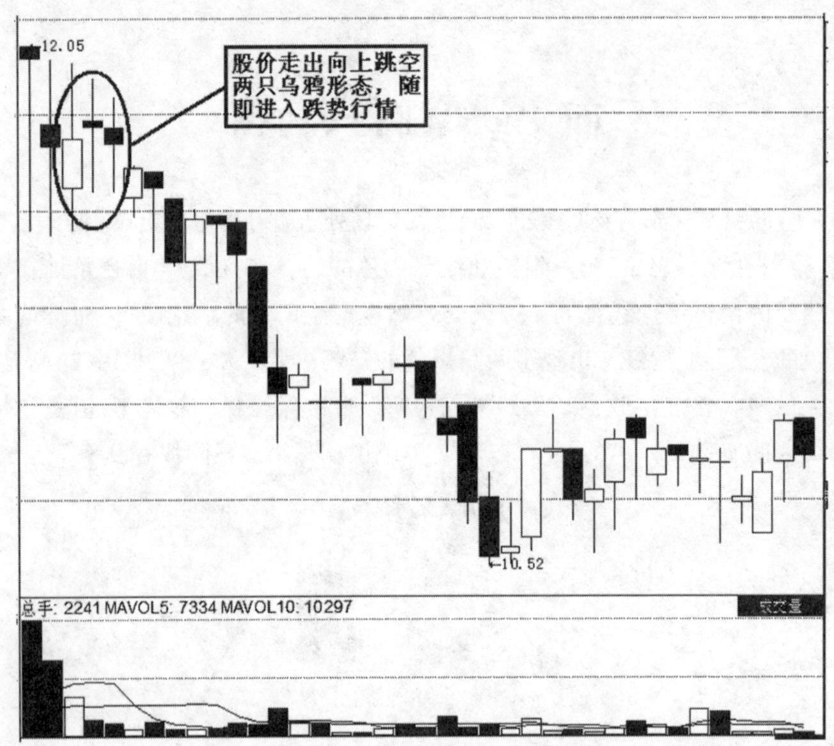

图 28-26　向上跳空两只乌鸦形态图解

一般来说，如果第三天阴线的开盘价未能略低于第二天的开盘价，而且第三天的阴线实体不能同第一天的实体形成跳空缺口，它将变成持续形态中的铺垫形态。铺垫形态是牛市持续形态的一种。另外，向上跳空两只乌鸦形态中的前两根蜡烛线可以演化为黄昏星形态，以取决于第二天的走势。

不要将向上跳空形态与铺垫形态弄混。铺垫形态发生在牛市中是一种持续的看涨形态。在这个形态中，头三根 K 线与向上跳空两只乌鸦形态相似（区别是：在铺垫形态中，阴线可以有 2 根、3 根、甚至 4 根，并且后一根阴线实体并不需要一定包住前一根阴线实体，而且第二根阴线实体与前面阳线实体也无须出现价格跳空），但是此后，又跟了一根阴线。如果接下来的是阳线，并且向上跳空超过了前面阴线的上影线；或者这根阳线的收盘价高于最后一根阴线的最高价，则完成了铺垫形态，构成买入信号。

反击形态

当两根颜色相反的蜡烛线具有相同的收盘价时，就形成了一个“反击线形态”，也称“约会线形态”（见图 28-27）。

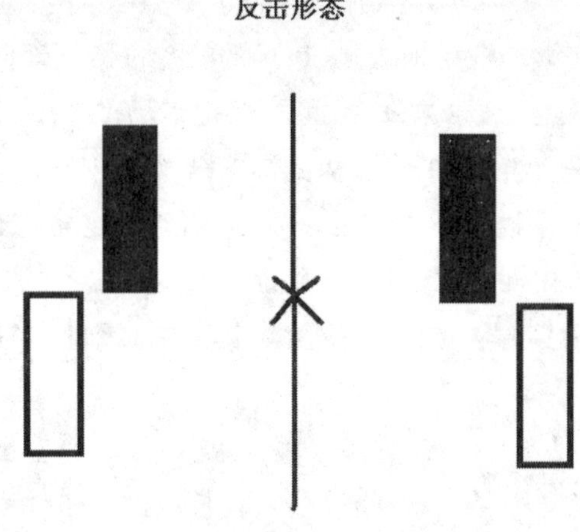

图 28-27 反击形态示意图

反击线形态既可以出现在下降趋势中,也可以出现在上升趋势中。在下跌趋势中,第一根蜡烛线是一根长长的阴线。在第二根蜡烛线上,市场的开盘价急剧地向下跳空。到此刻为止,卖方觉得信心十足。但是马上,买方发动了反攻,把市场推了上来,使价格重新回到了前一天收盘价的水平。于是,先前的下降趋势的马头就被勒住了。而在上升趋势中,正好相反,第一根为阳线,第二根则为阴线,开始一路走高,可到收盘时重新回到前一天的收盘价的水平。

反击线形态的特征:

①反击形态也发生在上升趋势或下降趋势中。

②收盘价并没有推进到前一天的 K 线实体内部,而仅仅回升到前一天收盘价的位置。

③反击形态的反转意义不如吞没形态、乌云盖顶等形态,它的出现意味着市场看法不统一,股价发展有可能反转,也有可能形成调整阶段。

④反击形态形成后,应结合第二天 K 线的开盘价、收盘价以及其他的指标对走势进行综合判断。

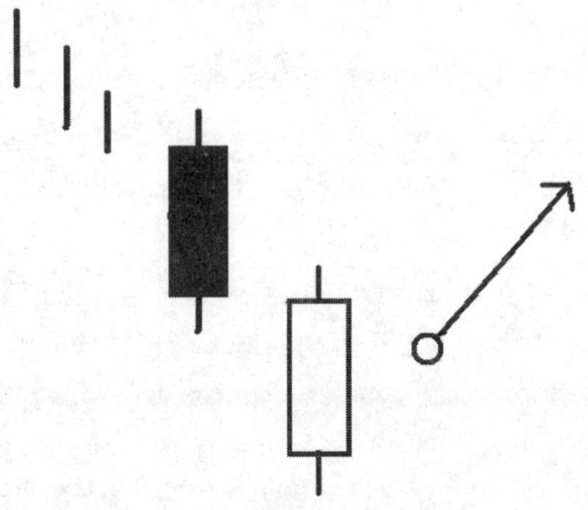

图 28-28 看涨反击形态示意图

看涨的反击形态(见图 28-28)出现在下降行情中。在这个形态中,第一根蜡烛线是一根长长的黑色蜡烛线。在第二根蜡烛线上,市场的开盘价急剧地向下跳空。到此刻为止,熊方觉得信心十足。但是马上,牛方发动了反攻,把市场推了上来,使价格重新回到了前一天收盘价的水平。于是,先前的下降趋势的马头就被勒住了。

看涨反击形态同看涨刺透形态之间的区别是:看涨反击形态通常并不把收盘价向上推进到前一天的白色实体内部,而仅仅回升到前一天的收盘价的位置。而在刺透形态中,第二根蜡烛线深深地向上穿入了前一个黑色实体之内。因此,刺透形态比看涨反击形态更具有反转意义。

而看跌反击蜡烛线(见图 28-29)则属于顶部反转形态。当它出现时,将阻止之前的上涨行情。在这种反击线形态中,第一根蜡烛线是长长的白色蜡烛线,保持了牛市一贯的上升动力。在下一根蜡烛线上,市场在开盘时向上跳空。但从此时起,熊方挺身而出,发起反击,将价格拉回到前一天的收盘价的水平。

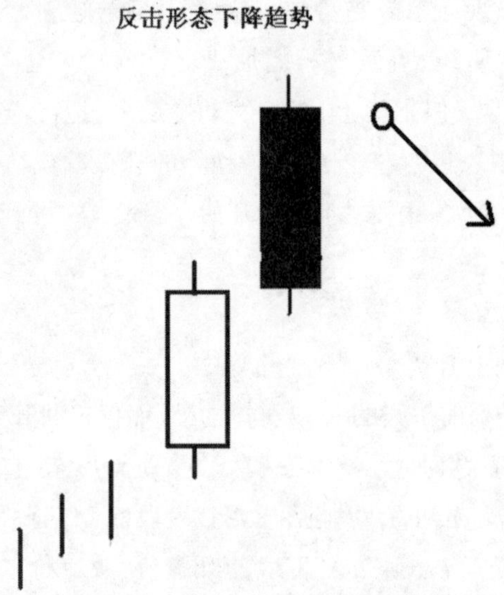

反击形态下降趋势

图 28-29　看跌反击形态示意图

看跌反击形态与乌云盖顶的区别:在看跌反击形态中,第二天的开盘价高于前一天的最高点,这一点与乌云盖顶形态是一致的。与乌云盖顶不同的是,这一天的收盘价并没有向下穿入前一天的白色蜡烛线之内。由此看来,乌云盖顶形态发出的顶部反转信号比看跌反击形态更强。

在反击线形态中,一项重要的考虑因素是:第二天的开盘价是否强劲地上升到较高的水平(在看涨反击线形态中),或者是否剧烈地下降到较低的水平(在看跌反击线形态中)。其核心思想是,在该形态第二天开盘时,市场本来已经顺着既有趋势向前迈了一大步,但是后来,却发生了意想不到的变故！到当日收盘时,市场竟然完全返回到前一天收盘价的水平！

上升三法和下降三法形态

三法是最常见的阴阳线连续形态之一，根据所处位置不同，它可分为多头上升三法与空头下降三法。它表示价格趋势的暂时中断，但其力量太弱还不足以造成趋势反转。三法通常是趋势延续过程中的喘息时间，就像上山或下山中的平缓地带，这种情况一般不会改变原有运行趋势，因此，投资者可以积极追加投资仓位。

上升三法（见图 28-30）在上升趋势中出现一根长阳线，在此长阳之后，出现一群实体短小的阴阳线，显示先前趋势所面临的一些压力。一般而言，这些盘整的线形大多为黑线，但最重要的一点是，这些线形的实体必须处在第一天长白线的高、低价范围内，包括影线在内。最后一根阴阳线（通常为第五天）的开盘价位于前一天收盘价之上，并且收盘价创出新高。

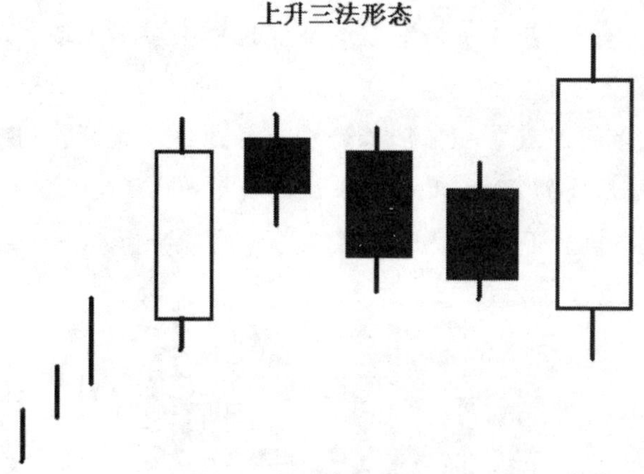

图 28-30　上升三法形态示意图

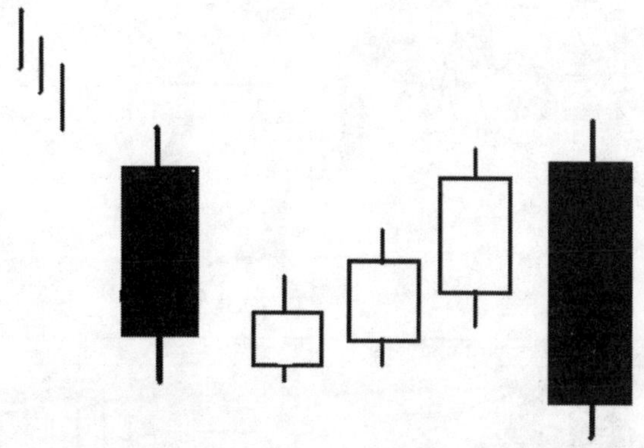

图 28-31　下降三法形态示意图

下降三法(见图 28-31)为上升三法的对应形态。市场处于下降趋势,一根长黑线的出现使其跌势得到加强。随后三天则为实体短小的线形,其走势与既定趋势相反。如果这些盘整线形的实体为白色,则情况最佳。必须注意,这些短小的实体全部位于第一根长黑线的高、低价范围内。最后一天开盘价应该在前一天的收盘价附近,收盘则创出新低,宣告市场休息时间结束。

上升三法与下降三法的一般识别方法为:

①一根长阴阳线反映出当前的趋势。

②在此阴阳线之后,出现一群实体短小的阴阳线。这群阴阳线最好颜色相反。

③这群短小阴阳线呈逆势走势,而且位于第一天的高价和低价范围内。

④最后一天出现强劲的盘势,其方向则顺着原来的趋势,其收盘价则超越第一天的收盘价。

“三法”形态可视为暂停交易或休整期间。我们通常将这种情况称为盘整期。这种走势的心理背景是市场对于趋势的持续力产生怀疑。当市场出现窄幅波动的盘整走势时,怀疑会递增。然而,一旦多头或空头察觉价格无法创新低或新高,多头或空头就会恢复原来的气势,价格也迅速创新高或新低。

投资者一定要注意,不要在价格形态的演变过程中过早采取行动,只有在形态完成后才能有的放矢。请看下面实例(见图 28-32):

> 下跌途中,市场形成了一根很长的黑色蜡烛线。随后,出现了三根上升的小实体。在这群小蜡烛线的后面,又是一根长的黑色蜡烛线,形成了一个下降散发形态。这个形态,暗示当前的下降趋势将会继续。

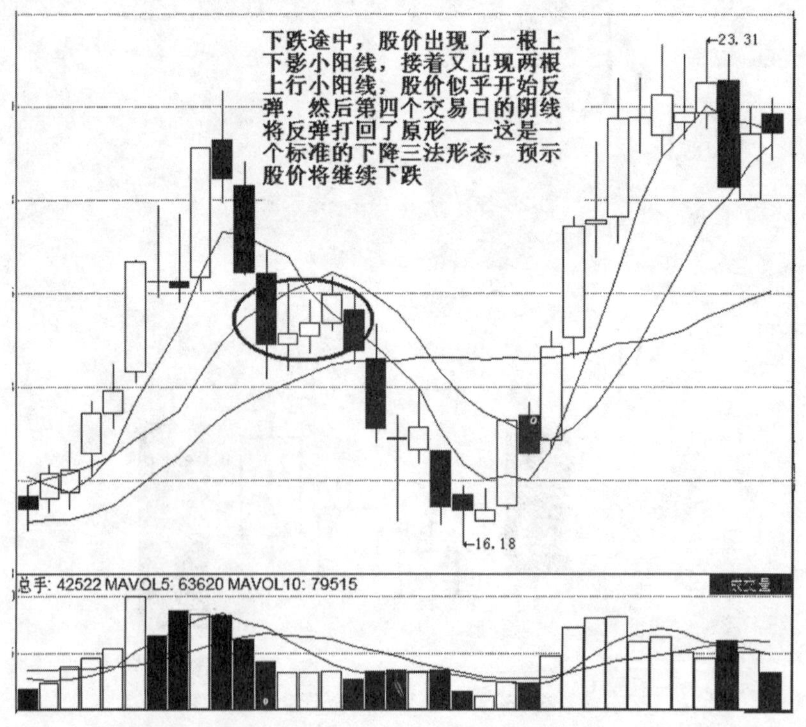

图 28-32 下降三法形态图解

再次提醒投资者，一定要等到价格形态确实已经完成时，或者得到了其他信号的验证后，才能按照其预测意义采取行动。

再来看一个例子：

深发展(000001)(见图 28-33)2001 年 3 月 2 日因股权转让及 B 股投资收益等因素的影响，突然放量拉升。3 月 8 日再次拉出一根大阳线，但随后三天股价没有继续上涨，反而逐步盘跌。一些跟风的投资者开始抛出，市场多头前景不明。3 月 14 日深发展又拉出了一根大阳线，与 3 月 8 日的大阳线相得益彰，重新树立了市场的多头气势。

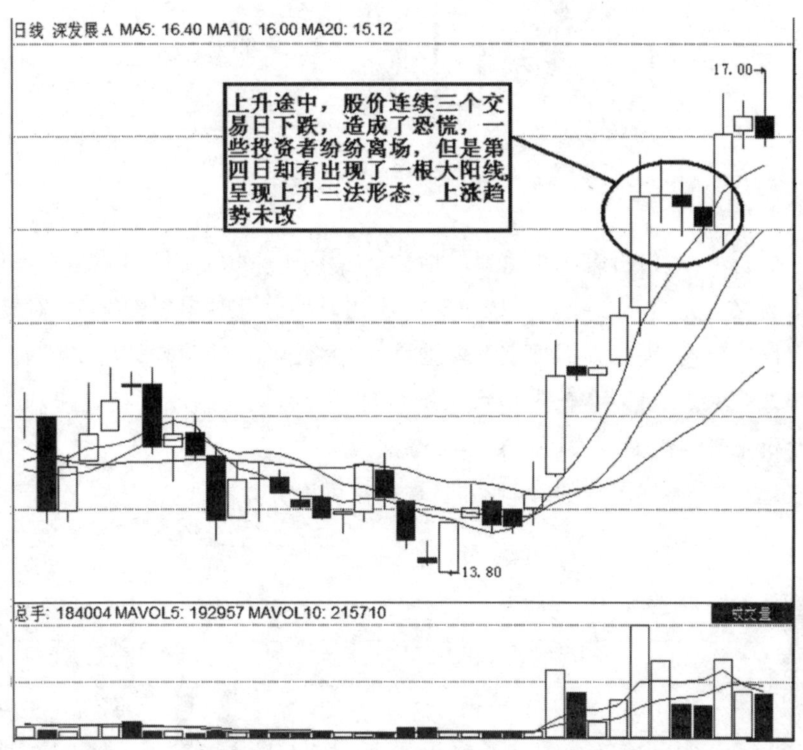

图 28-33 深发展上升三法形态图解

一是形态中间的三根小阴阳线。如果上升三法的三根小阴阳线击穿了第一根长阳线的最低价，或下降三法中的三根小阴阳线击穿了第一根长阴线的最高价，形态即宣告失败。二是第五根阴阳线的长度。原则上第五根越长越有效，收盘价最好是能创出新高或新低。如果第五根阴阳线的收盘价不能突破第一根阴阳线的收盘价，则形态难以成立。

向上跳空缺口形态

当某日股价向上跳空高开，在昨天的最高价下方留下没有成交的价格区域，一直到收盘这个区域应仍然保留或部分保留，这就是向上跳空缺口形态(见图 28-34)。

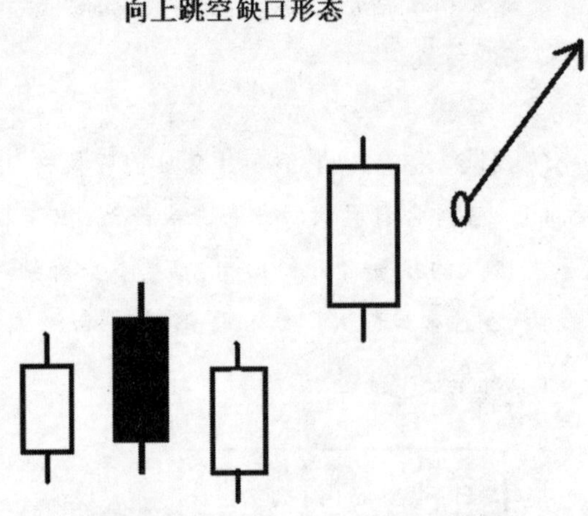

图 28-34　向上跳空缺口形态示意图

在技术分析中,缺口占有相当重要的地位。由于向上的跳空缺口发生在不同阶段,因此它的技术含义也完全不一样。在股价突破阻力开始上升时出现的缺口,对日后股价上升具有决定性的影响,因此人们把它形像地称为“突破缺口”。突破即势如破竹,足见多方发动的攻势之强大。一般而言,形成突破缺口时都伴有圈套的成交量,这时成交量越大,说明日后股价上升的潜力越大(见图 28-35)。

在上涨趋势中,根据出现的时间不同,缺口又可以分为三种:

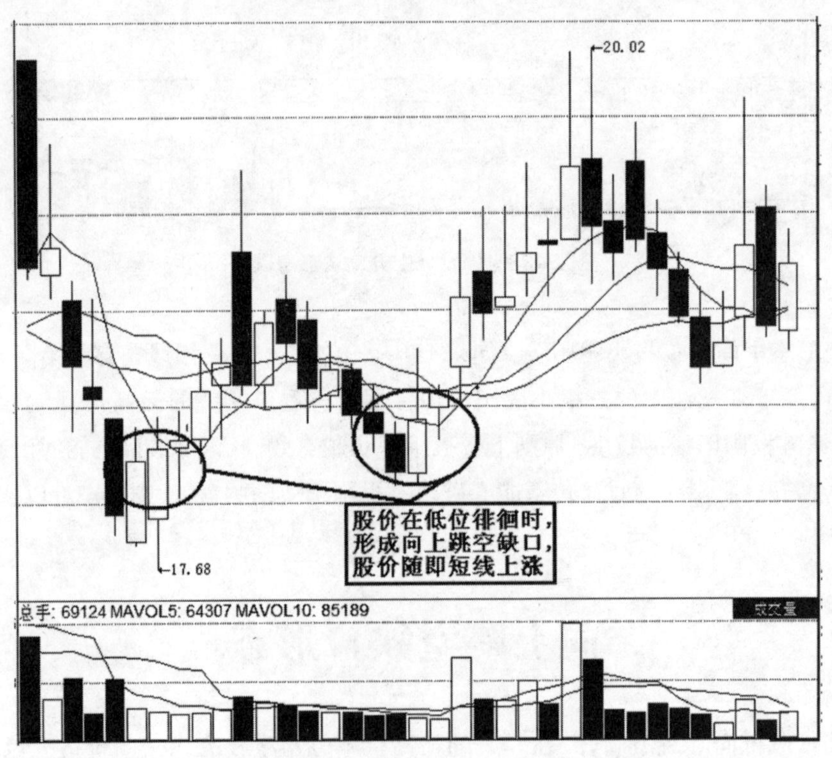

图 28-35　向上跳空缺口形态图解

①向上突破缺口:股价突破阻力开始上升时出现的跳空高开缺口,形成时都伴有较大的成交量,而且成交量越大说明以后股价涨升的潜力越大。

②向上持续缺口:股价上升时出现的第二个缺口,表明多方力量十分强大,持续上涨的空间至少与到第一个缺口起点等长,所以又叫量度性缺口。向上持续缺口可以有多个。

③向上竭尽缺口:股价上升时的最后一个缺口。这是多方的最后一次冲刺,常跳得比前面的缺口更高,表明推动股价上升的力量发挥将尽,后市即将逆转。

出现向上跳空缺口时,往往都伴有较大的成交量,而且成交量越大说明以后股价涨升的潜力越大。此外,形成向上竭尽缺口前后常出现价量顶背离。

出现向上跳空缺口后,投资者可遵循以下原则操作:

①当向上跳空缺口出现并伴有较大的成交量时,应毫不犹豫地买进;

②当向上持续缺口出现时,应继续做多,持股待涨;

③当向上竭尽缺口出现时,主要谨慎持股,空仓的不能再追涨,持股的可以适当减仓,如发现股价掉头向下填补缺口,应立即停损出局。

在特别强大的多头市场或强庄股中,有时向上跳空缺口不止 3 个,而是 4 个甚至更多。这时最后一个缺口才能称为竭尽缺口。而这之前的缺口,除第一个缺口外,都是持续缺口。同时,缺口空档越大,信号就越强。

向下跳空缺口形态

当某日股价向下跳空低开,在昨天的最低价上方留下没有成交的价格区域,一直到收盘这个区域应仍然保留或部分保留,这就是向下跳空缺口形态(见图 28-36)。

向下跳空缺口形态

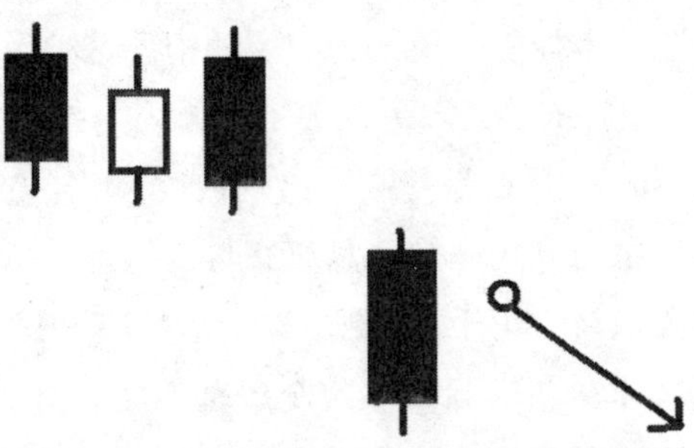

图 28-36　向下跳空缺口形态示意图

一般而言,只有在极度恐慌的情况下,才会产生向下跳空缺口,大盘或者个股在技术上会形成共振。也就是说,当大盘跳空向下时,大部分个股都有可能出现向下跳空缺口。

因为它们发生在不同时段，又分别叫做：向下突破缺口、向下持续缺口和向下竭尽缺口。这3个缺口的技术含义是完全不同的(见图28-37)。

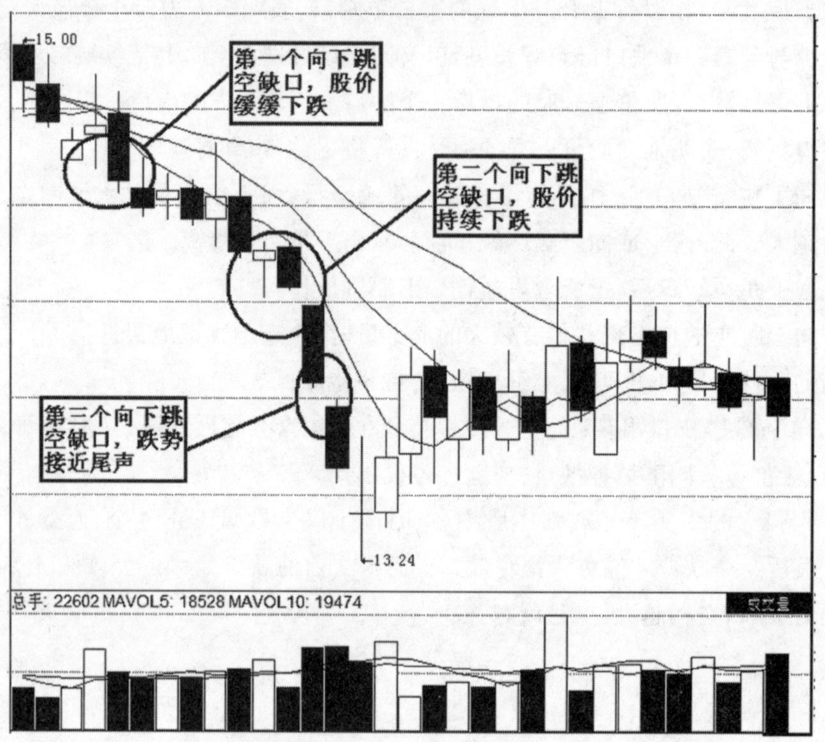

图 28-37 向下跳空缺口形态图解

①向下突破缺口的出现，说明市况已发生逆转，原来的升势已经结束，接下来的就是一轮跌势，而这个跌势还刚刚开始，下跌的空间还很大。因此投资者见到向下突破缺口要及时做空，尽量做到退出观望为宜；

②向下持续缺口在形态上往往是第二天接着出现跳空向下缺口，股价继续大幅下跌。持续缺口出现后，个股基本处于绝望无助的下跌中。这种形态的个股，往往与板块脱节。一般无视板块个股的上涨，依然大幅下跌的主要原因是主力正在逼筹或者撤退。出现持续缺口的个股往往会走极端，要么是基本面出现极度恶化，主力不顾一切出逃；要么是有可能公布重大利好消息，主力利用先知消息疯狂打压吸筹。总之，出现持续缺口的个股在日后会是极端的表现，要么是一泻千里，要么是V形反转并持续走强。对持续缺口个股的走势，基本面分析强于技术分析。只要确定个股基本面较好，业绩有持续保障，有潜在利好或者重大重组，就有可能是利好消息泄露，被主力提前利用打压吸筹。对这种基本面较好的个股只要出现了损耗缺口，就可能吸引更多的投资机构的注意。

③损耗缺口大多数情况下是对持续缺口的确认。也就是说，大部分持续缺口之后，都会出现损耗缺口，也就是通常在盘中K线图上看到的第三个跳空缺口。损耗缺口出现后，意味着盘中杀跌的主要动力已经消失，个股的下跌已经接近尾声。由于跳空缺口的持续

出现,场外资金不敢入场接底,基本处于观望状态,主力可以很轻松地将股价控制在想要的价位上。

与向上跳空缺口不同的是,向下的跳空缺口并非都是多空搏杀所产生,像除息、除权都会产生向下缺口。这点投资者必须认真区别,千万不要搞错,以免对自己的投资行为造成不利影响。

第 29 章

K 线图形运用

三重顶形态

三重顶又称为三尊头(见图 29-1)。它是以三个相约之高位而形成的转势图表形态,通常出现在上升市况中。典型三重顶,通常出现在一个较短的时期内及穿破支持线而形成。另一种确认三重顶讯号,可从整体的成交量中找到。当图形形成过程中,成交量随即减少,直至价格再次上升到第三个高位时,成交量便开始增加,形成一个确认三重顶讯号。

三重顶形态

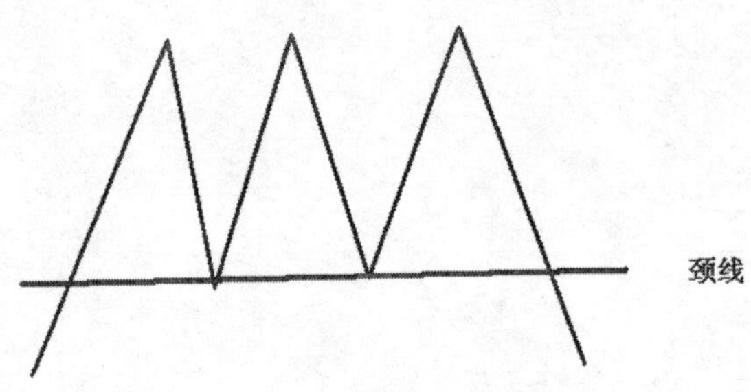

图 29-1　三重顶形态示意图

三重顶底形态是头肩形态的一种小小的变体,它是由三个一样高或一样低的顶或底组成。另外,三重顶底的颈线和顶底线是水平的,这就使得三重顶底具有矩形的特征。比起头肩形来说,三重顶底更容易演变成持续形态,而不是反转形态。另外,如果三重顶底是三个顶(或底)的高度依次从左到右是下降(上升)的,则三重顶底就演变成了直角三角形形态。这些都是我们在应用三重顶底时应该注意的地方。

为了帮助投资者更好地辨认三重顶形态,现将其形态特征总结如下:

①三重顶之顶峰与顶峰的间隔距离与时间不必相等,同时三重顶之底部不一定要在相同的价格形成。

②三个顶点价格不必相等,大至相差3%以内就可以了。

③三重顶的第三个顶,成交量非常小时,即显示出下跌的征兆。

④从理论上讲,三重顶最小涨幅或跌幅,顶部愈宽,力量愈强。

在三重顶的要素中,最关键的是最低点的形成,投资者通常以它作为主要支持线。当价格出现双顶后回落至接近颈线(支持位),然后再次反弹至原先双顶的位置,并遭遇阻力后回落。若价格跌破颈线,便会大幅滑落,三重顶图形已被确认(见图29-2)。

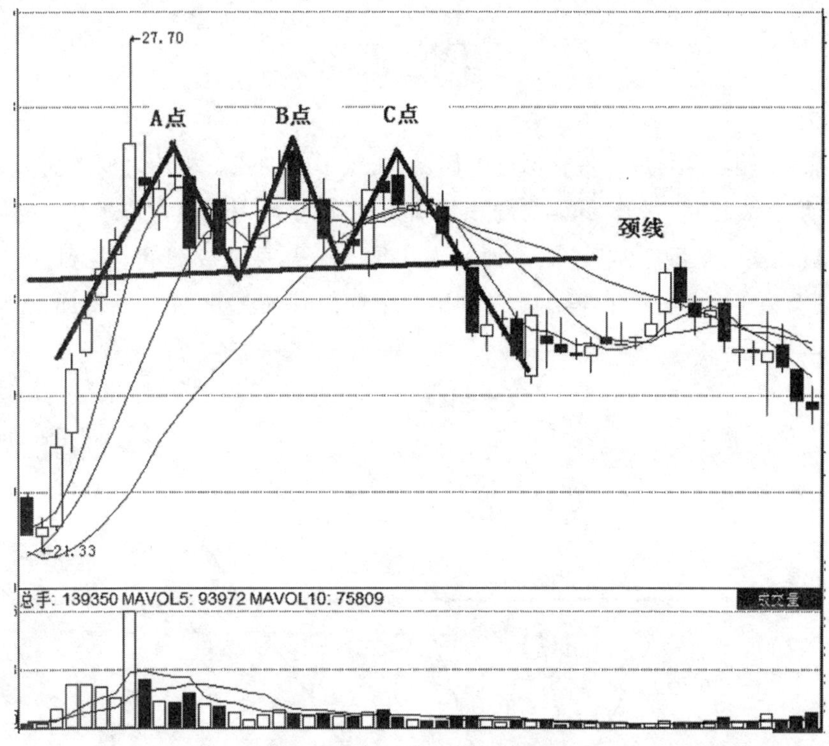

图29-2 三重顶形态图解

上图例显示,当价格上升到A点,交易徘徊在这区域数个交易日后,仍未成功穿破B点与C点之阻力位。因没有需要之情况下,价格开始回落,而且跌破三重顶图形的支持位,确认了下跌趋势图形。随后再升回此价位,尝试穿破这个图形形成的阻力位(前市的支持位)。

在这里要提醒投资者注意两个问题:

①三重顶(底)形态结合MACD和均线一起运用,更能提高实战中投资的准确性和安全性。

②它可以在顶部或底部的震荡中做些短线,入场和出场时机可参考支撑与阻力,即震荡区间中的明显高位或低位。

三重顶完成后，股价未跌破颈线前，并不适于做卖出委托，因为反转时间尚未成熟，主力与做手尚未抛出手中持有的大部分股票或尚未买足预定之数量前，仍欲使股价继续整理。直到三重顶完成后，方才进行反转，突破颈线下跌。此时便是卖出时机。

“三重顶”形成后，持有多头部位的投资者大多会在此平仓。与此同时，也有人会在“三重顶”出现时做空两股空头力量汇集在一起，价格就会向下跌落。所以第三个顶部出现后，第四个顶部是很少见到的。持有多头部位的投资者，应在第三个顶部出现时平仓，平仓后，还可以反手做空。

三重底形态

三重底（见图 29–3）是三重顶形态的倒影，在跌市中以三点相约之低点而形成。在价格向上摆动时，发出重大转向讯号。与三重顶相比，三重底图形通常拖延数月时间及穿破阻力线才被确认为三重底图形。另一种确认三重底讯号，可从成交量中找到。当图形过程中，成交量会减少。直至价格再次上升到第三个低位时，成交量便开始增加，形成一个确认三重底讯号。

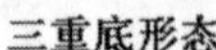

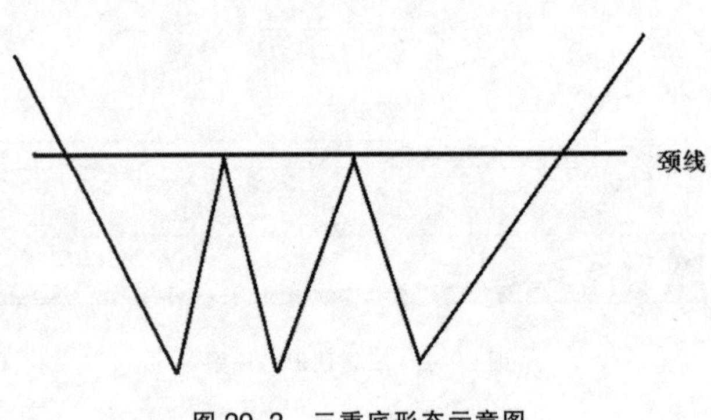

图 29–3 三重底形态示意图

投资者必须明确这一点：三重底不是依据有三个低点就能形成的，三针探底的形态只能表示股价的走势图形具有三重底的雏形，未来发展极有可能向三重底演化。至于最终是否能构筑成三重底，并形成一轮上升行情，还需要进一步的检验。

①三重底形态的三次低点时间，通常至少要保持在 10~15 个交易日以上。如果时间间隔过小，往往说明行情只是处于震荡整理中，底部形态的构筑基础不牢固，即使形成了三重底，由于其形态过小，后市上攻力度也会有限。而近期的三重底的第一和第二低点之间间隔 9 天，第二和第三低点之间间隔 11 天，只是勉强符合标准。

②三重底的三次上攻行情中，成交量要呈现出逐次放大的势态，否则极有可能反弹

失败。如果大盘在构筑前面的双底形态时,在期间的两次上升行情中,成交量始终不能有效放大的话,将极有可能导致三重底形态的构筑失败。

③在三重底的最后一次的上攻行情中,如果没有增量资金积极介入的放量,仍然会功败垂成。所以,三重底的最后一次上涨必须轻松向上穿越颈线位时才能最终确认。股价必须带量突破颈线位,才能有望展开新一轮升势。

例如:

大连控股(600747)(见图29-4)分别在2003年的3月27日、4月9日和4月29日三天形成了三次探底过程。该股的三次探底动作,在相互之间的时间跨度大致相等;而且三次探底的低点位置也比较接近,分别是6.23元、6.19元和6.25元,高低仅有0.06元的差距,完全符合三重底的基本技术要求。5月中旬,大连控股放量突破三重底的颈线位置。此后,该股逆势强劲上涨,在股指下跌100多点的期间,该股竟然上涨了30%多。

图29-4 大连控股三重底形态图解

投资者在实际操作中不能仅仅看到有三次探底动作,或者已经从表面上形成了三重底,就一厢情愿地认定是三重底而盲目买入,这是非常危险的。因为,有时即使在走势上完成了形态的构造,但如果不能最终放量突破其颈线位的话,三重底仍有功败垂成的可能。

所以三重底的最佳买入时机是:

①在股价有突破颈线位的确定性趋势并且有成交量伴随时是激进型投资者买入时机。

②在股价已经成功突破颈线位时是成熟型投资者买入时机。

③在股价已经有效突破颈线位后的回档确认时是稳健型投资者买入时机。

投资者在正确把握好三重底的介入时机买入股票后,就需要掌握三重底的最佳卖出价位。这需要研判三重底的上涨力度并推算大致的上涨力度。

一般说来,三重底的上涨力度,主要取决于以下因素:

①股价从三重底的第三个底部上升时,成交量是否能持续升温和放大。

②股价在向上突破颈线位的瞬间时成交量是否能够迅速放大。

③三重底的低点到颈线位的距离。距离越远,形态形成后的上攻力度越强。

④股价在底部的盘旋时间,通常股价在底部盘旋的越久,其上涨力度越大。

投资者需要耐心等待三重底形态彻底构筑完成,股价成功突破颈线位之后,才是最佳的建仓时机。大可不必在仅有三个低点和形态还没有定型时过早介入,虽然有可能获取更多地利润,但从风险收益比率方面计算,反而得不偿失。

头肩顶形态

头肩顶(见图 29-5)是最出名、最可靠的走势反转形态之一。主要由三个波峰组成:第一个波峰是上升趋势的延伸,市场走势仍然强劲(左肩),头部一般由一个或两个波峰组成,上升趋势开始放缓,但波峰仍比上一波峰高。价格回落至上一波谷附近或更低水平,然后展开新一波的上升,但动量不足,通常只能回升到与左肩相约高度的位置便掉头回落,形成右肩。当价格跌穿前两个波谷连线的延伸(颈线)时,"头肩顶"形态正式确立,说明大势已经反转。

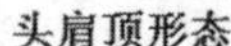

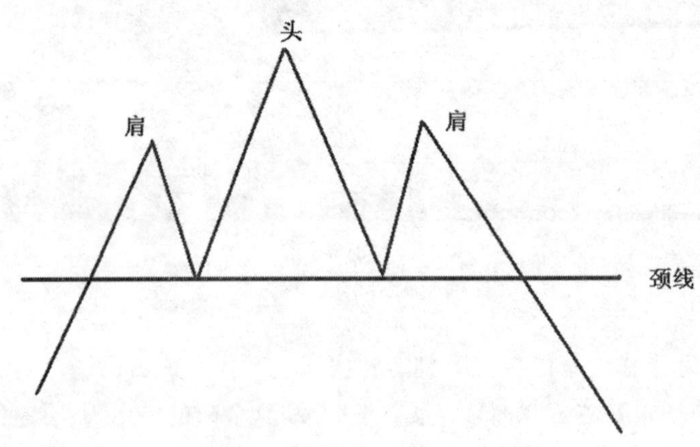

图 29-5 头肩顶形态示意图

从上图我们可以清楚地知道，头肩顶反转形态是由一个左肩，一个右肩，一个头部和一根颈线所构成的。在该形态中扮演重要角色的还有成交量、突破、目标价以及支撑、转化、阻力等概念。

我们先来说一下头肩顶形态的形成步骤(见图 29-6)：

①股价经过长期上升后，成交量大增，此时获利回吐压力亦增加；股价回跌一段，成交量下降，比先前最高价附近的成交量减少许多，此时头肩顶的左肩形成。

②股价回升，突破左肩之顶点，成交量亦可能因大换手而创记录，接手与持有股票者恐慌，相继抛售，股价回跌至前一低点水准附近，有时高些，有时低些，但是绝对低于左肩的顶点，头部完成。

③第三次上升，已不再出现过去庞大的成交量，涨势亦不再凶猛，到达头部股价水准前就向下跌，这是右肩。最后，第三次下跌时，急速穿过经由左肩和头部之间的底部以及头部和右肩之间底部的延长线(即颈线)，再回升时股价仅能达到颈线水准附近，然后变为下跌趋势，反转下跌形态完成。

④颈线之突破，收盘价突破颈线幅度超过该股市价 3%以上，是有效之突破。

接下来，我们再来细述一下头肩顶的构造及应用：

①先前的趋势：对于头肩顶形态来说，此前应有一个上升趋势的存在，如果此前没有上升趋势，那么就不存在反转的说法，形态不成立。头肩底也如此。

②先前趋势的趋势线：左肩回落的低点一般仍能保持在此前上升趋势线的上方，没有破坏趋势。而头部形成后的下跌要跌破先前趋势的上升趋势线。头肩底也如此。

③颈线：两个折返点的低位所连结而成的线称为颈线。颈线为重要趋势线。在上升趋势中，一旦价格跌破颈线，或在下降趋势中，价格突破颈线，则为趋势反转讯号。头肩顶(底)为技术分析上十分明显且可靠的讯号。颈线可能向上倾斜、向下倾斜或者为水平状态。颈线的倾斜方向和陡度提供了一些暗示的信息，一个向下倾斜的颈线比向上倾斜的颈线更加熊性。头肩底则是向上倾斜的颈线比向下倾斜的颈线更有牛性。只有颈线被跌破或者升破，我们才能说趋势被反转。

④成交量：理想情况下(不一定必须这样)，左肩上升时的成交量高于头部上升时的成交量。这个股票价格创新高而成交量萎缩的现象给出了一个警告信号。另外一个警告信号是从头部的下跌会出现放量，如果右肩下跌时的成交量继续放大，那么可以作为一个确认信号。头肩底也如此，只是方向相反。头肩底的一个重要特征为，右肩下跌时的成交量将明显缩小。这是判断头肩底的重要依据。一旦头肩底完成，且价格穿越颈线，配合成交量爆量，则称为讯号被确认，趋势开始反转。成交量的变化以及颈线的支撑作用是判断头肩形态的关键因素，两者结合起来判断将相当可靠。

⑤对称：如果左肩和右肩能保持对称则更好，但这不是必须的要求。左肩和右肩在高度和宽度上都可以不同。

⑥回抽：颈线被突破后经常发生回抽，但是有时候根本就不会发生回抽。

⑦目标价：一旦颈线被突破，则目标涨(跌)幅将是头部与颈线之间的距离。目标价只

能作为一个粗略的指南，其他因素也应该给与考虑。比如前方的支撑阻力位、菲波那次比率或者长期均线。目标价的预算有帮助作用，但是不能将它作为终极目标。

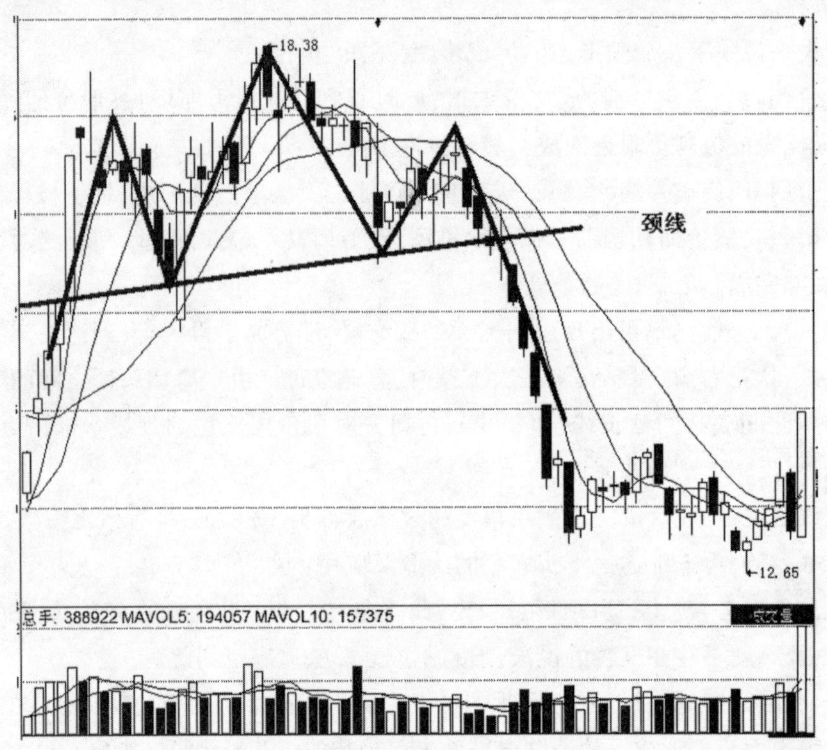

图 29-6　头肩顶形态图解

此外，实战中头肩顶形态操作上还要注意以下事项：

①头肩顶形态完成后，向下跌破颈线时，成交量不一定扩大。但日后继续下跌时，成交量会扩大。

②一旦头肩顶形态完成，就应该相信图上所表示的意义。

③若头肩顶形态确定，从图上头部的顶端画一条垂直线到颈线，然后再从右肩完成后突破颈线的那一点开始向下量出同样的长度，则这段价格距离是股价将要下跌的最小程度。也就是说，至少股价要跌完所测量之差价方有再反转上升的可能。

头肩顶形态在少数情况下，股票价格跌破颈线后会立刻再回升到颈线之上，并不发生趋势反转，这就会影响投资者的判断。对此的补救措施是，以跌破颈线的3%作为真正的趋势反转讯号，其他则视为假跌破。

头肩底形态

头肩底(见图 29-7)顾名思义，图形由左肩、头、右肩及颈线组成。三个连续的谷底以中谷底(头)最深,第一及最后谷底(分别为左、右肩)较浅及接近对称,因而形成头肩底形态。头肩底形态跟随下跌市势而行,并发出市况逆转的讯号。当价格一旦升穿阻力线(颈线),则出现较大幅上升。

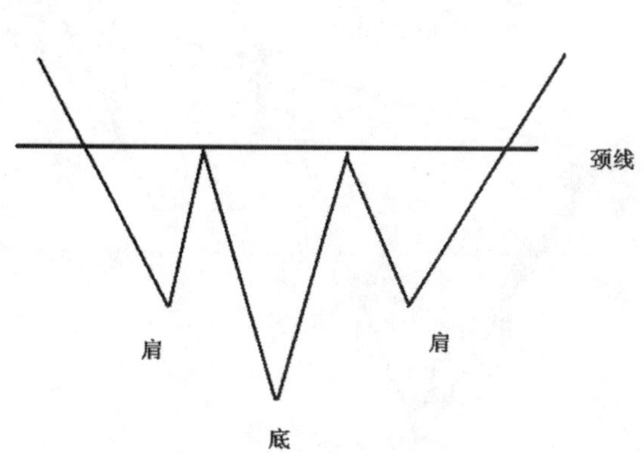

图 29-7 头肩底形态示意图

头肩底的分析意义和头肩顶没有两样，它告诉我们过去的长期性趋势已扭转过来,股价一次再一次地下跌。第二次的低点(头部)显然较先前的一个低点为低,但很快地掉头弹升。接下来的一次下跌股价未跌到上次的低点水平已获得支持而回升,反映出看好的力量正逐步改变市场过去向淡的形势。当两次反弹的高点阻力线(颈线)打破后,显示看好的一方已完全把对方击倒,买方代替卖方完全控制整个市场(见图 29-8)。

头肩底形态的判别特征是:

①急速地下跌,随后止跌反弹,形成第一个波谷。这就是通常说的“左肩”。形成左肩部分时,成交量在下跌过程中出现放大迹象,而在左肩最低点回升时则有减少的倾向。

②第一次反弹受阻,股价再次下跌,并跌破了前—低点,之后股价再次止跌反弹形成了第二个波谷。这就是通常说的“头部”。形成头部时,成交量会有所增加。

③第二次反弹再次在第一次反弹高点处受阻,股价又开始第三次下跌,但股价跌至第一个波谷相近的位置后就不下去了,成交量出现极度萎缩,此后股价再次反弹形成了第三个波谷。这就是通常说的“右肩”。第三次反弹时,成交量显著增加。

④第一次反弹高点和第二次反弹高点，用直线连起来就是一根阻碍股价上涨的颈线,但当第三次反弹时会在成交量配合下,将这根颈线冲破,使股价站在其上方。投资者见到头肩底这个图形,应该想到这是个底部回升的信号,此时不能再继续看空,而要随时作好进场抢筹的准备。

一旦股价放量冲破颈线时就可考虑买进一些股票。这通常称为第一买点。如果股价冲破颈线回抽,并在颈线位附近止跌回升再度上扬时可加码买进,这通常称为第二买点。值得注意的是,若是股价向上突破颈线时成交量并无显著增加,很可能是一个“假性突破”,这时投资者应逢高卖出,考虑暂时退出观。

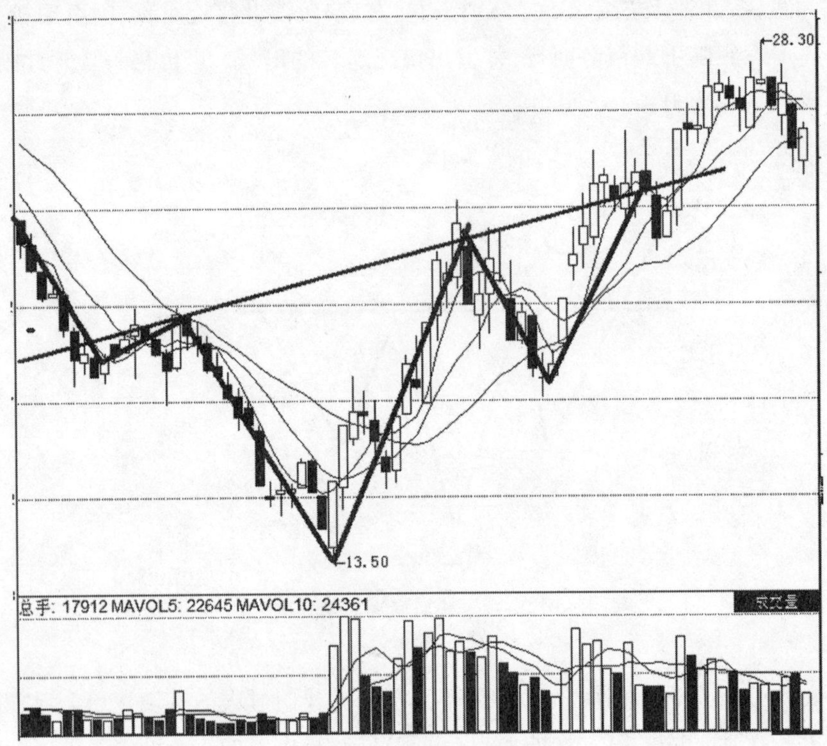

图 29-8　头肩底形态图解

当头肩底颈线突破时,就是一个真正的买入讯号。虽然股价和最低点比较,已上升一段幅度,但升势只是刚刚开始,尚未买入的投资者应该继续追入。其最少升幅的量度方法是从头部的最低点画一条垂直线相交于颈线,然后在右肩突破颈线的一点开始向上量度出同样的高度,所量出的价格就是该股将会上升的最小幅度。另外,当颈线阻力突破时,必须要有成交量激增的配合,否则这可能是一个错误的突破。不过,如果在突破后成交逐渐增加,形态也可确认。

在升破颈线后头肩底形态可能会出现暂时性的回跌,但回跌不应低于颈线。如果回跌低于颈线,又或是股价在颈线水平回落,没法突破颈线阻力,而且还跌低于头部,这可能是一个失败的头肩底形态。

M 头与 W 底

一只股票上升到某一价格水平时,出现大成交量,股价随之下跌,成交量减少。接着股价又升至与前一个价格几乎相等之顶点, 成交量再随之增加却不能达到上一个高峰的成交量,再第二次下跌,股价的移动轨迹就像字母 M。这就是双重顶,又称 M 头走势(见图29-9)。

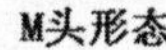

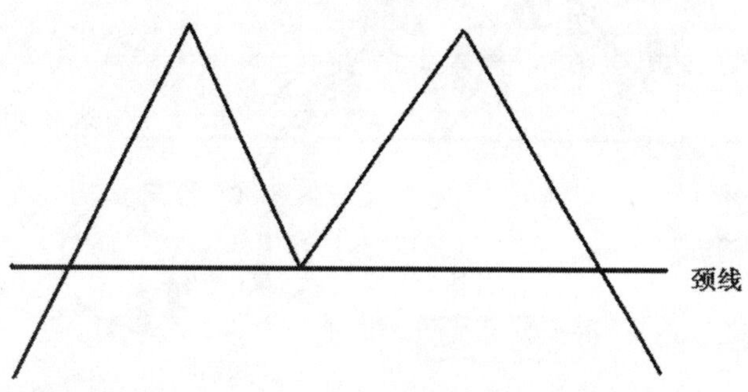

图 29-9　M 头形态示意图

一只股票持续下跌到某一平底后出现技术性反弹，但回升幅度不大，时间亦不长，股价又再下跌，当跌至上次低点时却获得支持，再一次回升，这次回升时成交量要大于前次反弹时成交量。股价在这段时间的移动轨迹就像的 W。这就是双重底，又称 W 走势(见图29-10)。

W底形态

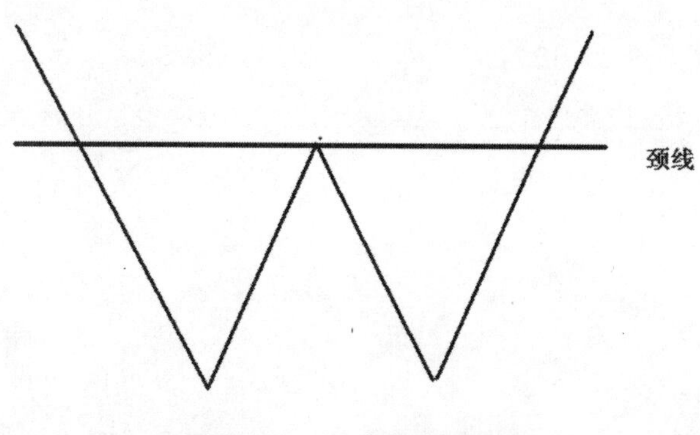

图 29-10　W 底形态示意图

投资者要牢记的一点是，无论是“双重顶”还是“双重底”，都必须突破颈线(双头的颈线是第一次从高峰回落的最低点；双底的颈线就是第一次从低点反弹之最高点)，形态才算完成。

首先，我们来分析一下双重顶底的形态特点(见图 29-11)：

①M 头双顶特征：

A.双顶是当某一股票急速上升至某价格水准时，必会回跌，而在峰顶处留下大成交量；然后成交量随股价下跌而萎缩，然后再度上升时，股价又回至前一峰顶附近(价位相同、低于或高于)，成交量再度增加，却不再出现先前在第一峰所留下之成交量水准，上升阻力产生；随后造成第二次下跌，突破颈线后，形成原始下跌趋势或中级下跌趋势；而向下突破颈线时，成交量亦不一定扩大，日后继续下跌时，成交量会扩大。

B.颈线之所在，是画一条平行线通过双峰间之低点。双重顶完后突破颈线，从图形可看出，类似英文字母 M。

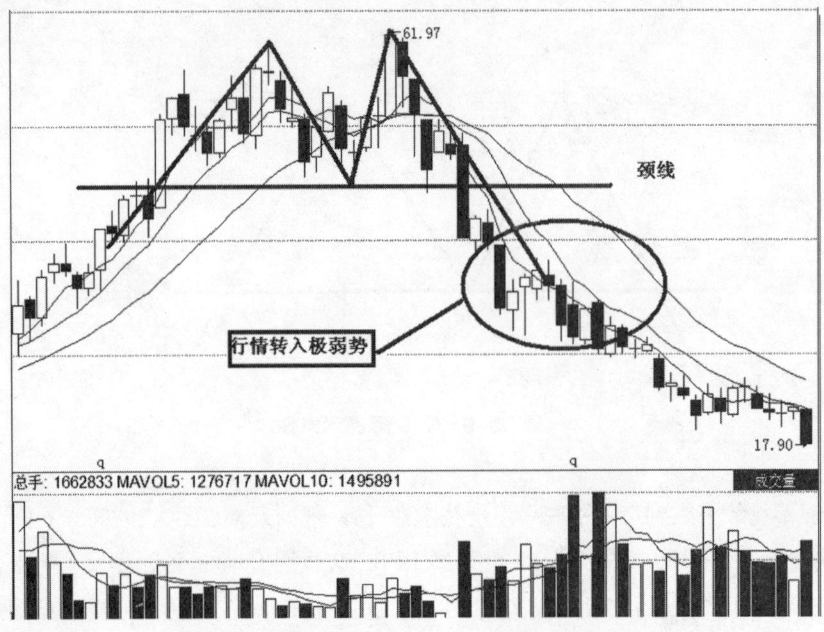

图 29-11 M 头形态图解

②W 双底特征(见图 29-12):

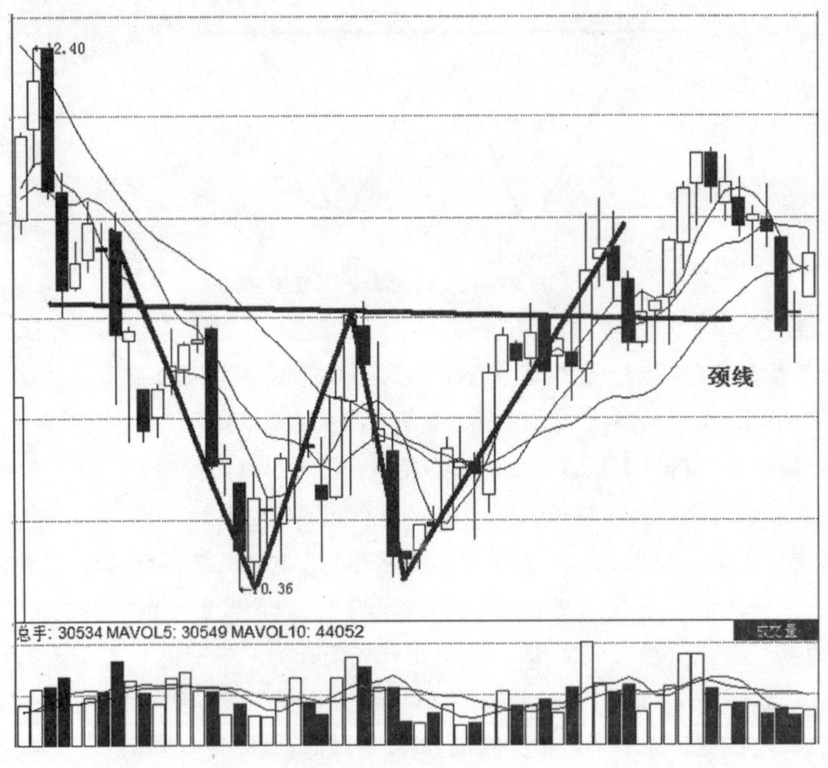

图 29-12 W 底形态图解

A.双底只是将双顶倒转过来,形成字母 W 状。也就是下跌趋势结束前出现反弹,然后再度下跌,跌势趋于缓和,在前次低价附近止住,开始向上涨升。

B.突破颈线时出现大成交量,也就是双重底从第二个底部上升时的成交量会高于第一底部上升时的数量,双重底得以确认。

此外,在操作双重顶底时,应注意以下要点:

①双头的两个最高点并不一定在同一水平,二者相差 3%是可接受的。通常来说,第二个头可能较第一个头高出一些,原因是看好的力量企图推动股价继续再升,可是却没法使股价上升超过 3%的差距。

②一般双底的第二个底点都较第一个底点稍高,原因是先知先觉的投资者在第二次回落时已开始买入,令股价没法再次跌回上次的低点。

③双头最少跌幅的量度方法,是由颈线开始计起,至少会再下跌从双头最高点至颈线之间的差价的距离。

④双底最大涨幅的量度方法也是一样,双底之最低点和颈线之间的距离,股价突破颈线后至少会升高相当长度。

⑤形成第一个头部(或底部)时,其回落的低点约是最高点的 10%~20%(底部回升的幅度也是相若)。

⑥双重顶(底)不一定都是反转信号,有时也会是整理形态,这要视两个波谷的时间差决定,通常两个高点(或两个低点)形成的时间相隔超过一个月为常见。

⑦双头的两个高峰都有明显的高成交量, 这两个高峰的成交量同样尖锐和突出,但第二个头部的成交较第一个头部显著为少,反映出市场的购买力量已在转弱。双底第二个底部成交量十分低沉,但在突破颈线时,必须得到成交量激增的配合方可确认。双头跌破颈线时,不须成交量的上升也应该信赖。

⑧通常突破颈线后,会出现短暂的反方向移动,称之为反抽。双底只要反抽不低于颈线(双头之反抽则不能高于颈线),形态依然有效。

⑨一般来说,双头或双底的升跌幅度都较量度出来的最少升跌幅度为大。

双顶或底不一定都是反转信号,有时也会是整理形态。如果两个顶点(底点)出现时间非常近,在它们之间只有一个次级下跌(或上升),大部分属于整理形态,将继续朝原方向进行股价变动。相反地,两个顶点(底点)产生时间相距甚远,中间经过几次次级上升(或下跌),反转形态形成的可能性大。

圆弧顶形态

圆弧顶(见图 29-13)是指股价或股指呈现出圆顶走势,当股价到达高点之后涨势趋缓,随后逐渐下滑,是见顶图形,预示后市即将下跌。圆弧顶整个形态完成耗时较长,常与其他形态复合出现。市场在经过初期买方力量略强于卖方力量的进二退一式的波段涨升后，买方力量减弱而卖方力量却不断加强；中期时，多空双方力量均衡，此时股价波幅很小；后期卖方力量超过买方，股价回落，当向下突破颈线时，将出现快速下跌。

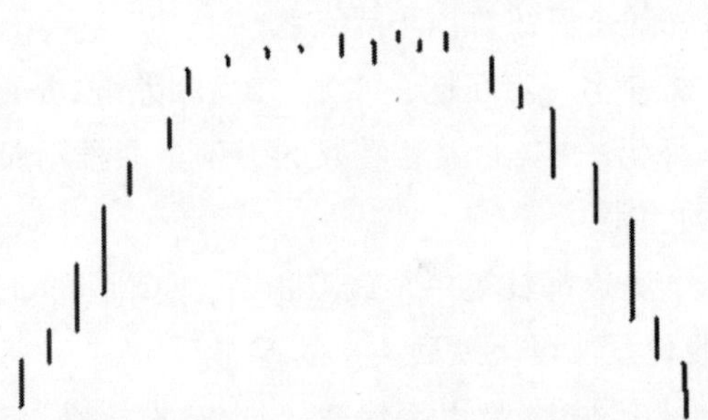

图 29-13　圆弧顶形态示意图

从形态上来看，在到达圆弧顶的顶点之前，股价呈弧形上升，虽不断创出新高，但涨不了多少就回落，只是比前一个高点稍高而已。随后涨升到顶点附近时卖压加大，高点走平，出现盘局，最后是每波回升点都略低于前点。把这些短期高点连接起来，就形成了圆弧顶。在成交量方面是逐级减少，表明追涨乏力，当突破颈线时，技术派会止损出局，成交量会稍有放大。个股出现圆弧顶，则要警惕庄家水煮青蛙式的出货(见图 29-14)。

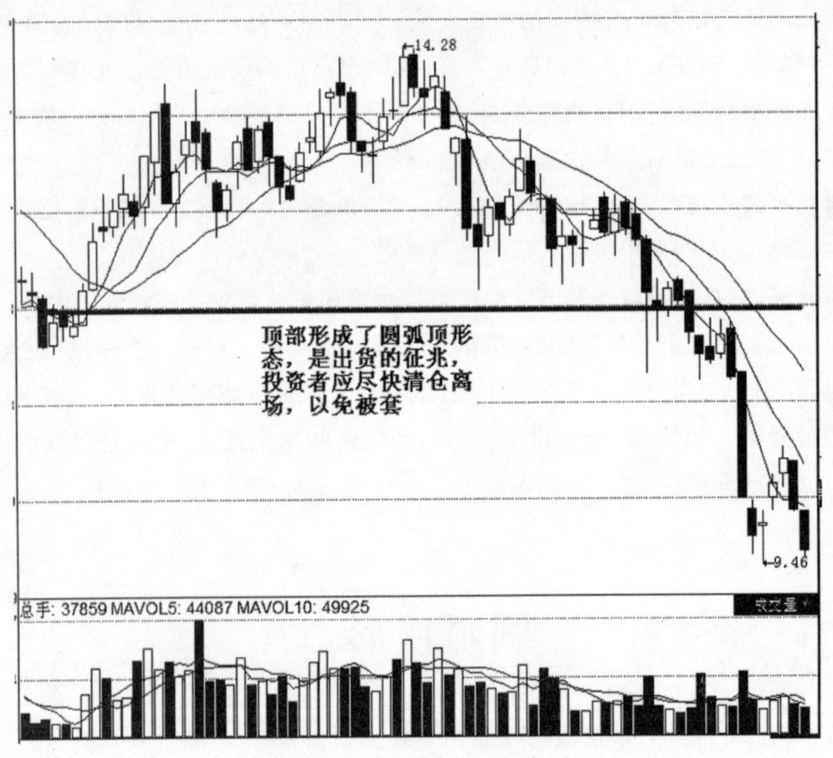

图 29-14　圆弧顶形态图解

一般说来,圆弧顶形成的特征及条件如下:

①在形态形成的初期市场中往往弥漫着极度乐观的气氛;

②成交量没有固定明显的特征,盘面上有时出现巨大而不规则的成交量,一般呈 V 形,有时也呈圆顶形状;

③圆顶反转的理论目标点位价格很难确定,一般只有通过支撑压力、百分比和黄金分割等方法来预测价格;

④有时当圆形头部形成后,股价并不马上快速下跌,只是反复横向发展形成徘徊区域。当股价一旦向下突破这个横向区域,就会有加速下跌的趋势。当出现圆弧顶走势后我们可以遵循以下的操作策略:由于圆形顶没有像其他图形有着明显的卖出点,但其一般形态耗时较长,有足够的时间让投资者依照趋势线、重要均线及均线系统卖出逃命。

在实战操作中,投资者应注意以下要点:

①圆弧顶突破后的最小跌幅一般是圆弧颈线到圆弧顶最高点之间的垂直距离。

②圆弧顶的理论下跌目标位很难确定,一般只有通过支撑位、百分比和黄金分割等方法来预测。

③成交量没有固定特征,一般呈逐级递减。在开始股价上升时成交量增加,在升至顶部时显著减少。在股价下滑时,成交量又开始稍放大,有时也出现巨大而不规则的成交量,有时也会呈圆顶形状或 V 形。

④圆弧顶多出现于绩优股中,由于持股者心态稳定,多空双方力量很难出现急剧变化,主力在高位慢慢派发,K 线易形成圆弧顶。

圆弧顶形态一般在沪市中出现较多,一旦出现这种形态,投资者就可以按照以下策略操作:

①由于圆弧顶形态耗时较长,没有像其他图形有着明显的卖出点,但其有足够的时间让投资者依照趋势线、重要均线系统及其他指标在形成之前及早退出。

②圆弧顶最小跌幅为圆弧顶至颈线的垂直距离,在跌破颈线 3%,向下突破确立后,可采取卖出策略。

③在圆弧底末期,股价跌到一定程度时,会引起持股者恐慌,会使跌幅加剧,常出现跳空缺口或大阴线,此时是一个强烈的出货信号,应果断离场,

④圆弧顶成交量多呈现不规则状,一旦圆顶右侧量小于左侧量甚为明显时,圆弧顶形成的机率就高。随时关注,当感觉有风险时,可考虑提前卖出。

有时当圆弧顶形成后,股价并不立刻下跌。而是反复横向发展,形成徘徊区域,称作碗柄。一般来说,碗柄很快便会被突破,股价会继续朝着预期中的下跌方向发展,但提供给了投资者在下跌之前的一个退出机会。

圆弧底形态

圆弧底(见图 29-15)是指呈圆弧状的一种不太常见的底部反转形态,又称为“蝶形”“圆形”“碗形”等。圆弧底形态属于一种盘整形态,多出现在价格底部区域,是极弱势行情的典型特征。

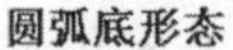

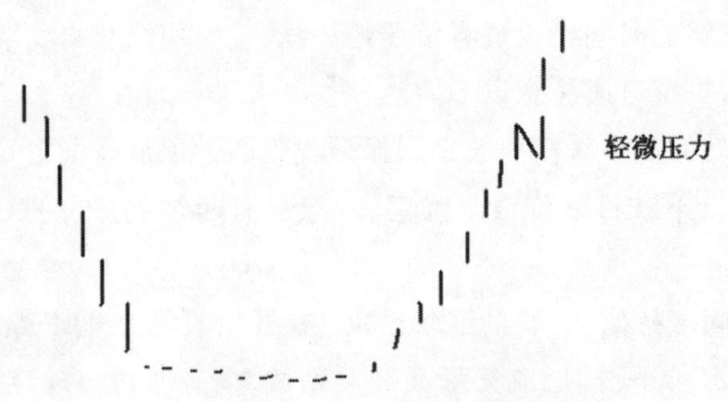

图 29-15　圆弧底形态示意图

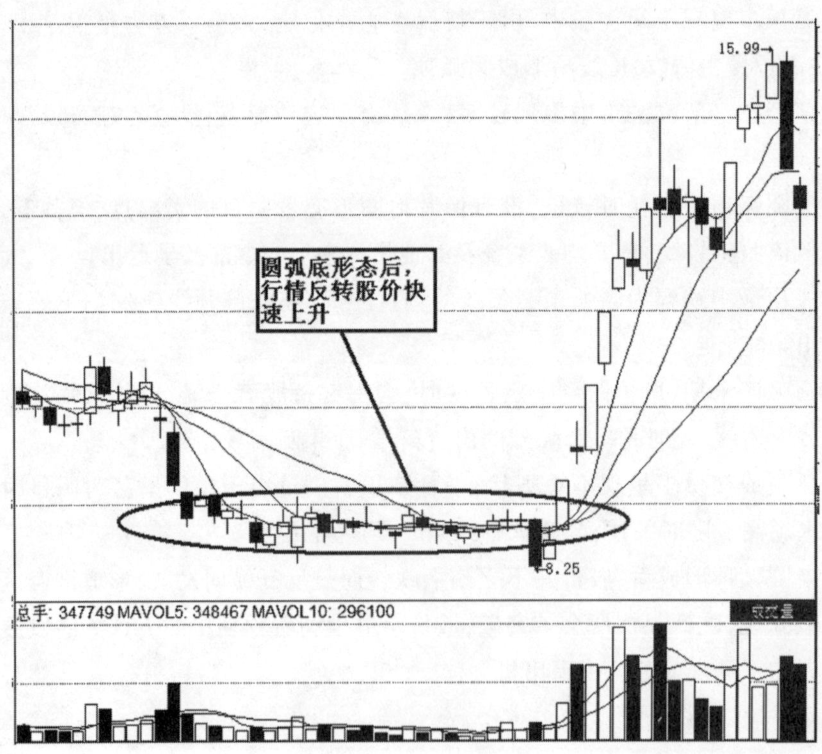

图 29-16　圆弧底形态图解

圆弧底的形态是这样形成的:价格经过长期下跌之后,卖方的抛压逐渐消失,空方的能量基本上已释放完毕,许多的高位深度套牢盘,因价格跌幅太大,只好改变操作策略,继续长期持仓不动。但由于短时间内买方也难以汇集买气,价格无法上涨,加之此时价格元气大伤,价格只有停留在底部长期休整,以恢复元气,行情呈极弱势。持仓人不愿割肉,多头也不愿意介入,价格陷入胶着,震幅小得可怜。此时,价格便会形成圆弧底形态,该形态也被称之为价格“休眠期”。

单纯从形态上来分析,圆弧底股价呈弧形上升,价格变动简单且连续,先是缓缓下滑,虽不断创出新低,但跌不了多少就弹升,比前一个低点稍低;随后在回落到弧底附近时,多空平衡,低点走平,出现盘局;最后是每波回落点都略高于前点,把这些短期低点连接起来,就形成了圆弧底。

在此期间,成交量变化与股价同步,先是逐渐减少;随后伴随股价回升,成交量渐次增加,也呈圆弧状;由于圆弧底形成耗时较长,多空换手充分,所以当带量突破颈线位,形成向上有效突破后,股价迅速上扬。涨升迅猛,往往很少回档整理(见图 29-16)。

了解了圆弧底的市场含义后,投资者还应进一步掌握其操作要点:

①有时当圆弧底部形成后,股价并不随即上涨,而是先走出一个来回窄幅拉锯的平台,也称进货平台,此处买进较佳。

②在圆弧底形成中,由于多空双方皆不愿意积极参与,成交量极小,价格显得异常沉闷,这段时间显得很漫长,所以不要过早介入,可选择在突破颈线时买入。

③圆弧底形态通常是机构庄家吸货区域。由于其炒作周期长,故在完成圆弧底形态后,其涨升的幅度也是很大的。投资者如在圆弧底形态内买进,则要注意在启动前的震仓洗盘。因为在涨升初期,会吸引大量散户买进,给机构庄家后期拉抬增加负担,清扫出局一批浮动筹码与短线客后,机构才会大幅拉抬股价。在上涨途中,还会不断地利用旗形、楔形等多种整理形态调整上升角度、延续涨升,所以圆弧底形态从某种角度上也可说是黎明前的黑暗,在形态内价格貌似平静如水,实际上是在酝酿着一波滔天巨浪。

④圆弧底的最终上涨高度往往是弧底最低点到颈线距离的 3~4 倍,但是圆弧底如果距离前期的成交密集区太近,尽管底部形成的时间足够长了,但是后市上涨高度也有限。因为原有的股票持有者没有经历一个极度绝望的过程,导致底部的换手率不高,限制了未来的涨升空间。

⑤圆弧底常见于低价股中,呈现一种平底延伸状,通常需要数月才能完成。在圆弧底形成期间,有时还常伴随蝶形底。

⑥在所有的底部技术形态中,圆弧底形成的概率较低。这是因为形成圆弧底的条件严格;首先,它要求股价处于低价区;其次,低价区的平均价格应该至少低于最高价的 50%以上,距离前期成交密集区要尽可能的远;最后,在形成圆弧底之前,股价应该是处于连续下跌状态。

攀钢钢钒(000629)2006 年 5 月至 2008 年 1 月的周线走势图(见图 29-17)如下:这是在上涨一浪后,股价经过 32 周的时间形成圆弧底。同时成交量配合良好,在突破颈线后,迎来了一波超级上涨行情。

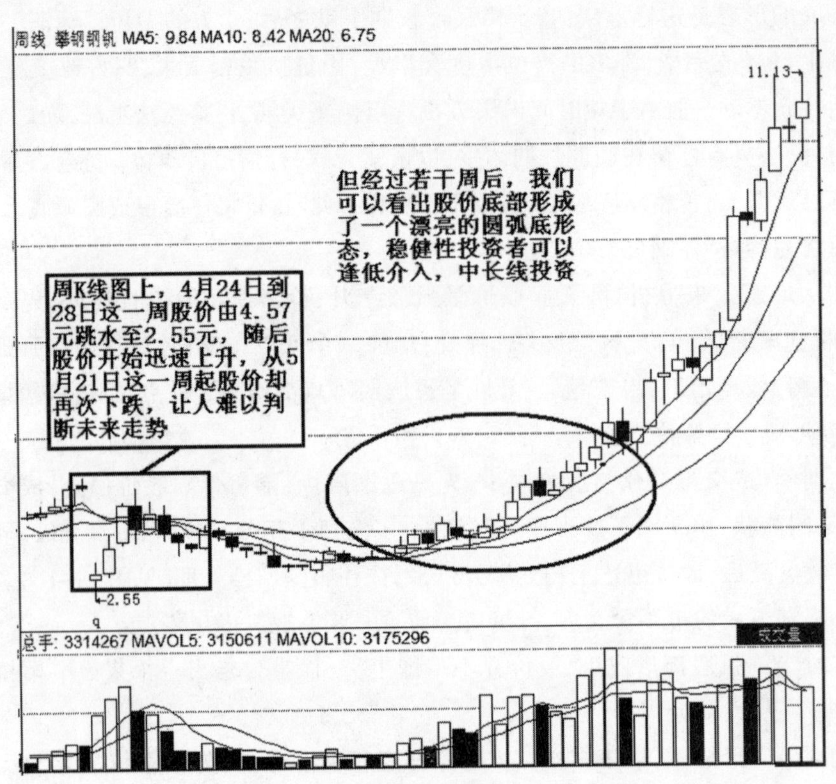

图 29-17 攀钢钢钒圆弧底形态买入图解

由于圆弧底易于辨认,有时太好的圆弧底反而被主力利用来出货形成骗线。像某些个股除权后在获利丰厚的情况下,庄家就是利用漂亮的圆弧底来吸引投资者。因此,如果公认的圆弧底久攻不能突破或突破后很快走弱,特别是股价跌破圆弧底的最低价时仍应止损出局观望。

岛形反转

岛形反转,即在一个向上(或向下)的大跳空缺口之后不久又出现一个向下(或向上)的大跳空缺口,这是后势强烈反转的信号。

岛形反转的形态得名源于股市持续上升一段时间后，有一日忽然呈现缺口性上升，接着股价位于高水平徘徊,很快价格又再缺口性下跌,两边的缺口大约在同一价格区域发生,使高水平争持的区域在图表上看来就像是一个岛屿的形状,两边的缺口令这岛屿孤立于海洋之上。成交量在形成的岛型期间十分巨大。股价在下跌时形成的岛形形状也是一样。

从市场心理来讲,股价不断地上升使原来想买入的没法在预期的价位追入。持续的升势令他们终于忍不住不计价抢入，于是形成一个上升缺口。可是股价却没有因为这样的跳升而继续向上，在高水平明显呈现阻力。经过一段短时间的争持后，股价终于没法在高位支持，而缺口性下跌。股价不断地下跌，最后所形成的岛形和上升时一样。

岛形反转经常在长期或中期趋势的顶部或底部出现。当上升时，岛型反转明显形成后，这是一个沽出讯号；反之，若下跌时出现这种形态，就是一个买入讯号。

而根据岛形反转所处的位置不同，可分为上岛形反转与下岛形反转。

上岛形反转形态（见图 29-18），是指股价处于上升行情中，在经过持续上升一段时间后，某日出现跳空缺口加速上升。但随后股价在高位徘徊一段时间，不久却以向下跳空缺口的形式展开下跌。而下跌缺口和上升缺口基本处在同一价格区域的水平位置附近，使高位争持的区域从图形上看，就像是一个远离海岸的孤岛形状。一般在形成的上岛形期间成交量十分巨大。

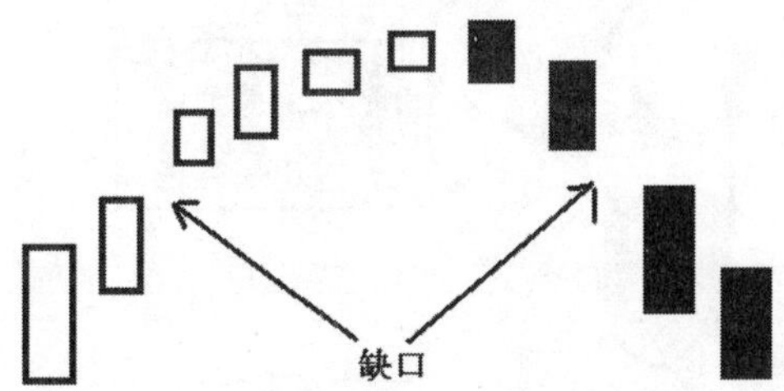

图 29-18　上岛形反转形态示意图

下岛形反转形态（见图 29-19），是指股价处于下跌行情中，在经过持续下跌一段时间后，某日突然跳空低开留下一个下跌缺口。随后几天股价在缺口之下的某一低位波动或继续下跌。但下跌到某低点又突然峰回路转，股价向上跳空并以缺口形式开始急速回升。而向上跳空缺口与前期下跌跳空缺口基本处在同一价格区域的水平位置附近，使低位争持的区域从图形上看，就像是一个远离海岸的孤岛形状。它成为多头主力在吸货时制造的最大空头陷阱。

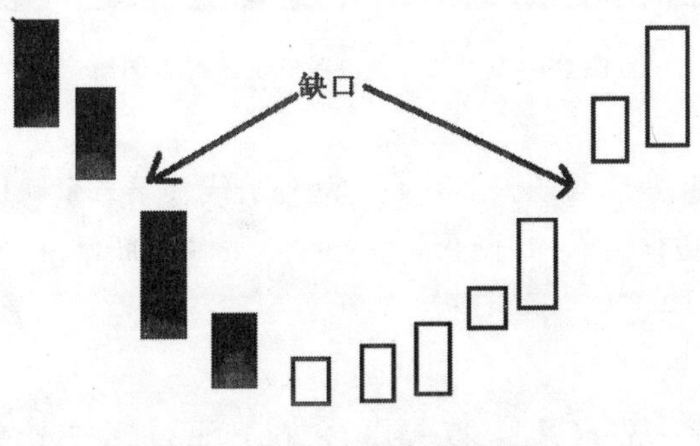

图 29-19　下岛形反转示意图

上岛形往往在市场一片看好股价时出现。想买入股票但又没法在预期价格上买进，而平缓的升势又使投资者按捺不住高价买进，于是出现上涨缺口。但股价却无法继续上涨，看好的和看淡的开始相互易手。但多空争斗的结果无法维持高股价，出现跳空缺口向下转折，开始一轮跌势。而下岛形反转正好与之相反。岛形经常在长期或中期趋势的顶部或底部出现。当上升过程中，岛形明显形成后，这是一个沽出讯号；反之，若在下跌过程中出现，就是一个买入讯号。因此，一旦形成岛形，投资者必须当机立断作出判断：上岛形出现后应做空，而下岛形出现时应做多。

例 1：

大江股份(600695)(见图 29-20)在 2003 年 6 月 19 日和 20 日从 K 线组合上形成了穿头破脚，而在 6 月 19 日又形成了向上竭尽缺口，6 月 23 日又形成了向下突破缺口，为典型的伴随着 K 线组合的上岛形反转。

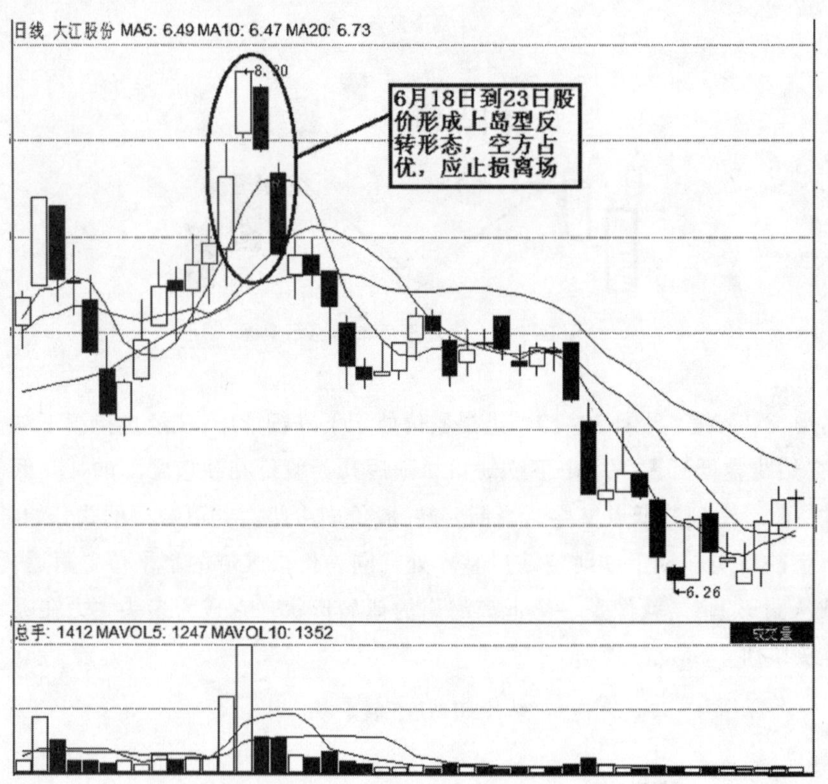

图 29-20 大江股份岛形反转形态图解

岛形形态最佳的买卖点为跌破上升或下降趋势线和第二个缺口发生之时，因为在这之前无法确定发展的方向，而一旦形态确立操作上要快刀斩乱麻，坚决做多或做空，不要迟疑。

例 2：

冀中能源(000937)(见图 29-21)在 2001 年 11 月 7 日向下跳空低开低走留下向下突破缺口，成交量开始极度萎缩，一天成交量仅有几万股。8 天后即 11 月

16 日向上大幅跳空高开低走，但仍留下一个向上突破缺口，与左边缺口构成底部岛形反转。这是个假阴线，成交量开始明显放大，但不足百万，此处的第一买点应为短线行为。

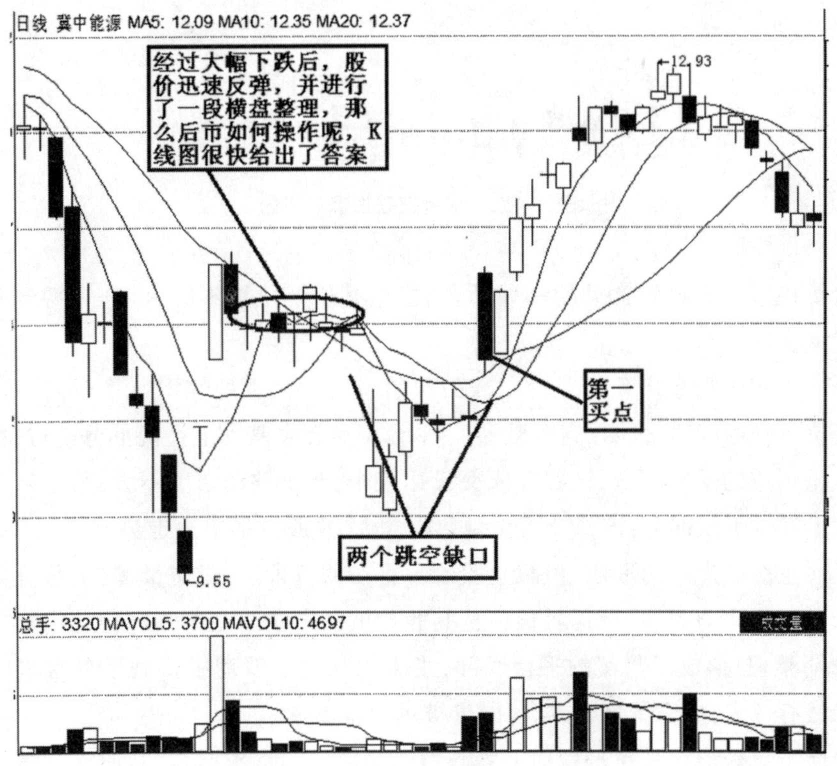

图 29-21 冀中能源岛形反转形态图解

短时间如一两天内出现岛形反转，往往结合典型见顶的 K 线组合一同出现，如穿头破脚、黄昏之星、早晨之星等；长时间如数周内出现岛形反转，往往结合典型的其他形态一同出现，如头肩形、圆顶(底)、平顶(底)等。其中上岛形反转的顶部一般是一个相对平坦的区域与两侧陡峭的图形形成鲜明对比，有时顶只是一个伴随天量的交易日构成，这是市场极端情绪化的产物。

平台突破形态

当股价运行一段时间后，因为某些原因而不能延续以前的趋势，进而在一段价格范围内波动，产生横盘或一定幅度的整理，形成一个价格平台。而后，股价突破这个平台(可能是上涨突破，也可能是下跌突破)，叫做平台突破(见图 29-22)。

平台突破形态

图 29-22　平台突破形态示意图

平台突破形态是比较常见的一种形态，根据其所处位置不同，可分为平台向上突破和平台向下突破形态。

平台向上突破形态出现于股价上涨的起始，也称为“平地惊雷”；平台向下突破形态出现于股价下跌的起始，也叫“高台跳水”。平台突破形态基本上由两部分组成，第一部分是长期盘整形成的平台部分，该部分成交量比较小，股价波动幅度不大；第二部分是平台突破后的上涨或下跌部分，该部分成交量急剧放大，且股价呈单边走势。

平台向上突破形态的形成过程是：股价一直在低位徘徊，成交量稀少，股价呈窄幅波动。由于长期无主力关注，投资者很难从其股价波动中获取差价，因而渐渐被市场遗忘。但经过长期整理，形成了坚实的平台底部，主力也从这个整理中得到了非常丰厚的底部筹码。忽然有一天，成交量急剧放大，股价被迅速推高。

平台向下突破形态是与平台向上突破形态相对应的空头形态，其形成过程与平台向上突破形态有点儿相似，但不完全相同。在平台向下突破形态中，主力已经控制了非常多的筹码，但由于其他原因，主力已难以维持股价的高位盘整不得已向下突破。其形成过程是，股价经过大幅拉升后，逐步回落到某一高位，主力为了达到出货的目的，刻意在这一高位维持股价的横盘整理，形成一个高位平台诱使投资者接受其价位。

而平台突破形态的量度幅度与其平台的长度有关。股谚云：躺下去有多长，站起来就有多高。一般来讲，股价在底部整理的时间越长，股价上涨的幅度就越高。但对平台向下突破形态而言，则没有类似的规律，其下跌幅度一般与其先前的涨幅有关。

实战案例：

宏盛科技（现名 ST 宏盛）(600817)（见图 29-23）是 2000 年表现极为抢眼的大牛股之一。但在大涨之前，经过了一年多时间的蓄势整理，股价长期徘徊在 12 元~15 元左右，构筑了一个扎实的大底部平台。2000 年 2 月 14 日春节后第一个交易日，该股突然放量涨停，突破了前期平台的上轨，呈现出明显的突破态势。从此股价一路上涨，在不到一个月的时间内股价就涨了 300%。由此可见，股价一旦放量突破了前期平台的上轨，投资者应立即买入。同理，股价一旦突破了前期平台下轨，投资者就应该立即卖出。

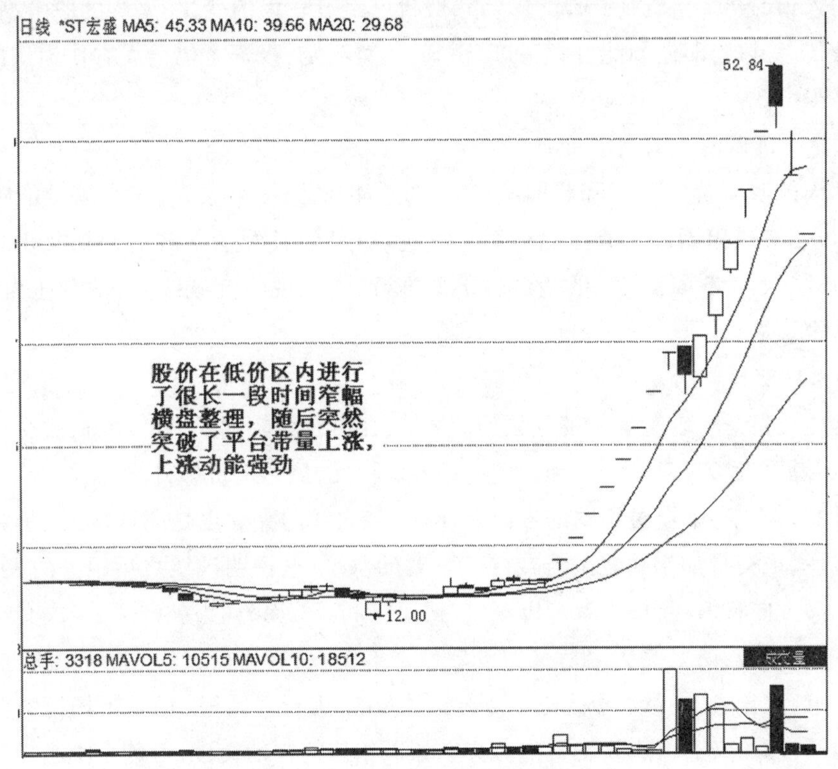

图 29-23 ST 宏盛平台突破形态图解

平台突破形态是一种非常有效的形态，但是该形态也有假突破的情况。这种假突破一般出现在平台向下突破形态中，主力为了达到诱多的目的，常常会使股价不跌反涨，然后再大幅杀跌。所以，投资者遇见这种情况，一定要保持清醒的头脑。

趋向线的突破对买入、卖出时机等的选择具有重要的分析意义，而且即使市场的造市者往往也会根据趋势线的变化采取市场运作；因此，搞清趋向线何时为之突破、是有效的突破还是非有效的突破，于投资者而言是至关重要的。事实上，股价在趋向线上下徘徊的情况常有发生。判断的失误意味着市场操作的失误。以下提供一些判断的方法和市场原则，但具体的情况仍要结合当时的市场情况进行具体的分析。

收盘价的突破是真正的突破。收盘价突破趋向线，是有效的突破因而是入市的信号。以下降趋向线即反压线为例，如果市价曾经冲破反压线，但收盘价仍然低于反压线。这样的突破被认为并非有效的突破，就是说反压线仍然有效，市场的趋势依然未改。

同理，上升趋向线的突破，应看收盘价是否跌破趋向线。在图表记录中常有这样的情况发生：趋向线突破之后，股价又回到原来的位置上。这种情况就不是有效的突破，相反往往是市场上的陷阱。

为了避免入市的错误，这里再给出几条判断真假突破的原则：

A.发现突破后，多观察一天

如果突破后连续两天股价继续向突破后的方向发展，这样的突破就是有效的突破，

是稳妥的入市时机。当然,两天后才入市,股价已经有较大的变化:该买的股价高了;该抛的股价低了。但是,即便如此,由于方向明确,大势已定,投资者仍会大有作为。比之贸然入市要好得多。

B.注意突破后两天的高低价

若某天的收盘价突破下降趋向线(阻力线)向上发展,第二天,若交易价能跨越它的最高价,说明突破阻力线后有大量的买盘跟进。相反,股价在突破上升趋向线向下运动时,如果第二天的交易是在它的最低价下面进行,那么说明突破线后,沽盘压力很大,值得跟进沽售。

C.参考成交量

通常成交量是可以衡量市场气氛的。例如,在市价大幅度上升的同时,成交量也大幅度增加,这说明市场对股价的移动方向有信心。相反,虽然市价飙升,但交易量不增反减,说明跟进的人不多,市场对移动的方向有怀疑。趋向线的突破也是同理。当股价突破颈线或阻力线后,成交量如果随之上升或保持平时的水平,这说明破线之后跟进的人多,市场对股价运动方向有信心,投资者可以跟进,搏取巨利。然而,如果破线之后,成交量不升反降,那就应当小心,防止突破之后又回复原位。事实上,有些突破的假信号可能是由于一些大户入市、大盘迫价所致。例如,大投资公司入市、银行干预等。但是市场投资者并没有很多人跟随,假的突破不能改变整个面势。如果相信这样的突破,可能会上当。

平台突破类型1:主力试盘突破型。

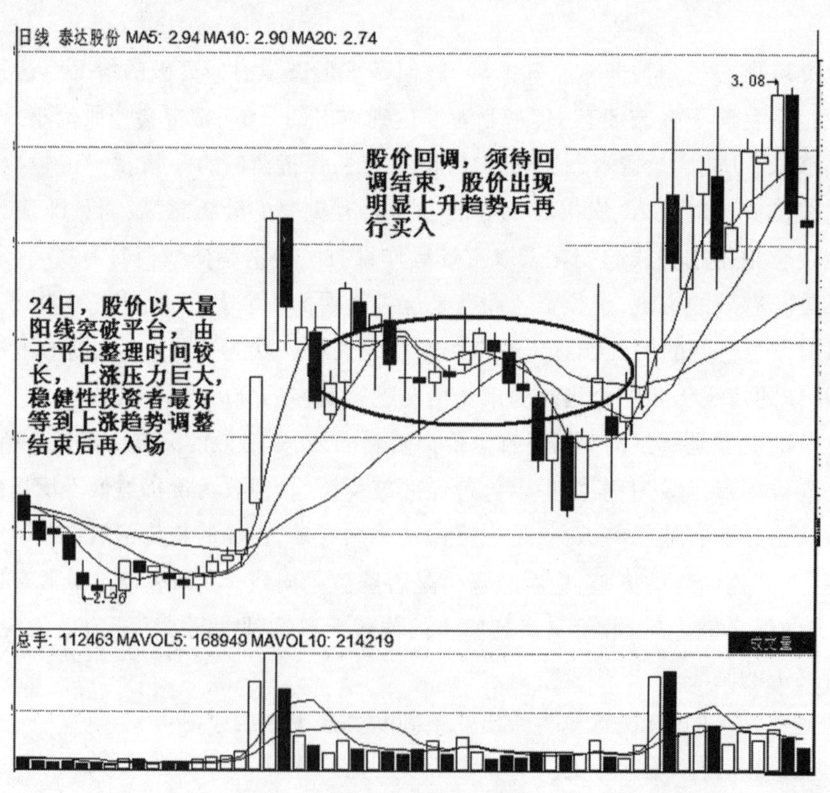

图 29-24 泰达股份

以泰达股份(000652)(见图 29-24)为例:

该股 2006 年连续几个月的盘整形成一个标准的平台。在 2006 年 3 月 24 日出现个股放量突破。一般来说,类似这样长期平台出现突破后,短期内突然拉升所面临的抛压都会比较大,除非主力做多非常坚决,否则第一波突破向上空间都是比较有限(从第一个涨停算起一般都在 20%以内),这种突破多是主力试盘为主。对于这种类型的突破投资者可耐心等待其回调至 10 日或者 20 日均线附近,一旦发现其再次放量启动可大胆追涨杀入!

平台突破类型 2:温和放量式突破。

兰花科创(600123)(见图 29-25)在 05 年 12 月初的向上突破就是最经典的案例:

向上突破时量价配合良好,主力机构介入明显。具体特征表现为:数条中段期均线收拢后出现上涨,但是上涨幅度并不大(一般>3%以上即可)。成交量温和放大,技术走势上一般不会有太大的技术回调。对于这种类型的平台突破,每次靠近 5 日均线或者 10 日均线都是不错的短线买点。

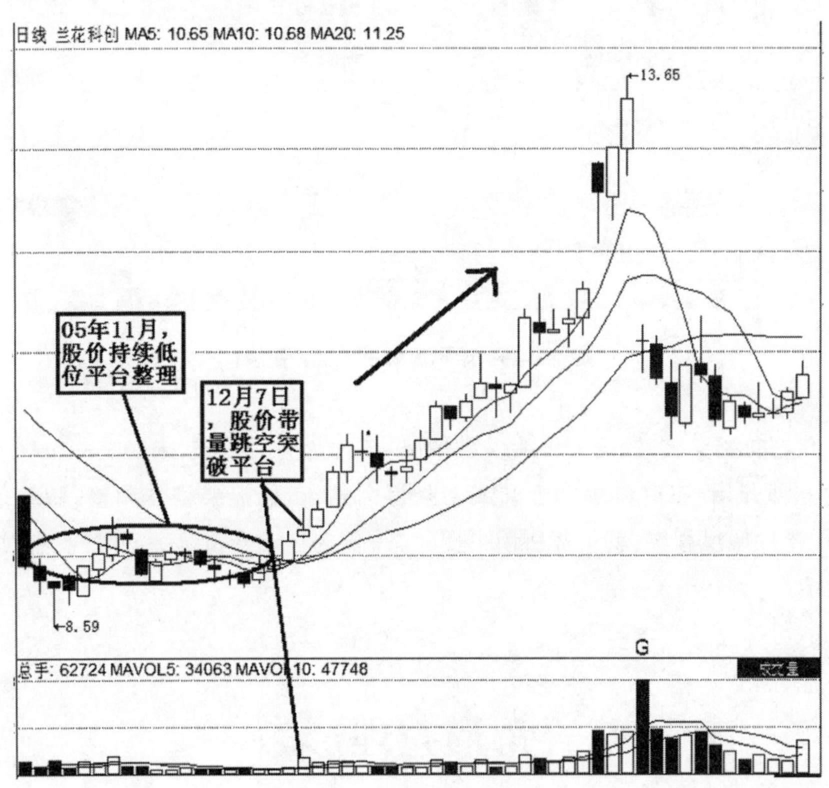

图 29-25 兰花科创平台突破形态图解

平台突破类型 3:突破受阻。

以哈药股份(600664)(见图 29-26)为例:

该股在 2006 年 9 月 26 日的突破受 20 周均线压制明显,短期下方仍有半年线支撑,但是如果下周成交量继续萎缩的话突破可能将面临失败。这种放量突破和平台突破类型1一样,都属于主力试盘的一种方式。对于这种放量突破之后成交量出现大幅度萎缩的情况,则表面仅仅只是主力试盘,做多并不坚决,暂时还是观望为好。

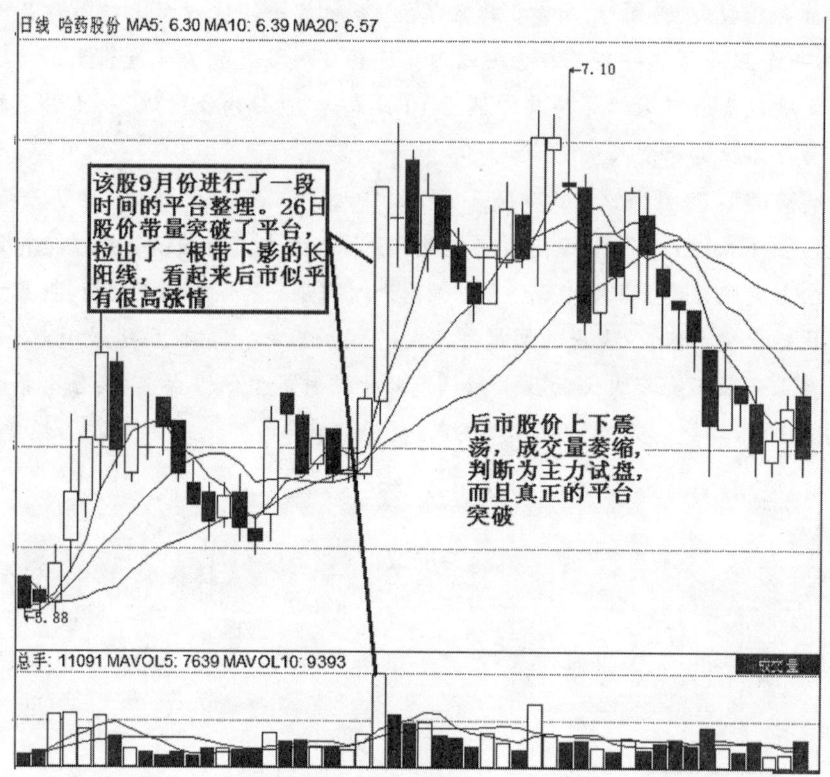

图 29-26 哈药股份主力试盘图解

在研究趋向线突破时,需要说明一种情况:一种趋势的打破,未必是一个相反方同的新趋势的立即开始,有时候由于上升或下降得太急,市场需要稍作调整,做上落侧向运动。如果上落的幅度很窄,就形成所谓牛皮状态。侧向运动会持续一些时间,有时几天,有时几周才结束。

三角形整理形态

三角形整理(见图 29-27),是指股价变动进入密集区,有时上下振荡幅度大,有时则愈来愈狭,渐渐失去弹性。从线路图看,就如三角形状,盘旋时间不会长,当股价走入三角形尖端时,表示整理形态结束。

由于变动方式不一,三角形又可分为对称三角形、上升三角形与下降三角形。

对称三角形整理形态的特征:

此中形态由一系列价格变动所组成，变动幅度逐渐下降，成交量亦随着缩小，呈一收敛图形，愈向右边波动，股价愈呈静止状态。与整理形态的对称三角形不同的是：其股价朝过去变动的方向继续上升或下跌。反转形态的对称三角形是将原先上升趋势转为下跌趋势，或将原先下跌趋势转为上升趋势。

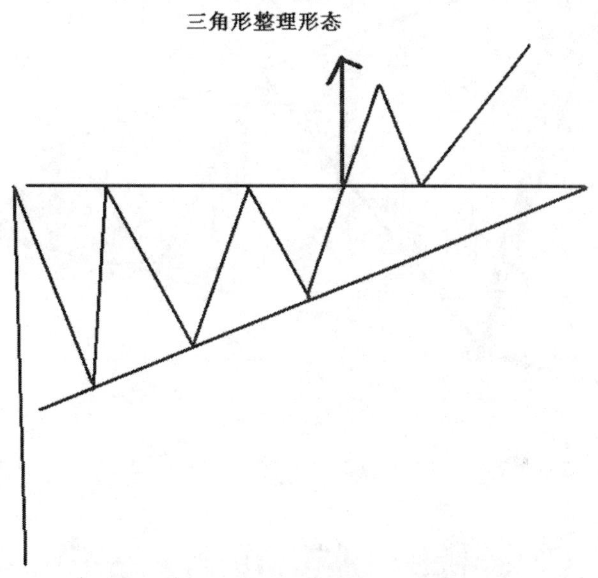

图 29-27　三角形整理形态示意图

对称三角形整理形态注意事项：

①此形态大多出现于整理形态，反转形态之机会为四分之一。

②台湾股票图形出现反转对称三角形，多半为中级上升结束，次级下跌开始，借着盘局予以出货，然后再将行情打下去。

③股价变动演变成对称三角形时，供需双方得以在此获得调节，要买的人可用类似价格分天买进较多的股票，要卖的人亦有时间将大笔股票分天出清，而价格相差也不多。等到实力派买进或卖出足够的额子时，股价波动再次兴起，突破对称三角形而上升或下跌。因此，对称三角形完成后的上升或下跌是另一次极佳的买进或卖出时机。

反转形态的对称三角形特性与整理形态的对称三角形相同，股价变动愈接近其顶点或底点，突破力量愈小。向上突破时需要大成交量伴随，向下突破时则不必。

飞乐音响(600651)（见图 29-28）在经过大幅的拉升冲击高点后展开整理，在随后的走势中我们不难发现，该股经过数日的下跌后又企稳反弹，但是每一次的反弹幅度并没有突破前次。之后又再次回落整理，形成对称三角的整理形态。

上升三角形是属于整理型态，大部分的上升三角形都在上升的趋势中出现，且暗示有向上突破的倾向。总的来说，上升趋势中的上升三角形和对称三角形最终向上突破、下降趋势中的下降三角形最终向下突破，都是以顺势突破为主，可作为比较经典的中继形态。

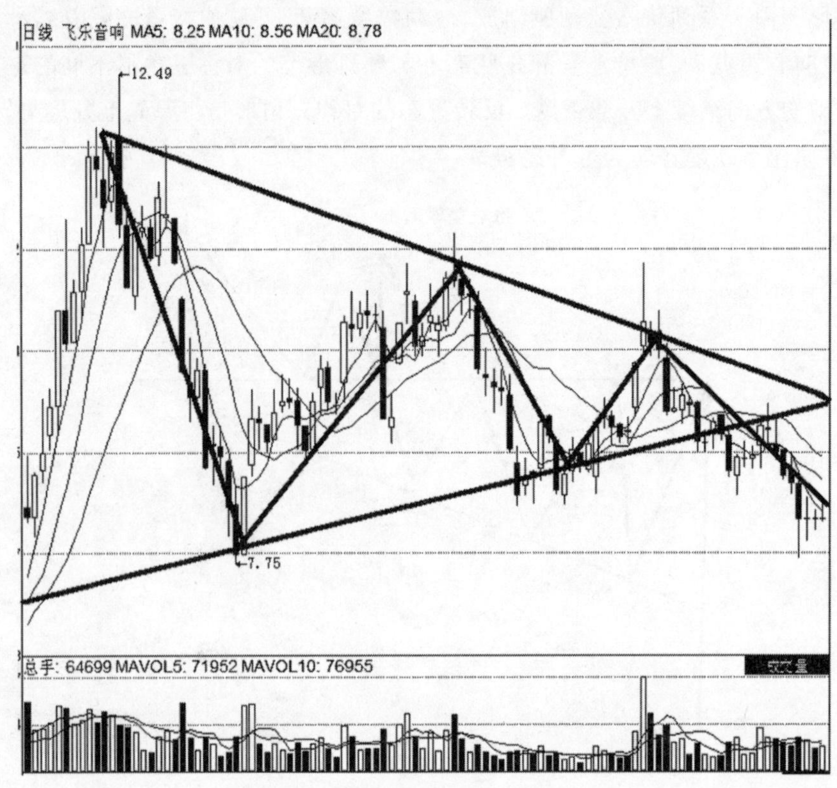

图 29-28 飞乐音响对称三角形图解

上升三角形的操作要把握以下要点：

①此图形常出现在涨势初期或上涨途中。

②向上突破的时间越早，后劲越足。整理时间过长，有可能是主力设置的多头陷阱。

③股价向上突破时，成交量放大，形成价升量增的关系。

④在实际的形成和观察中，明确地看到在整理时，每一次上涨，成交量相对增大，每一次下探，成交量相对减小。

⑤整理到位后，突破时没有成交量的配合，就是假的突破。

⑥出现此图形时，同时也要考虑到，如果选择向下突破，就会形成双头或三头顶。

⑦只有股价站在上边线企稳后，方才介入。

⑧突破后它的两种形态：直接上攻和回挫后上攻。

利用上升三角形把握买卖点：在上升三角形中，显著的买入点是三角形形成过程中的最后一个点以及有效突破后的介入点。在部分情况下，突破三角形之后会有回抽，回抽突破线时同样是比较理想的介入机会。另外需要说明的是，上升趋势中的上升三角形往往表示短线强势！一般而言，上升三角形在其横向宽度的 1/2~3/4 之间的某个位置就会选择突破方向，如果超过该区域仍未突破，则三角形的顺势性突破的力度将减弱，同时突破方向的变数也将增加。换句话说，就是上升三角形越早突破，越少发生错误。假如价格反复走到形态的尖端后跌出形态之外，这突破的信号就不足为信了。在实际操作中还是以等候最终突破方向确定为主！

陆家嘴（600663)（见图 29-29）股自 2006 年 11 月 9 日系统给出买入信号提示后，便展开了大幅拉升行情。随后由于股价在 12.50 元水平呈现强大的卖压，股价从相对高点回落至低点。伴随着市场购买力的增强，股价未回至上次低点即反弹升回。经过短期波动后，连接低点可形成一条向上倾斜的线，这就是上升三角形。

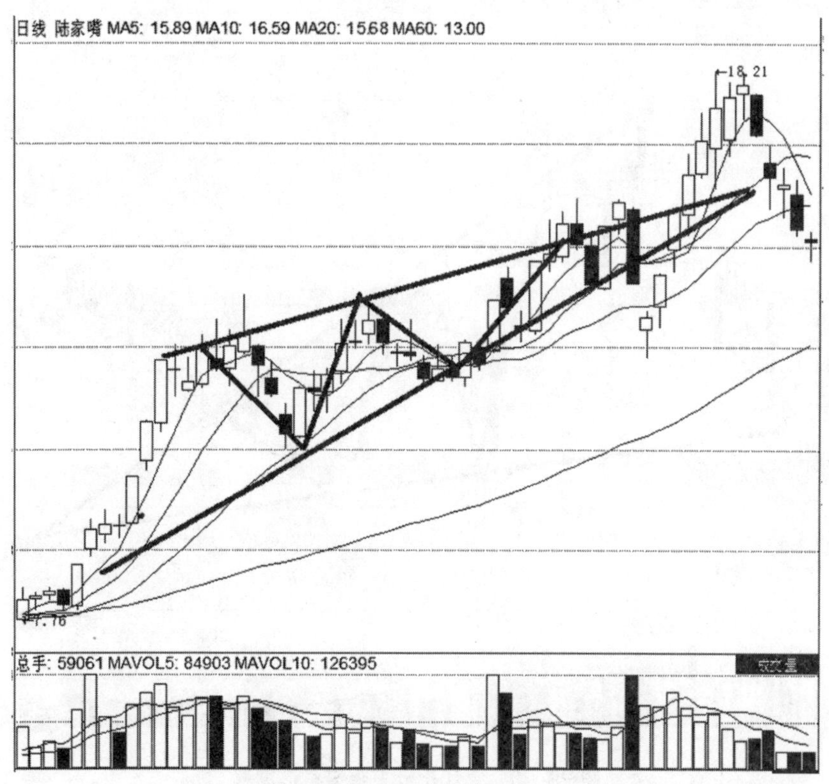

图 29-29 陆家嘴上升三角形图解

下降三角形的形状与上升三角形恰好相反。股价在某特定的水平出现稳定的购买力，因此股价每次回落至该水平便告回升，形成一条水平的需求线。可是市场的沽售力量却不断加强，股价每一次波动的高点都较前次为低。于是形成一条下倾斜的供给线。成交量在整个形态的完成过程中，一直十分低迷！

下降三角形在实战操作中应注意的要点有：

①此图形常出现在涨势高位区和下跌途中。

②整理时每次上涨，成交量相对减小，下探时成交量相对放大。背离价量关系，价升量不增，是跌势未尽的表现。

③形成时间较短，向下突破时，成交量没有太大表现。

④突破后它的两种形态：直接下探和反弹至最低位后继续下探。还有一种可能，是向上突破，但是这样的机率太小、风险太高。

锦江投资(600650)(见图 29-30)在 2007 年由于多空双方在 13 元~19 元的价格区域内展开较大争夺，看空的一方不断地增强卖盘压力，股价还没回升到上次高点——A 点便再度抛售，而多方则是坚守着 13 元价格的防线，每次回落至低点一相对水平线上时，便会获得一定的支持，直至多方占据主导地位。2007 年 7 月 13 日该股发出买入信号，提示建仓机会显现，下降三角形整理结束。

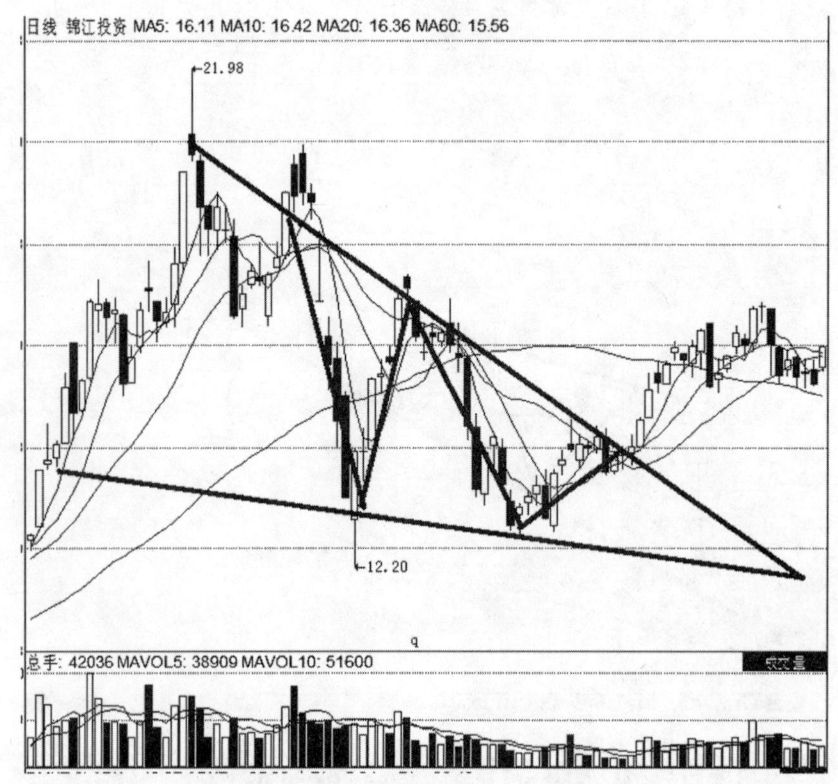

图 29-30 锦江投资下降三角形图解

三角形最终的突破可以用收盘价距离形态边线的距离 3%来作确认。价格如果向上则需要以交易量的显著增长为证据。缺少交易量，不能认为是有效的价格运动。但向下突破时，不需要交易量增长加以证实。

喇叭口形态

喇叭口形态(见图 29-31)又叫做扩散形态，指的是在某一价格区间价格波动越来越激烈，导致价格形成喇叭口。出现这样形态的市场背景是：市场参与者心态非常混乱，多空之间缺乏制约效果，导致价格在进攻方进攻时抵御方毫无抵抗，进攻乏力后的价格立刻大幅回转，波动幅度更加强大。

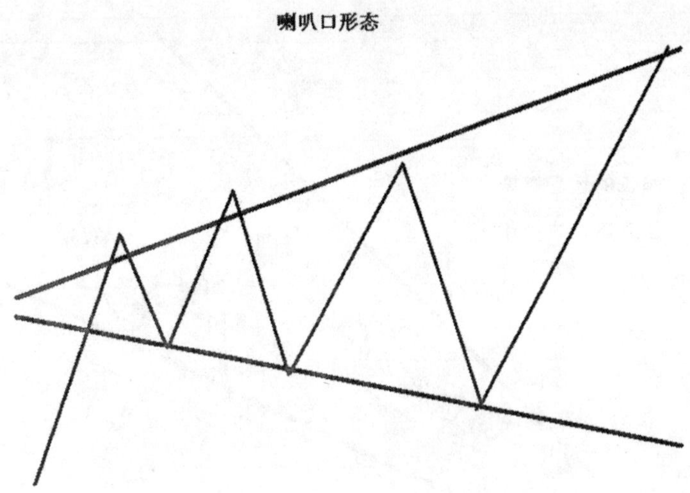

图 29-31　喇叭口形态示意图

当股价或指数运行到相对低位或相对高位时，特别是除权后，经常会出现一种形似“喇叭”的形态，称之为“喇叭口”形态。而又因其喇叭口形成后上涨和下跌的幅度相当之大，因此又把此种形态形象地称为“狮吼功”。

一般的说法是喇叭口是一种反转形态，但在调整中途出现喇叭口也非常常见。以简单的形态来确定价格是否反转并不是高明的判断方法，因此不要见了喇叭口就急于判定价格已经反转。喇叭口形态的出现只能说明市场正处于一种心态毛躁的状态，最终价格会自行选择真正的方向。

喇叭口形态是箱体理论的一个特例。实战中主力经常按照此理论进行图上作业，它能够反映主力长期运作模式，显示主力资金意图，可以较准确地预测出股价或指数未来长期走势的目标位。因而，比较适合大资金进行中长期操作。喇叭口形态的形成和运行到目标位置都要经历相当长的时间，不太适合短线投资。

以武钢股份为例(见图 29-32)：

如果我们能够在 2003 年 9 月 9 日喇叭口的后低点形成后，看出喇叭口的形态，并根据成交量的有效配合，通过公式计算得出喇叭口箱体运行的未来目标位是 9.07 元，这样就可以全仓介入武钢股份，从 4 元左右等到股价运行到9.07 元左右再抛出，获利近 125%。在这里我们可以看出喇叭口的重要作用。但它的整个过程经历了一段很长的时间，喇叭口从最初的前低点到后低点经历了近 15 个月。即喇叭口形态的形成经历了 15 个月，而从形态形成后到目标位 9.07 元的完成又经历 5 个多月的时间。可见它并不适合短线投资，需要投资者有足够的耐心。

喇叭口根据其各个高低点位置的不同、形成时间的长短、扩散程度的大小从而形成不同的箱体。某箱体运行的最终位置可以通过其高点、低点的位置和箱体系数进行计算。由于股价走势受系统因素和非系统因素的影响，所以通常用喇叭口箱体计算的股价和指数的最终目标位与现实中的最终股价和指数会有一些偏差，但都不是很大。

图 29-32 武钢股份喇叭口形态图解

箱形整理形态

箱形整理形态也叫长方形或矩形整理形态(见图 29-33)。就是股价上行到某个区域内出现多空完全平衡的状态。也就是说，当股价上行到某个价位附近时，即遭到主力的打压，强制股价回调；当下行到不远的另一个价位时，即遭到主力护盘或新多头吸纳。这样反反复复震荡把上档形成的高点互相连接形成一条水平阻力线，而把下档形成的低点也相互连接后形成一条水平支撑线。两条直线形成平行的通道，不上倾，也不下移，而是水平发展，形成长方形走势或箱体走势。市场筹码在箱体或长方形价值区域内震荡换手。这种洗盘方法适合于牛皮市、盘整市里的洗盘方式。

箱体整理代表的意义是：股价在股票箱内上下错落，由于散户和小资金持有人在主力的心理战术诱导下，失去了对市场正确的感知能力，见到股价上涨即追涨买入，买入后股价反而下跌；看到股价下跌即割肉出局，但卖出后，股价却又拐头向上。这样不断追涨杀跌，垫高其他投资者的持仓成本，也从而促进信心不坚定的分子出局观望，使筹码在股票箱内充分换手，同时也逐步培养铁杆追随分子。

所以，主力进行箱体整理的目的，无非就是让低价位散户出局，最终拉升股价，从而获利。

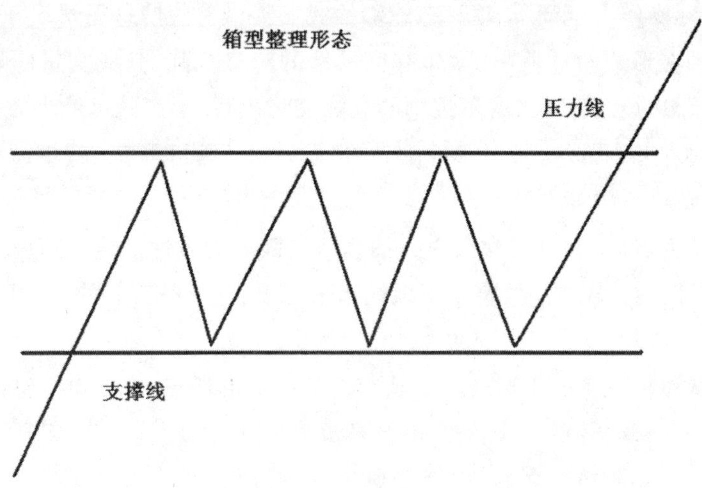

图 29-33　箱形整理形态示意图

前面说过箱形整理常常是在主力机构强行洗盘下形成的。上方水准的阻力线是主力预定的洗盘位置，下方的水准支撑线是护盘底线。在盘面上我们有时可以看到股价偶尔会跌破支撑线，但迅速回到支撑线之上，这可能是主力试探市场心态的方法。如果一个重要的支撑位跌破之后，市场并不进一步下挫，这预示着市场的抛压已尽，没有能力进一步下跌(见图 29-34)。

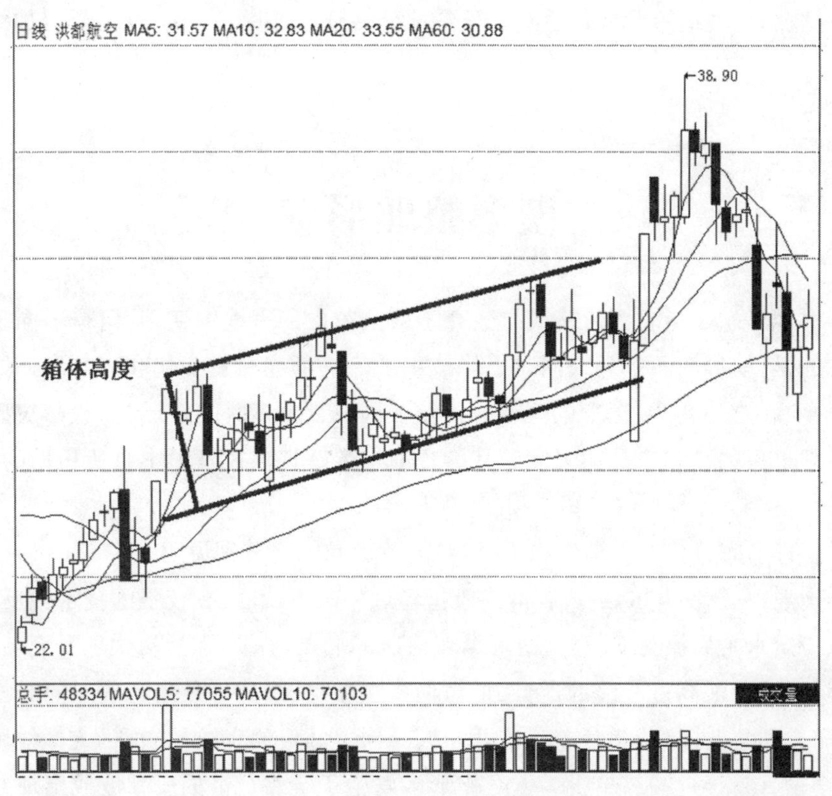

图 29-34　洪都航空箱形整理图解

那么，在实际操作中，箱形整理形态能够给我们提供哪些信息呢？

①矩形整理在形成的过程中，除非有突发性的消息扰乱，其成交量应该是不断减少的。如果在该形态的形成期间，有不规则的高成交量出现，形态就可能失效。当股价突破矩形上限水平时，必须有成交量激增的配合；但若跌破下限水平时，就不需大成交量的配合，即上破要大量而下破可少量。

②矩形呈现突破后，股价经常出现回抽确认突破的有效性。这种情况通常会在突破后的三天至三星期内出现。反抽将止于顶线水平之上，往下跌破后的假性回升，将会受阻于底线水平之下。

③一个高低波幅较大的矩形较一个狭窄而长的矩形形态，未来更具突破力。即一旦向上突破，将是迅猛涨升；而一旦下破，也将是快速下跌。

而当股价向上突破箱形之后，根据经典理论，股价的上升空间至少是箱形本身的高度，不过实际操作中会有一些出入。但有一点可以肯定，即大的箱形形态比小的可靠得多。股价在股票箱中来回振荡的次数可多可少，这决定于市场的需要。振荡的次数越多，说明市场的浮码清洗得越彻底，但要记住，振荡的尾声必须伴随着成交量的萎缩。

在实战中，完全标准的箱形并不是常见的，股价走势常常在整理的末段发生变化，不再具有大的波幅，反而逐渐沉寂下来，高点无法达到上次的高点，而低点比上次低点稍高一些，演变为旗形。这种变形形态比标准矩形更为可信，因为形态的末端说明市场已清楚地表明了它的意愿，即说明整理已到达末期，即将选择方向。因此，真正的突破不一定发生在颈线位置上，真正的看盘高手不必等到颈线突破才进货。当然，这需要更加细致的看盘技巧。

楔形整理形态

楔形整理形态是指股票价格或指数介于两条收敛的直线中变动，但是不同于三角形整理形态的是，楔形的两条界线同时上倾或下斜。楔形成交量变化和三角形一样都是向顶端逐级递减。在股市中，标准的楔形通常要三周或者更多时间来形成。楔形突破后的走势将是非常迅猛的。如果是向下突破其跌幅通常要跌掉前面楔形本身所积累的涨幅，当然有的时候还会下跌得更多一些。

楔形整理形态分为上升楔形和下降楔形，下面我们将分别说明。

上升楔形(见图 29-35)是指股价或股指经过一次下跌后，有较强的技术性反弹要求，价格升至一定水平后掉头下落，但回落点较前次的低点为高。随后再次上升至新高点，其后再回落，形成一浪高过一浪的走势，把短期高点相连，形成一条阻力线。同时把短期低点相连，形成一条支撑线。最后就形成两条同时向上倾斜的直线。下面的支撑线则较为陡峭些，成交量是越接近端部越少。上升楔形多发生于空头行情的反弹波或出现在多头行情的末升段，属于修复整理形态。

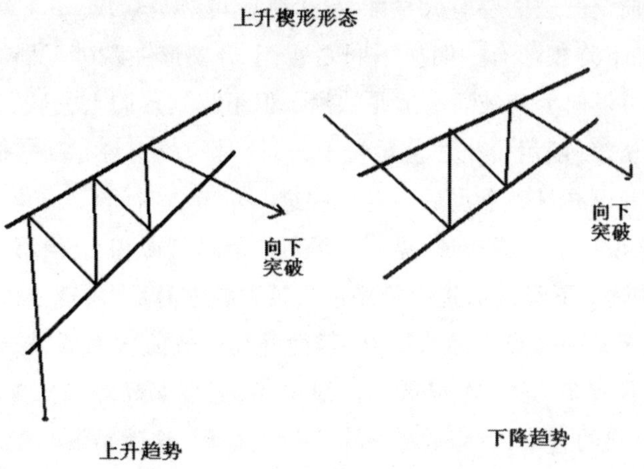

上升楔形形态

向下
突破

向下
突破

上升趋势

下降趋势

图 29-35 上升楔形形态示意图

上升三角形只有一边上倾,通常代表的是向上突破的多头趋势。而从上升楔形的图面看来,有两个边同时上倾,多头趋势应该更浓些才对,但实际上并非如此。因为上升三角形的阻力线代表股价涨到一定价格投资人才卖出。当供给被吸收后,上档压力解除,股价便会往上突破。而在上升楔形中,股价上升时卖出压力虽不大,但投资人的兴趣却逐渐减小,每一个新的上升波段都比前一个弱,最后当需求完全消失时,股价便反转下跌。上升楔形同三角形一样也是一个整理形态,常在跌市中的回升阶段出现,显示尚未见底,只是一次下跌后的技术性反弹而已。后市如果向下跌破则上升楔形的下跌幅度,至少会将原上升的价格全部跌掉,而且还可能跌得更深些。

一般来说,出现上升楔形后,后市向下突破的概率有七成,而维持在上升高档横盘整理的概率较小。所以上升楔形通常能提供投资者一个明显的减仓信号:未来走势正在逆转中!上升楔形表示的技术性意义是,买力正在渐次减弱。当上升楔形下档的支持线被有效跌穿后,就是比较明显的沽出信号。此时后期走势极容易出现放量长阴或跳空下跌的走势,跌势较凶猛!"上升"楔形,这个名字是比较有诱惑性的,但最后走势却恰与其"上升"之名相反,往往是向下跌破。大家可在向下突破确立后,及时采取卖出策略。

那么,在遇到楔形整理形态时,投资者应该注意哪些问题呢?

①无论上升楔形或是下降楔形,其形态中的上下两条线必须较明显地收敛于一点,如果形态过于宽松,形成楔形整理的可能性就该怀疑。一般来说,楔形需要两个星期以上时间才能完成。上升楔形两线延长所形成的交叉点是未来涨升的压力点。

②虽然跌市中出现的上升或下降楔形,往下跌破所占的比例大;但如果相反是往上带量升破,那么就可能开始一轮新的升势了。这时候我们应该改变原来偏淡的看法,及时跟进。总之一句话:先要有对后市的看法,同时还要随着市场的变化作出适时修正。

③上升楔形股价或股指在形态内移动,最后终会选择突破方向。如果向下突破,其理想的跌破点是由第一个低点开始,直到上升楔形尖端之间距离的2/3处。还有可能会出现的另一种情况,就是股价一直整理到楔形的尖端,还稍作上升,然后才大幅下跌。这时主

要看量能的变化，向上升破需要有大量配合，否则就可能是骗线。

④上升楔形和下降楔形有一明显不同之处，上升楔形在跌破下档支撑后经常会出现急跌。反之，出现带量向上突破后一般是快涨。但下降楔形向上突破阻力位后，可能会横向攀升，成交依然清淡，随后价格才会缓慢上升，这时的成交量亦随之而逐级增加。如出现这种情形，投资者可在打破盘局后才考虑跟进。可节省时间！

下面我们再来说一下下降楔形(见图 29-36)。下降楔形和上升楔形恰恰相反，一般出现在长期升势的中途。下降楔形指股价经过一段大幅上升后，出现强烈的技术性回抽，股价从高点回落，跌至某一低点即掉头回升，但回升高点较前次为低，随后的回落创出新低点，即比上次回落低点低，形成后浪低于前浪之势，把短期高点和短期低点分别相连，形成两条同时向下倾斜的直线，就组成了一个下倾的楔形，这就是下降楔形整理形态。下跌趋势时常常出现上升楔形，而上升趋势时却常常出现下降楔形。上升趋势中的下降楔形实质上是股价上升过程中的一次调整波，是前期获利多头的一次回吐，往往其后是股价继续选择向上突破。而下降趋势中的下降楔形则向下突破的可能性更大些。

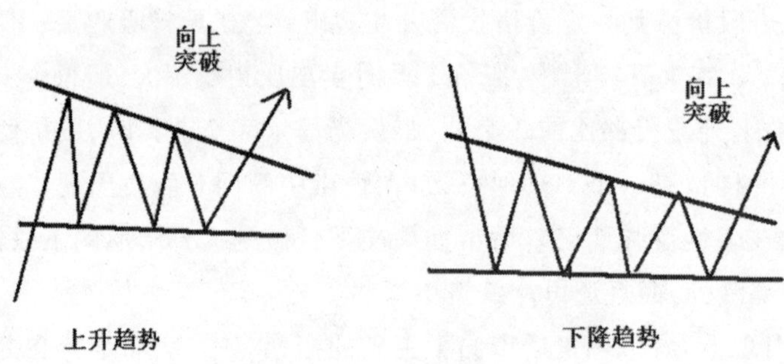

图 29-36 下降楔形形态示意图

下降楔形(见图 29-37)的市场含义和上升楔形正好相反，股价经过一段时间上升后，出现了获利回吐。下降楔形的底线往下倾斜，似乎说明市场的承接力量不强，但新的回落浪较上一个回落浪波幅为小，并且跌破前次低点之后，并没有出现进一步下跌反而很快就出现回升走势。说明沽售抛压的力量只是来自上升途中的获利回吐并且正在减弱，没有出现新的主动做空力量。经过清洗浮筹后，股价向上突破的概率很大，下降楔形也是个整理形态，通常在中长期升市的中途出现。下降楔形的出现告诉我们的是升市尚未见顶，目前仅是升势中途中的一个正常暂时性的调整。

下降楔形与三角形形态不同之处在于，两边同时向下倾斜，而与下降通道和旗形整理的区别在于，下降通道和旗形的两边几乎是平行稳定的。无论是上升楔形还是下降楔形，整体成交量都是由左向右递减，并且股价越接近顶端，成交量越小。下降楔形与上升楔形不同点是，成交量的量价匹配是理想的，即价升量增，价跌量减。当股价上升突破下降楔形的上边线时，成交量会明显放大，同时下降楔形在突破上边线之后常常会有反抽，一般会受撑于上边线的延长线。从实战的经验统计，下降楔形向上突破与向下突破的比例为7:3左右。从时间上看,如果下降楔形整理时间过长,超过三四个星期,那么向下突破的可能性就会相对大一些。下降楔形的最佳买点为突破上边线和突破之后回抽确认点!

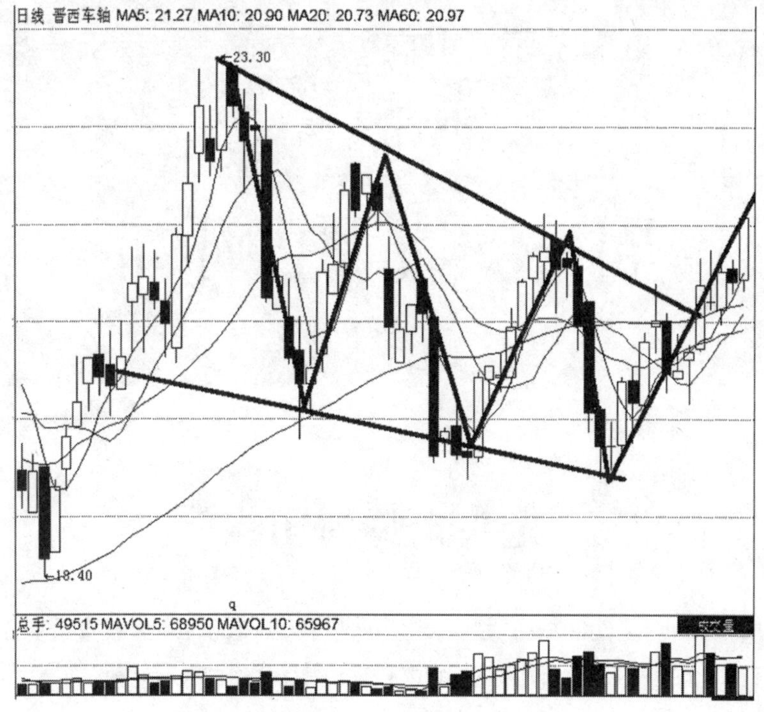

图 29-37　下降楔形形态图解

在遭遇下降楔形时,投资者只要注意以下要点,就能做好后市操作:

楔形是一个后期反向运动的整理形态,上升楔形常常出现在下跌趋势时,而下降楔形常常出现在上升趋势时。其中上升楔形多发生于空头市场的反弹波或出现在多头行情的末升段,有见顶的信号。而下降楔形的出现一般说明是升市尚未见顶,仅是升势途中的一个正常暂时性的调整。上升楔形(上升趋势)最终向下突破,下降楔形(上升趋势)最终向上突破都是比较经典的图形!

在操作上,上升楔形在跌破下限支撑后,经常会出现急跌,因此当其下限跌破后,投资者就应该及时跟进;而下降楔形向上突破阻力后,很可能会演变成横向发展,形成徘徊状态,成交依然非常低沉,然后再慢慢爬升,成交亦随之增加。对于这种情形,投资者可等股价打破徘徊局面后再适当跟进。

第 30 章

周 K 线图测市

光头光脚周阳线

光头光脚周阳线(见图 30-1),是指周一开盘价为最低价,周五收盘价为最高价,收盘价远远高于开盘价的周 K 线。其中心值位于 K 线实体的中间。

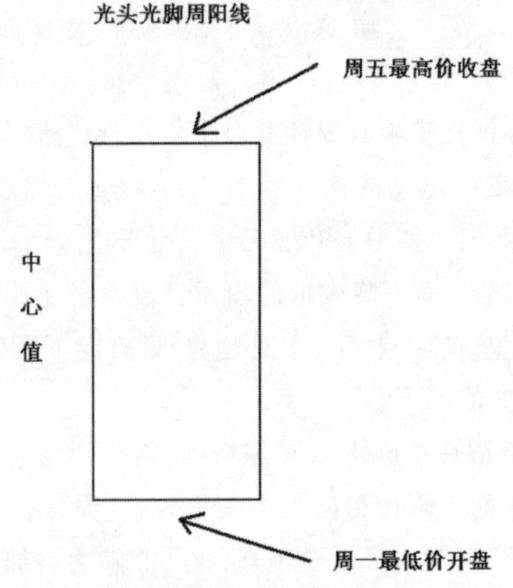

图 30-1 光头光脚周阳线示意图

光头光脚周阳线的出现说明在一周的交易时间内,买方占尽了明显的优势,卖方势单力薄,毫无还击之力(见图 30-2)。一般来说,它的出现有三种情况:

①本周初期买方不动声色地在低位吸纳筹码,在周三周四才开始发力拉高,由于卖盘稀少,指数或股价在几天之内就被大幅推高,周五以最高价报收。

②买方在上周整理行情中早已经作好了充足准备,本周一一开盘就展开了凌厉的攻

势，在本周中段虽然卖方出现过反击，但是卖盘软弱无力，买方变本加厉继续拉高，直至周五以最高价报收；

③本周的升势是上一两周升势的延续，周一一开盘就持续拉高上升，市场一直看好，在本周内股价经常跳空高开高走，并在极度乐观的情绪中以全周最高价收盘。

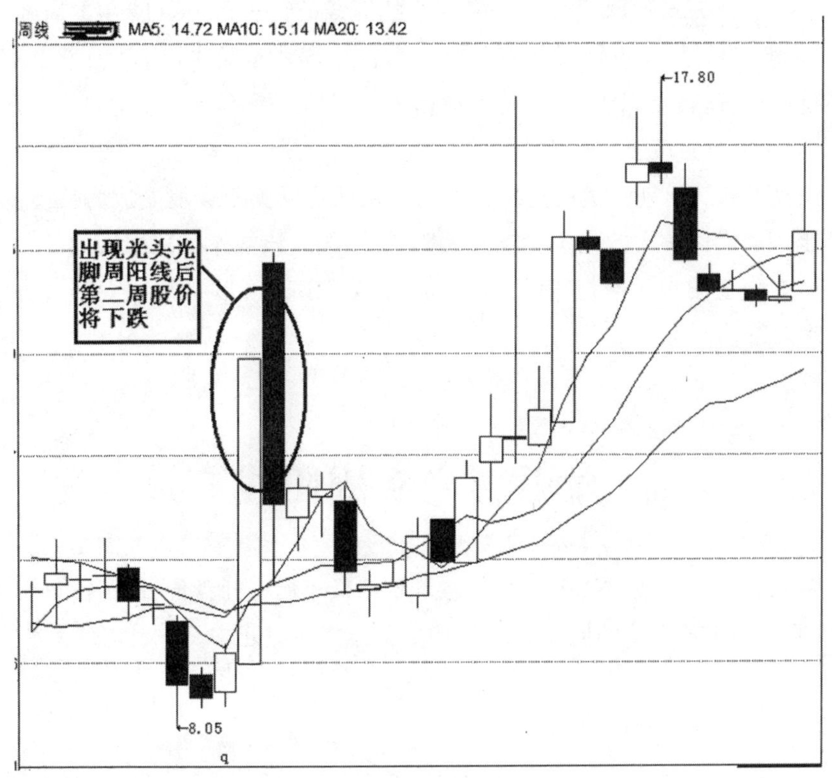

图 30–2　光头光脚周阳线形态图解

光头光脚周阳线出现的上述三种情况，均孕育着危机！

第一种情况下，买方在本周初吸纳，后半周急拉，往往是一种短线行为，否则就会缓慢推高而不是急拉。因此，其目标价位不会很高，往往是见好就收。同时，由于后半段升势过急，未经过充分洗筹换手，获利回吐的压力很大。

第二种情况下，买卖双方在本周经历过一番较量，有一定程度的换手，买方持股价格升高。但是，如果后半周升势过急因此而拉出大阳线的话，新接手的买方又有了较大的获利差价，市场新增了回吐的压力；另一方面，本周中段经过一定的震荡，使一些曾经被套牢的持股者产生了警觉，下周一旦有什么风吹草动，他们会首先卖出，以避风险——但是，如果本周中段换手之后，股价虽然以最高价报收，却未经急升，那么本周的阳线就不会是大阳线，与上周相比，周线较小，这样的话，下周仍然有上升的动力。

第三种情况下，股价在本周之前已经持续上升，本周又出现多次跳空高走，说明庄家已经大幅获利，在市场气氛一致看好、中小户卖盘踊跃的情况下，庄家已经创造了获利了结的最好时机，功成身退已经成了庄家的明智选择。另一方面，由于市场一致看好，该进场的买盘已经进场,此后的扬升(将)缺乏新买盘的推动。因此,后市蕴藏了大幅回落的危机。

因此,一旦出现了光头光脚周阳线,下周股价走势将出现逆转,即由上升转向下跌,下周将是高位卖出的时机。尤其是下周初股价大幅上扬的话,极有可能会走出冲高回落行情。因此,下周前半段坚持高位卖出的方针不能动摇!

如果本周的光头光脚周阳线是一根较小的周线的话,很有可能在本周经过换手整理,上攻能量没有耗尽,大市仍有上升空间。因此,本周若是线体较小的光头光脚周阳线,那么,下周仍将继续收出阳线,尤其是下周初先做回档又跌不破本周中心值的话,下周继续上升、全周收阳线的可能性就增大。

如果大盘下跌后出现转暖的迹象,在有理由认为反弹不会演变成为反转的情况下,周 K 线若出现了实体较大的光头光脚的大阳线,一般应该视作见顶回落的信号。在大多数情况下周 K 线会出现一两根阴线,因此,这种情形下周 K 线出现的大阳线也应当作为卖出信号来对待。

短下影光头周阳线

短下影光头周阳线(见图 30-3)是指最低价略低于周一开盘价,最高价等于周五收盘价,收盘价明显高于开盘价的周 K 线。其中心值位于实体之中。

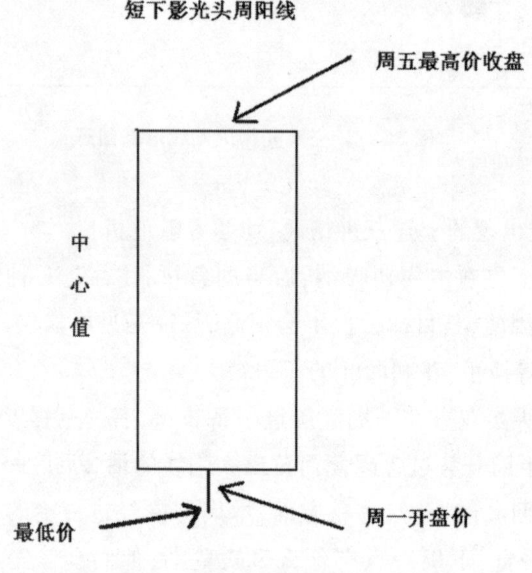

图 30-3 短下影光头周阳线示意图

短下影光头周阳线出现表明本周开盘之后,卖方曾经一度出击,但是股价下跌幅度不大,低位承接力较强,因此卖方浅尝辄止。买方经受住卖盘抛压之后,转向采取攻势,在后半周将股价步步推高,并将其推至最高价报收,全周战果是买方大获全胜。

投资者一定要注意,短下影光头周阳线在日线图上是强势的标志。它出现后,一般次日仍会再收阳线,股价进一步上升。但是,在周 K 线图中拉出这种下影光头阳线,却未必意味着下周仍会收阳线。周 K 线图中的短下影光头周阳线,只是一种两可的 K 线。实际上,国内股市的周 K 线图很少出现这种 K 线,而且它出现的位置大多处于短线反弹当中。因此,它后面常常跟着一条长上影的十字周线,或者是带有上影的阴线。换句话说,它出现之后常常引发冲高回落行情,所以它常常扮演卖出信号的角色。但是,如果股价经过了持续的下跌,而本周的这根 K 线又较短小的话,那么,它也有可能是股价步出低谷的标志,下周仍将继续上扬。如果它出现在上升途中而且本周跳空高开的话,下周将成为转向下跌的转折点(见图 30-4)。

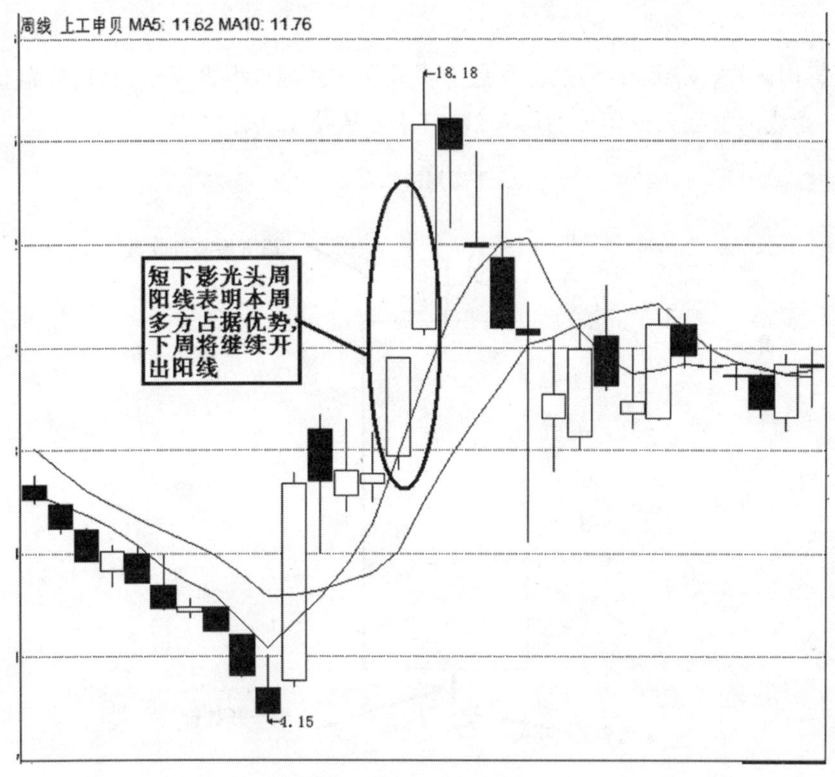

图 30-4 短下影光头周阳线形态图解

那么,遇到短下影光头周阳线后投资者应怎样操作呢?

①如果它前面有两根以上的阴线,而且本周这根阳线较为短小的话,那么,下周仍将会走出强劲的上升行情,因此它是一个强烈的买入信号。下周一一开盘,就应该果断买入,并在下周全周坚持持股的方针不动摇。

②如果本周这根阳线是一根实体部分很长的大阳线的话,那么,不管它前面是阴线还是阳线,它都意味着下周走势将会发生逆转,收出带上影线的阴线或收出上跳阴线的可能性很大。因此,在操作上,下周应该寻找高位卖出。如果下周一没有冲高就回档,那么可以继续持股,因为在下周内会有冲高的机会,待冲高后再卖出未迟;如果下周一就继续

上升,那么,当天就应该在高位卖出一半持股,另一半持股也待股价已有回落迹象时再卖出。原则上应该在下周三之前全部清仓,而且在下周内不再买回。

如果大盘下跌后出现转暖的迹象,在有理由认为反弹不会演变成为反转的情况下,周 K 线若出现了实体较大的光头光脚的大阳线,应该视作见顶回落的信号。在大多数情况下周 K 线会出现一两根阴线,因此,这种情形下周 K 线出现的大阳线也应当作为卖出信号来对待。

上下影周阳线

上下影周阳线(见图 30-5)是指收盘价明显高于开盘价但低于最高价,开盘价高于最低价,上下影线的长度大致相等的周 K 线,其中心值位于实体之中。

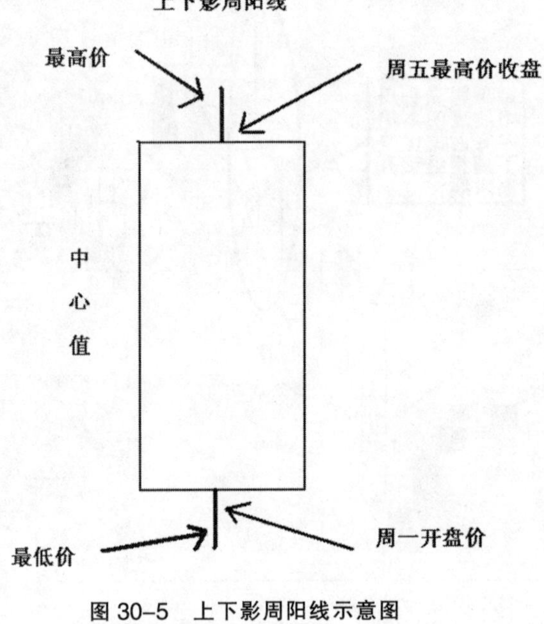

图 30-5　上下影周阳线示意图

上下影周阳线是周 K 线图上出现的最多的一种阳线。它的出现,说明全周都有多空双方力量的较量和争夺,走势有一定程度的反复,无论是在高位还是在低位,都有一定程度的卖压出现,其上下影线说明了这点。也就是说,买方无论是在低位还是在高位,都未能占据了绝对的优势,尽管全周拉出阳线,说明买方力量仍较强大,但是卖方的力量也不容忽视。这一点,是这种周阳线有别于其他光头或光脚周阳线的重要特点。

上下影周阳线虽然在股价波动中频繁出现,但是它最重要、也是最经常地扮演了两种意义相反的角色:首先,当股价经过持续或者大幅的下跌之后,出现了这种实体不是很大的周阳线,通常是股价止跌回升步出低谷的标志,此后股价仍会继续扬升;其次,当股价经过了持续或者大幅的上升之后，出现这种周阳线而且实体较长的话，那么，它就预示升势达到或者即将达到顶部，股价将会转向下跌。此外，在上升途中，若出现与上周的阳线大小相似的这种周阳线的话，则说明买盘进一步增强，股价进一步上升的可能性较大。但是，若本周的上下影周阳线的线体明显大于上周的话，那么，买方主力拉高出货的嫌疑就很大(见图 30–6)。

总的来说，对这种上下影周阳线的分析，绝对不能仅看其形状就妄下结论，一定要结合它所处的位置及其线体的大小来辨别。对于这点，务必高度注意！

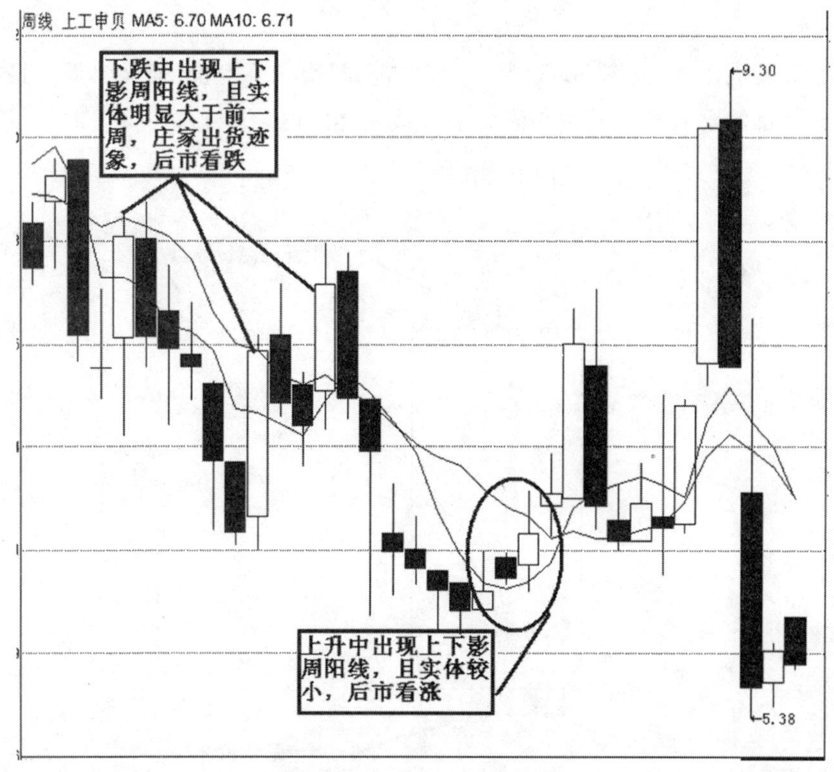

图 30–6　上下影周阳线形态图解

出现上下影周阳线后，投资者可做如下操作：

①股价经过持续下跌或者经过中期整理之后，出现线体不大的这种周阳线，是股价转向上升的标志。应该在下周初果断地买入待涨，原来已经持股者则应该继续持股。

②当股价上升途中出现这种周阳线，如果线体并不大的话，下周股价仍有可能进一步上升，但是风险也同时增大。在操作上，如果下周初股价不升反跌，而又跌不破本周中心值就企稳回升，这就可以期待下周再收阳线，应该果断跟进。反之，如果下周初就继续上升的话，谨慎的操作就是观望。此时，持股者可观望至股价上升乏力时乘高卖出，而空仓者则可期待股价冲高回落。

③股价经过持续上升后出现这种周阳线，如果线体明显比上周阳线长的话，那就是升势即将逆转的标志，下周走势很可能冲高之后转向下跌，一轮调整行情即将到来。因

此，持股者应该在下周初冲高之时卖出了结，而持币者此时切忌冒险。

由于周K线的时间跨度要远远大于日K线，在出现同样的K线组合的情况下，周K线所预示的买卖信号的可信度要远远高于日K线。此外，如果能把对周K线的分析和其间的股价形态分析结合起来，分析的效果会更佳。

短上影光脚周阳线

短上影光脚周阳线（见图30-7）是指收盘价明显高于开盘价，但又略低于最高价，开盘价就是最低价的周K线。其中心值位于K线实体之内。

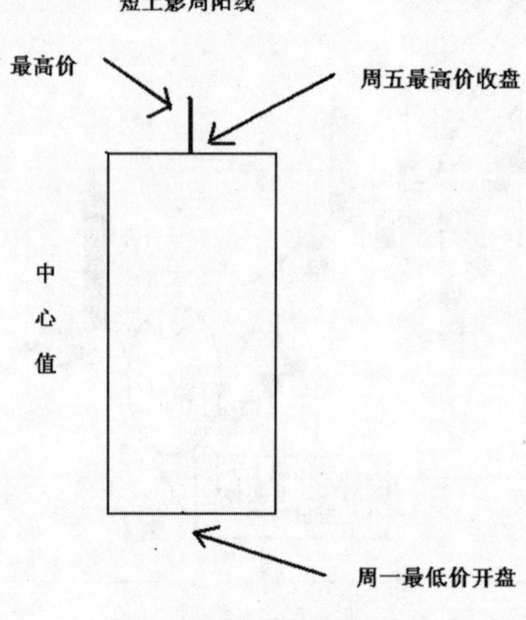

图30-7 短上影周阳线示意图

本周一开盘，买方就拉高股价，在低位并未遇到有力的抵抗，但是后半周上升到较高位置的时候，上档出现了一些卖压。这些卖压可能来自前期的解套盘，也有可能来自本次行情的短线获利盘。这些卖盘导致买方不能以最高价报收。但是，不能以最高价报收并不意味着买盘不强，这有可能是买方主动作出的短线调整，以控制好上升节奏。因此，这种周阳线的出现（尤其是它出现于阴线之后），往往说明具有实力而且经验丰富的买方已经进场，而且控制了局面，上升行情不会迅速结束。

在日线图中，这种短上影光脚周阳线往往是升势受阻的表现，其后往往会伴有一定程度的调整，但是在周线图中，这种阳线却是一种最强的阳线。它不仅说明了买方已经控制了大局，而且它的短上影也说明了股价经过强势的调整，短线获利盘经过了换手，后市进一步上扬的压力已经转弱，股价进一步上升的道路已经铺平（见图30-8）。

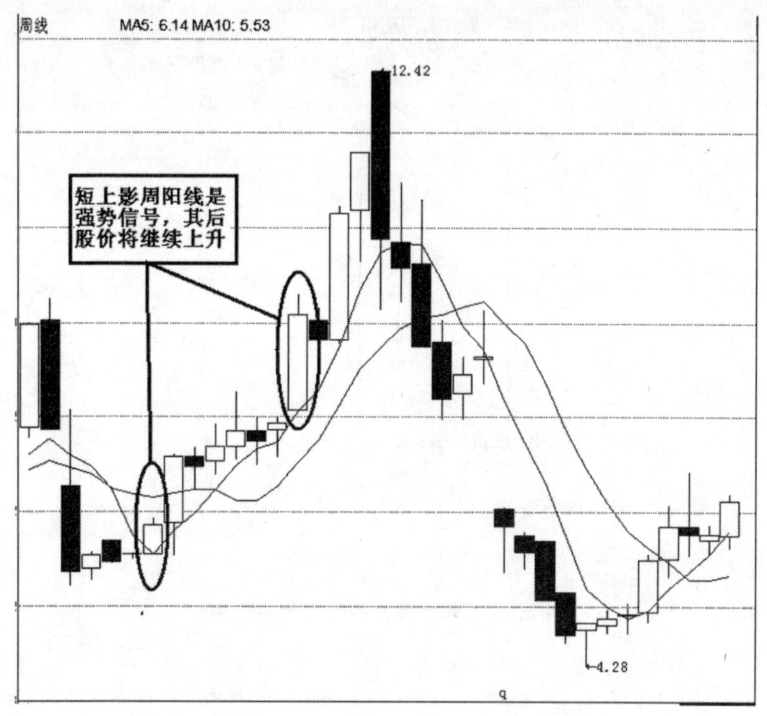

图 30–8 短上影周阳线形态图解

短上影光脚周阳线的实战操作方法如下：

①短上影光脚周阳线经常出现在上升途中，如果它的线体不是十分长的话，预示股价将会进一步上扬。在操作上，持股者应该继续持股待涨，而空仓者则可以在下周初买入跟进。

②如果上周也出现了类似的周阳线，而且本周的线体明显大于上一周，上影线也相对长一些的话，那么下周可能会出现短期调整，收出周阴线或者十字星的可能性较大。但是，再下一周股价仍会上升。在操作上，持股者在下周初可以乘高卖出，下周后半周才在低位买回，以谋取短线差价。中线持股者仍可以继续持股，空仓者则可以在下周后半周伺机低位买入。

略带影线的周线，实体较长而上下影线短小，且实体中心与 K 线的中心值非常接近，出现频率都很高并超过 25%。一般划分为短小型和长大型。短小型的阳线或阴线说明多空尚处于均衡状态，长大型表明市场波幅很大，并可能构成重要的转折点，而出现的位置、次数和邻线变化则是研判关键。

长下影光头周阳线

长下影光头周阳线（见图 30–9）是指最低价明显低于开盘价、收盘价高于开盘价而又等于最高价的周 K 线。其中心值位于下影线区间。

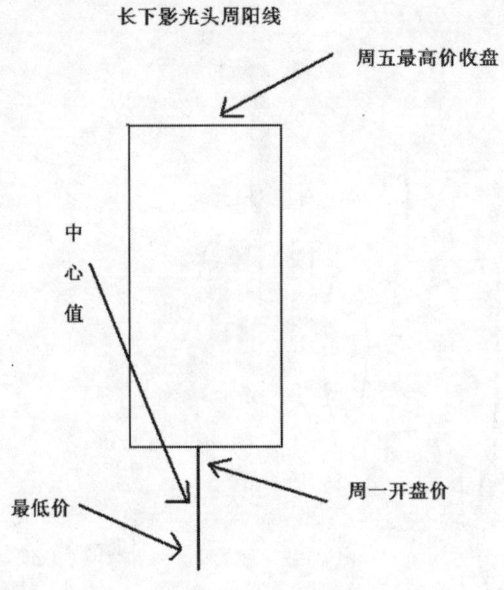

图 30-9 长下影光头周阳线示意图

长下影光头周阳线的出现，说明上半周卖方曾经发动袭击，并且一度占据了上风，但是卖方并未能保住其主动权，买方在其后发动反攻，不仅全部收复失地，而且以全周的最高价收盘。表面上看，像是买方已经大获全胜，控制了大局。但实际上，上半周卖方的袭击已经动摇了人们的信心，后半周拉高所产生的获利盘大多都有回吐的念头。

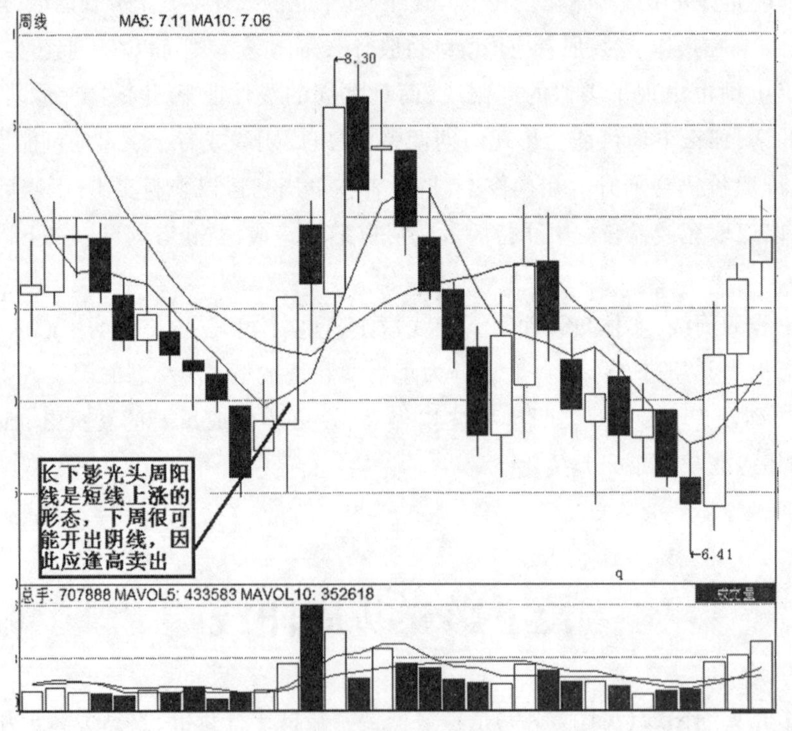

图 30-10 长下影光头周阳线图解

长下影光头周阳线在日线图中是买盘很强的表现，但是在周线中，它通常表现为一种短线的行情，而且它出现的频率很低，在有一定规模的市场中很少见到它的踪影。相比之下，在成交较为清淡的行情或者规模较小的市场(如中国的 B 股市场)中，倒还可以见到它的出现。与短下影光头周阳线比较，它们只有下影线长短的区别，但是中心值位于实体内还是在下影区间，在测市应用中有很大的不同。长下影光头周阳线的中心值位于阳线实体之下，意味着收盘价已经远远高于中心值。换句话说，对于本周的绝大多数买盘而言，收盘价都是一个可以获利卖出的价位，因此，它的出现意味着下周将面临着较重的抛压(见图 30-10)。

针对这种 K 线，投资者可进行以下操作：

除非本周的最高价、最低价都未能超出上周阴线的范围，否则，长下影光头周阳线大多代表着一种短线反弹，而在上升途中出现的话，也意味着获利盘开始回吐。此线出现后，下周冲高之后下跌而且收出周阴线的可能性很大，因此，持股者应该在下周初乘股价上升时卖出。

在连续的下跌行情中，对周 K 线而言，要等到较长的下影线和成交量极度萎缩同时出现时，才可以考虑是否介入，而不应仅靠日 K 线的分析来判断操作的时机。

长上影光脚周阳线

长上影光脚周阳线(见图 30-11)是指开盘价就是最低价、收盘价高于开盘价但是明显低于最高价的周 K 线。其中心值位于上影线区间。

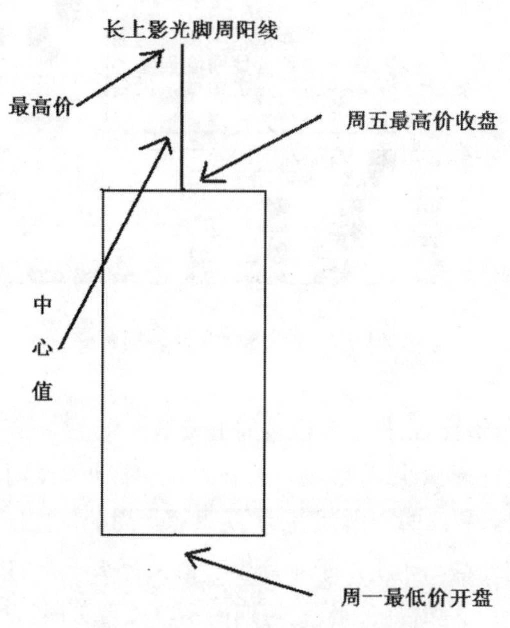

图 30-11　长上影光脚周阳线示意图

长上影光脚周阳线反映的是一周冲高受阻回落的行情。本周一开盘，买方就发动攻势，积极推高股价，而且一度控制了局面。而卖方则采取后发制人的策略，在周初价位相对低的时候不动声色，待到买方将股价推高之后才发动了反攻，将买方一度占领的大部分地盘又重新收回。从全周情况看，买方在全周的搏杀中仍占有一定的优势，因而收盘价仍然高于开盘价，但是买卖双方力量对比已经发生了重大变化，即：买盘渐弱，而卖盘渐强，走势发生逆转的可能性增大。

长上影光脚周阳线与短上影光脚周阳线相比，外表相似，只有影线长短的不同，但这就是一个本质的区别。对于长上影光脚周阳线来说，上影线长于阳线实体，收盘价已经低于全周中心值，说明了后发制人的卖方力量已经壮大，买方推高股价的努力趋于失败，部分买盘有转向卖方阵营的可能。如果这种周阳线是出现在高价区内，而且下周买方不能重新占据上影线区间的话，往往就是股价转向下跌的开端(见图 30-12)。

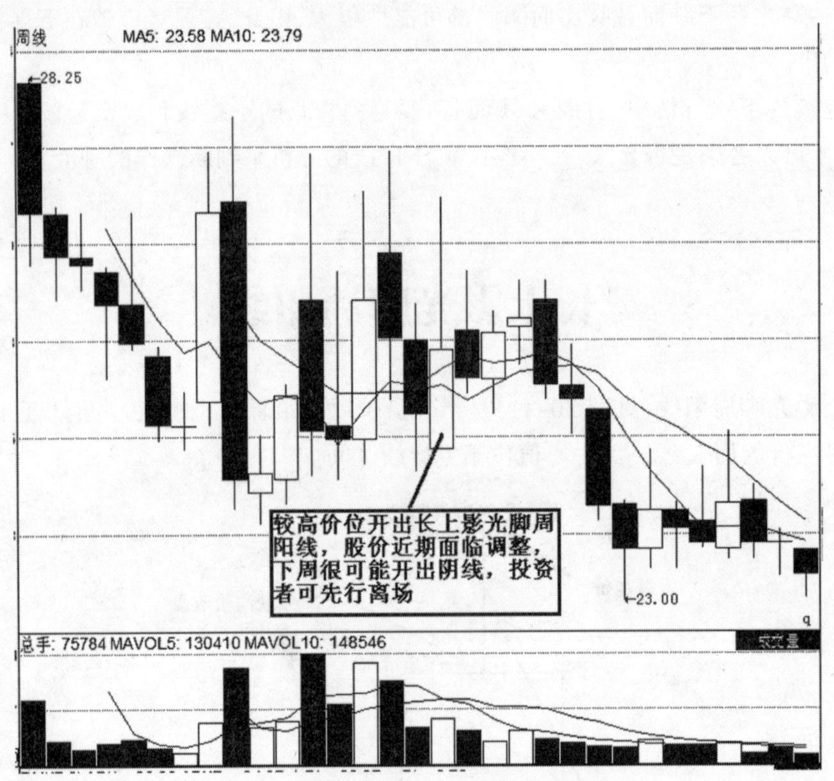

图 30-12 长上影光脚周阳线图解

遭遇长上影光脚周阳线后，投资者应按如下方法操作：

①多数情况下，这种周阳线出现之后，往往都走出股价大幅下跌的行情，至少是一个中期的调整，而且在相当一段时间内，股价不能重返本周的价位。当下周开盘股价跌穿本周开盘价、或者是下周开盘高走受阻于本周中心值又掉头下行的时候，更是如此。因此，下周初期应该是卖出的关键时刻，而且在短期内不应该再买回，以回避风险。

②个别情况下，下周股价在成交放大的配合下，向上突破本周中心值，这样就有可能

突破本周最高价从而创出新高。这种情况表明有新的买盘进场承接筹码,新一轮升势正在展开。在操作上,持股者可以在股价接近中心值时卖出一半持股,其余的观察走势变化再作定夺,这是一种谨慎的做法。而空仓者则可以在有效上破本周中心值后小量建仓,待到有效上破本周最高价后再全面建仓。

如果周 K 线在连续上涨之后出现了较长的上影线,与此同时,成交量也明显放大,表明行情即将进入调整,此时通常可以看作是卖出的信号,应在下周初及时出局,不一定要等到日 K 线发出卖出信号时再作决定。

长下影周阳线

长下影周阳线(见图 30–13)是指收盘价高于开盘价,但低于最高价,最低价又远远低于开盘价的周 K 线。其中心值位于下影线区间。

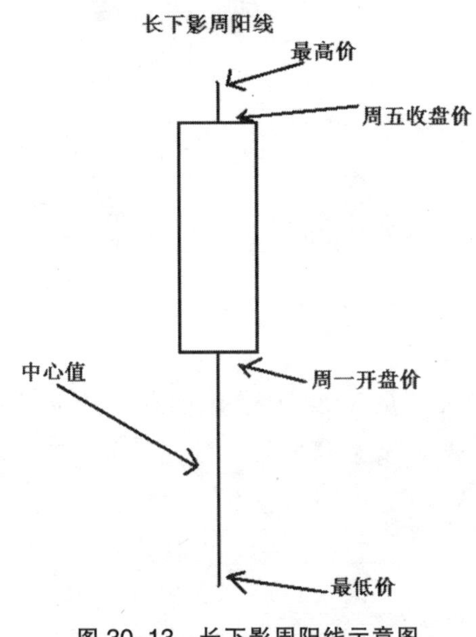

图 30–13　长下影周阳线示意图

本周开盘后,卖方曾经发动攻势,而且一度占有明显优势,把价格压低到一定的程度,但是买方仍然把价格拉了回来,以高于本周开盘价的价位收盘。但是,上档的卖压依然比较明显,致使买方不能以最高价报收。

在日线图中,长下影阳线是强势的表现,但是在周线图中它只反映了买卖双方一定程度的争持,即买方在较低的价位有较强的实力,而卖方在较高价位上也有不弱的力量。因此,它表现的是一种整理的行情,而且很少在上升途中见到它的踪影,倒是在反弹行情中可以找到它(见图 30–14)。

实战中,长下影周阳线的操作方法比较简单,因为长下影周阳线的出现,往往表示反弹行情的完结，下周股价重返跌势的可能性极大。因此，下周初开盘应该继续采取卖出的方针。

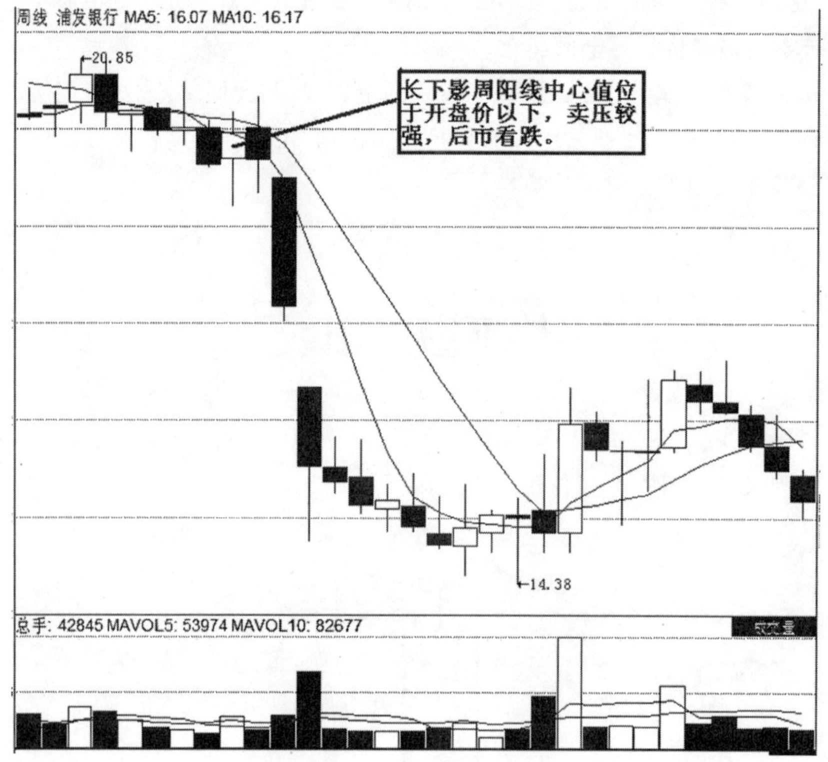

图 30-14 长下影周阳线形态图解

在上涨行情中，如果周 K 线呈现出量价齐增的态势，下周应该还会有新的高点出现。如果周初盘中出现低点，一般不要依照日 K 线的提示考虑卖出，反而应当视为较好的短线介入时机而考虑短线买入。

长上影周阳线

长上影周阳线(见图 30-15)是指开盘价低于收盘价但高于最低价，最高价又远远高于收盘价的周 K 线。其中心值位于上影线区间。

本周内买方顶住了卖方的试探性进攻，略作退让就大幅推高股价，并且一度得手。但是卖方在上档比想象得要更强大，将大部分曾经被买方占领的地盘又收了回来。而买方在相对较低的价位上实力不弱，终于以高于开盘价的价位报收。这时出现买卖双方分庭抗礼的局面，即，在较低的价位上由买方控制局面，而在较高的价位上则被卖方占据上风。

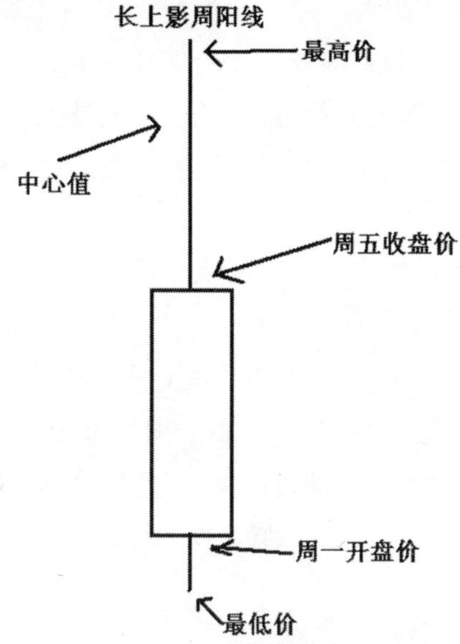

图 30–15　长上影周阳线示意图

长上影周阳线是较常见的周 K 线,在日线图中,这种 K 线通常是一种走势较弱的表现,在升势中出现的话,通常是股价大跌的先兆。而在周线图中,它只反映买卖双方一定程度的争持。因而它大多出现在盘整区域,它出现后,跟随而来的常常是两三周甚至更长时间的整理行情,而且本周的最高价、最低价一般会成为本段整理行情的上限和下限。因此,可以说长上影周阳线是进入整理行情的标志(见图 30–16)。

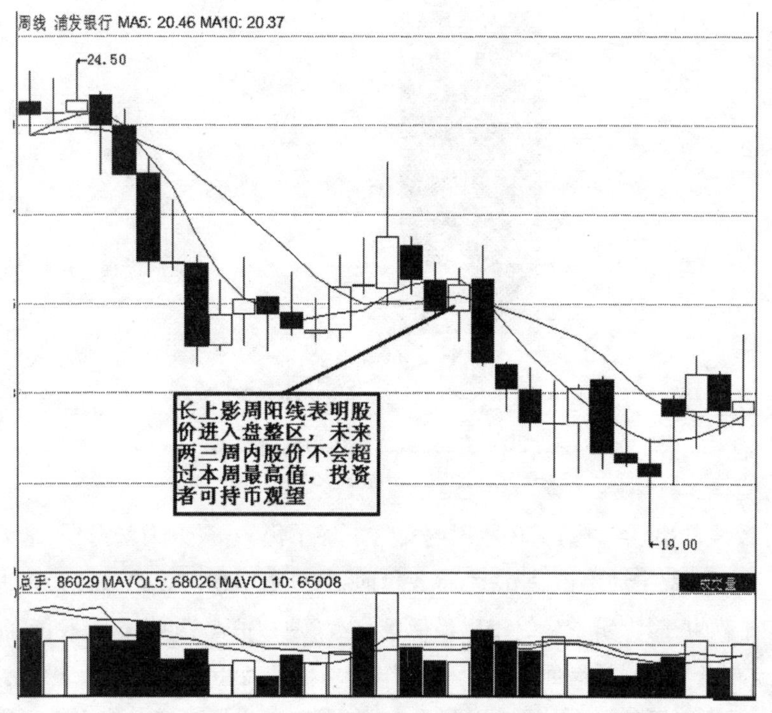

图 30–16　长上影周阳线形态图解

投资者可以采取的操作方法为：

①如果它是出现在下跌行情或者是盘整行情中，而且下周初低开的话，那么通常会走出盘升的行情，下周的周K线收阳的可能性较大，但是，下周的最高价和最低价不会超出本周的范围。因此，在操作上，可以参照本周的次高价和次低价，作低买高抛的短线以赚取差价，而中线投资者可以静观待变。

②如果本周之前是一根或者一根以上的大阳线的话，那么，本周的K线就带有转折的意味，股价经过整理之后掉头下行的可能性较大。如果下周开盘股价就上升的话，那么转向下跌的可能性就更大。因此，当下周初开盘上升之时，应该卖出了结，空仓待变。

从周K线形态分析，如果上冲周K线时以一根长长的上影线触及60周均线，这样的走势说明60周均线的压力较大，后市股价多半还要回调；如果以一根实体周线上穿甚至触及60周均线，表明后市会继续上涨，彻底突破60周均线的可能性很大。

光头光脚周阴线

光头光脚周阴线（见图30-17）是指周一开盘价就是最高价，周五收盘价就是最低价而且明显低于开盘价的周K线。其中心值位于实体的中间。

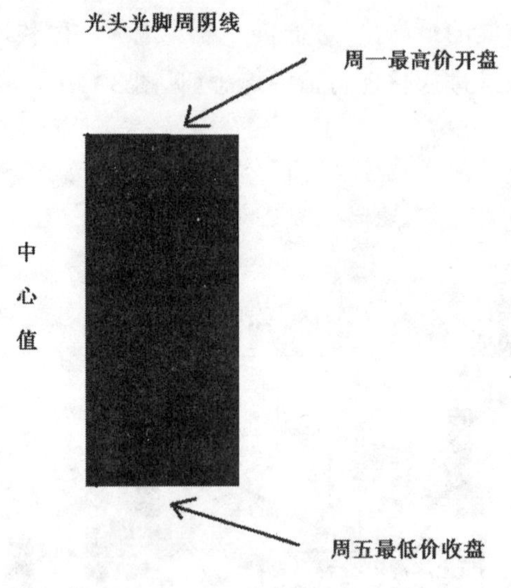

图30-17 光头光脚周阴线示意图

这种周K线的出现，说明了在本周内卖方占尽了优势，买方力量薄弱，毫无还击之力。卖方在周一一开盘就主动出击，坚决地将股价向下打压，本周内无论买方是否进行过反击，都被证明是徒劳的，因为卖方最终得以最低价收盘。这种情况表明，本周股价经过了较大幅度的调整，卖方完全控制了局面。因此，在操作上，本周收盘价以上的卖出操作，都被实践证明是正确的，对上半段的卖出操作来说更是这样。此时，市场已经普遍出现了悲观情绪。

光头光脚周阴线在日线图上是一种强烈的卖出信号，但是在周线图中却并非如此，投资者对于此线的出现完全不必惊慌。经过一周的持续下跌，卖压能量已经在很大程度上得到了释放，尽管下周的前半段仍然会有一定的卖压，但是力度已经大大地削弱。而且，本周高位卖出的人已经有了一定的差价，已经在考虑在下周低位伺机买回。在技术上，本周内可能经过了跳空下跌的走势，而技术指标经过调整，可能已经有了反弹的要求。但是，由于这种周阴线常常出现在下跌过程当中，而不是跌势的尽头，因此要指望股价短期转入牛市，是一种不切实际的奢望(见图 30–18)。

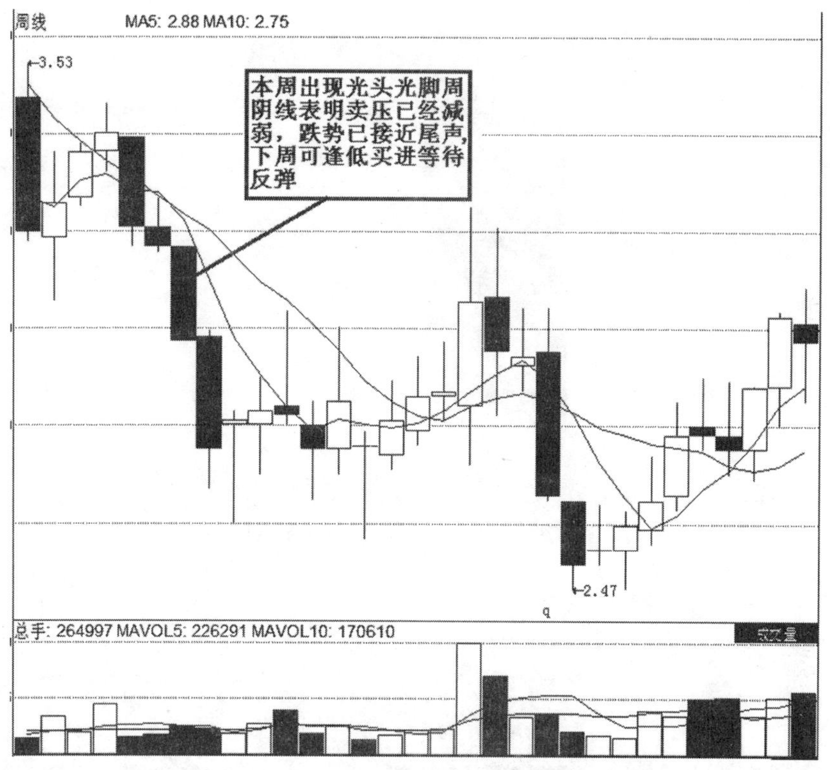

图 30–18 光头光脚周阴线形态图解

根据以上分析，投资者应按如下策略操作：

①下周股价将会反弹，全周走势将会表现为先抑后扬的行情。因此，持股者不必在下周初匆忙低卖，在下周后半周可能会有更高的价位。而空仓者可以在下周前半段找低位买入，期待做一个短线的反弹。

②此线出现之后，若下周收出阳线，再下周收阴的概率较大，因此，再下周初段是高位卖出的机会。

在周 K 线中，无论周阴线还是周阳线，一旦上升达到五周，不论你赢多赢少最好是卖出了结。因为周线往往以升幅大小来衡量，以上升时间来衡量，如果不掌握这一规律，那么就有可能由盈到亏。

短上影光脚周阴线

短上影光脚周阴线(见图 30-19)是指开盘价明显高于收盘价但又略低于最高价,收盘价就是最低价的周 K 线。其中心值位于阴线实体之中。

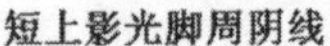

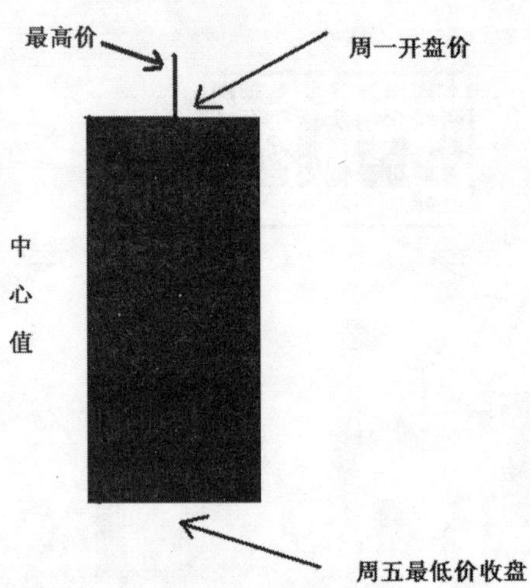

图 30-19 短上影光脚周阴线示意图

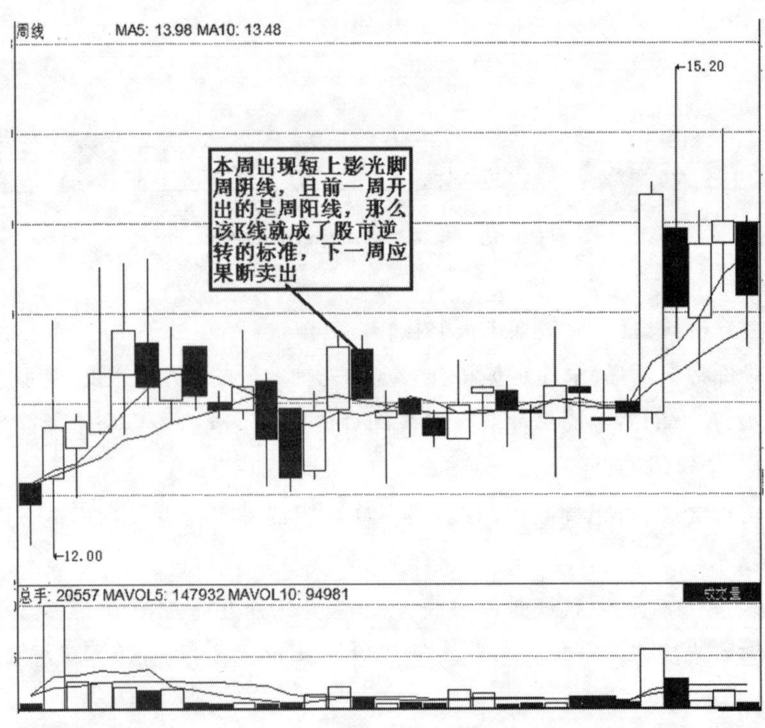

图 30-20 短上影光脚周阴线图解

本周开盘之后，买方一度试图推高股价，但是明显力量不足，浅尝辄止。卖方不仅遏制了买方的进攻，而且将股价节节压低，最后得以最低价报收。卖方已经完全控制了局面，迫使相当部分的买盘开始考虑加入卖方的阵营。

这种周阴线在实际走势中出现次数不多，但是它一旦出现，杀伤力却不小。与光头光脚周阴线相比，它多了一条短上影线，但是意义却变得完全不同。这条短上影线的出现，存在两种可能：其一，买方主力确实尝试推高股价，但是上档的卖压十分沉重，只推高了一点点，就被打了下来，而且最后以最低价报收，说明卖方力量远远大于买方。其二，买方拉高股价只是为了高位出货，而卖方却趁机压低价格，原来的买卖双方都进行作空操作，这样的形势就不利于多头。这两种可能一经形成，顺势卖出就是最明智的选择(见图30-20)。

投资者可采取的操作方法为：

①如果它前面是一根阳线，短上影光脚周阴线就成了股价走势逆转的标志，此后至少再出一根周阴线，下周开盘应该果断卖出。

②如果它的前面是一根阴线，而本周的线体与上周大致相仿的话，说明股价完成了一个微弱的反弹，股价仍将继续下调，下周初卖出仍然是明智的选择。

③如果它的前面已经有两根或者两根以上持续的周阴线，而本周的线体又明显较短小的话，说明卖压已经明显减弱，股价有可能转向低位整理。这时，下跌的空间已经有限，持股者卖出意义已经不大，而空仓者则可以再下周选择低位部分建仓。

在实际操作中，对于买卖时机的把握首先要分析周K线是否安全，然后再分析日K线的组合和量价关系配合是否合理，最后才能在适当的时机选择操作方向。一般而言，将二者结合起来指导实际操作可以避免很多失误。

短下影光头周阴线

短下影光头周阴线(见图30-21)是指开盘价明显高于收盘价而且等于最高价、收盘价高于最低价的周K线。其中心值位于阴线实体之中。

本周一开盘，股价就被卖方压低，买方并无抵抗之意，股价节节下挫，但是在低位明显有较好的承接力，低位买盘增多，而卖方也无意在低位继续杀跌，使得股价不能以最低价报收。

本周市场气氛依然以做空为先导，开盘价附近买入的意愿不强，对低位的买盘也要认真加以分析：若是在股价经过一轮上升、刚刚转向下跌之初，这条下影线属于一种下跌抵抗形态，很有可能是周末杀入的护价盘，目的是为了下周初能在相对高的价位继续卖出；若是股价经过一轮持续下跌之后，出现这种周阴线，说明卖压已经减弱，低位开始出现一些建仓盘，买卖双方力量对比开始出现不易察觉的变化。

无论如何，这种周阴线是较常见的周K线之一，因此，出现此线后，需要认真观察股价走势的变化，操作上要谨慎小心(见图30-22)。

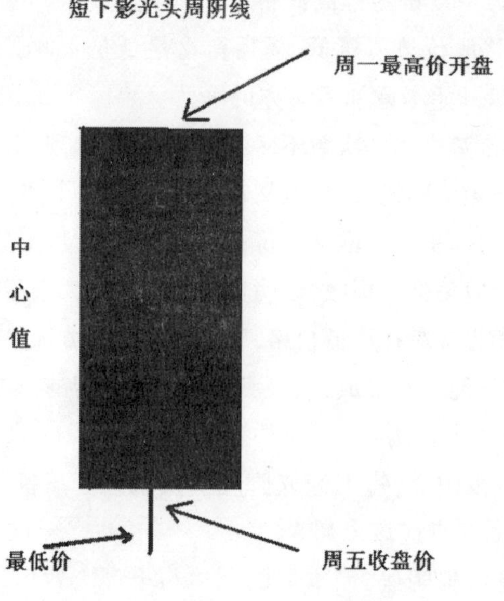

图 30-21　短下影光头周阴线示意图

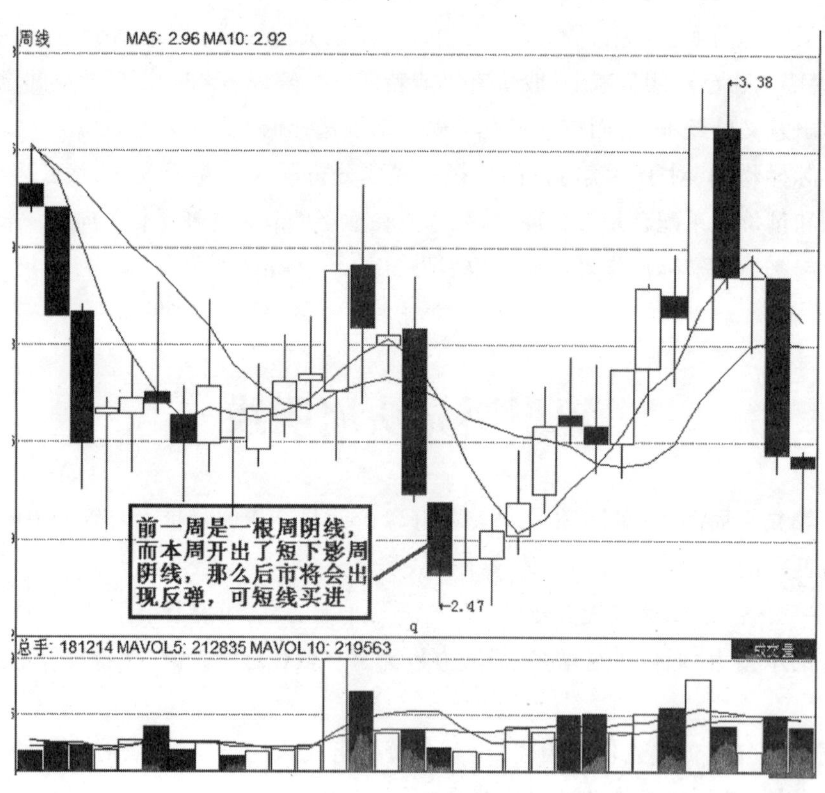

图 30-22　短下影光头周阴线图解

建议出现短下影光头周阴线后，投资者应采取如下操作策略：

①如果短下影光头周阴线紧跟在两根或者两根以上的周阴线后面，那么，低位已经出现了主动性买盘，它有可能预示着跌势的结束和升势的开端。在最悲观的情况下，它也

意味着至少会有一个反弹出现。因此,在下周初应该采取买入行动,低位建仓待涨。

②如果它前面是一根周阳线,那么,意味着股价将进行中短期调整,将会连拉两根或者三根周阴线。操作上,应该在下周初果断卖出,并且在下周或者再下周寻找低位买回,因为股价经过两三周调整重新升回来的机会较大。

③如果它前面只有一根周阴线,在这根周阴线之前是根周阳线的话,那么,下周初的走势就成为另外研判的关键:如果下周初股价上升,那么很可能只是一个小反弹,股价继续下跌的可能性较大,当反弹结束掉头下行时,是短线追卖的关键时刻;如果下周初股价下跌或者低位整理,那么就意味着真正有主力建仓行为,此时应该部分买入,待到升势明朗时再加码买入,同时,此时卖出的话,有可能是卖了一个最低价,因此要谨慎杀跌。

光头周线的特征是,中心值横穿较长的实体,收盘为周内的一个极端价位,显示主动方优势极为明显且进攻欲望强烈,因而属于一种强势买卖信号,特别是在较前一根周线略长的情况下,发出的信号就更为强烈一些。但若形成于较长时期的趋势运动之后或 K 线本身过大时,就意味着优势方能量消耗过大,至少短期内出现大幅反向运动的可能加大,因此当慎重行事。

上下影周阴线

上下影周阴线(见图 30-23)是指开盘价明显高于收盘价但低于最高价、收盘价高于最低价的周 K 线。其中心值位于阴线实体中心区域。

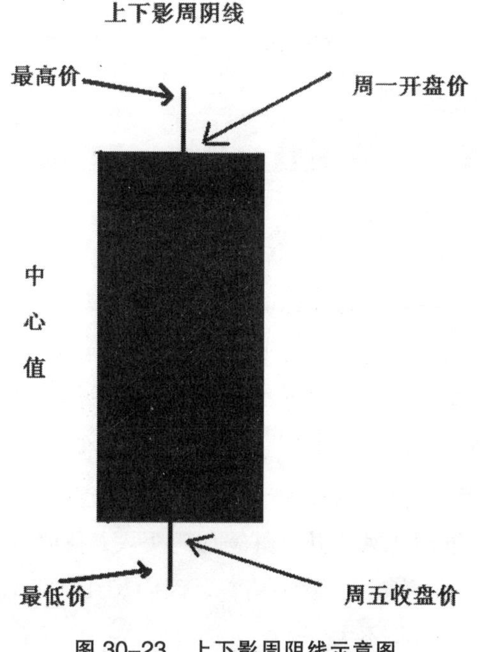

图 30-23 上下影周阴线示意图

本周开盘以后,买方曾经一度推高股价,但是未能站稳脚跟就被卖方打了下来。卖方乘胜追击,迫使股价在开盘价之下接连下挫。但是,在低位受到了买方顽强抵抗,最终不能以最低价收盘。总体来看,全周的走势以卖盘为主流,而买盘只是在低位略有作为而已。

这种周阴线出现的频率较高,但是比较经常出的位置是走势由上升转向下跌的转折点,或者是跌势将到尽头的前一周,因此,这种周阴线有预警的意味。相同的K线,处于不同的位置就会预测出不同的走势,主要是因为它的下影线在不同位置上虚实不同:当股价从高位回落时,形成它下影线的买盘较虚,当中不乏尾市拉高以便下周继续卖出的护价盘;而当股价持续下跌之后,形成它下影线的买盘较实,当中大多是低位建仓盘(见图30-24)。

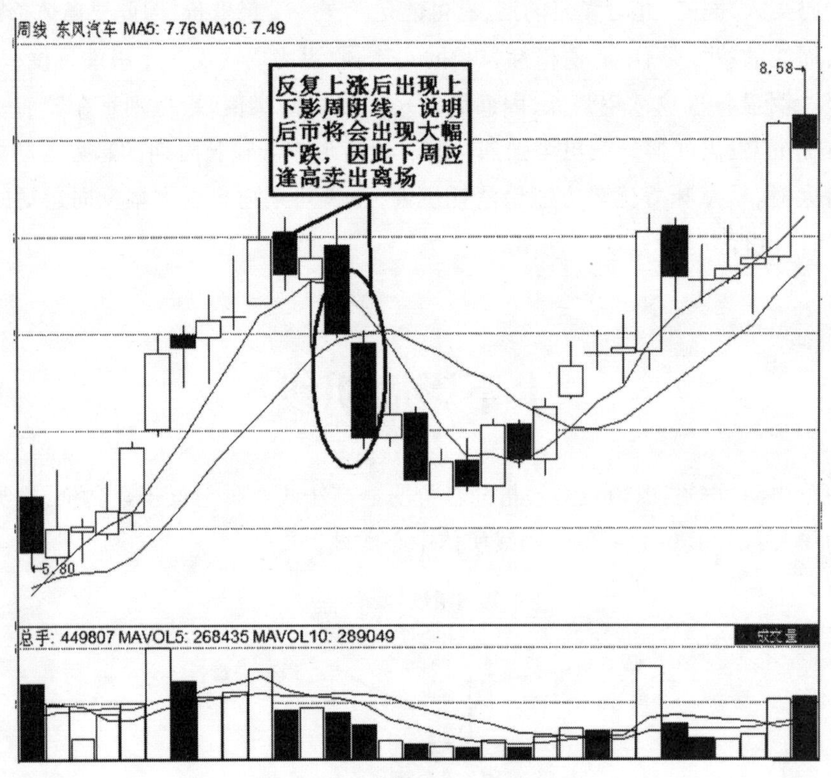

图 30-24 上下影周阴线图解

那么,上下影周阴线应该怎样操作呢?

①在股价经过反复上升之后出现此线,是走势由上升转向下跌的标志,属于强烈的卖出信号,其后必出现一轮跌势。因此下周应果断卖出,并且暂时离场观望。

②如果它前面是一根不小的周阴线,本周出现这种阴线说明下周仍将收出周阴线,但是下周达到或者即将达到底部,股价跌势将尽,升势在望。在操作上,空仓者应该在下周寻找低位部分建仓,再下周止跌回升时继续加码买入。持股者在下周的高位短线卖出,但是仍然应该在下周低位重新买入,以防踏空。而中长线持股者既然不能在本周较高的价位卖出,下周卖出的意思已经不大。

③如果它前面是一根下影光头阴线,本周的上下影阴线最高价、最低价均未能超过

上周的范围的话，那它意味着股价已经探底回稳，是一个强烈的买入信号，下周股价将会掉头上升。因此，下周开盘应该果断满仓杀入，而且尔后应该以持股为主，等到再下周走势转弱时才考虑卖出较为稳妥，因为可以期待此后将走出一波较有力度的上升行情。

上下影周阴线出现的频率较高，但是比较经常出的位置是走势由上升转向下跌的转折点，或者是跌势将到尽头的前一周，因此，这种周阴线有预警的意味。

长上影光脚周阴线

长上影光脚周阴线(见图 30-25)是指开盘价高于收盘价但远远低于最高价、收盘价等于最低价的周 K 线。其中心值位于上影线区间。

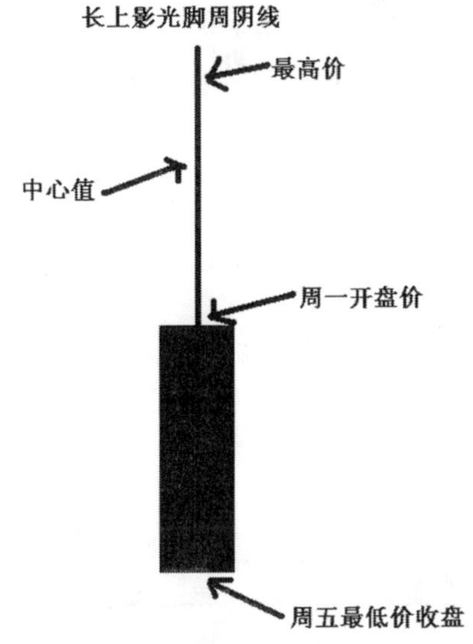

图 30-25 长上影光脚周阴线示意图

本周开盘之后，买方曾经展开积极的攻势，而且一度占据了优势，将股价推高到相当的程度。但是卖方在较高的位置组织了反击，不仅将买方一度占领的地盘全部收回，而且将股价压低到最低价收盘。

在日线图中，这种 K 线是一种强烈的卖出信号。表面上看，卖方已经完全掌握了主动权，买方已经完全丧失了反击的能力。但是在周 K 线图中，这种 K 线出现的意义与日线图有很大的不同，它只反映了买方推高受阻的走势。虽然在某些情况下不排除买方力量转弱的可能，但是在更多的情况下，它暗示买方正在试探卖方的实力，不动声色地组织一轮上升攻势(见图 30-26)。

鉴于以上分析，投资者可采取以下方法操作该股：

①如果此线的整个线体与上周相比不短的话，那么，不管它前面是一根阳线还是一根阴线，它都是一个对称性整理的信号，紧跟着而来的必然是一根带有长下影线的周阴

线。在操作上,总体来说宜静不宜动,因为在这种情况下容易出现“做得多、错得多”的毛病。而较为进取的空仓者,用小量资金在下周低位作个短线也未尝不可,但是期望值不宜过高。

②如果它前面是一根周阳线或者是十字星,又或者本周的线体十分短小,那么,下周拉出阳线的概率相当高。凡是符合这三种情况中的一种,下周初都可以趁低买入待涨。而被套者则不必在下周初斩仓。

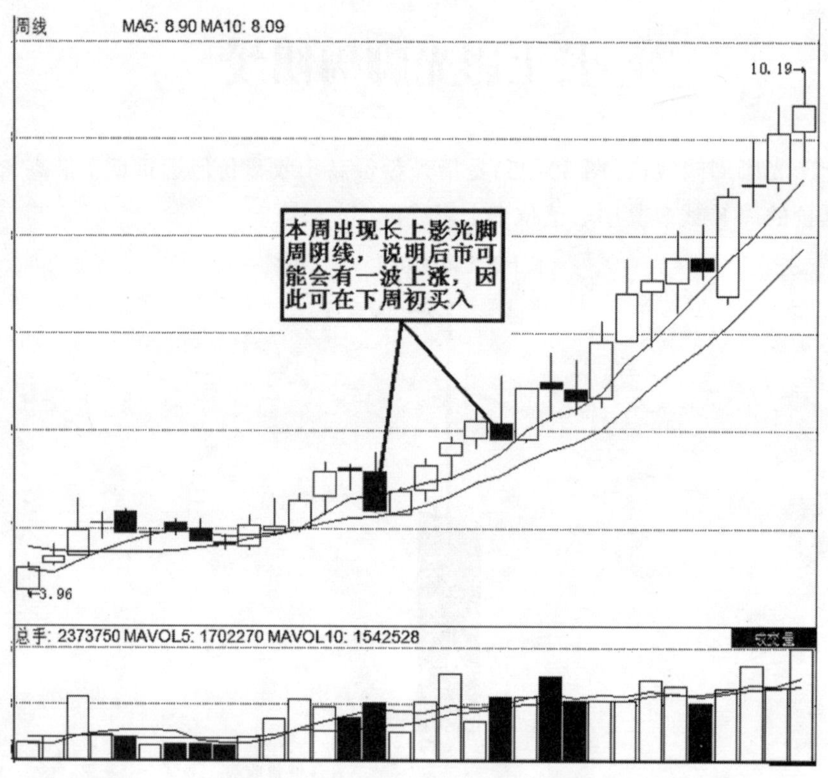

图 30-26　长上影光脚周阴线图解

开盘秃影线类周线的特征是:中心值穿过较长的实体,开盘便是周内的一个极端价位,说明优势方几乎始终控制着市场的运行,而被动方则无力进行反击。表明市场延续上攻或阴跌局面的可能较大,即预示下周有望再收类似的周线形态,通常也属于强势买卖信号;除非出现在较长的趋势运动后,或 K 线本身过大且日线已有转折信号之时。

长下影光头周阴线

长下影光头周阴线(见图 30-27)是指收盘价低于开盘价而又明显高于最低价、开盘价等于最高价的周 K 线。其中心值位于下影线区间。

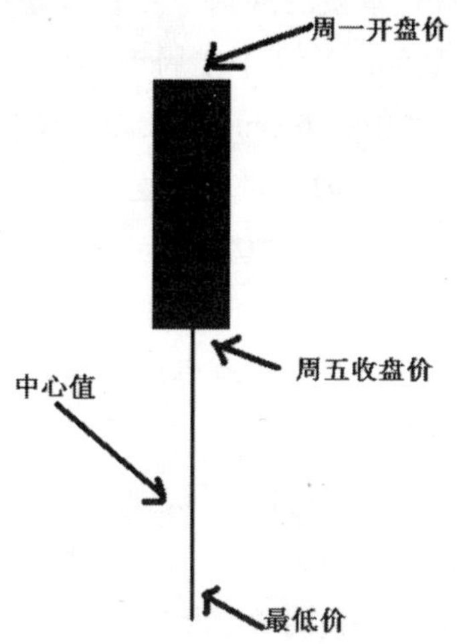

图 30-27　长下影光头周阴线示意图

本周一开盘，卖方就发动进攻。实际上，这次卖方的进攻很有可能是在上周甚至更前一些时候延续下来的。买方在相对较高的位置上并无抵抗，因而卖方得以进一步压低股价，而且一度向纵深发展。可是，当股价被压低到一定程度的时候，卖盘渐显不济。这时，原来不动声色地在低位吸纳的买盘逐渐显露出来，而且当他们在低位接不到筹码的时候，愿意以较高一些的价位去买进，以致将曾经被卖方打低了的价位又拉了起来。虽然收盘价仍然低于开盘价，但是买方在低位主动建仓的意图已经显露无遗。

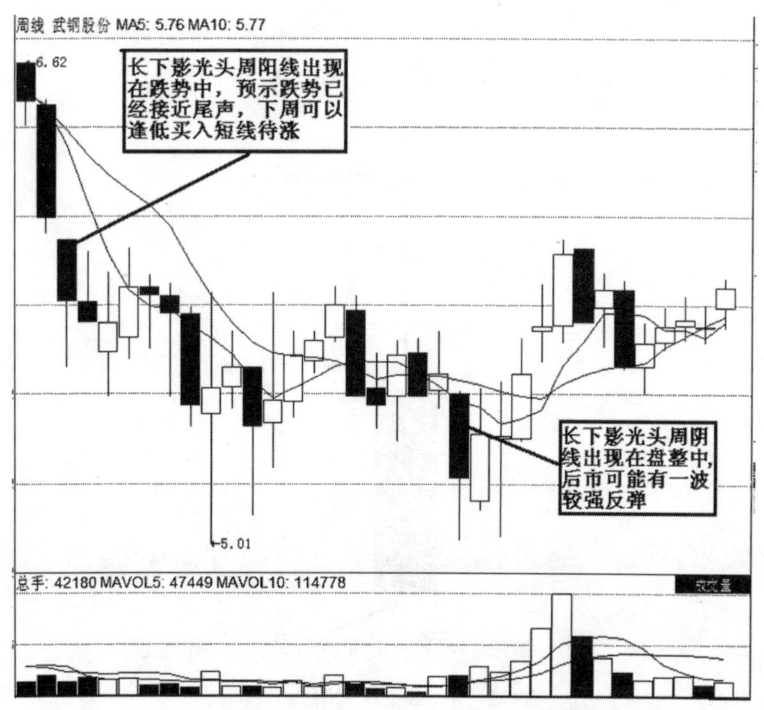

图 30-28　长下影光头周阴线图解

虽然这种周 K 线与短下影光头周阴线只有下影线长短不一的区别，但是这一点有十分重大的意义。也可以说，这就是本质的区别。长下影光头周阴线虽然只是一根阴线，而且一开盘就下跌，但是它的收盘价已经高于本周中心值，被买方收复了的下影线已经比卖方占领的阴线实体更长。也就是说，在全周买卖双方争夺的区域内，买方已经控制了大部分的地盘。明眼人可以看出，买方的力量已经显著增强，在阴线外衣的掩护下，一场多头攻势正在酝酿之中。事实上，沪深两市中级以上的上升行情，大多是由这种周阴线作为起点的。因此可以说，长下影光头周阴线是股价由下跌转向上升的攻防转换点。如果当时的股价已经经过了一段调整，那它就是一个强烈的买入信号（见图 30-28）。

投资者可采取如下方法操作：

在大多数情况下，长下影光头周阴线预示着跌势的结束和一轮上升行情的展开。因此，下周初段买入获利的概率很大；而且下周买入后如果股价果然上升的话，中线持股将比短线操作获利更大。如果下周股价并没有上升，同时也没有明显的下跌，而是在本周价格范围内波动，那说明正在进行充分的筑底，再下周仍然会展开上升行情，操作上仍然坚持建仓持股不改变。

长下影光头周阴线偶尔出现在下跌过程中，若下周跌穿本周最低价而创出新低的话，将会连续拉出两至三根周阴线。在操作上，若已经在本周低位或者下周初建仓的投资者，万一下周跌破本周最低价，应该果断地斩仓止损。但是，这种情况出现的很少。

长上影周阴线

长上影周阴线（见图 30-29）是指开盘价远远低于最高价但高于收盘价、收盘价又高于最低价的周 K 线。其中心值位于上影线区间或者开盘价附近。

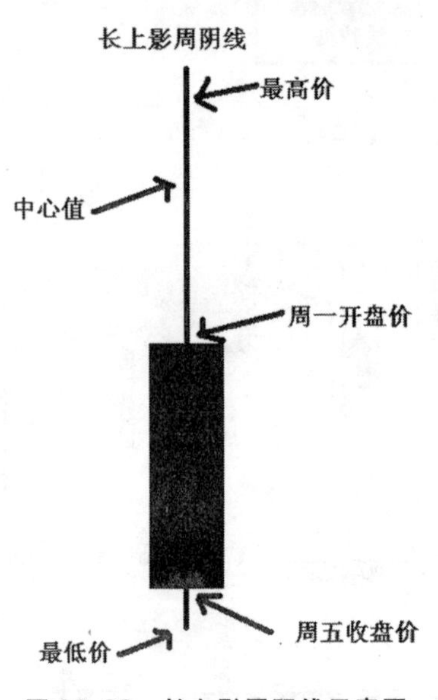

图 30-29　长上影周阴线示意图

在本周内买方曾经发动一轮攻势，而且一度得手，但是上档的卖压十分沉重，不仅将买方推高了的股价压了下来，而且继续向开盘价以下的区域推进。买方在上攻失败之后，转为在较低的价位上抵抗，使得卖方不能以最低价收盘。

这种周阴线的技术分析要点，在于它反映了两种类型的行情：其一，在上升行情中，它表现为冲高受阻行情，反映了买盘力量渐弱而卖盘力量渐强，买卖双方力量对比发生重大变化，价格走向发生逆转的可能性较大。其二，在经过下跌的低价区内，它反映了整理寻求突破的行情，本周买方上攻行动虽然暂时受挫，但说明买方正在试探上档卖方阵营的虚实，买方力量正在壮大，不排除进一步采取行动的可能(见图 30-30)。

从以上述分析可以看出，长上影周阴线经常出现在由上升转向下跌、或由下跌转向上升的转折点上，分别扮演着卖出信号或买入信号的角色，因此对它的出现不可等闲视之。如，上证指数在 1993 年 8 月至 12 月间，频频在周阳线之后拉出长上影周阴线，其后都出现了一波跌势。

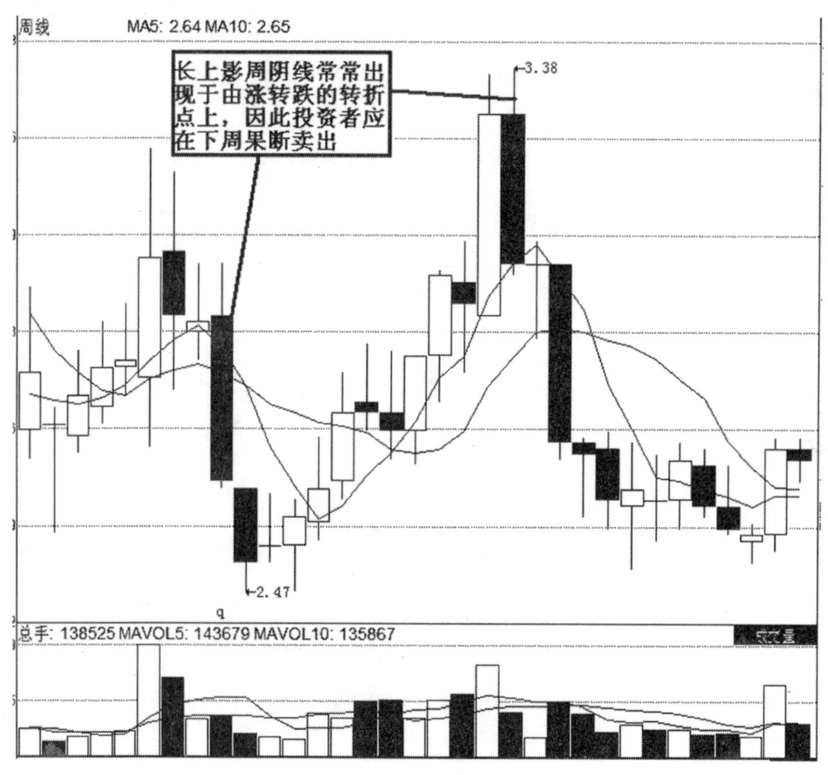

图 30–30　长上影周阴线图解

出现长上影周阴线后，对后市的预测和操作策略为：

①如果上周是一根周阳线，而且本周的最高价高于上周的话，那么，长上影周阴线的出现是股价由上升趋势转为下跌的标志，至少有一波中期的调整。因此在操作上应该尽早果断卖出。

②如果在线体较长的长上影周阴线后面出现的不是阴线，而是一根相对较短的周阳线的

话，那么，它预示着更大的一轮跌势在这根阳线之后发生，因此，坚持卖出的方针不能动摇。

③如果本周的阴线线体不大，而且出现在两根以上的周阴线后面的话，那么下周(最迟在再下周)股价将由下跌转向上升。在操作上，下周应该选择低位部分建仓，待到升势明朗之后再加码买入。如果万一下周仍然收阴线，部分仓位被套牢也不应该斩仓，而是再下周坚持加码买入，摊低成本，等待上涨。

例如，上证指数 1994 年 7 月下旬在持续下跌之后拉出较短小的长上影周阴线，结果其后走出一波强劲升势，两个月之内最大升幅达 2.2 倍。

长上影周阴线经常出现在由上升转向下跌、或由下跌转向上升的转折点上，分别扮演着卖出信号或买入信号的角色，因此对它的出现不可等闲视之。

长下影周阴线

长下影周阴线(见图 30-31)是指开盘价低于最高价但是高于收盘价、收盘价明显高于最低价的周 K 线。其中心值位于下影线区间或收盘价附近。

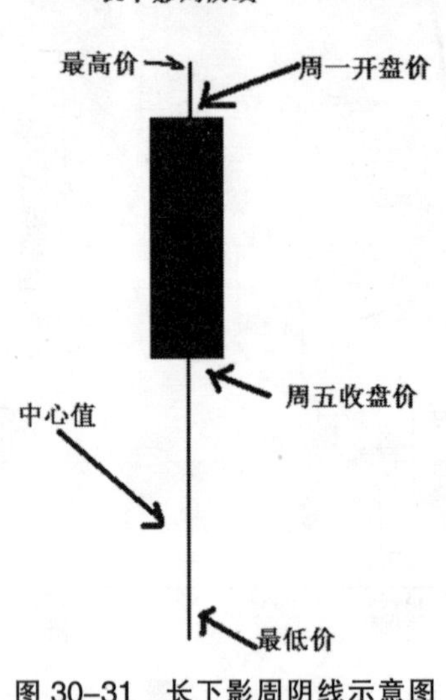

图 30-31　长下影周阴线示意图

本周买方一度推高股价，但是由于力量不足，浅尝辄止，很快就被卖方压了下来，但是，当卖方将股价压得较低时，又遭到买方的反击，将股价拉高到中心值之上收盘，显示买方在低位的优势并未丧失。

这是一种经常出现的周 K 线。从收盘价的位置来看，好像买方的力量并不弱，因为下影线已经长于阴线实体，因此，在日线图中，这种 K 线是走势由弱势转强的迹象；但是，在周线图中却正好相反，它往往出现在走势由强转弱的关口，其长长的下影线不过是抵抗下跌的形态而已，在很大程度上，它还露出了买方拉高出货的痕迹(见图 30-32)。

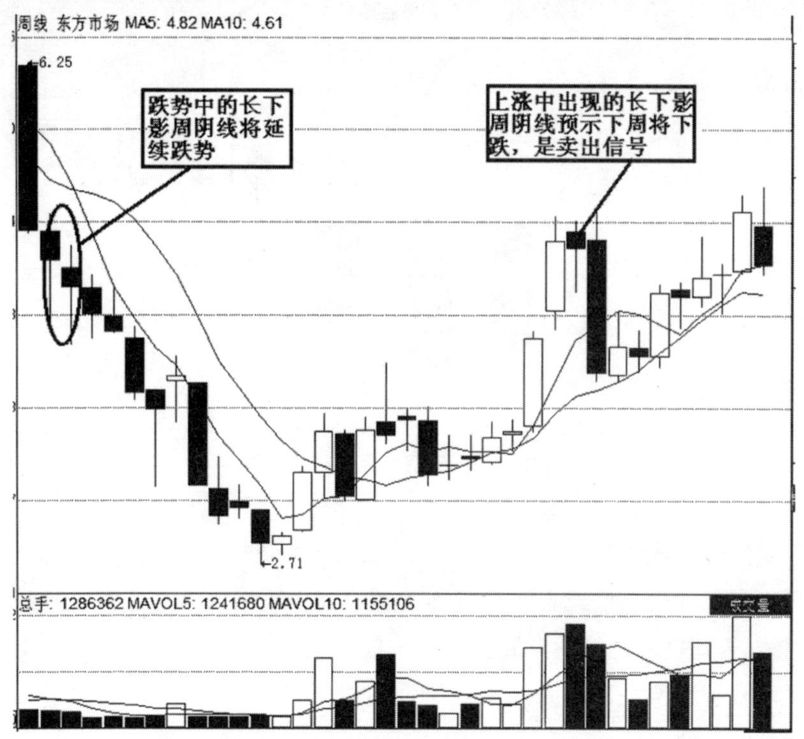

图 30–32　长下影周阴线图解

在大多数情况下，长下影周阴线都预示着跌势的展开或延续，因而可视之为明显的卖出信号，下周开盘应该是追卖的时机。

一般来说，长下影光头周阴线是股价由下跌转向上升的攻防转换点。如果当时的股价已经经过了一段调整，那它就是一个强烈的买入信号。

周 K 线见底回升信号

周 K 线组合形态的见底回升信号，是指股价经过持续下跌，触及或者初步探明了底部，股价运动即将从原有的中长期下跌趋势转为中长期上升趋势所形成的特有的形态。在通过对国内股市的周 K 线组合与香港恒生指数、美元兑日元期货的对比中发现，在股价运动的几种基本阶段中，见底回升信号的种类是最少的。它们在见底回升时的周 K 线组合总是很相似的。也就是说，周 K 线的见底回升信号有较广泛的应用面和较高的准确率。

1. 三阴见底形态

三阴见底（见图 30–33）的周 K 线组合，是指在两根大的周阴线后面，紧接着出现一根长下影光头周阴线。这 3 根周阴线组合的出现，意味着股价依靠到达了中长期的底部，大势即将逆转而上。

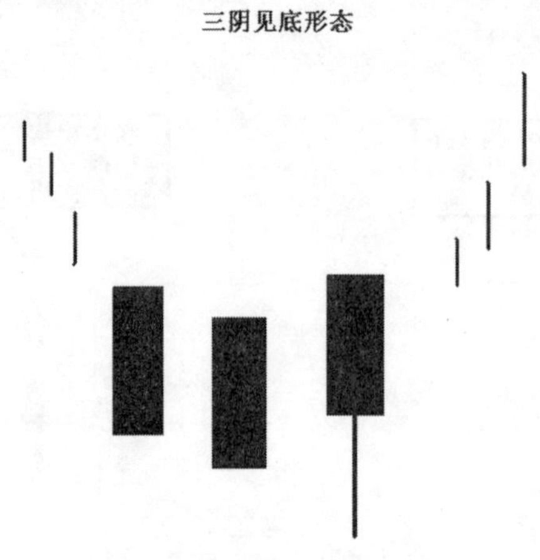

图 30-33 三阴见底形态示意图

三阴见底的形态特征如下：

①三阴见底必须由 3 根或者 4 根接连出现的周阴线组成。这几根周阴线之间，不应该夹有周阳线，否则就不是三阴见底！

②前面两根周阴线一般都是光头光脚周阴线，但也有带上下影的例子，因而带上下影线也是标准的类型。

③最重要的特征是最后一根周阴线，必须是长下影光头周阴线，其中心值应该在下影区间。但是，如果中心值位于收盘价附近，或者带有很不明显的上影线，也属正常。

④这种周 K 线组合夹有一根阴十字星或者是一根实体十分短小的上下影周阴线，但其测市应用的功能与三阴见底相同。

三阴见底这种周 K 线组合的出现，反映了股价已经经历了持续而大幅的向下调整，其间很有可能已经出现过多次向下跳空而先后形成的持续性和枯竭性的缺口，为后市的扬升留下了需要填补的空间。此时经常伴有的是市场成交清淡、投资人悲观气氛弥漫，人们对底部的预期一次一次地向下调整，一些被套牢者已经失望到了连股价行情都不愿意去看的地步，愿意斩仓的人都已经离场。而此时恰恰是股价下跌趋势已到尽头的阶段，一些敏捷的机构已经不动声色地在低位吸纳筹码，从而使最后的那根周阴线形成了长长的下影线。这条长长的下影线表明该股已经探明了底部，股价已经获得了坚实的支撑，大势逆转已在眼前。

2. 上影召阳

上影召阳(见图 30-34)的周 K 线组合，是指在两根或者两根以上的周阴线后面，紧接着拉出一根上影线很长的阴十字星或者上影线很长的周阴线之走势。其长长的上影线看似很吓人，实际上它已经在召唤着大阳线的到来，凌厉的升势将由此展开。

其形态特征为：

①上影召阳必须由三根或者三根以上的周阴线组成。

②这个形态的最后一根周阴线必须是上影线很长的阴十字星或者上影线很长的周阴

线，其上影线必须达到上周周阴线的中心值，或者完全包住上周的阴线，成阴包阴组合。

③最后一根周阴线的中心值，应该位于其长上影线区间。

上影召阳形态

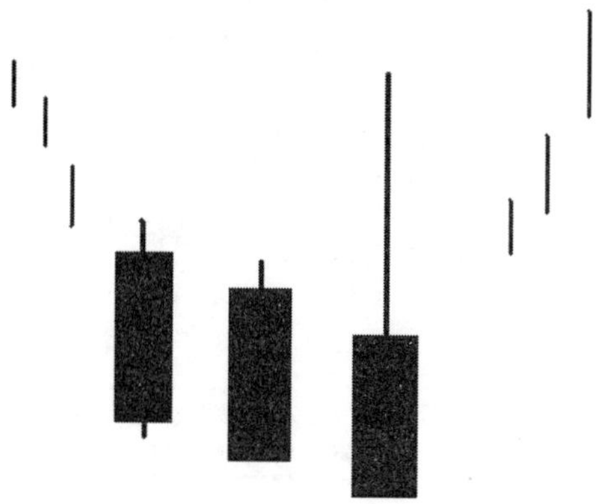

图 30-34　上影召阳形态示意图

上影召阳的组合形态，对于日 K 线来说，是一种当天反弹失败的表现，由于经过当天的反弹，很有可能使原来已经超卖的技术指标又腾出了下跌的空间，股价进一步下跌的可能性很大，因而它是一个短期追卖的信号。

但是，在周 K 线图上，这种上影召阳的组合形态，却是一个买方试盘，多头即将展开一轮强烈攻势的征兆，因此它是股价中长期见底回升的信号。

①上影召阳周 K 线组合形态的出现，大多数与消息面的重大变化有关。股价经过一轮持续下跌之后，已经出现了超跌的现象。此时，管理层为了搞活股市，正在酝酿一些利好的政策。首先听到消息的少数人赶紧买入股票，冲动的买盘一度把股价拉得较高；而另一些人怕股价继续下跌，就乘股价回升之时大量抛出，把拉高了的股价又打了回去。这样，就在周 K 线图上出现了长上影阴线或者长上影十字星。但是，由于部分上档筹码被扫清，主动性买盘继续大量涌入，一波凌厉的升势不可避免地来临。

②这个形态的最后一根周阴线必须是上影线很长的阴十字星或者上影线很长的周阴线，其上影线必须达到上周周阴线的中心值，或者完全包住上周的阴线，成阴包阴组合。

③最后一根周阴线的中心值，应该位于其长上影线区间。

1994 年 7 月底，上证指数(见图 30-35)的 325.8 点和深成指的 944.77 点大底部，就是以上影召阳的周 K 线组合形态来表现的。此后，沪深股市不仅在 1994 年 9 月分别上升至1053 点和 234.7 点高位，更重要的是，这个底部确认了沪深股市自 1993 年以来的熊市的结束和一个新的牛市的展开。直至 1996 年底，这个底部均未被再次跌破过。

实际上，上影召阳的形态在反弹行情中也会出现。也就是说，出现上影召阳形态，未必就是探明大底然后会有大幅攀升。例如，1993 年 9 月下旬，上证指数形成上影召阳之后，从 864 点反弹至两周后的 932 点，升幅仅为 7.8%。但是，出现上影召阳形态之后，会走出扬升行情拉出周阳线，这一点是明确的。

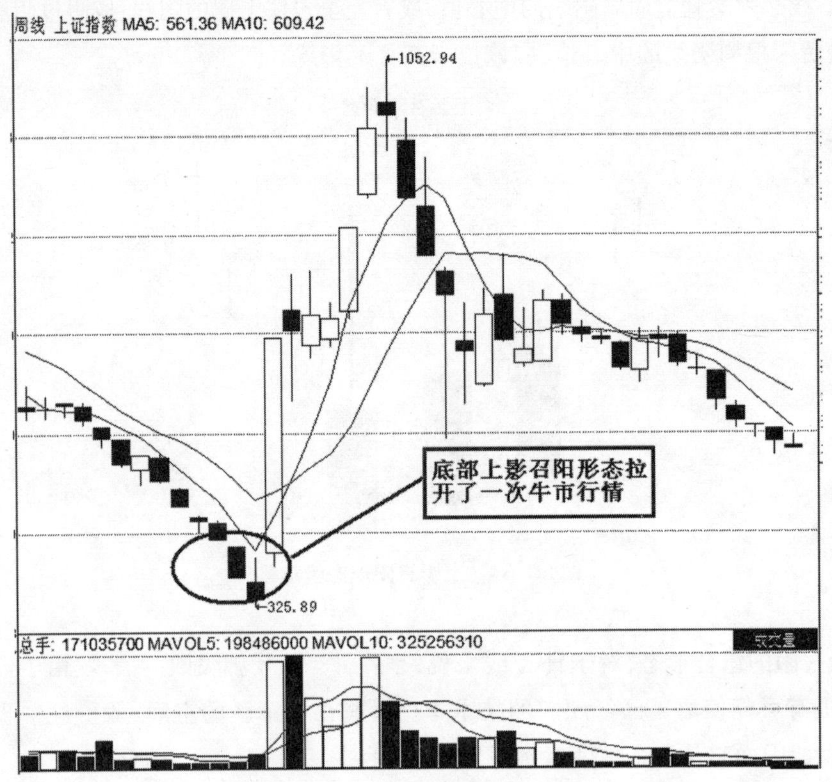

图 30–35 上证指数上影召阳形态图解

那么,究竟怎样去判断上影召阳出现之后,是走出反转大幅上升行情呢?还是仅仅走出小反弹?

最重要的是,要看这个上影召阳出现在什么位置:如果它是出现在持续大幅下跌之后,那它就是探明大底,反转上升;如果它只是出现在小幅下跌之后,那么它就意味着只会走出反弹行情。

那么周 K 线出现上影召阳后,投资者该如何操作呢?

①上影召阳出现在持续大幅下跌之后,意味着探明大底,大势转向中长期上升。因而是一个强烈的买入信号,此时应该果断买入,并坚持中线持股策略不动摇。

②它如果是出现在小幅下跌之后,意味着反弹将要发生,此时应该果断作短线买入。但是不应该有过高的预期,而是在反弹出现后见好就收,选择一个合适的高位获利了结。

③如果它出现后,次周股价跳空高开高走,上升行情就被确认,应该及时买入。不要因为期望回落而贻误战机。

当次周上升超过该上影线的最高价时,证明升势顺利展开,可以加码至满仓持股。

万一股价高开低走,并且跌破上影召阳这就是说出现上影召阳形态,也未必就是探明大底然后会有大幅攀升。

周 K 线持续上升信号

持续上升信号是指股价走势经过探底之后，形成中长期上升趋势，并将沿着上升趋势发展的行情在周 K 线线上所形成的特定的组合形态。它预示着股价在未来一段时间内将进一步上升。

1. 福星高照（见图 30–36）

一根大阳线后紧跟着两根连续的周十字星，十字星的线长比大阳线短。这种组合形态通常出现在第一升浪后的第二调整浪中。两颗短小的十字星出现在气势磅礴的大阳线之后，说明股价上升趋势虽然得到遏制，但由于大阳未出大阴，证明买家依然占主导地位，股价将展开新一轮的上攻行情。

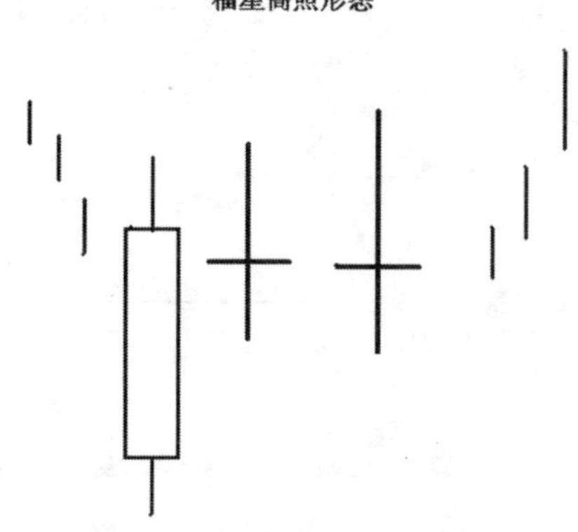

图 30–36　福星高照形态示意图

其形态判别特征为：

①两颗周十字星之前的周 K 线，必须是一根大阳线。

②紧随大阳线后的两颗十字星，在线体的总长上必须比大阳线小。

③从成交量上看，第二颗十字星的成交量要明显小于前两周线。

福星高照的周 K 线组合，通常出现在股价运动经历了第一上升浪之后的第二调整浪中。两颗十字线出现在一根气势如虹的大阳线之后，说明股价上升趋势虽暂受遏制，但因为没有在大阳线后出现大阴线，证实买方力量依然占据主导地位，现阶段的调整只是一种强势调整——只不过是对先前大幅上扬而造成的过分陡峭的上升通道的一种修正，是过分旺盛的买气的暂时休整。通过短暂的休整股价运动往往展开一轮更为气势磅礴的上涨(见图 30–37)。

投资者可采取的后市操作策略为：

①福星高照的出现，应该是建仓的良机。可以说，经过短暂调整会清洗出不坚定分子。

②如福星高照出现后，一周内股价未大幅上扬，而是再出现一个小阳或小阴，此时不必着急，因为下周股价必然展开上升行情。

③福星高照出现后，将会有一个中级以上的上升行情，股价将在反复波动中出现连续三周的上涨。在操作策略上应以中线持股为上策！

④如果福星高照出现的下一周，股价不涨反跌，但止跌于这两颗十字星的下影线区间就回升，可视为新一轮涨势的开始。一旦突破十字星的上影线，这轮涨势就得到确认。但是如果有效跌破这两颗十字星的最低价，说明股市出现不测之风云，应止损离场。

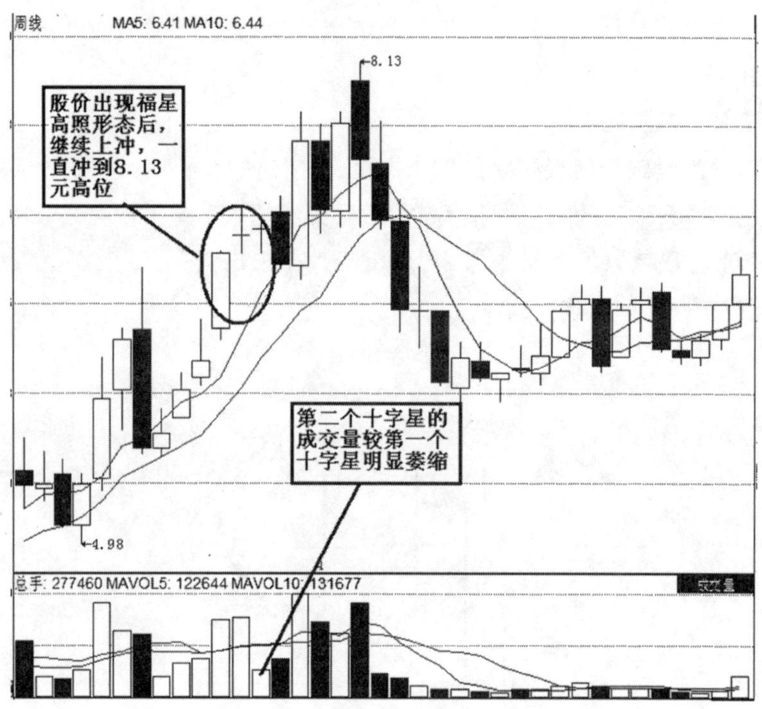

图 30-37　福星高照形态图解

2. 阳线加阳

阳线加阳(见图 30-38)是指在两根周阳线之间，夹着一根小阴线或者类似十字星的小 K 线的周 K 线组合形态。

阳线加阳形态

图 30-38　阳线加阳形态示意图

投资者可以根据以下特征识别阳线加阳形态：

①第一根周阳线与它前一根周线相比较，必须是一个中阳线，甚至是一根大阳线。也就是说，它的线体应该相对较长。若它比前一根周线还更短小的话，此形态就不能成立。

②第二根周K线，也就是两根阳线之间的K线必须明显较为短小。它通常是一根阴线，也可以是一根很小的阳线，或者是一颗十字星。

当它是一根阴线的时候，只有两种情形符合此形态的范例。

其一，它是一根向上跳空的阴线，可能带有较长的下影线，但是它的阴线实体必须较短小；收盘价就在上一根周阳线的收盘价四周或者略微低一些，但是它的收盘价不能达到或者低于上一根周阳线的中央值。假如这根周阴线的收盘价达到或者低于上一根周阳线的中央值的话，那么它就是一个见顶回落的信号，就不会紧接着拉出周阳线。

其二，这根阴线实体比它的影线要长，而且收盘价就在上一根周阳线的中心值四周甚至更低。这时，它必须与上一根周阳线成为孕线组合。否则，此形态也不能成立。当它不是一根阴线，而是一根阳线或十字星的时候，其形态成立的条件只有一个，那就是它必须明显短于第一根周阳线。

其三，第三根周K线必须是阳线。当它前面是一根小阳线的时候，它必须是一根中阳线；当它前面是一根阴线的时候，它的收盘价应该超过这一根阴线的开盘价；当它前面是一颗十字星的时候，它可以是一根较小的阳线，成孕线组合。

阳线加阳的周K线组合，常常出现在第一浪和第三浪的上升过程中，有时也出现在中级反弹行情里。它实际上反映了上升行情经过短线整理之后，再继承升势的股价走势。

第一根周阳线通常是上影线明显短于下影线的K线，有时甚至是光头阳线。由于看涨的投资者居多，买盘纷纷涌入，形成价升量增的局面，拉出相对较大的一根阳线。但是，到了第二周，一些短线获利盘开始涌出，在上档形成较大的压力。而买方主力机构又不急于强行拉高，而是在较低的位置接纳卖盘，以获得较低成本的筹码，因此形成一根小阳线或者其他短小的K线。一旦短线卖压穷尽，买方主力由被动接纳改为主动出击，一些旁观者见股价掉不下来，便加入买方阵营，更促使买气再度旺盛，为周K线图上再添一根阳线。

经过短线整理再度向好的行情不仅坚定了买方的信心，而且使先前犹豫不决的旁观者消除了疑虑而加入买方阵营。买方力量日益壮大，后市继续向好已成定局。

在这个组合形态中，两根阳线之间的小阴线或者其他类型的小K线，如同数学里的加号(+)，阳线加阳线，其答案必然是阳线。

阳线加阳周K线组合形态是一个出现频率较高的持续上升信号，在沪深股市的指数和个股走势中较为常见。

例如：

上证指数在1992年底至1993年初(较典型)、1993年4月(不典型)、1995年7月(典型)、1996年10月(较典型)、甚至1997年1月均出现这种形态。个股走势中，这种形态更为常见，申华控股(600653)(见图30-39)于1996年6月正是以这种组合形态为起点，展开了一波持续反复上升的行情。

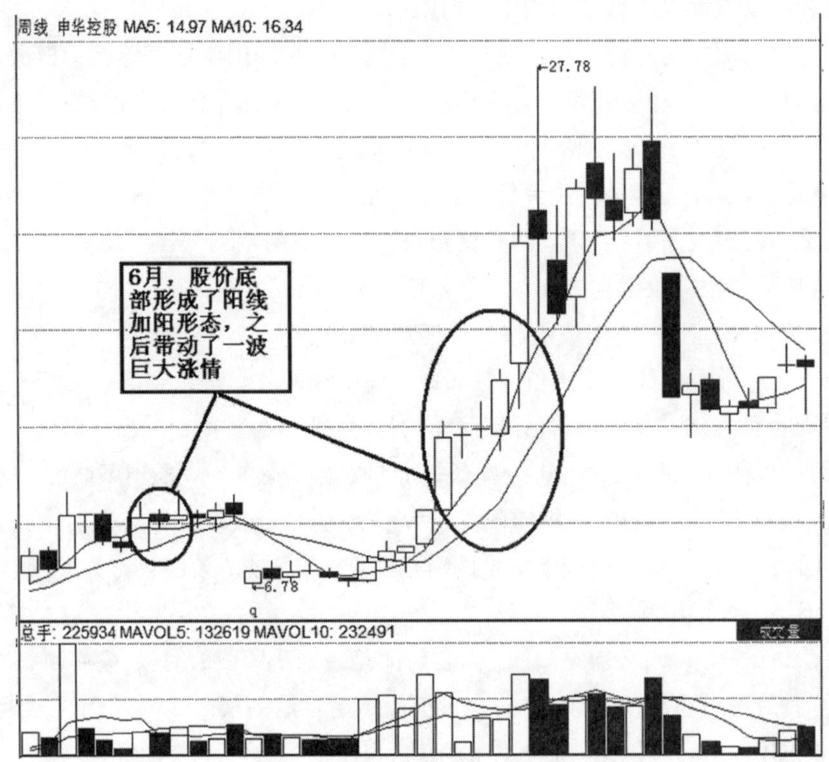

图 30-39 申华控股阳线加阳形态图解

阳线加阳周 K 线组合形态在大多数情况下均预示后市持续上升。但其形态的类型不同，其后市上涨持续时间与升幅会有不同，甚至还有形态失败的例子。因此要予以辨别，区别对待。

口诀看盘篇

股市中有五花八门的炒股技巧和千变万化的技术方法，对于股民尤其是新股民来说，要掌握这些方法技巧难度非常大。即使认真去钻研了，实战中也不一定能灵活运用。本篇以口诀为索引，带出一个个由前人经验总结出的实用投资技巧。这是以朗朗上口的语言为载体的、最佳的、核心式的、最利于大脑记忆的股票学习方法。内容上有对口诀的要点提示，同时还有图文并茂的详细解释及知识延展，更有利于投资者的理解和记忆。押韵且容易记忆理解的词句是综合知识的集成和简化，它可以帮助投资者轻松迅速地掌握复杂的炒股知识和技法，并在实战中灵活运用。

第 31 章

量价实战口诀

放量下跌要减仓，缩量新低是底象

一般来说，底部是一个调整周期的结束部分。由于主力的操作风格不同而形成形态各式各样的底部。有的底部会向下打破关键位，用空间作底形成空头陷井；有的调至缩量用时间作底。总之，对底部的正确判断是股市成功投资的第一步，这是股民抄底的前提。

这首口诀后面还有两句：增量回升是关键，回头确认要进场。它们指的是一种常见的抄底方式，有较强的实战应用性，多用于超跌反弹。放量下跌是市场的恐慌所造成的，多是有利空配合。这种恐慌如果是由主力引发的，那么增量回升就是在加仓；如果说回升而无增量，将是超跌反弹，产生一轮反转的可能性不大。

股民朋友们应注意两个要点：一是无量新低，二是增量回升。

无量新低是杀跌盘已无主力没有必要再杀跌；增量回升是让看空的股民以为是反弹而继续出货。而回头确认的两个要点是：一是再次缩量，二是不创新低。

实战中，成交量配合股价走势进行共同研判可以非常准确地判断主力意图以及可能的上涨力度。这是及时判断阶段性买点和阶段性卖点的非常重要的工具。

缩量往往是底部出现的前兆。当成交量的底部出现时，往往就是股价的底部出现了。成交量的底部的研判是依据过去的底部来做标准的。

当股价从高位往下滑落后，成交量亦随之萎缩。这时投资者应该减仓或离场，以免因股价下跌受损。当成交量逐步逆减至过去的底部均量后，股价触底盘稳不再往下跌，此后股价呈横档，成交量也萎缩到极限，出现价稳量缩之走势。这种现象就是盘底。底部的重要形态就是股价的波动幅度越来越少，此后，如果成交量一直萎缩，则股价将继续盘下去直至成交量逐步递增且股价坚挺，价量配合之后才有往上攻击的能力。

成交量由萎缩而递增，表示供求状态已经发生改变。虽然股价仍属横盘，但买盘已有介入，人气开始活跃，量价表现为价稳量增型态。这是一个转阳信号。投资者此时应当重点关注该股，一旦股价回头确认就要及时进场，抓住上涨时机。

最具代表性的就是，股价经过充分下跌、有效释放前期获利盘后，成交量日益萎缩直至连续呈现地量或平地量。此时下跌动能耗尽，股票呈现下跌抵抗，等待主力资金运作后出现量能异动时，股票有很大机会摆脱底部，展开反攻。和顶部一样，底部的形成、确认有时时间比较长，甚至更长，而且容易形成例如“圆底”“双底”“头肩底”等阶段K线图形。

例如：

从上海工大高新（600701）（现名ST工新）（见图31-1）1997年7月至1997年9月的日K线图和成交量走势图可以看到量价配合的。

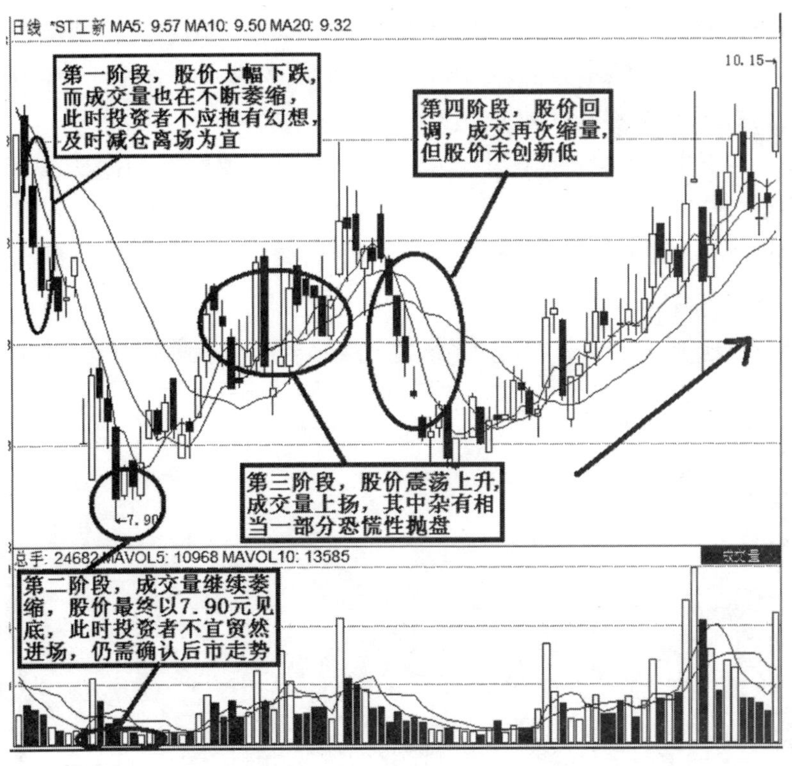

图31-1 上海工大高新缩量见底买卖图解

从上面K线图中可以看到：

第一阶段，股价大幅下跌，成交量却不断萎缩，这是因为大部分投资者惜售，也是由投资者的绝望情绪所致。

第二阶段，前期可以看到成交量有放量情况，应视为恐慌性抛盘所致。随后股价以7.9元创新低，而成交量也萎缩见地量。

第三阶段，股价上扬，成交量也不断放大，说明散户的心态更加不稳定，害怕股价再一次下跌，纷纷在第二次投机拉升时割肉出场。

第四阶段,此时散户手中持有大量在高位买进的筹码。在底部卖出筹码的散户投资者,均赔本出局。实际上,股价回调后再次上涨才是最佳买入时机。从K线图上我们可以看到,在这次回调确认后股价一路走高。

抄底是困难的,底部信号的可信度往往是次于顶部信号的。成熟的投资者会秉承“安全至上,资金为王”的原则,设置好止损位,以缩量见底后量能配合换手率的有效放大为建仓的先决条件,而不会过于迷恋抄底。

缩量势态有阴极,极点就在创新低

缩量后的创新低,就是人们常说的“地量之后有地价”。上升过程中的调整是先见新低后调整,下跌过程中的调整是整理完后再见新低。人气低迷必然形成缩量的态势,再创新低多为主力打压,是短线抄底的买点。

这首口诀告诉投资者缩量是股票到达底部后的一个重要标志。庄家吸货不会放量,而是不断地缩量,慢慢吸货。散户在这个过程中会非常痛苦。在不断地缩量过程中事实上是散户以及短线跟风盘不断地丧失信心的过程。直到已经没有多少抛盘出来,最终成交量就呈现非常低的状态,就是所谓的地量地价的状态了。这个时候要密切注意,一旦出现明显的K线底部组合形成地价,只要没有特别的系统性风险就会展开行情,可以及时追进。

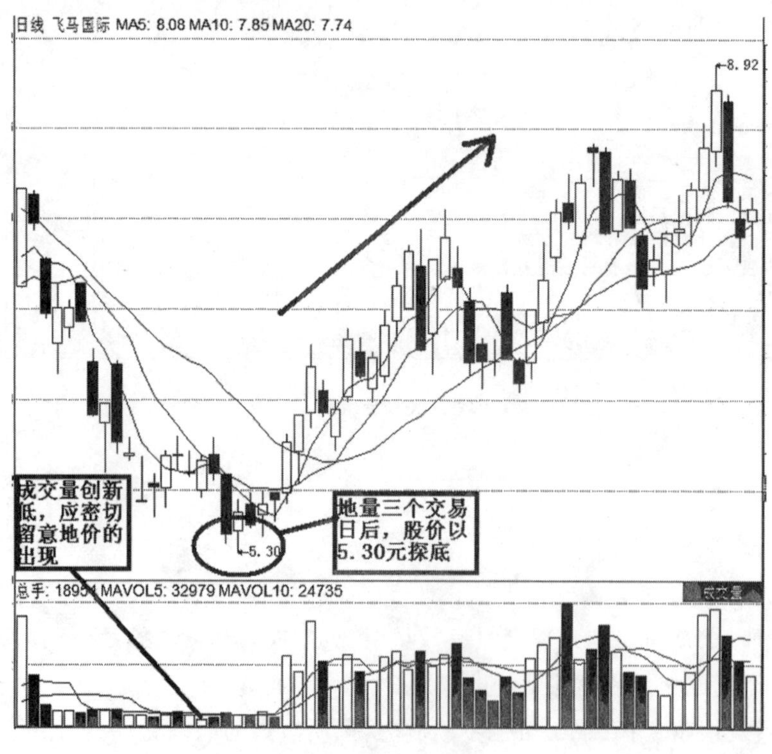

图 31-2 飞马国际地量地价买入图解

例如：

飞马国际(002210)(见图 31-2)作为低价成长的袖珍股，在 2008 年 10 月该股静态市盈率仅 13 倍；动态市盈率仅 12 倍；市净率=总市值/总资产=1.83 倍；市销率=总市值/总收入=0.40；该股已跌至价值低估区域。不仅如此，飞马国际还在 10 月 23 日创下跌 10 个月以来的地量，投资者应重点关注该股。果然，三个交易日后，该股以 5.80 元创新低，可以视为地价。后市股价在震荡中一路上涨。到了 2009 年 2 月 25 日该股已涨至 13.10 元。

但投资者应用地量地价抄底时一定要注意两点：

首先，经过一段下跌之后，空方的抛售力量开始减弱，但同时买方的意愿也相对薄弱，进而造成的暂时性的多空平衡——但这又能证明什么呢？只能说明双方都在休息、观望，以便对下一步行动进行决策——即使在空方松懈的时候，多方得以喘息的反弹，也并不能证明这就是最终的地价(底)。地量之后，我们只能考虑在前期趋势中占弱势地位的一方具有反扑的机会和概率，但决不可轻易地臆断这就是地价。一句话，地量不是股市见底的充分条件。也就是说，地量并不意味着必然导致地价的产生，它只是变盘的信号(见图 31-3)。

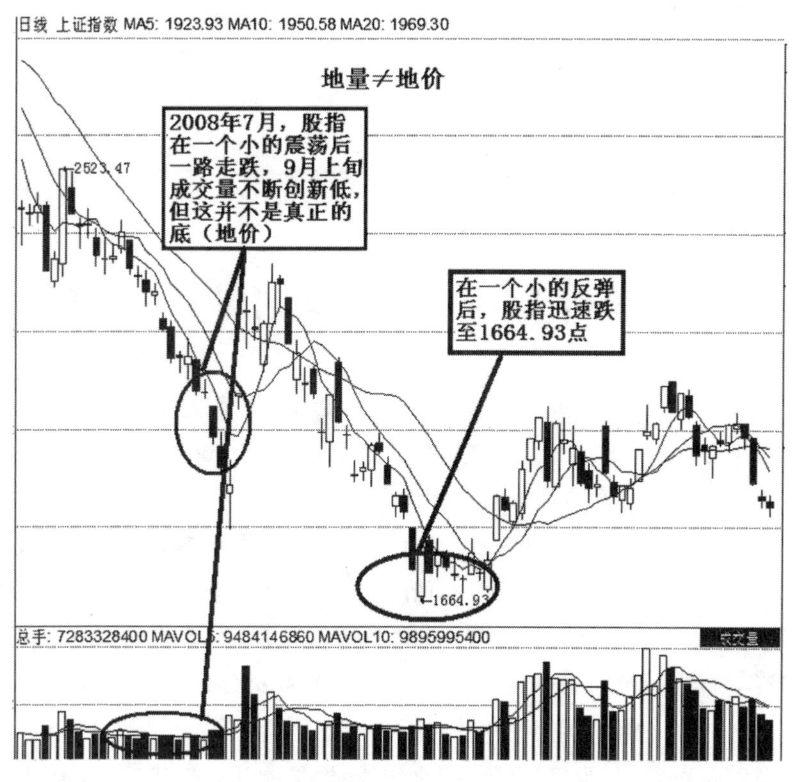

图 31-3 地量地价关系图解

因此，投资者在实际操作中要把握两个要点：

第一，眼见为实，方向明确再行动。地量既然是变盘信号，那就可能向上也可能向下，它要求我们警觉起来，根据突破的方向选择自己的应对策略。人们常规理解的补量过程就发生在这之后。

第二,主动判断突破的方向。判断方向的方法很多,比如量价关系、两市互证、特殊形态综合研判等。当然,最常用的是波浪理论。比如在 2007 年 11 月底和 2008 年 4 月中旬时,我们都可以非常清晰地看到下跌的 5 个子浪。时间、空间和浪型可以帮助我们比较好地判断这两个底部,从而把握反弹的机会。

其次,"地量地价"在市场中的表现有一定的滞后性。举例来说,5·19 行情后,9 月底市场出现了地量,但这并不意味着地价出现,此时介入仍有被套可能。这同主力机构控盘也有一定关系。同时市场中热门股经一轮大的下跌不放量,也证明主力仍在其中并未出局。投资者在操作中具体情况具体分析,可以正确处理好新形势下量与价的关系。市场在变化,目前许多个股的流通筹码被证券投资基金锁定。市场中的亿安科技、湘火炬走势也证明来自其他方面资金也在锁仓。一批机构敢于长期持股、持重仓,这种行为会对传统的量价分析法提出新的挑战。投资者应当以市场发展为大背景、大前提,将技术操作有机地融合到大趋势中去,对于地量地价不要走入形而上学的误区。

当然,从大方向看,天量天价的原理不会有错误,毕竟再大的机构资金也要考虑风险问题,机构拉升股票的目的也难说是为了获取分红回报,其最终目的还是要兑现——长期"投机"。

地量地价,也是相对而言的。一般在下跌一段时间后成交量快速变小,可能会有反弹,但不一定就是底部。特别要注意的一点是:量缩了还能再缩的,价跌了还能再跌的,用"地量地价"来研判股市,存在一定风险。

新量新价有新高,缩量回调不必逃

当成交量不断放大,股价步步创新高,股票正处在一个较好的上涨势头上时,缩量回调也不必太过担心。缩量回调,就是要有明显的缩量特点,一般为放量的二分之一。

这首口诀是教投资者如何看盘逃顶的。但说到这里并不完全,后面还可以再加上一句:一根巨量要警惕,有价无量必须跑。这就是说有价无量要离场,一根巨量要减仓,单日放巨量后多为主力要洗盘。因为巨量的形成是多是单边行情所造成的,一般情况下有两周左右的调整期。

"新量新价有新高"(见图 31-4)其实就是我们通常所说的量增价升。这是一个买入信号:成交量持续增加,股价趋势也转为上升,这是短中线最佳的买入信号。"量增价升"是最常见的多头主动进攻模式,应积极进场买入,与庄共舞。

从下图我们可以看到,股价售出一根小阳线时,量能开始逐步放大,很明显是主力入场的信号。当然还不明确,因为量能并没有明显放大。但是两个交易日后,量能开始快速放大,当天股价收出一根中阳线,属于加速信号,表明主力建仓完毕,之后将会开始拉升股价。此根中阳及量能的快速放大就是一个买点信号。因此,倘若根据量能快速放大,投资者可以捕捉到该股的后面主升行情。

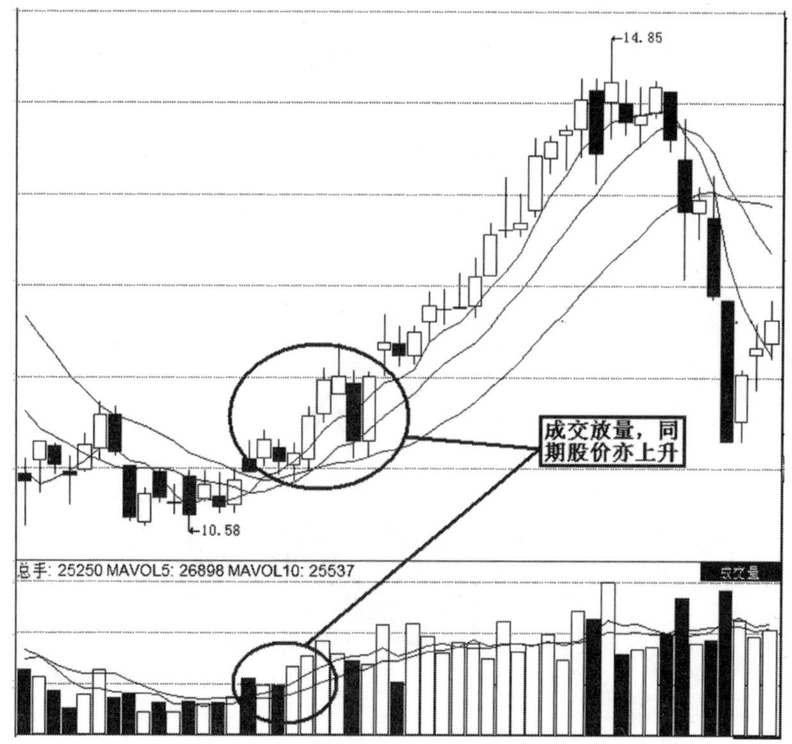

图 31-4　新量新价买入图解

在量增价升的情况下，股票有时会有小幅的缩量回调，这是很普通的震荡盘整，投资者可以不必惊慌。视其情况可减仓或回档。

“一根巨量要警惕，有价无量必须跑”。俗话说：“会买的只是徒弟，会卖的才是师傅。”对于投资者来说不卖出股票，利润或者亏损都是纸上的。尤其是利润，纸上的利润一点儿意义都没有。所以要学会卖股票，尤其是在个股或者大盘即将或已经见顶的时候。

一些投资者总想买在最低点卖在最高点，以求赢利最大化，这是很令人遗憾的！岂不知买最低卖最高是永远办不到的理想主义的空想。最高点往往稍纵即逝，其概率可以说是无穷小。所谓逃顶之“顶”并非指顶部的最高点，而是一个区域，至于如何界定顶部区域，没有一个标准，只能大致根据顶部特征来确认。

口诀里说得很清楚，当股票在上升途中出现一根巨量时，投资者应提高警惕，这往往是股价下跌的前兆，投资者应减仓或离场。

一般来说，在上涨途中出现一根巨量时，可能有三种原因：一是主力有预谋洗盘；二是主力出逃；三是部分资金流出，中小散户出逃。不管是哪种情况，投资者都应提高警惕，减仓或离场。

例如：

中兴通讯(000063)(见图 31-5)在 2007 年 10 月 17 日成交量拉出了一根巨量。尽管当日股价以长阳线收盘，但投资者仍需提高警惕，这可能是一次技术破位。但是技术破位需要确认两个“3”：时间上为连续放量下跌3天，空间上为下跌幅度超过3%。巨量后三天股价连续下跌，随后该股股价一路下行。

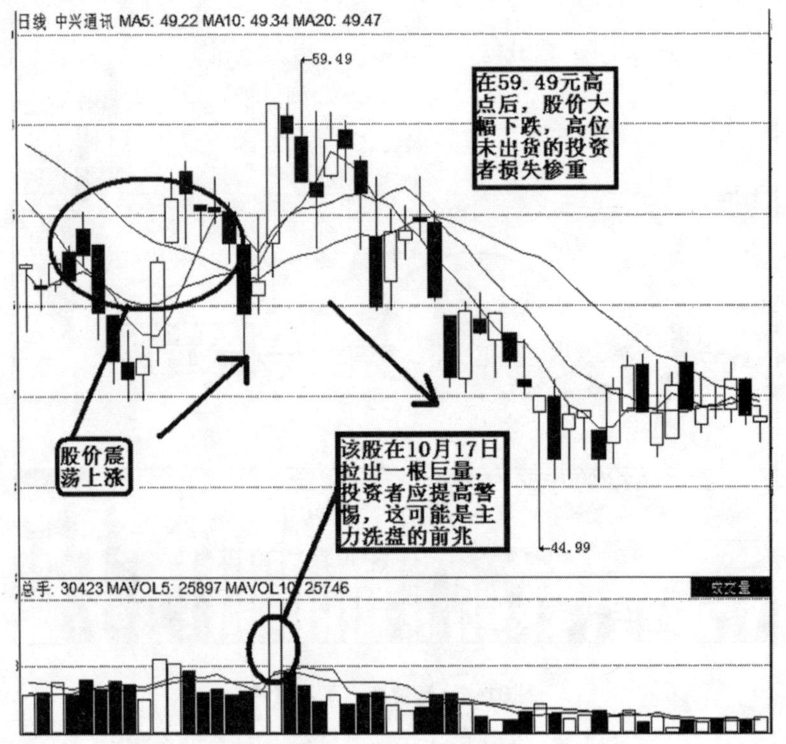

图31-5 中兴通讯巨量洗盘图解

股票在高位突然出现成交巨量，投资者应提高警惕。因为这往往是由庄家出货，散户吸纳造成的；另外也可能是换庄，新庄家进场都要洗盘吸筹，一般来说股价都将下跌。

量价相随兄与弟，高位离背势头凶

在高位股价与成交量不成正比关系变化，这是一种很危险的状况。量价背离进一步表明当前的量价关系与之前的量价关系发生了改变。一般量价背离会产生一种新的趋势，也可能只是上升中的调整或下跌中的反弹。

价量背离通常是指当股票或指数在上升时成交量减少，或下跌时成交量增大。价升量减，谓之量价背离，被认为跌之前兆；价跌量减，谓之量价背离，但不是升之前兆。原因是，上升要量，下跌未必要量。

股价运行到了头部区间往往会出现很多背离现象与量价配合的混乱现象。从实战角度讲，真正具有上涨性质的阳线，其盘中量价配合极少背离；而上涨不佳的阳线其量价多出现背离。

一般来说,股价的上涨幅度越高其成交量越大,且量价背离现象较多。而股价初涨时成交量相对较小但量价配合完美。

股票在高位量增价跌、量价背离,一般是弃卖观望信号(见图 31-6)。股价经过长期大幅下跌之后,出现成交量增加。即使股价仍在下落,也要慎重对待极度恐慌的“杀跌”,所以此阶段的操作原则是放弃卖出、空仓观望。低价区的增量说明有资金接盘,后期有望形成底部或产生反弹,适宜关注。有时若在趋势逆转跌势的初期出现“量增价跌”,那么更应果断地清仓出局。

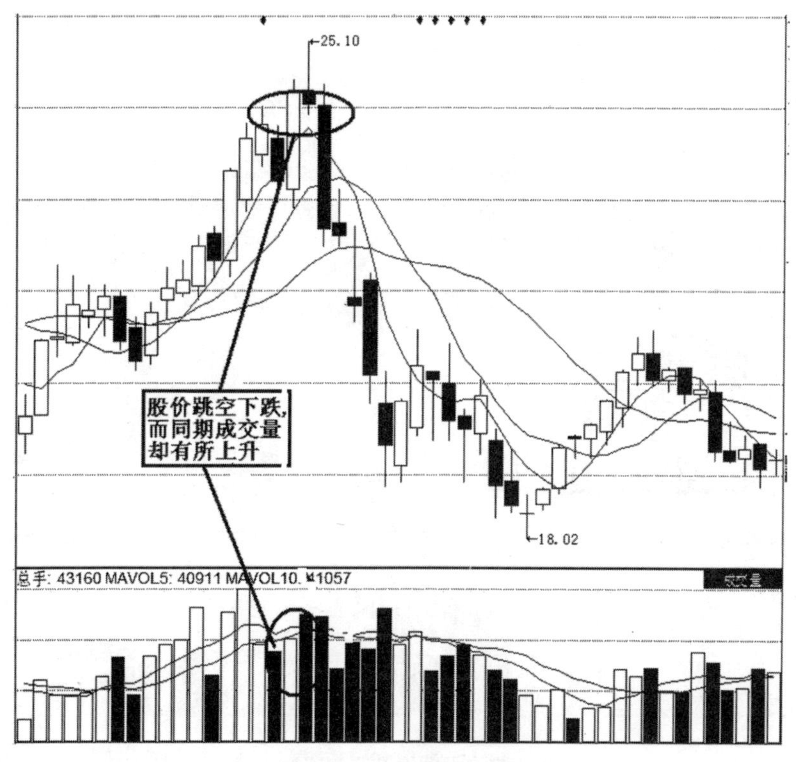

图 31-6 股票高位背离图解

从图中可以看到,此股从标记的那一日开始,量能逐步增大,但股价却下跌。这种高位量价背离的股票属于主力出货行为。持有此股的投资者应及早出货,而观望的投资者应继续观望,等待下一个买点。那么,在高位量价背离的情况下,如何确定卖点呢?

一般来说量价背离卖点的技术特征为:股价在盘中上冲回落后,又出现了上涨,但成交量出现了明显萎缩股价却创出了盘中新高。

这是一种主力出货的经典走势。量价背离走势可以判定前期的走势是主力在出货:主力为了在这个区间出货,利用了很小的成交量就可以拉高股价。这样一来,为主力出货打开了空间赢得了时间。空间和时间都有了,主力的出货量就会很大。

而对于散户来说,具体的卖出方法就是,盘中最高点是量价背离的卖点,盘中最高点向下勾头时的走势是最好的卖点。这样有助于把股票卖在最高位;量价背离形成的上涨动力不足是不可能给投资者带来收益的；在此时卖出才是我们正确的操作。有时量价背离卖点出现之后没有及时卖出股票的投资者在盘中还出现了精确卖点，此时应抓住时机不要报有任何幻想果断卖出股票，保住收益。

大龙地产(600159)(见图 31-7)在 2010 年 1 月 18 日拉出长阳线上涨，看起来股价上涨势头良好，但是成交不断缩量却向投资者发出了下跌预警。投资者应及早把握卖点离场。

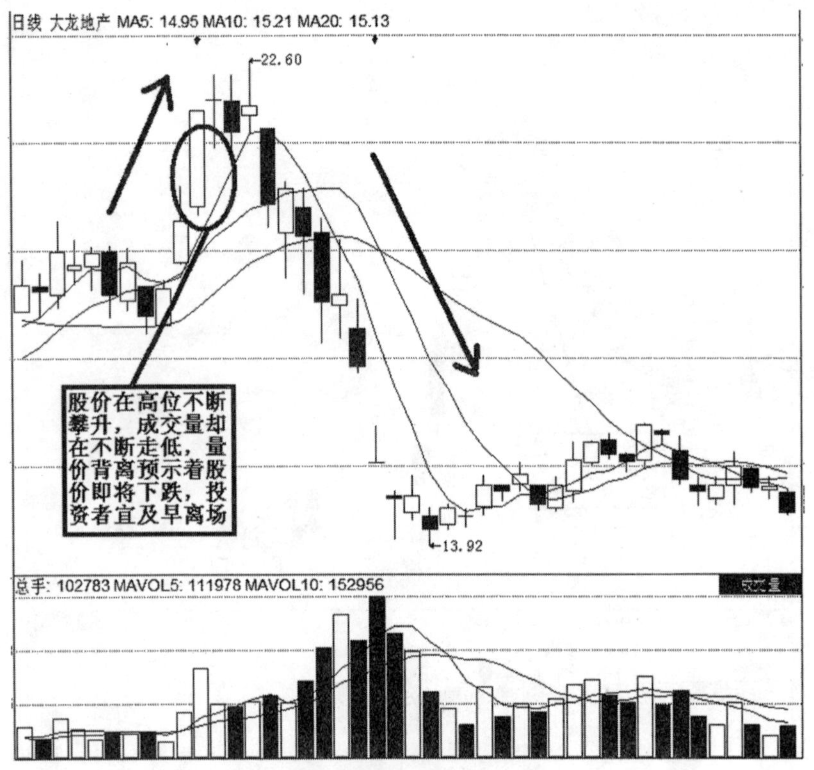

图 31-7 大龙地产高位背离图解

高位量价背离出现是向投资者发出的卖出信号。卖出信号发出以后，股价都产生了下跌，每个卖点的准确把握都能减少投资者的损失。因此，投资者应该第一时间卖出手中股票以保证你的收益或减少你的损失。

底部量缩到极点，中阳增量握长牛

一段较长时间低位盘整后，股票缩量到低点(地量)，此时投资者应加强关注，这很可能是长牛股出现的前兆。在地量后几日，该股成交量开始明显放大，同时股价收出中阳，此时投资者应考虑进场。

成交量可以说是股价的动量。一只股票在狂涨之前经常是长期下跌或盘整之后,这样在成交量大幅萎缩,再出现连续的放大或温和递增而股价上扬。一只底部成交量放大的股票就像火箭在升空前要有充足的燃料一样,必须具有充分的底部动力,才能将股价推升到极高的地步。因此,一只狂涨的股票必须在底部出现大的成交量,在上涨的初期成交量必须持续递增,量价配合,才会在主升段之后往往出现价涨量缩的所谓无量狂升的强劲走势。

一只会大涨的股票必须具备充足的底部动力才得以将股价推高，这里所说的充足的巨量是相对过去的微量而言,也就是说,当一只股票成交量极度萎缩后,再出现连续的大量才能将股价推高。成交量是衡量买气和卖气的工具,它能对股价的走向有所确认。因此,精明的投资人对于底部出现巨大成交量的股票一定会跟踪,因为当一只股票的供求关系发生极大变化时,将决定股价的走向。投资者绝对不可以忽略这种变化发生时股价与量的关系。一旦价量配合,介入之后股价将必然如自己预期的那样急速上扬。

成交量的形态改变将是趋势反转的前兆。个股上涨初期,其成交量与股价的关系是价少量增,而成交量在不断持续放大,股价也随着成交量的放大而扬升。一旦进入强势的主升段时,则可能出现无量狂升的情况。最后末升段的时候,出现量增价跌,量缩价升的背离走势。一旦股价跌破 10 日均线,则显示强势已经改变,将进入中期整理的阶段。

因此,当你握有一只强势股的时候,最好是紧紧盯住股价日 K 线图。在日 K 线一直保持在 10 日均线之上,可以一路持有;一旦股价以长阴线或盘势跌破 10 日均线,应立即出货,考虑换股操作。

盘整完成的股票要特别注意,理由是其机会大于风险。盘整的末期成交量为萎缩代表抛盘力量的消竭。基本上,量缩是一种反转信号,量缩才有止跌的可能。下跌走势中,成交量必须逐渐缩小才有反弹的机会。但是,量缩之后还可能再缩。到底何时才是底部呢?只有等到量缩之后又是到量增的那一天才能确认底部。如果此时股价已经站在 10 日均线之上,就更能确认其涨势已经开始了。

所以,基本上我们应重视的角度是量缩之后的量增。只有量增才能反映出供求关系的改变,只有成交量增大才能使该股具有上升的底部动量。

例如:

深振业(000006)(见图 31-8)在 2008 年 7 月以后经过了一段时间的低位震荡,成交缩量。10 月 28 日股价跳空高开,拉出一根中阳线,成交亦明显放量,可以判断底部启动。从这里开始后的四个交易日是最好的买入时机,股价站到了 10 日均线上方且不断上涨。

总结可知,在盘局的尾段,股价走势具有以下特征:波动幅度逐渐缩小;量缩到极点;量缩之后是量增,突然有一天量大增,且盘出中阳线突破股票盘局,股价站在 10 日均线之上;成交量持续放大,且收中阳线,加上离开底价三天为原则;突破之后,均线开始转为多头排列,而盘整期间均线叠合在一起。

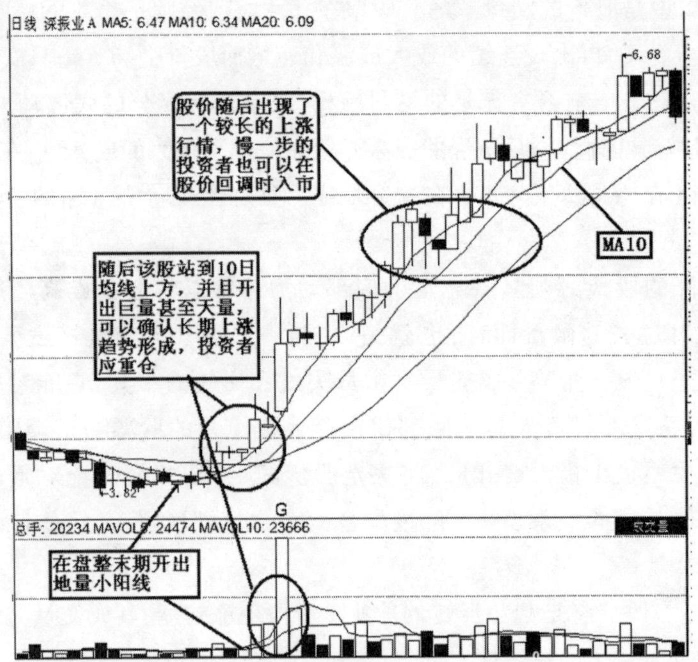

图 31-8 深振业底部买入图解

第 32 章

均线战法口诀

金叉死叉是个宝，去伪存真才能炒

均线也有很强的选股作用。即当某只个股短期、中期以及长期均线指标黏合交叉时，往往意味着该只个股蕴含巨大的投资机会：金叉做多，死叉做空。

移动平均线还有两种特殊的形态：黄金交叉和死亡交叉。

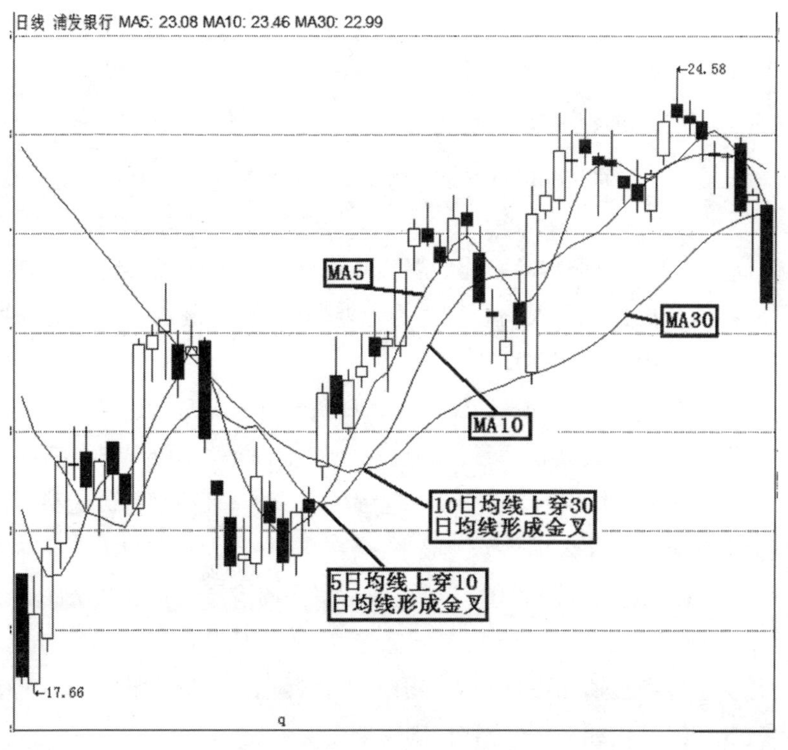

图 32-1 移动平均线黄金交叉形态

上升行情初期,短期移动平均线从下向上突破中长期移动平均线,形成的交叉叫黄金交叉。它的出现预示着股价将上涨。5 日均线上穿 10 日均线形成的交叉,10 日均线上穿 30 日均线形成的交叉均为黄金交叉(见图 32-1)。

当短期移动平均线向下跌破中长期移动平均线形成的交叉叫做死亡交叉。预示股价将下跌。5 日均线下穿 10 日均线形成的交叉,10 日均线下穿 30 日均线形成的交叉均为死亡交叉(见图 32-2)。

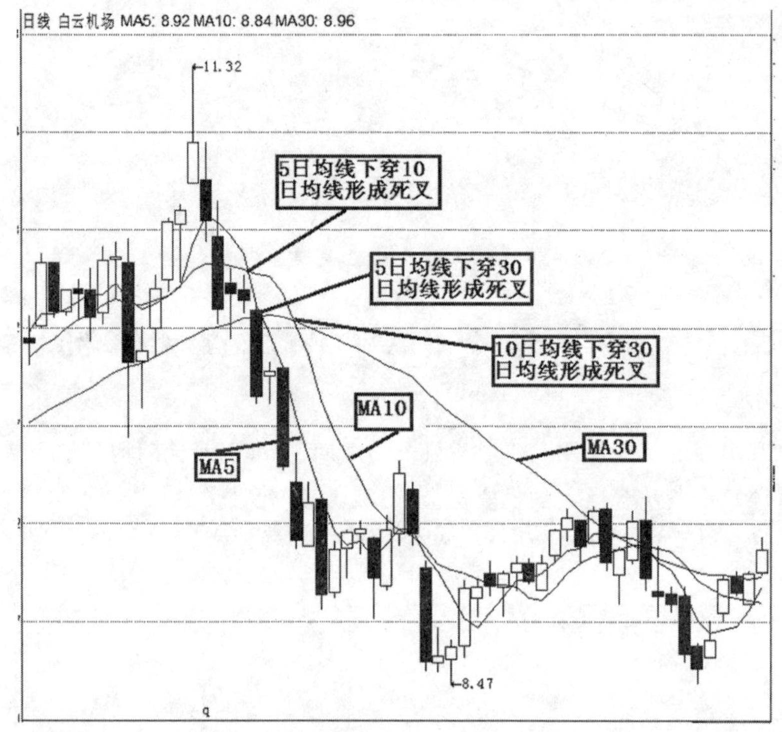

图 32-2 移动平均线死亡交叉形态

那么,短周期与中长周期移动平均线各指什么呢?一般来说,无论是哪种均线组合,人们总习惯地将日子最少的一根均线称之为短期均线,日子最长的一根均线称之为长期均线,余下的那根均线称之为中期均线。

①短期均线组合:最常见有 5 日、10 日、20 日和 5 日、10 日、30 日两种组合。

这两种短期均线组合就其技术意义和使用规则来说是相同的,效果都不错。目前市场上用的人很多。短期均线组合主要用于观察股价(股指)短期运行的趋势。比如 1 个月到 3 个月股价走势会发生什么变化。一般来说,在典型的上升通道中,5 日均线应为多方护盘中枢,不然则上升力度有限。10 日均线则是多头的重要支撑线,10 日均线被有效击破,市场就可能转弱。在空头市场中,人气低迷时,弱势反弹阻力位应是 10 日均线。20(30)日均线是衡量市场短期和中期趋势强弱的重要标志。20(30)日均线向上倾斜时可短期看多、做多;20(30)日均线向下倾斜时,则短期看空、做空。

②中期均线组合:最常见的有 10 日、30 日、60 日和 20 日、40 日、60 日两种组合。

中期均线组合主要用于观察大盘或个股中期运行的趋势。例如3个月至6个月大盘或个股走势会发生什么变化。一般来说,中期均线组合呈多头排列状态,说明大盘或个股中期趋势向好,这时投资者中期应看多、做多;反之,当中期均线组合呈空头排列状态时,说明大盘或个股中期趋势向淡,这时投资者中期应该看空、做空。从实战意义上来说,用中期均线组合分析研究大盘或个股的趋势比短期均线组合来得准确可靠。例如,在大盘见底回升时,如你对反弹还是无法把握,中期均线组合就会给你很大帮助。当30日均线上穿60日均线时,会出现一次级别像样的中级行情,当中期均线组合黏合向上发散常常预示着大行情的来临。可见,了解和懂得中期均线组合的作用和使用技巧,对投资者来说是非常重要的。

③长期均线组合:最常见得有30日、60日、120日和60日、120日、250日两种组合。

长期均线组合主要用于观察大盘或个股的中长期趋势。例如,半年以上的股价走势会发生什么变化。一般来说,当长期均线组合中的均线形成黄金交叉,成为多头排列时,说明市场对大盘或个股长期趋势看好,此时投资者应保持长多短空的思维,遇到盘中震荡或回调,就要敢于逢低吸纳;反之,当长期均线组合中的均线出现死亡交叉,成为空头排列时,说明市场对大盘或个股中长期趋势看淡,此时投资者应保持长空短多的思维,遇到盘中震荡或弹升,就要坚持逢高减磅。

在应用均线金叉、死叉买卖股票时,一定要注意辨别真伪。

从形态上来说,特别需要注意的是,均线交叉之后的2根均线的方向,如果不是一致朝上或者朝下的,那就是普通的均线交叉,而不是"金叉"或"死叉"了。

而从技术上来讲,由于均线相互之间运行方向受到股价成交情况的影响,所以对于短期均线运行,主力可以通过对敲等形式进行操作,从而人为地制造出一系列的次交叉。因此,不能只单纯地看到金叉就买入,以为可以高枕无忧,因为今天的金叉明天可能就会变成死叉。如果大盘明显处于下跌行情中,个股出现次金叉不可盲目杀入,因为这可能是主力做的假次金叉;同样在大盘上升行情中出现次死叉也不宜盲目清仓,因为这也可能是主力做的假次死叉,需要结合盘面实际情况来对待。

与任何技术选股一样,均线交叉选股法也存在着局限性。一旦选择错误,应及早出局控制风险;而一旦确认选择正确就要坚定持有。

5线低位画金叉,30线上买入它

5日线低位金叉30日线后,就不再回头,一直支持着股价向上攀升,直到第一上升浪结束后,才转向整理,但在整理过程中也不跌回30日线以下。5日线的这种走势称为低位一次金叉。但很多时候,5日线由下降趋势转为上升趋势中,常常出现低位金叉30日线后,又回落到30日线之下,两次探底后,再次上穿30日线,这种走势称为二次金叉。5日线二次金叉是强烈的买进信号。

先从低位一次金叉说起。低位一次金叉出现后，股价后势上升的力度一般比较大。金叉日应积极介入，是强烈的买进信号。

例如：

武钢股份 (600005)(见图 32-3) 股价在 2009 年前期经过了一段时间的低位震荡，6 月 2 日 K 线图上 5 日均线上叉 30 日均线形成黄金交叉，股价迅速上涨。5 日均线距 30 日均线越来越远，在 7 月初股价虽然有所回落，但是一直稳定地站在 30 日均线上方，因此投资者可以放心持有。

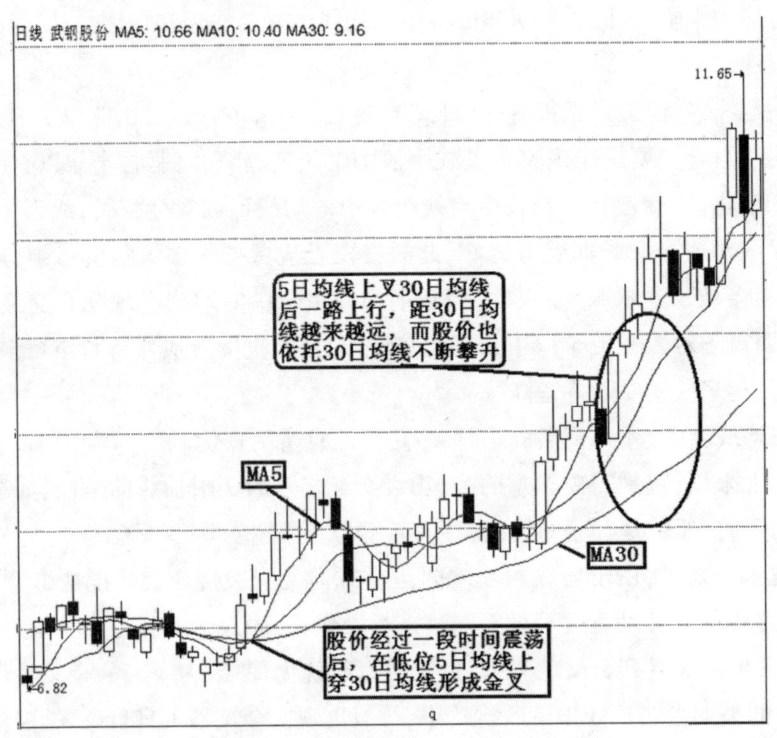

图 32-3 武钢股份金叉买入图解

在出现这种形态时，投资者在实战中应该怎样操作呢？

如果该股走势凶猛，买入应该果断坚决。万一错过第一买入机会，股价急升后，不要追涨，回档后再买入。

低位一次金叉较难确认，因为大多数股票一般要在低位反复筑底。5 日均线会出现两次三次金叉 30 日线的走势，其中的第一次金叉就可能是卖出信号。所以对于低位一次金叉要持谨慎态度：观察在金叉前是否走出了 W 底、头肩底、圆弧底等图形形态。

如果一次金叉买入股票，不升反降，5 日线也掉头向下，再次回到 30 日线之下时，静观其变。若在前期低点附近就跌不下去后，证明前期低点就是底部。此次低点与前期低点构成双底，可补仓。即使后市无大行情，股价也会上升到 30 日线之上，可解套。

5 日线低位两次金叉甚至三次金叉也是比较常见的，但在操作中要更注意细心观察。

首创股份 (600008)(见图 32-4)2009 年 6 月 3 日在低位由 5 日均线上穿 30 日均线

形成金叉，但股价很快回落。6月12日5日均线跌破30日均线形成死叉，使得部分投资者匆忙出局。但是仅仅过了8个交易日，5日均线再度上叉30日均线形成金叉，这时候该股底部就出现了两个金叉，向投资者发出了强烈的买入信号。

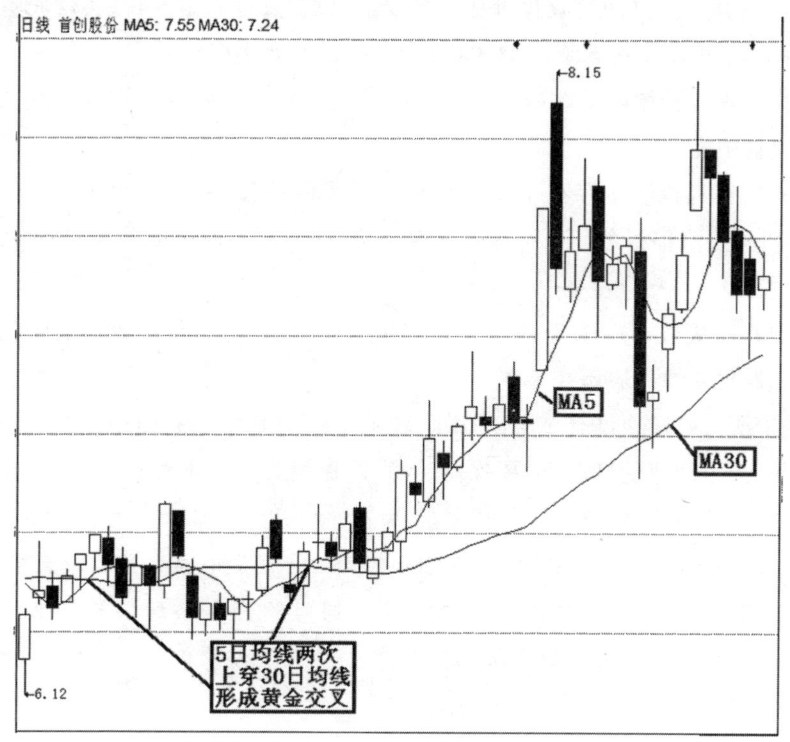

图 32-4　首创股份低位两次金叉买入图解

对于二次金叉的操作，投资者应注意哪些方面呢？

二次金叉较好识别，不需要参考其他技术指标的确认。只要5日线二次金叉就可立即进场，安全系数较高。只要没有突发事件，至少会有一个月以上的中级行情。

有时也出现失败的走势，即股价仅短暂上升几日，就停止上升。5日线也随之滑落，再次回到30日线之下。经验告诉我们，这种情况多为构造三重底，回跌到前期底点附近就会止跌企稳转势向上，形成三次金叉后，股价会稳健上行。三次金叉时，可加码买进。

10线也像5日线一样，低位二次金叉。但金叉点位在5日线金叉30日线之后，相隔时间约3~5日，买入信号比5日线形成的金叉的买入信号更强烈。稳健的投资者尽量采取这一买入方法。

5线处可能套住，10线处小心介入

一只股票在主升浪时，一般会沿着5日均线上移，5日线不破即可一直持有。而对于

均线,上涨的股票一般破5日线后会去寻求10日线的支撑。因此,买5日线,获利的概率是一半;买10日线,对于上升趋势的个股,获利概率会大于50%。

股票操作的一个基本原则是:5日线上买,买错也要买;5日线下卖,卖错也要卖。

当MACD指标为红柱时,收盘价在5日线上,成交量也满足5日线,就大胆买进。

买进后,当股价低于持仓成本的3%三十分钟以上就止损出局。

买进后,收盘价连续两天跌破5日线就全部沽空;反之,收盘价在5日线上就一直持股待涨,不惧盘中震荡。

一般来说,获利机会多存在于基金重仓的绩优白马股,有实质性题材且尚未兑现的品种。私募机构及涨停板敢死队一般不按套路出牌,只有一两天就跑光了,中小散户别指望能跟上他们。

所以,散户所买股票应选择基本面不存在明显问题,历史股性较为活跃的。股性呆滞,无人气和题材支撑的股坚决不碰。

在5线上买入时还要结合W%R、CCL、MACD和SAR指标来使用。坚决不追高,尤其是在技术指标严重超买的情况下,要保持冷静,选择相对低点介入。

例如:

深发展(000001)(见图32-5)在2009年5月,股价小幅上升后跌至5日线下方。27日,5日均线上穿10日均线形成金叉,同时股价也站到了5线上方。第二日MACD指标出现金叉,发出了买入信号。6月1日,以均价18.30元买入股票;16日以均价22.59元卖出股票,每股获利4.29元。

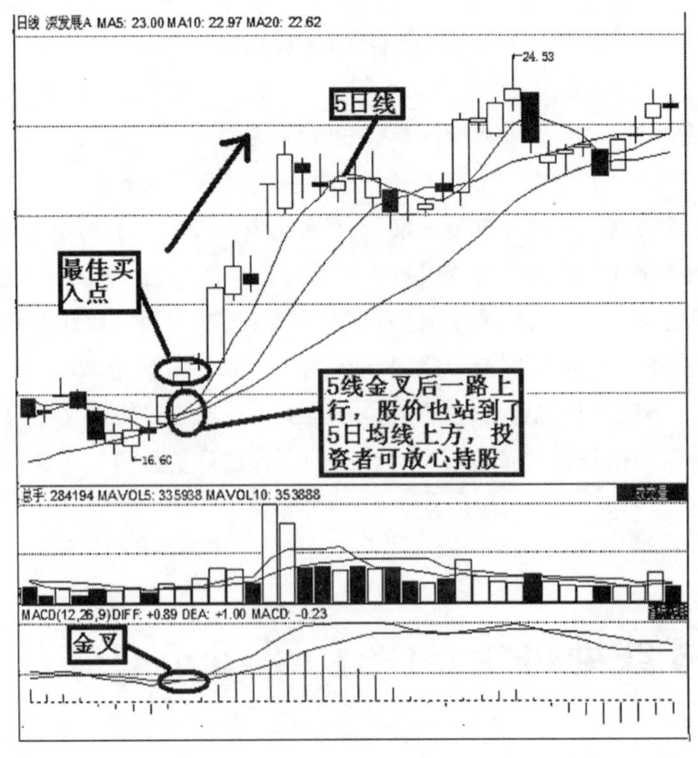

图32-5 深发展5日线买入图解

但是很多时候，只靠5日均线买入股票风险巨大，很多散户都有过倚靠5日线而被套牢的经历。如果投资者在买入股票时能够参照10日线，那么获利的概率可能会更大一些。

在上升趋势中，10日均线虽然是强支撑线，但有的庄家在洗盘时却有意将股价砸破10日均线，将短线客洗出局，然后再很快拉回10日均线上方并继续大幅上涨。为回避风险或保存利润，在股价跌破10日均线时卖出后，如股价在短期内又回升至10日均线上方且10日均线仍继续上行应再次买入，甚至要追涨买入以防踏空，因为庄家洗盘的目的正是为了大幅拉升，涨升仍将继续。

对于散户来说，股价回调往往是买入的时机。但庄家有时出于种种目的，将一些重要的支撑位击穿，人为制造头部的假象，将短线客特别是根据技术操作者洗出局，然后再扎空上涨，以便让更多的投资者追涨抬轿。上升趋势中股价先跌破10日均线很快又重回10日均线之上就是庄家典型的骗线手法之一，而防止骗线的唯一方法就是当股价重回10日均线之上时再次买入。

另外，只要上升行情未结束，股价跌破10日均线的时间往往很短，且成交量明显缩小，一般最多不超过5个交易日，股价就会重回10日均线之上。否则放量跌破10日线且时间太长才回到10日均线之上，则说明上升的力度有限或是只是一种中途调整形态。

上升趋势中股价跌破10均线又很快重回10日均线之上是买入时机，在上升行情的初期和中段较为可靠。如果是在股价大幅上涨已久之后或第三次特别是行情末期出现时，还是要小心为妙，很可能是庄家制造的多头陷阱。当股价跌破10日均线时应坚决止损，特别是入量长阴线跌破10日均线时。

20线上翘，犹如冲锋号

20日均线若平斜向上表明股价稳健上涨，20日均线若呈现立型上翘表示行情有加速上涨趋势。涨幅过快距离顶部也就更快了，应适当逢高获利卖出。

20日均线常被一些老股民戏称为万能均线，在实战中有很强的应用性。它的意义在于周期不是很长也不是很短，所以能够真实反映出股价的最为接近的趋势。它的低位拐弯意味着短期内趋势有好转的迹象，股价如果能够即时站稳于上就说明股价未来看涨，否则只能代表趋势纯技术上的空头趋势。这一均线是经过长时间验证的，其在股价间的变化作用是能在任何时候任何位置给出一个明确的操作买卖信号，这也是“万能”二字的真实含义所在。

在实战操作中，当20日均线在低位走平时投资者就应予以关注。20日均线开始向上拐头、股价站上20日均线之上时买入，回调确认时加仓，均线向上移动一路持有；当20日均线在高位走平时要警惕，一旦收盘时股价跌破20日均线应立即清仓。日后如果20日均线继续上移，股价再次站上20日均线时再买入。如此反复操作，直到股价不再创新高并跌破前低，而且20日均线调头向下时结束该股操作。

例如：

深圳能源(000027)(见图 32-6)在 2009 年 8 月股价出现了大幅下跌。从 8 月末开始股价开始了横盘震荡整理，后市不明朗。值得注意的是，该股 20 日均线由下行转为走平，可加强对该股的关注。10 月 14 日，5 日均线上叉 10 均线形成金叉，同时MACD指标、均量线均出现金叉，投资者可在此轻仓买入。26 日，原本走平的 20 日均线拐头向上，投资者可在此加仓。该股股价随后一路上行。11 月 20 日以 14.57 元见顶，结束了一波涨情。

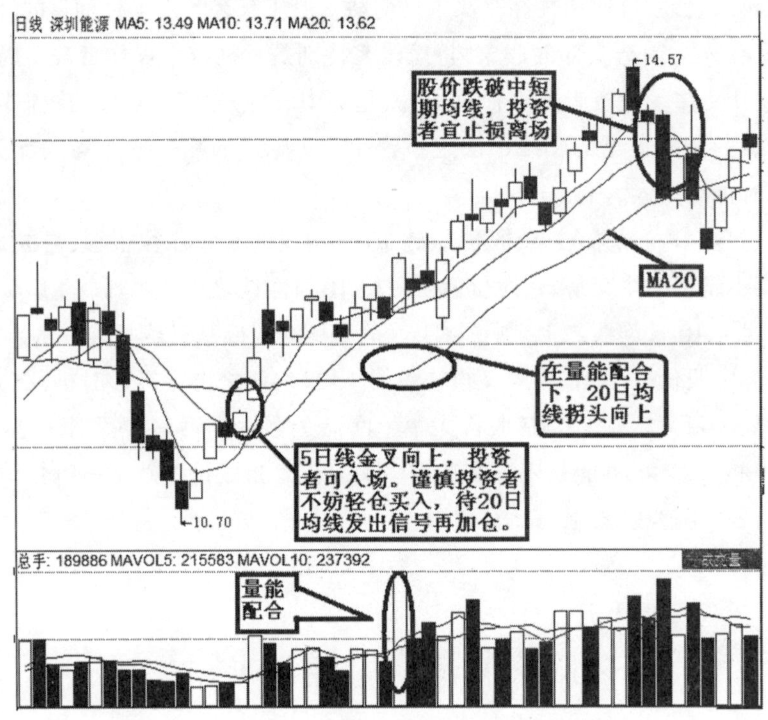

图 32-6 深圳能源 20 日均线买卖图解

关于 20 日均线的实战应用，投资者应牢记以下要点：

①20 日均线向上，K 线在 20 日均线上方运行，无论 K 线多么难看，都是安全的。

②20 日均线向下，K 线在 20 日均线下方运行，无论 K 线多么好看，都是危险的。

多头市场中，K 线就是依附在 20 日均线上向上攀爬。偶尔跳空上冲，终究还要回来。所以 20 日均线附近是很好的加仓点。只有懵懂的新手才会追在远离 20 日均线的高点上。

空头市场中，K 线就是在 20 日均线的压制下向下运行。远离 20 日均线下跌太多时，就会发生反弹，此时，20 日线附近是最好的减仓点。

在 20 日均线向下移动和横盘整理中，保持空仓观望，耐心等待新一轮上升趋势形成后再择机介入。考虑到每天股价在盘中波动，主力运作的意图只有到收盘时才明朗，因此，坚持到每天最后一刻(14 点 45 分以后)买卖。

半年线下穿，千万不要沾

半年均线也就是指 120 日均线。120 日均线是上是下对股市的主导性很大，向上表明股市可长达半年的时间上涨，向下可表示股市要长达半年的时间调整下跌，这时候千万不要轻易涉足。

120 日均线是按照股市 120 个交易日收盘点数相加的总和除以 120 而来。120 日均线一般被认为是“牛”和“熊”的分界线。由于 120 日均线所代表的周期较长，因此更能体现出一只个股的长期趋势。

在熊市中(见图 32-7)，120 日均线会压制市场的走势，维持一个较长时间的下跌行情。因此在大盘表现不佳时，一旦跌破 120 日均线，投资者最好不要轻易介入，离场观望为上。

图 32-7 120 日均线下行图解

但是牛市中 120 日均线的操作方法与熊市就有一些不同。我们知道即使在大牛市中，市场也会出现调整，有时甚至会出现幅度较大的下跌，也就是所谓的在大牛市格局中出现局部熊市。归纳起来，牛市中有三类回调方式：第一种是回调到 60 日线附近受到支撑，这种属于强势调整，往往是快速上涨的时期；第二种是调整到半年线附近，这种是正常的调整,其幅度和空间相对较大;第三种就是跌破半年线逼近年线的大调整,这种情形往往是由于突发性的大利空导致的,如受到世界性股灾的影响等。其中,考验半年线是正常的调整,是大牛市的中期阶段出现的。

在正常情况下,如果支撑大牛市的基本因素没有改变,此时股指的下跌就主要是由于累积涨幅过大导致的技术调整。这主要看两个方面:一是经济快速增长是否促使上市公司业绩保持着较快的成长;二是市场的资金面是否比较充裕。在这种情况下,市场回调的最大空间一般在半年线附近就会得到强劲的技术支撑。虽然在短期可能会出现击破半年线的情况,但都是暂时的,不会有效跌破半年线。衡量的标准就是离半年线的点位不会超过 2%。还要强调的是,在一轮超级大牛市中,第一次下跌到半年线附近往往就是阶段性底部的时候。

例如:

深康佳(000016)(见图 32-8)在 2009 年 9 月到 10 月间进行了一段横盘震荡。10 月末股价跌破半年线,以 4.18 元探底后股价开始回弹。10 月 20 日股价冲破了半年线的封锁。

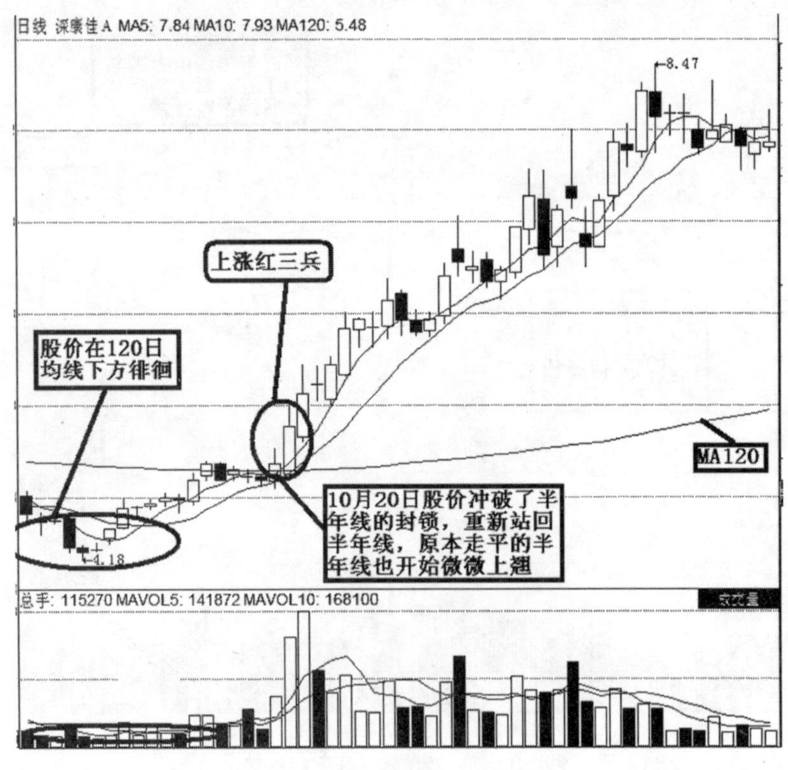

图 32-8 深康佳半年线买入图解

所以,当股指下跌到半年线附近的时候,也是可以逐步建仓的时候了。当然,这个时候由于前期跌幅巨大,一般难以立即大幅上涨,市场往往会呈现出反复震荡的技术走势特征。如果在半年线附近盘整一段时间后再次出现了急跌,则是最后一跌,也是最后参与抄底的良机。这个过程中如果伴随成交量的温和放大,就意味着有机构资金开始逢低买入了,这也是一个重要的参与信号。

120 日线一般是长庄慢牛的券种主力的平均成本区，同时对大多数低位建仓的股票来说,120 日线是它们的成本。当这条均线在股价上方时,走平是最好的情况;如果向下则说明主力至少未曾全身投入甚至根本未进场!

7 与 14 双跨线,周线放量骑黑马

一是均线运行要素。当 7 周均线上穿 14 周均线时,坚决买进;反之,当 7 周均线下穿 14 周均线时,就应毫不留恋地卖出。二是成交量要素。当一周成交量超过前周 4~5 倍时,就可以放心买入。

一般而言,利用周均线与在周 K 线中寻找的黑马一旦上升,多在 5 周的时间里,这指的是每一波上行的时间。这 5 周中,无论周阴线还是周阳线,到达这一时间限度,不论你赢多赢少最好是卖出了结,因为周线黑马往往以升幅大小来衡量。若以上升时间来衡量,如果不掌握这一规律,那么就有可能由盈到亏。必须依照这一时间周期办事,才能获得真实的收益。在均线交叉、成交量放大 4 倍以上和 5 周时间这三大要素中,前两大要素是买入的最佳机遇,是抓住黑马、迅速骑上的条件。而后一个要素是巩固获利成果的重要条件,也就说你骑上黑马,跑了段获利的上升通道之后该让黑马休养生息了。如果超出这一限度,势必会产生人仰马翻的后果。

当周 K 线上出现 7 周与 14 周双双跨越 34 周均线之时,便是黑马标识最为强烈的时候,也是建仓的最佳良机。

第一波的回档已近底部,显示出又一次建仓机遇,而且第二波的上升将远远超过第一波。同时 7 周均线又一次与 14 周均线形成黄金交叉,这一标志是黑马第二次腾飞的重要信号。当然，此时 5 周均量与 10 周均量呈黄金交叉;MACD 快线与慢线呈黄金交叉;DMI 中+DI 上穿-DI 呈黄金叉;KDJ 周线指标呈黄金交叉;RSI7 天与 14 天呈黄金交叉;可见,多项技术指标已万事俱备,张箭待发。

例如:

熊猫烟花(600599)(见图 32-9)2006 年 5 月 8 日到 12 日这一周,7 周、14 周均线上叉 34 周均线,成交量放量,并且 5 周与 10 周均量线也形成了金叉,可视为一个很好的买入时机。该股经过 3 周的上涨后,出现了震荡整理局面。此时股价仍在 34 周均线上方,投资者可以不必恐慌。到了 9 月 18 日到 22 日这一周,7 周、14 周均线再次在 34 周均线上方形成金叉，而均量线与 MACD 指标同时出现金叉，以本周均价 5.90 元买入。第二周股价即跳空高开上涨,该股拉开了一个小行情,到 2007 年 6 月股价已涨至 13.18 元。

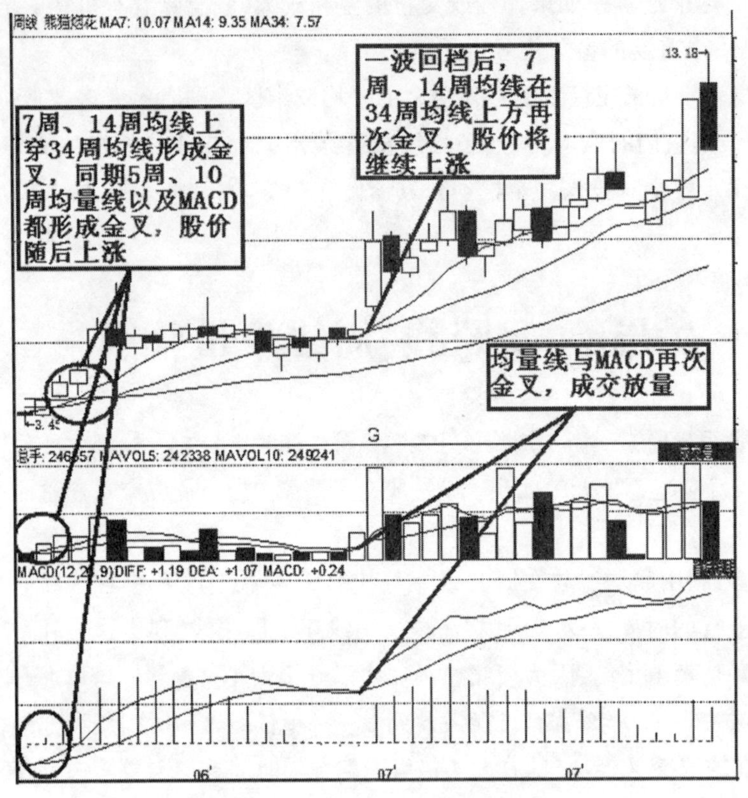

图 32-9 熊猫烟花周线金叉买入图解

月线金叉异曲同工。月均线分别为 3、8、17。在 3 月均线与 8 月均线形成黄金交叉时，月 KDJ 指标也形成黄金交叉，10RSI 与 12RSI 形成黄金叉，5 月均量与 10 月均量形成黄金叉，DMI 指标显示+DI 向上表明有买盘主动进入。技术指标显示，黑马踪迹已初露端倪，此时建仓，正是抓住黑马跃上马背的最佳时机。月 K 线的均线形成黄金交叉时，便是中长线黑马初步产生的最佳时机，此时果断买入。

第 33 章

黑马选股口诀

红旗招展波澜起，冲锋号响涨情急

口诀中“红旗招展”其实指的是旗形整理形态。旗形整理形态就如一面小旗，规限于两条平行的直线，股价进入调整，一波比一波低，似是即将反转下跌，但随着成交量放大却突然止跌企稳，放量突破上轨。

对于投资者来说，作好基本面分析，选中某只个股，但由于对大盘的担忧或希望在更低的价位买入，不料该股却突然启动，措手不及未能及时买入。如果认为其中长线仍有一定上升空间，可寻机在该股整理时介入。

旗形形态

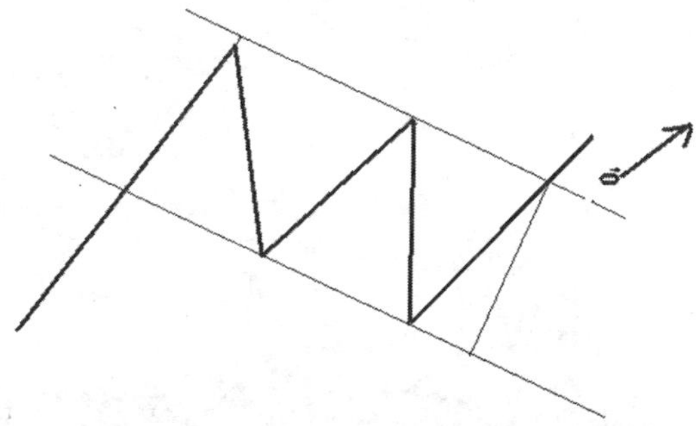

图 33-1 上升突破型旗形整理形态示意图

在极端多头市场中，股价大幅攀升至一处压力位，这一段涨幅被称为“旗竿”。然后开始进行旗形整理，其图形会形成由左向右下方倾斜的平行四边形，从某种角度又可以认为是一个短期内的下降通道。在形态内的成交量呈递减，由于旗形(见图 33-1)属强势整理，所以成交量不能过度萎缩，而要维持在一定的水平。但股价一旦完成旗形整理，向上突破的那一刻，必然会伴随大的成交量，而后股价大幅涨升，其上涨幅度将达到旗竿的价差，且涨升速度快，上涨角度接近垂直。一段强势行情，其整理时间必定不会太长，一般在5至10天左右。如果整理时间太长，容易涣散人气，其形态的力道也会逐渐消失，而不能再将它当旗形看待。

那么，旗形突破形态是怎样形成的呢？股价经过一段陡峭的上升行情后，做空力量开始加强，单边上扬的走势得到遏制，价格出现剧烈的波动，形成了一个成交密集、向下倾斜的股价波动区域，把这一区域中的高点与低点分别连接在一起，就可以看出一个下倾的平行四边行即上升旗形。在旗形的形成过程中，成交量逐渐递减，普遍存在惜售心理，市场抛压减轻，新的买盘不断介入，直到形成新的向上突破，完成上升旗形。伴随着旗形向上突破成交量逐渐放大，开始了新的多头行情，形成了“上升-整理-再上升”的规律。因此，上升旗形是强势的特征，投资者在调整的末期可以大胆地介入，享受新的飙升行情。

投资者应注意，应用旗形形态捕捉黑马有几个必要条件：

①成交量必须从左至右逐步递减。

②股价一定要高于前一波做整理。

③同时 MACD 必须金叉。

④股价突破时必须放量，突破颈线时立即买进。

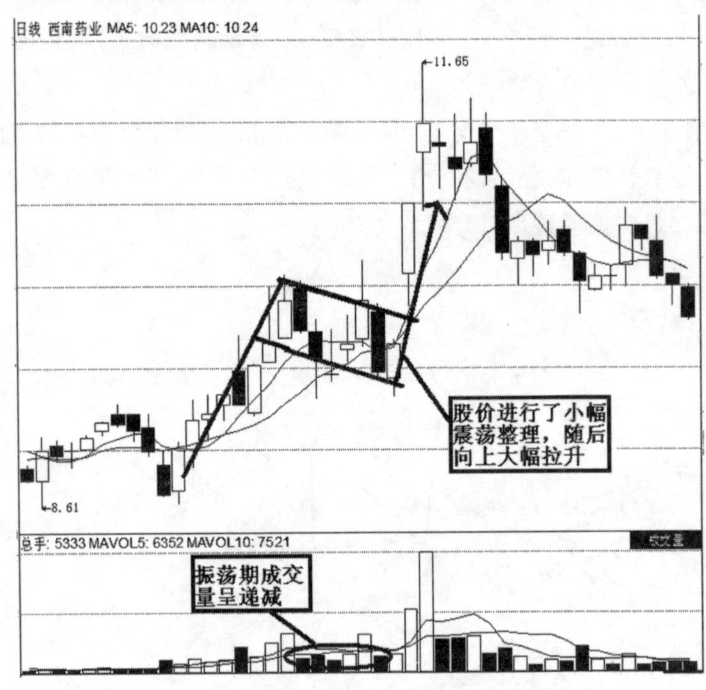

图 33-2 西南药业旗形形态暴涨图解

例如：

西南药业(600666)(见图 33-2)在 2003 年 4 月 21 日，突破前期头部后做旗形整理，量能逐步萎缩。4 月 30 日在 10 日均线上止跌企稳，原先头部的阻力变成支撑，旗面形成。此时便可跟进。次日，果然该股调整结束，高开放量上攻，5日均量交叉10日均量，MACD重新向上发散，股价开始飙升。

从上图中我们可以发现，旗形突破形态有以下特点：

旗形必须在急升或急跌之后出现，并且成交量在形态构成期间不断地显著减少。但由于旗形是一种强势整理，成交量仍能维持在一定的水平，不至于过于萎缩。西南药业拉出旗杆后股价回调，在画出上升旗面时，成交量即开始萎缩，但是萎缩并不等于地量，从图上可看出旗形构成期间成交量虽显著减少，但仍维持相当活跃的水平。

旗形形态完成后成交量剧增，这一点在下降旗形形态中同样适用。向上突破时放量容易理解，向下破位时放量其原因在于，由于旗形整理的周期相当短，卖压来不及消化，因此股价再度向下破位时将招致恐慌性抛盘的涌出。

一般来说，旗形在上升趋势中出现，会引发下一波的大涨。在下跌趋势中出现旗，会引发下一波的大跌。旗形在这里起到了加速度的作用。投资者在上升趋势中遇到旗形则应加码买进。在下跌趋势中则应及时出局，以免套牢。

选股建仓看形态，头肩底右肩是要害

头肩底形态向投资者发出的是见底信号。头肩底如果成立的话，代表最恶劣的时刻已经过去，最低的价位已经出现，即使再跌也有一条底线。市场正凝聚一种支持力和买意，只要一旦价位穿破颈线，构筑出右肩时，就是一个极佳的入货讯号。

头肩底形态在形成的过程中可能会有很多潜在的演变方式。演变方式的不同所带来的运行结果往往不一致。只有了解了潜在的变化，才能在遇到意外变化时及时地跟上市场的节奏。

那么，当投资者用头肩底形态捕捉黑马时应当怎样操作呢？

首先，把握建仓点。在头肩底走势中，最有依据的买入机会在向上有效突破颈线之后，以及突破颈线后的回抽确认时。但是在实战中，是否能够建仓或者说是否能按照头肩底形态预测方式来操作，需要更多局部走势与指标的配合来进一步确认。

其次，设立止损位。一般来说，止损价位应该是头肩底形态的头部，即该形态的最低点下方，只有最低点被向下穿越才能认为头肩底形态的失败。

再次，计算目标价格。理论最小目标计算类同于双底形态，以头肩底形态的头部最低点向颈线的垂直距离向上番一倍，则是理论最小目标。但这只是最小距离，实际走势中的幅度计算还应该参考大形态上的走势。

最后，渐进仓位操作。对于右肩区域较明朗的个股，近1周内若探明了低点，且日K线图中成交量有所放大，可在股价靠近此低点时买进，此次仓位首先控制在3成。当股价逐步摆脱右肩的短期压力线后，趁股价回抽时，可视作一个买点，此次仓位可加到5成。股价上破形态颈线后，期间的回抽又是一次较佳买点，此时，仓位可加到8成。

例如：

鼎盛天工（600335)(见图33-3),2008年8月到2009年2月在低位构筑了一个巨大的头肩底形态,探底价位为3.65元,右肩最低点为4.60元。我们可将探底价位设为止损位,右肩低点设为参考止损位。股价拉升后,虽有震荡但始终未触及止损位,可以继续持有。到当年12月份该股股价为8.33元。

图33-3 鼎盛天工头肩底买入图解

使用头肩底捕捉黑马个股时应注意,最好是在突破颈线后再行介入。而头肩底的上涨突破颈线,若没有较大的成交量,它的可信度不高,或许还会跌回底部多停留一段时间整理,以图蓄势再来。若收盘价突破颈线幅度超过该股市价3%以上,是有效突破,可大胆跟进。突破头肩底颈线后,股价上升的最小幅度至少为底至颈线的股价垂直距离,有时甚至达到1.618倍或2倍。

黑马启动有前兆,手握资金等信号

把握黑马股,最好是在黑马还在起跑阶段就及时上马,这时选黑马的技巧就很重要。即使主力手法再隐蔽,黑马启动前一定还会有些前兆,投资者只要及时领会这些信号,就可以早早介入待涨。

从K线图看，当股价在低位进行震荡时，经常出现一些特殊图形，出现的频率超出随机概率。典型的包括：带长上、下影线的小阳小阴线，并且当日成交量主要集中在上影线区域，而下影线中存在着较大的无量空体，许多上影线来自临收盘时的大幅无量打压；跳空高开后顺势杀下，收出一根实体较大的阴线，同时成交量明显放大，但随后并未出现继续放量，反而迅速萎缩，股价重新陷入表面上无序的运动状态；小幅跳空低开后借势上推，尾盘以光头阳线报收，甚至出现较大涨幅，成交量明显放大，但第二天又被很小的成交量打下来。这些形态如果频繁出现，很可能是主力压低吸筹所留下的痕迹。

从K线组合看，经常出现上涨时成交量显著放大、但涨幅不高的“滞涨”现象，但随后的下跌过程中成交量却以极快的速度萎缩。有时股价上涨一小段后便不涨不跌，成交量虽然不如拉升时大，但始终维持在较活跃的水平，保持一到两个月后开始萎缩。由于主力进的比出的多，日积月累，手中筹码就会不断增加。尽管目前的主力已无法操纵大盘，但调控个股走势还是绰绰有余的，往往会在收盘时通过各种手段改变股价走向，从而使一些技术指标逆转，以迷惑一般投资者。从这个意义上说，在研判个股走势时，收盘价虽然是重要的，但盘中总体走势也不可忽视，在建仓阶段和拉升末期尤其如此。

第一，股价长期下跌末期，股价止跌回升，上升时成交量放大，回档时成交量萎缩，日K线图上呈现阳线多于阴线。阳线对应的成交量呈明显放大特征，用一条斜线把成交量峰值相连，明显呈上升状。表明主力庄家处于收集阶段，每日成交明细表中可见抛单数额少，买单大手笔数额多。这表明散户在抛售，而有只“无形的手”在入市吸纳，收集筹码。

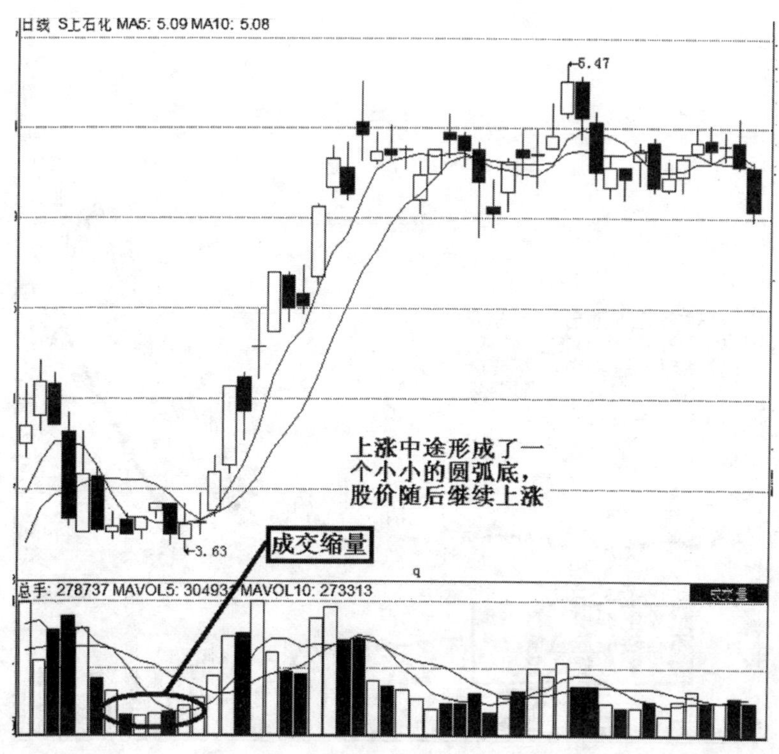

图 33-4 圆弧底判断黑马股图解

第二，股价形成圆弧度（见图 33-4），成交量越来越小。这时眼见下跌缺乏动力，主力悄悄入市收集，成交量开始逐步放大，股价因主力介入而底部抬高。成交量仍呈斜线放大特征。每日成交明细表留下主力踪迹。

第三，能成为黑马的个股在启动前总是会遇到各种各样的利空。利空主要表现在：上市公司的经营业绩恶化，有重大诉讼事项，被监管部门谴责和调查，以及在弱市中大比例扩容等很多方面。虽然利空的形式多种多样，但是，有一点是共同的：就是利空容易导致投资者对该公司的前景产生悲观情绪，有的甚至引发投资者的绝望心理而不计成本地抛售股票。

第四，股价呈长方形上下震荡。上扬时成交量放大，下跌时成交量萎缩，经过数日洗筹后，主力庄家耐心洗筹吓退跟风者后再进一步放量上攻。

第五，能成为黑马的个股在筑底阶段会有不自然的放量现象，量能的有效放大显示出有增量资金在积极介入。因为，散户资金是不会在基本面利空和技术面走坏的双重打击下蜂拥建仓的，所以，这时的放量说明了有部分恐慌盘正在不计成本地出逃。而放量时股价保持不跌恰恰证明了有主流资金正在乘机建仓。因此，就可以推断出该股未来极有可能成为黑马。

前涨停带动后涨停爆出大黑马。

例如：

宝钢股份（600019）（见图 33-5）从 2006 年 5 月到 2006 年 7 月股价大幅下跌。进入 7 月后股价开始了长时间的震荡盘整。到了 10 月 27 日，股价突然由 4.37 元启动开始了一波涨情，到了 2007 年 1 月份该股已涨至 10.80 元。

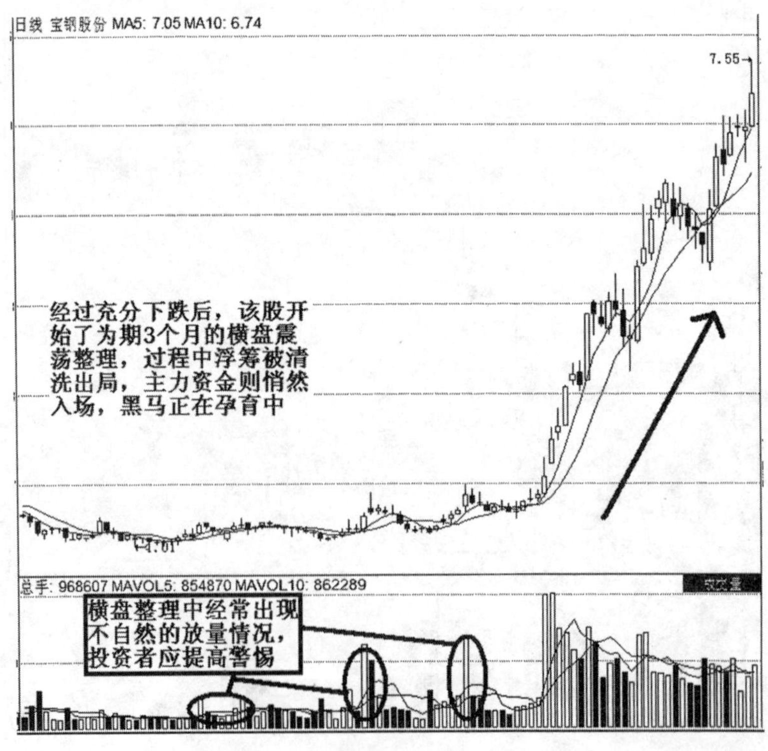

图 33-5　宝钢股份黑马买入图解

在黑马股的孕育阶段,震荡盘整往往会多次出现,但随着主力持筹的不断增加,振幅往往会逐步收窄,其间如遇大盘急挫,更是考验黑马成色的大好时机。这种情况下,那些振幅很小的个股,主力控盘能力更强,日后突破上攻将只是个时间问题。

支撑越近越踏实,阻力越远越好涨

当股票市场中卖方力量超出买方力量,价格向上势头受阻而掉头向下,形成一个波峰时,这一位置称为阻力位;当买方力量大于卖方力量,价格受到支持向上反弹,形成一个波谷时,这一位置称为支撑位。在上升市中,之前的最高价往往会成为阻力位。在下跌市中,之前的最低价往往会成为支撑位。股价离支撑位越近越可靠,离阻力位越远上升空间越大,这也是识别黑马股的好方法。

对支撑位与阻力位投资者大都有一些了解,这里需要强调的是支撑位和阻力位并不是一定的。一旦价格向下跌破支撑位无法重返支撑区,支撑位就变成了阻力位,进入另一个走势。相反,如果价格向上突破阻力位,并能守稳该水平以上价位而向上爬升,阻力位就变成了支撑位,从而进入新的行情走势。

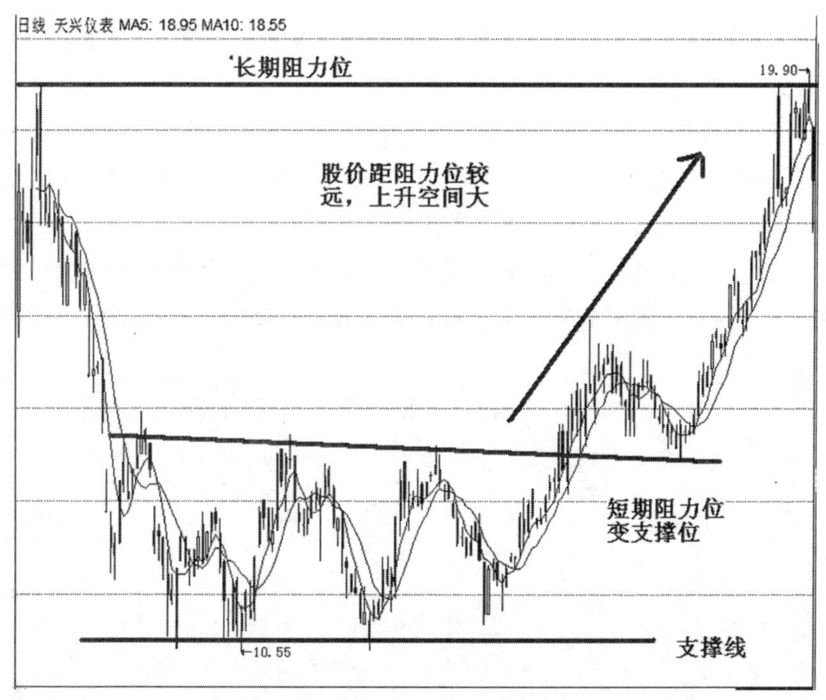

图 33-6 支撑线与阻力线图解

支撑位和阻力位(见图 33-6)的操作方法说白了也就两点:投资者在主要的和次要的支撑区寻找一个点位买入,或者在接近支撑位的一个点位买入;投资者在主要的和次要的阻力区寻找一个点位卖出，或者在接近阻力位的一个点位卖出。

在实战中，利用支撑位与阻力位把握上升空间、寻找黑马股的方法还是比较可靠的，但投资者必须做到准确把握阻力位与支撑位。这里简单介绍几种方法：

①市场中的顶部或底部往往构成阻力位或支撑位。

②技术图形中未补的缺口也形成有效的支撑位或阻力位。

③均线也有助于投资者判断支撑位和阻力位。10、30、60日均线也常常构成一定的支撑和阻力。

④利用心理价位来确定支撑位和阻力位。比如，对上证指数来说，3000点、4000点和5000点等一些整数关口，都会对投资者形成心理上的阻力位或支撑位。大盘在整数关口，一般也会震荡整理较长时间。

⑤根据缺口判断。一些跳空缺口，也会形成阻力位或支撑位。K线图中未补的缺口也会形成有效的支撑或阻力。

⑥价格回撤。即同当前走势相反的价格波动。比如大盘从4000点上涨到6000点，然后回撤至5000点，此后继续上攻，5000点便是行情的“回撤”，也说明5000点支撑强劲。

⑦前期密集成交区。如果市场密集成交区在当前价位之上，那么该区域就会在股价上涨时形成阻力，这就是所谓的“套牢盘”。反之，如果市场当前的价位在历史成交密集区之上，那么该密集区就会在股价(或指数)下跌时形成支撑。

⑧上升通道的顶端和底端及中心线、上升三角形的顶边、头肩顶的颈线等。

多数情况下，阻力位与支撑位是一个区间，而不是绝对的一个点。判断这个阻力(支撑)区间是否有效被突破(支撑)就看那个极限点。一般来说，只要价格未能有效突破阻力位或支撑位，那么触及的次数越多，这些阻力位或支撑位也就越有效、越重要。当然，这个区间不能太大。一般来说，只要价格未能有效突破阻力位或支撑位，那么触及的次数越多，这些阻力位或支撑位也就越有效、越重要。如果重大的阻力位被有效突破，那么该阻力位则反过来变成未来重要的支撑位；反之，如果重要的支撑位被有效击穿，则该价位反而变成今后股价上涨的阻力位。

对某只个股而言，如果股价轻松越过前期密集成交区，则往往是庄家控盘程度较高的标志。同时由于股价在突破阻力位后，上方已无套牢盘，上升空间被打开，这种股票就是短线介入的极好品种。

第 34 章

短线心法口诀

两阳夹一阴，看涨可放心

两阳夹一阴又被称为多方炮，即一根小阴线夹在两根阳线中间，是一种典型的上攻形态。如出现于平台整理形态之后，可信度极高，及时跟进应有较为可观的收益。特殊的三阳夹二阴称叠叠多方炮。

两阳夹一阴指某只个股在第一天收出了一根实体中阳线。次日，该股的价格并未出现持续性的上升，而是收了一根实体基本等同于第一天阳线的阴线。但第三天又未承接第二天的跌势，反而再次涨了起来，还是收出中阳线，实体也基本等同于前两日 K 线的实体部分。这便是个股即将起飞的征兆。对投资者来说也是非常难得的短线买入点位。这种形态一般出现在股价即将上破箱顶阶段，或者出现在上攻过程中的中途换档阶段，有时会出现在股价脱离底部的启动阶段。

从形态构造过程来说，两阳夹一阴属于庄家的震仓行为，由于其点位是处于箱顶、上升中途或底部，所以容易令散户的筹码脱手，从而使庄家可以顺理成章地完成拉升过程中的洗盘。股价从低位上涨到一定高度后，短线累积了相当数量的获利筹码。当主力庄家感到向上拉抬时阻力加重，就顺势令股价进入调整。于是日 K 线呈现阴阳交错，而股价徘徊不前，甚至略有下挫，即进入所谓“洗盘”阶段。当成交量在调整过程中逐步萎缩至短期地量时，也就意味着信心不坚定的短线客已基本出局，“洗盘”结束。此后某一日股价放量收阳，收市价站到了多条中短期均线之上，显示经过一段休整期，多方欲卷土重来，发动新一轮攻势。然而，次日股价不升反跌，令部分技术派人士信心动摇而不敢追进，岂知此举正是盘中主力刻意而为。第三日股价再收阳线，将前一日失地全部收回，进攻号角吹响。投资者见此信号如能及时跟进，可搭一段顺风车。

这里需要特别强调的是，两阳夹一阴要求以短线进出为好，并不适合中长线投资者的参与，只有那种处于底部的才适合中长线投资者逢低买入。从投资者心理角度讲，两阴夹一阳第一天容易使人获利了结，第二天由于出现阴包阳现象，更会诱使人抛出手中筹码，而第三天又容易令已抛出筹码者十分懊悔，不愿买回。这些现象均有利于庄家的洗盘。一旦两阳夹一阴这种K线组合形态明显构成，不管是空仓者还是刚被震出仓者，均可立即半仓介入，另外半仓可待该股的价格创出新高后再次介入。

在研判及操作两阳夹一阴形态时，投资者必须注意以下要点：

①多方炮须出现在一轮明显的下跌行情之后，股价有一个低位止跌横盘的过程。

②两支阳线中间夹一支阴线，后一支阳线实体越大越好。如中间一支星线，特别是红星，后面涨势能量更强。

③骑墙过线看多头。第二根阳线要站在均线之上，均线要呈多头向上之势。

④后量超前真信号。还必须看量能的态势，基本要求是超过前面的成交量，应在3倍以上、或是近期最大的当日成交量。

⑤第一天放量阳线须是突破中期均线（如30日线）或创近期新高；

⑥第二天出现跳空高开的阴线，成交量必须萎缩，而股价不可再回均线之下；

⑦第三天阳线的收盘价应高于第一天的收盘价，且须比第一天放量，但不可是巨量；

⑧第四天必须稍放量（匀量或温量）阳线；对于空方炮一定要做空，也就是说只要见"两阴夹一阳"则坚决杀跌！

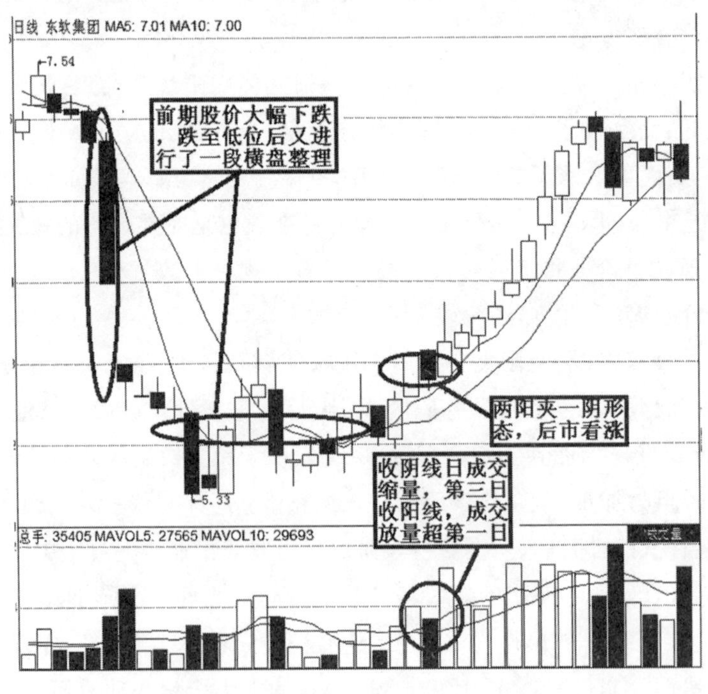

图34-1 东软集团两阳夹一阴买入图解

例如：

东软集团（600718）（见图34-1）在2005年6月末股价跳水大幅下跌，7月8日以

5.33 元探底后开始了一段横盘整理。21 日股价小幅上涨，然此时行情未明，不宜贸然介入。从 7 月 27 日到 29 日 K 线图上形成了“两阳夹一阴”形态，这是见底回升的重要信号，此时投资者可以重仓介入。该股后市果然一路上扬，涨势喜人！

当多方炮形态出现后，股价未必一定上涨。如果接下来股价出现跳空上行或继续放量上攻的情形，表明多方炮的技术意义有效；否则多方炮将变成哑炮，形成多头陷阱，股价将回落到原来的整理区间继续盘整，甚至出现向下破位的情形。因此，为了提高准确性，介入这类个股的另一个前提是均线系统必须正好形成多头排列；另外，MACD 指标、DMA 指标、TRIX 指标和 EXPMA 指标等同时金叉也十分重要。

空方炮，跌信号，此时不跑就被套

两阴夹一阳的 K 线组合又称“空方炮”，即一个阳线夹在两根阴线中间，这常是一个下跌途中的形态。表示股价下跌，中间遇到小阳线的抵抗，但还是挡不住卖方的力量，股价将继续走下跌行情。与两阳夹一阴多方炮相反，两阴夹一阳则是卖出信号。它反应市场空方占优，多方且战且退，情况不容乐观，短线投资者此时必须离场，止盈或止损。

两阴夹一阳多出现在市场的顶部，是长期上涨之后股价开始在高位出现滞涨迹象，因人气转弱，稍涨即有抛盘涌出，上档压力较重，此时应怀疑随时可能会向下破位。当出现第一根放量阴线向下突破后，第二天往往反弹乏力走出冲高回落的阳线，但成交量已明显不足，第三天空头继续派发筹码，股价继续下跌，有时甚至收出光头光脚的阴线，这种组合称为“空方炮之两阴夹一阳”。如果两条阴线的成交量大于阳线的成交量，则有效性极高，投资者应坚决卖出。如果中间的反弹由一日延伸为两日，这种组合也称为“空方炮之阴后两阳阴”。

两阴夹一阳形态的研判要点：

①两条阴线实体较长，通常都大于阳线实体长度。

②两条阴线伴随的成交量明显大于阳线时的成交量。

③股价已攀升到一定高位。

在两阴夹一阳、阴后两阳阴形成后的一两个交易日内，股价加速下跌甚至开始以缺口形式向下跳空下行，预示着股价将加速下跌。实战中空方炮往往在行情的末期出现，空方炮则股价看跌。但有时也在下跌两三天后或一周内出现，这是空头为了更好地继续向下攻击而进行的中途换档盘整。因此，空方炮之两阴夹一阳、阴后两阳阴的出现往往是较好的短线卖出时机。

两阴夹一阳的形态构造过程为：股价在高位滞涨时，某一天下跌收出一根阴线，第二天出现了一根缩量的反弹小阳，第三天再度下跌又拉出阴线，完全吞食第二根阳线并且到达第一根阴线低点甚至超出。两阴夹一阳的空方炮形成后股价往往会出现加速暴挫，因此破位之际是较好的止盈与止损点。

阴后两阳阴的形态构造过程为：股价在高位滞涨并且高点也逐渐下移，某一天下跌收出一根阴线，第二天为一根缩量反弹小阳，第三天继续出现缩量反弹小阳，但收盘价未突破第一根阴线的高点，显示出只为弱势的修复，第四天再度下跌拉出阴线，完全吞食前二根阳线并且达到第一根阴线低点甚至超出。即阴线之后出现两根阳线，随后再拉出大阴线。阴后两阳阴空方炮形成后股价往往会加速暴挫，甚至一江春水向东流。漫长的跌势才刚刚开始，因此破位之际为较好的止盈与止损点。

那么，在实盘操作中，投资者应怎样运用空方炮来做买卖呢？

①空方炮如在行情末期开炮，则股价的向下抛压将十分重，如是在持续下跌或跌幅较大的时候出现，开炮后的推动力则不足；

②空方炮的第二根阴线往往是在向下突破重大技术支撑位时才开炮发射的，如重要均线支撑位、前期平台成交密集区等，因此击破重大技术支撑位时的空方炮更具威力，也更具实战的止损与止盈功能；

③空方炮的逃命点是在第二根阴线正好吞食之前阳线实体之际，当然如果错过了这一逃命机会，空方炮开炮之后仍继续。

例如：

湘电股份(600416)(见图 34-2)在 2002 年 7 月到 8 月间经过了一波上涨，9 月初股价在高位横盘整理，但已经出现了颓势。9 月 24 日，股价跌穿了 5 日均线及 10 日均线，失去了短期均线的支撑，股价下跌不远，投资者应迅速止损出局。如果觉得信号还不够强烈，那么，9 月 27 日、10 月 8 日和 10 月 9 日三天形成的两阴夹一阳形态，无疑向投资者发出了最后的警示。10 月 11 日一根巨量长阴线将该股拉入下跌行情中。

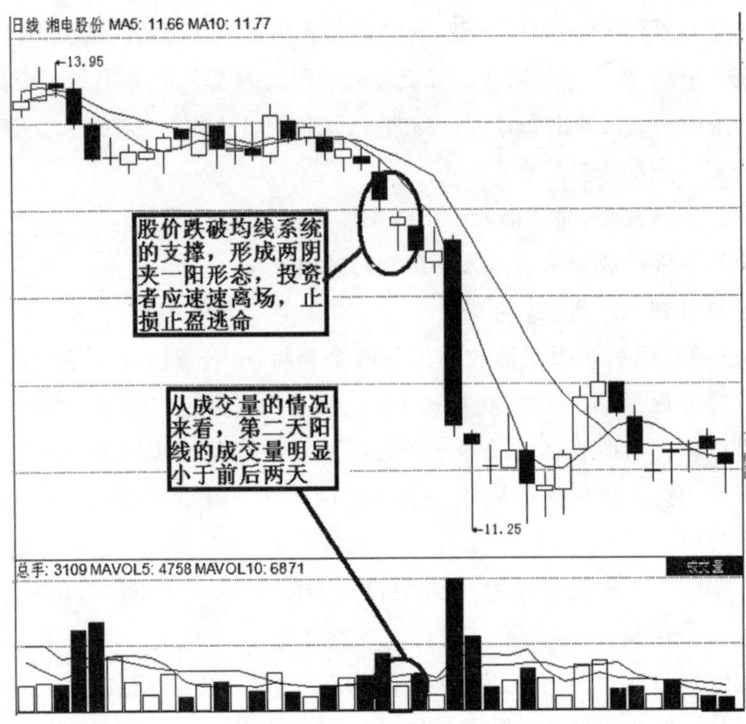

图 34-2 湘电股份空方炮形态图解

股价在高位区域出现两阴夹一阳 K 线组合形态时，应立即卖出手中持股，以回避头部风险。两阴夹一阳 K 线组合形态中的阳线也可以是“十”字小阳线。有时出现两根大阴线夹数根小阳线，且第二根阴线把前几根小阳线全收复的 K 线组合形态时，同样具有看空意义，应卖出手中股票。

脱线切记不跟盘，八爪线时不介入

当股价出现连续三天脱线的情况时，很可能会进行震荡整理，此时短线投资宜离场；短期均线出现八爪线形态时，投资者宜持币观望，不要轻易介入。

脱线(见图 34-3)就是指股价(K 线)在攻击过程中由于加速的缘故，脱离了最近的均线(比如 5 日均线)，而如果这种脱线现象出现连续超过三天，就会造成筹码的转换现象。可能会出现一个高点(顶)，或低点(低)。就像股谚说的那样“三天脱线，筹码变换”，意思就是经过连续三天以上的脱线攻击后，短线该股筹码均会出现筹码转换(转移)的现象。当然，有时也是主力利用连续强攻，吸引跟风盘来达到出筹码；或者在下跌段中连续加速下跌达到低位捡拾恐慌割肉筹码的常用技术动作，总之，此时跟盘风险很大。

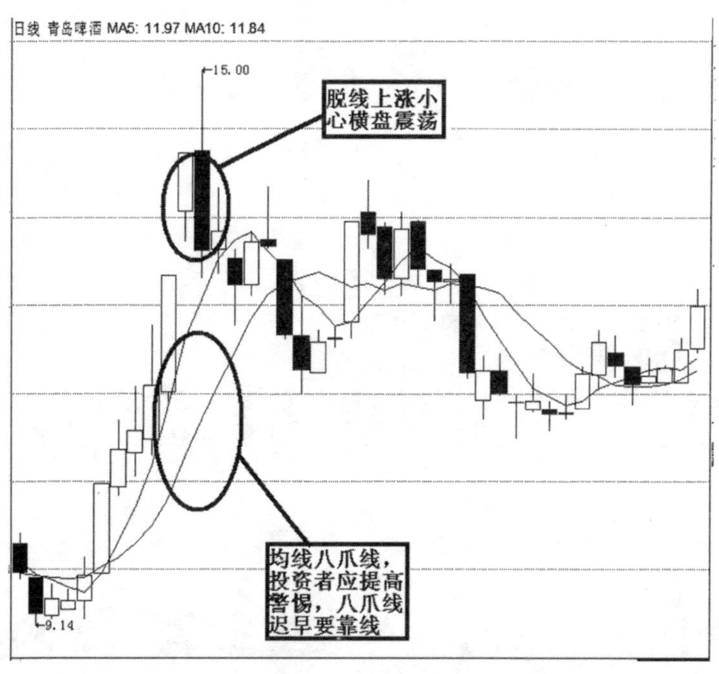

图 34-3　脱线与八爪线图解

通常情况下，在连续脱线三天(或以上)后，股价短线都会出现横向、回打、震、洗等震荡整理的情况。即使还有攻击，股价也要先稳住震荡整理，等待下面均线跟上来股价“靠线”后，才会再展开攻击。

而八爪线则是指5日、10日两线由于股价的拉升而出现了八字形的分离（5日远离10日）造成的。实盘操作中一般都会用5日线和10日线作为短线跟盘时分析跟追股价走势，但常常在股价走势挺好的时候跟入，却随即被拖入了回调整理(回调之后也许还会上升)，这其实就是我们没有仔细注意到短期均线已经出现八爪线的形态。而此时介入是选择的时机不对。所以，跟盘介入时要细心观察一下有没有八爪线形态的发生，警惕短线被套参与调整。

八爪线也是一种均线之间“乖离率”加大而造成的结果。因此，在出现八爪线之后，股价就必然在短线出现一个回落动作来“消化”此种“乖离率”现象。所以，股价就会出现向均线靠拢而产生“靠线”动作。

当这种“乖离率”缩小修复后，股价好可以继续原有的攻击。

但实战中，在一些顶部、高点、底部、低点等扭转点处，也经常会出现八爪线现象。

在实战中，要牢记八爪线的均线形态。当某股加速上攻出现八爪线时，不可追高，否则，容易出现刚买进就被套。因为出现八爪线后，股价肯定会慢慢靠线。而当某股短线下打过急，也出现八爪线现象时，短线就不易再杀跌了，可以在后面的股价回升起来“靠线”时，逢高择机出局。

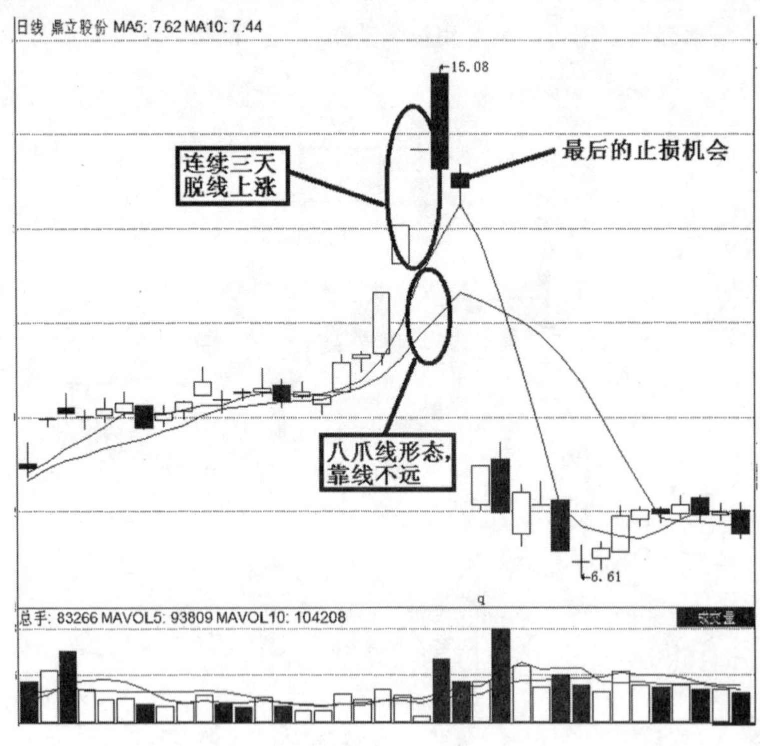

图34-4　鼎立股份短线操作图解

例如：

鼎立股份(600614)(见图34-4)在2009年3月2日开始一波股价拉升，股价依托短期均线上行。从4月10日开始，涨幅突然加大，15日、16日、17日三天股价脱线

上涨，同时均线出现了八爪线形态。两种形态相互验证，股价回落已然不远。此时投资者应及早出局，以防被套。3月18日，股价高开大阴线，以15.08元见顶。第二日该股跳空低开，这是投资者最后的止损机会，对其抱有幻想者只会被套牢。果然，4月21日股价跳水低开，股价由前一日的13.07元跌至8.46元。

判断“脱线”的距离大小，应该以K线当天最高价为基准，结合收盘价格计算与最近短期均线之间的价差率。如果价差率太大，则上涨趋势时不宜追高，下跌趋势时则可以考虑抓取短线股价反抽、反弹靠线时的利润。

黄昏十字星，不走被套蒙

黄昏十字星表现为在上升过程中出现中或巨阳，第二日又跳空向上但收出阳或阴十字，第三日出现暴挫。黄昏十字星为重要的见顶信号，如果第三日出现向下跳空或阴包阳，转势效果更佳。因此，投资者如果在追涨一段时间后碰到黄昏十字星就要赶快离场，以防被套。

实盘操作中，如果十字星的上影线较长，并且有较大成交量，通常都是见顶信号；如果黄昏十字星出现在突破前期高点附近，则几乎肯定是反转信号；前期的涨幅越大，黄昏十字星的见顶信号越强。

在这里要特别强调一下，确认黄昏十字星见顶信号必须注意以下几个问题：

①行情必须经过一轮大涨。

②上市一年内的次新股，自股票上市以来算起，其涨幅达到或者超过上市首日开盘价的50%以上的。

③上市一年至两年的股票，近期(1个月左右)涨幅达到50%以上。

④上市两年后的股票，自股票上市后，其累计涨幅超过100%以上，但是近期股票涨幅达到50%以上的。

⑤上市三年后的股票，自股票上市以后，其累计涨幅超过150%以上，但是近期股票加速涨幅达到50%以上的。

例如：

熊猫烟花(600599)(见图34-5)于2007年6月13日、14日和15日3天在高位形成黄昏十字星，随后股价大幅下挫。

该股黄昏十字星3天的成交量分别是362万股、317万股和297万股，3天的总成交量达到976万股，3天的换手率高达20.3%。这是庄家派货的多头陷阱，在这里接货的投资者均掉进了庄家的多头陷阱。

如果市场上出现了一根向上跳空的十字星线(就是说，该十字星线的下影线与前一根蜡烛线的上影线没有任何重叠之处)，它的后面再跟着一条向下跳空的黑色蜡烛线，并且在这根黑色蜡烛线的上影线与十字星线的下影线之间也形成了价格跳空，这根十字星线就构成了一个主要顶部反转信号。而这种形态就被称为弃婴顶部形态。

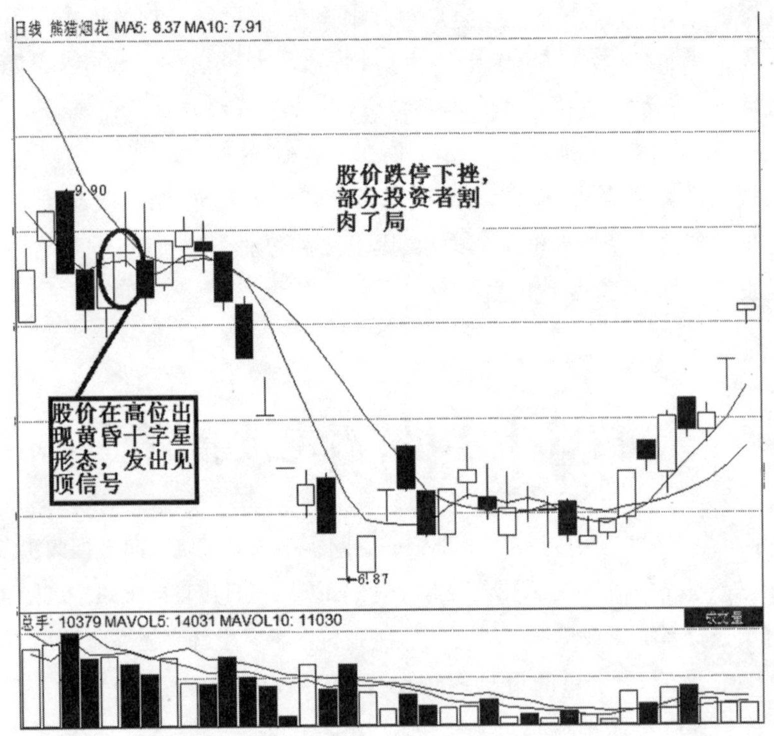

图 34-5 熊猫烟花黄昏十字星图解

骤跌并排红，此股继续熊

股价经过一段时间的下跌后，某日突然跳空低开高走，尾盘报收阳线，且收盘价与前一根 K 线的收盘价形成缺口(影线部分的渗入可以忽略)，次日股价在阳线的开盘价附近低开，但收盘却在阳线的收盘价一带，这样便在下降途中出现了一组开盘价和收盘价接近，实体长度相当的并列阳线，这就是下跌持续形并列阳线。出现这种形态后，股价将会继续下跌。

股价经过了一段时间回调后突然跳空低开，可见卖盘依然很多，有加速下跌迹象。但出乎意料的是低开后反而向上反弹，说明下面有大资金拉抬。即便如此，收盘时仍未把跳空缺口填补。次日股价再次跳空低开，同样有大量卖单涌出，但盘中主力再次把股价拉升至前一日收盘价附近。这一系列动作只有控盘能力较强的主力才能做到。股价明明还跌，庄家何以一意孤行呢？这是欲擒故纵，目的是托价出货。一旦散户认为已止跌并跟进，主力手中的筹码便纷纷抛售了。因此下跌途中出现的并列阳线依然看跌(见图 34-6)。

第二根阳线形成当日，收盘前 5 分钟若能看出是下跌持续形并列阳线，可卖出；次日股价若恢复下跌走势，应尽早清仓。

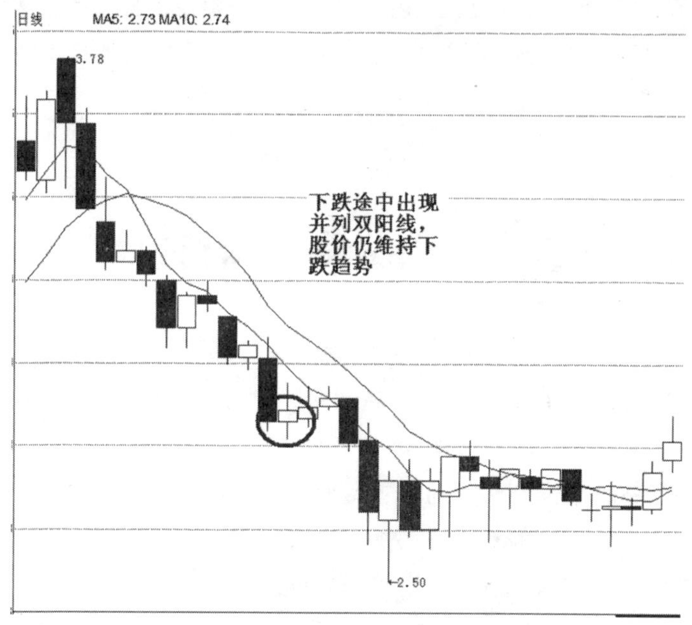

图 34-6 下跌途中并列阳线图解

例如：

领先科技(000669)(见图 34-7),1997 年 6 月股价在相对高位呈横盘震荡整理。6 月 6 日和 6 月 9 日,股价在下跌途中向下跳空出现标准的并列阳线,向投资者发出了警讯。此时不应再对该股抱有幻想,及早止损出局才是上策。下跌并列阳线出现后,K 线图上再次出现了一个小平台,且股价有上扬趋势,但这只是诱多动作,投资者应逢高清仓。果然股价在小幅上升后突然暴跌,累积跌幅超过 40%。

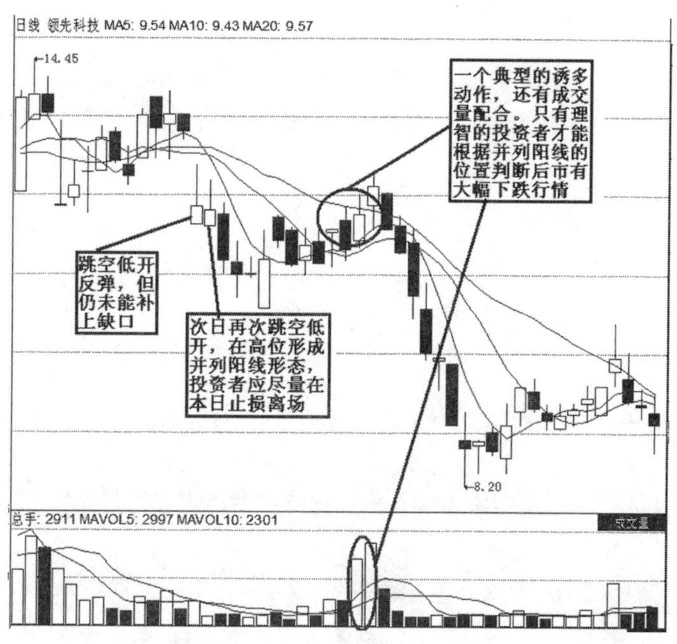

图 34-7 领先科技并列阳线操作图解

形态出现的位置离顶部越近，下跌幅度越大。并列阳线是指阳线间实体部分的并列，与影线无关。但在下跌途中，若阳线的上影线越长，从单根K线的技术意义上讲，下跌几率越大，形态越可靠。

底部三星线，买入有钱赚

这种买入形态主要出现在市场底部，经过大跌后，股价低位连续三个交易日收出实体偏小且带有上下影线的星形线。这三根K线不分阴阳，呈横向排列。有时同一形态的三星线也会出现在上升途中的回抽阶段，可呈横向排列或梯形排列。

底部三星是指在低位连续出现的三颗星形图线的走势。该形态出现后，价格多会止跌企稳，继而出现一段上涨行情，是空头平仓、多头建立头寸的可信依据。上升途中三星线形态同样是多空双方较量过程中力量强弱对比的反映。第一颗星出现，显示空方进攻不再像以前那般顺利，受到了多方的阻挠；第二颗星出现，表示多方力量已强大到足以和空方抗衡，股价只能原地踏步；第三颗星出现后，已可确定多方取得优势；空方内部倒戈者越来越多，多方人心所向，后市看涨。

底部三星线一般出现在一段深跌后的低位；三颗星应呈横向排列或逐渐上涨的排列；第一颗星的前面应是一条较大的阴线；多于三颗星的走势也按三星底部形态操作；三颗星不分阴阳，但最好全是阳线。在一波凶悍的重挫发生之后，第一颗十字星表示空头抛压减轻，多头试探性入场；第二颗十字星意味着，多头继续入场，空头仍顽强抵抗；第三天，空头转入防守领域，多头已开始组织进攻。如果十字星逐级升高，则后市反转的可能性逐渐增大。

操作底部三星时，应根据第三颗星的涨跌变化决定进场时间：第三颗星为阳线时，可在当天做多；第三颗星为阴线时，则应等到第二天价格向上突破第三颗星的开盘价后才可进场。

在实战应用时投资者应谨记以下三点：

①第三颗星为阳线时，当天可买入；

②第三颗星为阴线则先待阳线出现后再跟进；

③在上升途中的三星线买入的最佳时机就是第三颗星出现当日，无论是阴还是阳均可买入。

④形态出现前，股价至少跌了10%以上。

⑤最佳止损价位为三颗星中最低价以下3~5点的地方。

例1：

宁波华翔(002048)(见图34-8)在2006年11月初出现下跌，从12.69元下调至10.20元低位。11月15日到17日K线走势图上出现了三星线形态，预示行情即将反转。我们再看 11 月 15 日、17 日和 21 日，股价又形成了“三次触底不穿线”。两种形态相互验证，反转信号十分可靠，投资者可逢低建仓。果然，22 日股价便火箭发射，震荡上攻至 16.60 元。

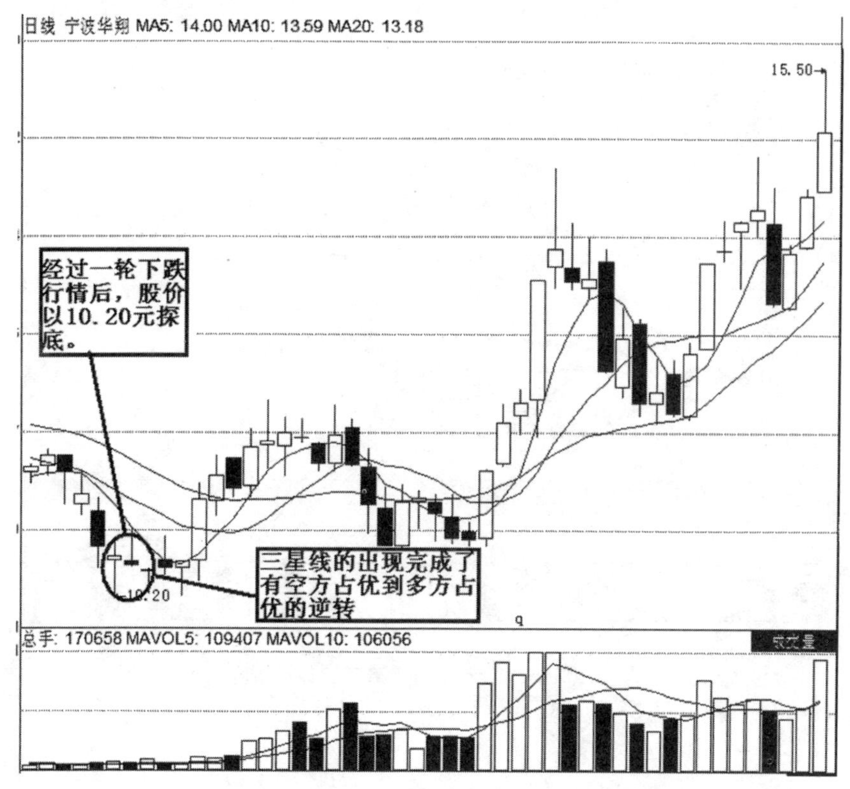

图 34-8 宁波华翔三星线操作图解

例 2：

南方汇通(000920)(见图 34-9)经过一段时间下跌后，该股在 2007 年 3 月 2 日、5 日和 6 日在底部出现了三星线形态，显示空方力量不足，行情即将逆转。三星线形态出现后，股价果然转而向上。股价经过数日拉上后，在一个相对高位形成了一个平台，成交量亦出现萎缩，显示主力控筹能力良好，投资者可逢低加仓。经过一段时间横盘震荡后，股价开始了第二波拉升，以 10.35 元见顶，投资者获利丰厚！

其实，底部三星是早晨之星的“变种”，只是底部三星背后蕴含的多空力量较量更加激烈。而经过这样的交战之后，后市爆发性上涨的可能性大大增加。

低位三星线容易与“下降途中三星线”混淆，区分的方法是：一波下跌行情中第二次出现三星线可视为低位三星线。另外，如果是误认为“下降途中三星线”低位三星线而买入了股票，解套方法有二：一是设置止损位；二是拿着不动，调到位后补仓，反弹再出。

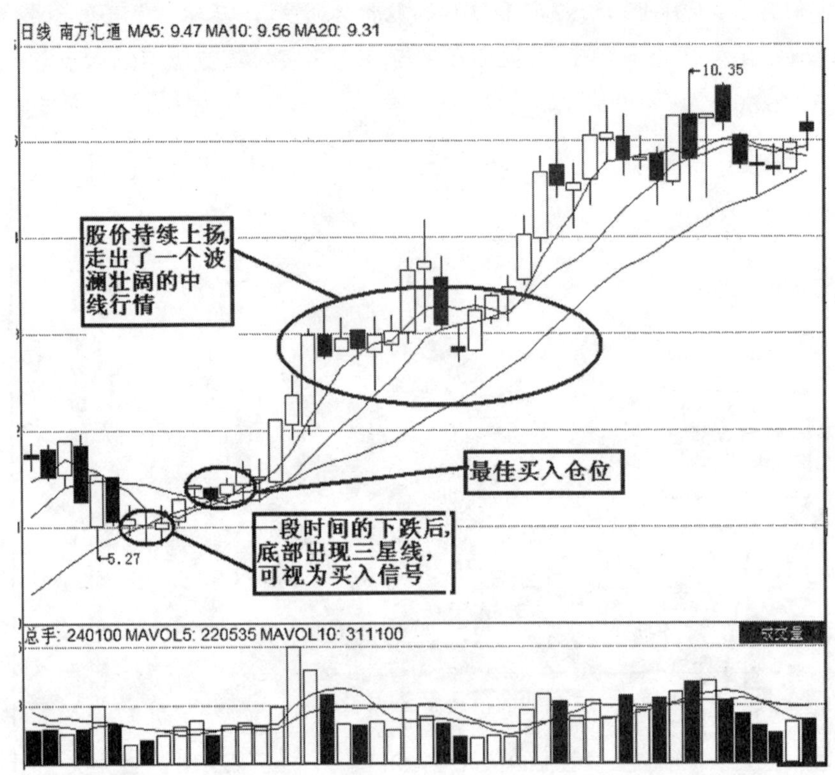

图 34–9 南方汇通三星线操作图解

曙光初现地平线,抢点筹码是理念

曙光初现又叫做刺透形态或斩回线形态,是明确的底部反转信号。曙光初现形态由两根 K 线组成,第一天是一根阴线,第二天是一个阳线,第二天的实体穿过第一天的实体,深入一半以上。出现曙光初现形态预示后市可能结束下跌行情,转而向上。

曙光初现形态(见图 34–10)基本上与乌云盖顶相同,只不过前者出现在顶部,而后者出现在底部而已。出现曙光初现形态时,其第二根 K 线(即阳线)的实体部分越长,表示上升的力度也越强,可靠性也越大,而第二根 K 线(即阳线)的收盘价最好高于第一根 K 线(即阴线)实体部分一半以上。

曙光初现形态的识别法则为:

①市场处于下降趋势,第一天是一根大阴线。

②第二天是一根大阳线,它的开盘价低于第一天的最低价。

③第二天的收盘价应该高于第一天大阴线实体的中点。

关于曙光初现形态背后的心理过程,我们可以作如下理解:市场本来处于下降趋势中,曙光初现形态第一天的疲弱的绿色实体加强了这种市场预期。第二天,市场以向下跳空的形式开盘。到此为止，熊方观察着行情的发展，感觉诸事顺遂。可是后来，到当日收盘的时候，市场却涨了回去，结果收盘价不仅完全回到了前一天收盘价的水平，而且变本加厉地向上大大超越了这个水平。现在，熊方开始对手上的空头头寸忐忑不安起来。有些市场参与者一直在寻找买进的机会，他们据此推断，市场不能够维持这个新低价位，或许这正是入市做多的大好时机。

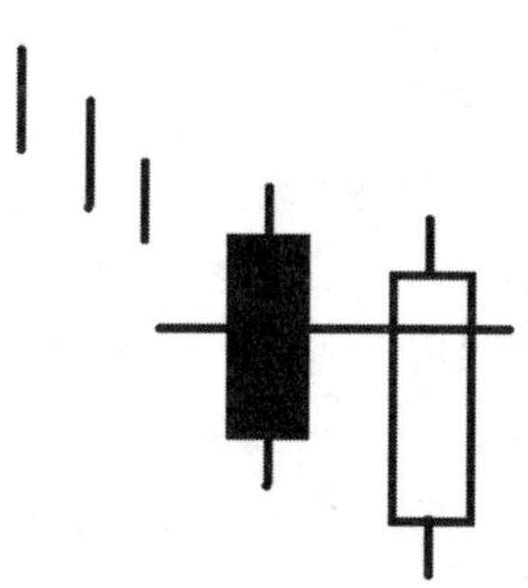

底部曙光初现形态

图 34-10　曙光初现形态示意图

关于曙光初现形态，也有四项参考性因素，如果曙光初现形态兼具这些特征，那么它的技术分量将大为增强。

①在曙光初现形态中，白色实体的收盘价向上穿入前一个黑色实体的程度越深，则该形态构成市场底部的机会越大。

②曙光初现形态发生在一个超长期的下降趋势中，它的第一天是一根坚挺的黑色实体，其开盘价就是最低价（光脚），而且其收盘价就是最高价（光头）；它的第二天是一根长长的白色实体，其开盘价位于最高价，收盘价位于最低价。

③在曙光初现形态中，如果第二个白色实体的开盘价低于某个重要的支撑水平，但是市场未继续下行，那么肯定能证明熊方已经无力控制市场了。

④如果在第二天开盘的时候，市场的交易量非常大，那么这里就猛涨。

实战案例：

四川圣达（000835）（见图 34-11）：2007 年 6 月 13 日，股价在 18.40 元见顶后便勾头向下，过程中虽有反弹，但明显空方占优。至 7 月 4 日收盘价为 12.45 元，已下跌了 32%，成交量极度萎缩。但 7 月 5 日至 7 月 6 日，日线图上突然出现标准的“刺透形态”，股价随后雄起，由 10.09 元拉升至 21.24 元，升幅达到了 110%。

如果在熊市中应用曙光初现短线买入形态时，要注意第二根阳线的最低价必须是 13 个交易日以来的最低价，这主要是为了避免投资者在熊市中贸然追高，防止增大操作风险。但是，如果市场趋势向好，股市运行在牛市行情中时，投资者则不必过于拘泥这条规则。因为，牛市中股价涨多跌少，如果强调买入 13 天以来的最低价，就会错失良机。

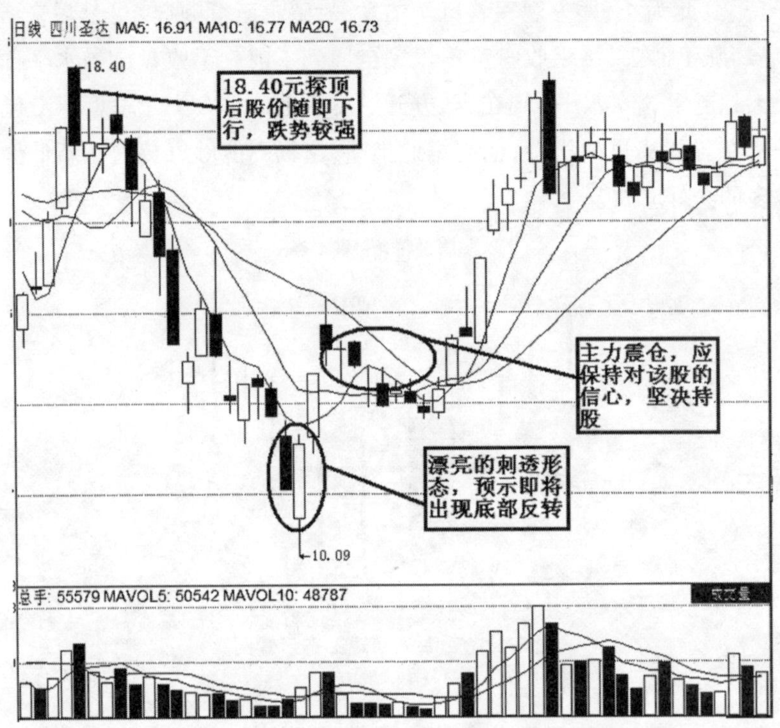

图 34–11 四川圣达曙光初现形态图解

需要特别指出的是，用于大盘分析的曙光初现形态的技术要求，与用于个股分析的技术要求有所不同。由于股指包含的市场容量较大，其短期震荡幅度远远小于个股的股价震荡幅度。因此，在分析大盘的 K 线组合形态时，对技术要求的标准可以适当放宽，只要大致符合“曙光初现”的基本条件就可以。

第35章

买卖时机口诀

一针锥底，买股时机

股价跌到低位后，当某日出现一条“长下影小实体”的K线，即向投资者发出了明确的买入信号，此时进场，短线获利可靠。这种图线被称为“一针锥底”(单针探底)线，长长的下影线，表明低档承接能力强，股价跌到这一价位后，就会招来多头的抢购，并且推动股价快速上扬。

图35-1 “一针锥底”形态图解

一般来说，当股价（股指）在阶段性高位区域进行横盘整理，选择突破方向时，成交量的变化是至关重要的。若股价（股指）向上突破，则必须有成交量放大的配合。反之，如果股价（股指）只是单纯横盘，那么市场主力由于吸不到筹码，便会采用技术手段作出破位下行的走势，以引发恐慌性抛盘的出局。而为了避免短线抄底盘的介入，市场主力常会以阴跌的方式将股价（股指）回调至理想区域并再次进行横盘吸筹。对于散户投资者而言，要想识别出主力的这种手段，单针探底法（见图 35-1）是一个不错的选择。"单针探底"K线形态的出现往往意味着股票价格的企稳，是新一轮上升行情的起点。

单针探底形态能在任何部位出现，但只有处在底部低位和下降途中股价离 30 移动均线较远，以及上升途中股价调整到位后出现时才可买入，出现在顶部时是万万沾不得的。因为出现在顶部的长下影线，称为上吊线，此时买入等于"上吊"。

单针探底形态能在下降途中出现时，要快进快出，不能恋战，稍有收获，就应获利了结。单针探底是个较为可靠的短线见底图形。选股的时候应尽量在形成图形当日买入。由于在持续下跌过程中，短线反弹一般时间较短，幅度有限，操作上就要果断。即使是底部已经确立，由于筑底过程是个频繁震荡的过程，短线操作上也应快进快出，否则很容易频繁坐车。

单针探底形态在上升途中波段的低点和底部行情的低点位置出现时，可放心买入，既可进行短线操作，也可中线持有。在此两处出现的长下影上实体图线，是可靠的单针探底信号。据此操作，一般风险较小，获利稳当。中小散户，特别是入市伊始的新股民，应多按这一图线进行操作。对于下降途中出现的长下影小实体图线，应尽量避免参与抢反弹，因为此时出现的长下影小实体图体反弹力度一般较小，缺乏经验的新股民难以驾驭，稍有疏忽，就会前功尽弃。

例如：

民生银行（600736）（见图 35-2）在经过一波力度充足的下跌之后，于 2007年 9 月 27 日日 K 线形成一根下影线很长的小阳线，呈典型的"单针探底"态势，给人以强烈的股价触底企稳，扬升行情已经展开的印象。我们看 9 月 11 日一根长下影大阴线的急速杀跌，股价出现企稳的态势，而成交量继续放大，说明抄底盘持续进场。第一根探底针的出现预示着阶段底出现，空头杀跌动能已经被消化，多头能量大于空头，短线买点出现，这就是单针探底的判断要点。次日成交量急剧放大，短线抄底和跟风盘蜂拥入场，收出一根短上下影大阳线，表明短线行情处于强势应继续持有。第三日量能继续大幅放大，但是股价出现滞涨，表明获利盘出逃，投资者应提高警惕，股价脱线上涨一两天之后就应止赢出局。

"单针探底"固然十分灵验，但技术面意义尚不及"双针探底"，后者才能够更明确地表达出价格见底企稳的信号。双针探底的"两针"可以是紧密相连的两条长下影线，也可以是中间隔有几根 K 线的"两针"走势，但相隔的天数不能过多。"双针探底"形态出现后，股价一般是立即反弹，走出一波气势不凡的上涨行情。但个别股票会经过一段时间的调整后，才正式展开上升攻势。

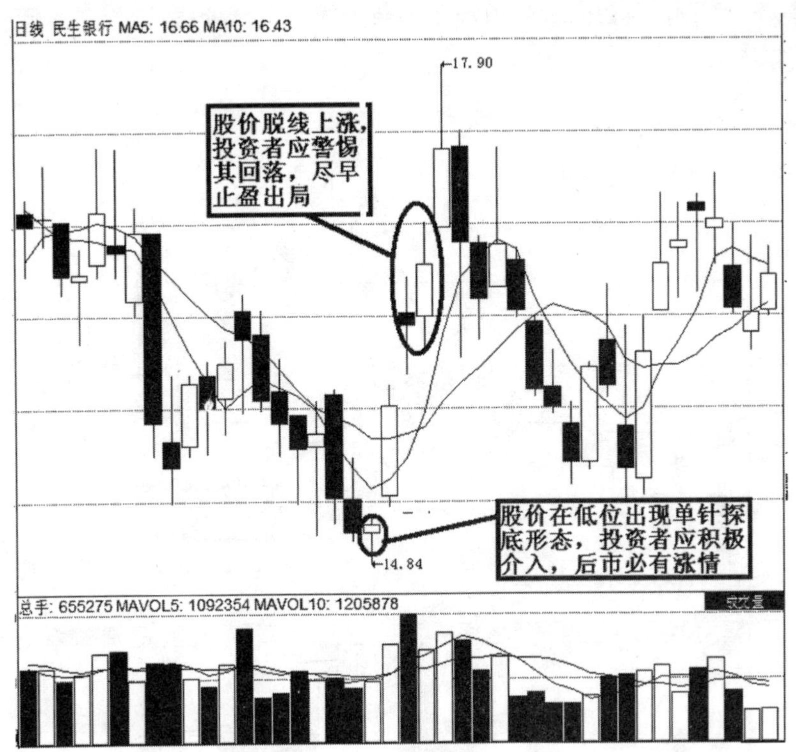

图 35-2 民生银行单针探底买入图解

身抱多线，好景出现

身抱多线也即一抱多线，低位一抱多线是指价格跌到低位后，出现了一条大图线(简称母线)，将前面多条小图线(简称子线)包容起来的一种走势。一抱多线有两种形态：一种是大阳线包容前面的多条小图线，另一种是大阴线包容前面的多条小图线。两种形态，性质一样，后市均应看好。

一抱多线(见图 35-3)的见底原理是：一条大图线从上至下将前面的多条小图线包容，表示多方在全力围剿空方，决心夺回被空方掠去的地盘。后市显然免不了一番激烈的争斗，但最终的胜利，将会属于多方。

价格跌倒低位后，出现一连串的小图线，这是行情跌不下去的一种见底迹象。其后的一条大图线虽然创了新低，但收盘价一般高于小图线最低价之上，这是对底部低点的试探。可以说，大图线的最低价也就是前面下跌行情的触底价。接下来会出现一波反弹行情，在大图线的最高价附近做多，就有把握获利。

低位一抱多线的特征：

①要求处在较低的价位。

②被包容起来的子线最少有三条，条数越多越好。

③母线不分阴阳，但最高价必须高于各条子线的最高价，最低价必须低于子线的最低价，成包容形态。

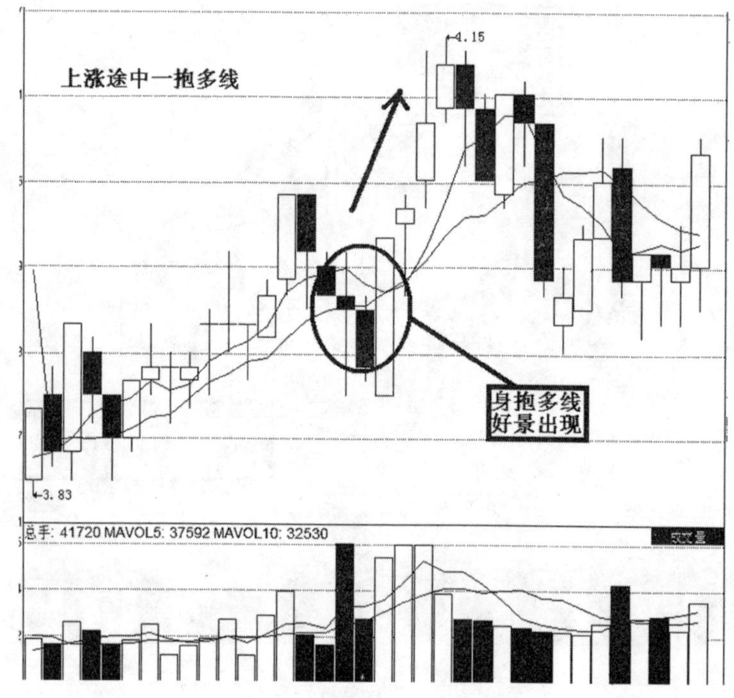

图 35–3　上涨途中一抱多线图解

低位一抱多线是底部反转的重要信号，抱线最高价以上的涨幅，一般能达到抱线本身长度的两倍以上。

低位一抱多线的注意事项：

①当该形态的母线是阴线时，应等到第二天收阳线且价格向上突破了母线的最高价后，才可介入。

②当该形态的母线是阳线时，第二天无论收阴收阳，均可买入，最好是回档后买入，可买到较低的价格。

③只有股价深跌在较低价位出现才属买入信号。

④该形态的最佳止损价位是母线最低价以下 3~5 点的地方或前低以下 3~5 点处。

⑤在上升途中也属买入信号，但要等待调整到位后才可出手。

⑥在下降途中出现，无论是阴抱线还是阳抱线，均是典型的卖出信号，后市股价还会下跌。

例如：

招商轮船(601872)(见图 35–4)在 2009 年 3 月份股价跌至 4.5 元低位，随即横盘窄幅震荡，未来趋势不明朗。3 月 10 日，K 线图上出现了一根大阳线，将前三日的阴阳线全部包住，形成了一抱多线形态，后市看涨。大阳线出现后第二日，股价高开低走收出了一根中阴线，随后两日也都以小阴线收盘。这种情况应视为股价调整，投资者不必过虑。果然，从第四日开始股价一路上涨，10 个交易日后涨至 6.08 元。

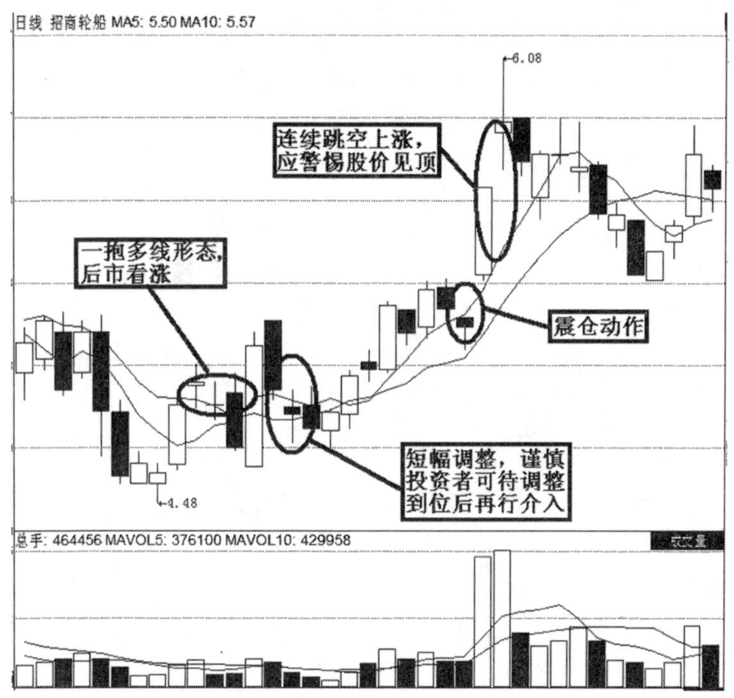

图 35-4　招商轮船一抱多线买入图解

与之方向相反的高位一抱多线则是做空信号。形态分为阳抱线和阴抱线。阳抱线就是形成抱线的母线为阳线。形成抱线的母线为阴线的图线，就称为阴抱线。阳抱线的最佳做空点位是价格向下跌破母线的开盘价；阴抱线的最佳做空点位是价格向下跌破母线的最低价。

双管齐下，买进不怕

当股价下跌到低位后，如果连续出现了两条长下影小实体，且下影线的最低点较为接近的 K 线，称为“双管齐下”，得名是因为其形态像两条长管插向地下。“双管齐下”即为通常所说的双针探底形态。这种形态的出现表明股价已进入了底部，或者离底部已经不远了。中长线投资者可开始建仓，短线也可介入，后市获利一般较为可靠。

一般来说，双针探底形态（见图 35-5）是下档承接有力的迹象。股价跌到某一低点后，就能迅速被多头托起，不仅说明多方的力量强大，也表明在这一价位抛压不重，后市能轻松地脱离底部，形成上升趋势。因此，投资者在出现双针探底形态时买进，获利机会较大。

双针探底中的“针”在 K 线图上指的就是长下影线。单支 K 下影线表示当日盘中的空翻与转折，短期内连续在同一位置出现这种走势说明此价位支撑作用较为强烈，短线向上反弹的概率较大。

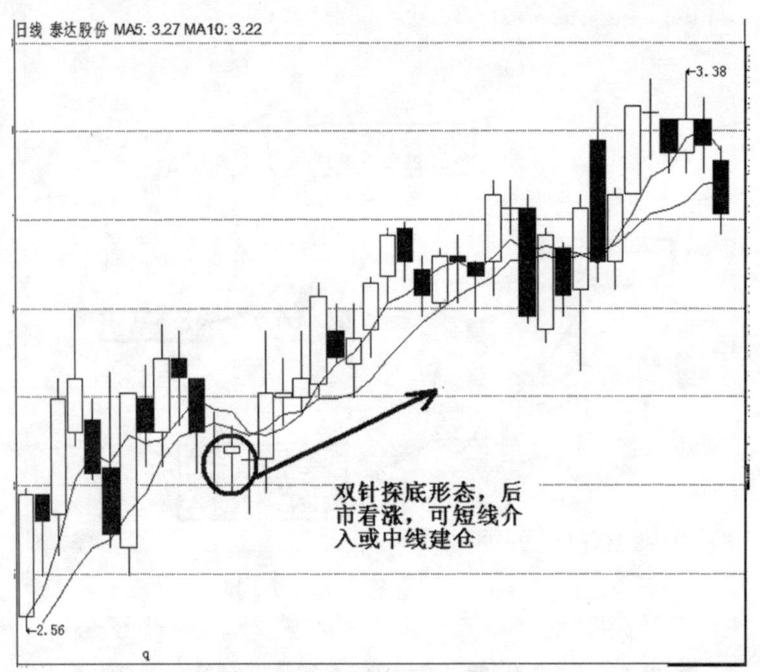

图 35-5 双针探底形态图解

首先,下影线到达的位置很重要,它通常应该是前期某个重要技术支撑区域,或者心理上的整数关口位。从盘中走势来看,当出现探底的交易日中往往下跌行情很猛烈,盘面上基本上没有任何护盘的动作,表现为放任式的下跌,有一次性快速探明短线支撑的作用。随后盘中的反弹行情比较突然,迅速将股价拉升回正常价位。通过这样的走势,可以在短期内探明支撑区域。所以,两次探底的位置基本平行,第二次可能比第一次略高。

其次,K 线组合的成交量也有特点。由于只是短线上的局部参照,所以成交量不会有过于明显的变化,但是"双针探底"中的两个"针"的日 K 线成交量要求是放量的,通常比前后最近几个交易日成交日的成交量都要大。另外,从短期的 CCI、KDJ、RSI 等变化比较灵敏的指标来看,往往有一个从超买到恢复的过程。图中这个案例在这一点上体现的也是比较明显。

当然,"双针探底"组合中下影线的长短并不太重要。如果下影稍短一点,就会类似于另一种 K 线组合——"两次触底不穿"的走势,反弹的概率相对要小一些。但是这两根下影线所下探的空间要求有一定的深度,前后交易日其他的日 K 线位置都距这个价位比较远,否则在实战中没有太大的意义。

在操作双针探底形态时,一定要注意以下事项:

①该形态在顶部出现是卖出信号,在下降途中出现时多为卖出信号。即使有反弹,也是昙花一现,很难做差价,只有在底部行情出现,才是可靠的买入信号。

②两 K 线的下影长度均要达到实体部分的一倍以上。少于这一比例,有效性会降低。两 K 线低点之间的差距不能超过 1%。

③也有连续出现多条长下影小实体 K 线的情况,可参照本法操作。

④个别情况下本形态出现后不涨反跌,此时千万不要割肉,而应耐心持股守候,不久必有收获。

⑤两条图线的最低价最好为同值或接近同值,不能有太大的差距。

例如:

青岛双星(000599)(见图 35–6)在 2002 年 6 月 6 日以 9.82 元短期见底后股价转头上涨。10 日开始形成了一个小平台。6 月 14 日、17 日两天股价出现了双针探底形态。随后股价突破平台短线大幅上涨,5 个交易日后股价达到了 13.80 元,短线获利丰厚。6 月26 日,股价已连续脱线上涨 3 天,投资者应警惕股价回落,及早止盈了局。

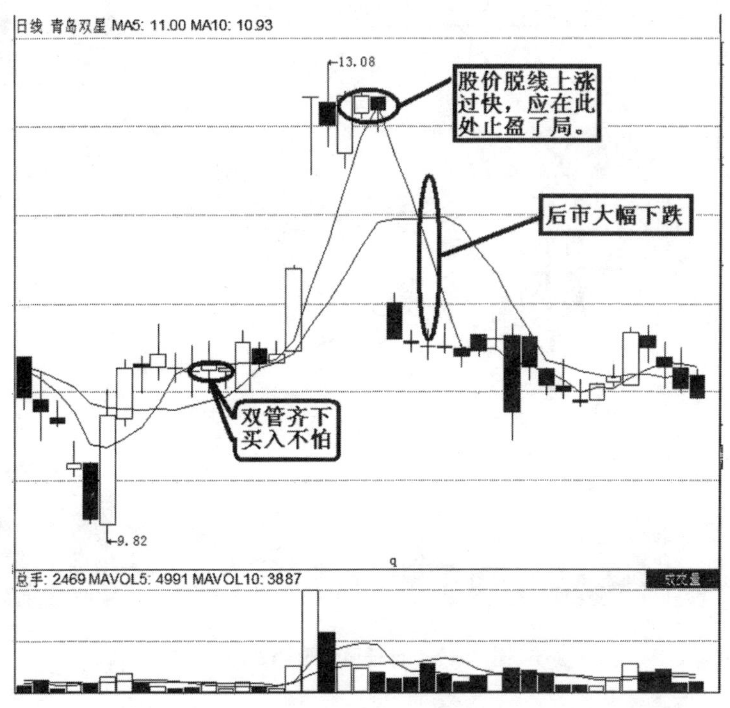

图 35–6 青岛双星双针探底短线买入图解

双针探底形态出现后,要把握两个操作原则:最佳做多点位就是第二针的最高价位;第一止损位是双针线最低价位以下 3~5 点的地方,第二止损位是双针探底前的低点价位以下 3~5 点的地方。

三杆通底,反弹在即

"三杆通底",也就是三连阴。股价出现了连续 3 条下降的大阴线,如同 3 根长杆,一根接一根地扎向底部。该图线出现后的反弹力度相当大,是短线获利的难得机会,有经验的投资者，都会利用这一机会做差价获利。因为该形态的3条大阴线释放了大量的能量，作用于底部。与此同时，底部就产生了同等力度的反弹力量，使股价迅速弹升，而其升幅也常常超出人们的意料之外。

三杆通底(见图35-7)的形态形成过程可以这样表述：股价在经历了漫长的下跌之后，到达了一个中期或短期低位。此时空方力量已筋疲力尽，成交量萎缩严重，而且跌势也逐渐趋于缓和，甚至偶尔还出现几次小幅反弹，显示市场正在酝酿某种转机。

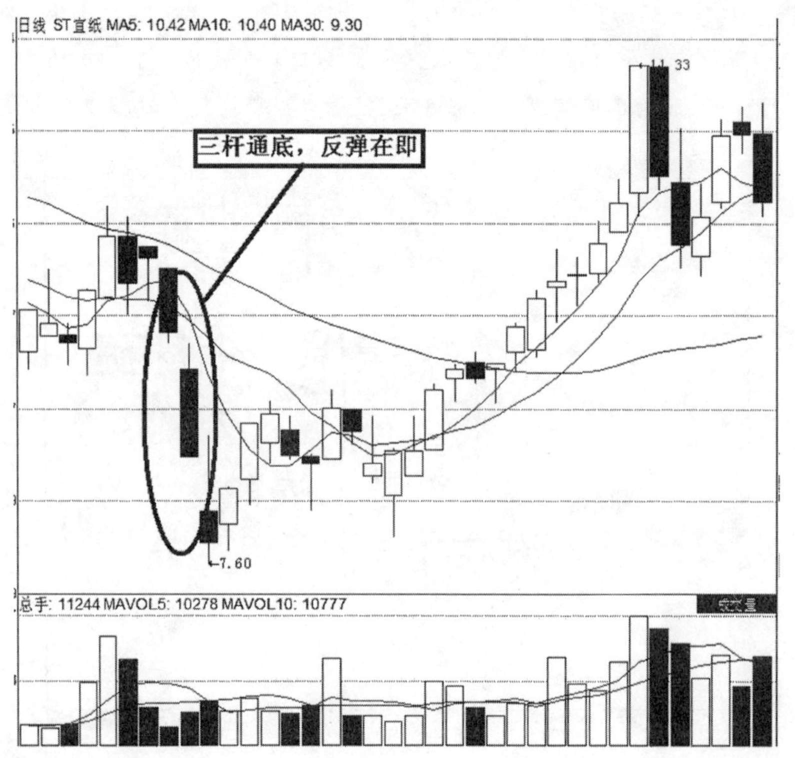

图35-7 三杆通底形态图解

但就在此时，在某种利空刺激下，股价再次下跌，而且跌势转急，连续收出三根大阴线，甚至还伴有跳空缺口。成交量在下跌过程中越来越大，导致场内恐慌气氛浓厚，斩仓割肉盘不断涌出。

当第三根大阴线出现之后，悲观气氛已到达顶点，但股价却奇迹般地止跌并展开反弹。随后抄底盘也跟风杀入，股价很快反转直上。三根连续下挫的大阴线将做空能量全部释放后，多头势力迅速控制局面，且力度也相当强劲。

“三杆通底”形态，可在底部行情和下跌行情的途中呈现，投资者如能正确判断，勇于在市场最悲观的时候果断抄底，获利也相当丰厚。在底部行情中出现时，投资者可放心买入，由于此时能基本确认股票价格已跌到了底部，买进后，赢利较为可靠；途中出现三杆通底时，需要审慎对待，缺乏短线经验的投资者，最好不要介入，以防不测。

那么，如何区分是底部行情的“三杆通底”形态，还是下跌行情中的“三杆通底”形态呢?较为可靠的判断依占有两条:一是按照股票价格下跌的深度作为判断的依据。股票价格上涨到高位后,回档整顿不久,下跌幅度较小,这时候呈现的持续三条大阴线,多属下跌途中的“三杆通底”形态,操作时就应慎重一些。与之相反,股票价格下跌的幅度已很大,此时呈现持续三条降落的大阴线,多为见底特征,可大胆买入;二是依据 30 日移动平均线的走势环境举行判断。当 30 日移动平均线由高位转势下行,在没有与 5 日移动平均线金叉的环境下,如果出现了三条大阴线,就归属降落途中的“三杆通底”图线。与之相反,30 日移动平均线在低位与 5 日移动平均线实现了金叉后出现的三条大阴线,就归属底部行情的“三杆通底”形态,此时就可重仓买入。

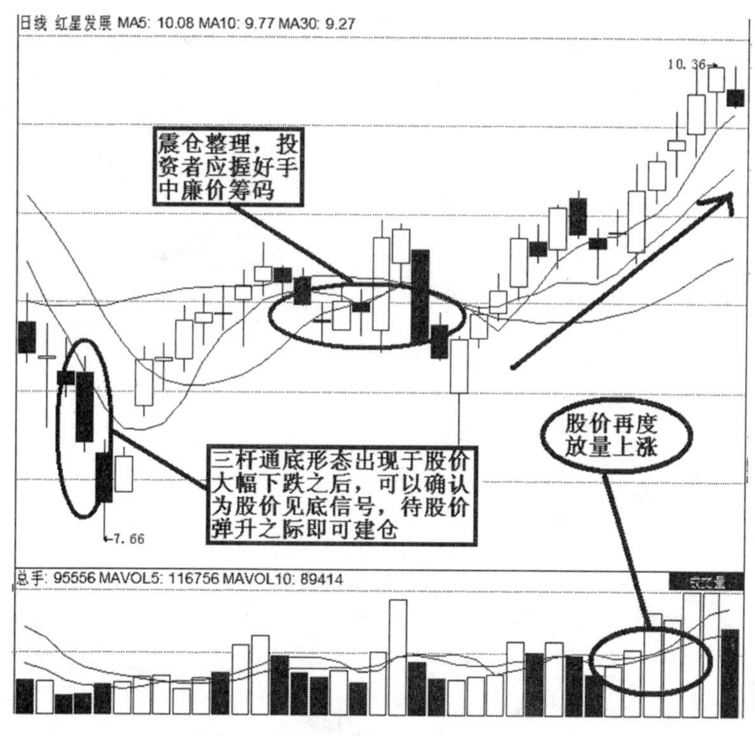

图 35-8　红星发展三杆通底买入图解

例如:

红星发展(600367)(见图 35-8):2009 年 9 月 25 日、28 日和 29 日三天在 K 线图上出现了三杆通底形态,鉴于前期股价已经大幅下跌,可以判断为股价见底信号。次日股价开出了一根光脚阳线,可在此处建仓,后市股价跳空上涨,在底部形成了一个 V 字形反转,再次确认了后市涨情。10 月 20 日到 30 日股价在一个相对高位出现了窄幅横盘震荡,这是震仓行为,投资者不应轻易释放出手中的廉价筹码。果然,从 11 月 2 日开始,股价再次拉升,涨至 10.80 元才见顶回落,涨幅达 35%。

投资者在操作时应注意,三杆通底形态大多出现于股价长期下跌之后的低价区,且阴线实体较长,如伴有跳空缺口,则有效性更高。还有很重要的一点,成交量要逐日放大,最后一根阴线需有较大的成交量配合。

巨阳落海，放心购买

股价跌到低位后，某日大幅低开并收出一条巨大的阳线，这条阳线就叫“巨阳落海”。从理论上讲，该图线是多方发起攻击的一个重要信号，尽管开盘时，空方拼命打压股价，但多方早就做好了反击的准备。当空方的脚跟尚未站稳时，多方就全力以赴，最终占据绝对优势，形成一条特大的阳线。从实践上讲，这一图线的出现，多为庄家的一种特殊操作手法，大幅低开，是庄家所为；迅速拉高，也同样是庄家所为。

图 35-9 巨阳入海形态图解

巨阳落海(见图 35-9)是典型的底部起涨形态，它是指股价经过长时间的下跌，在前期低点附近或者在成交量萎缩到极点时，突然出现一根放量的大阳线。该类形态虽然只有一根 K 线，但是它力道大、爆发力强、可信度高，值得关注。底部出现的大阳线一般有以下特点：

①前期一轮大幅下跌(3~5 个月)。

②K 线组合出现黄昏之星。

③底部逐步抬高。

④多数情况月内窄幅横盘。

⑤光头光脚(或上下影线极短)。

⑥成交量突然放大，至少是最近5个交易日平均成交量的五倍以上。

⑦往往出现在前期低点附近或者成交量极度萎缩时。该类形态出现后，往往预示着下跌阶段彻底结束，底部反转信号非常明确。

一般来说，当巨阳在底部出现时，买入信号十分可靠，无论短中长线均可介入，但在实际操作时一定要考虑大盘的走势情况。

当大盘走势处于强势，拉大阳线的个股又在低位运行时，考虑到此时主力做多意愿强烈，因此，无论大阳线后的走势是表示强势，还是一般、偏弱，都要以看多、做多为主；当大盘走势处于弱势，或拉大阳线的个股在高位运行时，考虑到此时主力做多意愿不强，因此，即使大阳线后的走势表现为强势，也要谨慎对待，切不可重仓持有；如果个股拉大阳线后，其走势表现为偏弱，则以减仓为主，并做好随时撤退的准备。

再进一步说，大盘处于强势或平衡势，个股又处在低位，并且所选的个股不是老庄股的情况下，投资者可按照下述方法进行操作：

第一，只要大阳线后的第二根K线，或这之后的几根K线在大阳线的收盘价上方运行，就坚决买进，积极做多。

第二，只要大阳线后的第二根K线，或这之后的几根K线在大阳线的收盘价和开盘价范围内运行，就不能盲目看空、做空（请注意：股价即使跌到大阳线的开盘价，但未跌破大阳线的开盘价，都不能盲目看空、做空），而要以守仓为主，一旦日后股价突破大阳线的收盘价，则要及时增仓。

第三，只要大阳线的第二根K线，或这之后的几根K线（甚至更长一段时间的K线）跌破了大阳线的开盘价，则要马上停损离场，千万不要因为恋战而拖着不走。拖得越久，损失越大。

第四，大阳线出现时的成交量，要大大高于前5日的均量（即5日成交量的平均数）。如果成交量不配合，这样的大阳线就值得怀疑，投资者应谨慎对待，不可盲目重仓跟进。股价经过深幅下跌后，又大幅低开，随后一路上扬，报收大阳线。

例如：

民生投资（000416）（见图35-10）在2009年7月开始了一波下跌行情，从8月初开始股价在低位横盘震荡。10月12日，该股突然放量开出一根巨阳线，第二日股价跳空上涨，随后几日股价也都在巨阳线收盘价上方运行，后市看多。投资者可在此处轻仓介入，看后市走势再行加仓。10月20日开始股价出现下跌，此时投资者不必惊慌，从K线图中我们可以看到股价虽然下跌，但仍然在巨阳线的开盘价与收盘价之间运行，不要轻易抛出手中筹码。果然，10月30日开始股价缓缓回升，最终以10.47元探顶回落。

每天上午九点半开盘前，投资者可关注两市跌幅榜前10名，如发现某只股票无特大利空而以跌停开盘或低开6%以上时，应在第一时间买入，短线第二天即可获利了结。下降途中出现时，具有指示后市下跌深度的作用，可据此做波段操作。如在低开时买进第二天卖出后，当股价回落到前面大幅低开的价位附近时又可买入。第二次回升到大阳线的收盘位置时再次卖出。

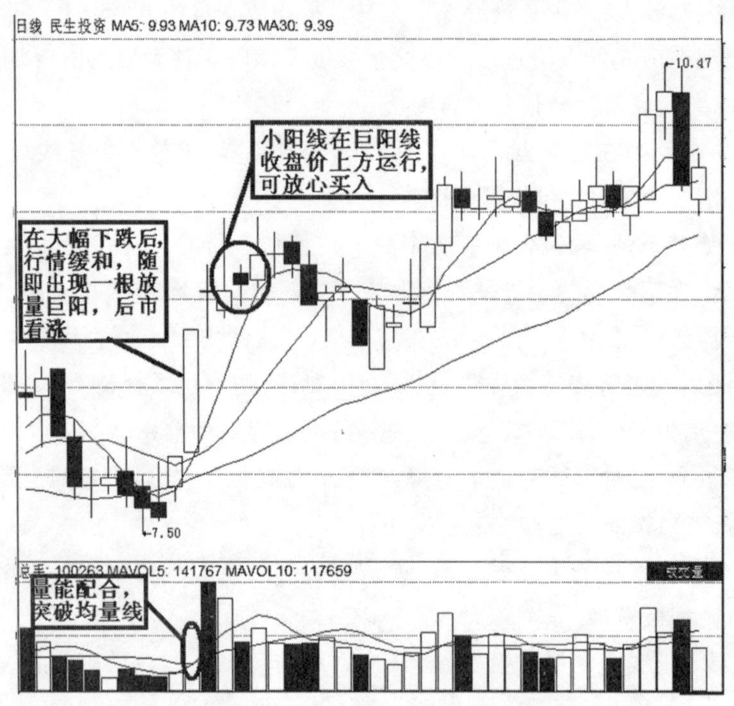

图 35-10 民生投资底部巨阳买入图解

兄弟剃平头，卖出不能留

平顶线是见顶卖出信号，股价上升到高位后，如果相继出现了两组平顶线，就称为“兄弟剃平头”。该形态是由两组平顶线组合起来的图线，所以卖出信号更为强烈。该形态的出现，表明市场对当时的股价产生了疑虑，做多谨慎，所以股价出现了两次平顶走势，后市只有通过回档整理才有可能重拾升势。

股价在经过了一段时间上涨之后，出现了两根最高价同值的 K 线，这两根 K 线就叫平顶线。平顶线出现的频率比较高，它可以在股价走势图的任何位置出现，但只有在具有了一定的涨幅，特别是有 20%以上阶段涨幅后，一旦出现平顶线则短期见顶的可能性非常大。操作策略是在出现平顶线的当天收盘前卖出。

平顶线（见图 35-11）的两根 K 线可以是阴线也可以是阳线，最高价可以是影线也可以是实体，只要是在阶段高位两根相临的 K 线最高价同值就是平顶线。在个别情况下，第一根 K 线与第二根 K 线之间相隔一两天也可以视为平顶线，只要相隔的两根 K 线同值且中间没有更高价即可，这样的图形见顶信号更可靠。处在高位出现的平顶线是非常可信的见顶信号，一般下跌空间较大。平顶线出现的频率很高，可在任何部位出现，但只有处在天顶和波段峰顶的平顶线，才是可信的见顶信号，出现在其他部位没有意义。

平顶线

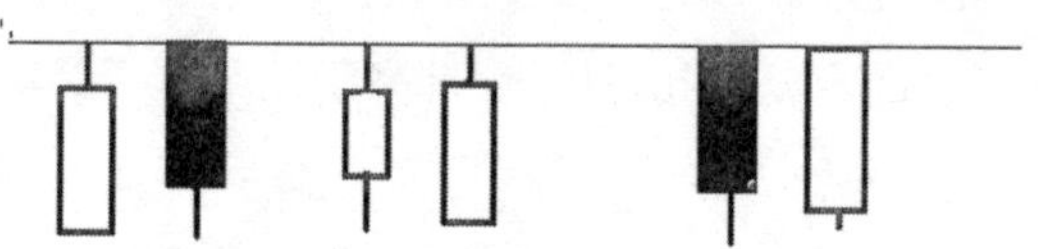

图 35-11　平顶线形态示意图

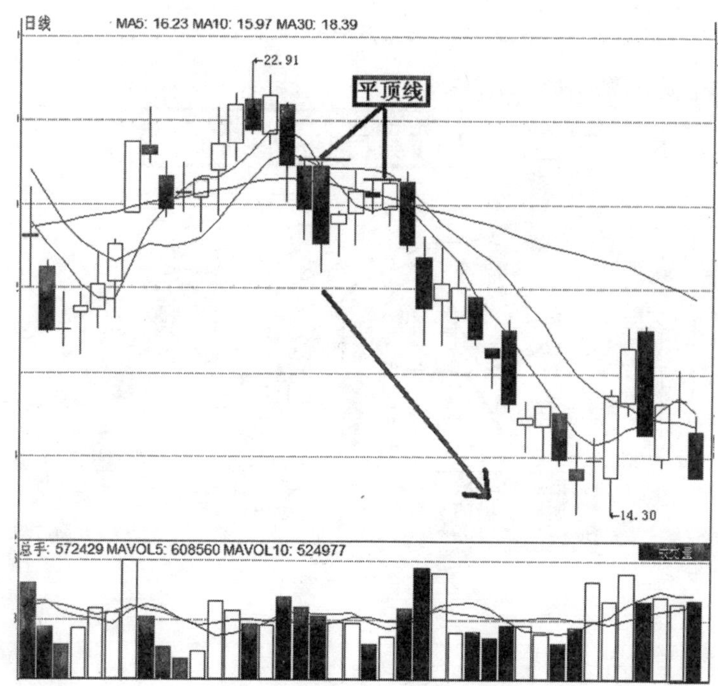

图 35-12　两组平顶线形态图解

用两组平顶线(见图 35-12)作为卖出信号时,投资者应注意以下几点:

①要求前一对平顶 K 线应高于后一对,否则不能作为后市走势的判断依据。

②本形态出现后,或多或少会有一跌,卖出要果断。

③即使出现在下降行情的下降途中,卖出信号也与顶部一样强烈。

平顶线的操作策略为:

①一般来说,平顶线的最佳卖点就是形成平顶线的当日。而如果 K 线图上出现了两组平顶线,不用说,第二组平顶线形成的当日投资者就应迅速清仓离场。

②平顶线可出现在任何位置,但只有出现在高位或波段顶部,才是可信的见顶信号。出现在其他位置不一定是卖出信号。是否处在高位的判定办法,可采用“抱线”判定高低位置的办法进行。

③平顶线一般为两条相连的图线组成,但在个别情况下,第一条线与第二条线之间相隔一两天也可算作平顶线,只要相隔的两条图线的最高价均为同值就行。这种形态的平顶

线比两条相连的平顶线有效性更高、更可靠。因为这种形态的平顶线，实际成为“双顶”图线。一般来说，双顶比平顶线的见顶信号更为强烈，后市股价下跌的可能性要比平顶线大得多。

④平顶线可以连续出现，即第一组平顶线出现后，接着又出现另一组平顶线。第二组平顶线有时高于第一组，有时低于第一组，但不管是高于还是低于，均是强烈的见顶信号！

例如：

首创股份(600008)(见图 35-13)在 2006 年 6 月 27 日和 28 日形成了一组平顶线，发出了见顶回落信号。紧接着 29 日、30 日两天又形成了一组平顶线，向投资者发出了强烈的卖出信号，最后股价下跌至 3.96 元。

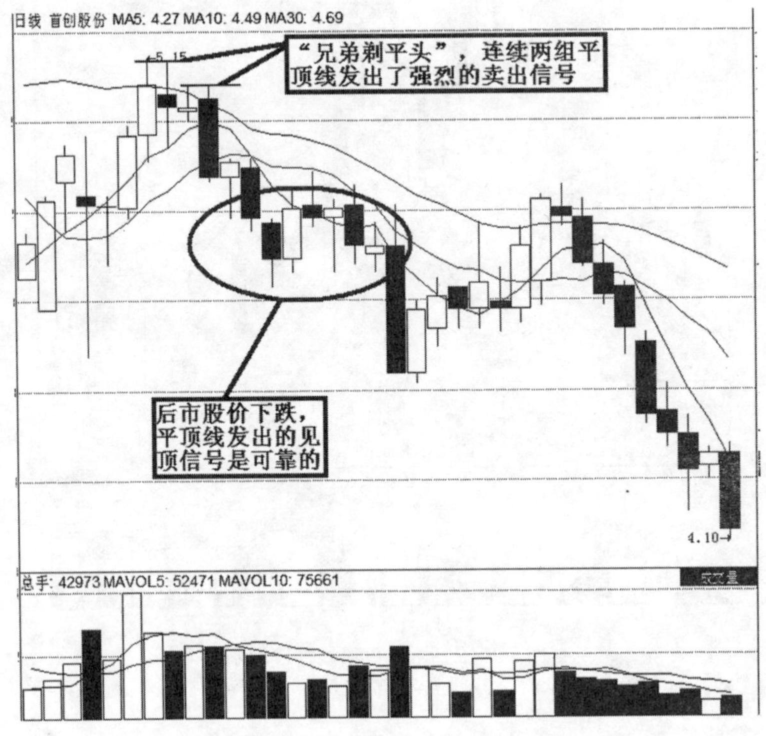

图 35-13 首创股份双重平顶线见顶图解

前后两组平顶均表明股价上攻遇到了重重阻碍，多方已无力继续推高股价。相反，空方步步逼近，这便是结束反弹，进入获利回吐走势的信号。这种类型的回调不影响长期升势，甚至是持续走强的必要洗盘，但对于短线而言意义非凡。只要是股价反弹 20%以上见到第一组平顶线，就该至少减半仓。当第二组平顶线露出水面，短线清仓。

顶天立地，卖出要急

股价经过一段涨升后，如果某一天出现了长上影线(或长实体图线)，同时放出了大成交量，这种形态的组合，就称为“顶天立地”。长上影线是一种明显的见顶信号，收盘时出现长上影线，表明冲高回落，抛压沉重。如果次日股价又不能收复前日的上影线，成交开始萎缩，表明后市将调整，遇到此情况要坚决减仓甚至清仓。

“顶天立地”(见图 35-14)是典型的见顶形态。K 线图上出现“顶天立地”形态，后市一般要出现较大的调整走势，如不及时卖出，就会将已经到手的利润变成一场美梦，又原封不动地退给了庄家。

这种 K 线形态为一根 K 线(可为阳线亦可为阴线)，带着长长的上影线，同时伴随着较大的成交量，股价往往当日反转向下。此形态通常在升势末期出现，股价加速上扬之后出现跳空缺口，当日股价快速拔高之后直线下挫，留下长长的上影线。

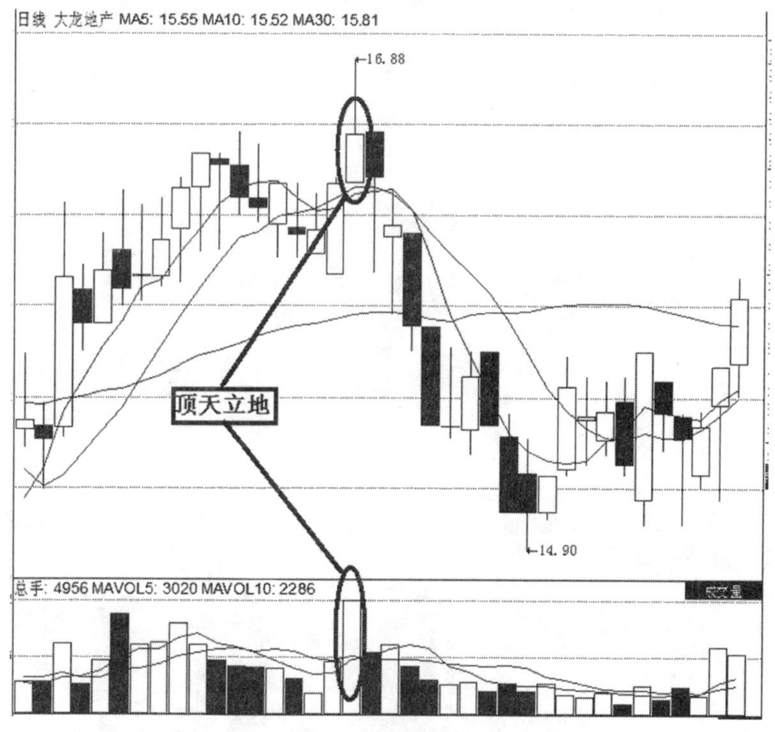

图 35-14 “顶天立地”形态图解

“顶天立地”形态的市场意义不难理解。股价上升到高位后，出现了长上影图线，表明上档压力较大，抛盘重，股价难在高位站稳，被迫下行，于是留下了一条长长的上影线(如果是长实体图线，显示的是超买严重)。同时出现的大成交量，表明庄家已在出货，要不然就不会在高位出现大成交量了。

出现此形态的原因：一是主力诱多，早市先大幅拉高，吸引跟风盘涌入，待“鱼儿”上钩之后再反手做空，股价先升后跌。二是股价连续上升后获利盘丰厚，对后市看法出现分歧，多头阵营出现哗变，短线客纷纷落袋为安，导致股价冲高回落，亦会留下长长的上影线。

投资者在具体操作时，应当注意以下问题：

①“顶天立地”形态，多在股价历史顶部位或上升途中和下降途中的波段顶部位出

现,投资者应根据所处的位置进行不同的操作。

当该形态处在历史顶部位时,要坚决迅速地卖出股票。卖出股票后,还应远离市场,不经过一段较长时间的深跌,不能随便重新入市。

当该形态处在上升途中波段峰顶部位时,卖出股票后,只要调整到位,就可重新介入。

当该形态处在下降途中时,应按处在天顶部位的形态进行操作。卖出股票后,远离市场,休息一段时间后,再寻求进场的机会。

②"顶天立地"形态,是由一条长上影K线(或长实体K线)与成交量的高大柱线组成的图线。只要具备上述条件,就应卖出股票。但这并不排除股价处在高位时,只出现了长上影K线(或长实体K线),或者是只出现了大成交量柱线,而没有出现长上影K线(或长实体K线)情况的卖出因素。在不少情况下,大成交量与长上影K线(或长实体K线)并不同时出现,但卖出信号并不弱于"顶天立地"形态。

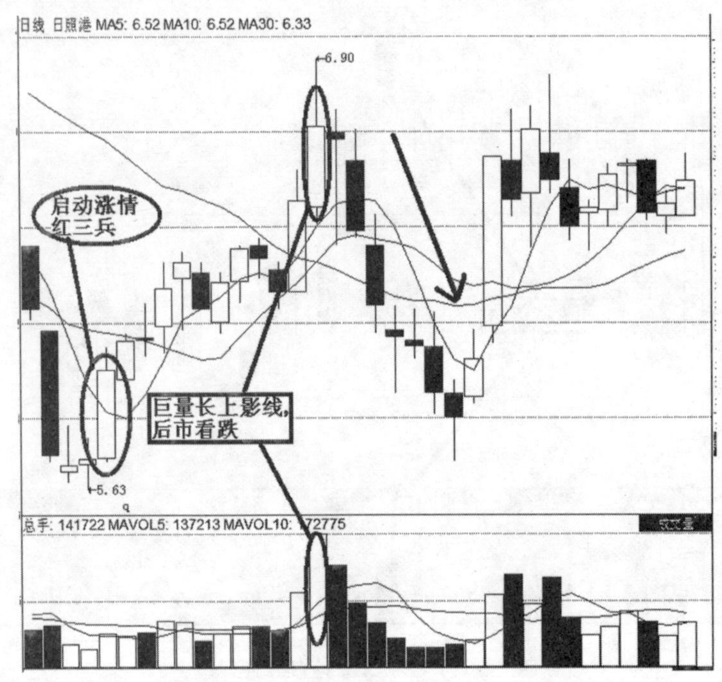

图 35-15 日照港"顶天立地"卖出图解

例如:

日照港(600017)(见图 35-15)在 2009 年 9 月 2 日从短期底部拉起上升红三兵一路上涨,短期升幅较大,9 月 18 日股价继续冲高,以 6.90 元见顶。当日大盘冲高回落,该股难敌大势亦扭头向下,收出带长上影的中阳线,当天成换手率达 9.46%,短期内大幅换手,短线客撤离后,股价短线见顶。9 月 19 日开始股价下跌,连收阴线,跌幅巨大。

股价上升到高位后,除了"顶天立地"形态应坚决卖出外,当出现只有"顶天"而无"立地"的图线,或只有"立地"而无"顶天"的图线时,同样要提高警惕,可视具体情况考虑卖出股票。

第36章

交易守则口诀

热股不可恋，持股要常换

一只热门股，当股价达到一定的高点后，就可能变成了一只冷股，就要及时换掉，否则前期的获利都可能损失掉。不能由始至终炒一只股票，如果一直炒它，则会先赚后赔。这是人们常犯的一种错误。也是人常说的——不可与股票谈恋爱。

在选股的过程中，投资者会不自觉地对自己所选择的股票投入感情。投资者买入某种股票后，对该股票价值的知觉便大幅上扬。“情人眼里出西施”，投资者往往只听好消息，对坏消息不是否定就是不理会。因此，股价上张时，即使小涨，也兴高采烈。相反，股价轻微下跌时便会否定，认为只是短时震荡；而股价再度下跌时，便开始忧虑和恐惧，但还是对该股的未来抱有幻想，直至赔钱甚至深套为止。

股票操作守则的重要一条就是不要与股票谈恋爱。很多投资者往往在决策的过程中掺杂些许个人情绪的因素，结果导致股票操作的失误。你要知道股票只是一个纸面的符号，在投资决策的过程中应对其完全采取科学和理性的态度。

要成为一个成功的投资者，一定要客观分析该股票是否“价有所值”：股票的价值不会因为我们的拥有而变得较高，也不会因为我们没拥有就较少。

20世纪前半叶有两位最杰出的投资天才：巴鲁克和利弗莫尔。他们两人的一个共同特点就是不会对所持有的股票投入过多的感情，他们两人都喜欢在看不准市场的时候清空所有股票。清仓，然后休假。休假结束后，他们将会重新开始建立一个新的组合仓位投资。

那么，投资者对股票的贪恋都体现在哪些方面呢？

涨情结束后，很多投资者仍站在原地，不舍手中的已经进入下跌阶段的股票。因此，不管行情怎么下跌，不管行情是否已经确实转势，大多数投资者的操作行为仍是持股待涨；直到股票大幅下跌，与其“绝情”后，才可能会被动性地了断。

恋旧心理严重。很多投资者对曾经“赚过钱”的股票有一种天然的眷恋。投资者会不自觉地多关注赚过钱的股票，时时把该股目前股价与之前“赚钱时”的股价作比较，甚至把价格比较的结果作为买卖依据。

迷信报表数据。对过去的报表数据有着深厚的“恋情”。一些投资者经常死抱公司财务报表不放，在股票表现不佳时经常会出现“这个股票业绩这么好，为什么不涨”的哀怨。须知，报表数据总结的是过去，股市投资永远是站在现在看未来。

被传言左右。对市场传闻与小道消息有着浓厚的兴趣。前面已经说过，市场的信息链永远是不对称的，当消息流传到普通投资者层面上，此消息要么是已经滞后了的，要么是别有用心的，剩余的十有八九是虚假的。

以上种种是很多投资者都具有的通病。投资者必须明白，投资毕竟不是谈恋爱，你对一只股票忠诚，并不一定就能让你获得超额的利润回报。当你手上有些股票，你想卖的时候又觉得便宜不舍得卖，想买的时候又觉得不够理想，持有这样的股票只能让你的资本金不断缩水。

西方的价值投资理念越来越深地影响着中国的投资者，长期投资不能说是错的，但是投资者必须注意直接把这种投资理念移植过来，很容易造成“水土不服”。价值投资理论认为，应该投资于那种盈利和分红都稳定增长的公司股票，然后持有这些上升行业的股票，直到行业开始衰落；卖出则是因为行业前景发生变化而不是股价上涨。事实上，如果你具有绝好的眼光，购买了盈利增长最快的公司的股票，不管它的估值如何，你得到的长期投资回报绝对是惊人的。但实际上，这是一件很困难的事：成长型公司很容易丧失其原有的成长性。另外，当投资者可以清晰地将一个股票认定为成长型股票时，它的成长性多半已经在股票价格上得到了充分的反映。此时，你所谓的“成长型价值投资”也只不过是花高价买下了一家好公司的股票而已。

市场是冷酷的。在这样一个市场上生存，你也必须具有一颗“冷酷”的心。当你决定抛弃跟股票恋爱和不舍得止损的心理之后，你可以开始重新建立一个新的投资组合和仓位。这个时候你不必一直纠缠于以前的组合，不必考虑当初的投资原因是否改变了，不必与当初的投资成本相对比。你会发现，原来还有更好的股票，更好的投资组合，而你也将在这个零和游戏中获得更大的回报。

很多投资者对行情的历史高点有着深刻的记忆，总想着已经到过这个价格，后面还应该再到这个价格甚至更高，这也是造成贪恋一只股票的重要原因。那么从这一刻起请记住这个事实：行情的头部价格往往只出现一次，过去了就很难再出现。与其苦等，还不如去寻找更好的股票。

高低盘整，再等一等

当一只股票持续上涨或者下跌了一段时间后就进入了横盘状态，此时不必在高位全仓卖出,也不必在低位全仓买进。因为盘整之后就会变盘,故盘整时期不可主观决定建仓或清仓。这种情况一般出现在底部或者是庄家在洗盘吸货。投资者这时不应参与操作,应注意观察,等形态走好,再行介入。

横盘又称为盘整,是指股价在一段时间内波动幅度小,无明显的上涨或下降趋势,股价呈牛皮整理。该阶段的行情震幅小,方向不易把握,是投资者最迷惑的时候。在横盘时应尽量减少或避免交易。一是前景不明朗,你很难预测横盘结束后是上涨还是下跌,容易进行反向操作造成损失;二是横盘时差价不大,投资者往往没有耐心,多次交易,势必会造成手续费亏损。所以,此时投资者一定要有点儿耐心,待走势明朗时再介入:如果是高位向下变,则及时清仓,不会有损失;如果是低位向高变,及时追进,也不会踏空。

股市里的横盘整理,无论是在上升趋势还是在下降趋势中,大体上有以下特征:

横盘整理从本质上来说是由市场多空双方的力量均衡所形成的。也反映出的是机构或投资者对大盘运行趋势和方向的判断出现了分歧, 更多的还是市场心理的一种反映。因此,对外部因素的影响非常敏感,如政策因素、周边市场的影响、长假效应等,并由此形成股指短期的上下小幅波动。

在横盘整理阶段,市场的短线行为往往较为活跃,并受外部因素的影响较大,因此,市场资金在个股与板块之间出入频繁,市场热点难以集中。但如果出现少有的持续热点,必定是政策性引导或国际因素所致, 而这往往预示着这一热点在市场结束横盘整理之后,将会成为市场的主升潮流。然而,即便是这样的热点,在大盘进行横盘整理之际,也只是以成交活跃或震荡蓄势为其主要特征,其总体涨幅有限。

在横盘整理中,市场中的板块结构常常也会形成相互制约。即某些个股或板块的上涨,必是以其他个股或板块的下跌为代价的,并通过个股行情、热点转换与板块轮动的方式表现出来。但个股行情与板块轮动均难以出现持续性的上涨。

原则上,横盘区不应该买卖股票。因为不知道何时能脱离横盘区,而且也不知道突破的方向。而之所以不应轻易卖出股票,是因为暂时不能判断该回落是庄家有意震仓还是下跌的开始。如果是前者,很快就会启动,少许的耐心是合算的;若是后者,当毫不犹豫地卖出。

下面给出横盘的几种不同情况,供投资者参考操作:

①上涨中的盘整:此种盘整是股价经过一段时间急速的上涨后,稍作歇息,然后再次上行。其所对应的前一段涨势往往是弱势后的急速上升。从成交量上看,价升量增,到了盘整阶段,成交量并不萎缩。虽有获利回吐盘抛出,但买气旺盛,不足以击退多方。该盘整一般以楔形、旗形整理形态出现。

②下跌中的盘整:此种盘整是股价经过一段下跌后,稍有企稳,略有反弹,然后再次调头下行。其所对应的前一段下跌受利空打击,盘整只是空方略作休息,股价略有回升,但经不起空方再次进攻,股价再度下跌,从成交量看,价跌量增。

③高位横盘:此种横盘是股价经过一段时间的上涨后,涨势停滞,股价盘旋波动,多方已耗尽能量,股价很高,上涨空间有限,庄家在头部逐步出货,一旦主力撤退,由多转空,股价便会一举向下突破。此种盘整一般以矩形、圆弧顶形态出现。

④低位横盘:此种横盘是股价经过一段时间的下跌后,股价在底部盘旋。加之利多的出现,人气逐渐聚拢,市场资金并未撤离,只要股价不再下跌,就会纷纷进场,由空转多;主力庄家在盘局中不断吸纳廉价筹码,浮动筹码日益减少,上档压力减轻,多方在此区域蓄势待发。当以上几种情况出现时,盘局就会向上突破了。此种盘整一般会以矩形、圆弧底形态出现。

在横盘整理阶段,投资者应密切注视板块、个股的成交量的变化与其之间的联动关系。因为无论是个股行情,还是板块轮动,亦或是热点的出现,都是以成交量的增加变化来体现的。尤其是对板块中个股出现价升量增的联动性上涨要重点看待,一般出现这种情况,其上涨的确定性较高,投资者就应及早介入。

炒股耐心等时机,不可过度来交易

频繁交易甚至比不懂得止损危害更大,因为频繁交易会让人失去理智,无端增加交易费用。投资者切记,不能为了一点儿蝇头小利频繁操作,耐心和等待胜过激动和狂热,只有善于等候的人才能捕捉到好的投资机会。

一种错误的观点认为,只要交易的次数够多,就会抓到真正的好机会;交易越频繁,成功的概率越高;因此,必须碰到机会就赶快操作,否则就可能踏空。还有些人认为,暴利的机会本就不多,频繁地进出,不断赚些蝇头小利,最后还是能聚少成多。这些看法都是错误的。

交易者必须认识到,唯有培养自律精神,减少交易成本,谨慎筛选机会,才能从股市中获利。

我们来看看,频繁投资过度交易都有哪些危害呢?

①耗费精力。长时间紧张,造成心理干扰,影响判断力,易导致疲劳。

②收益差。频繁操作必然造成交易成本的增加,如果没有特别好的盈利点,往往是赚和亏相抵消,交易变成了刺激的娱乐活动,失去了交易目的。

③容易引发大亏损。做多错多,频繁的止损中难免有一单失手,造成不必要的损失。

一个有趣的事实是,所有交易者当中,大约有90%最终都会赔钱。所以交易的频率越低,成功的机会越高。如果把总交易笔数减少为零,最起码还可以保持不赢不赔,显然胜过绝大多数交易者的绩效。

为什么频繁交易会使你的资金账户不断缩水呢?除了做多错多外,还有一个投资者容易忽略的事实是:每一次交易都是有成本的,投资者应该交易的次数越多,付出的成本也就越高,获利的胜算也就越低。如果你想长期留在股票市场上,绝对要想办法降低交易成本,最简单的办法就是减少交易次数。

投资大师巴菲特认为,虽然卖出股票是必然的,但如果从降低交易成本、提高投资获利水平出发,尽可能减少股票买卖次数就是必须的。他说,这不但符合股票长期投资理念，更能避免把已经赚到的一点点蝇头小利用来支付交易佣金还不够。

目前，投资者在我国券商交易上交所和深交所挂牌的 A 股、基金、债券时，需交纳的各项费用主要有：委托费、佣金、印花税、过户费等。

①委托费。这笔费用主要用于支付通讯等方面的开支。一般按笔计算，原来交易上海股票、基金时，上海本地券商按每笔 1 元收费，异地券商按每笔 5 元收费；交易深圳股票、基金时，券商按 1 元收费。现在大部分券商这项费用已经取消。因此，我们在计算中就对此项忽略不计。

②佣金。这是投资者在委托买卖成交后所需支付给券商的费用。上海股票、基金及深圳股票均按实际成交金额的 X‰(0<X<=3)向券商支付。上海股票、基金成交佣金起点为 10 元；深圳股票成交佣金起点为 5 元；深圳基金按实际成交金额的 X‰收取佣金；债券交易佣金收取最高不超过实际成交金额的 2‰，大宗交易可适当降低。

③印花税。投资者在买卖成交后支付给财税部门的税收。上海股票及深圳股票均按实际成交金额的 1‰支付，此税收由券商代扣后由交易所统一代缴。债券与基金交易均免交此项税收。

④过户费。这是指股票成交后，更换户名所需支付的费用。由于我国两家交易所不同的运作方式，上海股票采取的是“中央登记、统一托管”，所以此费用只在投资者进行上海股票、基金交易中才支付。在深股交易时无此费用。此费用按成交股票数量(以每股为单位)的 1‰支付，不足 1 元按 1 元收。

股票交易佣金在总成本中所占比重并不大，在我国目前是 1%多一点儿；可是如果频繁交易，这一笔笔不大的交易佣金累积起来就很可观。无论可观不可观，它会直接扣减你的获利收益，增加亏损。甚至，由于这种频繁交易，还会使得你本来可以获得的盈利现在不得不转盈为亏。

减少无谓的交易并不等于不交易，也并不是说只要减少了交易次数投资者就必然能抓住有价值的机会。适当的交易是与市场保持联系的重要手段，关键是你每次交易一定要慎重考虑，完全清楚进场之后在哪里止损，以及市场目前是否具有好的进场点位等。

补仓摊平不足取，亏损加码讨没趣

股民易犯的一个错误就是当股票在相对高位套牢后，便迫不及待地向下摊平成本的问题。抱着侥幸心理不断地向下摊平，把平均进价降低，希望股票小有反弹就能挽回损失，甚至赚钱只能是越陷越深。

很多股民被套时往往依赖着“补仓”这个看起来“很有效”的手段来对自己的投资进行修正，补仓摊平可以使投资者账户上的成本马上降低，于是感觉上离“解套”又近了一步，但是这个方法的确有待商榷：假使股价仍然下跌，如果没有更多的成本增加的话，就会增加亏损面，使得补仓的成本也滚雪球一样的加入亏损的行列。

所谓的下档摊平是指投资者在买进股票后，由于股价下跌，使得手中持股形成亏本状态，当股价跌落一段时间后，投资人以低价再买进一些以便匀低成本的操作方式。下档摊平的操作方法大体上可以分为三种：

①逐次平均买进摊平法。即将要投入股票的资金分成三部分，第一次买进全部资金的三分之一，第二次再买进三分之一，剩余的三分之一最后买进，这种方法不论行情上下，都不冒太大的风险。

②加倍买进摊平法。加倍买进摊平法有二段式和三段式两种。

二段式为将总投资资金分成三份。第一次买进三分之一；如果行情下跌，则利用另外的三分之二。

三段式是将总投资资金分成七份。第一次买进七分之一；如行情下跌，则第二次买进七分之二；如行情再下跌，则第三次买进七分之四。此法类似于"倒金字塔买进法"，适用于中户和大户的操作。

③加倍卖出摊平法。加倍卖出摊平法是将资金分成三份。第一次买进三分之一的，如发现市场状况逆转，行情确已下跌，则第二次卖出三分之二，即要多卖出一倍的股票。这样可以尽快摊平，增加获利机会。

我们说补仓是无奈的选择，是被动性的建仓，其成功率很低。因为股价每次的反弹都是暂时的修整，向下破位是最后的结果，补仓损失只会越补越大。除非价格的不利变动已经停止，否则我们无法预测它将在什么时间、什么价位停止。

所谓"上升无顶、下跌无底"就是此意。因此，没有人可以忍受不断扩大的损失，此为其一。其二，加码摊平的做法如果可以成功，必须具备一个潜在的前提，即交易者的资金是无限的。但既然任何人的资金都不是无限的，那么在亏损的情况下继续加码摊平，必败无疑就应该成为一个常识。

此外，对手里股票的技术判断很重要。如果是主力出货完毕，或者因为近期由于利空而趋势明显转坏的股票，我们不能盲目补仓。

一些投资者陷入了摊平的迷梦里，宁可补仓死等，也不割肉认赔。如果碰到长期不能解套的股票，这样做就是把手里的资金继续往赚钱无望的项目里投入。

对于将来有希望解套的股票也没有必要补仓操作。我们还要考虑资金时间效益。千万不能把所有的资金投入到没有时间表的无底洞里，这样即便是有了很好的机会，你只能白白错过！

那什么时候是补仓的时候呢？从补仓的意义来说应该是一个主动进攻的方法，而不是一个被动防守的手段。就是在大势向上的时候，出现回调，抓住难得的一个降低成本的机会，然后主动补仓，等待上涨，获取更大的收益。

无论多么精明的投资者也总有犯错的时候，如买进的时机不对，或者买进价格高了等。因此，有经验的股票投资者都必定会摈弃赌徒心理，讲求逐步操作，即任何买卖进出都不用尽全部财力，以便下档摊平，或上档加码。

第 37 章

心态调整口诀

炒股获利总有因，心态百炼沙中金

做股票投资，修炼个人心态很重要，它甚至比知识技能更重要。培养一个好的炒股心态，你就能够在任何时候理性投资。你必须相信自己，要独立思考，要自我督促，胜不骄败不馁，这样长期坚持下来，最后自然会成为股市中成功的投资者。

很多投资者都有这样的体验：亏损接踵而至，看对了没做，做了没握住，看错了却做了，该止损却因犹豫而没止，进场出场时心存恐惧，等等，这些都是由不良的炒股心态造成的。不要怀疑，心态才是交易最后能否有效执行的关键。可以说围绕交易所做的一切努力最终都需要良好的心态来落实。能否及时止损、能否让利润充分增长，关键也在于心态！

投资者必须学会平和地面对亏损。割肉止损当然是不愉快的，但你要明白，亏损仅仅是交易获利所必须付出的代价而已，是寻找获利机会的正常成本而已，任何获利都必须付出代价！刚学止损的时候，亏钱总是痛苦的，但随着时间的推移，你经历了小损成为大损的过程。其间的焦虑、怀疑和失眠一次又一次地出现。而渐渐地你会逐渐形成快速止损的心态。开始时定下的止损规则显得难以执行，慢慢地成为下意识的行动。一旦股票运动不对，不采取行动就寝食难安。这个过程，就是你学股的成长过程。

不要太多地考虑获利。对获利的过度渴望常常会影响你心态的平衡，你的心情会随着价格的波动而时好时坏。买了总希望价格一路飙升，卖了总希望价格一路暴跌，这种急切获利的欲望本身就会导致心态不安。要知道市场永远不会按你的心情来走。在交易中我们唯一自己能控制的只有止损，而盈利却不会听凭我们的摆布。我们只能做我们能做的，并且要努力做好我们能做的。做好了我们能做的，我们追求的东西自然会来。

学会细致地观察市场。用你的知识及经验判断市场的行动及发展。做到这点的基础当然是你必须有一定的市场知识和经验。随着时间的推移，自然地，你会“感觉”到市场下一步的“方向”何在。潜意识中，你会听到一个声音：“现在是买进的时候”，或者是“现在是卖出的时候”。这时你开始将这个声音和你的规则相比较。你若想买进某只股票,你开始问:这只股票处在升势吗?这家公司有没有新产品?股票的大市是牛市还是熊市?这只股票的价格变化和交易量的互动是否正常?你问自己:内心中“买”的声音是源自“自以为是”还是客观的判断?

正确地做好资金管理。在正常情况下,你只能做你能亏得起的交易,你的亏损应在你能承受能力之内。所以,你的资金使用规模可以用你的最大止损额来计算,而不能以预计利润来算。你的资金使用规模应和你的交易能力结合。交易能力强可以使用大一点儿的资金比例,否则你会认为你的获利太小而心态不佳;而交易能力差的投资者最好谨慎一点儿,否则你的亏损会超出你的想象力和承受力,令你心态大乱。

专心地研究股票知识。工欲善其事必先利其器,要想在股市中有所斩获,你要专心研究股市的规律,这需要实践。只看几本书是不够的,就如同游泳,无论你读了多少游泳的书,不下水是不成的。专心地观察股市,它是公众参与的行业,是有迹可循的。你如果每天都告诉自己:“我从炒股中得到很多乐趣。”你的心态就会不一样。把工作当成享受,你会更专心。我们所见到的大多是玩股的,把炒股当成业余消遣,这些人永远都达不到专业的层次。

特别要指出的一点是,投资者应学会独立思考,这对培养稳健的投资心态很有帮助。在这一过程中,你可能会碰到很多嘲笑你的人,或者试图以自己的想法影响你的决策的人,此时你一定要坚定自己的想法。要记住,在股市中真正赚钱的是非常少数的人。

炒股玩的是心态,贪婪恐惧成大害

投资者在决策时往往会受到某些心理的影响,作出并不理智的决定,这些心理就是恐惧与贪婪。巴菲特曾说过,贪婪和恐惧是投资界中传染性极强的灾难,而要想在股市中获得成功就要在别人贪婪的时候恐惧,在别人恐惧的时候贪婪。

股市的高收益具有极强的诱惑力,许多投资者既爱它,又难以把握它;股市的风险具有极大的杀伤力,令众多投资者既怕它,又难以割舍。要知道人性最大缺点是贪婪与恐惧,这两种情绪足以使投资者错过机会,先成功,后失败,从而惨淡收场。

在投资中,投资者往往陷入恐惧与贪婪的心理误区。比如说很多人买股票,有盈利的时候心情紧张,会迫不及待地卖出股票,而在被套牢的时候却一直给自己暗示:总会涨回来的。结果是我们经常听到这样的抱怨:“这么好的股票我买过,就是太早出局了!”或者“早知道要跌成这样,18 块时我就卖掉了!”

知道了贪婪与恐惧的危害,我们该如何克服它们呢?

1. 不要因恐惧而畏首畏尾

恐惧是一种极端的情绪,它往往令人过于退缩。我们知道股市升升跌跌是正常的。股价刚上扬时,涨了还涨,见股价已高,怕追进吃套,结果是你越怕,它越涨,强者越强。许多股民在低位踏空,在高位买入被套。在股价不断下跌,风险随之释放的过程中,看到自己手中的股票持续几只跌停板而恐惧，不但不敢抄底，反而“割肉”在地板价上，失去机会。

恐惧是有传染性的。听到战争的时候，人人都充满恐惧，虽然远离战场的普通百姓受到身体伤害的可能性其实很小，但因大家都恐惧，所以他们也恐惧。在股市上，熊市来了，股民们开始恐惧，我们也随其他股民的恐惧而恐惧。事实是当普通股民感到恐惧的时候，熊市通常已接近尾声。但我们绝没有胆量在这个时候逆大众心理而动。恐惧使我们在应该进场的时候反而出场了。

恐惧有很强的记忆能力。你如果在股市经历了一个可怕的亏损，你将恐惧同样的经历会重新出现。在下次投资的时候，你的判断力就会受到这个经历的影响。任何可能有麻烦的迹象，无论这个迹象是多么小，多么的基于想象，你都将作出离场的决定，以避免再次受到伤害。这就是炒手们常常过早离场的原因。应该获利五万元的机会，你可能只得到五千。上次你有了赚钱股票以亏钱收场的惨痛经历，你这次要避免同样的伤痛。什么走势、大市、分析，等等，你都顾不得了。

2. 不要因贪婪而陷入风险

贪婪是人类与生俱来的一种性格，只不过有些人克制得比较好一些。贪婪之所以出现，一方面出自人这种动物对争夺生存资源的自然反应；另一方面源自对自己的无知，所谓缺乏自知之明。在股票投资上，这种情绪是极其有害的。

股市中隐藏着许多充满诱惑力的赚钱机会，于是很多人的贪欲就被释放出来：赚 1 万元，又想赚 10 万元，持有的股票上涨了 2 块，又想上涨 4 块……贪婪使人永远得不到满足。一波行情结束，总有那么多贪心的失败者：股指劲升到 6000 点，还在盼高 8000 点，本来出手已有大利可得，但还继续持有，梦想暴富。岂不知股市突然狂泻，不仅本来可赚的利润没有得到，甚至连老本也赔了进去，搞得自己痛不欲生。还有一种贪心，却是希望股市不断下跌，想在底部捡到更廉价的筹码，真正的底部便在贪心中逃逸。

贪婪是情绪反应的另一极端，它首先会使你失去理性判断的能力，不管股市的具体环境，你无法让钱闲着。不错，资金不入市不可能赚钱，但贪婪使你忘记了入市的资金也可能亏掉。不顾外在条件，不停地在股市跳进跳出是还未能控制自己情绪的股市新手的典型表现之一。

一个成功的投资者不但要有丰富的知识，还需要有良好的心态和清醒的头脑。更为重要的是，需要去克服某些心理因素进而作出更理性更准确的决策。特别是散户，入市一定要量力而行，不以涨喜，不以跌悲，多点儿逆向思维。别人贪婪我恐惧，别人恐惧我贪婪，这样才能笑看风云。

入市心平莫躁狂，赚钱未走反遭殃

炒股之前，一定要先提醒自己保持心平气和的炒股态度。越是着急赚钱的人越是赚不到钱，真正赚到钱的人，反而经常是那些把输赢置之度外的人。

投资者必须明白这一点，炒股不但需要知识，需要技巧，更需要保持好的心态，只要有钱赚就快乐，不为少赚而破坏自己的心情，也不为暂时的亏损而烦恼不已。面对深套，尤其要乐观，因为股市的钱实际上是不断流动的，只要还没有打算离开股市，那么现在亏了钱迟早也会赢回来。

很多投资者之所以在股市中屡战屡败，原因就是心态不够平和。在股票投资中平和的心态是至关重要的。一个成熟的投资者，应该首先通过自己对上市公司基本面的充分了解和研究，发现市场中价值被低估的股票，耐心等待买入时机。买入后以投资的心态坚定持有，直到获得满意的投资收益。这个成功的投资过程说起来简单，真正做到是很不容易的。尤其是在牛市的环境中，始终保持一种平和的心态就更难。

一些投资者看到大盘疯涨，就嫌自己手中的股票涨得慢，不停地换股，不停地被套，心态变得越来越坏。回头看到自己最初买过的股票已经翻番，结果在惊叹中懊悔不已。

还有些投资者看见别人持有的股票涨停了，或者获利多好，心里对自己的股票持有怀疑态度，然后作出错误的决定，割肉或随便调仓，等你换股，股票涨了。要知道股市中，没有一直涨的股票，也没有一直跌的股票，就看你是否拿得住，是否有耐心，所以，不要随便割肉。割肉斩仓也要讲究水平和技巧，该割肉或止损时不要犹豫，不到时候，耐心持股待涨。

下面列出一些常见的炒股浮躁心态表现，投资者不妨自检一下：

①要求苛刻，希望每买一只股票就立即飙升，稍微套一下都无法容忍；

②要求卖在最高点，如果自己卖出后那股票继续上涨，内心就很不平衡；

③要求任何时候都领跑。任何时间段，自己的股票不仅要涨，而且要领涨，否则就认为必须赶紧换马。

④要求零风险，风险意识太过强烈。买进的股票，成天提心吊胆，还没有开涨，就慌忙扔掉了。

⑤要求短线急涨，对持有的股票缺少耐心，即使幸运地骑上一匹黑马，也只是赚了点儿零花钱，就匆忙换股操作了。

当感到自己的炒股心态过于浮躁时，就要及时地调整。最好的方法就是不要离股市太近，不要天天盯着电脑，盯着行情，被股市种种随机的变化所干扰，变得六神无主。遇到股票行情不好，也要暂时离开股市，否则越看行情或者 K 线图，就会越受刺激，甚至会做出不理智的事情。

戒除心浮气躁，炒股要冷静地分析该股的盘口和大盘走势，才便于你作出可行的有效的决策。同时，还要注意不能把炒股当成自己的生活甚至生命的全部。在我们的生活中，有比炒股更重要的事情。纵然炒股失败，也并不代表自己生活失败。这样想有助于维持平和的炒股心态。

胜败兵家之常事,不可患得与患失

在入市炒股之前一定要做好心理准备,那就是既要赢得起也要输得起,要清醒看待股市的发展变化,保持良好的心态,坚持周密谨慎的操作,避免迷失自己。如果总是患得患失,那么就只能在股市中一败涂地。

一些投资者将股市想得太美好,股市里确实投资机会多多,充满财富神话,但也不是遍地黄金,而是荆棘密布,失败者占多数,成功者却凤毛麟角。

投资者必须明白胜败乃兵家常事。在股市中操作次数多时,总是有时胜、有时败,没有只胜不败的,但有胜多败少、胜少败多之分。不要过于计较一时的成败,而要放眼将来,不断总结经验教训,完善操作策略,坚持正确的前进方向。

投资股票当然没人想着要输,但是,如果抱着一进股市就能赚大钱的幼稚心理,那也太不现实。投资者要抱着"输得起"的心态,否则,很快就会被淘汰出局,因为你禁不起风吹草动,太容易在恐慌时杀跌,也容易在赚小钱后卖出,结果一定亏损。

那么投资者应该怎样做来克服患得患失的心理呢?

①抛弃买低卖高的理想。这个理想很美好,但在实战中要实现很难,不要抱有买到最低价、卖出最高价的想法,那是痴心妄想,即使是"股神"巴菲特也无法做到这一点。

②不要为打翻的牛奶哭泣。已经发生的就是已经发生了,没有"假如当初……,就好了"这种事。但要在每次操作前制订周密计划,操作中严格执行,操作后总结经验教训。

③不要嫉妒别人获利。股市里有人成功、有人失败,不要嫉妒别人赚了多少钱,而要思索自己如何才能赚到钱。要分析赚钱的原因,总结赚钱的方法。

④预先制定适合自己的操作策略。操作策略有很多种,有短线的、中线的、长线的,有追击强势股的、抢超跌反弹的、买向上突破的、逢低吸纳的,关键是找到一种适合自己、又能成功的操作策略,而不是东施效颦、胡学乱用。

"投资法则一,尽量避免风险,保住本金;第二,尽量避免风险,保住本金;第三,坚决牢记第一、第二条。"这是一句广为传诵的大师的一段名言,很多人也是张口闭口也来这么一句,但是,这不是在股市上面割肉的借口或理由。降低风险,并不是建立在止损上,而是建立在这样的基础上:买前多做功课,留出足够的安全边际;买后,就不要那么敏感,就要有颗平常心,安心持股。

最后,还要再说一下,一般投资者在股市投资中出现巨额亏损后,心灵往往受到极大地打击,会因为严重的挫折感而丧失信心,表现为意志消沉,情绪变得悲观和绝望。这也是很多成功投资者都经历过的事情。但是,经过无数次的投资失败和总结经验,找到适合自己的投资方法后,投资者就会明白亏损是不可能完全避免的,只要赔小钱赚大钱就是投资成功。

为了避免投资者的账户资金受到太大损失，投资者最好效仿成熟投资者的经验：遇到亏损后就立刻承认事实；或者在买入股票时就做好可能亏损的准备，并根据情况适时止损，不要让亏损带来过重的心理负担。

股市有牛市、熊市之分，牛市不言顶，熊市不言底；股价有时涨，有时跌，涨时不贪婪，跌时不恐惧；操作有时胜，有时败，胜时不骄傲，败时不气馁；炒股有时赚，有时亏，赚时不欢喜，亏时不悲伤。只有做到以上几点才能在股市中笑傲风云。

兴盛乐
国兴文盛 乐於悦读

淘书网
taoshu.com